Arnfried Edler

Musik
zwischen Mythologie
und Sozialgeschichte

Publikationen der Hochschule
für Musik und Theater Hannover

Band 13

Arnfried Edler

Musik
zwischen Mythologie
und Sozialgeschichte

Ausgewählte Aufsätze
aus den Jahren 1972 bis 2000

herausgegeben von
Wolfgang Horn und Günter Katzenberger

Bibliografische Information Der Deutschen Bibliothek
Die Deutsche Bibliothek verzeichnet diese Publikation in der Deutschen
Nationalbibliografie; detaillierte bibliografische Daten sind im Internet über
http://dnb.ddb.de abrufbar.

ISBN 3-89639-379-0

© Wißner-Verlag, Augsburg 2003
www.wissner.com

Covergestaltung: Marc Grethen (Wißner-Verlag)
Notensatz: Wolfgang Horn, Regensburg
Satz: Matthias Harnitz, Hannover
Projektleitung und Schlußlayout: Albrecht Lamey (Wißner-Verlag)
Druck: WB-Druck GmbH & Co. Buchproduktions KG, Rieden im Allgäu

Inhalt

Vorwort

"Um manches wäre es schade, sollte es in einer Zeitschrift untergehen."
(Robert Schumann 1837 an A. W. von Zuccalmaglio)

Die Sorge Robert Schumanns um das Verschwinden wertvoller Beiträge gilt noch heute; nur die Motive haben sich verschoben. Mochte Schumann befürchten, daß Beiträge in nicht mehr aktuellen Zeitschriften zugleich mit diesen der physischen Vernichtung preisgegeben würden, so droht heute eher manches Gewichtige im Meer musikwissenschaftlicher Publikationen unterzugehen. Der vorliegende Band versammelt einige Aufsätze Arnfried Edlers aus Anlaß seines 65. Geburtstages gleichsam wie auf einer Insel.

Die Auswahl war nicht leicht und hätte im einzelnen auch anders ausfallen können. Eine ausführliche Bibliographie der Schriften Arnfried Edlers am Ende des vorliegenden Bandes ermöglicht das Auffinden auch der hier nicht wiederabgedruckten Aufsätze. Je nach dem ursprünglichen Publikationsort unterscheiden sich die Zitier- und Anmerkungsweisen. Im vorliegenden Band wurde allenfalls innerhalb eines bestimmten Beitrags behutsam vereinheitlicht; im übrigen blieb die Vielfalt weitgehend unangetastet. Musikwissenschaftliche Periodika werden in der üblichen Weise abgekürzt; man vergleiche etwa die Liste in *Die Musik in Geschichte und Gegenwart*. Zweite, neubearbeitete Ausgabe, Sachteil, Band 1, Kassel-Stuttgart u. a. 1994, S. XIII-XIX.

Die ausgewählten Aufsätze stellen die Musik in vielfältige intellektuelle und historische Bezüge; die Einbindung der Musik in die Geistes- und Sozialgeschichte ist ihr einigendes Band. Das Thema der 1970 erschienenen Dissertation war die "Auffassung antiker Musikmythen im 19. Jahrhundert". Immense Belesenheit und Bildung prägen seither die weitgefächerten Arbeiten Arnfried Edlers, ob sie nun Komponisten wie Schlick, Bach, Schumann, Wagner, Satie oder Cage, Gattungen wie die Choralfantasie, das Klavierkonzert, die romantische Oper und Symphonie, die Geschichte musikalisch-sozialer Institutionen wie des Collegium musicum oder die konkrete musikalische Regionalgeschichte insbesondere Niedersachsens in das Zentrum der Darstellung rücken. Aus der Überzeugung heraus, daß Musikhistorie der Vermittlung bedürfe, hat sich Arnfried Edler zudem stets um das Zusammenwirken von Musikwissenschaft und Musikpädagogik bemüht und immer wieder die weit zurückreichenden Traditionen der Verbindung beider Disziplinen thematisiert.

Wo die wissenschaftliche Grundhaltung ein unmittelbar überzeugendes Geschichtsbewußtsein und Erkenntnisinteresse dokumentiert, da muß die richtige Methode nicht abstrakt diskutiert werden. Auch deshalb drängt sich die Person des Autors nie in den Vordergrund. Als akademischer Lehrer gleichermaßen durch Freundlichkeit wie Ernsthaftigkeit ausgezeichnet, hat Arnfried Edler durch das Vorbild seines eigenen

Tuns eine große, ihm in aufrichtiger Zuneigung verbundene Schülerschaft gewonnen, dabei aber stets Wert auf die Erziehung zur Selbständigkeit gelegt.

Nicht zuletzt möchte die Hochschule für Musik und Theater Hannover ihrem hoch geschätzten Kollegen durch die Aufnahme der Sammlung in ihre Publikationsreihe danken für die tiefe Verankerung musikwissenschaftlichen Denkens und Handelns im Leben einer Institution, in der Historie und Pädagogik, theoretisch-philosophische Reflexion und künstlerische Praxis ein spannungsvolles Aktionsfeld bilden. Aus diesem Potential erhellende Funken zu schlagen war Arnfried Edler deshalb möglich, weil er – ohne darum viel Aufhebens zu machen – nicht nur ein Wissenschaftler von hohen Graden, sondern zugleich ein Künstler mit reichen Erfahrungen ist.

Dank für die Ermöglichung des vorliegendes Bandes gilt der Leitung der Hochschule wie auch deren Förderverein. Dank gebührt Matthias Harnitz und Martin Loeser für die Hilfe bei der Herstellung der Druckvorlage. Gedankt sei den Verlagen, die die Erlaubnis zum Wiederabdruck der Texte erteilt haben; sie werden in der Quellenangabe zu Beginn der einzelnen Aufsätze genannt. Zu danken ist schließlich dem Wißner-Verlag für die rasche und sorgfältige Herstellung des Bandes.

Möge die große persönliche Bescheidenheit dem Jubilar nicht die Freude an der vorliegenden Sammlung trüben, die die Herausgeber im Namen von Kolleginnen und Kollegen, Schülerinnen und Schülern als ein Zeichen aufrichtiger Anerkennung überreichen, das zugleich allen, die an "Musik zwischen Mythologie und Sozialgeschichte" interessiert sind, Belehrung und Nutzen bringen möge.

Regensburg und Hannover, im Januar 2003

Die Herausgeber

Michael von Albrecht und Werner Schubert (Hrsg.), Musik in Antike und Neuzeit, Verlag Peter Lang: Frankfurt am Main u. a. 1987 (= Quellen und Studien zur Musikgeschichte von der Antike bis in die Gegenwart, Bd. 1), S. 51-65 ("Walter Salmen zum 60. Geburtstag")

"Die Macht der Töne".
Über die Bedeutung eines antiken Mythos im 19. Jahrhundert

"Durch tiefe und geheime Naturbeziehungen steigert sich die Bedeutung der Töne hoch über sie selbst hinaus und läßt uns in dem Werke des menschlichen Talents immer zugleich das Unendliche fühlen. Da die Elemente der Musik: Schall, Ton, Rhythmus, Stärke, Schwäche im ganzen Universum sich finden, so findet der Mensch in der Musik wieder das ganze Universum."

Diese Sätze beschlossen die erste Auflage von Eduard Hanslicks Abhandlung *Vom Musikalisch-Schönen*. Später hat er – möglicherweise beeinflußt vom Formalismus des besonders in Wien während der 60er Jahre des 19. Jahrhunderts nachhaltig wirksamen Ästhetikers Robert Zimmermann – sie getilgt, wohl den Widerspruch wahrnehmend, der darin lag, dem elementaren Material der Tonkunst eine hohe metaphysische Würde zuzusprechen, wo es doch in der Abhandlung darum ging, dieses Material als ein lediglich *"geistfähiges"* herauszustellen, aus dem Kunst erst durch das *"Arbeiten des Geistes"* hervorgehe. *"Das ästhetische Bereich fängt erst an, wo jene Elementarverhältnisse in ihrer Bedeutung aufgehört haben."*[1]

In dieser Revision einer Unstimmigkeit durch Eliminierung manifestiert sich ein Widerspruch in Hanslicks berühmter und folgenreicher Schrift, der sich nur mühsam verdecken ließ. In der Bemühung, der Musik zu ihrer ästhetischen Existenz eigenen Rechts zu verhelfen, schlug sich Hanslick einerseits auf die Seite der positivistischen Wissenschaftlichkeit seiner Zeit, indem er die Wirkung der Musik im Affektiven einseitig als *"intensive ... Einwirkung auf das Nervensystem"* und damit als Angelegenheit der *"pathologischen"* Wissenschaft deklarierte. Die *"unvermischt"* ästhetische Seite der Musik zeigt sich darin, *"in Tönen zu denken"*, d. h. das musikalisch Erscheinende kompromißlos im Sinne eines thematischen Prozesses aufzufassen, wie es Hanslick im letzten Teil seiner Abhandlung beschreibt.[2]

Auf der anderen Seite ist das *"Reich"* der Musik *"nicht von dieser Welt"*, ihren Ursprung bildet *"jene primitive, geheimnißvolle Macht, in deren Werkstätte das Menschenauge nun und nimmermehr dringen wird"*.[3] In solchen Widersprüchlichkeiten äußert sich der Zwiespalt, der für den Musiker und Musikästhetiker der Jahrzehnte nach

---

1 Eduard Hanslick: *Vom Musikalisch-Schönen. Ein Beitrag zur Revision der Ästhetik der Tonkunst* (1854), Reprograf. Ndr. Darmstadt 1965, S. 104, 35, 47. – Dazu Rudolf Schäfke: *Geschichte der Musikästhetik in Umrissen* (1934), Tutzing ³1982, S. 380.
2 Ibid. S. 69, 100 ff.
3 Ibid. S. 36.

1850 in der schwierigen Aufgabe begründet war, seine Kunst, die in der Romantik zur "absoluten Musik" im Sinne einer *geoffenbarten Religion*" (Tieck) erhoben worden war,[4] einem sich wandelnden, an der exakten Naturwissenschaft sich orientierenden Weltbild einzugliedern und sie dem Lebensgefühl einer großbürgerlichen, ökonomisch-rational eingestellten Gesellschaftsschicht zu vermitteln, die eine Legitimation für ihre dem Verdacht von Rückständigkeit ausgesetzte Vorliebe für die Musik als Freizeiterfüllung benötigte. Rigoros wurde ein Graben gezogen zwischen der *"ästhetischen"* Musik und derjenigen, die sich auf *"elementarische"* Wirkungen stützte, und die Gesellschaft teilte sich streng nach gebildeten Verächtern und unkritischen Genießern und Konsumenten dessen, was fortan als "leichte", "seichte" oder Unterhaltungsmusik firmierte.[5] Die Idiosynkrasien und allergischen Reaktionen der jeweiligen Gegenpartei auf eine dieser musikalischen Großsparten signalisieren seitdem bis heute das beschädigte soziale Klima der industriellen Gesellschaft.

Der getilgte Schluß von Hanslicks Schrift verweist auf jene uralte Idee von Harmonie zwischen der Musik des Menschen und derjenigen, die die Welt durchtönt. Indem Hanslick auf der Immanenz des Musikalischen bestand, erklärte er die Tonkunst zum Unvergleichlichen, das nichts gemein habe mit irgendeinem anderen Existierenden. Er erreichte so einerseits einen Grenzpunkt dessen, was der Begriff der "absoluten Musik" impliziert: Die Ablösung vom übrigen Seienden, die isolierte monadenhafte Existenz der Musik, die sie in der Folgezeit (etwa in den 50er Jahren des 20. Jahrhunderts) in die Bereiche gesellschaftlicher Ghettos führte. Andererseits durchschnitt aber auch das Erreichen dieses Extrempunktes die Verbindung zu dem, worauf "absolute Musik" ursprünglich in der Romantik abgezielt hatte: zur Transzendenz, zur Überwindung des erkenntnisbedingenden Subjekt-Objekt-Gegensatzes. In der Konfrontation des Schlusses mit der an früherer Stelle stehenden Aussage:

"Da die Musik kein Vorbild in der Natur besitzt, ... "[6]

wird deutlich, daß Hanslick mit zwei verschiedenen Begriffen von "Natur" operiert: dem empirisch-instrumentalen, den er von der Musik abtrennt, und dem universalen, auf den die Musik verweist. Die Unvereinbarkeit beider führte zur Eliminierung des letzteren, somit zur Entscheidung Hanslicks gegen die romantische Musikauffassung, von der er ursprünglich herkam. Daß ihm diese Entscheidung schwerfiel, zeugt weniger von Hanslicks insuffizienter Denkkraft, die den Widerspruch nicht schon in der ersten Auflage bemerkt oder wenigstens keine Konsequenzen aus ihm zu ziehen gewagt hätte oder in der Lage gewesen wäre, als von der nachhaltigen Wirkungskraft, die jene Musikauffassung um die Jahrhundertmitte und noch lange Zeit darüber hinaus besaß. Die Tatsache, daß Hanslick der ersten Auflage diesen Schluß anfügte, dessen Konsequenzen den eigentlichen Sinn und die innovativen Intentionen der Ab-

---

4   Carl Dahlhaus: *Die Idee der absoluten Musik*, Kassel ... München 1978.
5   Bernd Sponheuer: *Musik als Kunst und Nicht-Kunst. Untersuchungen zur Dichotomie von "hoher" und "niederer" Musik im musikästhetischen Denken zwischen Kant und Hanslick*, Kassel ... 1987 (Kieler Schriften zur Musikwissenschaft, Band XXX; ursprünglich Habil.-Schr. Kiel 1984).
6   Hanslick: *Vom Musikalisch-Schönen*, S. 34.

handlung kompromittieren, ist als Indiz für die Wunden anzusehen, die der Autor seinem eigenen Bewußtsein geschlagen hatte. Eine hintergründige Trauer überschattet die scheinbar so nüchtern-advokatenhaft den neuen Tendenzen sich akkomodierende Abrechnung mit der überkommenen Musikästhetik, jener resignierenden und verzweifelnden, trotzig sich verweigernden Kunstauffassung nicht unverwandt, die in der hermetischen Poetik der *Parnassiens* um die gleiche Zeit begann, dem technokratisch-positivistischen Fortschrittsoptimismus das Einverständnis aufzukündigen. Während in dieser die romantische Kunstauffassung weitergeführt und radikalisiert wurde, führte Hanslicks vordergründig antiromantische, positivistisch inspirierte Attacke letztlich zum gleichen Resultat: der Ausbürgerung der Kunst aus der großen gesellschaftlichen Mehrheit und die Begrenzung ihrer lebendigen Existenz auf kleine elitäre Gruppen "geistiger Aristokratie", wenn auch unter anderen Vorzeichen. Dieser Rückzug aber bedeutet die Preisgabe der Idee von der die Menschheit als ganze gesittenden und mit der Natur versöhnenden Wirkung der Musik, die erst im ausgehenden 18. Jahrhundert wiederbelebt worden war.

II

Die Idee, daß Musik Macht auf den Menschen ausübe aufgrund der Verbindung, die sie durch ihre harmonische Beschaffenheit zwischen ihm und der Natur herstelle, und daß auch umgekehrt aufgrund dieser Beschaffenheit vom musikkundigen Menschen Macht über die Natur ausgeübt werde, ist ebenso alt wie über die Kulturen der ganzen Erde verbreitet. In der spezifisch griechischen Ausprägung durch die orphischen und pythagoreischen Schriften,[7] deren Kennzeichen vor allem die Aufwärtsbewegung vom Stofflichen zum Geistigen ist (wobei das letztere vor allem durch den Numerus, die zahlenhafte Rationalität repräsentiert wird), hat sich diese Idee durch Antike und Mittelalter hindurch (hier besonders in Gestalt der auf Boethius zurückgehenden Lehre von der *musica mundana* und *humana*) nicht nur gehalten, sondern eine entscheidend fundierende und legitimierende Bedeutung in der funktionalen Bestimmung und Begründung der Musik angenommen. Sie wird personifiziert in verschiedenen Musikergestalten der antik-mythischen und biblischen Tradition, die immer wieder mehr oder weniger formelhaft im Zusammenhang mit dem Ursprung der Musik genannt und damit zur Konstitution von Würde und Autorität der Musik herangezogen werden.[8] Doch wird gerade in der strengen Scheidung der Bereiche von *musi-*

---

7   Dazu vor allem Erwin Rohde: *Psyche. Seelenkult und Unsterblichkeitsglaube der Griechen*, 2 Bde. (1890-94), Tübingen [7]1921. – Martin P. Nilson: *Geschichte der griechischen Religion* I, München 1941. – Karl Kerényi: *Pythagoras und Orpheus. Präludien zu einer künftigen Geschichte der Orphik und des Pythagoreismus*, Zürich [3]1950. – Rudolf Schäfke: *Geschichte der Musikästhetik* (s. Anm. 1). – Johannes Lohmann: *Der Ursprung der Musik*, in: AfMw XVI (1959). – Kathi Meyer-Baer: *Music of Spheres and the Dance of Death, Studies in Musical Iconology*, Princeton (N. J.) 1970.

8   Konrat Ziegler: *Orpheus in Renaissance und Neuzeit*, in: *Form und Inhalt. Kunstgeschichtliche Studien Otto Schmitt dargebracht*, Stuttgart 1950, S. 239 ff. – Hugo Steger: *David Rex et Propheta*. Nürnberg 1961. – J. B. Friedman: *Orpheus in the Middle Ages*, Harvard U. P. 1970.

ca mundana, humana und *instrumentalis* die Unvollkommenheit der menschlich-irdischen Musik und deren Abstand von der göttlichen *"Natura"* betont.[9]

Demgegenüber gewinnt namentlich die Orpheus-Gestalt – und damit die Idee von der Wirkungsmacht der Musik wie der Kunst überhaupt – in der Renaissance zunächst eine gewichtige neue Bedeutung, indem sie mit der pythagoreischen Idee der Weltharmonie in einen so engen Zusammenhang gerückt wird, wie er seit der Antike nicht bestanden hatte. Dichter und Theologe werden in Orpheus zur Identität gebracht, dem *"priscus theologus"* wird von Marsilio Ficino geradezu eine Mittlerrolle zwischen sichtbarer und unsichtbarer Welt zugesprochen, der die Seele lehre, *"wie sie jenen höchsten Grad von Freiheit erreichen kann, wo sie, von allen irdischen Bedingungen losgelöst, sich ihrer eigentlichen Bestimmung gemäß der Kontemplation Gottes hingibt"*.[10] Damit wird eine Brücke zwischen antiker und christlicher Religion errichtet, die dann Calderón in seinem *"Auto sacramental"* El divino Orfeo (1663) mit der Identifikation Orpheus/Christus vollendet.

Für die Musik allerdings bedeutete die Interpretation des Orpheus als Dichter-Theologe eine Einbuße, denn nicht mehr auf ihr beruhte zentral die machtvolle Ausstrahlung auf Natur und Menschen. Sie war vielmehr – durchaus im Sinne des Humanismus, aber auch des paulinischen Christentums – auf den "Geist", und das heißt vornehmlich: auf das "Wort" übergegangen. Es gehört zu den zahlreichen folgenreichen Retardationen, denen die Entwicklung der abendländischen Musik ausgesetzt war, daß die Bemühung, neben der Wiedergeburt der Wort- und Bildkünste der Antike auch die der Tonkunst ins Werk zu setzen, erst in der zweiten Hälfte des 16. Jahrhunderts deutlich in Erscheinung trat – zu spät, um einen originären und substanziellen Beitrag zur damals bereits stark verblassenden humanistischen Bewegung zu leisten. Denn als solchen wird man die aus der Kritik an der polyphonen Schreibweise hauptsächlich innerhalb des Gattungsbereiches des Madrigals erwachsene Inaugurierung des *Dramma per musica* kaum bezeichnen können. Der Abstand von der zuerst humanistisch, dann katholisch geprägten Linie der Orpheus-Deutung als Dichter und göttlicher Mittler von Ficino über Poliziano bis Calderón zeigt sich in den als Festspielen konzipierten Orpheus-Texten, die den Kompositionen von Peri/Caccini und Monteverdi zugrundeliegen. Hier geht es um untragische gesellschaftliche Maskenspiele, ausgeführt als Auftragswerke zu aristokratischen Hochzeitsfesten, und gleich im Prolog wird das Publikum von Rinuccinis Text im vorhinein beruhigt, es habe nicht zu gewärtigen, durch tragische Akzente erschreckt zu werden; die allegorische Figur der Tragödie zog *"die Kothurnen und die düstere Kleidung des Trauerspieles aus"*.[11] Bei Anerkennung aller Unterschiede der Behandlung zwischen Rinuccini und Striggio (dem Librettisten Monteverdis)[12] haben doch beide den entscheidenden Zug

---

9   So bei Johannes de Grocheio, *Musica*: *"... ars humana ... numquam naturam vel artem divinam attingat"*. Zit. nach Fritz Reckow: *Zur Formung einer europäischen musikalischen Kultur im Mittelalter*, in: Bericht über den Internationalen Musikwissenschaftlichen Kongreß Bayreuth 1981, Kassel ... 1984, S. 21.

10   August Buck: *Der Orpheus-Mythos in der italienischen Renaissance*, Krefeld 1961, S. 21.

11   Zit. nach Karl Kerényi: *Orpheus und Eurydike*, München/Wien 1963, S. 28.

12   Vgl. Silke Leopold: *Claudio Monteverdi und seine Zeit*, Laaber 1982, S. 111 ff.

gemeinsam: die gesellschaftliche Funktionalität, die sogar Monteverdi zur Revision des ursprünglich in Anlehnung an Poliziano tragisch konzipierten Schlusses zwang. Die Tendenz dieser Funktionalität markiert den Übergang von der Renaissance zum Barock, analog zu Guarinis kritischer Einstellung (in seinem *Pastor fido*) zu Tassos Arkadienbild utopischer Freiheit.[13]

Schon in Monteverdis *Orfeo* läßt sich eine gewisse Diskrepanz zwischen dem *"prunkvollen Konzert"*[14] der dem Sinn des Stückes gemäß üppig musikalisierten Auftritte der Hauptfigur (namentlich des *"Possente spirto"*) und dem von der Camerata wie auch von Monteverdi selbst betonten Primat des Textes vor der Musik kaum überhören. In einer Zeit, die noch keine sonderlich hohe Meinung von selbständiger instrumentaler Kunstmusik hegte, mußte die Darstellung der Wirkungsmacht der Musik – ohne die Grundlage des Textes – zum Mißverständnis einer lediglich im Sinne repräsentativer Schaustellung zu rezipierenden klanglichen Pracht führen. Andererseits ließ sich weder die humanistische noch die christlich-katholische Orpheus-Deutung Calderóns (trotz dessen erklärter und gewollter Nähe zur Barockoper[15]) musikalisieren.

Mit dem Niedergang der *favola pastorale* verflüchtigte sich der Gehalt des Mythos von der Wirkungsmacht der Musik einerseits zum lediglich literarischen Topos mit vorzugsweise panegyrischer Funktionalität. Wie uneigentlich diese rein rhetorische Mythenzitierung nach der Überzeugung des 18. Jahrhunderts zu nehmen war, bezeugen viele Belege, so etwa der folgende von Charles Burney:

> *"Wer aber wollte es wagen zu behaupten, daß der Tonkünstler, der wie Orpheus oder Amphion sänge oder spielte, noch itzt nach Verdienst vielen Beyfall erhalten würde? ... So viel wir durch Vergleichung der alten und neuen Musik urtheilen können, würden wir durch die Nachahmung nichts gewinnen ... die älteste Musik die vorhanden ist, nachahmen zu wollen, das hieße in der Wissenschaft der Klänge oder den Künsten des Geschmacks und des Ausdrucks rückwärts gehen ... vorwärts müssen wir gehen, und wer zurück bleibt, verliert nur Zeit, welche er nicht ohne Mühe wieder erhalten kann."*[16]

Auf der anderen Seite traten Stoffe wie das *Alexanderfest* in den Vordergrund, an denen sich die musikalischen Affektenlehre Punkt für Punkt exemplifizieren und durchspielen ließ bei ganz offensichtlichem Einverständnis über den Kostümcharakter des halbmythologischen Milieus. Erst Glucks *Orfeo* (1762) brach mit diesem über anderthalb Jahrhunderte währenden mythologischen Mummenschanz. Wiewohl durchaus noch *"höfische Oper, mit Ballettschluß und Jubelchor"*, ist das Werk *"ohne Beziehung auf ein höfisches Ereignis, auf eine gesellschaftliche Skandalgeschichte"*.[17] Aber auch der religiös-mythische Gehalt, der dem Stoff in der Renaissance zugewachsen war, hatte

---

13   Hans Joachim Mähl: *Die Idee des goldenen Zeitalters im Werk des Novalis*, Heidelberg 1965, S. 133 f.

14   Anna Amalie Abert: *Claudio Monteverdi und das musikalische Drama*, Lippstadt 1954, S. 16.

15   José Subirà: *Musicos al servizio de Calderón y de Comelle*, Anuario Musical XXII (1967), S. 199-205.

16   Charles Burney: *Tagebuch einer musikalischen Reise*, übers. v. C. D. Ebeling (1772), Reprint Kassel ... 1959, Bd. 1, S. 19 f.

17   Alfred Einstein: *Gluck. Sein Leben – seine Werke*, Stuttgart-Zürich o. J., S. 107.

sich verflüchtigt. Geblieben war die Intention, das musikalische Drama zum Ausdruck allgemeiner menschlicher Wahrheit zu machen, und so vergißt der Zuhörer, wie schon Berlioz bemerkte, über dem Geliebten weitgehend die *halbmythologischen Traditionen* des thrazischen Sängers.[18] Dennoch hat gerade die Rezeption der Musik Glucks wie die keiner anderen dazu beigetragen, die Besinnung auf die mythische Substanz wachzurufen und die Idee von der Musik als der am ursprünglichsten und unmittelbarsten auf den Menschen wirksamen Kunst zu beleben. Anders als in der Renaissance fiel um 1800 die Neubesinnung auf das Mythische, auch als *neue Mythologie* bezeichnet, mit einer grundlegenden Wandlung von Musikanschauung und musikalischer Praxis zusammen; so lag eine Verbindung nahe, die im Kontext einer allgemeinen philosophisch-religiösen Neubegründung des Musikbegriffs in der Krise des tradierten metaphysischen Weltbildes und der auf ihm beruhenden feudalen Gesellschaftsordnung zu sehen ist.

III

Die Frage, die schon die Florentiner Camerata und die ihr nahestehenden Musiker und Musiktheoretiker der Spätrenaissance bewegt hatte, wurde am Ende des 18. Jahrhunderts neu gestellt: Warum besitzt die Musik der neueren Zeit nicht mehr jene Wirkungsmacht, die ihr in der Antike zugeschrieben wurde?

Im ersten Jahrgang der Leipziger *Allgemeinen Musikalischen Zeitung* liest man:

"Wenn wir sie nicht mehr solche Mirakel wirken sehen, wie uns die alten Dichter sagen, und sogar die Philosophen glaubten; wenn unsern Virtuosen, die größten nicht ausgenommen, so eine thaumaturge Kraft versagt ist, wie Apoll, Orpheus usw. sie hatten, so kann die Ursach davon wohl nicht an der Tonkunst an und für sich selbst liegen, nein, sie muß vielmehr in einem andern Nebenumstande zu finden seyn; und welcher andere wäre das wohl, als daß wir ... mehr auf die Schönheit der Musiken, auf ihre Kunst, auf das Wunderbare der Akkorde, das Neue der Gänge usw. als auf die ihr eigene Wirkkraft, die Verbindung ihres Ausdrucks mit jenem der Affekte mittelst der sich uns mitteilenden Bewegung des Tones, und den daraus resultierenden Einfluß auf das menschliche Herz sehen ..., woher es kommt, daß wir nicht selten da, wo das Herz allein sprechen sollte, nur den Künstler sprechen hören ..."

Gluck habe dies gefühlt:

"Wie wir aus seinem berühmten Orpheus sehen, dachte er an nichts weniger, als die Mirakel und Wirkkraft der alten Musik zu erneuern, ihre Chöre, die Chöre der alten Griechen (wie seine Alceste beweist) wiederherzustellen und ihr eine Stärke und Zauberkraft zu geben, die ihr manche neu errungene Seitenschönheit und Vollkommenheit, der sie geopfert worden, geraubt zu haben schien!"[19]

---

18 Hector Berlioz: *Literarische Werke*, ed. E. Ellis, Bd. IX, Leipzig 1903, S. 173 f.
19 Z., *Über die Tonkunst*, in: AMZ I (1799), Sp. 776 f.

Daß die Aussagen der antiken Musikmythen wieder beim Wort genommen wurden, erweist sich so als eine Konsequenz des musikdramatischen Wirkens Glucks, auch wenn es sich aus späterer Sicht um ein kapitales Mißverständnis der eigentlichen Intention handelt. Dabei gleicht die Argumentation auffallend derjenigen von Vincenzo Galileis *Dialogo della musica antica e moderna* (1581).[20] Hier war es die *"beständige Süße"*, kombiniert mit der *"milden Herbheit"*, wie sie die kunstvolle Mischung des kontrapunktischen Gewebes erzeuge, die den Ausdruck der Wahrheit verhindere. Und die Wiedergewinnung ihrer Wirkungsgewalt erhoffte man sich im späten 16. ebenso wie im späten 18. Jahrhundert von einer Rückkehr der Musik zu ihren Ursprüngen, zu ihrer eigentlichen "Natur", von der man überzeugt war, daß sie in der Kultur des antiken Griechenland realisiert gewesen sei, was immer man sich auch unter altgriechischer Musik konkret vorstellte. Ob nun die absolute Unterordnung der Musik unter die Herrschaft der Wortpoesie oder nur allgemein ihre unbedingte Ausrichtung an der Affektenlehre gefordert wird – in beiden Fällen richtet sich die Polemik gegen Tendenzen der Emanzipation des Musikalischen, gegen die Kultur des *"Spezifischen der Musik"* (Lissa), gegen die Weiterentwicklung und Differenzierung der Kompositionstechnik und partiell sogar gegen den Gedanken der Originalität des Musikalischen überhaupt.

Nun würde eine derartige Meinungsäußerung um 1800 als skurriler Nachzügler einer an sich um diese Zeit längst überholten Nachahmungsästhetik und als Dokument einer historisch inadäquaten Gluck-Rezeption leichthin abzutun sein, müßte sie nicht im Kontext jener umfassenden Neubesinnung auf die antiken Musikmythen gesehen werden, die sich vielleicht zuerst bei Herder ankündigte, als er gegen die Verweisung der antiken Musikheroen ins Fabelreich Einspruch erhob. Für Herder stand es fest, daß die Musik bei den Griechen nicht nur aufs engste mit den übrigen Bereichen der Kultur zusammenhänge, sondern daß sie für deren Fundierung in Religion und Gesittung die conditio sine qua non darstelle.[21] Diese Aussage erhält freilich ihr volles Gewicht erst vor dem Hintergrund derjenigen Position, die Herder in vehementem Widerspruch zu Kants *Kritik der Urteilskraft* der Musik im System der Künste zuwies:

> *"Und da sie in jeder kleinen Dissonanz sich selbst fühlet, fühlend im engen Umfang unsrer wenigen Tongänge und Tonarten a l l e Schwingungen, Bewegungen, Modos, Accentuationen des Weltgeistes, des Weltalls; wäre es noch Frage, ob die Musik jede Kunst, die im Sichtbaren haftet, an innerer Wirksamkeit übertreffen werde? Sie m u ß sie übertreffen, wie Geist den K ö r p e r: denn sie ist Geist, verwandt mit der großen Natur innerster Kraft, der Bewegung."*[22]

Von daher begründet sich Herders Deutung der Wirksamkeit der antiken Musikergestalten:

---

20 Vincenzo Galilei: *Dialogo della musica antica e moderna*, Faks.-Ausg. ed. F. Fano, Roma 1934, S. 81.
21 Johann Gottfried Herder: *Älteste Urkunde des Menschengeschlechtes*, 2. Teil, in: Sämtliche Werke, ed. B. Suphan, Bd. VI, Berlin 1883, S. 397.
22 J. G. Herder: *Kalligone. 2. Teil: Von Kunst und Kunstrichterei* (1800), ebd. Bd. XXII, S. 187.

"Durch die Musik ist unser Geschlecht humanisiert worden, durch Musik wird es noch humanisiert."[23]

Ebenso wie den spielerischen Umgang mit der Mythologie als Maskierung bestritt Herder das Verdikt über die Musik, das Kant im Namen der Aufklärung gefällt hatte, als er der Tonkunst die Teilhabe am Bereich des Geistigen nur in Bezug auf den von ihm selbst als relativ unwesentlich angesehenen Aspekt der *"mathematischen Form"* zugestand und ihr daher *"nach der Kultur"* den untersten Wert unter allen Künsten attestierte.[24] Daß das Moment der reinen Bewegung der Musik die engste Affinität zum Element des Geistes verschaffe, ist dasjenige Glied, durch das Herder die Verbindung herstellte zwischen der pythagoreischen Idee der Weltharmonie und der von der romantischen Ästhetik inaugurierten Idee der *"absoluten Musik"*. Humanisierung besteht nach Herder in der Auffindung der Natur: der inneren Natur des Menschen im Sinne der Entelechie sowohl als auch des Sich-in-Eins-Setzens mit der allumfassenden äußeren Natur auf dem Weg gefühlsmäßigen Zusammenstimmens und -klingens. Dabei ist allerdings zu beachten, daß Herder - worauf insbesondere Carl Dahlhaus hingewiesen hat[25] – die Macht der Musik im Naturlaut, im Einzelton empfand. Er siedelte sie im Elementarbereich von Klang und Bewegung an, nicht auf der Ebene künstlerischer Gestaltung:

"Wir nahmen wahr, daß jeder Ton seine Art der Regung, seine bedeutende Macht habe. Nicht nur jedem klangbaren Körper, jedem als Instrument gebrauchten Naturwesen steht seine Art der Tönung, sondern auch jeder Schwingung i h r e Modulation und mit dieser ihre eigene Weise zu, auf unsere Empfindung zu wirken ... Kein Künstler erfand einen Ton, oder gab ihm eine Macht, die er in der Natur und in seinem Instrument nicht habe; er fand ihn aber und zwang ihn mit süßer Macht hervor ... Die Macht des Tons, der Ruf der Leidenschaften ... ist die Stimme der Natur ... es ist h a r m o n i s c h e   B e w e g u n g ..."[26]

In vielfacher Beziehung wurde Herders Idee von den Verfechtern der *"neuen Mythologie"* (der Begriff stammt aus Friedrich Schlegels *"Rede über die Mythologie"* in seinem *"Gespräch über die Poesie"*[27]) aufgenommen und weitergeführt. Musik und Rhythmus – und dies begründet vor allem ihre zentrale Stellung, die von der Ästhetik aus auf die Erkenntnistheorie und die Naturphilosophie übergriff – sind identisch mit dem Grundprinzip der Welt – der Bewegung – und mit den Formen der platonischen Ideen:

---

23   J. G. Herder: *Briefe zur Beförderung der Humanität*, 35. Brief (1794), ebd. Bd. XVII, S. 172.

24   Immanuel Kant: *Kritik der Urteilskraft* (1790), ed. G. Lehmann. Stuttgart 1963, S. 270 ff.

25   Carl Dahlhaus: *Karl Philipp Moritz und das Problem einer klassischen Musikästhetik*, in: International Review of the Aesthetic and Sociology of Music, Vol. IX, Zagreb 1978, S. 279-293, insbes. S. 280 (der Aufsatz ist wiederabgedruckt in Carl Dahlhaus: *Klassische und romantische Musikästhetik*, Laaber 1988, S. 30-43).

26   J. G. Herder: *Kalligone*, S. 179 ff.

27   Friedrich Schlegel, Kritische Ausgabe II. Band, 1. Abteilung: *Charakteristiken und Kritiken* I, ed. H. Eichner. München ... Zürich 1967, S. 312.

"Inwiefern dann ferner die ewigen Dinge oder die Ideen von der realen Seite in den Weltkörpern offenbar werden, so sind die Formen der Musik als Formen der real betrachteten Ideen auch Formen des Seyns und des Lebens der Weltkörper als solcher, demnach die Musik nichts anderes als der vernommene Rhythmus und die Harmonie des sichtbaren Universums selbst."[28]

Dieser aus den Vorlesungen 1802/03 stammende Passus faßt exemplarisch zusammen, was in zahlreichen poetischen und ästhetischen Schriften in den verschiedensten Zusammenhängen und in unterschiedlichen Bildern und Symbolen ausgedrückt wird. In der gänzlichen Durchdringung der *"realen Seite"* des Seins, des *"Lebens der Weltkörper"* mit Musik wird jene *"Mythologie als Ontologie"*[29] manifest, gegen die Hegels Zuordnung der Idee der Sphärenharmonie zu den lediglich bedeutungsvollen *"Studienobjekten"*, also zu den historisch zwar interessanten, aber durch die geistige Entwicklung längst *"aufgehobenen"* Gegenständen des Bewußtseins, charakteristisch kontrastiert.[30] Beide gegensätzliche Konzeptionen blieben das ganze 19. Jahrhundert hindurch nebeneinander bestehen, wobei die Position Hegels nichts anderes beinhaltet als die Auflösung des mythologischen Denkens in Historie, die im weiteren 19. Jahrhundert an Boden gewann, ohne jedoch die ontologische Mythologie verdrängen zu können. Das zeigt für die zweite Hälfte des 19. Jahrhunderts – wenn auch unter Ersatz der antiken durch die nordische Mythologie – wie kein anderes das Denken Wagners, des *"unabweisbaren Vater(s) der strukturalen Analyse der Mythen"*.[31]

Exemplarisch bedeutsam wurde die Rolle der Musik in der *"neuen Mythologie"* insbesondere im Werk von Novalis. Schon in dem naturphilosophischen Fragment *"Die Lehrlinge zu Sais"* (1798/99) ist die Rede vom *"wunderbarsten Naturgesang ... aus der tiefsten Stille"*, von dem Leben in der Natur, in dem die Menschen einst in goldener Urzeit *"die innre Musik der Natur"* verstanden hätten, und von den Künstlern, die die *"Linie der Bewegungen"* der *"tanzenden"* Natur nachschreiben.[32] Den tiefen Graben zwischen wissenschaftlicher Erforschung der Natur und künstlerischer Einfühlung in sie, der sich im Abendland seit der Renaissance aufgetan hatte, gab es in dieser Urzeit nicht, und ihn soll es auch in der neuen *"mythischen"* Zeit nicht mehr geben:

"Naturforscher und Dichter haben durch Eine Sprache sich immer wie ein Volk gezeigt."[33]

---

28 F. W. Joseph Schelling: *Philosophie der Kunst* (1859), Darmstadt 1966, S. 145.

29 Heinz Gockel: *Mythologie als Ontologie. Zum Mythosbegriff im 19. Jahrhundert*, in: H. Koopmann (ed.): *Mythos und Mythologie in der Literatur des 19. Jahrhunderts*, Frankfurt/M. 1979, S. 25 ff.

30 G. W. F. Hegel: *Vorlesungen zur Philosophie der Geschichte*, in: Sämtliche Werke Bd. XVII, ed. H. Glockner, Stuttgart 1928, S. 282 ff. Besonders charakteristisch realisiert sich diese Differenz in der unterschiedlichen Rhythmus-Auffassung Schellings und Hegels. Vgl. dazu Adolf Nowak: *Hegels Musikästhetik*, Regensburg 1971, S. 106.

31 Claude Lévy-Strauss: *Das Rohe und das Gekochte* (1964), Frankfurt/M. 1976, S. 30.

32 Novalis: Werke, Bd. I, ed. R. Samuel. München/Wien 1978, S. 218 f., 226.

33 Ebd. S. 206. Vgl. dazu Hans Joachim Mähl: *Das goldene Zeitalter*, S. 280, 354 ff.

Im Roman *Heinrich von Ofterdingen* (1800/01) wird der Gedanke in vielfältiger Weise weitergeführt, daß die Musik – ungetrennt von der Poesie – die erste, ursprüngliche, ordnende und Leben spendende Macht in der Frühzeit der Menschen gewesen sei und daß die Musiker der antiken Mythen *"zugleich Wahrsager und Priester, Gesetzgeber und Ärzte gewesen"* seien,

> *"indem selbst die höheren Wesen durch ihre zauberische Kunst herabgezogen worden sind, und sie in den Geheimnissen der Zukunft unterrichtet, das Ebenmaß und die natürliche Einrichtung aller Dinge, auch die innern Tugenden und Heilkräfte der Zahlen, Gewächse und aller Kreaturen, ihnen offenbart. Seitdem sollen, wie die Sage lautet, erst die mannichfaltigen Töne und die sonderbaren Sympathien und Ordnungen in die Natur gekommen sein, indem vorher alles wild, unordentlich und feindselig gewesen ist."*[34]

Das Wesentliche der *"neuen Mythologie"* ist nun, daß der Zustand des Verlorenseins jener frühzeitlichen Einheit mit der Natur auf dem Wege der sympathischen Klänge ins Bewußtsein tritt und daraus Konsequenzen für die Funktionalität der Kunst in der eigenen Zeit gezogen werden. Die Erinnerung an die in den Mythen beschriebene Urzeit ist zugleich Ahnung und Sehnsucht nach dem Ziel der Geschichte: der Wiederherstellung der verlorenen Einheit des Menschen mit der Natur. Wiederherzustellen ist daher zunächst die Einheit der getrennten Künste, und die Aufgabe des modernen Künstlers ist es, als ein neuer Orpheus im Medium der vereinigten Künste zu weissagen, zu deuten, zu lehren, zu heilen und zu ordnen.

In den zahlreichen dichterischen und systematischen Ausformungen der *"neuen Mythologie"*[35] erscheinen diese Grundideen über die Bedeutung der antiken Musikmythen in sehr unterschiedlichen Aspekten und Akzentuierungen. Besonders bemerkenswert unter ihnen erscheint die Deutung des Orpheus-Mythos durch Ludwig Tieck anläßlich des Versuches, die Gewalt und Originalität der Musik des soeben verstorbenen Mozart zu erfassen. Er hebt gerade den tragischen Aspekt des Mythos hervor: die Klage um die endgültig und durch das eigene Handeln verlorene Geliebte. Nicht nur reine apollinische Verklärung, die schattenlose Lieblichkeit harmonischer Ordnung, sondern alle *"Greuel der dunklen Reiche"* sind in Mozarts Musik präsent:

> *"Himmel und Hölle, die durch unermeßliche Klüfte getrennt waren, sind zauberhaft und zum Erschrecken in der Kunst vereinigt, die ursprünglich reines Licht, stille Liebe und lobpreisende Andacht war."*[36]

Der immense Abstand von der Art und Weise, wie noch sechs Jahrzehnte früher der Orpheus-Mythos in konventionellen Lobgedichten auf Komponisten bezogen wurde,

---

34 Novalis: Werke, Bd. 1, S. 257.

35 Zusammenstellung bei Arnfried Edler: *Studien zur Auffassung antiker Musikmythen im 19. Jahrhundert*, Kassel ... 1970, S. 72-91.

36 Ludwig Tieck: *Phantasus*, in: *Sämtliche Werke* Bd. I, Paris 1837, S. 433.

wird deutlich, wenn man diese Mozart-Deutung Tiecks etwa jenen Panegyricis gegenüberstellt, in denen Johann Sebastian Bach mit Orpheus verglichen wurde.[37]

IV

Die Vertiefung der Auffassung der antiken Mythen von der Macht der Töne ging einher mit einer Herausführung der Musik aus ihrer der Poesie gegenüber untergeordneten Position. Zwar betonten Novalis und die übrigen Vertreter der *"neuen Mythologie"* den engen, bis zur Identifizierung getriebenen Zusammenhang zwischen den beiden Künsten, es ist jedoch nicht zu überhören, daß es hier eher um eine Musikalisierung des poetischen Elements als um die Verbindung zweier gleichartiger und -rangiger Künste geht. Dies wird besonders deutlich am Aufkommen einer spezifisch romantischen Gattung: dem Musikgedicht, exemplarisch vertreten etwa in Clemens Brentanos *"Phantasie (für Flöte, Klarinette, Waldhorn und Fagott)"* oder in seinen *"Nachklängen Beethovenscher Musik".*[38] Keineswegs beruht nach dieser Auffassung die Macht der Musik auf ihrer Fähigkeit, den in den Worten eines vertonten Textes ausgedrückten Sinn bzw. Affekt zur Darstellung zu bringen oder gar lediglich diesen zu verstärken, sondern diese Macht liegt im Klanglichen und Rhythmischen, in den der Musik eigenen Elementen, in denen sich die Identität mit den fundamentalen Bewegungen der Welt manifestiert. Darum ist die Musik weit davon entfernt, als probates Mittel der Erziehung oder der propagandistischen Massenbegeisterung, zur Einschleifung von Bewegungsdisziplin oder zum Nachdruck rationalen Sinnes zu dienen (wie es etwa in der Französischen Revolution herrschende Auffassung gewesen war, was auch noch Hegel an der Musik hervorhebt).[39] Im Gegenteil: je mehr die Poesie in der Lage ist, sich von rationalem Sinn unabhängig zu machen und sich zu musikalisieren, desto mehr nähert sie sich ihrem ureigenen Wesen, desto mächtiger wird sie. Dichten ist nicht mehr Ausdruck bestimmter einzelner Empfindungen, sondern des lyrischen Subjekts als Ganzen, als einer *"neutralen Gestimmtheit"*. Als magisches Tun ist es Beschwörung, ein Mit-sich-selbst-Spielen, daher an das Element des Klanges gebunden, der es mit der Natur verbindet und den Dichter die Worte gebrauchen läßt *"wie Tasten"*.[40] Hier scheint die neue Deutung der Orpheus-Gestalt als Magier und weissagender Musiker in ihrer Konsequenz auf: die alte Affektentheorie, mit der noch, wie wir das sahen, das neue mythologische Denken in der frühen Gluck-Rezeption ansetzte (und das vor allem in der Musik der Französischen Revolution sich auswirkte), dankte nun vollständig ab, und damit war als Leitvorstellung die reine Instrumental-

---

37 W. Neumann, H.-J. Schulze (ed.): *Bach-Dokumente*, Bd. II, Kassel ... Leipzig 1969, S. 214, 234 (Nrn. 294, 325).

38 Clemens Brentano: Werke, 1. Bd, ed. W. Frühwald, B. Gajek, F. Kemp, München 1968, S. 28 ff., 308 ff. – Dazu August Langen in: Benno von Wiese: *Die deutsche Lyrik*, Bd. 2, Düsseldorf 1962, S. 19-49.

39 Hegel ermahnt, *"keine abgeschmackte Meinung von der Allgewalt der Musik als solcher* [zu] *hegen ... Die eigentliche Begeisterung ... findet ihren Grund in der bestimmten Idee, in dem wahrhaften Interesse des Geistes, von welchem eine Nation erfüllt ist und das nun durch die Musik zur augenblicklich lebendigeren Empfindung gehoben werden kann ..."* (G. W. F. Hegel: *Ästhetik*, in: Werke, ed. E. Moldenhauer/K. M. Michel, Bd. 15, Frankfurt/M. 1970, S. 157 f.).

40 Hugo Friedrich: *Die Struktur der modernen Lyrik von Baudelaire bis zur Gegenwart*, Hamburg 1956, S. 20 f.

musik an die Stelle der vokalen getreten. Der Instrumentalklang wurde zum eigentlichen Medium der *"absoluten Musik als Ahnung des Unendlichen"*,[41] und er wurde dementsprechend eingebunden in eine mythische Tradition: die Äolsharfe wurde zu seinem Symbol im Sinne Karl Friedrich Solgers,[42] nämlich für die Verbindung des Einzelnen mit dem Ganzen, für den Zusammenhang des Seins im Klang.[43] Von hier aus ergab sich dann eine Bewertung des klanglichen Denkens in der Kompositionsentwicklung des 19. Jahrhunderts und zugleich der Entwicklung der instrumentalen Virtuosität, die nicht mehr naiv dem Naturklang, sondern der artifiziellen Musik die entscheidende Wirkung zuschrieb und die andererseits der späteren Zuordnung zu Kategorien wie derjenigen des *"musikalischen Materialismus"*[44] völlig sich entzog. Zugang zu instrumentaler Virtuosität fand hingegen ein Mythologe wie Johann Jakob Bachofen, wenn er den ausführenden Organen *"tiefere Bedeutung"* zusprach: die Finger etwa

> *"zeigen uns die stoffliche Naturkraft der lebensgestaltenden Macht in der unerreichbaren Kunstfertigkeit, welche alle Geschöpfe auszeichnet ... die Hand das Zeichen der Mysterien, die eben auf die Daktylen zurückgeführt werden; darum auf Gräbern, wie die ihr so nahe verwandte Lyra, Symbol der Initiation in die bacchisch-orphischen Orgien ... "*[45]

In Frage steht hier nicht die historische oder archäologische Triftigkeit dieser Symboldeutungen,[46] sondern die Tatsache, daß der Zusammenhang eines oftmals verkannten, ästhetisch abgewerteten zentralen Phänomens der Musik des 19. Jahrhunderts mit dem neuen mythologischen Denken offenkundig wird. Insofern ist mehr als bloße panegyrische Rhetorik darin zu sehen, wenn gerade Franz Liszt, der den Inbegriff des umfassenden produktiv-reproduktiven Virtuosentums verkörperte, von Kaulbach als Orpheus dargestellt wurde oder wenn sein Klavierspiel als ein derart vergeistigter Vorgang wahrgenommen wurde, daß er Äußerungen provozierte wie:

---

41 Carl Dahlhaus: *Die Idee der absoluten Musik*, s. Anm. 4, S. 78.

42 Karl Friedrich Solger: *Vorlesungen über Ästhetik* (1829), Darmstadt 1980, S. 127 f. betont, das Symbol sei weder Bild noch Zeichen, sondern *"die Idee selbst, nur in ihrer Existenz erkannt"*, insofern also der Gehalt des Mythos. Vgl. H. Gockel: *Mythologie als Ontologie*, a. a. O., S. 50. Bei J. W. Ritter wird *"unsere kleine Musik"* als eine *"sehr bedeutende Allegorie"* auf die *"kolossale Musik"* der Natur bezeichnet. W. Salmen: *Fragmente zur romantischen Musikauffassung Johann Wilhelm Ritters*, in: Festschrift Joseph Müller-Blattau zum 70. Geburtstag, Kassel 1966, S. 239.

43 August Langen: *Zum Symbol der Äolsharfe in der deutschen Dichtung*, in: Festschrift Joseph Müller-Blattau zum 70. Geburtstag, Kassel ... 1966, S. 160-191. A. Edler: *Antike Musikmythen*, S. 275-304.

44 Namentlich seit R. Schumanns Wendung gegen die *"Neuromantiker"* (Gesammelte Schriften I, ed. M. Kreissig, Leipzig 1914, S. 250) und A. B. Marx' Kritik der *"Materialisierung"* des Orchesters, in: *Die Lehre von der musikalischen Komposition* IV. Leipzig 3/1860, S. 572 ff. Ähnlich in ders.: *Die Musik des 19. Jahrhunderts und ihre Pflege. Methode der Musik*, Leipzig 2/1873, S. 92 ff.

45 Johann Jakob Bachofen: *Versuche über die Gräbersymbolik der Alten*, in: Gesammelte Werke IV, ed. E. Howald. Basel ³1954, S. 219.

46 Vgl. zu diesem Komplex Eckard Hefftrich: *Johann Jakob Bachofen und seine Bedeutung für die Literatur*, in: *Mythos und Mythologie in der Literatur des 19. Jahrhunderts* (vgl. Anm. 29), S. 235-250.

"Vielleicht spielen seine zehn Orpheusfinger gar nicht Klavier, sondern es ist uns Materiellen dabei nur ein Klavier sichtbar?"[47]

Liszt selbst hat sich kompositorisch intensiv mit dem Orpheus-Mythos auseinandergesetzt. Seine Sinfonische Dichtung Nr. 4 *Orpheus* (1854) stellt ausdrücklich den Versuch dar,

"de ... abstraire notre imagination du point de vue ... dont ce grand maitre [Gluck, d. V.] *a envisagé son sujet, pour nous reporter en pensée vers cet Orphée dont le nom plane si majestueusement et si harmonieusement au-dessus des plus poétiques mythes de la Grèce".*[48]

Ausgehend von dieser *"Abstraktion"* von Gluck (in der er, wie bereits festgestellt, mit Berlioz übereinstimmte) hat Liszt in diesem Werk versucht, den Gehalt des Mythos kompositorisch auf die konkrete ästhetische und gesellschaftliche Problematik der absoluten Instrumentalmusik des 19. Jahrhunderts zu beziehen.[49]

V

Im gleichen Jahr wie Liszts *Orpheus* (1854) erschien Hanslicks Schrift *Vom Musikalisch-Schönen*, von der diese Überlegungen ihren Ausgang nahmen, indem an ihr die Verabschiedung der romantischen Mythologie aus der Musik abzulesen ist. Deren Nachwirkung durch die zweite Hälfte des 19. Jahrhunderts bis weit ins 20. hinein ist jedoch vor allem im französischen Bereich zu verfolgen, wo – wie insbesondere Hugo Friedrich gezeigt hat, beginnend mit Baudelaire, sodann bei den *Parnassiens* und im Umkreis des Symbolismus, namentlich in der Wagner-Rezeption Mallarmés – generell an das Denken der deutschen Frühromantik angeknüpft wurde, wo sich aber auch in radikaler Wendung gegen jenen Positivismus, unter dessen übermächtigem Einfluß Hanslick sich von seiner romantisch-mythologischen Ausgangsposition abkehrte und der im Grunde nur jene Persiflierung des Mythos noch zuließ, wie sie sich in Offenbachs vier Jahre später (1858) uraufgeführtem *Orpheus in der Unterwelt* ereignete, ein Rückzug aus der Realität in Gestalt von totaler Negation des substanziell Seienden und der Identifizierung des Absoluten mit dem Nichts vollzog. Noch im Alleinsein des Künstlers in einem auf Strukturen, auf Urformen sich reduzierenden Schaffensvorgang aber ist das Mythische präsent. In Mallarmés drei Aufsätzen *Offices* (Dienst am Heiligen)[50] nicht minder als in Alexander Skrjabins *Prometheischen Phantasien*[51]

---

47 August Göllerich: *Franz Liszt*, Berlin 1908, S. 18.

48 Franz Liszt: *Vorwort zur Symphonischen Dichtung Nr. 4 "Orpheus"*, zit. nach der Eulenburg-Taschenpartitur Nr. 450, London o. J., S. IV.

49 Ausführliche Diskussion bei A. Edler: *Antike Musikmythen*, S. 127-169.

50 Kurt Wais: *Mallarmé*, München ²1952, S. 310 ff.

51 Alexander Skrjabin: *Prometheische Phantasien*, übers. u. eingel. v. O. v. Riesemann, München-Gräfelfing 1968, insbes. S. 35 ff., 58 ff., 67 f., 85 (Gleichsetzung Weltharmonie-Ekstase). Der "Acte préalable" neuerdings in deutscher Übersetzung bei Sigfried Schibli: *Alexander Skrjabin und seine Musik*. München/Zürich 1983,

steht der Gedanke eines Rituals im Mittelpunkt, in dem der musikalische Künstler die Rolle eines Priesters, Sehers und Heilenden bis hin zu der eines Weltschöpfers spielt. In derartigen Entwürfen wurde versucht, die Musik, die sich durch Wagner und die Spätromantik zu höchster, ja überwältigender Wirkungsmacht realiter gesteigert hatte, zum Fundament einer ästhetischen Weltkonzeption zu machen, von der man die Chance erhoffte, den durch technisch-materiellen Fortschritt ins Absurde und durch die dialektische Umkehrung der Aufklärung vorgezeichneten Weg der Menschheit in Chaos und Katastrophe aufzuhalten. Besonders in der Musik Debussys führt das Streben nach Naturidentität, das sich deutlich in mythologischen Rückbezügen manifestiert, bis hin zu Gestaltungsweisen, die zum Ausgangspunkt strukturellen Komponierens wurden.[52]

S. 374-398. Dazu vor allem das Kapitel *"Das Mysterium und seine Zurücknahme"* (S. 332-350), sowie Manfred Kelkel: *Alexander Scriabine*, Paris 1984, Bd. II, S. 43-72.

52 Debussy hatte um 1894 sogar das Projekt eines Ballets *Orphée* (später *Amphion*) nach P. Valéry. F. Lesure: *Catalogue de l'oeuvre de Claude Debussy*, Genève 1977, S. 153. – Zum Verhältnis von Debussys Komponieren zum Literarischen und Mythischen vgl. Peter Gülke: *Musik aus dem Bannkreis einer literarischen Ästhetik. Debussys Prélude à l'Après-Midi d'un Faune*, in: Jahrbuch der Musikbibliothek Peters 1978, S. 103-147. Zur strukturalistischen Adaption von Debussys "Naturmusik" vgl. vor allem Dieter Schnebel: *Brouillards. Tendenzen bei Debussy*, in: *Denkbare Musik*. Köln 1972, S. 62 ff. – A. Edler: *Zur Beziehung einiger Grundfragen bei Bergson zum musikalischen Denken nach 1900*, in: Bericht über den internationalen musikwissenschaftlichen Kongreß Berlin 1974, Kassel ... 1980, S. 467-470. – In zahlreichen Zitaten wird deutlich, daß es Debussy um die Wiederherstellung der *"magischen Kraft der Musik"*, um ihre *"heiligen Ursprünge"* und um ein Verständnis von Musikmachen als *"Teilhabe am Mysterium"* ging. So etwa im SIM-Artikel vom 15. 2. 1913, in: Claude Debussy: *Monsieur Croche – Sämtliche Schriften und Interviews*, ed. F. Lesure, deutsche Ausgabe von J. Häusler. Stuttgart 1974, S. 200 f.

Frank Heidlberger, Wolfgang Osthoff und Reinhard Wiesend (Hrsg.), Von Isaac bis Bach. Studien zur älteren deutschen Musikgeschichte. Festschrift Martin Just zum 60. Geburtstag, Bärenreiter-Verlag: Kassel u. a. 1991, S. 115-126

Arnolt Schlick – Musicus consumatissimus ac organista probatissimus

I

Der starke Zuwachs an Bedeutung, den die Orgelmusik seit der zweiten Hälfte des 15. Jahrhunderts in Deutschland erfuhr, bedarf noch intensiver Erforschung. Die regionale Begrenzung weist die Fundamentpraxis als ein genuin deutsches Phänomen aus.[1] Ihre Intention liegt vor allem in der Verschriftlichung einer vorher im wesentlichen mündlich tradierten Lehre des Tastenspiels und seiner Anwendung auf die Formen der von der liturgischen Praxis geforderten Orgelmusik. Dabei steht die Gewinnung des Anschlusses an den kompositionstechnischen Stand der Vokalmusik im Vordergrund. Diese Notwendigkeit bestand aufgrund ihrer Rückständigkeit am Ausgang des Mittelalters für die deutsche polyphone Vokalmusik in gleicher Weise.[2] Das Besondere und ursächlich eigentlich bislang noch nicht zureichend Erklärte an der deutschen Entwicklung ist aber eine gewisse Tendenz, sich der kontrapunktischen Handwerkslehre für die Vokalmusik Hand in Hand mit einer solchen für die Instrumentalmusik, speziell für die Orgel, zu versichern, wie sie schon in der von Göllner ausführlich beschriebenen Münchener Handschrift cod. lat. 7755 aus der ersten Hälfte des 15. Jahrhunderts erkennbar ist und dann bei Conrad Paumann zur manifesten Einheit weiterentwickelt wurde.[3]

Bei Paumann trat die Entwicklung auch noch in anderer Hinsicht in ein neues Stadium. Was bis zu seiner Zeit sich im Rahmen von klösterlicher oder städtischer Handwerklichkeit – im Zusammenhang etwa mit Gartenbau, Bienenzucht, Heilkunde oder Alchimie – abspielte, erfuhr durch ihn plötzlich eine Anhebung auf das Niveau international anerkannter, ja hochgeschätzter künstlerischer Aktivität. Das Interesse oberitalienischer Renaissancefürsten für die Orgelmusik, das spätestens seit Francesco Landini dokumentiert ist, wandte sich unversehens einem Musiker aus Deutschland zu, jenem Land, von dem man – ganz im Gegensatz zu den Niederlanden – das Auftreten bedeutender Tonkünstler zu allerletzt erwarten konnte. Und es ist in diesem Zusammenhang nicht unerheblich, daß es ein Instrumentalmusiker, ein Organist, war, der Deutschland wahrhaft zum ersten Mal auf internationalem Parkett repräsentierte. Mit einem Schlag ist damit eine Verbindung des Orgelspiels zur Bewegung des

---

1   Walter Salmen, Artikel *Fundamentbuch*, in: MGG IV, Kassel u. a. 1955, Sp. 1147-1151.
2   Theodor Göllner, *Formen früher Mehrstimmigkeit in Handschriften des späten Mittelalters*, Tutzing 1961, S. 11.
3   Ebenda, S. 107 ff.

internationalen Humanismus und auch zu dessen gesellschaftlichen Trägern – Aristokratie und frühem Großbürgertum – geschaffen, die sich dann zu Beginn des 16. Jahrhunderts in der Gestalt Paul Hofhaimers personifizierte, dessen soziales Prestige den Vergleich zu Vertretern der Nachbarkünste durchaus aushielt.[4] Die Schule der "Paulomimen" repräsentierte offensichtlich die international führende Instanz in Sachen Tastenspiel und -komposition – unter Beibehaltung der tradierten "fundamentalen" Handwerklichkeit, doch mit dem Zugewinn eines immer reicher sich entfaltenden Idioms der rasch sich verselbständigenden Tastenkunst. In dieser Hinsicht stellt der Brief des Fantinus Memmus an Hofhaimer ein Dokument von besonderem Gewicht dar: Er zeigt, daß das von Hofhaimer ausgeübte und gelehrte Orgelspiel von Venedig aus, das selbst in der zweiten Hälfte des Jahrhunderts zum Ausgangspunkt der entscheidenden Impulse werden sollte, als absolut modellhaft angesehen wurde.[5]

Wesentliche Voraussetzung für die Neubewertung des Orgelspiels war wohl das Selbstverständnis Kaiser Maximilians I., seines Sohnes, Philipps des Schönen von Burgund, und seines Enkels, Karls V., als Förderer der Künste und Wissenschaften im humanistischen Sinne. Diese Tradition wurde von den im Dienst der Habsburger stehenden spanischen und süddeutsch-österreichischen Organisten durch das 16. und 17. Jahrhundert hindurch weitergeführt. Dabei ist in Rechnung zu stellen, daß gerade die Orgel bereits seit der römischen Spätantike (nach dem Vorgang im ptolemäischen Ägypten) als kaiserliches Herrschaftsattribut fungierte, als solches im 8. Jahrhundert von Byzanz in das karolingische Hofzeremoniell übernommen wurde und von dort gegen Ende des ersten nachchristlichen Jahrtausends in die kirchliche Liturgie überging.[6] Der Gedanke liegt nahe, daß der Geist der Synthese von Rittertum und Humanismus, aus dem heraus Maximilian den Gedanken des Kaisertums wiederzubeleben versuchte, sich dieser Funktion der Orgel (wie darüber hinaus auch der übrigen Instrumente) in Liturgie und Herrschaftszeremoniell neu vergewisserte. Darauf deuten u. a. die auffallend zahlreichen Musikinstrumenten- und Orgeldarstellungen in diversen graphischen Sammlungen, namentlich von Hans Burgkmair, hin.[7] Die Rolle, die Arnolt Schlick – vor allem im Vergleich zu Hofhaimer – in dieser Epoche eines Neuaufbruches der Orgelmusik gespielt hat, ist nicht leicht zu erklären. Wahrscheinlich um wenige Jahre älter als Hofhaimer, war er als kurpfälzischer Hoforganist kaum weniger als jener in das offizielle, der höfischen Repräsentation verpflichtete Musikleben involviert; Maximilian I., dem er mindestens seit dessen Königskrönung in Frankfurt 1486 bekannt war, drückte seine Wertschätzung durch das zehnjährige Privileg für den *Spiegel der Orgelmacher und Organisten* aus, bekanntlich das erste gedruckte Lehrwerk des Orgelspiels überhaupt. Während von Hofhaimer jedoch keinerlei Druck

---

4 Vgl. die zahlreichen zeitgenössischen *Panegyrici*, wiedergegeben bei Hans Joachim Moser: *Paul Hofhaimer. Ein Lied- und Orgelmeister des deutschen Humanismus*, ([2]1929) Repr. Hildesheim 1965.

5 Moser: *Hofhaimer*, S. 40 f.

6 Dietrich Schuberth: *Kaiserliche Liturgie. Die Einbeziehung von Musikinstrumenten, insbesondere der Orgel, in den frühmittelalterlichen Gottesdienst*, Göttingen 1968, S. 32 f., 49, 62 f., 114 ff., 126 ff. Auf die von Schuberth vertretene Auffassung bezüglich der Terminologie von *organum* bzw. *organa* kann hier nicht eingegangen werden.

7 Zum Verhältnis Maximilians I. zum Humanismus vgl. Rudolf Buchner: *Maximilian I. Kaiser an der Zeitenwende*, Göttingen 1959, S. 48-50.

oder auch nur der Ansatz zu einer geschriebenen Lehre bekannt ist, wirkte er auf dem Weg der Vermittlung durch seine Schüler ungleich nachhaltiger und mehr in die Breite als Schlick, dessen Lehrwerk bezeichnenderweise keine Neuauflage erfuhr, von dem keine Schüler nachzuweisen sind und dessen Ruhm seine Lebenszeit offenbar nicht überdauerte. Zwar war Schlick einer der bekanntesten Orgelspieler seiner Zeit und vor allem einer der gesuchtesten und weitgereisten Orgelbauexperten, doch gewinnt man bei der Prüfung der Dokumente seines Lebens und Wirkens den Eindruck, daß er – ganz im Gegensatz zu Hofhaimer – ein Außenseiter war. Das gilt schon für seine ungewöhnliche Stimmung, die sich von der überkommenen pythagoräischen Reinstimmung der Quint im Sinn der damaligen Praxis löste, jedoch ebenso die "Tertzen perfectum" ablehnte, um dafür die Quint *as-es*, die "Wolfsquinte" der mitteltönigen Stimmung, zu Konsonanzgrad zu temperieren – eine Maßnahme, die – namentlich vor der ersten umfassenden Begründung der Mitteltönigkeit durch Fogliano (1529) – von den zeitgenössischen Theoretikern unverstanden bleiben oder zumindest aufgrund ihres Pragmatismus und Empirismus inakzeptabel erscheinen mußte.[8]

Ebensowenig wurde Schlicks Tabulaturnotation rezipiert, obwohl sie in der Klarheit ihrer graphischen Einrichtung den konkurrierenden zeitgenössischen Notationsweisen deutlich überlegen war. Ihre Tendenz ist einerseits auf die Angleichung an die Notentypen der Vokalmusik (nämlich an die weiße Mensuralnotation), andererseits auf eine sorgfältige partiturmäßige Anordnung der in Buchstaben notierten Unterstimmen gerichtet, die die Lage und den Verlauf der einzelnen Stimmen übersichtlich wiedergibt und darüber hinaus der modernen Auffassung des Tonraumes durch Plazierung der untersten Stimme an unterster Stelle Rechnung trägt. Mit dieser Haltung kommt Schlicks Tabulatur eigentlich den Anforderungen, die sich aus der aktuellen Situation der Tastenmusik ergeben – nämlich der Verbindung von stimmigem Denken mit griffmäßiger Übersichtlichkeit – mehr als jede andere zeitgenössische Aufzeichnungsweise entgegen. Daß sie sich gegenüber der von den Paulomimen geprägten Fundamentpraxis im dritten bis fünften Jahrzehnt des 16. Jahrhunderts nicht durchsetzte, weist darauf hin, daß der allgemeine musikalische Bewußtseinsstand der Organisten noch stark von den Praktiken und Denkweisen des Spätmittelalters geprägt war und sich – trotz einiger moderner und zukunftsweisender Züge – nur zögernd an die Entwicklung der Vokalpolyphonie der späten Niederländer akkomodierte.

Die Intention, die Orgelmusik aus ihrer starken Bindung an überkommene usuelle Praktiken herauszulösen und sie an das kompositorische Niveau der kontrapunktisch geregelten Musik heranzuführen, ist aber nicht nur aus Schlicks Notationsweise, sondern auch aus seinen Kompositionen und aus seinen Äußerungen zu ihnen und zur Musik seiner Zeit herauszulesen. Aus seinen Vorreden bzw. Widmungen ebenso wie aus seinen theoretischen Verlautbarungen spricht eine starke Überzeugung von

---

8   Zur Schlick-Stimmung vgl. insbesondere Heinrich Husmann: *Zur Charakteristik der Schlickschen Temperatur*, in: AfMw 24 (1967), S. 253-265. – Helmut K. H. Lange: *Das Clavecin brisé von Jean Marius in der Berliner Sammlung und die Schlick-Stimmung*, in: Mf 31 (1978), S. 57-79. – Mark Lindley: *Stimmung und Temperatur*, in: *Hören, Messen und Rechnen in der frühen Neuzeit*, Darmstadt 1987 (Geschichte der Musiktheorie 6), S. 137 f.

der eigenen Fähigkeit zur Beherrschung der musikalischen Satztechnik ebenso wie der instrumentalen Spieltechnik und des Instrumentenbaus. Offensichtlich war sich Schlick seiner überlegenen Könnerschaft vollauf bewußt, dafür spricht unter anderem die Vorrede zu den *Tabulaturen*, die in der Form einer Bitte von Schlicks Sohn an seinen Vater und des Antwortschreibens mit ihrer Gewährung besteht. Diese Vorrede ist in mehrfacher Hinsicht ein Dokument für das Eindringen des Renaissancegeistes in die Musik, und zwar speziell in die Instrumentalmusik. Im Sinn des *"modernen Ruhmes"* (Jacob Burckhardt) dient das Buch dazu, Schlicks *"kunst vff der orgeln, lauten vnd gesangk"*, die er *"als ein alten erfarnen derselben ... vil iar vor keysern vnnd königen churfürsten fürsten geistlichen vnd weltlichen auch andern herren geübt ..."*, nunmehr *"offenbar ... vnd durch die truckerey vß (zu)spreitten"*. Das Motiv dafür ist Pico della Mirandolas *Oratio de hominis dignitate* (posthum gedruckt 1496) entnommen:

> *"... vnd dein Leben nit also stillschweigend hingehe wie die vnuernünfftigen thyer die allein irem bauch vnderthenikeit vnd willen erzeigen vnd mit irem abscheiden in sweigen vergeß gestellt werden / was ist dein kunst wann niemant weiß was du kanst niemant mitgeteilt noch zu nütz kompe ... theil mit vnd lere vnd laß hinder dir was du gelernt hast / so wirst du in gedechtnis hie vnd dort ewiglich gesetzt ..."*[9]

In seiner menschlichen und künstlerischen Würde fühlte sich Schlick durch Sebastian Virdungs ein Jahr zuvor (1511) erschienene *Musica getutscht* angegriffen. Virdung hatte Schlick (ohne seinen Namen als Verfasser zu nennen) vorgeworfen, er habe fälschlicherweise *musica ficta* und *genus chromaticum* für ein und dasselbe gehalten.[10] Schlick fühlte sich von Virdung *"veracht"* und *"schumpffirt"* und verriß im Gegenzug dessen Werk als *"gefelt, onkünstlich, onartig, onmüglich vnd corrupt"*. Für diese reichlich überzogene Revanche waren offenbar persönliche Motive nicht ohne Belang; Schlick deutet an, daß er Virdung anläßlich des *"grossen reichtag(s)"* (gemeint ist der von Worms 1495) *"behülfflich vnnd fürtreglich gewessen"* sei und deshalb um so weniger *"disse schumpfirung"* durch *"her(n) Bastian ... verdint"* habe. Wichtiger indes scheint der Aspekt zu sein, daß Virdung in seiner Prätention, ein bedeutender Musiktheoretiker zu sein, durch seine nach Schlicks Meinung bewiesene Unfähigkeit zur korrekten Lehre von instrumentaler und kontrapunktischer Praxis bloßgestellt worden war. In diesem Sinn ironisiert Schlick Virdung, wenn er feststellt, daß offenbar die *"hochgelerten un erfarnen vnser auctores"* von Johannes de Muris bis zu Gaffurius leider nicht gelehrt genug gewesen seien, die griechische Sprache richtig zu verstehen. Deshalb hätten sie – nach Schlicks Meinung völlig zu Recht – musikalisch-terminologisch keinen Unterschied zwischen genus chromaticum und musica ficta gemacht, den erst der noch gelehrtere *"her Bastian"* aufgrund musikfremder Erwägungen entdeckt habe.

---

9   Arnolt Schlick: *Tabulaturen Etlicher lobgesang vnd lidlein vff die orgeln vnd lauten ...* (1512). Fotomechanischer Nachdruck Leipzig 1979, Vorrede (unpaginiert). Eine ähnliche Formulierung findet sich schon in der Vorrede des *Spiegels der Orgelmacher und Organisten* (1511), Reprint mit englischer Übersetzung Buren 1980 (Bibliotheca organologica, 113).

10   Sebastian Virdung: *Musica getutscht* (1511), Faksimile-Nachdruck, hrsg. von K. W. Niemöller, Kassel u. a. 1970 (Documenta Musicologica, 1. Reihe, XXXI) (original unpaginiert; S. 40 f.). Vgl. dazu Hans H. Lenneberg: *The Critic criticized: Sebastian Virdung and his Controversy with Arnolt Schlick*, in: JAMS 10 (1957), S. 1 f.

Die Konzeption der *Tabulaturen* insgesamt war zunächst keine andere als die einer Kampfschrift gegen Virdung. Schlicks Intention war, die *Musica getutscht* zu verdrängen und sein Buch an ihre Stelle zu setzen: Das Werk eines Meisters, der von der Praxis ausgeht, sollte statt der *"onkünstlichen"*, *"korrupten"* Theorie *"zugefallen vnd nutz der welt"* dienen. Bekanntlich erreichte Schlick dieses Ziel nicht; im Gegenteil: Trotz seiner Schwächen wurde Virdungs Buch in lateinischer, französischer und flämischer Sprache bis 1568 nachgedruckt, wogegen die beiden Drucke von Schlick keine Neuauflage erlebten. Noch dazu wurde die wichtige lateinische Fassung der *Musica getutscht* besorgt von Othmar Luscinius, dem gelehrten Freiburger Humanisten und Exponenten der Hofhaimer-Schule.[11] Der Verdacht liegt nahe, daß die "Paulomimen" damit gezielt gegen Schlick Position bezogen.

Es bedeutete ohne Zweifel eine Überinterpretation, wollte man in diesem Vorgang den Ausdruck oder die Konsequenz einer persönlichen Rivalität zwischen Schlick und Hofhaimer erblicken. Dazu fehlen alle sonstigen Anhaltspunkte, und auch die Absenz hinreichend zahlreicher und wirklich repräsentativer überlieferter Kompositionen von Hofhaimer verbietet eine so weitreichende Hypothese. Immerhin fehlt eine plausible Erklärung des eklatanten Unterschiedes in der Rezeption jener beiden Musiker, die den Beginn der eigentlichen Geschichte der deutschen Orgelkomposition als gleichermaßen repräsentative Gestalten markieren. Allein der aus Meiningen stammende und an verschiedenen deutschen Universitäten tätige Musiktheoretiker Andreas Ornithoparchus bezeugte seine Verehrung für Schlick, indem er ihm das vierte Buch seines Traktates *Musicae activae micrologus* (1517) widmete, das bezeichnenderweise die Prinzipien des Kontrapunktes "beleuchtet" (elucidans). In dieser Widmung knüpfte Ornithoparch an Schlicks Gedanken an, die dieser der berühmten Rede über die Würde des Menschen von Pico della Mirandola entnommen hatte.[12] Wie vollständig indes Schlick der erstrebte künstlerische Nachruhm versagt blieb, wird an der Tatsache deutlich, daß noch hundert Jahre später Virdung für Michael Praetorius eine bekannte Größe war, dessen Werk er auszugsweise wörtlich zitierte, während Schlick nirgends erwähnt wurde.[13]

Neben dem Vorwort zu den *Tabulaturen*, das die Auseinandersetzung mit Virdung zum eigentlichen Gegenstand hat, gibt die Widmung der anläßlich der Krönung Karls V. geschriebenen Orgelsätze an den Fürstbischof Kardinal Bernardo Clesio von Trient[14] Aufschlüsse über Schlicks Selbstverständnis als Orgelkomponist. Er versteht sich als einer derjenigen, die zu der Fülle der zu dem festlichen Anlaß gebotenen Darbietungen von *"Etwas news lustigs Seltzsams Kunstreichs"* einen Beitrag auf dem Gebiet der Musik leisten, weil diese den Menschen *"freud, mutt, Erleuchterung Irer sorg und*

---

11   Veröffentlicht als 1. Teil von Luscinius' *Musurgia seu praxis musicae*, Straßburg 1536.

12   Andreas Ornithoparchus: *Musicae activae micrologus* (Leipzig 1517), Nachdruck Hildesheim/New York 1977 (ohne Paginierung). Vgl. oben Anm. 9.

13   Michael Praetorius: *De organographia* (= *Syntagma musicum* Teil II) (Wolfenbüttel 1619), Faksimile-Nachdruck Kassel u. a. 1958, S. 75 ff.

14   Macario Santiago Kastner/Miguel Querol-Gavalda: *Hommage à l'Empereur Charles-Quint*, Barcelona 1954, Introduction.

arbeith, Erquickung des geists und gemüts" gebe. Bescheiden merkt er an, er habe beschlossen, sich *"auch in das Spil zu mischenn mit dem gemeinen Hufenn In zu tringenn"*, obwohl er *"zu solcher gemeiner Freud Kein als Costlich Genium, Oder ichts so wirdigs herfur brechte"*. Auch habe er sich nicht *"eignes lobs oder Rumbs halber Bearbeith und befliessen"*, sondern *"damit ich den ijenen, so der music hochlicher dan verwant sein, Ursach geben mocht, das sie Etwas Artlicheres Bessers und merers in Ybungenn der Music (die meins Bedunckens nit zu Ergrunden ist) uff die Ban zu bringen ..."* vermöchten. Zentral aber ist der Hinweis, daß es sich um etwas *"news vor ungehortz"* (Neues, vorher nicht Gehörtes) handele. Den *"verss der pross oder sequentz unser lieben Frauen"* Gaude Dei genitrix habe er *"acht mal gesetzt, doch keins dem andern gleich, Sunder yedes mal ander Contrapunct, auch uff yede Compositz eigen Regel funden und gemacht, die do gewiss sein, leichtlich allenn chorgesang uff die art zu setzenn ..."*. Schlick sieht es also als seine Aufgabe an, die gesellschaftliche Funktionalität der Musik (Repräsentation, Unterhaltung, Gemütsergötzung) mit den Kategorien des Neuen, Nie-Dagewesenen, des Individuellen, des nicht vorgegebenen Normen Folgenden, sondern sie selbst Setzenden zu verbinden. Diese Haltung tritt auch bei anderer Gelegenheit auffällig zutage, als er nämlich im 5. Kapitel seines *Spiegels* fordert, daß beim Registrieren nicht nach eingeschliffenen Regeln und Kombinationen verfahren werde, sondern man möge *"eins nach dem andern hörn ... lassen, wie ym oder andern geliept"*. Und was die Entwicklung ungewohnter Klangwirkungen anbelangt, so propagiert Schlick die Erfindung immer neuer Register, welche

> *"güt kunstlich funden gemacht vnd zü wegen bracht des stym anmuetig vnnd seltzam dem gehör, vnnd seyner pfeiffen fast tzü verwondern, welcher sie nitt kendt, wer auch nüer yr form proportz oder mensur zü erdencken vnmueglich gewest, aber teglich wachsen kuenst vnd kommen mee. adams kinder feyren nit."*[15]

II

Bereits zum Zeitpunkt ihrer Veröffentlichung 1869 wurde die Bedeutung der wiederentdeckten Orgelkompositionen Schlicks deutlich. August Gottfried Ritter, der Schlick erstmals eine ausführliche Betrachtung innerhalb seiner *Geschichte des Orgelspiels* widmete, erkannte bereits, wodurch sich der Heidelberger Organist als exzeptionelle Erscheinung vor dem Hintergrund der zeitgenössischen Orgelmusik abhebt:

> *"Die Arbeiten Schlicks machen in ihrer Gesamtheit den Eindruck einer stetigen Entwicklung von innen heraus; der Anfang bestimmt das Ende und den dahin führenden Weg in einem Fluß. Bei Paumann läßt sich ein schrittweises Hinzufügen nicht verkennen; er erstrebt noch, was Schlick bereits besitzt. Die Tonsätze des letzteren lassen kein unmotiviertes Erfassen und Loslassen einer Figur, kein plötzliches Aufgreifen ra-*

---

15 Zitiert nach Arnolt Schlick: *Spiegel der Orgelmacher und Organisten*, in: Monatshefte für Musikgeschichte I, 1869, S. 96 f.

scher oder langsamerer Gänge wahrnehmen; überall ist vermieden, was das Ebenmaß und eine ruhige äußere Haltung stören würde, mag nun der Kontrapunkt in ernsten Schritten oder in zierlich gewundenen Linien sich bewegen. Wenn nun dies erreicht wird durch Stimmen, deren jede unter engem Anschluß an die übrigen sich gleichwohl frei, ja selbstbewußt ergeht, so darf man wohl behaupten, dass sie als lebende sich darstellen, während denen Paumanns der prometheische Funke fehlt. "[16]

Was Ritter als Phänomen hellsichtig beschrieb und mit den genieästhetischen Kategorien zu deuten versuchte, die ihm als Kind seiner Epoche als quasi naturgegeben erscheinen mußten, wird in seiner vollen historischen Bedeutung verständlich, wenn grundlegende Sachverhalte als Hintergrund einbezogen werden: einmal die generelle *"Rückständigkeit der mehrstimmigen Musik im spätmittelalterlichen Deutschland"*, zum anderen der Charakter des Orgelspiels dieser Epoche als kunstfernes, ganz und gar von der (liturgischen) Praxis geprägtes *"Handwerk"*, das den Gebrauchsformen der liturgischen Vokalmusik, in die es eingebettet war, unmittelbar verpflichtet und strukturell engstens verwandt war. Diese Gebrauchsformen aber verweisen vorwiegend zurück auf uralte Satzstrukturen der frühen Mehrstimmigkeit, die die zeitgenössische vokale Kunstmusik längst hinter sich gelassen hatte. Auf der anderen Seite enthielt die Tastenmusik aber auch durchaus Elemente, die auf eine zumindest nicht völlig fehlende Verbindung zur vokalen Kontrapunktik verweisen, wie etwa die gelegentliche Gleichberechtigung unvollkommener Konsonanzen oder das Prinzip der Gegenbewegung.[17]

Erst seit dem Ende des 15. Jahrhunderts bemühte sich in Deutschland namentlich die ökonomisch und sozial aufstrebende und um Partizipation an der Kultur lebhaft bemühte frühbürgerliche Gesellschaftsschicht darum, den mittlerweile erkannten Rückstand gegenüber der franko-flämischen Mehrstimmigkeit aufzuholen – ein Bemühen, das nachhaltig durch den aufkommenden Notendruck und -handel begünstigt wurde.[18] Stärker als in den Nachbarländern tritt bei diesem Prozeß der deutschen Annäherung an die internationalen Standards der mittlerweile kontrapunktisch regulierten Mehrstimmigkeit die Rolle des Instrumentalen, speziell des Orgelspiels, in Erscheinung. Diese zunächst erstaunlich anmutende Tatsache wird erklärlich, wenn man die eigentümliche soziale Mittelstellung der Organisten seit Paumann in Rechnung stellt. Sie entstammten der Sphäre bürgerlich-stadtkirchlichen funktionalen Musizierens, wurden jedoch – im Zuge des oben beschriebenen neu erwachten humanistischen Interesses der Herrscher und nicht zuletzt der Habsburger am Orgelspiel – in die Sphäre der höfischen, das heißt aber: der niederländischen polyphonen Musik einbezogen. Diese Entwicklung läßt sich an der Wandlung der Orgeltabulatur und Fundamentbücher im Lauf des 15. Jahrhunderts ablesen. Sie läßt sich ganz knapp beschreiben als die Herausbildung eines instrumentalen Satzes, der auf geregelter

---

16 August Gottfried Ritter: *Zur Geschichte des Orgelspiels, vornehmlich des deutschen, im 14. bis zum Anfange des 18. Jahrhunderts*, (Leipzig 1884) Reprint Hildesheim 1969, S. 100.

17 Göllner: *Formen früher Mehrstimmigkeit*, S. 11, 95, 101 ff.

18 Martin Just: *Der Mensuralcodex Mus. ms. 40021 der Staatsbibliothek Preußischer Kulturbesitz Berlin. Untersuchungen zum Repertoire einer deutschen Quelle des 15. Jahrhunderts*, Bd. I, Tutzing 1975, S. 12.

Klang- bzw. Stimmfortschreitung beruht. Bereits bei Paumann finden sich Abschnitte, in denen *"der Tenor das Fortschreiten in gleichmäßig langen Werten verläßt und sich am rhythmischen Geschehen beteiligt"*; mit ihm rhythmisch komplementär schreitet der Diskant in parallelen Sextklängen fort. Allerdings beschränkt sich diese Satzstruktur bei Paumann auf Ausschnitte; der übrige Satz beruht *"immer noch auf dem Aneinanderreihen von einzelnen rhythmisch erstarrten Tenortönen"* und deren formelhaft kolorierender Umspielung durch eine bewegte Oberstimme, die noch nicht zu tatsächlicher Eigenständigkeit gelangt ist.[19] Von entscheidender Wichtigkeit ist die bei Paumann weithin anerkannte Gleichberechtigung der bis dahin "unvollkommenen" Konsonanzen Terz und Sext als Voraussetzung für die vom vollen Akkordgriff geprägte Spielweise der Hofhaimer-Schüler, die wiederum für die weitere Entwicklung insbesondere der Cantus-firmus-freien Tastenmusik im 16. Jahrhundert wegweisend wurde.

Diesem Trend zur griffigen Darstellung des als neu empfundenen terzstrukturierten Klanges verweigerte sich Schlick. Indem er auf der konsequenten Weiterführung der Polyphonisierung und kontrapunktischen Regulierung der Tastenmusik im Sinn der zeitgenössischen vokalen Kunstmusik bestand, verfolgte er kompromißlos die Artifizialisierung des Orgelspiels, was jedoch offensichtlich – im Vergleich zur Hofhaimer-Schule – nicht auf ein breites Verständnis der rezipierenden Schichten stieß. Schon äußerlich verweist die deutliche Trennung der Repertoires innerhalb der Tabulaturen – der Orgel werden nur geistliche, der Laute überwiegend weltliche Sätze zugewiesen – auf Schlicks Bestreben, der Orgel nur "würdige", im Verständnis der Zeit erstrangige Musik anzuvertrauen. Von einer Bestimmung etwa für die Praxis der Kirchenorganisten her jedenfalls ist diese Beschränkung – im Gegensatz zu den handschriftlichen Sammlungen und Lehrbüchern des 15. Jahrhunderts – nicht zu begründen, und zur weiteren Verbreitung des Druckes wird sie gewiß nicht beigetragen haben, wogegen die (handschriftlichen) Fundamentbücher der Paulomimen der zu dieser Zeit in das schriftlich fixierte Repertoire der Tasteninstrumente eindringenden Tanzmusik weiten Raum ließen (mit der Folge, daß die Verbote von derartigen Darbietungen auf der Orgel sich im 16. Jahrhundert auffällig häufen). Die einzige Melodie, über die Schlick sowohl einen Orgel- als auch einen Lautensatz bietet, ist das *Maria zart*, dessen Stellung am Schnittpunkt von geistlichem und weltlichem Bereich damit unterstrichen wird. Vielleicht hatte die Hervorhebung gerade dieses Cantus firmus durch zweimalige Bearbeitung auch die Tatsache zum Anlaß, daß Sebastian Virdung den "Orgel-Abschnitt" seiner *Musica getutscht* mit einem Marienlied – nämlich dem *O haylige/ onbefleckte/ zart iunckfrawschafft marie* – beschlossen hatte, bevor er sich der Laute zuwandte. Bei Schlick ist das *Maria zart* an vorletzter Stelle des Orgelteiles plaziert, ihm folgen nur noch die wohl zyklisch aufzufassenden drei Bearbeitungen der Antiphon *Da pacem*.

Das Lied *Maria zart* erfreute sich als Cantus firmus mehrstimmiger Bearbeitungen seit dem Ende des 15. Jahrhunderts großer Beliebtheit; außer in Schlicks *Tabulaturen* finden sich in derjenigen Leonhard Klebers zwei Sätze für Tasteninstrumente, von

---

19 Göllner: *Formen früher Mehrstimmigkeit*, S. 97 f.

denen der zweite mit der Angabe *"Fuga optima quatuor vocum. HB. 1520"* versehen ist. Willi Apel schloß daraus auf die Autorschaft Hans Buchners und meinte in diesem Stück *"das früheste Beispiel einer voll entwickelten Choralmotette"* für Tasteninstrumente zu erkennen.[20] Allerdings hatten schon Jost Harro Schmidt[21] und Karin Kotterba[22] den Satz als Intavolierung eines vierstimmigen Liedes von Ludwig Senfl[23] erkannt, die wahrscheinlich Buchner zuzuschreiben ist. Zwar vertrat Arnold Geering[24] die Auffassung, daß sowohl Schlicks als auch Buchners Orgelbearbeitung von *Maria zart "vor"* Senfls Kompositionen der Melodie *"fallen"*, doch war auch ihm das Verhältnis von Buchners Intavolierung zu Senfl nicht bekannt, vielmehr orientierte er sich offenbar an quellenkritisch ermittelten Daten zum Pernner-Codex, der Hauptquelle von Senfls Satz.[25] Nun wies aber Schmidt[26] nach, daß Buchner zu Senfl bereits während seiner Studienzeit in der kaiserlichen Hofkapelle ein persönliches Verhältnis als Mitschüler gehabt haben muß. Jedenfalls haben die beiden auch später noch – was im übrigen zeittypisch ist – Musikalien ausgetauscht. Es ist also sehr gut möglich, daß Buchner Senfls *Maria-zart*-Vertonung unabhängig davon, somit auch vor deren Aufzeichnung im Pernner-Codex, kennenlernte.

Senfls von Buchner intavolierter Liedsatz über *Maria zart* gehört zu jenen Bearbeitungen geistlicher Volkslieder, in denen – abweichend von der Hofweisen-Konvention des Tenorliedes mit durchgängigem Cantus firmus – vielfältige Möglichkeiten satztechnischer Freiheit ins Spiel kommen. Die Liedmelodie liegt im Baß und wird von langen Pausen in den Zeileneinschnitten unterbrochen – gerade dies prädestinierte sie zur Bearbeitung für Pedalorgel. Entscheidend aber ist, daß solche Betonung des Zeilenaufbaus in Verbindung tritt mit einer konzentrierten Vorimitation, die den Satz in die Nähe der damals modernsten Form der Motettenkomposition, nämlich der von Josquin und Obrecht, rückt. Die Homogenisierung des Stimmgefüges tritt dem genuinen Cantus-firmus-Prinzip des Liedsatzes gegenüber im Sinn einer verstärkten Teilhabe aller Stimmen an der Verarbeitung des melodischen Materials, vor allem in den Pausenphasen der Cantus-firmus-Stimme. *"Seinen Sinn empfängt ein solches Gebilde zwar noch immer allein vom Zeilenablauf der Weise, die es polyphoniert. Ihre lied-*

---

20 Willi Apel: *Geschichte der Orgel- und Klaviermusik bis 1700*. Kassel u. a. 1967, S. 91. Erstaunlicherweise weist Apel S. 84, Anm. 13, auf den Senfl-Satz hin.

21 Jost Harro Schmidt: *Johannes Buchner, Leben und Werk*, Diss. phil. mschr. Freiburg/Br. 1957, S. 48.

22 Karin Kotterba: *Die Orgeltabulatur des Leonhard Kleber. Ein Beitrag zur Orgelmusik der ersten Hälfte des 16. Jahrhunderts*, Diss. phil. mschr. Freiburg/Br. 1958, S. 61, 69. Noch Michael Kugler: *Die Musik für Tasteninstrumente im 15. und 16. Jh.*, Wilhelmshaven 1975 (Taschenbücher zur Musikwissenschaft 41), S. 103, spricht von *"Buchners 'Maria zart'"* ohne Erwähnung der Autorschaft Senfls.

23 Ludwig Senfl: *Deutsche Lieder* T. 1, ed. A. Geering. Wolfenbüttel/Berlin 1938 (EdM I 10), Nr. 5 (S. 8 ff.).

24 Krit. Bericht zu der genannten Ausgabe, S. 127 f.

25 Senfl benutzte die Melodie noch ein zweites Mal auf den Text *Marie du bist genaden voll*. [Vgl. zu der genannten Quelle mittlerweile die Monographie von Rainer Birkendorf: *Der Codex Pernner. Quellenkundliche Studien zu einer Musikhandschrift des frühen 16. Jahrhunderts (Regensburg, Bischöfliche Zentralbibliothek, Sammlung Proske, Ms. C 120)*, Diss. Göttingen 1992, Druck Augsburg 1992 (Collectanea musicologica, 6).]

26 J. H. Schmidt: *Buchner*, S. 17 f. Ob man dieses Verhältnis als *"besonders freundschaftlich"* bezeichnen kann, geht m. E. aus der Formulierung der Quellen nicht hervor.

hafte, kohärente Verlaufsgestalt bestimmt jedoch nicht mehr den Grundriß des Satzes. Er wird vielmehr nach einer eigenen Logik aufgebaut."[27]

Doch nicht Senfls Baß-Cantus-firmus-Satz stellt den eigentlichen Modellfall einer mehrstimmigen *Maria-zart*-Bearbeitung dar. Diese Funktion hat eindeutig Jacob Obrechts vierstimmige Messe, die ca. 1510, also zwei Jahre vor Schlicks *Tabulaturen*, im Druck erschien.[28] Die stringente zyklische Form[29] übte vermutlich vor allem durch ihre Finalgerichtetheit eine erhebliche Faszination auf die Zeitgenossen aus, die hierin eine nie gehörte Abrundung und Geschlossenheit erlebten, die der sechsundzwanzig Jahre später mit dem Ausdruck "opus perfectum et absolutum" belegten Idee eines musikalischen Großwerkes bereits gerecht wurde. Sie realisiert sich darin, daß der Cantus firmus in den ersten vier Messesätzen nacheinander in den zwölf (jeweils zu zweien verbundenen) Segmenten sich darstellt, während dem "Finale", dem Agnus Dei, allein die Erscheinung des gesamten Ablaufes aller Melodiesegmente vorbehalten bleibt. Die *"suggestive"*[30] Erlebbarkeit des in seiner Einfachheit frappierenden Gegensatzes von teilweiser und integrer Darbietung der prominenten Weise und dessen Vermittlung durch die polyphone Struktur konnte freilich in diesem Stadium der Entwicklung in der Tastenmusik keine Nachahmung finden, da es zur Ausbildung der Formidee des finalgerichteten instrumentalmusikalischen Zyklus' zunächst der Entfaltung der Variationen- und Fantasieformen (inklusive Toccata, Ricercar, Canzona etc.) bedurfte, die den Zeitraum des 16. Jahrhunderts voll in Anspruch nehmen sollte.

In Schlicks *Maria-zart*-Bearbeitung für Orgel, deren hervorragende Stellung insbesondere von Reese und Apel herausgearbeitet wurde, spielt das Figurationsmotiv a eine auffallende Rolle: Es wird gleich zu Beginn in der melodieführenden Oberstimme als scheinbar lediglich ornamentale Umschreibung des Terzsprunges vom ersten zum zweiten Melodieton exponiert, durchläuft dann jedoch in der fünften bis siebten Mensur eine augmentierte und invertierte Imitation in den beiden Unterstimmen. Der anfänglichen Exposition dieses Motives, das so auffällig hervorgehoben wird, schließt sich die Rückkehr von der Terz zur Finalis im schrittweisen phrygischen Sekundgang an (b). Beide Figuren zusammen stellen die Vertonung des Textes "Maria zart" dar.

a)   b)

27   Wilhelm Seidel: Die Lieder Ludwig Senfls, Bern/München 1969 (Neue Heidelberger Studien zur Musikwissenschaft 2), S. 123.

28   *Concentus harmonici quattuor missarum, peritissimi musicorum Jacobi Obrecht ...*, Basel: G. Mewes. Vgl. Jacob Obrecht: *New Edition of the Collected Works*, Vol. 7, ed. B. Hudson. Vereniging voor Nederlandse Muziekgeschiedenis 1987, S. XXXI-XLV, 39-96.

29   Dazu vor allem: Bernhard Meier: *Zyklische Gesamtstruktur und Tonalität in den Messen Jakob Obrechts*, in: AfMw 10 (1953), S. 289-310; Gustav Reese: *Music in the Renaissance*, Revised Edition, London 1959, S. 193.

30   M. Just, *Der Mensuralcodex ... I* (vgl. Anm. 18), S. 307.

Nicht nur durch die Figur a, sondern auch durch die Nachbarschaft von a und b (vielfach auf verschiedene Stimmen verteilt und diastematisch verändert – z. B. Mensur 6/7: Mittelstimme; M. 13/14: Mittel-Unterstimme; M. 16/17: Unter-Mittelstimme; M. 21-23: Mittelstimme usw.) entwickelt Schlick ein einheitstiftendes Motiv aus der "Textmarke"; die Zeilen sind so nicht lediglich aneinandergereiht, sondern sie werden vermittels des polyphon variierten *Maria zart*-Motives miteinander verbunden und das Ganze so unter eine Art leitendes Motto gestellt.

Hinzu tritt ein weiteres formbildendes Moment: Die Mitte des Stückes – die Textzeilen 6 und 7 (Mensur 26/2 bis 38/1) – wird durch zwei Kanonpartien im Abstand von zwei Oktaven zwischen Ober- und Unterstimme geprägt; daran schließt sich in den Mensuren 39 und 40 eine Sequenz mit dem Figurationsmotiv a an, das in der Oberstimme beginnt (T. 39, 2./3. Minima), dann für eine Minima unterbrochen und in Mensur 40 in der Mittelstimme fortgeführt wird, während umgekehrt die Oberstimme in M. 40 an das *c* der Mittelstimme in M. 39/4 anknüpft und dieses im Sinn des Motives b zu Ende führt. Der Austausch der beiden Motive zwischen den Stimmen in Verbindung mit der Häufung der Sequenzen zeichnet diese Stelle als Höhepunkt einer Verarbeitung aus, die sinnreicherweise an das Ende der kunstvollen (wenn auch nicht durchgängigen) Kanonverknüpfung der Mitte gestellt ist. So ist das Stück strukturell in einen Anfangs-, Mittel- und Schlußteil gegliedert, was die additive Reihung der Zeilengliederung überlagert und in Verbindung mit der übergreifenden Funktion der beiden Anfangsmotive eine subtile Einheitswirkung erzielt. Nicht unwichtig ist in diesem Zusammenhang die Tatsache, daß das Imitationsmotiv a auch im Agnus I von Obrechts *Maria-zart*-Messe erscheint, und zwar in der gleichen Funktion, jedoch nur für die Dauer einer Zeile, nämlich *peccata mundi* (Mensur 30/4 bis 35/1). Zwar taucht das Motiv im weiteren Verlauf verschiedentlich noch einmal auf, doch scheint eine systematische Verwendung im Sinne von Schlick nicht intendiert zu sein.

Nicht die Identität oder Nicht-Identität von Figurationen ist hier entscheidend, sondern das Streben nach Einheitsbildung, das bei Obrecht für die zyklische Form der Messe naturgemäß mit anderen Mitteln erfolgt als bei Schlicks einfacher organistischer Durchführung. Für diese sei noch kurz auf ein letztes Zusammenhang stiftendes Strukturmoment hingewiesen: auf die Abfolge der Klauseln an den Zeilenenden. Auffällig ist das Vermeiden der für die niederländische Polyphonie dieser Zeit charakteristischen "modernen" kräftigen Quintschritt- und Quartfallklauseln. Ganz im Gegenteil überwiegen die "schwachen" Gleittonklauseln, die allerdings in einem subtil ausgewogenen Verhältnis von Final-, Tenor- und Mediantschlüssen angebracht sind. Die einzige affinale Klausel leitet zum "durchführenden" Mittelteil über (M. 25). Der Schlußteil ist von auskomponierten plagalen und phrygischen Klauseln zur Finalis beherrscht. Das Initialmotiv b wirkt so bis in die Klauselbildung hinein und hat damit mittelbar Konsequenzen für die Gesamtform.

Obwohl Schlicks *Maria zart* durch seine Anlage als dreistimmiger "Chansonsatz" auf den ersten Blick an die Dufay-Generation gemahnt und auch in den verwendeten Klauseln nicht eben progressiv anmutet, wird in den verschiedenen Maßnahmen zur Einheitsbildung ebenso wie in der konsequenten Linearität und in der Anwendung der Imitationstechnik bis hin zu längeren Oktavkanonstrecken die Orientierung an den führenden zeitgenössischen Vokalpolyphonisten, vor allem wohl an Obrecht, deutlich. Daß dabei die Affinität nur in den kompositorischen Prinzipien, nicht so sehr hingegen in einer Anlehnung an äußere Gestaltungsmerkmale liegt, macht die Bedeutung dieser genuin organistischen Musik aus. Das organistische Idiom zeigt sich deutlich in der feinen Differenzierung der Stimmen. Einerseits bilden sie ein homogenes Gefüge: Stets ist jede der drei Stimmen bereit, mit jeder der beiden anderen in Korrespondenz- oder Komplementärverhältnisse einzutreten, indem die vorkommenden Figurationen ebenso wie die langsamen Bewegungen prinzipiell in allen dreien möglich sind. Auch die Klauseln sind unter den drei Stimmen austauschbar. Andererseits sind die Funktionsunterschiede nicht zu verkennen, allerdings nur bei sehr präziser Verfolgung des Ablaufes. Die Cantus-firmus-führende Oberstimme ist die rhythmisch diskontinuierlichste, zugleich diejenige, die die formale Struktur am deutlichsten hervorkehrt: Durch ihre drei größeren Semifusa-Gruppierungen markiert sie ebenso Beginn, Ende des Mittelabschnittes und Gesamtschluß, wie sie die überlagerte Zeilengliederung als einzige Stimme stereotyp durch Schlußbreven anzeigt. Gerade in der Cantus-firmus-Stimme prallen also Zeilenreihung und dreiteilige Anlage am intensivsten aufeinander. Hinsichtlich rhythmischer Diskontinuität kommt ihr die Unterstimme am nächsten; die Aussparung jeglicher Semifusenbewegung kennzeichnet sie indessen als Pedalstimme im Sinne von Schlicks Forderung aus dem *Spiegel*,

> *"auch manch liedtlein vnd ander gesang mit drey oder vier stimmen nit volkhommen manualiter zü machen,"*

weil die Stimmen häufig entweder zu weit auseinander oder aber zu nahe zusammenliegen, in welchem Fall es darauf ankomme, daß

> *"... iglich stym yren eigen ton bass haben vnd gehort werden mag, so das pedall vnd manuall zü sammen gebraucht werden."*[31]

Die Bewegung der Mittelstimme verläuft sehr gleichmäßig in überwiegenden Semiminimen und Fusen. Als längste Pause tritt ein einziges Mal eine Minima auf (M. 15). Der Tendenz zur Betonung der Zeilenzäsuren in den beiden anderen Stimmen arbeitet die Mittelstimme so stark entgegen, daß dem Reihungsprinzip die strukturbestimmende Eindeutigkeit entzogen und auf diese Weise dem Stück die Balance zwischen der von der Zeilenstruktur vorgegebenen und dem von der internen Dreiteiligkeit geprägten Formprinzip zuteil wird. Dieses Spannungsverhältnis zwischen präformierter und autonom begründeter kompositorischer Struktur zeigt sich hier vielleicht zum ersten Mal in der Orgelmusik in aller Deutlichkeit; fortan wurde es grundlegend für die Idee der organistischen Choralbearbeitung, gipfelnd wohl in den großen Formen der norddeutschen Choralfantasie des 17. Jahrhunderts.[32]

---

31 *Spiegel der Orgelmacher und Organisten: Das Ander Capitel.*

32 Dazu näher Arnfried Edler: *Buxtehude und die norddeutsche Choralfantasie*, in: *Dietrich Buxtehude und die europäische Musik seiner Zeit.* Symposium Lübeck 1987, hrsg. von A. Edler und F. Krummacher, Kassel u. a. 1990, S. 275-288.

Maria zart präsentiert einen neuen Typus von liedhaftem Cantus firmus. Unter den Weisen des Meistergesanges, aus dessen Bereich er stammt, nimmt er einen besonderen Rang insofern ein, als er als einziger *"eine gewisse Volkstümlichkeit erlangte"*.[33] Diese Volkstümlichkeit entsprang jener von der Mystik beeinflußten Frömmigkeitsbewegung, die auch die überaus realistischen Pietà-Darstellungen des 14. und 15. Jahrhunderts hervorbrachten[34] und unter deren Einfluß etwa Heinrich von Laufenberg die großen lateinischen Mariendichtungen des Mittelalters in die Volkssprache übertrug.[35] Die Entstehung volkstümlicher Mariendichtung steht vor allem im Zusammenhang mit dem im 15. Jahrhundert aufkommenden Rosenkranzbeten;[36] auch der Text von *Maria zart* scheint von der Rosenkranzlyrik beeinflußt zu sein. Die zarte, mystisch-durchgeistigte Stimmung solch volkstümlicher Kunst wird durch den Text wie auch durch die Melodie dieses Liedes vollendet repräsentiert und erfährt in den polyphonen Transformationen Obrechts, Senfls und Schlicks ihre adäquate vokale und organistische Artifizialisierung. Schlicks Orgelbearbeitung blieb ohne Gegenstück. Buchners von Apel beschriebene Intavolierung entfällt aus den oben erörterten Gründen, und der zweite *Maria-zart*-Satz der Kleber-Tabulatur demonstriert nur den enormen Abstand, in dem sich Schlicks Stück zu den zeittypischen Orgelbearbeitungen eines derartigen Liedes befindet.[37] Hier liegt der Cantus – wie bei Senfl – im Baß, er wird ohne jede Veränderung, Kolorierung oder Unterbrechung in Breven und Semibreven durchgeführt. Sein eigentlicher Kontrapunkt verläuft in der Oberstimme; jedoch handelt es sich hier um – abgesehen von konventionellen Kolorierungen – Note gegen Note dem Cantus gegenübergestellte Töne, die im althergebrachten Sinn Klänge zusammen mit dem Baß und den Mittelstimmen bilden, die schrittweise aneinandergereiht werden. Es handelt sich um einen Contrapunctus simplex, der nur gelegentlich koloristisch aufgelockert und etwa von der Mitte des Stückes an durch zunehmende Semiminimenbewegung in der Oberstimme angereichert wird. Die beiden Mittelstimmen nehmen an dieser Bewegung nur am Anfang und an den Zeilenzäsuren, also an Stellen, an denen die Oberstimme pausiert, teil. Dabei kommt es sogar zu kurzen Imitationsphasen, die aber Episoden bleiben. Obwohl die Kolorierungen gelegentlich durchaus an Schlicks Figurationsmotiv a anklingen, steht ihnen dessen Eindringlichkeit nirgends zu Gebote, da diese wesentlich auf ihrer Ableitung aus einer textlich bedeutenden Stelle der Cantus-firmus-führenden Stimme, auf ihrer häufigen Kombination mit dem Motiv b und auf ihrer Disposition in der formalen

---

33 Heinrich Hoffmann von Fallersleben: *Geschichte des deutschen Kirchenliedes bis auf Luthers Zeit* (1832), Hannover ³1881, S. 454.

34 Hanna Jursch: Artikel *Marienlied*, in: RGG IV. Tübingen ³1960, Sp. 756.

35 Walter Salmen: Artikel *Laufenberg*, in: MGG VIII. Kassel u. a. 1960, Sp. 324 f.

36 Stephan Beissel S. J.: *Geschichte der Verehrung Marias in Deutschland während des Mittelalters*, Freiburg/Br. 1909, S. 511 ff.

37 Karin Berg-Kotterba (Hrsg.): *Die Orgeltabulatur des Leonhard Kleber*, Teil 2, Frankfurt/M. 1987 (EdM 92), Nr. 69, S. 2-4, Krit. Ber. S. 145. Interessant ist der Vermerk in der Kleber-Tabulatur, daß die von H(ans) B(uchner) 1520 begonnene Intavolierung des Senfl-Stückes ihr "finis" am Tag Purificationis Mariae (2. Februar) 1521 fand (fol. 153, Edition S. 146).

Gesamtanlage beruht. Zwar weist auch das Klebersche Stück[38] eine Steigerungsanlage durch die erwähnte Zunahme der Oberstimmenbewegung auf, darüber hinaus jedoch fehlt jeder Ansatz zu jener aus dem Zusammenwirken mehrerer struktureller Momente sich ergebenden "inneren" Steigerung, die die Subtilität von Schlicks Bearbeitung ausmacht. Im übrigen erweist sich das kontrapunktische Handwerk des Komponisten als unzureichend: Verschiedene Stimmfortschreitungen sind schlicht falsch (Mensur 17/18: Oktavparallelen zwischen Ober- und Mittelstimme; M. 62/63 desgleichen). Ungeschickte Klauselbildung führt in der Zeilenzäsur in M. 26 zu unzulässiger Dissonanzbildung zwischen Ober- und Unterstimme, ähnlich in M. 43. Solche Defekte spiegeln aber den kontrapunktischen Standard des damaligen Orgelspiels wider, über den sich die konsequente Stimmigkeit des Schlickschen Satzes, die hinsichtlich der satztechnischen Qualität dem vokalen Vorbild Obrechts ebensowenig schuldig bleibt wie in puncto formaler Subtilität, mit um so deutlicherem Abstand erhebt.

---

38 Otto A. Baumann: *Das deutsche Lied und seine Bearbeitungen in den frühen Orgeltabulaturen*, Kassel 1934, S. 110, bezeichnet das Stück als Originalkomposition Klebers; Karin Kotterba folgt ihm in ihrer Kleber-Dissertation (vgl. Anm. 22) S. 163. Auch Martin Staehelin kann keine Konkordanz nachweisen (vgl. die in Anm. 37 genannte Edition in EdM 92, Konkordanzenverzeichnis S. 155).

The Organ Yearbook 19 (1988), S. 53-66 (Laaber-Verlag)

"Fantasie" and "Choralfantasie": on the Problematic Nature of a Genre of Seventeenth-Century Organ Music

If one searches for a genre in which the spirit of the north-German/Lutheran conception of music appears at its purest, sooner or later one encounters the chorale fantasia for organ. Its characteristic features are hardly conceivable without the specific conditions which present themselves to music in the sphere of Lutheranism: the association, both consistent and extremely free, with the melody of the congregational chorales necessarily presumes an intensive connexion between these melodies and the listening congregation. The differentiated arrangement of sound demands indispensably that type of large organ, containing several divisions, which appears in this form only in northern Germany. The enormous degree of virtuosity, according to the standards of the time, requires a player with a high level of technical proficiency who could only develop within a system of professional musicians. And, finally, the considerable temporal extent of these works requires free space, so much so that it seems hardly possible to believe that it can be allowed within the course of the liturgy. Nevertheless, as we will see, some things suggest that these works were also played at the church service.

If it thus appears that the chorale fantasia for organ is tailor-made for Lutheranism, then it is even more surprising that the epoch in which it came into existence, and which today's historians see in retrospect as characteristic, had no standardized name for this new musical genre even not within a limited region. Only in exceptional cases, for example Scheidt's four-voice fantasia on "Ich ruf zu dir, Herr Jesu Christ," was there a contemporary association of the expression "fantasia," as an original term, with chorale settings. And this very piece shows only a few of the characteristics which are essential to the north-German chorale fantasia.

The meaning of the concept "fantasia" in music about 1600

The entrance of the concept "chorale fantasia" into musicological terminology (and hence into common musical terminology) took place as it were insidiously around 1930. Fritz Dietrich, who probably coined the term, included in his interpretation of it the so-called "chorale ricercar" (less happily called "chorale motet"). A discussion of this concept was completely omitted, and the comparison which Dietrich made between the north-German chorale fantasia and the variation-ricercar of Froberger was unsuccessful from the beginning.[1] There is, strictly speaking, no single genre of key-

---

1   Fritz Dietrich: "J. S. Bachs Orgelchoral und seine geschichtlichen Wurzeln," *Bach-Jahrbuch* 26 (1929), pp1-89. Idem, *Geschichte des deutschen Orgelchorals im 17. Jahrhundert* (Kassel, 1932), pp26 ff.

board music which could have served as a universal model for the chorale fantasia. Thus "fantasia" at this time means more than simply a certain musical form. At this time there were extremely large numbers of different expressions in different countries, especially in England, the Netherlands, Italy and Germany. They all admit to the most different principles of form. On the other hand, one can recognize some important things in common: first, the idea of "fantasia" (in music) is concerned basically with instrumental music. Among all genres of early instrumental music – aside from dances – the fantasia is least bound to vocal predecessors (as are the ricercar and canzona) or liturgical function (as are the intonation and toccata). The term "fantasia" does not always seem to have been chosen consciously. Frequently the same piece will appear under different designations in different sources; for example, as "fantasia," "capriccio," "toccata," "ricercar," or even with only the solmisation syllables of the theme.[2] Nevertheless, in certain areas the concept of "fantasia" meant something particular and unchangeable. That holds above all for the English virginalists and composers of consort music, for the sphere of influence of J. P. Sweelinck and – in a very exclusive and strict sense – for the young Girolamo Frescobaldi. In each of these areas the compositions designated as "fantasia" exhibit special, unique principles. And yet at the same time they follow a common principle, formulated most concisely by Thomas Morley in his *Plaine and Easie Introduction to Practicall Musicke* (1597):

> *"The most principal and chiefest kind of music which is made without a ditty is the Fantasy, that is when a musician taketh a point at his pleasure and wresteth and turneth it as he list, making either much or little of it according as shall seem best in his own conceit. In this may more art be shown than in any other music because the composer is tied to nothing, but that he may add, diminish and alter at his pleasure ..."*.[3]

Three criteria are decisive for Morley's characterisation of the fantasia: "more art," "tied to nothing," and "his own conceit." The nature of the fantasia is consequently founded on its character as a work of art. But this is not to be seen as separate from any negative attitude to the traditional norm and from the sovereign power exercised at the last by the composer's subjectivity.

The philosophical aspect of "fantasia"

But with that we touch on the general meaning – beyond music – of "phantasia" in the Renaissance. "Phantasia" was used by the humanists as a key concept, in particular because of the interpretation of classical texts. It dates back to Plato, who used it to denote illusion, the deceptive sensory perception. Aristotle reinterpreted the idea as a

---

2   Margarethe Reimann, "Zur Deutung des Begriffes Fantasia," *Archiv für Musikwissenschaft* 10 (1953), pp259ff, thinks "sonata" may originally have been a substitute term. Lydia Schierning, *Die Überlieferung der deutschen Orgel- und Klaviermusik aus der ersten Hälfte des 17. Jahrhunderts* (Kassel, 1961), p65. The *Liber fratrum cruciferorum Leodiensium* (1617) offers a typical example of this nomenclature. See Bernard Foccroulle in *The Organ Yearbook* 17 (1986), pp22-48, especially pp44-48.

3   Thomas Morley, *A Plaine and Easie Introduction to Practicall Musicke* (1597), ed. A. Harman (London, 1952), part III, p193.

release of mental or spiritual "movement". "Phantasia" is the authority which brings sensory perception (*aisthesis*) into association with thought (*nous*). Upon that rests the most important classical essay on the "phantasia," namely the "On the sublime" (*Peri hypsous*), which was written around A. D. 40 and was falsely ascribed earlier to the rhetorician Cassius Longinus. Here, "phantasia" is described first of all as the capability for significant verbal utterances.

But, secondly, "phantasia" denotes something that, under the influence of inspiration (enthusiasm) and passion (*pathos*), appears evident for oneself or is made visible for others. Finally, in neo-Platonism (with Plotinus and Proklos), "phantasia" is that power of the soul which causes a combination of the Earthly and the Cosmic. Thus "phantasia" is the force of the poet, by which he bursts the chains of humans as limited beings and provides the means to transcendence.[4]

The humanists of the fifteenth and sixteenth centuries resumed this late-classical meaning of "fantasia" when they again determined the roles of science and art. From Leonardo da Vinci comes the phrase "La scienza e una seconda creazione fatto col discorso, la pittura è una seconda creazione fatta colla fantasia".[5] Marsilio Ficino, teacher at the Platonic Academy in Florence (founded by Cosimo di Medici), concerned himself in his *Theologica Platonica* (1483) with the neo-Platonic concept of fantasia, and on the model of Nicolaus Cusanus developed a philosophy of artistic creation as "reformatio," as a re-forming of what humankind has discovered as divine formation in the world.

Different expressions of "fantasia"

"Phantasia" was also a key idea of the Renaissance. It designates that ability of humans with which they effect the "second Creation" – the creation of works of art – and with which they overcome their empirical limits.

If we now observe that around 1535 the idea of "fantasia" also penetrated into reflection on music, then we must take note that it pertains to a "guiding idea of the European aesthetic," which had arisen a half-century before out of the interpretation of classical, particularly late-classical and neo-Platonic, texts. In the oft-quoted words of Luis Milán it is formulated distinctly: "Se intitula fantasia: a respecto que solo procede dela fantasia y industria del auctor que la hizo".[6] We also know, however, that Thomas Morley's description of the fantasia took over essential thoughts from Milán and the later Spanish tradition. Gioseffo Zarlino's *Istitutioni harmoniche* emphasizes that "comporre di fantasia" includes independence from a "soggetto"; that is, it ordinarily concerns composition without pre-existent theme.

---

4   Thomas G. Rosenmeyer, "ΦΑΝΤΑΣΙΑ und Einbildungskraft. Zur Vorgeschichte eines Leitbegriffs der europäischen Ästhetik," *Poetica* XVIII (1986), pp197-248, especially pp201-223.

5   Cited in Ernst Cassirer, *Individuum und Kosmos in der Philosophie der Renaissance* (Leipzig/Berlin, 1927), pp71, 170.

6   Luis Milán, *Libro de musica de vihuela de mano intitulado El Maestro* (1536), ed. C. Jacobs (University Park, Pa., 1971), p296.

It is possible to observe how, in the second half of the sixteenth century, the fantasia followed several directions in northern and southern Europe. In the Spanish instrumental tutors for vihuela (Ortiz, 1553; Fuenllana, 1554; Bermudo, 1555) and keyboard instruments (Sancta Maria, 1565), the idea of fantasia progressively narrows itself to the association with the contrapuntal composition of tientos and recercadas, which apparently were regarded as being of the highest order. As in Italy, the regular is emphasized. So it was that at an organist trial in 1541 at San Marco in Venice, the organist was required to "play a proper Fantasia" on a given melody out of a motet or mass, "without confounding the voices, as if four singers were singing".[7] Girolamo Diruta also thought of "fantasia" definitely in the realm of contrapuntal forms:

> "Li Ricercari, Motetti & Messe, vi fanno fare buona fantasia, le Canzone sonare allegro, & le Madrigali variati effetti d'armonia."[8]
>
> "Ricercari, motets, and Masses help you to improvise well, canzonas to play quickly, and madrigals to achieve different harmonic effects."

Frescobaldi's "Fantasie a quattro" (1608) confirm the understanding of "fantasia" as a concentrated contrapuntal demonstration of the highest compositional level.

On the other hand, this narrowing of the concept of "fantasia" did not take place in northern Europe. The understanding of "fantasia" which already manifested itself before 1600 as both theoretical (in Morley) and compositional (in the fantasias of William Byrd) adhered to the broader concept of fantasia of the early sixteenth century. At the same time one must realize that "phantasia" or "fancy" (meaning the same as "imagination") played a large role in contemporary English philosophy, for example in Francis Bacon's *De dignitate et augmentis scientiarum* (1605/1623), where, next to memory (*memoria*) and understanding (*ratio*), it makes up one of the three fundamental capabilities of the human soul and is seen as the authority for artistic production.

Fantasia in Lutheran Germany

In the Lutheran area of Germany, the concept of *musica poetica* was determinative in the sixteenth century. It was apparently developed at Wittenberg University and emphasized the humanistic aspect of the work which outlasts its origin (*aliquid post laborem relinquit operis*), in contrast to mere knowledge (*rei cognitio*) and practice (*exercitio*) of art. According to Heinrich Faber (1548), *musica poetica* consisted of two parts: "of *compositio* and *sortisatio*".[9] *Sortisatio* means the practice of improvised polyphonic singing on liturgical melodies; it was required that these pieces be executed on the basis of a simplified counterpoint (*contrapunto alla mente*) in which care is taken only about the relationship of each voice to the tenor, not about the relationship of all

---

7   Otto Kinkeldey, *Orgel und Klavier in der Musik des 16. Jahrhunderts* (Leipzig, 1910), p136.

8   Girolamo Diruta, *Il Transilvano* II (1622), Bologna 1969, 4. libro, p16. English translation ed. Murray C. Bradshaw & Edward J. Soehnlen (Henryville: Institute of Mediaeval Music, Ltd., 1984), p143.

9   Wilibald Gurlitt, "Der Begriff der Sortisatio in der deutschen Kompositionslehre des 16. Jahrhunderts," *Musikgeschichte und Gegenwart*, Teil 1 (Wiesbaden, 1966), p99.

voices to each other. (Later, *sortisatio* lost importance in relation to *compositio*, because it became less and less successful at meeting the demands of contrapuntal rules of vocal improvisation.)

The concept of "fantasia" played no role in the *musica poetica* of the sixteenth century, since *musica poetica* was originally connected with vocal music. By comparison, in the seventeenth century it was used with increasing frequency for instrumental music.[10] Essential aspects of "fantasia" are, however, included in the concept of *sortisatio*. Thus in a 1585 *Kirchenordnung* of the duchy of Lauenburg we read an admonition to the organists, saying that they should

> *"nicht Weltliche Lieder / oder allein sortiziren und fantasiren / sondern Christliche Geistliche Lieder auff der Orgel / sampt Responsoriis, Hymnis und anderen Muteten de tempore / zu Gottes Ehren gebrauchen."*[11]
>
> *"not [play] secular songs or simply improvise or fantasize but use Christian spiritual songs on the organ, including responsories, hymns and other motets of the time, to the honor of God."*

Apparently the practice of improvisation, even among the organists of the smaller Lutheran churches, was so widespread that steps had to be taken against its growth. Only slightly later, it was already respected as a facility that was expected from every good organist. Thus at the beginning of the seventeenth century the future organist of the Stiftskirche in Stuttgart, Johann Ulrich Steigleder persevered under his father

> *"neben Erlernung des Instruments- und Orgelschlagens auch zu organistischer Composition, was zu fantasierendem Schlagen in der Hand füglich, insonderheit angehalten."*[12]
>
> *"particularly with the playing of instrument* [i. e. harpsichord] *and organ, also with composition such as organists need, i. e. what is proper to keyboard improvisation."*

Apparently both the English and the Lutheran Germans had a more wide-ranging understanding of "fantasia" than did the inhabitants of Catholic southern Europe. This is also suggested by the fact that Michael Praetorius (*Syntagma musicum*, 1619) defined "fantasia" in the narrower manner of Morley:

> *"Capriccio seu Phantasia subitanea: Wenn einer nach seinem eigenen plesier und gefallen eine Fugam zu tractiren vor sich nimpt / darinnen aber nicht lang immoriret, sondern bald in eine andere fugam, wie es jhme in den Sinn kömpt / einfället: Denn weil ebener massen / wie in der rechten Fugen kein Text darunter gelegt werden darff / so ist man auch nicht an die Wörter gebunden / man mache viel oder wenig / man digredire, addire, detrahire, kehre und wende es wie man wolle. Vnd kan einer in solchen Fanta-*

---

10   Christoph Bernhard, *Ausführlicher Bericht vom Gebrauche der Con- und Dissonantien*, chapter 13, 2. See J. Müller-Blattau, ed., *Die Kompositionslehre Heinrich Schützens in der Fassung seines Schülers Christoph Bernhard* (1926; Kassel 1963), p147.

11   Arnfried Edler, *Der nordelbische Organist. Studien zu Sozialstatus, Funktion und kompositorischer Produktion eines Musikerberufes von der Reformation bis zum 20. Jahrhundert* (Kassel, 1982), p156.

12   Ulrich Siegele, article "Steigleder," *Musik in Geschichte und Gegenwart* (1965), vol. 12, col. 1227.

sien und Capriccien seine Kunst und artificium eben so wol sehen lassen: Sintemal er sich alles dessen / was in der Music tollerabile ist / mit bindungen der Discordanten, proportionibus, &c. ohn einiges bedencken gebrauchen darff; Doch dass er den Modum und die Ariam nicht gar zu sehr vberschreite / sondern in terminis bleibe ...".[13]

Comparison with Morley's description shows that Praetorius took over certain important ideas and concepts in literal translation. One can thus proceed from a meaning of "fantasia" that is to a large extent congruent in England and in Lutheran Germany in 1600. In addition, Praetorius explicitly sets "fantasia" apart from "ricercar" and "fuga" and thus contrasts his ideas with the identification of these genres already met with in the works of Diruta. Such agreements are easy to explain in terms of the musical relationships between England and Germany, already very close at this time.

The fantasias of the virginalists and of Sweelinck

Analytical examinations are necessary in order to supplement the statements of contemporary theorists concerning the essence of the fantasia.[14] They confirm, firstly, that William Byrd displays a very free, subjective, one could almost say ironic relationship to the norm of the contrapuntal setting. He usually began his fantasias with an imitative introductory section, only to leave it behind very soon and to confront it with either a section based on a new theme or with other character and compositional techniques (homophony, dance, "ground," and especially antiphony). Byrd's fantasias collect nearly all possible kinds of music, and arrange them seemingly in the loose order of improvisation. Closer examination reveals that these comprehensive works are created very systematically. Thus we frequently perceive how the composer began from secure, standard ways of writing and places these in question through confrontation with other styles. With this questioning goes along a complication of the rhythmic and motivic structure, which reaches its climax near the centre of the piece. The last section then returns to simpler structure, and virtuoso, splendid figuration forms the conclusion.[15] Along with the carefully planned arrangement of the form, attention must be drawn above all to the subtle transitions between the individual sections; these transitions are served by means of thematic preparation and cross-references, but above all by rhythmic alteration and rhythmic development.

Fantasias of this kind by Byrd, Gibbons, and Bull realized, for the first time in Western music history, the idea of a large instrumental form designed completely on

---

13   Michael Praetorius, *Syntagma musicum* III (1619; Kassel 1978), p21.

14   Gary L. Zwicky, *The imitative organ fantasia in the 17th century* (dissertation, University of Illinois, 1965). Willi Apel, *Geschichte der Orgel- und Klaviermusik bis 1700* (Kassel, 1967). Oliver Neighbour, *The consort and keyboard music of William Byrd* (London, 1978). Genoveva Nitz, *Die Klanglichkeit der englischen Virginalmusik* (Tutzing, 1979). Dagmar Teepe, *Die Entwicklung der Fantasie für Tasteninstrumente im 16. und 17. Jahrhundert* (Dissertation, Kiel University, 1988).

15   The course which has been pointed out by Lydia Neudenberger for virginals variations is thus not in common with that of the fantasia. See Werner Braun, *Britannia abundans. Deutsch-englische Musikbeziehungen zur Shakespeare-Zeit* (Tutzing, 1977), pp291 ff.

the basis of inherent balance and logic, on the basis of contrasting themes and motives and their variation, as well as of formal sections of a rhythmically or harmonically original character which are coordinated, without schematism, using the highest artistic sense.

This subtle and aristocratic instrumental music developed away from the formal public character of the church. As thoroughly secular music it was regarded with the highest distrust by puritanical contemporaries.[16] Although the liturgical importance of organ-playing in Lutheranism in the second half of the sixteenth century increased continuously, and the organist acquired a respected social status, Calvinism offered organists no possibility of taking a place in the new order of the religious life or in the cultural life independent from the church; no place was provided for the organist in the church hierarchy. In Elizabethan England, the Chapel Royal became virtually the only secure refuge of organ music.[17] In the northern Netherlands, at the same time both Calvinist and Republican, there was no preserve for court music. Here, organ music banned in the church survived in the institution of public organ concerts which were founded by the cities –

"zur Erholung und Ergötzung der Gemeinde und um dieselbe vermittels dieses (Spiels) mehr aus den Herbergen und Kneipen herauszuhalten."[18]

"for the refreshment and entertainment of the community and by means of the organ playing to help to keep them out of the inns and pubs."

Jan Pieterszoon Sweelinck, by far the most important among these Netherlandish *Stadtorganisten* around 1600, had, as is well known, a close relationship with the art of the English virginalists.[19] In comparison with the English fantasias, the formal arrangement of Sweelinck's fantasias at first seems conservative: contrapuntal writing is emphasized, and the form is defined – as in the fantasias of southern Europe, especially those of Frescobaldi – by the progression of contrapuntal treatments: that is, through the succession of normal form, augmentation, diminution. Nevertheless, Sweelinck shares with the English the fundamental modern approach to the form of instrumental music. Indeed, Sweelinck's fantasia – in contrast to those of the English – centres without exception upon a single theme; this theme is also much more than just the subject of contrapuntal skill. One recognises a methodical development in the different phases of its treatment. It is accomplished with means similar to the ones discovered by the English for their method of loose construction, which is not based on a single theme: by means of variation, the theme is led through phases of de-stabilisation. Individual elements of the theme (for example, chromaticism or pregnant

---

16   Percy A. Scholes, *The puritans and Music* (New York, 1962), pp217 ff.

17   See Arnfried Edler, "Status und Funktion der Organisten in evangelischen Ländern," *Orgel und Orgelspiel im 16. Jahrhundert,* ed. W. Salmen (Rum bei Innsbruck, 1978), pp44 ff.

18   Piet Visser, in Flor Peeters and Maarten Albert Vente, *Die niederländische Orgelkunst vom 16. bis zum 18. Jahrhundert* (Antwerp, 1971), 114.

19   See Alan Curtis, *Sweelinck's keyboard music* (Leiden/London, 1972), chapter 1: English musicians in the Netherlands around 1600, pp10-34.

interval patterns) are isolated, by which means the reference to the theme occasionally seems very loose. The individual segments behave in contrasting ways; they refer to each other, and the individual events are to be understood as arising not solely from momentary situations but also at all times with reference to the overall form. Sweelinck, like the English, understood musical form in a new sense as a process of development, whereby the development of each detail out of the thematic germ proves to be a rational calculation.[20]

The "stylus phantasticus"

The organ recital, which Sweelinck set up for a newly-established middle-class public in the trade-city of Amsterdam, was an institutional correlate to this new way of composing instrumental music as procedural form. This, however, is more a portent than the first real expression of such a civic music-institution. Certainly public organ recitals were held in the Netherlands until far into the eighteenth century; nevertheless neither artistic standard nor public significance could be maintained after Sweelinck's death. But the fantasia had also passed its zenith at the time of Sweelinck. The most important of his students created only a few works of this kind, and they usually did no longer call them "fantasia". For example, Samuel Scheidt used the term "fuga contraria" for his central work in this genre; moreover Scheidt criticised the "Engel= vnd Niederländische Manier" of free non-standard voice leading – thus criticising one of the "typical" fantasia elements.[21] Both the concept of "fantasia" and the musical genre called "fantasia" disintegrated during the first half of the seventeenth century. The new types of keyboard music, above all the toccata, took up essential elements of the fantasia concept, and out of this came the "fantastic style," the *stylus phantasticus*, which Athanasius Kircher (*Musurgia universalis,* 1650) described as

> *"aptus instrumentis est liberrima & solutissima componendi methodus, nullis nec verbis nec subjecto harmonico adstrictus ad ostentandum ingenium."*[22]

According to Kircher, *stylus phantasticus* is characterised by such things as the ingenious arrangement of the imitative sections (*"fugarum ingeniose se sectantium ordinem"*) and the from time to time special alternation of varied rhythmic shapes (*"insignem temporis mutationem varietatemque"*). These are demands bearing on the individuality of the structure and aim at a large form which is more than a successive assemblage of contrapuntal or even technical skills. Morley's criteria for the genre are taken up without reduction in Kircher's definition of the style. Nevertheless from that time the style

---

20 Arnfried Edler, "Zur Stellung der komponierten Orgelmusik zwischen liturgischer Funktionalität und ästhetischer Autonomie," in *Die Orgel im Dienst der Kirche,* ed. Hans Heinrich Eggebrecht. Veröffentlichungen der Walcker-Stiftung, Heft 10 (Murrhardt, 1985), pp136 ff.

21 Samuel Scheidt, *Tabulatura nova* (1624), Teil 1, "Vorrede an die Organisten," in *Werke* vol. VI/1, ed. C. Mahrenholz (Hamburg, 1954), p[3].

22 Athanasius Kircher, *Musurgia universalis* (Rome, 1650), p585. See Friedhelm Krummacher, "*Stylus phantasticus* und phantastische Musik. Kompositorische Verfahren in Toccaten von Frescobaldi und Buxtehude," *Schütz-Jahrbuch* II (1980), pp7-77, esp. pp17 ff.

could be applied to all possible types of instrumental music, for example the sonata for more than one instrument.[23]

The association of fantasia and Lutheran chorale

After this survey of the development of the fantasia in the sixteenth and seventeenth centuries, it seems difficult to believe that the designation "Choralfantasie" or "Fantasia super ..." appears so rarely in the seventeenth century. Nevertheless, we should not overlook the fact that the far-reaching works which we know today by this name came from a background which differed significantly from the courtly sphere of the English fantasia and from the autonomous, extraliturgical recital of J. P. Sweelinck. The chorale fantasia has its origin in the duty of the Lutheran organists to substitute for the vocal choir by playing motets on the organ. Vocal motets were intabulated in large numbers by the organists of the sixteenth and early seventeenth centuries. We can infer the meaning of this practice from various questions concerning the copying or transfer of such intabulations as well as from the corresponding directions in the *Kirchenordnungen*. Already before 1600, north-German organists moved on to a new idea and composed new pieces rather than transcribing vocal music. It is possible to see in some organ works of *c*1600 how such "organ ricercars" here were gradually enriched with elements of the fantasia, for example in the *Magnificat* settings of Hieronymus Praetorius (in the Visby tablature) or in Johann Stephan's "Jesus Christus, unser Heiland" in the Celle tablature.

Still, the concept of "fantasia" was first imparted in its entirety to the north-German students of Sweelinck, and they made an effort to connect it with their own traditions of motet intabulation and chorale ricercar. Certainly Heinrich Scheidemann should have the first mention here.[24] His influence fell during a time of serious difference of opinion on the role of the organ in the church service, in which the organist of the Hamburg Katharinenkirche was personally involved.[25]

Scheidemann's key role in the transmission of the English repertoire (as in Lüneburg KN 146 and 148) has been made clear by Werner Braun.[26] Of course in those manuscripts there is concerned only keyboard music of a mediocre standard. Scheidemann had provided these pieces for the "musikalisch durchschnittlich Talentierte und Nichtprofessionelle"[27] ("those with ordinary musical talent, and amateurs"). In Germany, in contrast to England, there was no level or class of player suitable as receivers for the demanding keyboard fantasia; also, the Dutch organ recital was, under the conditions of Calvinism, unthinkable in Germany. Instead, the Lutheran service

---

23   Christine Defant, *Kammermusik und "Stylus phantasticus". Studien zu Dietrich Buxtehudes Triosonaten* (Frankfurt am Main, Bern, New York, 1985), pp84 ff.

24   Werner Breig, *Die Orgelwerke von Heinrich Scheidemann* (Wiesbaden, 1967), pp18f, 37 ff.

25   Christian Bunners, *Kirchenmusik und Seelenmusik. Studien zu Frömmigkeit und Musik im Luthertum des 17. Jahrhunderts* (Göttingen, 1966), *passim*. Arnfried Edler, *Der nordelbische Organist*, pp43 ff., 356 ff.

26   Werner Braun, *Britannia abundans*, pp272, 298f, 306, 309 ff.

27   Ibid., p273.

itself offered the possibility of creating that new genre in which the elements of the fantasia could be combined with those of the traditional chorale ricercar. The liturgical regulations, in the places where the motet-playing of the organist was needed, provided opportunities for the performance of this new art.

The problem was not so much introducing organ music of large scale and relatively long duration into the service. Rather, it was the idea of the fantasia which irritated the theologians and worshippers, since it had arisen out of the genuinely secular conception of art in the Renaissance and resisted all ties with text and musical genre; these theologians and worshippers leaned strongly toward the Calvinistic view of the role of art in the church. There were, even in Lutheran Germany, not a few of these people in the seventeenth century. But, against massive opposition, the naturalisation of this new genre in the Lutheran service was apparently successful between 1630 and 1710 – at the price of losing the opposition to the cantus-firmus principle that was characteristic of the fantasia. But exactly here lies the explanation for the fact that the terminological relationship of the fantasia-idea with that of the Lutheran chorale could not be realised. The term "choralfantasie" could not arise in the seventeenth century since it represented, according to the predominating notion of genres, a *contradictio in adiecto*. Only when one makes clear this philosophical and conceptual impossibility does one understand with what boldness it was that nevertheless the cantus-firmus principle became *de facto* subject to the fantasia principle.

Examples from the works of Buxtehude and Reincken

The chorale fantasia is, like the fantasias of the English virginalists, a large form which endeavours to form itself autonomously, while on the other hand it cannot completely separate itself from the chorale which is its basis. Out of this arises a tension which is resolved differently in each work. Buxtehude's chorale fantasia on "Nun freut euch lieben Christen g'mein"[28] is an excellent example of how far a formal idea can distance itself from the structure of the underlying cantus firmus. The chorale consists of five different lines, of which the first two form a *Stollen* which is repeated. Each of these five lines contains eight notes. Buxtehude sets this extreme regularity against a discontinuity just as extreme. Thus the repetition of the first pair of lines is not at all recognisable, because the first *Stollen* has an introductory function in the fantasia (bars 1-14); to it corresponds a concluding section in bars 239-256. In opposition to that, the second *Stollen* is combined with the third line in the first half (bars 14-131) and the fourth with the fifth line in the second half of the work (bars 131-238) whereby the piece shows anew, in its internal relationships, important asymmetries. The fantasia has, therefore, a two-part form with introduction and conclusion. It shifts the form of the chorale (in which the two *Stollen* and the *Abgesang* stand in the relationship 4:3) completely to the background. However, on the arrangement of the fantasia in two parts or sections is superimposed a division into three sections *according to metre*:

---

28   Ed. Klaus Beckmann (Wiesbaden, 1972).

(i) bars 13-109; (ii) bars 109-148; (iii) bars 149-238. The center section consists of a 3/2 metre, which should be interpreted in the sense of the old *proportio tripla*, and of a 12/8 metre, which can be understood as a compound time connecting the even and uneven motion. The striking changes of even metre to uneven and back again do not coincide with caesuras between the sections of the chorale phrase, but take place in their centres: bar 109 marks the centre of the third section of the line, whereas bars 148-9 mark the centre of the fourth. The middle section then – solely because of its rhythmic structure – stands out markedly from the surrounding parts in regular metre: it is a dance. But the dance, as an expression of the phrase "fröhlich Springen" combines with the text of "süsse Wundertat." Thus the composer meaningfully combines elements that are separated in the formal division of the text, and he places them conspicuously in the centre of his fantasia – thus accomplishing a subjective interpretation of the text.

A closer examination of the work[29] shows moreover that it exhibits a development: at the beginning, the chorale-melody appears in contrast to the other voices but is fully integrated by the end of the piece. It is apparent that the formal relationships described here are coordinated in a subtle way with the internal development of material.

It is also evident in Johann Adam Reincken's long fantasia on "An den Wasserflüssen Babylon"[30] how thematic-motivic material is derived from the melodic substance of the chorale and is treated in an especially contrasting way. The ninth section of this work (bars 236-291), corresponding to the text "Da mußten wir viel Schmach und Schand," consists of two completely contrasting parts. The first (bars 236-263) is a contrapuntal setting; the second contains a combination of monodic and figurative elements. What is fused into complete continuity of motion in the first half dissolves into abrupt gestures in the second; through the use of *aposiopesis* figures they are concentrated into continually narrower space, pitted against each other in *stichomythia*. And indeed these two contrary sections are related by a consistent motive, which develops out of a figure in the first section (bar 236) and intensifies in the second section to an expressive *transitus-regularis* figure (bars 265f, 269f), permanently fixing its character.

In these works of Buxtehude and Reincken it is evident that the idea of the fantasia, which in the Renaissance had signalled the rise of thought concerning autonomous instrumental music, has lost nothing of its uniqueness through its association with the cantus-firmus principle. Toward the end of the seventeenth century, with the widely accepted major/minor tonality, new principles of independent musical design arose, above all in the form of the Italian sonata and the instrumental concerto. They encroached upon the sphere of organ music and for ever affected those types of organ music based on chorales. Thus the fantasia had, for the time being, exhausted itself. As it reappears in the "Freie Phantasien" of C. P. E. Bach,[31] its relationship with the chorale setting evidently carried no more fascination.

(translated by Cynthia Turner)

---

29   Arnfried Edler, "Buxtehude und die norddeutsche Choralfantasie," in *Dietrich Buxtehude und die europäische Musik seiner Zeit. Symposium Lübeck 1987*, ed. Arnfried Edler, (Kassel, 1990), pp275-288.

30   Ed. Willi Apel, *Corpus of early keyboard music* 16, 1967.

31   Peter Schleuning, *Die freie Fantasie* (Göppingen, 1973).

Sverker Jullander (Hrsg.), Proceedings of the Weckmann Symposium Göteborg 1991, Göteborg 1993 (= Skrifter från Musikvetenskapliga avdelningen, Göteborgs universitet, nr 31), S. 85-103

Matthias Weckmann – Organist und Organisator des Hamburger Musiklebens

Die Umstände, unter denen Matthias Weckmann nach Hamburg berufen wurde, sind durch den Bericht in Johann Kortkamps Organistenchronik ungewöhnlich genau bekannt. Sie sind so pittoresk, daß sie Hans Davidsson zu Recht veranlaßt haben, seiner Abhandlung über Weckmanns Orgelmusik eine kleine Briefnovelle voranzustellen.[1] Wir können uns eines Schmunzelns nicht erwehren, die Geschichte mutet fast an wie das Libretto einer Opera buffa (einer Gattung, die zur fraglichen Zeit allerdings noch nicht existierte): Der alte Organist stirbt, hinterläßt Frau und Tochter, und die Kirchenvorsteher wünschen, daß beide durch den Nachfolger versorgt werden, und zwar in Form der Verehelichung mit der Tochter. Dafür haben sie den geeigneten Kandidaten nach zweimaligem Probespiel ermittelt (anscheinend war die Entscheidung nicht leicht), doch die junge Dame spielt nicht mit: sie hat innerhalb der Kandidatenrunde nach einem anderen Kriterium ihre Wahl getroffen, nämlich dem der Galanterie, und sogleich Nägel mit Köpfen gemacht: sie lebt mit ihrem Geliebten zusammen. Dieser Akt weiblicher Emanzipation und Unbotmäßigkeit erbost die Vorsteher dermaßen, daß sie keinem den Zuschlag geben, sondern das Verfahren neu aufrollen. Ein wenig leid tut einem dabei der sicherlich nicht schlechte Organist Jakob Lorentz, der weder die Stelle an St. Jacobi noch das Mädchen bekommt und lebenslang an der uninteressanten Stelle am Hamburger Waisenhaus bleiben wird. In dem neuen Verfahren aber verzichten die Vorsteher auf persönliche Rücksichten und lokale Patronagen. Was jetzt zählt, ist allein das künstlerische Vermögen, das im überregionalen Vergleich ermittelt wird. Und der herzoglich-sächsische Hoforganist Weckmann, der unter einem Vorwand Urlaub von seinem Dresdner Dienst erlangt hat, wird dem ihm vorauseilenden Ruf gerecht – er geht aus der Probe als eindeutiger Gewinner hervor.

Weckmann tat mit seinem Wechsel von Dresden nach Hamburg einen Schritt, den im 18. Jahrhundert zwei prominente deutsche Komponisten auch getan haben, der ihnen jedoch eines Kommentars bedürftig erschien, weil er offenbar noch um 1720 den Zeitgenossen wenig einleuchtete: G. Ph. Telemann gab betont utilitaristische Gründe für seine Übersiedlung vom Eisenacher Hof in die Freie Reichsstadt Frankfurt/M. an:

---

1   Hans Davidsson: *Matthias Weckmann: the Interpretation of his Organ Music*, Vol. 1, Göteborg 1991, S. iii-vi.

"Wer Zeit lebens fest sitzen wolle, müsse sich in einer Republick niederlassen."[2]

Und J. S. Bach wollte es

"anfänglich gar nicht anständig seyn ..., aus einem Capellmeister ein Cantor zu werden, weßwegen auch meine resolution auf ein vierthel Jahr trainierete."[3]

Wie Telemann schob er seinen Entschluß letztlich auf den Rat derjenigen, die ihm *"diese Station dermaßen favorable beschrieben"*, und zum anderen auf das Vorhandensein einer Universität, auf der seine Söhne studieren konnten. Johann Mattheson lieferte dafür eine Begründung, in der er den Zusammenhang von Sozialpsychologie und Politik als bestimmendes kulturelles Motiv erkennbar macht:

"Bey grossen Herren und an Höfen ist es viel besser, etwas gefälliges hören zu lassen als bey grossen Gemeinen: denn man darff nur das Temperament der Herrschafft untersuchen und die weiche Seite derselben angreiffen, so richtet sich alles nach dem Geschmack der vornehmsten."[4]

Und Charles Burney sagt um 1770, die Bevölkerung der deutschen Städte bestehe zum größten Teil aus unbegüterten arbeitsamen Leuten,

"welcher Genie von Sorgen der Nahrung niedergedrückt wird und welche nichts auf eitle Pracht und Üppigkeit verwenden können, sondern schon glücklich sind, wenn sie ihr notdürftiges Auskommen haben."[5]

Ein Reich – viele Regenten

Nun sind die Verhältnisse von Hof und Stadt um die Mitte des 18. Jahrhunderts nicht ganz die gleichen wie um 1650. Dazwischen liegt die Regierungsepoche Ludwigs XIV. und seiner zahlreichen Nachahmer unter den deutschen Groß- und Kleinfürsten. Wir wissen – vor allem durch die Forschungen von Norbert Elias –, welche enormen Auswirkungen der Regierungsstil dieses Monarchen auf das gesamte europäische Lebensgefühl und auf die sozialen, ökonomischen und kulturellen Entwicklungen hatte. Zwar gab es im Heiligen Römischen Reich Deutscher Nation keine zentrale Metropole, die wie Paris bzw. Versailles die Bedeutung aller übrigen Städte des Landes in den zweiten und dritten Rang verwies. Dennoch entwickelten sich die Residenzen der deutschen Territorialfürsten in den 140 Jahren zwischen dem Ende des 30-jährigen Krieges und der Französischen Revolution entschieden schneller als die Freien

---

2   *Georg Philipp Telemann, Autobiographie*, in: Johann Mattheson: *Grundlage einer Ehren-Pforte ...* (1740), S. 363, zit. nach dem Faksimile in: *G. Ph. Telemann, Autobiographien 1718 – 1729 – 1740* (= Studien zur Aufführungspraxis und Interpretation von Instrumentalmusik des 18. Jahrhunderts Heft 3), Blankenburg/Harz 1977, S. 45.

3   Werner Neumann, Hans-Joachim Schulze (Hrsg.): *Schriftstücke von der Hand Johann Sebastian Bachs. Kritische Gesamtausgabe*, Leipzig-Kassel u. a. 1963 (= Bach-Dokumente, Band I), S. 67 (Brief an Georg Erdmann vom 28.10.1730).

4   Johann Mattheson: *Der vollkommene Capellmeister* (1739), Faksimile-Nachdruck Kassel u. a. 1954, S. 109.

5   Charles Burney: *Tagebuch einer musikalischen Reise ...* II (1773). Faksimile-Nachdruck Kassel u. a. 1959, S. 86.

Reichsstädte, deren Status ja aus dem Mittelalter stammte und die ihre große Zeit eigentlich in der Epoche des Erwachens bürgerlichen Bewußtseins im 15. und 16. Jahrhundert gehabt hatten. Auch hatte der Hansebund den größten Teil seiner Bedeutung eingebüßt, da er auf die mittelalterlichen Zentren des Seeverkehrs um Ost- und Nordsee hin ausgerichtet war und der mit dem 15. Jahrhundert einsetzenden Verlagerung der Verkehrsschwerpunkte auf die transozeanischen Verbindungen nicht gefolgt war. Insgesamt war der Geist des Absolutismus den Städten grundsätzlich nicht günstig, und ihre Kultur, vor allem die Pflege der Künste, konnte nur selten den Vergleich mit den größeren Höfen aushalten. Dies gilt allerdings für Deutschland in vollem Ausmaß erst für die Zeit nach dem Westfälischen Frieden, in dem die Territorialfürsten die volle Hoheit über ihre Besitzungen erhielten und in dem die Existenz eines einheitlichen Reiches de facto aufhörte. Die Konsequenz war ein übersteigerter Ehrgeiz der einzelnen Fürsten, sich gegenseitig in der Demonstration einer zumeist real kaum vorhandenen Bedeutung zu überbieten, wobei die Künste in ihrer repräsentativen Funktion eine zentrale Rolle spielten. Nur wenige Städte – darunter Hamburg – waren in der Lage, unter diesen Bedingungen die große Rolle weiterzuspielen, die die bürgerlichen Kommunen vor allem in der Zeit der Renaissance und Reformation gespielt hatten. Wir müssen allerdings immer im Auge behalten, daß die Zeit, in der Weckmann seinen Hamburger Dienst antrat, erst den Beginn dieses Bedeutungsverlustes der Freien Reichsstädte markiert, von denen einige im 30-jährigen Krieg furchtbare Zerstörungen, einen drastischen Rückgang der Einwohnerzahlen und riesige Verluste an geistiger, künstlerischer, historischer und materieller Substanz erlitten hatten.

Hamburg – demokratische Tendenzen in der Ära des Absolutismus

In dieser entscheidenden Zeit, in der sich überall in Europa jene Strukturen entwikkelten, die die Grundlage der nationalstaatlichen Geschichte Europas darstellen, entwickelte sich Hamburg zum *"Sonderfall in der Geschichte Deutschlands"*.[6] Durch seine geschickte Neutralitätspolitik war Hamburg im 30-jährigen Krieg vergleichsweise glimpflich davon gekommen. Diese Neutralität war übrigens der Grund dafür, daß der Status der Reichsfreiheit (Immedietät) Hamburgs jahrhundertelang ungeklärt blieb. Seit dem 15. Jahrhundert hatte Hamburg eine Schaukelpolitik zwischen dem dänischen König und dem römischen Kaiser betrieben und sich nie auf den Status einer Freien Reichsstadt festlegen lassen. Erst im Gottorper Vergleich von 1768 wurde der Streit durch Dänemarks Anerkennung der Hamburgischen Immedietät beendet, was zu diesem Zeitpunkt günstig war, weil damit Dänemarks Annexionspläne endgültig scheiterten. Außerdem waren bis zum Jahr 1625 – dem Beginn des sogenannten Niedersächsisch-Dänischen Krieges – große Befestigungsanlagen fertiggestellt worden, die als die modernsten und unüberwindlichsten in Europa galten.[7] Es gelang der

---

6   Percy Ernst Schramm: *Hamburg, ein Sonderfall in der Geschichte Deutschlands*, in: Vorträge und Aufsätze hrsg. vom Verein für Hamburgische Geschichte, H. 13. Hamburg 1964, S. 1-23.

7   Hans-Dieter Loose: *Hamburg und Christian IV. während des Dreißigjährigen Krieges*, Hamburg 1963, S. 25.

Stadt, die Einquartierung der 1627 an ihr vorbeiziehenden kaiserlichen Truppen zu vermeiden. In der letzten Phase des Krieges ermöglichte der Sieg Schwedens über den dänischen König Christian IV. 1645 eine Beilegung der jahrzehntelangen heftigen Auseinandersetzungen um die Zölle an der unteren Elbe und um die Schiffahrtsrechte im Öresund im Sinne Hamburgs, dessen Vormachtstellung an der Unterelbe für die kommenden Jahrzehnte gesichert war. Die Elbmetropole war wohl die einzige Stadt in Deutschland, die am Ende des 30-jährigen Krieges nicht nur nicht gelitten, sondern eindeutig von ihm profitiert hatte. Das Aufkommen an Vermögenssteuer hatte sich während der Kriegsjahrzehnte verdoppelt, während sie im Reich um mindestens zwei Drittel reduziert worden war.

Ein weiteres wichtiges Element für Hamburgs Entwicklung im 17. Jahrhundert ist die Beziehung zu den Niederlanden. Mit den großen Handelsmetropolen dieses Landes bestand ein doppelgleisiges Verhältnis: einerseits waren sie Konkurrenten, andererseits waren sie solidarisch im Kampf gegen die absolutistischen Mächte, sowohl gegen die katholischen – wie Habsburg und Bourbon – als auch gegen die protestantische dänische Monarchie, welche nach dem Besitz der gesamten Nordseeküste strebte. Teilweise kontrovers waren die Interessen dagegen im Hinblick auf die intensiven Beziehungen zu England und vor allem im Handel mit Spanien, an dem die Hamburger – ungeachtet der spanischen Kriegspolitik in den Niederlanden – offenbar ohne religiöse und moralische Skrupel kräftig verdienten. Andererseits strömten seit dem späten 16. Jahrhundert zahlreiche Flüchtlinge aus den südlichen Niederlanden in die Stadt. Bei ihnen handelte es sich zum großen Teil um Kaufleute, hochqualifizierte Handwerker und Unternehmer, die ein stark antikatholisches und antiabsolutistisches Bewußtsein mitbrachten und auf die Förderung kultureller und künstlerischer Aktivitäten entscheidenden Einfluß nahmen. Auch als sich nach 1650 die politischen Beziehungen Hamburgs zu den Niederlanden infolge von deren rapidem wirtschaftlichem Aufstieg und kolonialem Machtstreben verschlechterten, blieben die engen kulturellen und künstlerischen Verbindungen erhalten.

Als Stadtrepublik stellte Hamburg in Deutschland in ähnlichem Sinn einen Sonderfall dar wie Venedig in Italien, dem es in vieler Hinsicht – auch in musikalischer – nacheiferte. Ein großer Unterschied freilich lag darin, daß sich in Hamburg keine oligarchische Verfassung ausbilden konnte wie in Venedig. Die Ursache lag eindeutig im protestantischen Geist dieser Stadt. Die Einführung der Reformation in den Jahren 1526-1530 war der Anlaß zur Bildung bürgerlicher Kollegien, die den noch katholischen Rat der Stadt zur Übernahme des reformierten Bekenntnisses drängten, dessen Einführung überwachten und die Bewältigung zahlreicher neuer Aufgaben in Angriff nahmen. Zwar trat die "Erbgesessene Bürgerschaft" (d. h. die Gesamtheit der grundbesitzenden Bürger) als ganze kaum als Verfassungsorgan in Erscheinung, doch entwickelten sich ihre einzelnen Kollegien im Lauf des 17. Jahrhunderts allmählich zu einer immer effizienteren Kontrollinstanz des Senats, der sich aus Mitgliedern eines engen Kreises hochgestellter Familien rekrutierte. Dies war für damalige Verhältnisse äußerst fortschrittlich.

Aus dem Jahr 1618 gibt es ein interessantes Dokument, in dem der Bürgermeister die Frage beantwortet, *"de statu hujus republicae, an sit aristocraticus an democraticus"*. Er stellt fest,

"daß heute zu Tage in keinem wohlbestallten Regiment eine pure Aristocratie oder Democratie zu finden sey, ja ein solch Regiment nicht wohl bestehen könne. Ein jeder Status müßte einige Mixtur, aus einer etwas mehr oder weniger haben. Und wenn die Städte, deren Status mehr ad Democratiam gerichtet, gegen das Stadt=Regiment gehalten würde, so würde kein besonderer Status Democraticus zu finden seyn. Was Democratie für Nutzen schaffte und wie leicht sie in eine Anarchiam degenerieren könnte, hätten Benachbarte ... mit grossen Schaden erfahren."[8]

Nach dem 30-jährigen Krieg versuchte die Bürgerschaft, dieses demokratische Element immer stärker zur Geltung zu bringen, was in den Jahren 1684-1712 zu einem schweren Verfassungskonflikt zwischen Rat und Bürgerschaft und beinahe zu einer Art Bürgerkrieg führte. U. a. beseitigte die Bürgerschaft die patriarchalische Form, in der bis dahin Ämter vom Senat oder von den Kirchenbehörden vergeben wurden. An die Stelle von Beurteilungen, die häufig sehr subjektiv ausfielen und nicht von sachlichen Interessen bestimmt wurden (wie man ja bei dem Verfahren von Weckmanns Einstellung sehen kann), trat der Verkauf der Ämter an den Meistbietenden. Das war eine neue Form von Stellenbesetzungen, die aus dem System Ludwigs XIV. von Frankreich übernommen wurde. Auf dem Gebiet der Musik wirkte sie sich einigermaßen verheerend aus, was von Theologen wie Erdmann Neumeister und Musikschriftstellern wie J. Mattheson angeprangert wurde, besonders, als an ihr die Aussicht scheiterte, J. S. Bach für die Organistenstelle an St. Jacobi zu gewinnen. Dennoch hielt sich die Praxis bis ins frühe 19. Jahrhundert hinein.

Weckmann erlebte diese Zuspitzung nicht mehr, doch die Anfänge des Konfliktes fielen in seine Zeit. So ereignete es sich 1663, im Jahr der Pest, der auch H. Scheidemann erlag, daß die Bürgerschaft es erstmals wagte, gegen die Modalitäten der Ratswahl zu protestieren – ein unerhörter Vorgang, geeignet (wie der Senat in seiner Entgegnung vermerkte), *"bey Frembden und Einheimischen ein seltsahm Ansehen (zu) gewinnen"*. Dabei kam es zu Putschgerüchten; Angehörige der Bürgerkollegien erhielten anonyme Warnungen vor Attentaten und mußten stets ihr Gewehr mitführen. Immerhin errang die Bürgerschaft einen bemerkenswerten Erfolg. Zwar wurde das Recht des Senates, selbst über seine nachrückenden Mitglieder zu befinden, nicht angetastet; doch setzten die Bürger die Amtsenthebung zweier Ratsherren durch, und darüber hinaus unterwarf der Rezeß von 1663 zum ersten Mal die grundlegende Struktur des Senates wie die Anzahl seiner Mitglieder, das numerische Verhältnis der Kaufleute zu den Juristen, den Wahlmodus und das Mindestalter der Gewählten einer genauen Kontrolle.[9] Dies alles waren Verfassungselemente, die gerade in der Zeit des kulminie-

---

8   Gisela Rückleben: *Rat und Bürgerschaft in Hamburg 1595-1686*, Diss. phil. Marburg/L.1969, S. 56 f.

9   Ebd., S. 134. – Einen knappen und präzisen Überblick über die Vorgänge vermittelt der Beitrag von H.-D. Loose: *Hamburg vor dreihundert Jahren. Wirtschaft – Gesellschaft – Politik*, in: Hamburgische Staatsoper

renden Absolutismus von großer Kühnheit und fortschrittlichem, modernem politischen Denken und Handeln der Hamburger Bürger zeugen.

Eine solche politische Haltung konnte aber nur gedeihen in einem geistigen Klima, das von Weltoffenheit, vielseitiger Information und Urteilsfähigkeit geprägt war – im Klima nämlich der frühen Aufklärung und des Empirismus, der vor allem von England her nach Hamburg hineinwirkte. Es war den Hamburgern gelungen, schon 1611 die Niederlassung der *merchant adventurers,* der englischen Handelskompanie, in ihre Stadt zurückzuholen, die 1578 auf Druck der Hanse hatte ausgewiesen werden müssen, weil die Engländer ihrerseits dem Hansebund die alten Privilegien nicht mehr einräumen wollten. Zwischenzeitlich war aber Hamburg aus dem Hansebund ausgetreten, weil dieser seinen Handelsinteressen eher im Wege stand als sie zu fördern. Seitdem blieb Hamburg sehr stark auf England orientiert und wurde zum deutschen und kontinentalen Einfallstor für die entscheidenden politischen, ökonomischen und philosophischen Strömungen, die in England entwickelt wurden und für die Entwicklung der europäischen Moderne von entscheidender Bedeutung waren. Vor allem der Empirismus, der schon vor den erst in den 90er Jahren erscheinenden Abhandlungen J. Lockes das geistige Klima in England prägte, sprang offensichtlich auf Hamburg über.

Johann Rist – Pastor, Dichter und Musikfreund

Ein Dokument, in dem dies schlagend deutlich wird, stammt aus dem unmittelbaren Umkreis von Matthias Weckmann. Es sind die *Monatsgespräche,* die der Wedeler Pastor, Literat und Freund vieler Hamburger Organisten Johann Rist am Ende seines Lebens verfaßte. Rist spielte in Hamburg in den rund 40 Jahren zwischen seiner Bestallung als Prediger in Wedel an der unteren Elbe (einem etwa 25 km vom Stadtzentrum entfernten heutigen Vorort von Hamburg) und seinem Tod 1667 eine bedeutende Rolle in der Hamburger und in der deutschen Literatur. Er *"übte die Statthalterschaft von Opitz (dem Vorbild und wichtigsten Theoretiker der deutschen Literatur im 17. Jahrhundert) in Nordwestdeutschland aus".*[10] Der von ihm 1660 gegründete *Elbschwanenorden* war eine jener Dichtergesellschaften, die im 17. Jahrhundert in Nachahmung der italienischen Akademien der Renaissance mit dem Ziel der Kultivierung der deutschen Sprache entstanden. Rist selbst war vorher bereits Mitglied anderer derartiger Gesellschaften geworden, darunter der ersten und wichtigsten, nämlich der vom Fürsten Ludwig von Anhalt-Köthen 1617 gegründeten *Fruchtbringenden Gesellschaft.*

Übrigens war Rists Gesellschaft nicht die erste in Hamburg. Sie stellte ein Konkurrenzunternehmen dar für die bereits 18 Jahre zuvor von Philipp von Zesen gegründete *Teutsch-Gesinnte Genossenschaft.* Zesen, der übrigens ein sehr ungewöhnliches Leben führte, wurde von Rist heftig befehdet. Zesen war wohl der erste Literat in

---

u. a. (edd.): *300 Jahre Oper in Hamburg,* Hamburg 1977, S. 28-35. – Vgl. auch Franklin Kopitzsch: *Grundzüge einer Sozialgeschichte der Aufklärung in Hamburg und Altona* I, Hamburg 1982, S. 146 ff.

10   Richard Newald: *Die deutsche Literatur vom Späthumanismus bis zur Empfindsamkeit* (= H. Boor/R.Newald+ [edd.]: Geschichte der deutschen Literatur von den Anfängen bis zur Gegenwart Bd. 5), München ²1957, S. 222.

Deutschland, der von seinem Metier lebte. Er war ständig auf Reisen, weswegen Rist ihn in seinen Romanen vom *"Friedewünschenden"* und *"Friedejauchzenden Teutschland"* (1647/9) als *"Junker Sausewind"* verspottet hatte. Es kennzeichnet die in jeder Hinsicht antagonistische Situation im Deutschland jener Zeit, daß auch auf dem Gebiet der Literatur diejenigen, die ein gemeinsames wichtiges Ziel verfolgten, untereinander zerstritten waren. Für das geistige Leben Deutschlands, das in dieser Zeit für mehr als ein Jahrhundert stark unter französischen Einfluß geriet, waren diese Gesellschaften von großer Wichtigkeit, weil in ihnen auf das Problem der kulturellen Überfremdung hingewiesen und ein Minimum an Selbständigkeit und geistiger Unabhängigkeit bewahrt wurde.

Unter den Dichtern seiner Zeit war Rist der vielleicht am meisten an Musik interessierte. Besonders stark zeigt sich dies an seinem Einsatz für die Gattung des Sololiedes. Er dichtete in großer Zahl geistliche Lieder, die zum Singen in der häuslichen Andacht, nicht im Gottesdienst, bestimmt waren. Sein oberstes Gebot war die "Einfalt", das heißt die Einfachheit der Texte und der dazugehörigen Melodien, die sich Rist von Musikern wie dem ihm befreundeten Hamburger Ratsviolisten Johann Schop und vor allem von Organisten, darunter den beiden berühmten Hamburger Sweelinck-Schülern Jacob Praetorius und Heinrich Scheidemann, schreiben ließ. Im Titel seiner berühmtesten Liedersammlung, die den Titel *Frommer und Gottseliger Christen Alltägliche Haußmusik* trägt, betonte Rist, daß

> *"diese ieder von Allen / und eines jetweden Standes-Personen / in allen und ieglichen / Leibes und der Seelen Angelegenheiten erbaulich können gebrauchet ... werden."*[11]

Es handelt sich um eine damals neue Art von geistlicher "Gebrauchslyrik", die sich an den Menschen im Alltag und in typischen Problemsituationen wie Seefahrt, Krieg, Geburt, Tod, Arbeit richtet; die Kunst erhält die Funktion, der Bewältigung des Alltagslebens zu dienen, indem sie den Menschen befähigt, den Trost der Religion durch eigenen Ausdruck zu erfahren.

Weckmann gehörte nicht zu den Organisten, die für Rist arbeiteten, wohl aber der Kieler Nikolaiorganist Jakob Kortkamp, der sein Mitschüler (*"Jakobsbruder"* nannte ihn Kortkamps Sohn in seiner Hamburger *Organistenchronik*) bei Jakob Praetorius gewesen war. Die Gründe hierfür kennen wir nicht. Möglicherweise stand Weckmann den Zielvorstellungen Rists fern. Noch näher liegt die Vermutung, daß ihm die Art mißfiel, in der Rist mit den für ihn arbeitenden Musikern umging. Denn trotz seiner Wertschätzung der Musik behandelte er die Vertoner seiner Gedichte als unselbständige Hilfskräfte: indem er ihnen immer nur die erste Strophe eines Gedichtes zur Vertonung zusandte, beraubte er sie der Möglichkeit, eine Musik zu erfinden, die den Affekt des gesamten Textes musikalisch hätte repräsentieren können. Man weiß, daß Rist diesbezüglich Probleme mit seinen Musikern hatte. Weckmanns eigene Lieder entstanden für Sammlungen, die ab 1668, also erst nach Rists Tod, erschienen.

---

11   Walter Salmen: *Haus und Kammermusik* (= H.Besseler/W.Bachmann [edd.] Musikgeschichte in Bildern III/4), Leipzig 1969, S. 62.

Es handelt sich ausschließlich um weltliche Gelegenheitslieder, also um eine Gattung, die von jenen Ristschen Produkten sehr weit entfernt war. Daß die Texte sämtlich von Rists altem Widersacher Zesen stammten, besagt wohl kaum, daß Weckmann damit noch nach Rists Tod seine Position in dem Hamburger Literaturstreit hätte dokumentieren wollen, der lange zurücklag und seinen Höhepunkt schon vor Weckmanns Antritt des Hamburger Amtes erreicht hatte.

Weckmanns Collegium Musicum und seine Vorgänger

Zumindest fachlich hat Rist Weckmann hoch geschätzt. Das belegt die vielzitierte Stelle aus den *Monatsgesprächen,* in denen vom Collegium Musicum in Hamburg die Rede ist:

> "O solte mancher in dem Collegio Musico, *welches wochentlich in Hamburg / von etlichen Studiosis, Kauffgesellen / Musicanten und anderen rühmlichen Liebhabern dieser edlen Kunst absonderlich wird gehalten / nur ein paar Stunden zuhören / er würde halb entzücket müssen bekennen / daß dessen gleichen in Teutschland schwerlich zu finden …* "[12]

Daß Rist von Weckmanns Collegium Musicum so außerordentlich angetan war, hat wahrscheinlich auch noch tiefere Gründe. Denn es ist bei genauerer Betrachtung kaum zu übersehen, daß zwischen dem Collegium Musicum und der Dichtergesellschaft eine bemerkenswerte Parallele besteht. (Übrigens sind seit 1644 auch vergleichbare Zusammenschlüsse im wissenschaftlichen Bereich nachweisbar, so etwa für Medizin, Jurisprudenz und Mathematik). Hier wie dort handelt es sich um freie Zusammenschlüsse von Bürgern aller Schichten. Das ist besonders bemerkenswert in einer Zeit, in der ansonsten die Zugehörigkeit zur jeweiligen sozialen Schicht Verlauf und Form des Lebens eines jeden Menschen bis in die kleinsten Details hinein prädestinierte. Ihr Gegenstand ist der Umgang mit Kunst – mit Literatur in der einen, mit Musik in der anderen Gesellschaft. Ziel der gemeinsamen Kunstübung ist die Kompetenz, Kunst zu beurteilen und Kriterien zu solcher Beurteilung zu entwickeln. In beiden Gesellschaften wird nicht nur produktiv und reproduktiv gearbeitet, sondern auch über die jeweiligen Gegenstände reflektiert. Hier entsteht das Milieu, aus dem sich ein Jahrhundert später aus der bürgerlichen Musikkritik heraus die Ästhetik als "Wissenschaft des Schönen" entwickelt.

Übrigens ist häufig übersehen worden, daß die Institution des Collegium Musicum Hamburg keineswegs erst durch Weckmann begründet wurde. Es gab auf musikalischem Gebiet bereits in der ersten Jahrhunderthälfte derartige Aktivitäten, wie wir aus der Vorrede des Rostocker Marienkantors Daniel Friderici zu seinem *Viridarium Musicum Sacrum* (1625) wissen. Zu dieser Zeit bestanden in der aufstrebenden Elbmetropole mehrere Collegia musica, zu deren Organisatoren der später in Rostock als

---

12   Johann Rist: *Das AllerEdelste / Leben / Der / Gantzen Welt // Vermittelst eines anmuthigen und erbaulichen / Gesprächs /…/ Hornungs=Unterredung* (Monatsgespräch Nr.2), Frankfurt/M. 1663, 166 f.

Poesieprofessor lehrende Johann Lauremberg, der Ratsherr Martin von der Fechte und der Mathematicus und Buchhalter Christoph Achatius Hager zählten. In diesen Collegia wurde laut Friderici in humanistischer Tradition gelehrt und schöngeistig disputiert, und dazwischen erbaute man sich an *"suavi etiam Musica tam Instrumentali quam Vocali"*.[13] Sicherlich hat es sich hierbei um relativ kleine Zirkel gehandelt, weswegen das Attribut "großes" Collegium Musicum, das Mattheson für Weckmanns vielbesprochene Gründung von 1660 verwendet, einen besonderen Sinn erhält.

Offensichtlich entstand dieses Collegium in einem Milieu, in dem es als Institution nichts grundsätzlich Neues darstellte, nämlich in dem der *"vornehmen Liebhaber"* der Musik (so die Formulierung im Bericht über die Gründung des Collegiums in der 1668 erschienenen Beschreibung Hamburgs durch Conrad von Hövelen, eines Mitglieds übrigens von Zesens und Rists Sprachgesellschaften). Wodurch es sich gegenüber seinen Vorgängern abhob, war zunächst einmal die große Zahl der Mitglieder – *"50 Personen"* – sowie der *"öffentliche"* Charakter seiner Zusammenkünfte, den v. Hövelen als *"hochrühmlich"* hervorhebt.[14] Dabei handelt es sich um eine Verwendung dieses Begriffs in einem für die Zeit durchaus modernen Sinn: gemeint ist nicht so sehr Öffentlichkeit im Sinn des Vorzeigens von Würde, Bedeutung oder militärisch-politischer Potenz als vielmehr die neuartige Öffnung einer frühbürgerlichen Bildungsinstitution zum Zweck der Belehrung, des Informationsaustausches, der rationalen Kritik und der auf ihr basierenden Meinungsbildung.[15]

Daneben schwingt freilich auch noch ein unübersehbarer Zug des Repräsentativen mit, der besonders deutlich im Kontext der Erwähnung des Collegium Musicum in Johann Rists zweitem *Monatsgespräch,* dem *Hornungsgespräch* von 1663 zum Ausdruck kommt. Dieser Text behandelt u. a. zwei damals äußerst brisante Themen: nämlich den Gegensatz von Stadt und Hof sowie die Neigung der Deutschen, die einheimische Kultur gegenüber fremden Erscheinungen unterzubewerten. Deutlich ist der Bezug zur aktuellen politischen Situation, nämlich zur nationalen Demütigung durch den erst fünfzehn Jahre zurückliegenden Westfälischen Frieden (ein Thema, das Rist bereits im letzten Kriegsjahr in seinem Drama *Das friedewünschende Teutschland* behandelt hatte), sowie zum Problem des hybriden Repräsentations- und Luxusbedürfnisses der durch diesen Frieden quasi souverän gewordenen deutschen Regionalfürsten und ihrer Höflinge, für die es nichts Wichtigeres gab als die Bewunderung und kritiklose Hingabe an die italienische und französische Kultur. Dieser Tendenz stellte Rist die deutschen Städte (an ihrer Spitze Hamburg) entgegen. Das *"Aller edelste Statt Leben"* bezeichnete er gegenüber dem Hof und dem flachen Land als das gedeihlichste, der Entwicklung der menschlichen Fähigkeiten günstigste Milieu. Zur Begründung

---

13 Wolfgang Voll: *Daniel Friderici. Sein Leben und geistliches Schaffen. Ein Beitrag zur evangelischen Kirchenmusik des Frühbarock*, Hannover 1936, S. 60.

14 Max Seiffert: *Matthias Weckmann und das Collegium Musicum in Hamburg*, in: SIMG II/1900-01, S. 110 f. – Gerhard Ilgner: *Matthias Weckmann. Sein Leben und seine Werke*, Wolfenbüttel/Berlin 1939, S. 47.

15 Zum Unterschied zwischen repräsentativer und bürgerlicher Öffentlichkeit vgl. Jürgen Habermas: *Strukturwandel der Öffentlichkeit. Untersuchungen zu einer Kategorie der bürgerlichen Gesellschaft* (1962). Neuwied ⁵1971, S. 28-41.

verwies er u. a. auf die Leistungen der im wesentlichen aus der Stadtkultur hervorgegangenen Sprachgesellschaften (natürlich nicht ohne ausführliche Darstellung des von ihm selbst gegründeten *Elbschwanenordens*). Wir sehen hier, wie stark die organisatorische Aktivität Weckmanns in das geistige Klima der Stadt eingebunden war und wie es ihrer politischen und sozialen Interessenlage entsprach.

Wir können nun das Collegium Musicum als ein kulturpolitisches und ein musiksoziologisches Phänomen ersten Ranges verstehen, denn es war den Hamburgern gelungen, mit Bernhard und Weckmann zwei Spitzenmusiker von einem Fürstenhof in ihre Stadt abzuwerben[16] – und zwar nicht von irgendeinem, sondern vom kursächsischen in Dresden, der neben Wien die bedeutendste Hofkapelle des Reiches unterhielt und überdies als ehemaliges Zentrum des Luthertums nun den von Rist gegeißelten Trend zur kulturellen Überfremdung anführte (sie gipfelte in der 34 Jahre später erfolgenden Konversion Augusts des Starken zum Katholizismus). Zum einen stellte das Collegium ein städtisch-bürgerliches Musterinstitut im Sinn eines Gegenmodells zu den Hofkapellen dar; zum anderen erhoffte man sich wohl, es werde eine genuin deutsche Musikkultur hervorbringen, die sich gegen die drohende Übermacht der italienischen behaupten konnte, ohne aber in deren Ablehnung oder gar Austreibung zu verfallen. Im Gegenteil: man schloß sich nicht etwa gegenüber den aktuellen Entwicklungen ab, sondern tat offenbar alles, um sie kennenzulernen und sie sich anzueignen. Die Formulierung: *"Es wurden die besten Sachen aus Venedig, Rom, Wien, München, Dresden verschrieben"* ist zwar ein Zusatz von Mattheson[17] (der im übrigen in den *Bernhard*- und *Weckmann*-Artikeln der *Grundlage einer Ehren-Pforte* die Berichte von Hövelens und aus Johann Kortkamps *Organistenchronik*[18] miteinander kompilierte). Doch scheint sie ziemlich zutreffend den Geist dieses Instituts zu umschreiben, denn in ihr äußert sich das kulturpolitisch Unerhörte, das in dieser Aktivität angelegt war: im Rahmen einer bürgerlichen Öffentlichkeit – die eben erst im Begriff war, sich in Abwehr der heraufziehenden absolutistischen Hofkultur zu formieren – wurde den Stadtbürgern etwas zugänglich, das eigentlich als Privileg der Fürsten galt: die Präsenz an der Front der aktuellen musikalischen Entwicklung, jedoch in einer Form, wie sie an deutschen Höfen eben nicht üblich war: nicht nur als Unterhaltung, Amüsement oder Information über das Neue um der Neuheit willen, sondern als Mitvollzug der musikalischen Sache um ihrer selbst willen.

---

16 Auch der prominente Leiter der Ratsmusik Dietrich Becker wurde 1662 von einem Hof – dem Celler – nach Hamburg abgeworben.

17 Johann Mattheson: *Grundlage einer Ehren-Pforte* (1740), ed. M. Schneider (1910), photomechanischer Nachdruck Graz 1969, S. 397 f. – Schon 1731 hatte Mattheson die musikalische Bedeutung der städtischen Musikkultur Hamburgs im gesamteuropäischen Rahmen akzentuiert: Johann Mattheson: *Große Generalbaßschule*, Repr. Hildesheim 1968, S. 44 ff.

18 Liselotte Krüger: *Johann Kortkamps Organistenchronik*, in: Zeitschrift des Vereins für Hamburgische Geschichte 33 (1933).

Die *Monatsgespräche* – Medium der frühen Aufklärung

Es zeigt sich deutlich, daß die Entstehung und die Arbeitsweise von Weckmanns Collegium Musicum aufs engste verbunden ist mit einer geistigen Haltung, die man als Erscheinungsform der frühen Aufklärung bezeichnen muß. Gerade darin steht sie aber in engem Zusammenhang mit den Aktivitäten von Johann Rist. Die *Monatsgespräche*, aus denen soeben zitiert wurde, dokumentieren diese Zielsetzung in besonders schlagender Weise. Es handelt sich um Gespräche, die Rist in kleiner Runde mit Mitgliedern des *Elbschwanenordens* führte und die auf die einzelnen Monate des Jahres bezogen sind. Sie erschienen allerdings nicht monatlich, sondern jährlich, da es sich um Abhandlungen von beträchtlichem Umfang handelt. Rist selbst hat zwischen 1663 bis zu seinem Tod 1667 sechs solcher Gespräche herausgegeben; bis 1670 wurden die Gespräche bis zur Nr. 10 von Erasmus Francisci (Pseudonym für den aus Lübeck stammenden Reiseschriftsteller von Finx) fortgesetzt.

In jedem Gespräch wird über irgendein Objekt diskutiert, welches *"das alleredelste in der Welt"* sein soll: im 1. Gespräch geht es um das *"edelste Naß"*, als das sich gegen Wein, Bier und Milch schließlich die Tinte durchsetzt (was wäre es wohl heute – das Öl?). Im zweiten Gespräch wird die Frage behandelt, welches Leben das alleredelste sei: das Landleben wird am Ende dem Stadt- und erst recht dem Hofleben vorgezogen. Im 3. Gespräch wird gezeigt, daß die Aller-Edelste Torheit, nämlich die Suche nach dem Stein der Weisen, in Wahrheit die größte Weisheit sei. Im 4. Gespräch bleibt die Frage nach der Edelsten Kunst zwischen Poesie, Musik und Malerei (=Schilder-Kunst) unentschieden. Im 5. Gespräch wird die *"Letter-Kunst"*, also die Schrift, als die edelste aller Erfindungen bezeichnet (klar, wenn schon die Tinte das edelste Naß ist), und im 6. Gespräch geht es um die *"alleredelste Zeit=Verkürzung"*. Dieses Gespräch hat besonders persönliche Züge; Rist schrieb es in Vorahnung des eigenen nahen Sterbens. Er diskutiert die Frage nach dem *"edelsten Zeitvertreib"*, und seine Antwort lautet: Die Reflexion des Todes. Rist hatte sich mit diesem Thema bereits in seiner Liedersammlung *Musicalisches Seelenparadies* (1660) beschäftigt, die wahrscheinlich von Weckmann gelesen und mit Anmerkungen versehen worden ist. Auch ergeben sich Beziehungen zu der *Memento-mori*-Eintragung in das Hintze-Manuskript, das mit ziemlicher Sicherheit von Weckmann geschrieben wurde.

Die *Monatsgespräche* sind also Essays über Fragen der Ethik, der Religion, der Gesellschaft, der Zivilisation, des Alltagslebens, der Kunst und so weiter. Sie berühren neben ihrem jeweiligen Hauptgegenstand unzählige weitere und bieten dadurch ein einmaliges Spiegelbild der Denkweise und des Weltbildes von Hamburger Literaten dieser Zeit. Durch ihre Bindung an den periodischen Ablauf der Monate bilden sie eine Vorform der moralischen Monats- oder Wochenschriften, die im 18. Jahrhundert ganz wesentlich zur Popularisierung der aufklärerischen Ideen beitrugen. (Übrigens war die erste Zeitschrift dieser Art in Deutschland eine Zusammenstellung von Übersetzungen aus englischen Wochenschriften; das Blatt erschien 1713/14 unter dem Titel *Der Vernünftler* in Hamburg, und sein Übersetzer und Herausgeber war kein anderer als Johann Mattheson.) An der Entwicklung des Pressewesens hatte

Hamburg ohnehin einen erheblichen Anteil: 9 Jahre nach der Gründung der ersten Wochenzeitung Deutschlands und Europas – der Straßburger *Relation* – erschien im ersten Jahr des 30-jährigen Krieges in Hamburg die *Wöchentliche Zeitung*. Das siebte Jahrzehnt stand in ganz Europa im Zeichen der Gründung von wissenschaftlichen Periodika. Als prominentestes unter ihnen gilt das Pariser *Journal des Savants,* das 1665 erstmals erschien. Im gleichen Jahr aber brachte Georg Greflinger auch in Hamburg ein ähnliches Unternehmen unter dem Titel *Nordischer Merkur* heraus.[19]

Auch Rists *Monatsgespräche* entsprangen dem Bedürfnis der frühen Aufklärung nach Informationen und Diskussionen über Gegenstände aus allen Bereichen. Rist spricht dies besonders deutlich aus in seinem Vorbericht, in dem er sein neuartiges literarisches Unternehmen begründet:

"Es bleibet ... endlich ewig wahr / daß keine größere irdische Glückseligkeit sey unter der Sonnen / als Alles wissen / so viel gleichwol in dieser Sterbligkeit / uns armen Adamskindern zu wissen / oder zu lernen müglich."

Doch nicht allein der Wissensdurst charakterisiert die mentale Situation der frühen Aufklärung, sondern auch eine Haltung, die gegen das aus Büchern geschöpfte Wissen der Scholastik sich richtet. Die Einsichten, die man in diesen Gesprächen fnden könne – sagt Rist – seien

"nicht so viel aus den Büchern / als auß der eigenen Erfahrung / der rechten und wahren Lehrmeisterin aller Dinge genommen."

Diese Erfahrung aber kann man vor allem als Stadtbewohner machen – und zwar aus mehrfachen Gründen: in den großen Städten seien

"die Rahts-Stühle insgemein mit hochvernünfftigen Männern / mit weitsehenden hochgelährten Bürgermeistern / tiefsinnigen Syndicis / und viel erfahrenen Rathsverwandten ... besetzt / von welchen ein eiferiger Liebhaber der wahren Weisheit gar wohl kan studiren / wie und auff was Art und Weise man so grosse Gemeine recht müsse regieren ..."

Außerdem finde man in den vielfältigen "sonderbaren Gesellschaften" einer solchen Stadt – bei den Kramern, Schiffern, Brauern, Schonen- und Engellandfahrern –

"Gelehrte / Rittermäßige / Kauffleut / Künstler / Handwerker / und in Summa / allerhand Art von Leuten / da hat man gnug zuzuhören / denn man kan in solchen Gesellschafften ... nicht allein alles das erfahren / was fast in der gantzen Stadt / ja auch an vielen anderen Orten vorgehet / sondern man höret bißweilen solche nachdenckliche Reden / auß welchen mancher mehr Klugheit kan schöpffen / als wenn er funffzig Blätter in deß Aristoteles Politica mit höchstem Fleiße hätte durchstudiret / welche treffli-

---

19   Zum Zeitschriftenwesen vgl. Carsten Prange: *Die Zeitungen und Zeitschriften des 17. Jahrhunderts in Hamburg und Altona. Ein Beitrag zur Publizistik der Frühaufklärung*, Hamburg 1978. – Elger Blühm: *Nordischer Mercurius (1665-1730)*, in: H.-D. Fischer (ed.): *Deutsche Zeitungen des 17. bis 20. Jahrhunderts*, Pullach 1972.

che Bequemlichkeit / und sonderbare Nutz / weder bey Hofe / noch im Kriege / noch auff dem Lande kan gefunden werden. "[20]

Doch nicht nur für den Geist, auch für den Schönheitssinn hat die große Stadt viel zu bieten. Voller Stolz beschreibt Rist die Hamburgischen Gärten:

"... da kan ich dir nicht einen, nicht fünffe / nicht zehen / sondern dreissig / vierzig / funffzig / welche merentheils den stattlichen Fürstlichen Garten wenig / ja wol gar nichtes nachgeben / zeigen / da man / so bald einer wird hineingeführt / nicht allein die Augen / sondern auch Maul und Nasen muß aufsperren / alle die dar in vorhandenen Schönheiten / Lusthäuser / Spatziergänge / Wasserkünste / Teiche / Schildereyen / fremde und ausländische Gewächse / und tausend angenehme Seltzsamkeiten recht zu beschauen ... "[21]

Wissensdrang, Vertrauen in die auf Erfahrung gegründete Urteilsfähigkeit des einzelnen Individuums und das Bedürfnis, in einer Welt zu leben, die man selbst zu einer schönen gestaltet – dies sind die bestimmenden Faktoren des Bewußtseins der Hamburger Bürger der frühen Aufklärungsepoche. Darin sind noch viele Elemente der älteren Zeit enthalten, z. B. der Glaube an die Alchimie,[22] an die tradierte Kosmologie und die Bedeutung der Symbole. Zu erwähnen ist in diesem Zusammenhang, daß Rist die Werke von Athanasius Kircher mit großer Ehrfurcht erwähnt; er nennt die *Musurgia universalis* und die *Ars magnetica "ewig lobenswürdige Bücher"* und ihren Autor den *"unvergleichlichen Jesuiten".*[23] Wohl wegen derartiger Relikte haben spätere Vertreter der Aufklärung in Hamburg wie Thomasius oder Lessing sich spöttisch über Rist geäußert, dabei aber zweifellos dessen bedeutsame Leistung als Vorläufer und Wegbereiter nicht angemessen gewürdigt. Doch ist Ungerechtigkeit gegenüber den eigenen direkten Voraussetzungen ein Phänomen, das in der Geschichte häufig unvermeidlich und vielleicht auch das historische Recht der Nachfahren ist.

Weckmanns Kammersonaten – Kompositionen zwischen Tradition und Innovation

Diese Welt der frühen Aufklärung war auch diejenige von Matthias Weckmann. Seine Berufung nach Hamburg, sein Wirken als Komponist und Organist und seine Leistung als Organisator des Collegium Musicum sind ein Teil dieser historischen Reali-

---

20 Johann Rist: *Monatsgespräche* II (wie Anm. 12), S. 174 ff.
21 Ebd., S. 182.
22 Schon bald nach Rists Tod suchten die Hamburger Aufklärer nicht mehr nach dem *"Stein der Weisen"*, sondern vertrauten auf den *"Probier-Stein der Vernunft"*, wie etwa Eberhard Werner Happel in seiner Zeitschrift *Größte Denkwürdigkeiten der Welt oder sogenannte Relationes curiosae, worinnen dargestellet und nach dem Probier-Stein der Vernunft examiniret werden die vornehmsten Physic(alischen), Mathem(atischen), Histor(ischen) und andere merkwürdige Seltsamkeiten.* Zit. n. F. Kopitzsch: *Grundzüge* (vgl. Anm. 9), S. 258. Der Titel könnte von Rists *Monatsgesprächen* inspiriert sein.
23 Rist: *Monatsgespräche* III, 1669, S. 159.

tät. Zum Schluß stellt sich die Frage, ob sich in seiner Musik Merkmale finden, die auf ihren geistigen Hintergrund verweisen.

Von allen Kompositionen Weckmanns haben die Kammersonaten den offensichtlichsten Bezug zum Collegium Musicum. Ihre funktionale Bestimmung ist auf das Minimum einer möglichen gelegentlichen Darbietung in Vespern oder Gottesdiensten geschrumpft. Ihr eigentlicher Zweck aber liegt darin, daß sich Musiker und Zuhörer intensiv mit ihnen beschäftigen; sie verlangen "Studium", man kann sie nicht als oberflächliche Unterhaltung aus dem Hintergrund rezipieren. Dennoch sind sie keine Kompositionen im "gelehrten" Stil. Vielmehr zeichnen sie sich aus durch ihre stilistische Vielfalt, die an der Oberfläche sogar häufig heterogen wirkt. Sie sind geschrieben für Hörer, die diese Stile kennen und die einen Reiz darin finden, daß das stilistisch scheinbar Unvereinbare auf eine sehr neue Art präsentiert wird. Worin besteht diese neue Art?

Durchgängig ist eine polyphone drei- bis vierstimmige Anlage mit zusätzlicher Generalbaßstimme, die durch die Besetzung jeder Stimme mit einer eigenen charakteristischen Klangfarbe überdeutlich dargestellt wird. Der Beginn der zweiten Sonate (vgl. das Notenbeispiel am Ende des Beitrags) verweist durch Rhythmus, Melodik und Struktur auf die Gattungstradition der Canzona und weckt somit Erwartungen, die in die Richtung eines sehr konservativen Stiles gehen. Doch alles weitere stellt nun diese Tradition in Frage. So wird die regelmäßige Imitation bereits beim Einsatz der dritten Stimme (der Violine) durchbrochen, indem statt des Themas seine Umkehrung eingeführt wird. Überdies erfolgt der Einsatz der vierten Stimme nicht wie die vorausgehenden im Abstand von 5½ Takten, sondern bereits nach ½ Takt. Dadurch wird nicht nur die Symmetrie der thematischen Exposition zerstört, sondern der Charakter der streng polyphonen Canzonengattung noch in der Expositionsphase in Frage gestellt. Interessanterweise ist das Mittel zu dieser Infragestellung aber eines, das den polyphonen Stil in einer besonders kunstvollen Ausprägung kennzeichnet, nämlich die Umkehrung des Themas. Dieser zweite Imitationszug nun wird nach auffallend kurzer Zeit abgebrochen und weicht in T. 20 einem freien Spiel von abgeleiteten bzw. abgespaltenen Motiven, das die harmonische Fortschreitung des Generalbasses zur Grundlage hat. Dieses Verfahren: den polyphonen und imitierenden Stil durch seine eigenen Mittel in Frage zu stellen, ist jedoch zu dieser Zeit keineswegs neu. Wir finden es vielmehr zum ersten Mal als konstitutives Element in den Fantasien für Tasteninstrumente der englischen Virginalisten, insbesondere bei William Byrd.[24] Diese Gattung wurde im Laufe des 17. Jahrhunderts zur Grundlage eines neuen Stiles, der bei Athanasius Kircher zum ersten Mal als *Stylus phantasticus* bezeichnet wird.[25] Unabhängig vom Zeitpunkt dieser theoretischen Formulierung läßt sich jedoch ein großer Teil der solistischen Musik für Tasteninstrumente und – wie neuerdings ge-

---

24   Dagmar Teepe: *Die Entwicklung der Fantasie für Tasteninstrumente im 16. und 17. Jahrhundert*, Kassel u. a. 1990, S. 99 ff.

25   Athanasius Kircher: *Musurgia universalis ...* (1650), Repr. ed. U. Scharlau, Hildesheim/New York 1970, S. 585.

zeigt wurde – der Kammermusik norddeutscher Komponisten zwischen 1600 und etwa 1740 diesem Stil zuordnen.[26]

Nun erschließen sich der analytischen Beobachtung an dem Ausschnitt aus Weckmanns Sonate noch einige weitere Merkmale, die selbst über diejenigen des Stylus phantasticus hinausgehen. Sie betreffen vor allem die kontrapunktische und tonale Seite. Der Beginn des Stückes irritiert durch seine tonale Unklarheit, die dadurch verursacht wird, daß der Generalbaß im ersten Akkord des ersten Taktes eine große Terz (also *fis*), im ersten Akkord des zweiten Taktes aber die kleine Terz (*f*) vorschreibt. Es handelt sich offensichtlich um eine bewußte Verunklarung der tonalen Verhältnisse, die von der imitierenden zweiten Stimme noch durch den entsprechenden Wechsel zwischen *gis*, *g*, *dis* und *d* gesteigert wird. Spätestens an dieser Stelle – im Takt 5 also – wird klar, daß die Themenexposition nicht nur den Rahmen des Modus (1. bzw. – nach Bernhard – 3. Ton) durchbricht, sondern geradezu gegen die Möglichkeit einer Interpretation im modalen Sinn angelegt ist. Vielmehr handelt es sich bereits um eine Modulation zwischen harmonischen Funktionen: der erste Einsatz moduliert von der Tonika in die Dominante, der zweite in die Doppeldominante.

Solche Erscheinungen stellen in Weckmanns Musik keine Ausnahmen dar, sie bilden vielmehr ihre strukturelle Basis. Weckmann gehört zu denjenigen Komponisten, bei denen erstmals in der Musikgeschichte ein Gespür für die *"structural function of harmony"*[27] festzustellen ist. Das macht ein wesentliches Stück seiner Modernität aus. Den Hamburger Bürgern, die Mitglieder seines Collegium Musicums waren, konnte eine solche Musik, in der sich die Vorahnung des Zukünftigen mit dem bereits akzeptierten Modernen des Stylus phantasticus und den tradierten Elementen der kontrapunktischen Schreibweise zu einer nie gehörten Synthese verband, wahrhaftig eine Menge neuer Erfahrungen verschaffen.

---

26   Friedhelm Krummacher: *Stylus phantasticus und phantastische Musik. Kompositorische Verfahren in Toccaten von Frescobaldi und Buxtehude*, in: Schütz-Jahrbuch II (1980), S. 7-77. – Christine Defant: *Kammermusik und Stylus phantasticus. Studien zu Dietrich Buxtehudes Triosonaten*, Frankfurt/M. 1985.

27   Arnold Schönberg: *Structural functions of harmony*, London 1954.

Notenbeispiel: Matthias Weckmann, Sonata a 4, erster Satz, T. 1-23

Wolf Frobenius, Nicole Schwindt-Gross und Thomas Sick (Hrsg.), Akademie und Musik. Erscheinungsweisen und Wirkungen des Akademiegedankens in Kultur- und Musikgeschichte: Institutionen, Veranstaltungen, Schriften. Festschrift für Werner Braun zum 65. Geburtstag, Saarbrücker Druckerei und Verlag: Saarbrücken 1993 (= Saarbrücker Studien zur Musikwissenschaft, Neue Folge, Bd. 7), S. 107-122

Das Collegium musicum als Forum des Theorie-Praxis-Bezuges

1

Die Einstellung zur Musik im Bürgertum Nord- und Mitteldeutschlands scheint im Lauf des 17. und des frühen 18. Jahrhunderts einer grundlegenden Wandlung unterworfen gewesen zu sein, die sich als das Bestreben kennzeichnen läßt, über die bodenständig gewachsenen Traditionen hinaus andere und neue Gattungen und Stile der Musik kennenzulernen, um sie sich gegebenenfalls zum eigenen Gebrauch verfügbar zu machen. Die Gründe für diese Haltung sind vielfältig und können hier nicht weiter diskutiert werden. Angedeutet werden aber muß, daß die Situation im Zusammenhang steht mit der kulturellen Konkurrenzsituation, in der das städtische Bürgertum seit der Renaissance mit der Welt der Höfe sich befindet und die im Zeichen des heraufkommenden Absolutismus für absehbare Zeit zunächst eindeutig zugunsten der höfischen Welt ausschlägt. Daraus ergibt sich zunächst das Bestreben der Reichs- und großen Handelsstädte (vor allem Hamburgs) nach einer nachahmenden Aneignung der vielfältigen neuen künstlerischen Tendenzen, der verschiedenen Stile und Richtungen, die die Epoche prägten. Das wiederum erforderte Konsequenzen bei der Ausbildung vor allem der den Institutionen als Leiter oder als tragende Kräfte zur Verfügung stehenden Musiker: In Frage gestellt wurde die eindimensionale handwerksmäßige Ausbildung der Praktiker ebenso wie das überwiegend traditionell-wissenschaftlich geprägte Tätigkeitsprofil des Kantors, der als verantwortlicher Leiter des kirchlich-schulischen Singechors die Musik erstens zu einem wesentlichen Teil als Theorie, zum anderen als ein Fach unter mehreren anderen betrieb und dadurch nicht die Möglichkeit hatte, als musikalischer Praktiker (häufig auch nicht als Komponist) den neu sich stellenden Anforderungen gerecht zu werden und die vielfältig erweiterte Stilpalette der Musik zu beherrschen.

Eine zusammenhängende geschichtliche Darstellung der Ausbildung der Musiker fehlt bis heute. Auch für die Epoche, die hier in Frage steht, sind die angedeuteten Wandlungen weniger für sich selbst untersucht, eher nur im Zusammenhang mit anderweitigen (zumeist biographischen oder sozialgeschichtlichen) Gegenständen mit berührt worden. Dadurch bedingt ist auch über die Bedeutung der Tatsache, daß es sich keineswegs um ein auf den Bereich der Musik beschränktes Phänomen handelt, nicht eingehend reflektiert worden. Gerade der Gegensatz von traditionell-zunftmäßiger und neuer "kunstgemäßer" Ausbildung ist aber ein Thema, das zunächst weniger in der Musik als in den Bildenden Künsten aufgeworfen wurde. Dahinter steht das neue Selbstverständnis der Künste in der Renaissance, wie es modellhaft von Leonardo da Vinci im *Trattato della pittura* (posth. 1651) formuliert worden war. Es läuft vor allem hinaus auf die strikte Absonderung der Bildenden Kunst von den Artes mechanicae und ihre Zugehörigkeit zu den Artes liberales. Diese Forderung konnte aber erst erhoben werden zu einer Zeit, als das mittelalterliche System der "Septem artes liberales" (zu denen ja die Musik, im Gegensatz zu den Bildenden Künsten, gerechnet wurde) in eine Krise geriet, infolge derer die Grenzen unscharf wurden und die Bereiche neu abzustecken waren. Erst die sich daraus neu ergebende Konzeption des Künstlers machte eine neue Art der Ausbildung notwendig; sie schlug sich in der Errichtung der frühen italienischen Akademien nieder, deren Profil vor allem auf Aktualität und Innovation hin ausgerichtet war. Nicht von ungefähr war es die große Neuerung der Malerei des 15. und 16. Jahrhunderts – die Perspektive –, die zum Hauptlehrgegenstand der frühen Kunstakademien erhoben wurde.[1] Und es war wohl dieser innovatorische Impuls, der den Gedanken aufkommen ließ, die Konzeption der neuen "akademischen" Ausbildung auf die Gebiete der Sprache und Literatur, aber auch der Musik, auszuweiten (wodurch freilich der ursprüngliche institutionelle Anlaß ihrer Existenz, nämlich eine Gegeninstanz zu den einflußreichen Handwerkszünften als Repräsentanten der traditionellen Ausbildung zu formieren, verloren ging).

Die Stoßrichtung der akademischen Bildung auf allen Gebieten richtete sich somit zunächst gegen zwei Grundgegebenheiten: einmal gegen starre und unbefragte Traditionen und zum anderen gegen provinzielle Verengungen, Verschrobenheiten und Wucherungen. Erst in zweiter Linie kommt der Rückgriff auf die Antike in Betracht: Die Bemühung um ein übergreifendes Vorbild ist motiviert durch das Bewußtsein, am Ende des Mittelalters in einer Sackgasse der Partikularismen gelandet und im Begriff zu sein, der großen universellen Tradition (die man durch die antike Kunst ebenso wie durch die Literatur gewahrt meinte) verlustig zu gehen. In diesem Sinn liegen die Programme der "Reinigung" der Volkssprachen von ihren Dialekt-Elementen und ihrer Anhebung auf das Niveau der antiken Literatursprachen etwa auf der gleichen Ebene wie die Bemühungen in der Musik, volksmusikalische Elemente (beispielsweise der Chanson, der Frottola und Villanelle sowie des Tanzes) mit den Gattungen der Hochkunst in Verbindung zu bringen, sie miteinander zu vergleichen und sich damit zugleich in eine – der naturwüchsigen Tradition unbekannte – Distanz zu ihnen zu begeben (wie es modellhaft im "universalistischen" Werk Orlando di Lassos geschieht). In diesem Licht stellen sich als besonders charakteristische Produkte des neuartigen "akademischen" Umganges mit der Kunst die höfischen musikdramatischen Produktionen des 16. und frühen 17. Jahrhunderts – die Intermedien und die unterschiedlichen Ausprägungen des Hofballetts und der frühen Oper – dar, in denen sich die Bemühung um den Affektausdruck des antiken Dramas mit der festlichen Präsentation der zeitgenössischen Tänze und der mehrstimmigen Liedformen verbindet zu einem umfassenden und offensichtlich sehr effektvollen Zusammenwirken der verschiedenen Künste. Insofern ist die Entstehung der Oper gar nicht zu trennen von

---

1   Nikolaus Pevsner: *Academies of Art. Past and Present,* New York 1940, Reprint New York 1973, S. 34.

derjenigen der italienischen Akademien, in denen der Musik ein breiter Raum geschaffen wurde.[2]

Vergleichbares gibt es nördlich der Alpen zunächst nicht. Doch ähnlich wie die deutschen Sprachgesellschaften des 17. Jahrhunderts ohne den Vorgang der italienischen Sprachakademien kaum zu erklären wären, könnte auch bei den in Deutschland in dieser Zeit verbreiteten Collegia musica – zumindest bei einigen ihrer Ausprägungen – der akademische Gedanke im Hintergrund stehen. Werner Braun hat darauf aufmerksam gemacht, daß die anfangs oft als Convivium musicum bezeichnete Organisationsform der frühbürgerlichen Musikgesellschaften in Deutschland ebenso wie die Akademie auf einer Idee Platons, nämlich der des Gastmahls, beruht.[3] Das Gastmahl wurde von großbürgerlichen oder aristokratischen Mäzenen ausgerichtet, die es sich zur Ehre anrechneten, Künstler wie auch Wissenschaftler in ihren Räumen zu bewirten, um auf diese Weise selbst zum Auslöser und Mittelpunkt geistiger Auseinandersetzungen zu werden. Die spannungsvolle Kommunikation zwischen professionellen Künstlern und kunstverständigen Mäzenen im nicht von außerkünstlerischen Funktionen eingeengten privaten bis halböffentlichen Raum bildet die eigentliche Raison d'être der frühen Akademien wie auch einer bestimmten Art von Collegia musica. Ziel dieser Institutionen ist der Erwerb von "virtù", der Insignie des "Virtuosen" im umfassenden Sinn fachlicher und moralischer Kompetenz. Noch am Beginn des 18. Jahrhunderts war dieser Begriff partiell vorhanden. So sprach man 1704 von den Mitgliedern der Nürnberger *Teutschen Academie der Edlen Bau-, Bild- und Malerey-Künste* als von *"virtuosi"*, die ihre Qualifikation durch Arbeit an sich selbst erreicht haben, im Unterschied zu den *"gewöhnlichen"* Malern.[4] Die Frage des Verhältnisses der Collegia musica zu den nichtmusikalischen Akademien ergibt sich aus derartigen Affinitäten. Ihr soll im folgenden nachgegangen werden.

2

Freilich lassen die Anfänge der Collegia musica den Einfluß des neuen akademischen Geistes nicht als Regelfall erscheinen. Ihre Ursprünge liegen ohnehin eher in dem musikalischen Um- und Aufbruch, der durch die Reformation ausgelöst wurde, als in der humanistischen Bewegung an den Universitäten, bei der man die größte Aufgeschlossenheit für die italienischen Neuerungen erwarten konnte, die aber auf musikalischem Gebiet letztlich doch relativ wenig bewirkte und bewegte. Vor allem war die gesellschaftliche Trägerschicht eine andere als die der italienischen Akademien: Diese entstanden – wie etwa die *Platonische Akademie* in Florenz oder die (in ihrem institutionellen Charakter umstrittene) *Academia Leonardi Vinci* – im Umkreis oberitalieni-

2   Vgl. dazu den Bericht in Pietro Cerones *El Melopeo* (1613), zit. bei Alfred Einstein: *The Italian Madrigal*, Princeton 1949, Bd. 1, S. 199 f. – Walter Salmen: *Musikleben im 16. Jahrhundert*, Leipzig 1976 (Musikgeschichte in Bildern, III.9), S. 128 f.

3   Werner Braun: *Die Musik des 17. Jahrhunderts*, Wiesbaden u. Laaber 1981 (Neues Handbuch der Musikwissenschaft, 4), S. 40.

4   N. Pevsner (wie Anm. 1), S. 116.

scher Handelsstädte und Fürstenhöfe, ihre Mäzene waren die städtischen *"Tyrannen"* (J. Burckhardt) vom Schlag der Sforzas, Gonzagas oder Estes, Päpste, Kardinäle und sonstiger Kirchenadel sowie die sich nobilitierenden Handelspatrizier, vor allem natürlich die Medici; d. h. sie gediehen in eben jenem Milieu, in dem sich im Verlauf des 16. Jahrhunderts der Absolutismus vorbereitete. Die Entwicklung von humanistischen Ausgängen zu mehr und mehr konfessioneller (katholischer) und repräsentativ-öffentlicher (staatlicher) Funktionalität ist daher für die Akademien des südlichen, später auch des westlichen Europa charakteristisch. So stellte sich etwa auch die Florentiner *Camerata* unter Cavalieri weitgehend in den Dienst der gegenreformatorischen Bewegung. Summarisch gilt die Feststellung, daß mit der Beendigung der republikanischen Staatsform in Florenz, also am Ende des dritten Jahrzehnts des 16. Jahrhunderts, die erste Phase der akademischen Entwicklung bereits abgeschlossen war. Danach setzt als Folge massiver staatlicher Einflußnahme, die bis hin zur völligen kulturpolitischen Vereinnahmung geht, eine immer deutlichere Tendenz zur Verengung bei gleichzeitiger starker Vermehrung bis hin zur Neugründung von Akademien im Rahmen von Jesuitenkollegien ein.[5]

Die frühen Collegia musica dagegen verstanden sich offenbar überwiegend als spezielle Ausprägungen der neu sich konstituierenden protestantischen Kantoreien, was bis in die Bezeichnung hinein zu verfolgen ist; so nannte sich die entsprechende Institution in Jena 1565 *Cantorey-Gesellschaft oder Collegium musicum*. Von der höfischen Welt sind diese Collegia weit entfernt, sie scheinen sich geradezu als eine Art städtisch-bürgerliche Gegeninstitution zu den gleichzeitig sich konstituierenden Hofkantoreien (oder *"Hofmusikkollegien"*, wie sie Martin Ruhnke mit einem allerdings in der Zeit nicht gebräuchlichen Terminus genannt hat)[6] begriffen zu haben. An der Spitze der benannten Jenaer Vereinigung stand mit dem Bürgermeister Martin Müller *"ein gelehrter Mann, welcher dieses Jahr eine ordentliche matriculam collegii aufgerichtet"*;[7] zumindest auf die äußere Organisationsform scheint hier also der universitäre Rahmen abgefärbt zu haben, in dem sich die Aktivitäten dieses Collegiums abspielten.

Außerhalb der Universitätsstädte jedoch richteten sich die Erscheinungsformen eher am tradierten Modell der Handwerkerzünfte und Kaufmannsgilden aus, deren Bezeichnung sogar gelegentlich übernommen wurde. So wird im Jahr 1600 in der mecklenburgischen Stadt Friedland bezeugt, daß *"eine hochlöbliche Gilde der Musicanten alhie von undencklichen Jahren her, vom Römischen Pabst und Kayser privilegiret, und mit vielen Immunitatibus und Gerechtigkeiten begnadet worden"*.[8] Die Statuten dieser Vereinigung zeigen relativ klar die Gemeinsamkeiten und die Unterschiede zur Kantorei. Letztere lagen vor allem in der strengen Reglementierung der Mitgliedschaft

---

5   Vgl. August Buck: *Die humanistische Akademie in Italien*, in: *Der Akademiegedanke im 17. und 18. Jahrhundert* (2. Wolfenbütteler Symposion, Dezember 1975), hrsg. von Fritz Hartmann u. Rudolf Vierhaus, Bremen u. Wolfenbüttel 1977 (Wolfenbütteler Forschungen, 3), S. 16 ff.

6   Martin Ruhnke: *Beiträge zu einer Geschichte der deutschen Hofmusikkollegien im 16. Jahrhundert*, Tutzing 1963.

7   Gerhard Pietzsch: *Zur Pflege der Musik an den deutschen Universitäten bis zur Mitte des 16. Jahrhunderts*, in: Archiv für Musikforschung 7 (1942), S. 163.

8   Zit. nach Max Seiffert: *Die musikalische Gilde in Friedland (1600-ca. 1675)*, in: Sammelbände der Internationalen Musikgesellschaft 1 (1899-1900), S. 143.

und des Verhaltenscodex, der ganz auf die Wahrung moralischer Tadellosigkeit sowie auf die Einordnung in die Hierarchie von *"Altermännern"*, *"Mittelleuten"* und *"Jüngsten"* abgestellt war. Durchaus den Gebräuchen der Zünfte und Gilden, aber nicht minder denen der weit in das 17. Jahrhundert hineinreichenden Meistersinger-Organisationen entlehnt ist die zeremonielle Art der Traditionspflege mit Eidablegung, Aufbewahrung der Lade, Präsentation der *"güldenen und silbernen Pfände"* und einigem anderen. Dem Kantor gegenüber sollen sich die Collegiumsmitglieder *"willigst"* erweisen und gern und rechtzeitig seinem *"Einladen"* zu musikalischer Mitwirkung im Gottesdienst nachkommen; doch blieb es – im Unterschied zur Schulkantorei – bei dieser moralischen, informellen Verpflichtung, der sich indessen die Mitglieder kaum werden haben entziehen können (und wollen). Auf das Repertoire wird mit den Gattungsbezeichnungen *"Concert"* und *"Moteta"* angespielt – es wird sich nicht wesentlich von dem der Lateinschulkantorei unterschieden haben. Was überdies bei dem Exercitium musicum und in den *"lustigen Stündlein"* musiziert wurde, zu denen das Collegium zusammentraf, darüber geben die Statuten zwar keine Auskunft, doch liegt es nahe, die seit Jacob Regnarts 1574 beginnenden Veröffentlichungen und im Gefolge der Lasso-Lieder sich rasch in Deutschland verbreitenden Adaptionen italienischer und französischer Villanellen- und Chansonliteratur und deren originäre deutsche Gegenstücke (etwa von Leonhard Lechner, Hans Leo Haßler, Sigmund Theophil Staden oder Johann Hermann Schein) hierfür in Anspruch zu nehmen, was auch durch die Widmungen von Kompositionen und Kompositionssammlungen belegt ist. In größeren und wohlhabenden Städten wurden zudem häufig Berufsmusiker (*"Ratsmusici"*) herangezogen, so daß diese Collegien aus der zunfttypischen sozialen Homogenität und Begrenztheit heraustraten, um sich stärker am Sach- als am Repräsentationsinteresse zu orientieren, damit zugleich aber die humanistische Idee der Gleichheit der Menschen in ihren geistigen Interessen und Möglichkeiten zu befördern. Darin liegt durchaus eine Affinität zu den italienischen Akademien, zu deren Merkmalen ebenfalls die gemischte Zusammensetzung aus professionellen Künstlern und bildungsbeflissenen Dilettanten (allerdings wesentlich mehr aristokratischen als bürgerlichen) gehörte.

In noch engerer Beziehung zu den Erfordernissen der geistlichen Musik standen die ersten Collegia musica in der Schweiz, die keine geringere Aufgabe hatten als dem nach den Stürmen der zwinglianisch-calvinistischen Reformation allein überlebenden Psalmengesang durch Pflege in der Privatsphäre zu einer schlichten Blüte zu verhelfen. Von *"lustigen Stündlein"* kann hier keine Rede sein, ganz im Gegenteil: Wer sich erkühnte, *"in währendem Exercitio sonderlich im Anstimmen, singen oder pfeiffen etwas Possenwerk"* zu treiben oder *"mit Lachen und anderm"* zu stören, mußte damit rechnen, mit einer drastischen Geldbuße belegt zu werden.[9] Der gänzlich unakademische Geist der Schweizer Collegien äußert sich schlagend in der Bestimmung der revidierten St. Gallener Ordnung von 1636, man solle sich *"in wehrendem Exercitio ... an ein-*

---

9   Statuten des Collegium musicum St. Gallen 1620, zit. nach Karl Nef: *Die Collegia musica in der deutschen reformierten Schweiz von ihrer Entstehung bis zum Beginn des neunzehnten Jahrhunderts*, St. Gallen 1897, S. 33.

und nit an mehr Musicalische büecher (dann dadurch mehr verwierung der Kunst verursacht wurde) halten ...".[10] Musikalisches Informationsbedürfnis (und die daraus hervorgehende geistige Auseinandersetzung mit der "Kunst") war hier unerwünscht, weil sie die offenbar völlig geradlinige und eindeutige Bevorzugung eines bestimmten musikalischen Stils und der ihm entspringenden Ausdruckshaltung hätte in Frage stellen können.

Von Anfang an indessen scheinen die im universitären Raum angesiedelten Collegia (zumindest einige unter ihnen) die Möglichkeit wahrgenommen zu haben, sich vom zünftlerisch-traditionalistischen Habitus der ausschließlich oder überwiegend aus Kaufleuten und Handwerkern sich rekrutierenden Musikvereinigungen in gewissem Grade abzusetzen. Besonders ausgeprägt zeigt sich dies am *Convivium musicum* in Frankfurt/Oder, das 1530 von dem als Mediziner und als Professor an der Artistenfakultät tätigen Jodocus Willich gegründet wurde. Die Lebensbeschreibung Willichs durch seinen Schüler Matthias Host nimmt hinsichtlich des *Convivium musicum* ausdrücklich Bezug auf die Symposia der Antike, allerdings mit der respektvollen Einschränkung, daß *"Jodoci institutum cum sapienti illa antiquitate minime conferri neque debeat neque possit"*.[11] Interessant ist ferner die Berufung auf das *Symposium philosophicum* des italienischen Philologen Francesco Filelfo (1398-1481), durch die der Einfluß von Frühformen der italienischen Akademien auf dieses ostdeutsche Unternehmen verdeutlicht wird. Willich, *"ein hervorragender Polyhistor und Schriftsteller ... von erasmischer Gelehrsamkeit"*,[12] beschäftigte seine auf (nach der Zahl der neun Musen und drei Chariten) zwölf Personen beschränkte, aus Gelehrten und Bürgern gemischte Gesellschaft mit der Diskussion über unterschiedliche Gegenstände, und zwar nützliche, gelehrte und löbliche (*"de rebus variis, utilibus, eruditis et honestis"*). Ziel war, daß die Teilnehmer lernten, bevor sie sich über einen Gegenstand eine Meinung bildeten, ihn intensiv aufzunehmen, zu prüfen und zu erklären (*"ut convivae de his ante cogitarent, eas excuterent, examinarent et explicarent"*). Zwischen die Behandlung der einzelnen Fragen wurde die Musik eingebaut: *"nunc vocalis trium, quatuor aut plurium vocum, nunc instrumentalis: adhibebantur enim et fistulae et alia instrumenta Musica"*. Man habe das Convivium nach diesen Aktivitäten *"Musicum"* genannt, hätte es aber ebensogut *"Philosophicum"* nennen können. Die Wirkung des Conviviums auf die Teilnehmer zeigte sich darin, daß alle bescheiden, aber voller Witz, guter Laune, fröhlich-urbanen Lachens und gegenseitigen Wohlwollens waren (*"omnia ... erant modesta, joci, gaudij, risus hilarioris urbanitatis, et mutuae benevolentiae plena"*).[13] Diese Beschreibung des Verhältnisses von Diskurs und Musik nimmt geradezu Immanuel Kants aufklärerische Auffassung von der Wirkungsweise der Kunst vorweg, die auf dem Verhältnis der ästhetischen Ideen zu den Vernunftbegriffen beruht: Ihr eigentlicher Wert bestehe darin, daß sie mittels ihrer *"Mannigfaltigkeit der Teilvorstel-*

---

10   Ebda., S. 35.

11   *Clarissimi Willichius Senior Narratio De vita, Studiis, Scriptis*, Frankfurt/O. 1607.

12   Dieter Härtwig: Art. *Willich*, in: MGG, Bd. 14. Kassel 1968, Sp. 688.

13   Heinrich Grimm: *Meister der Renaissancemusik an der Viadrina*, Frankfurt/O. 1942, S. 84.

lungen" – die allerdings *"unnennbar"* sind – das Gefühl in die Lage versetzt, die Erkenntnisvermögen zu beleben.[14]

Über das Repertoire von Willichs Convivium herrscht die Vermutung vor, es habe sich an den Exempla aus dem *Dodekachordon* (1547) des ihm persönlich bekannten Glarean orientiert. Es wäre dann relativ konservativ gewesen und hätte z. B. die humanistischen Oden im Stil von Celtis/Tritonius ausgespart, was wenig wahrscheinlich ist, zumal Celtis' *Sodalitates litterariae* ebenfalls zu den von Host ausdrücklich genannten Vorbildern für Willichs Convivium zählen. Anzunehmen ist vielmehr, daß die Bemühungen sich darauf richteten, Anschluß an die aktuelle internationale volkssprachige Liedliteratur zu gewinnen und an der gängigen Intavolierungspraxis für diverse Instrumentalbesetzungen zu partizipieren, zumal intensive Handelsbeziehungen zwischen Frankfurt/Oder und den Hauptorten des damaligen deutschen Musikdruckes (Nürnberg, Augsburg, Basel) herrschten. Auch hat sich Willich intensiv mit dem lateinisch-deutschen Schuldrama beschäftigt, in dessen Chören die antiken Metren in ähnlicher Weise vertont wurden wie in den genannten Oden.

Im weiteren Verlauf des 16. Jahrhunderts gerieten derartige Unternehmungen immer häufiger in Schwierigkeiten, was offenbar auf die nachlassende Schwungkraft der humanistischen Bewegung zurückzuführen ist. Der Geist des Konfessionalismus und des heraufziehenden Absolutismus bewirkte seit der zweiten Hälfte des 16. Jahrhunderts allenthalben, auch in den protestantisch bleibenden Regionen, eine Restitution und Überbetonung von Standesabgrenzungen, die der Humanismus ebenso wie die erste Generation der Reformation schon überwunden geglaubt hatten. So wurde in Rostock 1569 das von dem Magister Günther Owen geleitete Collegium musicum mit der Begründung aufgelöst, daß *"einerseits für die Studenten überflüssiger Aufwand daraus erwachse, andererseits durch solchen Verkehr auf gleichem Fuße die Würde und das Ansehen der Professoren leide und Geringschätzung an deren Stelle trete"*.[15] Derartige Abgrenzungsmentalität führte dazu, daß um 1600 der Typus des humanistischen, für Theorie und Praxis gleichermaßen interessierten Zirkels selten geworden war. Um so mehr verbreiteten sich rein studentische Vereinigungen, in denen das Amüsement an Musik, Wein und Liebe den alleinigen Zweck darstellte und die oftmals sehr unakademische Verhaltensweisen wie Rauflust und Aggressivität an den Tag legten, was gelegentlich zu Konfrontationen mit den Handwerker- und Kaufmannskreisen führte.[16] Die Einstellung der Stadtbürger zu solchen studentischen Musikvereinigungen war dementsprechend häufig negativ, infolgedessen der Gebrauch der Wörter "akademisch" oder "Akademiker" in Verbindung mit Musik abwertend – sei es nun in Bezug auf solch wenig erbauliche Formen des Umgangs mit ihr oder aber auf eine praxisferne musikalische Gelehrsamkeit, die nur noch längst abgestorbene Traditionsbestände einer aus dem Mittelalter stammenden Scientia musica mit sich herum-

---

14   Immanuel Kant: *Kritik der Urteilskraft* (Berlin 1790), hrsg. von Gerhard Lehmann, Stuttgart 1963, S. 250.

15   Protokoll der Sitzung des Universitätskonzils vom 30.7.1569, zit. nach Alfred Hingst: *Musiklehre und Musikleben an der Universität Rostock von ihrer Gründung 1419 bis zum Ende des 18. Jahrhunderts*, Diss. Rostock 1970, S. 261.

16   Vgl. W. Salmen (wie Anm. 2), S. 146 f.

schleppte. Ein solcher Wortgebrauch betrifft jedoch keineswegs den Akademiegedanken im eingangs beschriebenen Sinn.

3

Schon frühzeitig hob sich Hamburg aus dieser Situation heraus. In dieser Stadt manifestierte sich im 17. Jahrhundert die Affinität zu Italien (vor allem zu Venedig, weniger zum gegenreformatorischen Rom) in politischer ebenso wie in kultureller und künstlerischer Hinsicht. Nicht von ungefähr konnten hier mit Philipp von Zesen und Johann Rist zwei Dichter als Gründer von Sprachgesellschaften auftreten, deren Modelle nicht zuletzt in den italienischen Akademien zu suchen sind. Doch gab es auch auf musikalischem Gebiet bereits in der ersten Jahrhunderthälfte vergleichbare Aktivitäten, wie wir aus der Vorrede des Rostocker Marienkantors Daniel Friderici zu seinem *Viridarium Musicum Sacrum* (1625) wissen. Zu dieser Zeit bestanden in der aufstrebenden Elbmetropole mehrere Collegia musica, zu deren Organisatoren der später in Rostock als Poesieprofessor lehrende Johann Lauremberg, der Ratsherr Martin von der Fechte und der Mathematicus und Buchhalter Christoph Achatius Hager zählten. In diesen Collegia wurde laut Friderici in humanistischer Tradition gelehrt und schöngeistig disputiert, und dazwischen erbaute man sich an *"suavi etiam Musica tam Instrumentali quam Vocali"*.[17] Sicherlich hat es sich hierbei um relativ kleine Zirkel gehandelt, weswegen das Attribut *"großes"* Collegium musicum, das Mattheson für Matthias Weckmanns vielbesprochene Gründung von 1660 verwendet, einen besonderen Sinn erhält. Offensichtlich entstand dieses Collegium in einem Milieu, in dem es als Institution nichts grundsätzlich Neues darstellte, nämlich in dem der *"vornehmen Liebhaber"* der Musik (so die Formulierung im Bericht über die Gründung des Collegiums in der 1668 erschienenen Beschreibung Hamburgs durch Conrad von Hövelen, eines Mitglieds übrigens von Zesens und Rists Sprachgesellschaften).[18] Wodurch es sich gegenüber seinen Vorgängern abhob, war zunächst einmal die große Zahl der Mitglieder – *"50 Personen"* – sowie der *"öffentliche"* Charakter seiner Zusammenkünfte, den von Hövelen als *"hoch-rühmlich"* hervorhebt.[19] Dabei handelt es sich um eine Verwendung dieses Begriffs in einem für die Zeit durchaus modernen Sinn: Gemeint ist nicht so sehr Öffentlichkeit im Sinn des Vorzeigens von Würde, Bedeutung oder militärisch-politischer Potenz als vielmehr die neuartige Öffnung

---

17 Wolfgang Voll: *Daniel Friderici – Sein Leben und geistliches Schaffen. Ein Beitrag zur evangelischen Kirchenmusik des Frühbarock*, Hannover 1936, S. 60 [Vgl. zu den Hamburger Verhältnissen ausführlicher die vorhergehende Studie in diesem Band, auf die der folgende Abschnitt teilweise zurückgreift.]

18 Max Seiffert: *Matthias Weckmann und das Collegium Musicum in Hamburg. Ein Beitrag zur deutschen Musikgeschichte des 17. Jahrhunderts*, in: Sammelbände der Internationalen Musikgesellschaft 2 (1900-01), S. 111. Vgl. auch Gerhard Ilgner: *Matthias Weckmann. Sein Leben und seine Werke*, Wolfenbüttel u. Berlin 1939, S. 47.

19 Ebda., S. 111.

einer frühbürgerlichen Bildungsinstitution zum Zweck der Belehrung, der Information und des Meinungsaustausches.[20]

Daneben schwingt freilich auch noch ein unübersehbarer Zug des Repräsentativen mit, der besonders deutlich im Kontext der Erwähnung des Collegium musicum in Johann Rists zweitem *Monatsgespräch*, dem *Hornungsgespräch* von 1663 zum Ausdruck kommt.[21] Dieser Text behandelt u. a. zwei damals äußerst brisante Themen: nämlich den Gegensatz von Stadt und Hof sowie die Neigung der Deutschen, die einheimische Kultur gegenüber fremden Erscheinungen unterzubewerten. Deutlich ist der Bezug zur aktuellen politischen Situation, nämlich zur nationalen Demütigung durch den erst fünfzehn Jahre zurückliegenden Westfälischen Frieden (ein Thema, das Rist bereits im letzten Kriegsjahr in seinem Drama *Das friedewünschende Teutschland* behandelt hatte), sowie zum Problem des hybriden Repräsentations- und Luxusbedürfnisses der durch diesen Frieden quasi souverän gewordenen deutschen Regionalfürsten und ihrer Höflinge, für die es nichts Wichtigeres gab als die Bewunderung und kritiklose Hingabe an die italienische und französische Kultur. Dieser Tendenz stellte Rist die deutschen Städte (an ihrer Spitze Hamburg) entgegen. Das *"Aller edelste Statt Leben"*[22] bezeichnete er gegenüber dem Hof und dem flachen Land als das gedeihlichste, der Entwicklung der menschlichen Fähigkeiten günstigste Milieu. Zur Begründung verwies er u. a. auf die Leistungen der im wesentlichen aus der Stadtkultur hervorgegangenen Sprachgesellschaften (natürlich nicht ohne ausführliche Darstellung des von ihm selbst gegründeten *Elbschwanenordens*).[23] In diesem Zusammenhang fällt nun die Beschreibung der Hamburger Musikkultur (besonders der Organistenmusik) und eben auch die Erwähnung des Weckmannschen Collegium musicum, was von erheblicher Bedeutung für die Bestimmung von dessen Stellenwert ist. Nicht von ungefähr wird die Aufhebung der Standesabgrenzung akzentuiert, wie sie nur in der Stadt möglich ist:

"... daß man diese herrliche Vergnügung [die Musik] zum allerbesten in den grossen Stätten kan haben / da ich solchen edlen Seelentrost schwerlich bey Hofe (derer etliche klein und schlecht genug sind) selten auf dem Lande nimmermehr aber im Kriege ... werde ... antreffen können. O solte mancher in dem Collegio Musico, welches wochentlich in Hamburg / von etlichen Studiosis, Kauffgesellen / Musicanten und anderen rühmlichen Liebhabern dieser edlen Kunst absonderlich wird gehalten / nur ein paar

---

20   Zum Unterschied zwischen repräsentativer und bürgerlicher Öffentlichkeit vgl. Jürgen Habermas: *Strukturwandel der Öffentlichkeit. Untersuchungen zu einer Kategorie der bürgerlichen Gesellschaft*, Neuwied 1962, 5. Aufl. 1971 (Politica, 4), S. 28-41.

21   Johann Rist: *Das AllerEdelste Leben Der Gantzen Welt Vermittelst eines anmuthigen und erbaulichen Gesprächs ... Hornungs-Unterredung*, Frankfurt/ M. 1663, S. 166 ff.

22   Ebda.

23   Den städtischen Charakter des Collegium musicum betonte auch Johann Kuhnau im *Musicalischen Quacksalber* (Dresden 1700), hrsg. von Kurt Benndorf, Berlin 1900, Reprint Nendeln 1968, S. 7. Das Verhältnis der Sprachgesellschaften (zu denken wäre vor allem auch an die Königsberger Kürbshütte) zum Collegium musicum wäre einer besonderen Studie vorzubehalten.

Stunden zuhören / er würde halb entzücket müssen bekennen / daß dessen gleichen in Teutschland schwerlich zu finden ... "[24]

Zudem waren ja die beiden Protagonisten dieser Institution – Weckmann und später Christoph Bernhard – von einem Fürstenhof nach Hamburg abgeworben worden, und zwar nicht von irgendeinem, sondern vom kursächsischen in Dresden, der neben Wien die bedeutendste Hofkapelle des Reiches unterhielt und zudem als ehemals zentraler lutherischer Hof eben jenen von Rist gegeißelten Trend zur kulturellen Überfremdung (gipfelnd in der religiösen Konversion Augusts des Starken 34 Jahre später) anführte. So betrachtet, erweist sich die Funktion des Weckmannschen Collegiums als eine eminent kulturpolitische, und zwar im doppelten Sinn: Es sollte zum einen ein städtisch-bürgerliches Musterinstitut im Sinn eines Gegenmodells zu den Hofkapellen darstellen; zum anderen sollte es eine genuin deutsche Musikkultur hervorbringen, die sich gegen die drohende Übermacht der italienischen behaupten konnte, ohne aber in deren Ablehnung oder gar Austreibung zu verfallen. Im Gegenteil: Man schloß sich nicht etwa gegenüber den aktuellen Entwicklungen ab, sondern tat offenbar alles, um sie kennenzulernen und sie sich anzueignen. Die Formulierung: *"Es wurden die besten Sachen aus Venedig, Rom, Wien, München, Dresden verschrieben"* ist zwar ein Zusatz von Mattheson[25] (der im übrigen in den Bernhard- und Weckmann-Artikeln der *Grundlage einer Ehrenpforte* die Berichte von Hövelens und aus Johann Kortkamps *Organistenchronik*[26] miteinander kompilierte). Doch scheint sie ziemlich zutreffend den Geist dieses Instituts zu umschreiben, denn in ihr äußert sich das kulturpolitisch Unerhörte, das in dieser Aktivität angelegt war: Im Rahmen einer bürgerlichen Öffentlichkeit – die eben erst im Begriff war, sich in Abwehr der heraufziehenden absolutistischen Hofkultur zu formieren – wurde den Stadtbürgern etwas zugänglich, das eigentlich als Privileg der Fürsten galt: die Präsenz an der Front der aktuellen musikalischen Entwicklung, jedoch in einer Form, wie sie an deutschen Höfen eben nicht üblich war: nicht nur als Unterhaltung, Amüsement oder Information über das Neue um der Neuheit willen, sondern als Mitvollzug der musikalischen Sache um ihrer selbst willen. Aus dieser exquisiten Funktion des Weckmannschen Collegium musicum – die sich nicht über den Tod ihres *Spiritus rectoris* hinaus aufrechterhalten ließ, da in der Folgezeit die progressiven Energien der Hamburger, soweit sie sich auf Musik bezogen, mehr oder weniger von der 1678 gegründeten Oper absorbiert wurden, erklärt sich auch die Singularität jener Kammersonaten, die Weckmann für dieses Institut komponiert hat und die der musikhistorischen Einordnung beträchtliche Schwierigkeiten entgegensetzen.

---

24 J. Rist (wie Anm. 21).

25 Johann Mattheson: *Grundlage einer Ehren-Pforte* (Hamburg 1740), hrsg. von Max Schneider, Berlin 1910. Reprint Graz 1969, S. 397 f. – Schon 1731 hatte Mattheson die musikalische Bedeutung der städtischen Musikkultur Hamburgs im gesamteuropäischen Rahmen akzentuiert (Johann Mattheson: *Große Generalbaßschule*, 2. Aufl. Hamburg 1731, Reprint Hildesheim 1968, S. 44 ff.).

26 Vgl. Lieselotte Krüger: *Johann Kortkamps Organistenchronik. Eine Quelle zur Hamburgischen Musikgeschichte des 17. Jahrhunderts*, in: Zeitschrift des Vereins für Hamburgische Geschichte 33 (1933), S. 188-213.

Obwohl Weckmann als Zögling der Dresdner Musikkultur engstens mit der aktuellen Entwicklung der Instrumentalmusik, repräsentiert vor allem durch die italienischen Sonaten von Farina bis Corelli, vertraut gewesen sein muß, gab er seinen Stücken sowohl hinsichtlich der Klangstruktur (drei Bläser mit Violine, wobei Cornettino und Violine in der obersten Stimme von einer Sonate zur anderen abwechseln) als auch der formalen Reihungstechnik eine vergleichsweise altertümliche und sperrige Außenseite. Dazu kommt eine betont kontrapunktisch angelegte Satztechnik, die sich jedoch neueren Untersuchungen zufolge[27] als durchaus progressiv erweist, indem sie Verfahrensweisen des von der Tastenmusik herkommenden Stylus phantasticus mit einer kühnen, die spezifische geschichtliche Situation der Tonalität im Übergangsstadium von der Modalität zur Funktionsharmonik ausspielenden Disonanzbehandlung verbindet und diese Synthese auf die Kammermusik überträgt. Mit seiner kontrapunktisch ausgerichteten Haltung steht Weckmann bekanntlich nicht allein da – er hat Anteil an der umfangreichen und höchst spezifischen Wiederbelebung des kontrapunktischen Denkens in und um Hamburg in dieser Zeit, das sich in den Traktaten Bernhards und Theiles ebenso äußert wie in den *"gelehrten"* Kompositionen von Organisten, Kapellmeistern und Kantoren aus dem nord-, später auch aus dem mitteldeutschen Raum.[28] Es handelt sich dabei letztlich um ein Erbe, das die norddeutschen Organisten von ihrem "Ahnherrn" Jan Pieterszoon Sweelinck übernommen, jedoch sehr selbständig und mit einer deutlichen Verlagerung des Gewichtes auf die instrumentalkompositorische Seite weitergebildet hatten. In eben dieser Kompositionsweise erblickten offenbar die Musiker in Hamburg um 1670 eine Chance, im Anschluß an Rists Auffassungen zur Rolle der Künste eine spezifisch deutsche und stadtbürgerliche Musiksprache zu kreieren – eine Haltung, die bis hin zu Johann Sebastian Bachs "unzeitgemäßen" Kompositionen erhebliche Folgen zeitigte.[29]

Die Annahme liegt nahe, daß das Hamburger Collegium musicum zwischen 1660 und 1674 der Ort war, wo vorzüglich derartige Fragen aufgeworfen und erörtert und die entsprechenden kompositorischen Experimente unternommen wurden. Bemerkenswert erscheint auch, daß dieser experimentelle Geist sich vorwiegend auf dem Gebiet der reinen Instrumentalmusik zeigt. Auch dies war wohl eine Folge der von dem Organisten Weckmann inspirierten Hamburger Aktivitäten, daß die Musiktheorie, die vorher nahezu ausschließlich an der Vokalmusik sich orientierte, sich merklich stärker auf das Gebiet der Instrumentalmusik verlagerte. Speziell für Tasteninstrumente entstand geradezu eine neue Gattung von kontrapunktischen Repräsentationswer-

---

27 Vgl. Christine Defant: *Kammermusik und Stylus phantasticus. Studien zu Dietrich Buxtehudes Triosonaten*, Frankfurt/M. 1985, S. 212 f. – Dies.: *Red' und Antwort. Ein Beitrag zu Matthias Weckmanns Kammermusik*, in: *Dietrich Buxtehude und die europäische Musik seiner Zeit*. Bericht über das Lübecker Symposium 1987, hrsg. von Arnfried Edler u. Friedhelm Krummacher. Kassel 1990 (Kieler Schriften zur Musikwissenschaft, 35), S.146-161. – Dies.: *Instrumentale Sonderformen in Norddeutschland. Eine Studie zu den Auswirkungen eines Theologenstreites auf Werke der Organisten Weckmann, Reincken und Buxtehude*, Frankfurt/M. 1990, S. 37 f.

28 Vgl. Werner Braun: *Zwei Quellen für Christoph Bernhards und Johann Theiles Satzlehren*, in: Die Musikforschung 21 (1968), S. 459-466.

29 Vgl. Werner Braun: *Bachs Stellung im Kanonstreit*, in: Bach-Interpretationen, hrsg. von Martin Geck, Göttingen 1969, S. 106-111.

ken, vorwiegend in Form von Choralbearbeitungen.[30] Zugleich wurden die Collegia musica, in denen die Organisten zumeist die führenden Geister waren, zu Domänen der Instrumentalmusik,[31] und zwar des modernen italienischen Konzertrepertoires, das im ersten Jahrzehnt des 18. Jahrhunderts erst nach und nach nördlich der Alpen bekannt wurde. So war beispielsweise das Leipziger Collegium des Neukirchenorganisten Melchior Hoffmann das Forum, auf dem Johann Georg Pisendel im Jahr 1709, von Weimar kommend, wo er den jungen J. S. Bach kennengelernt hatte, die Leipziger mit einem neuen Violinkonzert seines Ansbacher Lehrers Giuseppe Torelli bekanntmachte,[32] – was heißt, daß hier die relevanteste und historisch folgenreichste Avantgarde der Epoche (noch vor dem Bekanntwerden der Vivaldi-Konzerte[33]) vom städtischen Bürgertum sozusagen "aus der noch nassen Tinte" rezipiert wurde. Pisendel übernahm 1710 sogar vertretungsweise die Leitung des Hoffmannschen Collegiums, dessen Charakter als "Talentschmiede" immer wieder hervorgehoben wird.

4

Die Charakteristika des Collegium musicum seit 1660, wie sie bisher herausgearbeitet wurden, beruhen auf einer Auffassung der Musik, die sich zwanglos mit der Idee der frühen italienischen Akademie in Verbindung bringen läßt,[34] allerdings mit dem Unterschied der Öffentlichkeit, der gegenüber den bei aller Offenheit und relativer Liberalität doch nach außen sich abgrenzenden Akademien ein Novum darstellt. Auch ein Einfluß etwa der französischen Form der *Académie Royale de musique* erscheint ausgeschlossen, da sie erst in der Schlußphase der Weckmannschen Institution auf den Plan trat. Auch nach ihrem Eingehen hat diese offensichtlich weitergewirkt: einerseits auf der Ebene des theoretischen und kompositorischen Bewußtseins (wie dargelegt), andererseits aber auch im Entstehen ähnlicher Zusammenschlüsse an anderen Orten. Mit

---

30 Vgl. Friedrich Wilhelm Riedel: *Quellenkundliche Beiträge zur Geschichte der Musik für Tasteninstrumente in der 2. Hälfte des 17. Jahrhunderts (vornehmlich in Deutschland)*, Kassel 1960 (Schriften des Landesinstituts für Musikforschung Kiel, 10), S. 182.

31 Zur Rolle der Organisten im Collegium musicum vgl. Arnfried Edler: *Der nordelbische Organist. Studien zu Sozialstatus, Funktion und kompositorischer Produktion eines Musikerberufes von der Reformation bis zum 20. Jahrhundert*, Kassel 1982 (Kieler Schriften zur Musikwissenschaft, 23), S. 53 f. – Schon vor der Mitte des 17. Jahrhunderts wird es offenbar als ein Charakteristikum der Collegia musica gegenüber den Kantoreien angesehen, daß sie den instrumentalen Bereich akzentuieren. Vgl. den Beleg aus Delitzsch und Bitterfeld 1647 bei Arno Werner: *Freie Musikgemeinschaften alter Zeit*, Wolfenbüttel u. Berlin 1940 (Schriftenreihe des Händelhauses in Halle, 7), S. 10. – In der 2. Hälfte des 17. Jahrhunderts bildeten die Suiten für instrumentales Ensemble einen wesentlichen Bestandteil des Repertoires der Collegia musica. So wurde dem Collegium musicum in Frankfurt/M. 1675 die Suitensammlung *Deliciae Musicae* des Regensburger Organisten Hieronymus Kradenthaler zugeeignet (s. Caroline Valentin: *Geschichte der Musik in Frankfurt am Main*, Frankfurt/M. 1906, S. 202). – Im Zusammenhang mit der Beschreibung der Rolle des Collegium musicum fällt bei Mattheson die Bemerkung, daß *"der Instrumental-Cammer-Styl ein solcher ist, der extraordinaire Meriten haben muß"* (*Das beschützte Orchestre*, Hamburg 1717, Reprint Leipzig 1981, S. 142).

32 Arnold Schering: *Musikgeschichte Leipzigs*, Bd. 2, Leipzig 1926, Reprint Berlin 1974, S. 342.

33 Zur Verbreitung des italienischen Instrumentalkonzertes in Deutschland vgl. Karl Heller: *Die deutsche Überlieferung der Instrumentalwerke Vivaldis*, Leipzig 1971, S. 6 ff. – Zu den Konzerttranskriptionen Bachs vgl. Hans-Joachim Schulze: *Studien zur Bach-Überlieferung im 18. Jahrhundert*, Leipzig 1984, S. 154-173.

34 Schon Liselotte Krüger (*Die Hamburgische Musikorganisation im XVII. Jahrhundert*, Leipzig 1933, S. 100) hatte *"ein Vorbild"* für die *"Einrichtung"* des Collegium musicum *"in den italienischen 'Accademien'"* erblickt.

welcher Verspätung diese aber folgten, zeigt sich in Leipzig, wo erst nach 1700 die Aktivitäten der Collegia musica halböffentlichen Charakter annahmen.[35] Am meisten hat wohl Johann Mattheson zur Erhaltung und Beförderung der Idee des Collegium musicum als eines Forums praktisch-theoretischer musikalischer Aktivität beigetragen – einer Idee, die seinem Selbstverständnis als *"Musikkenner, der dank eigener Einsicht und Urteilskraft zur musikalischen Urteilsbildung seiner Zeitgenossen beitragen wollte"*,[36] vollkommen entsprach. Schon im *Neueröffneten Orchestre* (1713) bezeichnete er die *"privat Concerte"* oder Collegia musica als *"zulängliches Mittel"*, um über gehörte Musik nicht etwa in ein *"altum absurdumque silentium"* zu verfallen, sondern zu einem *"vernünftigen Judicium"* zu gelangen, *"da man sich ... zusammen thun / und über das Gespielte oder Gesungene seine Meynung fein bescheidentlich nach einander hervorbringen / selbige mit Gründen behaupten / so dann der übrigen Urtheil auch anhören / und was etwan remarquables angeführet worden / sich hinter ein Ohr schreibe und colligiren möchte ..."*.[37]

Was im ersten *Orchestre* noch *"dahinstand"*, wird im *Beschützten Orchestre* (1717) als herrschende Praxis beschrieben: *"... und endlich gibt bey besondern Concerten die nahe Critique allen Sachen ein merckliches Abzeichen / welches weder Kirche noch Theatrum haben kan. Z. E. wenn ein Stück gemusicirt worden / nimmt ein jeder im Collegio Musico die Freyheit / entweder die Partitur (wenn eine da ist) oder die Stimmen nacheinander durchzusehen / und sein Theil darüber / wo nicht zu sagen / doch zu dencken / wodurch denn die Behutsamkeit der Componisten starck zu thun bekommt."*[38]

Die Praxis, die Mattheson hier beschreibt, ist nicht auf eine einzelne Institution bezogen, vielmehr handelt es sich um die Charakterisierung einer offenbar um diese Zeit verbreiteten musikspezifischen Erscheinungsform jener *"Übungsfelder des öffentlichen Räsonnements"*, die zu Beginn des 18. Jahrhunderts zur Herausbildung eines emanzipierten bürgerlichen Bewußtseins beitrugen. Auf Ähnliches spielte Johann Kuhnau an, wenn er bezeugt, daß *"die Musici in Städten gemeiniglich jede Woche 1. oder 2. mahl das Collegium Musicum halten: Welches denn gar ein löbliches Werck ist, weil sie theils sich dabey immer weiter in ihrer herrlichen Profession üben; theils auch, weil sie aus der angenehmen Harmonie eine gleichmäßig wohl klingende Übereinstimmung*

---

35 A. Schering (wie Anm. 32), S. 338 f. – Schering weist diesen Charakter zwar erst Johann Gottfried Voglers um 1717 stattfindenden Kaffeehauskonzerten zu, doch ist kaum anzunehmen, daß die erwähnten sensationellen Ereignisse in Hoffmanns Collegium unter Ausschluß der Öffentlichkeit sich abspielten. Die Aktenlage gestattet hier keine genauere Datierung. – Bemerkenswert in diesem Zusammenhang ist, daß Kuhnau in einem Gedicht, mit dem ihn sein Collegium musicum vom Weggang von Leipzig abhalten wollte, als *"Virtuoses Mitt-Glied"* bezeichnet wird (ebda., S. 336).

36 Arno Forchert: *Polemik als Erkenntnisform. Bemerkungen zu den Schriften Matthesons*, in: *New Mattheson Studies*, hrsg. von George J. Buelow u. Hans Joachim Marx, Cambridge University Press 1983, S. 200. – Werner Braun hat die bei aller Modernität starke Verankerung von Matthesons theoretischem Bewußtsein in der Tradition aufgezeigt (*Johann Mattheson und die Musiktheorie des 17. Jahrhunderts*, in: Bericht über den internationalen musikwissenschaftlichen Kongreß Bayreuth 1981, hrsg. von Christoph-Hellmut Mahling u. Sigrid Wiesmann, Kassel 1984, S. 537-540).

37 Johann Mattheson: *Das Neu-Eröffnete Orchestre*, Hamburg 1713, Reprint Hildesheim u. a. 1993, S. 17.

38 J. Mattheson (wie Anm. 31), S. 141.

derer Gemüther, welche bey dergleichen Leuten bißweilen am allermeisten unter einander dissoniren, lernen sollen."[39]

Im Collegium musicum wird exemplarisch gelernt, das individuelle Streben in Freiheit in den Konsens der Gemeinschaft zu überführen. Das Mittel dazu ist der Diskurs oder, was das gleiche bedeutet, die Kritik, nämlich die Anwendung vernünftiger Prinzipien auf die Beurteilung des Gegenstandes – der Musik – und eine ihr gemäße Ausführung. Das ist das genaue Gegenteil der durch autoritären Befehl und häufig brutalen Drill erworbenen Qualität der Hofkapellen. (Freilich ist diese Art des Umganges mit der Musik genau so weit entfernt von der retrospektiv verengten jener Vereinigungen, die sich im Rahmen der Jugend- und Singbewegung des 20. Jahrhunderts diese Bezeichnung zulegten und die in ihrer anti-intellektuellen Grundhaltung die tatsächlichen Tendenzen des historischen Phänomens in ihr Gegenteil verkehrten.) Das ideale Subjekt des Collegium musicums wäre der aufgeklärte, freie Bürger, der sein Verhältnis zur Welt mittels seines durch Fleiß und Urteilskraft erworbenen Wissens (darunter auch musikalisches) gestaltet (d. h. sich "gebildet" hat).[40]

Den Terminus "Akademie" indessen verwendete Mattheson für derartige Zusammenschlüsse nicht. Eher gab er ihm dort, wo er im Zusammenhang mit Musik bzw. Musiklehre auftaucht, Anlaß zu ironischen, ja höhnischen Bemerkungen. So spricht Mattheson etwa in der Beschreibung der handwerksmäßigen Ausbildung der deutschen Stadtmusiker von *"umgekehrten Academien und deren depositis"*.[41] Durch Franz Xaver Murschhausers *Academia Musico-Poetica bipartita, oder: Hohe Schul der Musicalischen Composition* (1721)[42] fühlte sich Mattheson in doppelter Hinsicht herausgefordert: einmal, weil Murschhauser darin ausdrücklich gegen ihn Stellung genommen hatte, zum anderen, weil er selbst zu dieser Zeit offenbar den Plan zu einer umfassenden Kompositionslehre gefaßt hatte, wie sie Murschhauser hier seiner Ansicht nach in völlig unzureichender (weil in den Gleisen einer veralteten und traditionalistischen Musiklehre verharrender) Form darbot.[43] Dagegen stellte Johann Adolph Scheibe im 63. Stück des *Critischen Musikus* das Projekt einer Akademie der Musik zur Diskussion,[44] das sich in wesentlichen Punkten mit dem deckt, was Mattheson dem Collegium Musicum zugewiesen hatte – nur benutzte Scheibe diesen Begriff überhaupt nicht, offenbar weil sich um 1740 in seinem Verständnis bereits wieder eine Wandlung vollzogen hatte. Scheibes Ideen wurden allerdings von den Aktivitäten Mizlers, mit denen sie zeitlich zusammentrafen, eingeholt, was offenbar Scheibe zu seinen abfälligen Bemerkungen über Mizler veranlaßte.[45] Mattheson hatte in seiner Polemik offenbar einen Akademie-Begriff im Auge, der sich im Lauf des 17. Jahrhun-

---

39   J. Kuhnau (wie Anm. 23), S. 7.
40   Zum geistesgeschichtlichen Hintergrund von Matthesons Äußerungen vgl. Werner Braun: *Johann Mattheson und die Aufklärung*, Diss. Halle 1952 (masch.).
41   J. Mattheson (wie Anm. 37), S. 15.
42   Johann Mattheson: *Critica Musica* Bd. 1, Hamburg 1722, Reprint Amsterdam 1964, S. 5–88.
43   A. Forchert (wie Anm. 36), S. 207.
44   Johann Adolph Scheibe: *Der Critische Musikus,* 2. Aufl. Leipzig 1745, Reprint Hildesheim 1970, S. 575–582.
45   Ebda., S. 1032 f., Anm. 2.

derts weit von seinem Ausgangspunkt entfernt und zu dem einer bloßen Lehranstalt für technische Elementar-Fertigkeiten (etwa für das Aktzeichnen) verengt, dadurch aber seinen ursprünglich auf Innovation zielenden Grundcharakter eingebüßt hatte. Noch entscheidender aber scheint die Wandlung, der der Akademiegedanke unter dem Einfluß des französischen Absolutismus unterworfen wurde. Hier wurden die Akademien zu Instrumenten eines *"geistigen Imperialismus"* umgewandelt, der auf die Vereinheitlichung der Kultur ebenso wie auf die ökonomisch nutzbare und als höchst lukrativ sich erweisende Aufstellung von Maßstäben des künstlerisch Wertvollen abzielte. An die Stelle der freien Gesprächskultur der humanistischen Gelehrtenzirkel war die *"Polizeigewalt der Akademien"*[46] getreten, deren Aufgabe nicht in der Entfaltung, sondern in der Bündelung und Normierung der künstlerischen Ressourcen zum Zweck ihrer Einbindung in den Dienst einer neuartigen, ökonomisch effizienten Manufaktur sowie ihrer rigorosen politischen Kontrolle bestand. Akademische Gesinnung bedeutet seitdem – ganz im Gegensatz zur humanistischen Initialidee – Anpassung an vorgegebene, größtenteils außerhalb der Kunst sich begründende Normen – eine Gesinnung, die staatstreues Verhalten automatisch impliziert. Der Staat wird zum Mäzen, zugleich aber zum allmächtigen Beurteiler und patriarchalischen Gönner, was sich am deutlichsten im akademischen Belohnungssystem des Rompreises manifestiert: Die Auszeichnung honoriert eben jene Fertigkeiten, die das Normensystem als oberste Instanz fördert; dessen Anerkennung ist absolute Voraussetzung "akademischen" Erfolges. Diese verlagerte, in ihr Gegenteil verkehrte Bedeutung des Akademischen prägte das künstlerische Bewußtsein bis weit in das 20. Jahrhundert hinein, provozierte jedoch spätestens seit der Mitte des 18. Jahrhunderts – vor allem bei den Enzyklopädisten und bei Rousseau – eine wachsende Fundamentalopposition. Daneben hielt sich in Italien jedoch die ältere Akademietradition aufrecht, wenn auch seit der zweiten Hälfte des 17. Jahrhunderts der Einfluß der immer mehr dominierenden französischen Kultur nicht zu übersehen ist. Dieser Einfluß machte sich auch in deutschen Reichsstädten – wie Hamburg – bemerkbar, stieß jedoch sogleich auch auf starke Gegenströmungen. Das Collegium musicum im Sinne Weckmanns und Matthesons ist jedenfalls ein Beispiel für den Widerstand, der der Verkehrung der akademischen Idee in deutschen Städten entgegengesetzt wurde. Es widerspräche aber den tatsächlichen Gegebenheiten, würde man diese Idee als durchgängig akzeptiert und realisiert betrachten. In Frankfurt/M. beispielsweise war das wichtigste Collegium musicum, das seine Glanzzeit zwischen 1712 und 1721 unter Telemann erlebte, dasjenige der *Gesellschaft Frauenstein*. Hier war von Öffentlichkeit keine Rede, vielmehr war die Gesellschaft bedacht auf Abgrenzung und exklusive Stellung der Mitglieder; ganz offensichtlich spielte bei den geadelten Kaufleuten der Mainmetropole der französische Einfluß eine größere Rolle als in Hamburg.

---

46   Arnold Hauser: *Sozialgeschichte der Kunst und Literatur*, München 1953, S. 476 u. 478.

5

Das 18. Jahrhundert ist gekennzeichnet durch eine enorme Vermehrung sowohl der Akademien als auch der Collegia musica, jedoch unter gegensätzlichen Auspizien. Der Begriff "Akademie" verband sich immer stärker mit dem der Förderungsinstitution für den außeruniversitären Wissenschaftsbetrieb, während die Kunstakademien zu reinen Ausbildungsinstituten sich wandelten.[47] In den Collegia musica hingegen bildete sich innerhalb des aufstrebenden bürgerlichen Konzertlebens jener frühe Typ des Liebhaberorchesters heraus, der in einer Zeit, die noch keine öffentlich finanzierten Berufsorchester kannte, eine wichtige und zentrale Funktion erfüllte. Daneben trat ein neuer Typus gemeinschaftlichen musikalischen Privatunterrichtes auf Honorarbasis, in dem die kompositionstechnische und ästhetische Beurteilung keinerlei Rolle mehr spielt.[48] Die Idee einer musikalischen Akademie im Sinne der Verbindung musikpraktischer und -theoretischer Aktivitäten aufgeklärter und gebildeter Bürger verlor sich zusehends; an ihre Stelle trat die rigorose Trennung von Ausführenden und Zuhörern, die die Artikulation ihres Urteils besonders seit der zweiten Hälfte des 18. Jahrhunderts an den Musikkritiker als zuständigen Spezialisten delegierten.[49] Am authentischsten lebte die Idee des humanistisch-aufklärerischen stadtbürgerlichen Umganges mit der Musik wohl in den musikalischen Gesellschaften des friderizianischen Berlin der fünfziger und sechziger Jahre fort, wo sie im Schatten der Hofmusik, aber wohl auch in einer gewissen durchaus selbstbewußten Opposition zu ihr eine betont eigenständige Musikübung und Musikbetrachtung hervorbrachte. Doch wäre dies – ebenso wie der sicherlich reizvolle Vergleich mit den musikalischen Akademien in Wien – ein eigens zu behandelndes Thema.

---

47 Johann George Sulzer (*Allgemeine Theorie der schönen Künste*, Bd. 1, 2. Aufl. Leipzig 1792, Reprint Hildesheim 1967, S. 11 f.) wendet den Begriff der Akademien nur noch auf *"öffentliche Anstalten"* an, *"in welchen die Jugend in allem, was zum Zeichnen gehört, unterrichtet wird"*. Der *"insgemein"* verwendete Begriff "Malerakademie" wird ausdrücklich zurückgewiesen, da *"nicht das eigentliche Malen, sondern das Zeichnen darinnen fürnehmlich gelehrt wird"*. Die Akademien werden also auf das explizit handwerkliche Element der Bildenden Kunst festgelegt; die Gleichrangigkeit zu den Akademien der Wissenschaften wird unter Hinweis auf den Professorentitel der Lehrenden betont.

48 Ein Beispiel für diesen Typus ist das 1759 vom Hofmusikus Rake in Hannover ins Leben gerufene *Exercitium musicum*, das im Oktober 1763 in *Collegium Musicum* umbenannt wurde. Es wandte sich *"an verschiedene Musikverständige, welche aus dieser Kunst kein Gewerbe machen, sondern solche nur zum Vergnügen theils erlernet haben, theils auch noch sich darin unterrichten lassen"*. Es soll Gelegenheit gegeben werden, vor allem *"Reinigkeit der Harmonie"* und *"Festigkeit des Tacts"* im Ensemblespiel zu üben. Rake erbot sich gegen *"billige Conditiones ... für einen Anführer* [wohl sich selbst] *und für einen hinlänglichen Vorrat von allen Arten der ausgesuchten Music von den besten Componisten"* zu sorgen. Das Unternehmen erfreute sich eines großen Publikumserfolges. – Heinrich Sievers: *Hannoversche Musikgeschichte*, Bd. 1, Tutzing 1979, S. 272 f.

49 Vgl. dazu Hermann Springer: Art. *Musikkritik*, in: *Handbuch der Musikgeschichte*, hrsg. von Guido Adler, Bd. 2, 2. Aufl. Berlin 1930, Reprint Tutzing 1961, S. 1241-1245. – Werner Braun (*Musikkritik. Versuch einer historisch-kritischen Standortbestimmung*, Köln 1972 [Musik-Taschenbücher Theoretica, 12], S. 28) beschreibt, wie um die Mitte des 18. Jahrhunderts die Tätigkeit des Kritikers sich von derjenigen des ausübenden Musikers zunehmend trennte.

Karl Heller und Hans-Joachim Schulze (Hrsg.), Das Frühwerk Johann Sebastian Bachs. Kolloquium veranstaltet vom Institut für Musikwissenschaft der Universität Rostock 1990, Studio-Verlag: Köln 1995, S. 87-115

Thematik und Figuration in der Tastenmusik des jungen Bach

1. Problemstellung

Versucht man sich einen Überblick über den Begriff des Themas zu verschaffen, den die Betrachter der Musik Bachs im 20. Jahrhundert sich gebildet haben, so könnte man – grob vereinfachend – zwei miteinander streitende Auffassungen herausfiltern: die eine, die in Bachs Musik eine Antithese zur folgenden Klassik und Romantik sieht, und eine andere, die in ihr die Basis für alle späteren thematisch-entwickelnden Kompositionsweisen erblickt. Als prominente Vertreter der erstgenannten Fraktion seien unter den Komponisten Debussy, unter den Musiktheoretikern Ernst Kurth genannt – eine möglicherweise überraschende Zusammenstellung. Doch scheinen beide in gewisser Hinsicht ähnliche Ziele verfolgt zu haben (was noch näher zu untersuchen wäre): es geht um die Wendung gegen die thematisch-entwickelnde Tradition der Klassik und Romantik, gegenüber der Debussy das Zeitalter der *"anbetungswürdigen Arabeske"* beschwor, in dem Bach *"das freie Spiel der klanglichen Kräfte"* mit ihren *"parallelen oder entgegengesetzten Kurvenverläufen"* habe in Gang setzen können.[1] Die Vorliebe für die Arabeske teilte Debussy im übrigen mit vielen seiner Zeitgenossen auf den unterschiedlichsten Terrains der Künste.[2] Dieser Auffassung steht nun auch Ernst Kurths energetischer Ansatz nahe, der gleichfalls das Primäre von Bachs Musik in ihren Bewegungszügen erblickt, in denen die thematischen Gebilde mit enthalten sind und deren motivische Energiekonzentrationen oder Keimzellen sie lediglich darstellen.[3] Auch darin stimmen Debussy und Kurth überein, daß sie das Urbild für diese Bachsche Melodik in dem für sie gewissermaßen zur mythischen Vorzeit zählenden Gregorianischen Choral ausmachen.[4]

Demgegenüber neigte die historische Musikwissenschaft eindeutig zur Akzentuierung derjenigen Momente, die Bach mit der klassisch-romantischen Musik verbinden, vor allem seit Heinrich Besselers programmatischen Aufsätzen aus den 50er Jahren.[5] Unabhängig von ihr tendierte auch die Kompositionstheorie der Schönberg-Schule in

---

1   Claude Debussy: *Monsieur Croche. Sämtliche Schriften und Interviews,* hrsg. von F. Lesure, deutsche Ausgabe, Stuttgart 1974, S. 61.

2   Dazu C. Zenck-Maurer: *Versuch über die wahre Art, Debussy zu analysieren,* München-Salzburg 1974, S. 105 ff.

3   E. Kurth: *Grundlagen des linearen Kontrapunkts. Einführung in Stil und Technik von Bach's melodischer Polyphonie,* Bern 1917, S. 201 ff., 431.

4   Debussy: *Monsieur Croche,* S. 32. – Kurth: *Linearer Kontrapunkt,* S. 161.

5   H. Besseler: *Charakterthema und Erlebnisform bei Bach,* in: Kongreßbericht Lüneburg 1950, Kassel u. a. 1952, S. 11 ff. – Ders.: *Bach und das Mittelalter,* in: Bericht über die Wissenschaftliche Bachtagung Leipzig 1950, Leipzig 1951, S. 108 ff. – Ders.: *Bach als Wegbereiter,* in: AfMw 12, 1955, S. 1-39. Wiederabdruck in: *J. S. Bach,* hrsg. von W. Blankenburg, Darmstadt 1970 (Wege der Forschung, Bd. 170), S. 196-246.

die gleiche Richtung.[6] Erst allmählich wurde klarer, in welchem Ausmaß der Themenbegriff um die Wende des 17. Jahrhunderts geprägt ist vom Aufkommen des italienischen Instrumentalkonzertes, das seinerseits in intensiver Wechselbeziehung zur Oper stand.[7] Bachs Begegnung mit dieser Gattung um die Mitte der Weimarer Zeit erwies sich als der bedeutende kompositorische Wendepunkt, und es lag nahe, Erscheinungen wie die "thematische Arbeit" zunächst an eben jenen Werken zu studieren, die das unmittelbare Resultat dieser Beschäftigung Bachs mit der neuen Gattung darstellten, nämlich den Instrumentalkonzerten.[8] Doch auch die Auswirkungen des Konzertes auf die Fugenkonzeption Bachs trat ins Blickfeld.[9] – Neben dieser ausgiebigen Erforschung des "Italienischen" bei Bach wurde jedoch auch mit der intensiveren Kenntnis der Geschichte der Tastenmusik, der norddeutschen zumal, deutlich, daß hier wichtige Wurzeln des thematischen Denkens zu suchen sind; so läßt sich bereits um 1600 in Choralfantasien von Johann Stephan eine frühe Form von motivischer Arbeit feststellen.[10] Gerade diese vom lutherisch-norddeutschen Milieu geprägte Gattung der Orgelmusik bedarf in solcher Hinsicht noch näherer Untersuchung.[11] Wohl von ihr ausgehend, tauchen auch in den nicht choralgebundenen Werken der Norddeutschen zunehmend Verfahren motivischer Aufspaltung auf.[12]

Aus dieser Problemlage entspringt die Fragestellung des vorliegenden Referates: Welche Position nimmt die Tastenmusik des jungen Bach – d. h. desjenigen vor der Begegnung mit dem Ritornellkonzert – in Bezug auf die Thematik ein? Gerade die frühen Klavierwerke gaben häufig Anlaß zur Feststellung von "nichtthematischer" Kompositionsweise (was auch immer darunter zu verstehen sei). Andererseits wird als Gegensatz zum Thematischen die Figuration angesehen – ein Gegensatz, der die Struktur von Ritornell und Episode der Konzertform prägt. Eine Klärung dieses Verhältnisses beim frühen Bach könnte Licht werfen auch auf die spätere Entwicklung, vor allem könnte sie die Voraussetzungen erhellen, unter denen er mit der Ritornellkonzertform Bekanntschaft machte. Sowohl die Struktur wie auch die Funktionalität

---

6 Es fällt auf, daß Erwin Ratz (*Einführung in die musikalische Formenlehre. Über Formprinzipien in den Inventionen und Fugen J. S. Bachs und ihre Bedeutung für die Kompositionstechnik Beethovens*, 2. Aufl. Wien 1968, S. 19) Besseler in der Reihe der mit dem Problem bis dato befaßten Musikhistoriker nicht nennt, was offenbar darauf beruht, daß er den musikhistorischen Forschungsstand von etwa 1930 reflektiert.

7 R. Eller: *Das Formprinzip des Vivaldischen Konzerts. Studien zur Geschichte des Instrumentalkonzertes und zum Stilwandel in der 1. Hälfte des 18. Jahrhunderts*, Habil.-Schr. (masch.-schr.) Leipzig 1957, S. 17 ff., 25 ff.

8 K. Heller: *Thematische Arbeit bei J. S. Bach. Über einen Teilaspekt der "Modernität" Bachscher Musik*, BzMw 17, 1975, S. 15-27.

9 C. Dahlhaus: *Bachs konzertante Fugen*, in: BJ 1955, S. 45-72. – W. Marggraf: *Thematische Arbeit in den Fugen des Wohltemperierten Klaviers*, in: BzMw 10, 1968, S. 265-269.

10 W. Apel: *Geschichte der Orgel- und Klaviermusik bis 1700*, Kassel u. a. 1967, S. 367.

11 A. Edler: *Wirkungen Luthers auf die Musik*, in: J. Becker (Hrsg.): *Luthers bleibende Bedeutung*, Husum 1983, S. 65 ff. (zu Reinken). – ders.: *Fantasie and Choralfantasie: on the problematic Nature of a Genre of seventeenth-century Organ Music*, in: The Organ Yearbook XIX, 1988, S. 53-66 (Wiederabdruck in diesem Bd.). – Ders.: *Buxtehude und die norddeutsche Choralfantasie*, in: *Buxtehude und die europäische Musik seiner Zeit*. Bericht über das Symposium Lübeck 1987, hrsg. von A. Edler und F. Krummacher, Kassel u. a. 1990 (Kieler Schriften zur Musikwissenschaft, 35), S. 275-288.

12 Friedhelm Krummacher: *Stylus phantasticus und phantastische Musik. Kompositorische Verfahren in Toccaten von Frescobaldi und Buxtehude*, in: Schütz-Jb. II, 1980, S. 7-77, hier S. 50, 52. – Ders.: *Bach und die norddeutsche Orgeltoccata: Fragen und Überlegungen*, in: BJ 1985, S. 119-134, hier S. 132.

beider in der Gesamtform stehen daher im Mittelpunkt der Überlegungen: Da dies ein recht umfangreiches Vorhaben darstellt, bitte ich um Verständnis dafür, daß die Ausführungen von einer Chronologie-Diskussion weitgehend entlastet sind.

Spricht man bei Bach von thematisch-motivischer Arbeit, dann ist darin impliziert ein Begriff vom Thema, der der Zeit vor Bach noch weitgehend fremd war. Wenn auch die aufgezeigten Entwicklungen im Bereich der norddeutschen Orgelmusik des 17. Jahrhunderts bedeutungsvoll und unbedingt unter die anbahnenden Momente des modernen Themenbegriffes zu rechnen sind, so beruhen sie andererseits doch noch weitgehend auf dem älteren Soggetto-Begriff, der die melodische Grundlage eines kontrapunktischen Satzes bezeichnet. Ihm steht als Ausgangspunkt der thematischen Arbeit ein anderer Begriff von Thema, nämlich der eines "musikalischen Gedankens" gegenüber, der zunächst einen bestimmten Affekt ausdrückt und als solcher den "Inhalt" des Musikstückes im Sinn eines rhetorischen Gegenstandes darstellt, der auf sehr vielfältige, gewöhnlich jedoch nicht auf kontrapunktische Weise verarbeitet wird.[13] Wesentliche Kriterien des musikalischen Gedankens sind seine Prägnanz im Sinn von Wiedererkennbarkeit, seine Originalität und seine Entwicklungsfähigkeit, deren unterschiedliche Ausprägung eine mehr oder weniger weit entwickelte Hierarchie von Haupt-, Neben- und Zwischen-(Verbindungs-)gedanken im Gefolge hat. Musikalische Form entsteht aus der Anordnung und Zergliederung einer bestimmten Anzahl derartig hierarchisch strukturierter Gedanken, sie ist im Idealfall ein jeweils einmaliges, originales Resultat, das aus den Gedanken und ihrer Strukturierung hervorgeht. Das Charakterthema im Besselerschen Sinn zielt gewiß in diese Richtung, und es war zweifellos die vom Solokonzert inspirierte Instrumentalmusik, die man in den Vor- und Zwischenaktsmusiken italienischer Opern und Oratorien erlebte, die um 1730 zu den ersten Versuchen einer musikästhetischen und -theoretischen Bestimmung des neuen Themenbegriffes bei Johann Georg Neidhardt, Johann David Heinichen, Johann Mattheson und Johann Adolph Scheibe führte. Demgegenüber verhalten sich die Soggetti der älteren Tastenmusik als Ausformungen der von den Modi bereitgestellten melodischen Modelle in typisierten Bewegungsverläufen wie denen des Ricercars, der Canzone oder bestimmter Affekttypen wie des Grave oder des Patetico; dazu kommt seit dem 17. Jahrhundert verstärkt der Einfluß der von den Zeitgenossen als "pièces de caractère" bezeichneten Tanz- beziehungsweise theatralischen Ballettmusik, die gleichfalls eine bestimmte Klasse von rhythmisch bestimmten Soggetti (etwa in der "Tanzfuge") zur Folge hatte. Während Bach in den Einzelfugen des *Wohltemperierten Klaviers* dazu tendierte, an solche Traditionsbezüge anzuknüpfen, sie jedoch seiner in anderer Hinsicht ungemein "modernen" Art der Fugenform anzuverwandeln,[14] scheint seine frühe Tastenmusik eher von gegenläufigen Trends dominiert zu sein: Einerseits werden solche Soggettotypen dort, wo sie noch auftreten oder zumindest durchscheinen, durchweg entfunktionalisiert, indem ihre kontrapunktische Durchführung über-

---

13   U. Leisinger: *Was sind musikalische Gedanken*, in: AfMw 47 (1990), S. 103-119.

14   S. Kunze: *Gattungen der Fuge in Bachs "Wohltemperiertem Klavier"*, in: M. Geck (Hrsg.): *Bach-Interpretationen*, Göttingen 1969, S. 74-93.

aus locker gehandhabt und ihre Konturen der toccatischen Figuration derart angenähert werden, daß der ursprüngliche Typencharakter sich weitgehend verliert. Andererseits sind die Themen häufig von vornherein nicht mehr auf die alten Soggetti bezogen, sondern stellen einen neuen Typus dar, der entweder der toccatischen Figuration nahesteht oder aber von individuellen (letztlich wohl der zeitgenössischen Oper entstammenden) Motivcharakteren geprägt und damit zum Ausgangspunkt jener Ritornellthematik wird, die dann später nach der Befruchtung durch das italienische Concerto ihre endgültige Ausbildung erfährt.

Zu dieser auf Figuration und Motivik beruhenden neuen Thematik sollen im folgenden einige Beobachtungen an ausgewählten frühen Tastenwerken angestellt werden. Dabei scheint wesentlich zu sein, daß sowohl das Auftreten des neuen Typs von Thematik wie auch die entfunktionalisierte Behandlung der überkommenen eine gewisse Unsicherheit auslöst: eine Unentschiedenheit darüber, welche Funktion ein Thema im Zusammenhang der offensichtlich angestrebten großen Formen einzunehmen hat. Die kontrapunktische Funktion wurde aufgelöst und war oft nur noch in Restbeständen vorhanden; die neue Funktion der thematischen Arbeit aber war noch nicht entdeckt, weil ihre technische Voraussetzung, nämlich die auf der Basis der gleichschwebenden Temperatur ermöglichte Modulation innerhalb des gesamten Quintenzirkels noch der tastenden Erprobung und Aneignung bedurfte und weil das Zusammenspiel von tonal-harmonisch fundierter Formdisposition und thematisch-motivischem Denken gerade in diesen Jahren erst im entscheidenden Stadium der Entwicklung sich befand. Schon die Komponisten des Stylus phantasticus im 17. Jahrhundert hatten an dieser Erkundung teil und waren auf ihre Weise zu neuen Gestaltungen insbesondere der Toccata vorgedrungen.[15]

2. Fuge und Thema

Man ist gewohnt, die kontrapunktisch gearbeiteten Abschnitte innerhalb der norddeutschen Toccaten als Fugen zu bezeichnen. Der Unterschied, der zwischen der eigentlich erst von Bach entwickelten Großform Fuge und solchen in den Ablauf mehrteiliger Toccaten sich einfügenden fugierten und zumeist variativ aufeinander bezogenen Abschnitten besteht, wird damit in unzulässiger Weise reduziert; denn der Aufbau strikt durchgeführter Imitationszüge durch alle Stimmen hindurch – so wie es für die Fugen des reifen Bach zutrifft – wird damit zum Hauptkriterium auch der norddeutschen Toccaten erhoben, das es indessen so wohl nicht gewesen ist. Wohl trifft es zu, daß in Buxtehudes Toccaten imitative Abschnitte mit variativ aufeinander bezogener Thematik zur Regel werden, die konsequenter und strenger durchgeführt sind als diejenigen seiner unmittelbaren Vorgänger, etwa Weckmann oder Tunder. Dabei muß neben den Modellen der italienisch-süddeutschen Tradition[16] auch die frühe

---

15 Dazu vor allem Krummacher: *Stylus phantasticus* (s. Anm. 12).

16 F. W. Riedel: *Die Anfänge des instrumentalen Stylus phantasticus,* in: W. Salmen (Hrsg.): *Orgel und Orgelspiel im 16. Jahrhundert.* Tagungsbericht Innsbruck 1977, Neu-Rum b. Innsbruck 1978, S. 115-119. – Ders.: *Die Zyklische Fugen-Komposition von Froberger bis Albrechtsberger,* in: W. Salmen (Hrsg.): *Die süddeutsch-österreichische Or-*

Periode des Stylus phantasticus, namentlich bei den Virginalisten und bei Sweelinck, mitbedacht werden. Schon für die frühesten Dokumente der Gattungstradition in Italien, nämlich für die große Orgeltoccata bei Claudio Merulo, gilt der Wechsel von unthematisch-figurativen und thematisch-verdichteten Partien als grundlegendes Merkmal, wobei sich die intervallisch-rhythmische Festigung zu einer thematischen Gestalt in der Regel mit imitativer Satztechnik verbindet, wie sie im Orgelricercar des 16. Jahrhunderts sich ausgebildet hatte. Doch scheint es, daß der fugierte Satzstil nicht das eigentlich primäre Kontrastmoment gegenüber den figurativen Partien darstellt. Vielmehr ließe sich die Hypothese aufstellen, daß der kategoriale Kontrast zwischen der Figuration einerseits und der thematisch herausgehobenen Gestalt als solcher – und nicht ihrer kontrapunktischen Verarbeitung – andererseits zu suchen ist; diese wäre dann nur ein akzidentielles Mittel zur Verstärkung des thematischen Charakters, das von dem einen Komponisten mehr, von dem anderen weniger stark akzentuiert wird. Auf diese Weise würde die durchaus unterschiedliche Gewichtung der Kontrapunktik in den verschiedenen Ausprägungen der Toccata und des Stylus phantasticus allgemein im 17. Jahrhundert befriedigend zu erklären sein. Gestützt wird diese Interpretation u. a. durch die Tatsache, daß der Sinn der Begriffe Subjectum beziehungsweise Soggetto und Fuga sciolta in dieser Epoche so nahe beieinander lag, daß sie gelegentlich geradezu synonym füreinander eintraten, so etwa in Giovanni Maria Bononcinis *Musico prattico* (Bologna 1673) oder in Angelo Berardis *Documenti armonici* (Bologna 1687).[17] Ein solcher Fall scheint auch in Bachs *d-Moll-Toccata BWV 913* vorzuliegen, in der der dritte Formteil mit "Thema" überschrieben ist. Er nimmt die Stelle des ersten fugierten Abschnittes des tradierten norddeutschen Toccatenschemas ein; der entsprechende zweite ist auf ihn rhythmisch und melodisch bezogen.

Notenbeispiel 1: BWV 913, T. 33 bzw. T. 146

Es handelt sich um einen vierstimmigen Satz von 77 4/4-Takten Länge, der imitierend, aber nicht als Fugenexposition im eigentlichen Sinn beginnt. Das zweitaktige Thema besteht aus einem rhythmisch und melodisch prägnanten Kopfmotiv und

gelmusik im 17. und 18. Jahrhundert. Tagungsbericht Innsbruck 1979. Innsbruck 1980, S. 154-167. – Ders.: *Buxtehudes Toccaten im II. Ton. Eine vergleichende Betrachtung*, in: *Buxtehude und die europäische Musik* (s. Anm. 11). – Lucy Hallman Russell: *Bach's Clavier Toccatas in Light of the Frescobaldi Tradition*, in: *Bach und die italienische Musik/Bach e la musica Italiana*, hrsg. von/a cura di Wolfgang Orthoff und Reinhard Wiesend, Venezia 1987, S. 43-59.

17 S. Schmalzriedt: Art. *Subjectum / soggetto / sujet / Subjekt*, in: H. H. Eggebrecht (Hrsg.): *Handwörterbuch der musikalischen Terminologie* 1972 ff., S. 9.

einer in den Kontrapunkt konturlos überleitenden Fortspinnung, die gleich in den ersten Imitationen intervallisch abgewandelt wird. In den ersten vier Takten erfolgen vier Einsätze nacheinander auf der ersten, in den nächsten vier ebenfalls vier Einsätze auf der fünften Stufe. Das kontrapunktierende Motiv ist mit dem Themenkopf in den ersten vier Tönen identisch und unterscheidet sich hauptsächlich vom Thema durch seine sequenzierende Anlage. Weiterhin ist der Themenkopf präsent in einem abgespaltenen Motiv, mit dem die Zwischenspiele bestritten werden, die im Verlauf des Satzes die einzelnen Imitationszüge voneinander trennen. Was dieses Thema von einem Soggetto im kontrapunktischen Sinn unterscheidet, ist also, daß es nicht nur die eine Funktion der Substanz der Imitation erfüllt, sondern auch noch die beiden weiteren: Material für ein Gegenmotiv und für einen Formteil zu liefern, der die einzelnen Imitationszüge – also die thematischen Konzentrationen – voneinander zu trennen und einen Kontrast zu ihnen zu bilden hat. Vielleicht war es diese Multifunktionalität, die zu der ungewöhnlichen Überschrift die Veranlassung gab. – Was nun den weiteren Verlauf betrifft, so wiederholt sich der für den ersten Imitationszug beschriebene Vorgang im zweiten auf der III. und V. Stufe und führt dann etwa in der Mitte des ganzen Abschnittes zu einer längeren Phase, in der das Thema nur in der fragmentierten Form des Zwischenspiels vorhanden ist. Das Ergebnis ist eine Linienführung, die von bloßer Figuration nur schwer unterscheidbar ist, es ließe sich vielleicht von einer Figuration mit motivischen Anspielungen sprechen. Der sich anschließende Schlußteil des Abschnittes wird eröffnet durch eine Restituierung des Themas auf der IV. Stufe. Im noch folgenden Verlauf erscheint das Thema dann nur noch auf der I. Stufe und geht von hier aus über in eine toccatische Figuration, die diesen Abschnitt mit dem folgenden verbindet, einem expressiven Zwischenspiel mit deutlichem Rückbezug auf den zweiten Teil der Einleitung.

Themen-Exposition	Themen-fragment			Figuration			Übergang zur Figuration		
		Modulation							
I—V——I		→ III——	V	IV—I I			—I—I		
33	40	50	60	70	80	90	100	110	

BWV 913, "Thema"-Abschnitt

Fragt man nun nach der Funktion des Themas in dem betrachteten Abschnitt, so zeigt sich, daß sie hauptsächlich gar nicht in der dreifachen Bestimmung lag, die zu Beginn festgestellt wurde, sondern im ganzen ist es die Markierung der Tonartenstationen der Gesamtform, die durch die thematischen Einsätze realisiert wird. Dabei spielt es eine eher untergeordnete Rolle, ob die Themen fugiert erscheinen. Abgesehen davon, daß von sogenannten "regulären" Fugendurchführungen überhaupt nicht gesprochen werden kann, erscheinen verschiedene Themenauftritte – wie derjenige auf der III. und auf der IV. Stufe – nur in einer einzigen Stimme. So erweist sich die imitierende Themendarbietung als ein Mittel, bestimmte Phasen der Gesamtform thematisch unterschiedlich "stark" erscheinen zulassen; beispielsweise werden in der Eingangsphase die I. und die V. Stufe durch häufige imitierende Themendarbietung so stark herausgestellt wie es im weiteren Verlauf an keiner Stelle wieder geschieht. Das heißt aber konsequent: die Imitation ist lediglich Mittel zur Unterstreichung der im vorhinein festgelegten formalen Disposition, nicht aber ihrerseits Ausgangspunkt formbildender kompositorischer Prozesse.

Mit diesem Befund steht der betrachtete Abschnitt unter denjenigen Stücken, die in Bachs Toccaten die Stelle der aus der Buxtehude-Tradition überkommenen fugierten Partien vertreten, keineswegs allein. In den meisten thematisch gebundenen Abschnitten der Toccaten, aber auch der frühen Fantasien und Präludien, findet sich die hier beschriebene Erscheinung, daß nach einer einzigen anfänglichen vollständigen Themendurchführung auf der Grundstufe, häufig noch einer zweiten auf der V. Stufe, nur noch isolierte Themenauftritte erfolgen, denen das Prinzip der tonal korrespondierenden Dux-Comes-Imitation abgeht. Besonders eindringlich zeigt sich dies etwa an der *fis-Moll-Toccata BWV 910*. Der erste – mit der Vortragsanweisung Presto e staccato überschriebene – dreistimmige imitative Abschnitt weist in seiner Anfangsphase (Takte 48-61) vier Themeneinsätze in der Reihenfolge der Stufen I - V - V - I auf, also mit einem nach strenger Fugenmanier "überzähligen" Einsatz, was hier jedoch nicht von sonderlicher Bedeutung ist. Wichtiger ist, daß sich die Abstände dieser Einsätze progressiv vergrößern, und zwar ausgehend von zwei Takten über vier bis zu fünf Takten. Ähnliches ist in dem zweiten fugierten Abschnitt zu beobachten – also demjenigen, auf dessen Anklänge an die chromatisch absteigende Melodik des Chores Nr. 2 der Kantate Nr. 150 *Nach dir, Herr, verlanget mich* schon Spitta hingewiesen hatte.[18] Nur ist hier der Vorgang insofern noch extremer, als dieser zweite imitatorische Abschnitt durch eine Fermate nach einem vereinzelten Themeneinsatz auf der II. Stufe einen tiefen formalen Einschnitt erfährt; nach diesem Einschnitt folgen dann nur noch zwei sehr weit voneinander entfernte Einsätze – darunter einer im hier erstmalig angesteuerten subdominantischen Bereich – in einer im übrigen ganz von sequenzierender Figuration geprägten Umgebung. Das hat zur Folge, daß die Themeneinsätze progressiv abnehmend im Sinn von Dux und Comes aufeinander bezogen werden können – oder anders ausgedrückt: daß sie nur noch je einzeln zu formalen Ereignissen werden. Die Konsequenz, mit der hier die Tradition der fugierten Toccatenabschnitte verlassen wird, geht durchaus über den Standpunkt anderer Komponisten hinaus. Wenn etwa Mattheson die *"förmlichen Fugen"* im Stylus phantasticus für unangebracht hält,[19] dann ist damit die freie Fugierung, wie sie für die norddeutschen Orgeltoccaten charakteristisch ist, durchaus gedeckt. Welcher Wert in der Bach vorausgehenden Generation auf die sorgfältige Einhaltung des Fugenprinzips gelegt wurde, wird deutlich, wenn Johann Kuhnau feststellt, daß zwar die strikte *"Continuation"*

---

18   Philipp Spitta: *J. S. Bach*, Bd. I, Leipzig 1873, S. 440, 642.
19   Johann Mattheson: *Der vollkommene Capellmeister* (1739), Faks.-Ndr. Kassel/Basel 1954, S. 88.

der Stimmen in den Tanzsätzen dazu führe, daß *"etwas Gezwungenes unterlaufe ... Doch sind die Fugen mit 4en genau ausgeführet worden"*.[20]

Die hier an den Toccaten in d-Moll und fis-Moll beschriebenen Sachverhalte ließen sich an den meisten der fugierten Abschnitte der frühen Bachschen Klavierwerke aufzeigen – selbstverständlich in individuell unterschiedlichen Zusammenhängen und vor allem mit sehr vielfältigen, schwer auf einen Nenner zu bringenden thematischen Strukturen. In dem hier gesteckten Rahmen müssen indessen die ausgewählten Exempel genügen.

Versucht man diese Beobachtungen zu bewerten, dann ergibt sich die Feststellung, daß die Funktionalität der Thematik in den imitatorischen Abschnitten von Bachs frühen Klavierwerken im wesentlichen derjenigen gleicht, die später die thematischen Ritornelle in der Konzertform erfüllen: vor allem anderen markieren sie die Tonartenstationen. Und noch eine weitere Analogie: Die Themenexpositionen in ihrer scheinbar dichten imitatorischen Fügung haben den gleichen Sinn wie später die Eingangsritornelle der Konzertform; sie bieten die thematische Substanz in einer Dichte und Ausführlichkeit dar, die im weiteren Verlauf an keiner Stelle wieder erreicht wird. Insofern läßt sich die These aufstellen, daß in formaler Hinsicht in den frühen imitatorischen Abschnitten der Bachschen Klavierwerke das Verhältnis von Thematik und Figuration in der um 1713 aufgenommenen italienischen Konzertform vorweggenommen wird, wobei nicht unbedingt davon ausgegangen werden muß, daß Bach eine andere als die Vivaldische Konzertform zu diesem frühen Zeitpunkt schon kannte, die ihm dann zum Modell diente.[21] Der Unterschied liegt vor allem im Gestus der Fugierung, der zweifellos aus der Tradition der norddeutschen Toccata übernommen wird, sowie in dem allmählichen Übergang, in dem von der fugierenden zur quasi konzertierenden Haltung fortgeschritten wird – ein Übergang übrigens, der sich bereits in den späten Toccaten Buxtehudes (besonders in dessen *fis-Moll-Werk BuxWV 146*) anbahnt.[22] Auch mangelt der Tonartendisposition der fugierten Klavierstücke gegenüber derjenigen der Konzertform die (wenn auch unschematische und daher unvorhersehbare) Konsequenz der Stationenfolge, mit der der neugewonnene funktionsharmonische Rahmen ausgeschritten wird. Bedeutsamer indessen als diese trennenden Merkmale erscheint, daß die formale Affinität der Fuge zum Konzert bereits in diesem frühen Stadium der Bachschen Kompositionsentwicklung grundsätzlich erkennbar ist – eine Affinität, die noch um die Mitte des 18. Jahrhunderts in der Theo-

---

20 Johann Kuhnau: Vorwort zu *Neuer Clavier Übung Andrer Theil,* Leipzig 1692, Faksimile-Wiedergabe in DDT 4 (1901), Wiesbaden/Graz 1958, S. 32 f.

21 Hans-Günter Klein (1970) untersuchte wohl als erster die konzertanten Formelemente in Bachs Klaviertoccaten. Er spricht von *"einem anderen Konzerttypus"* als dem Vivaldischen, der Bach zum Vorbild gedient habe, der sich aber wegen der schweren Zugänglichkeit der Konzerte Torellis, Albinonis und anderer italienischer Komponisten dieser Zeit nicht identifizieren lasse. Für ihn sei *"die jeweils vollständige Wiederkehr des Ritornells, die konsequent durchgeführte Zuordnung Ritornell/Tonartenstation und Solo/Modulation und ein fünfteiliger Modulationsplan charakteristisch."* L. c. S. 35. – Schon Spitta (I, S. 433f.) hatte im Zusammenhang mit BWV 912 beobachtet, daß für den ersten imitatorischen Abschnitt *"der Bau eines Concertsatzes maßgebend gewesen ist."*

22 Klaus Beckmann hat wahrscheinlich gemacht, daß *BuxWV 146* "ein Spätwerk, wenn nicht gar das letzte Orgelwerk Buxtehudes ist". K. Beckmann: *Zur Chronologie der freien Orgelwerke Buxtehudes,* in: *Buxtehude und die europäische Musik* (s. Anm. 11), S. 233.

rie von Joseph Riepel in lebendigem Bewußtsein war.[23] Wie eng für Bach selbst die Formvorstellungen beider Gattungen miteinander verbunden waren, zeigt sich insbesondere an der Umarbeitung von *Präludium und Fuge a-Moll BWV 894* zum *Tripelkonzert BWV 1044*. Hier sind zwar erhebliche Eingriffe, vor allem Erweiterungen der vermittelnden Partien und die Neueinführung des Alla-breve-Ritornells im dritten Satz als Verstärkung des Kontrastmomentes zu konstatieren,[24] doch betreffen diese Veränderungen nicht die bereits in der Klavier-Solofassung grundlegend angelegte konzertante Form sowohl des Präludiums wie auch der Fuge, sondern sind letztlich Konsequenzen aus der zwischenzeitlichen Wandlung des individuellen Kompositionsstiles, vor allem hinsichtlich der ausführlicheren und spannungsreicheren Auskomposition der harmonischen Verläufe, die im früheren Klavierstück als vergleichsweise ungleichmäßig und sprunghaft sich erweist.

3. Zur Struktur von Thema und Figuration

Das Thema des oben diskutierten ersten imitatorischen Abschnittes der *fis-Moll-Toccata BWV 910* ist nicht ein bloßer melodisch-rhythmischer Verlauf, sondern eine Konstellation mehrerer Elemente. Das Auffälligste ist die Ableitung eines durch den ganzen Abschnitt hindurch obligaten Kontrapunktes aus dem Thema, und zwar in der Weise, daß der Kontrapunkt nichts anderes ist als die figurierte Form des Themas selbst.

Notenbeispiel 2: BWV 910, T. 48-51

Der Eindruck von kontrapunktischer Dichte entsteht somit durch den "Trick", daß zusätzlich zur Folge der Einsätze des Themas selbst durch die nur um den Wert eines

23   *"Weil eine Fuge die concertmässige Ordnung annehmen kann, so kann ja hingegen ein Concert u.s.m. unterweilen auch die fugenmässige Ordnung annehmen."* Joseph Riepel: *Anfangsgründe zur musicalischen Setzkunst II: Grundlagen zur Tonordnung insgemein*, Frankfurt/M.-Leipzig 1755, S. 94. Dazu A. Edler: *Zwischen Händel und Carl Philipp Emanuel Bach. Zur Situation des Klavierkonzertes im mittleren 18. Jahrhundert*, in: AcM LVIII, 1986, S. 202, Anm. 82 (Wiederabdruck in diesem Bd., vgl. S. 125, Anm. 82).

24   H. Boettcher: *Bachs Kunst der Bearbeitung dargestellt am Tripelkonzert a-Moll*, in: A. Morgenroth (Hrsg.): *Von deutscher Tonkunst*. Festschrift zu Peter Raabes 70. Geburtstag, Leipzig 1942, S. 95-111. – H. Eppstein: *Zur Vor- und Entstehungsgeschichte von J. S. Bachs Tripelkonzert in a-Moll (BWV 1044)*, in: Jahrbuch des Staatlichen Instituts für Musikforschung 1970, S. 34-44. – Die leichte quellenmäßige Ungewißheit bezüglich der Bachschen Autorschaft dieser Umarbeitung, auf die A. Dürr (*Tastenumfang und Chronologie in Bachs Klavierwerken*, in: Th. Kohlhase/V. Scherliess (Hrsg.): Festschrift Georg von Dadelsen zum 60. Geburtstag, Neuhausen-Stuttgart 1978, S. 86 f.) hinweist, erscheint irrelevant angesichts der kompositorischen Qualität und Originalität, die kaum von einem Komponisten aus der Umgebung Bachs angenommen werden kann.

Viertels dem Thema voranlaufende, strukturell als Kontrapunkt verbrämte figurierte Form desselben Themas der Anschein permanenter Engführung hervorgerufen wird. Das Figurationsmotiv wird gewonnen, indem jeweils zwei Töne aus der anfangs bogenförmigen, anschließend bis zur unteren Oktave skalar absteigenden Achtellinie des Themas isoliert und zu einer repetierenden Folge aus vier Sechzehnteln zusammengeschlossen werden. Diese Kombination aus Stretta (Engführung) und Repetition erhält zusätzlich die Vortragsanweisung *Presto e staccato*. Es kann kaum einem Zweifel unterliegen, daß die Konstellation insgesamt auf einen bestimmten Affektcharakter, nicht aber auf den gattungsbedingten technischen Aspekt gesteigerter Kontrapunktik hin angelegt ist. Dieser Affektcharakter ließe sich als erregt, ja gehetzt und zugleich bedrängt durch die Fülle der aufeinander eindringenden und einander verfolgenden Gestalten beschreiben, die Nähe zu rhetorischen Figuren wie der *congeries* oder eben auch der "Fuga" liegt auf der Hand. Vortragsanweisungen wie die vorliegende sind auch in nichtautographen Quellen Bachscher Tastenmusik nicht eben häufig; es wäre sicher falsch, sie einseitig als Tempo- beziehungsweise Artikulationsanweisung aufzufassen. Auch läßt sich schon aus technischen Gründen ausschließen, daß etwa jede der vielfältigen auftretenden Figuren staccato zu spielen wäre. Zu deuten ist die Vorschrift sehr wahrscheinlich als Vorbeugungsmaßnahme. Die gebundene Achtellinie des Themas könnte die Zugehörigkeit zur Tradition der Ricercarthematik nahelegen, die in Bachs frühen Klavierwerken jedoch grundlegend gemieden wird. Auch dieses Stück gehört ihr – dies macht die Überschrift eindeutig – nicht an. Die Vorschrift zielt offensichtlich auf eine Distanzierung zum "gebundenen Stil" ganz allgemein; wobei nicht dem Mißverständnis gefolgt wird, den Ausdruck "gebunden", der mit ziemlicher Sicherheit aus Zarlinos stilistischer Differenzierung von *fuga ligata* und *fuga sciolta* herrührt, allein von der Artikulation her zu definieren. Dennoch verbindet sich mit den stilbedingt unterschiedlichen Satzweisen auch eine grundlegende Gegensätzlichkeit der Spielweisen, die seit Dirutas *Transilvano* zu den Hintergrundkonstanten des Tastenspiels gerechnet werden muß. Sehr viel entschiedener als seine norddeutschen Vorgänger distanziert sich Bach in seinen Toccaten, aber auch in zahlreichen anderen frühen Klavierwerken vom gebundenen Stil, auch wenn solche Abschnitte gelegentlich noch als Fuga überschrieben sind. Er steht darin der italienischen Toccata näher, die an die Stelle der tradierten kirchentonalen Thematik neuartige Spielfiguren aus Skalen, gebrochenen Akkorden und Intervallfiguren setzte.[25] Auch die *fis-Moll-Toccata* macht darin keine Ausnahme, weswegen das *Staccato* ebenso wie das *Presto* nur auf den Gesamtcharakter zu beziehen ist und im Detail immer noch vielfältige Differenzierungsmöglichkeiten offenläßt.[26] Denkbar ist dabei vor allem, daß durch den Staccato-Vortrag des Themas gewissermaßen seine figurierte Fassung, die zugleich seinen

---

25 Vgl. dazu G. Pestelli: *Bach, Handel, D. Scarlatti and the Toccata in the Late Baroque*, in: *Bach – Handel – Scarlatti: Tercentenary Essays*, hrsg. von Peter Williams, Cambridge 1985, S. 277.

26 Vgl. dazu die Diskussion der in der jüngsten Zeit stark in den Vordergrund gerückten "Legato-Frage" bei Ludger Lohmann: *Studien zu Artikulationsproblemen bei den Tasteninstrumenten des 16.-18. Jahrhunderts*, Regensburg 1982 (Kölner Beiträge zur Musikforschung, 125), S. 187 ff. und bei J. R. Fuchs: *Studien zu Artikulationsangaben in Orgel- und Clavierwerken von Joh. Seb. Bach*, Neuhausen-Stuttgart 1985 (Tübinger Beiträge zur Musikwissenschaft, 10), S. 29 ff.

Kontrapunkt darzustellen scheint, vorbereitet wird, indem die Sechzehntel der Figuration in die durch das Staccato entstehende Lücke eintreten.

Notenbeispiel 3: BWV 910 (vgl. Beispiel 2, T. 50/51)

Das Verhältnis beider Fassungen zueinander als Thema und Kontrapunkt aufzufassen, ist indessen unter den gegebenen Verhältnissen offensichtlich schief, obwohl der formale Ablauf zu einer solchen Deutung zwingt, solange vom Vorliegen einer Fugenexposition ausgegangen wird. Daß eine solche aber nur vorgetäuscht wird und in Wahrheit eine andere Formvorstellung im Hintergrund steht, wird im Verlauf des Abschnittes immer eindeutiger. Bereits in Takt 52 (dem 5. Takt des Abschnittes) werden die Themenköpfe beider Fassungen isoliert und in die Gegenrichtung (also aufwärts) geführt.

Notenbeispiel 4: BWV 910, T. 52

Das Ergebnis dieses Verfahrens ist das, was Kurth als *"Verallgemeinerung"*, also als Entfernung von der charakteristischen Struktur des Themas, bezeichnete. Ein weiterer Schritt auf diesem Weg ist der Takt 56, in dem beide Kopfmotive zwar wieder in der originalen Abwärtsrichtung erscheinen, jedoch rhythmisch und melodisch so stark abgewandelt, daß die thematische Ableitung kaum ins rezipierende Bewußtsein vordringt, vielmehr der Eindruck einer vom Thematischen losgelösten, einseitig vom Figurativen beherrschten Situation erweckt wird.

Notenbeispiel 5: BWV 910, T. 56

Erster Zielpunkt dieses thematischen Umgestaltungsprozesses ist die Episode der Takte 61 ff. (der Ausdruck "Zwischenspiel" sollte vermieden werden, da er allzusehr der Terminologie der Fugentheorie verhaftet ist), in der – ähnlich wie in Takt 52 (Beispiel 4) – beide Fassungen in Aufwärts- (also Inverso-)Richtung parallelgeführt werden, dabei jedoch von der figurierten Fassung jeweils das erste Sechzehntel durch eine Pause ersetzt wird.

Notenbeispiel 6: BWV 910, T. 61-63

Neunzehn Takte danach erscheint eine Episode, die rhythmisch auf die eben beschriebene bezogen ist, in der aber die beiden Themenköpfe nunmehr in Gegenbewegung geführt werden.

Notenbeispiel 7: BWV 910, T. 80/3-82/1

Diese Gestalt wird in Takt 103 zum Höhepunkt geführt, indem der Themenkopf der in Gegenrichtung geführten Grundform in parallelen Sexten in hoher Lage, die figurierte Fassung dagegen in Originalform in sehr tiefer Lage geführt wird, was formal die Klimax vor der Schlußkadenz bedeutet. – Auf dem Weg dorthin hat sich aber noch ein Vorgang abgespielt, der die beiden Themenfassungen abermals weiter voneinander entfernt hat: der Abschnitt Takte 82/4 bis 90/1 ist der tonal am weitesten vom Zentrum entfernte: er bewegt sich auf der II. Stufe, führt aber die skalenfremden Töne *dis* und *ais* als erhöhte Quinte beziehungsweise Sekunde über dem episodischen Zentrum *gis* ein. Zugleich mit dieser Entfernung von der Grundtonalität – in der sich der Reiz der durch die Wohltemperierung erschlossenen Modulationsmöglichkeit in bisher unzugängliches tonales Terrain manifestiert – ereignet sich nacheinander mit beiden Themenfassungen eine stichomythische Gegeneinanderführung der abgespaltenen Themenköpfe, zuerst mit der Grundform:

Notenbeispiel 8: BWV 910, T. 83-87/2

dann mit der figurierten Form:

Notenbeispiel 9: BWV 910, T. 87/3-88

Derartige Verfahren sind janusköpfig. Ohne weiteres lassen sie sich noch als *congeries* im Sinn der überkommenen Figurenlehre interpretieren. Andererseits liegt ihnen eine kompositorische Denkweise zugrunde, die mit derjenigen der "thematischen Arbeit" manches Gemeinsame aufweist. Was jedoch diese Art von thematischer Arbeit von derjenigen der Wiener Klassik abgrenzt, ist die zentrale Rolle der Figuration. In allen beschriebenen Ereignissen tritt die figurierte Fassung des Themas der Grundform als ebenbürtiger Gegenspieler entgegen. Die figurierte Themenfassung in *BWV 910* erweist sich als thematisch abgeleitet, zugleich aber als Widerpart des Themas und ebenso als dessen Vermittler zu den – hier nicht in die Betrachtung einbezogenen – nicht-thematischen Figurationen. Sicher handelt es sich bei der *fis-Moll-Toccata* um einen Sonderfall. In der ebenbürtigen Behandlung von Thema und figurierter Fassung wird aber nur eine prinzipielle Bewertung beider ins Extrem geführt, die sich generell auch an solchen Werken zeigen läßt, in denen das Ableitungsverfahren nicht ganz so demonstrativ und vordergründig ist. Indem die Figuration eine gleichberechtigte thematische Gestalt wurde, grenzte der junge Bach die von ihr entscheidend mitgeprägten frühen Klavierwerke von den norddeutschen Toccaten ab, von deren Tradition er ohne Zweifel ausging.[27] Zugleich schuf er damit die entscheidenden Voraussetzungen für seine späteren Haupt-Instrumentalformen, nämlich das Konzert und die Fuge, für die die Begegnung mit dem italienischen Concerto dann nur noch zum Auslöser für einen Abklärungsprozeß von Strukturkonzeptionen zu werden brauchte, deren grundsätzliche Vorstellung er längst für sich entwickelt hatte.

4. Zu den D-Dur-Stücken für Cembalo und Orgel

Mit einigen Beobachtungen zu den D-Dur-Stücken *BWV 912* und *532* für Cembalo bzw. Orgel sollen die bisherigen Beobachtungen auf eine etwas breitere Basis gestellt und zugleich das Verhältnis von Cembalo- und Orgelmusik angesprochen werden. Äußerlich fällt *BWV 912* unter den sieben Toccaten vor allem durch zwei Merkmale auf: einmal besitzt es die meisten imitatorischen Abschnitte – nämlich drei –, und zum anderen schreitet es den weitesten tonalen Rahmen ab. Das Werk weist sechs große Abschnitte auf, wobei der kadenzartige Schluß mit dem letzten imitatorischen Abschnitt zusammengerechnet ist. Besonders auffallend ist die tonale Entgegensetzung des zweiten, im Zentrum des Werkes angesiedelten imitatorischen Abschnittes, der in der Dominantparallele fis-Moll steht. Die ihn umrahmenden Sätze – ein zwischen den Modellen Arioso und Rezitativ angesiedeltes Adagio und ein gleichfalls rezitativischer, aus einer Con-discrezione-Partie und einem Presto bestehender Abschnitt – fungieren als auskomponierte Modulationen beziehungsweise Rückmodulationen.

Ein-leitung	Allegro D-Dur 4/4		Adagio D → fis	fis-Moll-Abschnitt	Con dis-crezione – Presto	6/16-Teil		"Kadenz"	
11		60	68	80	111	127	200	261	277

BWV 912, Übersicht

Die Ansiedlung der thematisch geprägten Abschnitte in unterschiedlichen, jedoch im modernen Sinn funktional aufeinander bezogenen Tonarten ist für die norddeutsche ebenso wie für die italienische Toccata, selbst für die ihr nahestehende Ensemblesonate,[28] zu dieser Zeit undenkbar; nur die langsamen Sätze der Sonata da chiesa pflegen als Mittelkontrast in terzverwandte Tonarten auszuweichen. Die aufgewiesene Disposition findet sich so in keiner der übrigen Bach-Toccaten wieder; einen ähnlich gelagerten Fall gibt es allerdings in der *Toccata g-Moll BWV 915*, die zwar nur die üblichen zwei thematisch gebundenen Abschnitte aufweist, deren erster aber in der Toni-

---

27 Dies muß gegenüber einer einseitigen Einbindung von Bachs Toccaten in die von Frescobaldi ausgehende süddeutsch-italienische Tradition betont werden, wie sie unlängst unternommen wurde von Lucy Hallman Russell: *Bach's Clavier Toccatas in Light of the Frescobaldi Tradition* (vgl. Anm. 16).

28 Zum Zusammenhang zwischen Toccata und Sonate vgl. C. Defant: *Kammermusik und Stylus phantasticus. Studien zu Dietrich Buxtehudes Triosonaten*, Frankfurt/M-Bern-New York 1985, S. 69 ff. – C. Wolff: *Buxtehudes freie Orgelmusik und die Idee der "imitatio violistica"*, in: *Buxtehude und die europäische Musik* (s. Anm. 11), S. 313 f.

kaparallele B-Dur angesiedelt ist. Der zyklische Zusammenhang der einzelnen Abschnitte bekommt durch diese neue funktionsharmonische Bezogenheit eine ganz neue Qualität: sinnvoll kann dieses Werk nur als Ganzes, nämlich in der Abfolge von Grundtonartaufstellung - Modulation - Gegentonartaufstellung - Rückmodulation - Restituierung der Grundtonart – erfaßt werden, ein Plan übrigens, der – abgesehen von den modulierenden Überleitungspartien – Ähnlichkeit zur Da-capo-Arie aufweist, gewissermaßen der Leitform des gesamten Zeitalters der neapolitanischen Oper; auch sie konnte erst mit der entwickelten Funktionsharmonik zur völligen Durchbildung gelangen.

Der letzte der drei thematisch-imitatorischen Abschnitte weist den häufig in fugierten Sätzen anzutreffenden Giguen-Rhythmus auf, der darüber hinaus von der Suitentradition her zur Finalbildung prädestiniert erscheint. Thema ist nicht eine melodisch definierbare Gestalt, sondern eine zur rhythmischen Spielfigur auseinandergelegte Terzenkonfiguration, die harmonisch lediglich zwischen Tonika und Dominante hin- und herpendelt. Gerade dieses an Simplizität kaum zu unterbietende Gebilde, das eigentlich nichts darstellt als einen Bewegungsimpuls, ist dazu ausersehen, durch die weitesten tonalen Entfernungen hindurchgeführt zu werden, die überhaupt in einem imitatorischen Abschnitt der frühen Klavierkompositionen erreicht werden. In den anderen Werken sind es die rezitativischen oder auf Sequenzmodellen beruhenden ariosen Sätze, in denen die weiten tonalen Ausweichungen den Eindruck eines nahezu unersättlichen Erforschungsdranges in den neu erschlossenen funktionsharmonischen Gefilden erwecken (besonders weit geht hierin der Mittelsatz der *d-Moll-Toccata BWV 913*, der – von der Subdominante g-Moll ausgehend, über f-Moll und b-Moll bis nach es-Moll vorstößt). Hier aber führt Bach das von Bewegungsenergie erfüllte thematische Motiv selbst aus der Grundtonart hinaus bis nach cis-Moll und gis-Moll – Tonarten also, die nicht mit dem Zentrum D-Dur, sondern dem Gegenzentrum des Zyklus – nämlich fis-Moll – tonverwandt sind. Nicht von ungefähr schließt daher der fis-Moll-Bereich durch eine ausladende, neapolitanisch angereicherte Kadenz diese extreme tonale Erweiterung ab. Die Konsequenz, die in der tonalen Polarität D-Dur – fis-Moll dieses letzten imitatorischen Abschnittes aus der zyklischen Gesamtdisposition des Stückes gezogen wird, bedeutet abermals ein Novum, das aus der Einbeziehung der Funktionsharmonik in den Formbildungsprozeß entspringt. – Nun dient dieses Stück bekanntermaßen als Ausgangspunkt für ein anderes viel bekannteres Werk für Orgel, nämlich Präludium und Fuge in der gleichen Tonart *BWV 532*, das nicht nur wegen seiner außerordentlichen Virtuosität – vor allem im Pedal – eine Sonderstellung unter Bachs Orgelwerken einnimmt. Werner Breig konstatierte in einem vor kurzem in den USA publizierten Aufsatz, dessen deutsches Manuskript er dem Verfasser dankenswerterweise zur Kenntnis gab, daß *"die zusätzlichen Einsatzstufen cis-Moll und E-Dur in BWV 532, deren Tonikadreiklänge nicht aus Tönen der Grundskala von D-Dur gebildet werden können, ... im Kontext von Bachs frühen Orgelfugen gänzlich isoliert"*[29] dastehen. Das erklärt sich nun – wie wir gesehen haben – aus

---

29 Werner Breig: *Formprobleme in Bachs frühen Orgelfugen*, in: BJ 1992, S. 7-21, hier S. 20.

der Herkunft von der Cembalotoccata, für deren gattungsmäßigen Kontext derartige tonale Ausweitungen zwar nicht in fugierten Abschnitten, wohl aber in den rezitativischen und ariosen Zwischenstücken, durchaus typisch sind. Offensichtlich schrieb Bach diese Werke schon zu einem frühen Zeitpunkt für gleichschwebend gestimmte Cembali, auf denen er sich die neue Funktionsharmonik erarbeitete. Wahrscheinlich beherrschte er schon früh die im Mizler-Nekrolog hervorgehobene Kunst, *"die Clavicymbale ... in der Stimmung, so rein und richtig zu temperiren, daß alle Tonarten schön und gefällig klangen"*.[30] Die gleichschwebende Temperierung der Orgeln war nun ein Vorgang, der sich über einen Zeitraum von Jahrzehnten hinzog. Wir nehmen heute an, daß Buxtehude als einer der ersten 1683 die Orgel in der Lübecker Marienkirche "wohltemperieren" ließ.[31] Nur zögernd werden ihm seine Kollegen, vor allem die älteren unter ihnen, darin gefolgt sein. Ob der junge Bach Gelegenheit hatte, auf Orgeln zu spielen, die in der neuen Manier gestimmt waren, ist fraglich. Zumindest ist davon auszugehen, daß seiner Aufmerksamkeit beim Lübeck-Besuch um die Wende des Jahres 1705 die neuartigen Möglichkeiten, die die gleichschwebende Temperatur[32] der Marienorgel bot, kaum entgangen sind. Wahrscheinlich konnte er sich aber schon in Lüneburg bei Georg Böhm und bei Gelegenheit der von dort aus unternommenen Hamburg-Besuche mit dem neuen Phänomen vertraut machen. Auch konnte er dort den Orgelbauer Johann Balthasar Held kennenlernen, der bei bedeutenden Orgelbauten Schnitgers mitgewirkt und an der Lübecker Marienorgel eine Reparatur durchgeführt hatte.[33] Die Situation wird man sich so vorzustellen haben, daß der junge Bach um die Existenz von gleichschwebend temperierten Orgeln wußte und wahrscheinlich von ihren Möglichkeiten träumte, daß aber realiter nur sehr wenige Instrumente die neue Stimmung schon besaßen. Die Vermutung scheint also nicht unplausibel, Bach habe mit *BWV 532* exzeptionellerweise eine Demonstration dessen für die Orgel liefern wollen, was ihm bisher nur auf den besaiteten Tasteninstrumenten möglich gewesen war. Das betrifft die ausgeweitete moderne Tonalität nicht minder als den Einsatz seiner die damaligen Normen ebenso weit transzendierenden spieltechnischen Kapazitäten. Zu diesem Zweck mochte ihm eine Komposition auf der Basis der *Klaviertoccata BWV 912* angesichts von deren oben beschriebenen Qualitäten bestens geeignet

---

30 *Bach-Dokumente*, hrsg. vom Bach-Archiv Leipzig, Supplement zu Johann Sebastian Bach. Neue Ausgabe sämtlicher Werke. Bd. III: *Dokumente zum Nachwirken J. S. Bachs 1750-1800*, vorgelegt und erläutert von Hans-Joachim Schulze, Leipzig, Kassel 1972, S. 88.

31 K. J. Snyder: *From Account Books to Performances: Buxtehude at the Marienkirche in Lübeck*. Paper delivered at the Annual Meeting of the AMS Boston 1981.

32 Was die Frage der Gleichsetzung von "gleichschwebend" und "wohltemperiert" betrifft, so besteht – entgegen diversen in den vergangenen Jahrzehnten vorgetragenen Meinungen und Theorien – kein Anlaß, die Tendenz zur Angleichung der Intervalle zu bezweifeln, freilich ebensowenig die Tatsache, daß dieser Prozeß zugleich ein mühseliger, schmerzhafter und langwieriger war, da er den Zwang der Verabschiedung von reinen Intervallen ebenso wie von der Charakteristik der Modi implizierte. Vgl. R. Rasch: *Does 'Well-Tempered' mean 'Equal Tempered'?*, in: *Bach – Handel – Scarlatti*, S. 293-310. Es ist kein Zufall, daß in Frankreich Rameau (so wie in Deutschland Werckmeister) zum Protagonisten der gleichschwebenden Temperatur wurde, da sie die Voraussetzung für die von ihm theoretisch fundierte Funktionsharmonik darstellte. M. Lindley: *Stimmung und Temperatur*, in: F. Zaminer (Hrsg.): *Geschichte der Musiktheorie VI – Hören, Messen und Rechnen in der frühen Neuzeit*, Darmstadt 1987, S. 246, 264.

33 Gustav Fock: *Der junge Bach in Lüneburg*, Hamburg 1950, S. 81 f.

erscheinen. Damit dürfte sich zugleich eine ziemlich einfache Erklärung für die Existenz der etwas gekürzten Fassung, der *Fuge BWV 532a* finden. Deren Hauptabweichung von der "großen" Version besteht nämlich gerade im Vermeiden jener heiklen Zonen der Tonalität, die auf den der damals eben noch herrschenden mitteltönigen Norm entsprechend gestimmten Orgeln nicht nutzbar waren. Ihr fehlt mit den Takten 76-96 der großen Fassung der Höhepunkt des geistvollen Motivspiels, der sich gerade innerhalb der Kadenzen von cis-Moll, H-Dur und E-Dur befindet, nämlich die motivische und klangliche Auseinanderlegung und Gegeneinanderführung der thematischen Einzelteile. Auch die große konzertante Steigerung durch die orgelpunktartige Fixierung der Figuration in den Takten 103-115 fällt der Kürzung zum Opfer, was sowohl als bewußte Konsequenz im Sinn formaler Balance wie auch als Umgehen gehäufter Pedalschwierigkeiten durch einen minder bedeutenden Virtuosen gedeutet werden kann.

Die Beziehung zwischen dem Cembalowerk *BWV 912* und dem Orgelwerk *BWV 532* ist nicht einfach zu charakterisieren. Es liegt auf der Hand, daß es sich nicht um eine Transkription – selbst in einem noch so weiten Sinn – handelt. Dennoch ist die Affinität unverkennbar. Doch scheint es, als müsse man unterscheiden zwischen Anklängen, die an der Oberfläche liegen und reale Übertragungen darstellen – wie dem ins Pedal verlegten skalaren Oktavaufstieg und den Akkordtremoli –, und solchen, die eher "subkutan" die Faktur beider Werke prägen. Das letztere betrifft vor allem die Fuge, deren Grundidee offensichtlich das in dieser Konsequenz singuläre Experiment ist, einen Bewegungstypus, der besonders eng an die besaiteten Tasteninstrumente gebunden war – nämlich den des fugierten "Perpetuum mobile" –, auf die Orgel zu übertragen und dabei zugleich deren spezifische Idiomatik – die konzertante Korrespondenz zwischen Manual- und Pedalspiel – zum Tragen kommen zu lassen. Giorgio Pestelli hat auf den Bruch aufmerksam gemacht, der innerhalb der Gattungstradition der Toccata zwischen Frescobaldi und der ihm nachfolgenden Generation darin sich auftut, daß an die Stelle der *"rhythmic hesitancy"* der Typus der *"tutto passaggi"* tritt, für die ihm die Toccata von Alessandro Stradella[34] auf italienischer und die Sonaten von Johann Kuhnau auf deutscher Seite als die ersten, etwa gleichzeitigen repräsentativen Beispiele erscheinen.[35] Nun wäre das Thema des fugierten Schlußabschnittes von *BWV 912*, dessen Nähe zum 6/8-Abschnitt der 2. Sonate aus Kuhnaus *Frischen Clavier Früchten* von 1696[36] unüberhörbar ist, nicht sonderlich gut für ein Orgel-Perpetuum mobile geeignet gewesen, weil die simple Terzstruktur aufgrund des Obertonaufbaus des geblasenen Klanges nicht die für diesen Charakter erforderliche Attacke gehabt hätte. Das neue Thema, das nach Werner Breigs Meinung eine *"ans Bizarre streifende Phantastik"* aufweist,[37] behielt die Terz als konstituierendes Intervall bei,

34 Alessandro Stradella: *Instrumental Music,* ed. E. F. McCrickard, Köln 1980 (= Concentus Musicus – Veröffentlichungen der musikgeschichtlichen Abteilung des deutschen Historischen Instituts in Rom, V), S. 255-258.

35 G. Pestelli: *Toccata* (vgl. Anm. 25), S. 278 ff. Schon H. Keller (*Die Klavierwerke Bachs*, Leipzig 1950, S. 66) sprach von *"der von Kuhnau beeinflußten Schlußfuge"* von *BWV 912*.

36 DDT 4 (vgl. Anm. 20), S. 78 ff.

37 Breig: *Orgelfugen* (s. Anm. 29), S. 14.

legte sie aber einer Figur zugrunde, die von schlagender Prägnanz und zugleich eine Demonstration von Bachs revolutionärer Pedaltechnik ist, fordert sie doch so eindeutig wie kaum eine andere Figur in Bachs Orgelwerken den Einsatz von Absatz und Spitze des linken Fußes. Um so mehr frappiert die Tatsache, daß es sich auch hier um eine Figur handelt, die weder eine originale Erfindung von Bach ist noch im Bereich der Orgel ihren idiomatischen Ursprung hat. Sie findet sich nämlich vorgeprägt in einer "Symphonia" mit dem Titel *La gran Battaglia* des estensischen Hofmusikers Marco Uccelini,[38] nach Folker Göthel einem *"der namhaftesten Vertreter der emilianischen Geigerschule"*, der wesentlich zur *"Bereicherung des Repertoires an Spielfiguren"* beitrug.[39]

Notenbeispiel 10

Ob Bach das Stück Uccelinis tatsächlich gekannt hat, spielt keine Rolle in Bezug auf die allein entscheidende Frage nach der Idiomatik dieses thematischen Motives. Wesentlich ist, daß damit auch *BWV 532* einzureihen ist in jene Tastenmusikwerke Bachs, die ganz offensichtlich vom ursprünglich violinistischen Idiom profitieren. Peter Williams hatte das Problem 1981 im Hinblick auf die *Orgeltoccata d-Moll BWV 565* aufgeworfen,[40] und Giorgio Pestelli erweiterte es auf alle Klavierwerke mit Themen *"in which various intervals alternate around a note that remains as a pivot"*.[41] Um eine andere, jedoch ebenfalls um einen Mittelton kreisende typisch violinistische Bewegungsfigur mit konstanten Tonhöhen handelt es sich in *BWV 532*. Die originale, wahrhaft schöpferische Hinzufügung Bachs ist einmal das Auslaufen des Bewegungsimpulses der "Terzkreisfigur" in der anschließenden Reduzierung auf die Sekundbewegung des "stilisierten Trillers", zum anderen und vor allem aber die Kombination dieses statisch kreisenden Motivs mit der extrem "antistatischen" Sequenzbewegung, die ihrerseits ein verbreiteter Traditionsbestandteil der nord- und mitteldeutschen Orgelmusik war.[42] Die Idee dieser Kombination aber konnte er aus seiner eigenen Klaviertoccata (Takte 127-134, 135-139) übernehmen, auch wenn die Ausformulierung recht unterschiedlich klingt. – Damit ist das Verfahren jener oben angesprochenen "subkutanen" Übernahmepraxis an einem, wie es scheint, wesentlichen Punkt

---

38 Marco Uccelini: *Sinfonie boscareccie a Violino solo e Basso con aggiunta di due altri violini ad lib. a 2, 3 e 4,* Antwerpen 1669/1677, publiziert in: J. W. v. Wasielewski (Hrsg.): *Instrumentalsätze vom Ende des XVI. bis Ende des XVII. Jahrhunderts,* Berlin o. J. (1874), S. 51.

39 F. Göthel: Art. *Uccelini, Marco,* in: MGG 13, Kassel u. a. 1966, Sp. 1016.

40 Peter Williams: *BWV 565: A Toccata in D minor for Organ by J. S. Bach?,* in: Early Music 9, 1981, S. 330-337.

41 G. Pestelli: *Toccata* (vgl. Anm. 25), S. 285.

42 Vgl. die Übersicht über denkbare Modelle bei Peter Williams: *The Organ Music of J. S. Bach,* Bd. I, Cambridge u. a. 1980 (Cambridge Studies in Music), S. 64.

beschrieben: nicht individuelle motivische oder figurative Formulierungen, sondern satztechnische Analogien bilden ihre Substanz.

*

Es hat sich in der Betrachtung der frühen Klavierwerke gezeigt, daß Bach in ihnen zu einem in seiner Zeit modernen, aber nicht unbedingt ihm allein zugehörigen Begriff des Themas gelangt. Dieser Themenbegriff kann nicht oder nur in wenigen Fällen strukturell als Vorbote der späteren kantablen Thematik angesehen werden. Vielmehr ist die Nähe zur Figuration sehr häufig spürbar. Umgekehrt wird aber auch die Figuration häufig zum konstant beibehaltenen Motiv – im Extremfall dort, wo das Thema stets in einer zweifachen Fassung, nämlich gleichzeitig einfach und figuriert, auftritt. Ein substantieller Gegensatz zwischen Thema und Figuration, wie er in der Literatur häufig zur Kennzeichnung des Gegensatzes zwischen Konzertritornell und –soloepisode angenommen wird, kann grundsätzlich nicht festgestellt werden. Insofern bestätigt sich hier Kurths These vom Thema als intervallisch-rhythmischer Konzentration eines Bewegungszuges. Andererseits dient die Thematik dazu, eine Formvorstellung zu realisieren, die an die Stelle der gattungsmäßig tradierten imitativen oder auch fugierten Themendurchführungen der norddeutschen Toccata ritornellartige Gebilde setzt und diese durch allmähliche figurative Ausdünnung in ihrer neuartigen, die konzertante Formidee antizipierenden Funktion hervortreten läßt. Die neue Dur-Moll-Tonalität spielt dabei eine zentrale Rolle. Das Abschreiten der extremen Möglichkeiten der funktionsharmonischen Klangbeziehungen ist ein Hauptcharakteristikum der meisten dieser Werke, und daraufhin ist die Erfindung ebenso wie die Verarbeitung von Thematik und Figuration abgestellt. Die Motivation des Komponisten für die neuartige Struktur und Behandlung der Thematik und für ihre Annäherung an die Figuration scheint in der Wendung gegen die überkommene Soggetto-Vorstellung zu suchen zu sein. Ihr wurde – in Anlehnung an die Italiener – eine geradezu antithetische, von der "Motorik" beherrschte Spielthematik entgegengestellt, in die dann aber – und dies ist wieder ein Erbteil der norddeutschen Tastenmusik – thematisches Denken eingeführt wurde. Dies scheint der Grund dafür zu sein, daß ein thematisch häufig amorph und neutral anmutendes Material so auffallend konzentriert thematisch behandelt wird – thematisch jetzt aber nicht mehr im kontrapunktischen Sinn, sondern im Dienst der Konstituierung von Großformen. – So erweist sich, daß die Dominanz des Figurativen beim jungen Bach durchaus nicht im Gegensatz steht zu seiner späteren Art thematisch zu arbeiten, sondern diese vielmehr im Keim bereits enthält. Die Herausbildung charakteristischer thematischer Strukturen und die überlegen ökonomische Ausnutzung der neuen harmonischen Spannungsverhältnisse war dann allerdings erst der Zeit nach der Begegnung mit Vivaldi vorbehalten.

Acta Musicologica 58 (1986), S. 180-221 (Bärenreiter-Verlag)

Zwischen Händel und Carl Philipp Emanuel Bach.
Zur Situation des Klavierkonzertes im mittleren 18. Jahrhundert

I

Die Geschichte des Konzertes für Tasteninstrumente im 18. Jahrhundert ist häufig als eine primär deutsche Angelegenheit angesehen worden.[1] An dieser Einschätzung müssen indessen einige präzisierende Abstriche vorgenommen werden. Das betrifft einmal die bisher wenig beachtete Tatsache, daß es bereits vor den ersten deutschen Bemühungen, den bisher nur als Generalbaßträgern im Verband mit dem Orchester auftretenden Tasteninstrumenten eine solistische Rolle zuzuweisen – nämlich vor den Adaptionen Vivaldischer Violinkonzerte durch J. S. Bach und J. G. Walther –, Experimente mit solistisch dem Orchester gegenübertretenden Tasteninstrumenten gegeben hat, und zwar genau dort, wo man in Deutschland auch die Modelle für jene Adaptionen fand: bei Antonio Vivaldi. Wir kennen heute von ihm eine großangelegte *Suonata à Violino, Oboè, et Organo obligati* in C-Dur (RV 779), die bereits um 1707 entstanden sein muß.[2] Freilich hat dieses Stück, das der Komponist selbst später ändern wollte, indem er den Orgelpart eliminierte und dessen rechte Hand einer zweiten Violine anvertraute (zur Ausführung dieses Planes ist es nicht gekommen), weder im Gesamtwerk Vivaldis noch in der weiteren Entwicklung des italienischen Instrumentalkonzertes nennenswerte Spuren hinterlassen. – Auch an die bereits in der ersten Hälfte des 17. Jahrhunderts entstandenen Kammersonaten mit obligatem Tasteninstrument von William Lawes[3] ist in diesem Zusammenhang zu erinnern, die – in Ermangelung eines Ripienos im Sinne des venezianischen und Pariser Opernorchesters des späteren 17. Jahrhunderts – zwar nicht dem erst in der Folge in Italien sich herausbildenden Solo-Tutti-Gegensatz, sondern dem Triosatz verpflichtet sind, aber doch zum ersten Mal in der Musikgeschichte das Tasteninstrument in obligater und konzertierender Funktion den Streichinstrumenten zugesellen.

Ein anderer Aspekt, der es verbietet, von allzu einseitig deutschen Perspektiven auszugehen, betrifft die Entwicklung der Gattung, die sich in England namentlich im Anschluß an Händels Orgelkonzerte vollzog und die erst durch die grundlegende

---

1   Arnold Schering: *Geschichte des Instrumentalkonzerts bis auf die Gegenwart*, Leipzig ²1927, S. 130 ff. – Lothar Hoffmann-Erbrecht: *Das Klavierkonzert*, in: W. Arlt u. a. (Hrsg.): *Gattungen der Musik in Einzeldarstellungen* (Gedenkschrift Leo Schrade), München 1973, S. 745 f. – Ders.: *Johann Sebastian Bach als Schöpfer des Klavierkonzerts*, in: *Quellenstudien zur Musik*. Fs. für Wolfgang Schmieder zum 70. Geburtstag, Frankfurt/M. 1972, S. 69-77.

2   Herausgegeben von Manfred Fechner, Leipzig 1973 (Edition Peters Nr. 9465). Die Quelle befindet sich in der Sächsischen Landesbibliothek Dresden (Mus. 2389-Q-14).

3   *Musica Britannica* 21, hrsg. von M. Lefkowitz, London 1963.

Arbeit von Owain T. Edwards *The Concerto in England during the Eighteenth Century* aus dem Jahr 1967 durchleuchtet worden ist.[4] Diese Entwicklung begann sehr bald nach den ersten Aufführungen der Orgelkonzerte Händels als Zwischenaktsmusiken von Oratorien,[5] eine Praxis, die ihrerseits zurückgeht auf Gepflogenheiten bei Opernaufführungen in römischen Kardinalspalästen zu Beginn des 18. Jahrhunderts. Beginnend mit sechs *Concertos for the Harpsichord or Organ* des Organisten von Cuper Gardens, Henry Burgess, die auf spätestens 1741 zu datieren sind,[6] führt eine kontinuierliche Traditionslinie über William Felton, Charles Avison, John Stanley, Richard Mudge, Thomas Roseingrave, Thomas Chilcot, Thomas S. Dupuis, Samuel Wise und "Mr." Edwards zu Thomas Augustine Arne. Dessen Konzerte wurden erst posthum publiziert,[7] was aber nach Auskunft des von den Verlegern Harrison & C. der Edition vorangestellten *Advertisements* dadurch bedingt war, daß Arnes Sohn Michael, in dessen *"masterly execution and direction"* diese Konzerte mit so viel Erfolg aufgeführt worden seien und einen *"astonishing effect"* bei *"Amateurs and Professors"* erzielt hätten, die Partitur nur in skizziertem Zustand besessen und daher beabsichtigt habe, für den Druck das Fehlende durch mündliche Anweisungen zu ergänzen. Sein Tod verhinderte die Ausführung dieses Vorhabens, und der Druck konnte nur deshalb unter viel Mühen zum Abschluß gebracht werden, weil noch ein (offenbar vom Komponisten selbst komplettiertes) Exemplar aus dem Besitz eines Mr. Groombridge aufgetrieben wurde.[8] Michael Arne, der 1786 starb, hat die Konzerte seines Vaters seit 1751 ständig öffentlich gespielt,[9] sie demnach über fünfunddreißig Jahre lang als sein persönliches Repertoire mit Beschlag belegt und ihren Druck zu seinen Lebzeiten vermutlich aus persönlichen Motiven verhindert. Thomas Arnes Konzerte[10] stellen – wie wir noch sehen werden – einen Umschlagpunkt in jener angesprochenen Tradition englischer Tastenkonzerte dar, die sich über das fünfte und sechste Jahrzehnt des 18. Jahrhunderts erstreckt und von Owain T. Edwards als *Baroque Concerto* (Kap. IV) vom zeitlich anschließenden *Galant Concerto* (Kap. V) unterschieden wird. Eine gewisse Tragik liegt darin, daß gerade Arnes Konzerten das Mißgeschick einer dermaßen verzögerten Veröffentlichung widerfuhr. Sie verhinderte eine angemessene Rezeption, da mittlerweile – vor allem durch das Auftreten Mozarts – die Gattung einen derart rapiden Entwicklungsschub erfahren hatte, daß Arnes Werke zum Zeitpunkt ihrer Veröffentlichung als hoffnungslos veraltet erscheinen und darum um so rascher der Vergessenheit anheimfallen mußten. Dieses Schicksal war insofern atypisch, als die

---

4   Owain T. Edwards: *The Concerto in England during the Eighteenth Century*, Diss. University College of North Wales (Bangor 1967). Bedauerlicherweise liegt diese materialreiche Arbeit bisher nicht im Druck vor.

5   Dazu vor allem Arthur Hutchings: *The English Concerto with or for Organ*, in: MQ 47 (1961), S. 195-205. – Niels K. Nielsen: *Handel's Organ Concertos Reconsidered*, in: Dansk aarbog for Musikforskning (1963), S. 3-26. – Peter F. Williams: *Händel und die englische Orgelmusik*, in: Händel-Jahrbuch 12, 1966, S. 51-76.

6   London, British Library g. 151.

7   Nach Julian Herbage (*New Grove Dictionary* [1980], Bd. 1, S. 611) ca. 1787, laut Katalog der British Library 1793.

8   Zitiert nach dem Exemplar des Royal College of Music London, Signatur LVIII. B. 4.

9   J. Herbage, in: *New Grove Dictionary* [1980] 1, S. 604.

10   Neuausgabe von Robin Langley, Oxford University Press 1983 (*Musica da camera*, vol. 81-86).

meisten englischen Klavierkonzerte in den 1740er und 50er Jahren gedruckt wurden, weil Verleger wie John Walsh *"realized ... an opportune time for contributing to the repertoire of such concertos, while Handel still (posthumously) reigned supreme in England".*[11] Das ist ein signifikanter Unterschied zur Situation in Deutschland, wo Druckveröffentlichungen von Klavierkonzerten nur ausnahmsweise zustandekamen. Die Druckerscheinung von Johann Christian Bachs op. 1 im Jahr 1763 im Londoner Eigenverlag stellt insofern keineswegs eine Zäsur dar, wenn auch die Quantität der Klavierkonzertdrucke etwa von diesem Zeitpunkt an rapide zunahm.

In der wissenschaftlichen Literatur, soweit sie die englische Situation überhaupt ins Blickfeld nimmt, werden die unterschiedlichen Entwicklungen der Gattung Klavierkonzert in England und in Deutschland als mehr oder weniger voneinander isoliert betrachtet. In England liegt der Schwerpunkt stärker im klanglichen Denken, entsprechend der im Prinzip des Corellischen Concerto grosso angelegten Wechsel zwischen solistischer und Ripieno-Besetzung bei konstantem thematischen Substrat.[12] Ihm gegenüber steht die in Deutschland vorherrschende, auf Vivaldi zurückgehende und maßgeblich von der Bach-Schule repräsentierte Konzeption des *"strukturell begründeten Musizierens".*[13] Der enge Zusammenhang zwischen der Gattung des neu-etablierten Orgelkonzertes und derjenigen des Concerto grosso bzw. der Triosonate bei Händel ergibt sich bereits äußerlich aus Werkzusammenhängen. So findet sich bereits im letzten der *Concerti grossi* op. 3 ein Satz für konzertierendes Cembalo oder Orgel, und zahlreiche Sätze in den *Orgelkonzerten* op. 3 und op. 7 gehen zurück auf Einleitungssinfonien bzw. instrumentale Einlagen aus Oratorien und Chören und anderen Vokalwerken, aber auch auf präexistente Sätze aus eigenen Concerti grossi und Triosonaten.[14] Dieser Zusammenhang, der ja auch durch den funktionalen Zweck der Werke als Zwischenaktsmusiken gerechtfertigt wird, wirkt sich notwendig auf die Struktur aus, wo solche Übernahmen vorliegen. Sätze wie das Finale aus op. 3/2, das auf eine Menuett-Einlage aus dem Oratorium *Esther* zurückgeht, behandeln das Solo wie einen auf die Zweistimmigkeit reduzierten und mit einigen Figurationen und Verzierungen angereicherten Auszug der vierstimmigen Tuttipassagen. Auf der anderen Seite liegt – zumal in den meistens an zweiter Stelle stehenden Allegrosätzen – der Einfluß des Vivaldischen Formprinzipes mit der klaren Einteilung in tonalitätsdeterminierende und -konsolidierende Ritornelle und figurativ-modulierende Soli sowie der dreiteiligen Großgliederung mit zwei in der Grundtonart stehenden Rahmenteilen und einem durch die tonalen Nebenstufen modulierenden Mittelteil

---

11 O. T. Edward: *The Concerto in England*, S. 166.

12 A. Schering: *Geschichte des Instrumentalkonzerts*, S. 136. – H. Engel: *Das Instrumentalkonzert. Eine musikgeschichtliche Darstellung*, Wiesbaden 1971, S. 190. – Arthur Hutchings: *The Baroque Concerto*, London 1961, S. 261 ff. Bezeichnend dafür ist die Bemerkung Burneys: *"Content with our former possessions and habits, we went on in the tranquil enjoyment of the productions of Corelli, Geminiani and Handel, at our national theatres, concerts and public gardens, till the arrival of Giardini, Bach and Abel ..."*. Charles Burney: *A General History of Music from the Earliest Ages to 1789* (1789), Repr. Baden-Baden 1958, Bd. 4, S. 1015.

13 Rudolf Eller: *Das Formprinzip des Vivaldischen Konzerts. Studien zur Geschichte des Instrumentalkonzerts und zum Stilwandel in der ersten Hälfte des 18. Jahrhunderts*, Habil.-Schrift Leipzig 1957, S. 6 ff. Eller unterscheidet demgemäß zwischen Corellis Konzertstil und Vivaldis Konzertform.

14 Vgl. Niels K. Nielsen: *Handel's Organ Concerto Reconsidered* (s. Anm. 5).

mit kontrastverengenden Zuspitzungen[15] klar auf der Hand. Doch bleiben diese Kontraste statisch. Es fehlt das für Vivaldi typische und von Bach noch verstärkte Moment der im Verlauf des Satzes sich allmählich vollziehenden Angleichung der kontrastierenden Elemente durch wechselseitige Übertragung der anfänglich entweder für das Tutti oder das Solo charakteristischen Satztechniken auf die jeweils andere Besetzungsart und damit auch das für Bach besonders bezeichnende Bestreben, der Solothematik eine über das Figurative weit hinausgehende, dem Tutti ebenbürtige oder gar es überragende Bedeutung zu verleihen.[16] Das Concerto-grosso-Prinzip der lediglich klanglichen Abschattierung ist stets im Hintergrund präsent, die teilweise brillant wirkenden Passagen der Solopartien bleiben bloße Auszierung des einheitlichen Materials. Sie stoßen nicht, wie die Spielfiguren in der Vivaldi-Bach-Tradition, zu eigenständiger Substanzialität und damit erst zur Ausbildung eines eigentlich strukturellen Kontrastprinzips vor.

Wie eng das Orgel- bzw. Cembalokonzert in England mit dem Concerto grosso verbunden war, erhellt aus der Tatsache, daß Mitte der 1740er Jahre eine ganze Spezies solcher Konzerte für Tasteninstrumente – auf Anregung des Verlegers Walsh – entstand, deren Solopart eine Transkription der Soloparts von Concerti grossi (die ersten waren die Konzerte op. 2 von John Stanley und op. 2 von Charles Avison[17]) darstellen. Auch die umgekehrte Richtung der Transkription eines genuinen Orgelkonzertes zu einem Streicher-Concerto-grosso war möglich, so im Falle von Avisons op. 2 Nr. 7 bzw. op. 6 Nr. 6.[18] So ist es sicher berechtigt, vom englischen Orgelkonzert als von einem *"by-product of the concerto grosso"*[19] zu sprechen im Sinne einer zunächst aus dem auf der Insel herrschenden Mangel an guten Streichern entstandenen Aufführungspraxis, die sich aber bald verselbständigte und zu großer Beliebtheit gelangte. Auf der anderen Seite nahm das englische Orgel- und Cembalokonzert Elemente der vorausgegangenen und zeitgenössischen solistischen Cembalomusik in sich auf. Schon Händel selbst entlehnte sowohl in den 1739 entstandenen *Concerti grossi* op. 6 wie auch in den *Orgelkonzerten* op. 7 thematisches Material aus Johann Kuhnaus *Frischen Clavierfrüchten* (1696), Gottlieb Muffats wahrscheinlich 1736 erschienenen *Componimenti musicali* und den 1738 in London publizierten *Essercizi per Gravicembalo* von Domenico Scarlatti. Die zuletzt genannte Veröffentlichung löste in London einen regelrechten Scarlatti-Kult aus; an der Spitze der *"Scarlatti-sect"*[20] stand der Organist von St. Martin-in-the-Fields, Joseph Kelway, ein Schüler Geminianis, den Händel hoch geschätzt haben soll. Charles Avison, der Händel nicht eben wohl gesonnen war, fand, daß das zu öffentlichen und privaten Aufführungen geeignete

---

15 Eller: *Formprinzip*, Abschnitt 2, insbes. S. 64.

16 Vgl. Hans-Günther Klein: *Der Einfluß der Vivaldischen Konzertform im Instrumentalwerk Johann Sebastian Bachs.* Strasbourg/Baden-Baden 1970, S. 28 f., 54 f.

17 Arthur Hutchings: *The Baroque Concerto*, S. 279 ff.

18 O. T. Edwards: *The Concerto in England*, S. 154.

19 Arthur Hutchings: *The English Concerto with or for Organ* (s. Anm. 5), S. 204.

20 Charles Burney: *A General History of Music* 4, S. 1009.

Repertoire an Konzerten viel zu schmal sei,[21] und verlegte sich aus diesem Grund auf die Transkription von ihm hochgeschätzter Solomusik zu Konzerten. Dabei handelte es sich ebenfalls um die *Essercizi* D. Scarlattis, gegenüber denen er die originale Konzertliteratur von Vivaldi, Tessarini, Alberti und Locatelli als *"lowest Class"* von Erzeugnissen abwertete, die *"erred in the Extreme of an unnatural Modulation ... being defective in various Harmony, and true Invention"* und lediglich *"a fit Amusement for Children"* darstellten.[22]

Damit sind die Fronten deutlich abgesteckt. Die für die Entwicklung im norddeutschen Bereich so ausschlaggebende Vivaldi-Tradition wird in England abgelehnt oder zumindest schwächer rezipiert. Stattdessen beherrschten die Sonaten Scarlattis mit ihren klavieridiomatischen Neuerungen und dem von der *"coupe binaire"* gekennzeichneten Kleinformat die englische Vorstellung vom Klavierkonzert, indem sie sich mit der klanglichen Konzeption des Konzertierens verbanden, wie sie im Concerto grosso der Corelli-Geminiani-Händel-Tradition angelegt war. Bereits in Händels *Orgelkonzerten* op. 4 Nr. 5 und 6 zeigt sich das Eindringen jenes kleinformatigen Allegrosatzes, der sich auch in den Konzerten der Händel-Nachfolger, etwa im ersten Allegro des *Concerto VI in c-Moll* von Henry Burgess und in dessen sämtlichen Finalsätzen wiederfindet. Besonders deutlich wird der Scarlatti-Einfluß im *Celebrated Concerto for the Harpsichord* des Organisten der St. Georges-Kirche am Londoner Hanover Square, Thomas Roseingrave, das zwar erst nach 1770 publiziert wurde, aber schon um 1750 entstanden ist. Zwar ist auch bei den englischen Händel-Nachfolgern (etwa Thomas Mudge oder William Felton) das Formprinzip des Vivaldischen Konzertsatzes durchaus anzutreffen, doch gilt bei ihnen das für ihr Vorbild Gesagte entsprechend: der konstitutive Kontrast zwischen Tutti und Soli, der Ausbau der Soli zum ebenbürtigen Gegenspieler des Ripieno findet nicht statt, dafür steht der klangliche Wechsel in Verbindung mit üppigem virtuosen Passagenwerk ohne eigenständige thematische Substanz im Vordergrund.

Die Funktion der englischen Konzerte für Tasteninstrumente unterschied sich in gewisser Hinsicht von derjenigen der norddeutschen. Das norddeutsche Konzert, paradigmatisch vertreten seit den vierziger Jahren durch Carl Philipp Emanuel Bach, befindet sich im Zentrum der neu aufkommenden irrationalistisch-subjektivistischen Strömungen der Musik, die Charles Burney als *"revolution in the music of Germany"* bezeichnet hatte.[23] Es gehörte jener "zweiten Ebene" der Berliner Musikkultur an, die sich unabhängig von derjenigen des friderizianischen Hofes, getragen von gemischt-bürgerlich-aristokratischen Zirkeln wie etwa der *Musikübenden Gesellschaft* des Domorganisten Johann Philipp Sack oder der *Musikalischen Assemblée* des Hofkapellcellisten und späteren Nachfolgers Sacks als Domorganisten, Christian Friedrich Scha-

---

21 Charles Avison: Vorwort zu *Twenty Six Concertos in Score*, S. 2, zit. nach O. T. Edwards: *The Concerto in England*, S. 154.

22 Charles Avison: *An Essay on Musical Expression* (^{2}1753), Repr. New York 1967, S. 39.

23 In der ersten Auflage des 4. Bandes der *General History of Music*, zit. nach Hans Heinrich Eggebrecht: *Das Ausdrucks-Prinzip im musikalischen Sturm und Drang* (1955), in: Ders.: *Musikalisches Denken*, Wilhelmshaven 1977, S. 70.

le, etablierte.[24] In diesem Zwischenbereich zwischen privatem und halböffentlichem Musizieren, der über die musikalischen Aktivitäten hinaus auch den Rahmen freundschaftlicher Lebensbeziehungen darstellte,[25] waren die vorgetragenen und anschließend diskutierten Kompositionen nur in Ausnahmefällen zur Veröffentlichung bestimmt. Werke wie die von L. Hoffmann-Erbrecht beschriebenen *d-Moll-Klavierkonzerte* von Carl Philipp Emanuel Bach, Johann Gottfried Müthel und Johann Gottlieb Goldberg, denen der Autor auch schon Johann Sebastian Bachs *Konzert BWV 1052* und als letzten Gipfelpunkt Mozarts *Konzert KV 466* zugesellt,[26] sind Manifestationen des künstlerischen Ichs, die ihrem Wesen nach nur vom Komponisten "für sich selbst", d. h. für den eigenen Vortrag, verfertigt wurden.[27] Dem letzten Schüler Johann Sebastian Bachs und späteren Rigaer Domorganisten Johann Gottfried Müthel[28] wurde gar vom literarisch-musikalischen Exponenten der Sturm-und-Drang-Bewegung, Christian Friedrich Daniel Schubart, bescheinigt, er sei einer der *"tiefsinnigsten Orgel- und Flügelspieler. Seine Stücke haben ein ganz eigenthümliches Gepräge – dunkel, finster, ungewöhnlich moduliert, eigensinnig in den Gängen und unbeugsam gegen den Modegeschmack seiner Zeitgenossen"*. Das *"originelle Gepräge seines Geistes"* verdiene es, *"daß ihn der Clavierist studiere"*. Doch hülle er *"sich in seine Verborgenheit ein"* und sei der musikalischen Welt zu wenig bekannt.[29] Die hier umschriebenen Züge des "Originalgenies" – nicht ohne die Gefährdung durch einen gewissen Manierismus[30] – sind in den fünf *Klavierkonzerten* Müthels[31] exemplarisch ausgeprägt, was dazu führte, daß sie (noch dazu wegen ihrer für die Zeitgenossen exorbitanten Schwierigkeiten der Darstellung) von der Kritik heftig attackiert wurden.[32] Die bei Müthel in extremem Maß hervorgekehrten Züge sind aber der Tendenz nach bei den meisten Klavierkonzertkomponisten aus dem Umkreis der Bach-Schule angelegt und treten bei dem

---

24   Hans-Günter Ottenberg: *Carl Philipp Emanuel Bach*, Leipzig 1982, S. 88 f. Kennzeichnend für das Verhältnis der beiden Ebenen der Berliner Musikkultur zueinander ist die schon von Hans Uldall (*Klavierkonzert der Berliner Schule*, Leipzig 1928, S. 12) herausgestellte Tatsache, daß der Katalog der Königlichen Hausbibliothek zwar *"Flötenkonzerte in Massen anführt"*, jedoch *"verschwindend wenig Klavierkonzerte"* aufweist: *"keines von Ph. Em. Bach, ja, nicht einmal eines von Graun ist angeführt."*

25   Einblicke gewährt der Briefwechsel der Dichter Johann Wilhelm Ludwig Gleim und Johann Peter Uz, hrsg. von Carl Schüddekopf, Tübingen 1899, z. B. S. 291: Gleim an Uz, 16. August 1758.

26   Lothar Hoffmann-Erbrecht: *Einige d-Moll-Klavierkonzerte des 18. Jahrhunderts*, in: Deutsches Jahrbuch für Musikwissenschaft 16 (1971).

27   Carl Philipp Emanuel Bach äußerte bedauernd in seiner Autobiographie, die in der deutschen Ausgabe von Burneys Tagebuch publiziert wurde, daß es infolge äußerer Umstände und Zwänge nur wenige Stücke gebe, *"welche ich bloß für mich verfertiget habe"*. Charles Burney: *Tagebuch einer musikalischen Reise ...* , Bd. 3 (Hamburg 1773), Reprint Kassel u. a. 1959, S. 208. – Vgl. auch Hans-Günter Ottenberg: *Annotationen zu einem Konzertsatz von Carl Philipp Emanuel Bach*, in: *Die Entwicklung des Solokonzertes im 18. Jahrhundert* (= Studien zur Aufführungspraxis und Interpretation von Instrumentalmusik des 18. Jahrhunderts, Heft 20), Blankenburg/Harz 1982, S. 16-23.

28   Zu Müthel vor allem Walter Salmen: *J. G. Müthel, der letzte Schüler Bachs*, in: Fs. Heinrich Besseler (Leipzig 1960). – Erwin Kemmler: *J. G. Müthel und das nordostdeutsche Musikleben seiner Zeit*, Marburg/L. 1970.

29   Christian Friedrich Daniel Schubart: *Ideen zu einer Ästhetik der Tonkunst* (1806), Reprographischer Nachdruck Darmstadt 1969, S. 105 f.

30   Lothar Hoffmann-Erbrecht: *Sturm und Drang in der deutschen Klaviermusik von 1753-1763*, in: Mf 10 (1957), S. 476.

31   Neuausgabe von Werner Braun, in: *Denkmäler Norddeutscher Musik*, Bd. 3/4, München/Salzburg 1979.

32   Johann Adam Hiller: *Wöchentliche Nachrichten und Anmerkungen die Musik betreffend* 2. Leipzig 1767, S. 178.

einen stärker, bei dem anderen schwächer in Erscheinung. Ähnlich wie die freien Phantasien oder die experimentellen Charakterstücke des C.-P.-E.-Bach-Kreises[33] waren die Klavierkonzerte überwiegend zum Vortrag durch den Komponisten bestimmt, der darin sein inneres Erleben zur Darstellung bringt und auf diese Weise versucht, mit seinen Zuhörern in eine echte und tiefe Kommunikation zu gelangen und auf dem Weg über die Musik die im Begrifflichen unüberwindbare Eingeschlossenheit des Subjekts in sich selbst zu transzendieren. Darum widersprach eine Veröffentlichung, die solche Werke einem anonymen Publikum verfügbar machte, im Grunde dem Selbstverständnis dieser Komponisten, auch wenn sie sich aus äußeren Notwendigkeiten oder aus günstiger Gelegenheit hier und da dazu verstanden. Daß aber z. B. von den 52 *Klavierkonzerten* C. P. Emanuel Bachs nur 16 zu seinen Lebzeiten gedruckt wurden (davon die sechs Hamburger Liebhaberkonzerte auf eigenes Betreiben, weitere drei Konzerte mit seiner Autorisierung und schließlich sieben Konzerte ohne seine Autorisierung),[34] ist von diesen Voraussetzungen her ohne weiteres zu erklären. – Andererseits darf nicht übersehen werden, daß auch im norddeutschen Bereich etwa vom siebenten Jahrzehnt an der Trend zur Popularisierung der Gattung einerseits und zur Schaustellung virtuoser Kapazität andererseits beträchtlich zunahm. Das bezeugt u. a. die von norddeutschen Musikern und Musiktheoretikern geübte Kritik am Virtuosenkonzert, wie sie etwa in den einschlägigen Artikeln in Sulzers *Allgemeiner Theorie der Schönen Künste* nachzulesen ist, die im wesentlichen die Situation der 1770er Jahre reflektieren.[35] Die Bemerkung von Johann Abraham Peter Schulz, *"die Form eines Concerts schein(e) mehr zur Absicht zu haben, einem geschickten Spieler Gelegenheit zu geben, sich in Begleitung vieler Instrumente hören zu lassen, als zur Schilderung der Leidenschaften angewendet zu werden"*, bezieht sich ganz gewiß nicht auf die Konzerte C. P. Emanuel Bachs. Mit Blick auf diese verglich vielmehr ein Theoretiker vom Rang Heinrich Christoph Kochs das Klavierkonzert *"mit der Tragödie der Alten"*,

> *"wo der Schauspieler seine Empfindungen nicht gegen das Parterre, sondern gegen den Chor äußerte, und dieser hingegen auf das genaueste mit in die Handlung verflochten und zugleich berechtigt war, an dem Ausdrucke der Empfindungen Antheil zu haben. Alsdann aber ist der Zuhörer, jedoch ohne etwas dabei zu verlieren, erst die dritte Person, die an dem leidenschaftlichen Vortrage des Concertspielers an das ihn begleitende Orchester Theil nehmen kann"*.[36]

---

33 Peter Schleuning: *Die freie Fantasie. Ein Beitrag zur Erforschung der klassischen Klaviermusik*, Göppingen 1973. – A. Edler: *Das Charakterstück Carl Philipp Emanuel Bachs und die französische Tradition*, in: Wolfgang Birtel/Christoph-Hellmut Mahling (Hrsg.), *Aufklärungen. Bd. 2: Studien zur deutsch-französischen Musikgeschichte im 18. Jahrhundert – Einflüsse und Wirkungen*, Heidelberg 1986 (= Annales Universitatis Saraviensis, Reihe Philosophische Fakultät, Bd. 20), S. 219-232 mit anschließender *Diskussion*, S. 233-235 (Wiederabdruck im vorliegenden Band).

34 Rachel W. Wade: *The Keyboard Concertos of Carl Philipp Emanuel Bach*, Ann Arbor 1981, S. 55.

35 Vor allem Johann Philipp Kirnbergers Artikel *Concert* in Band 1 (²1792). Faksimile-Nachdruck Hildesheim 1967, S. 573, und Johann Abraham Peter Schulz' Artikel *Sonate*, ebda., Bd. 4, S. 424 f. Vgl. dazu Erich Reimer: *Die Polemik gegen das Virtuosenkonzert im 18. Jahrhundert*, in: AfMw 30 (1973), S. 235-244. Leider geht aus diesem Aufsatz nicht hervor, welche Konzerte konkret von dieser Kritik betroffen sind.

36 Heinrich Christoph Koch: *Versuch einer Anleitung zur Composition*, Bd. 3 (Leipzig/Rudolstadt 1793), Reprint Hildesheim 1969, S. 332.

Stellte das Klavierkonzert im Ausstrahlungsbereich der Berliner Musikkultur einen Gattungsbereich dar, auf den sich in der häuslichen, halböffentlichen und öffentlichen Musiksphäre das Interesse an der zur völligen Autonomisierung sich anschickenden Instrumentalmusik in besonderer Weise konzentrierte, so war das englische Orgel- und Cembalokonzert von seiner Entstehung an durch jene Einlage- oder Intermezzo-funktion geprägt, die ihm Händel zuerteilt hatte. Wie Händel selbst, standen auch die Komponisten von Konzerten für Tasteninstrumente in seiner Nachfolge häufig nicht mehr im Bereich der Kirchenmusik, sondern in dem der Musik für das Theater bzw. für die Pleasure Gardens, also für das damals in den Anfängen befindliche Entertain-ment. So war *"little Harry Burgess"*, von dem die nach heutiger Sicht ersten Tasten-konzerte nach Händel stammen, um 1740 Cembalist am Drury-Lane-Theater[37] und wechselte später zu den Cuper Gardens. Seine Konzerte spielte er im Drury-Lane-Theater in der Formulierung Burneys *"for second-music"*. Auch Arne und Stanley gehörten wie John Worgan und Thomas Chilcott zu den Standard-Komponisten der Pleasure Gardens, die mit Orgeln ausgestattet waren und in deren Musikprogrammen Orgel-"Ouvertüren" und Orgelkonzerte nicht fehlen durften – allerdings nur als Ein- und Überleitungen zwischen den diversen Vokalstücken (Opern- und Oratorien-Fragmenten, Kantaten, einfachen "Songs" und "sentimental ballads").[38] Die Musik hatte in diesen *"Mahometan Paradises"*[39] des frühkapitalistischen Genußlebens die Funktion, im Verein mit Wasserspielen und Feuerwerk, mit Darbietungen von Gauk-lern und Seiltänzern, kulinarischen Raffinessen, mit Erzeugnissen hochentwickelter Gartenkunst und dem Gesang von Nachtigallen eine Gegenwelt zur ökonomisch determinierten aufzubauen, ein Schlaraffenland für zahlungskräftige Teilhaber am wirtschaftlichen Aufstieg mit anmutigen Klängen zu erfüllen. An dieser Frühform musikalischer Vergnügungsindustrie hatte noch der alte Händel selbst Anteil: so wur-den ab 1741 Orgelkonzerte von seiner und Burgess' Komposition in Cuper Gardens, der Unternehmung der Witwe Ephraim Evans, aufgeführt.[40] Als zentrale Persönlich-keit, die für die Belieferung der Pleasure Gardens mit Musik zuständig war, aber zeichnete Thomas Augustine Arne, der von 1745 bis 1778 als Komponist und Sänger am Vauxhall-Garten engagiert war und mit seiner Gattin Cecilia, einem Londoner Opernstar, und seit etwa 1750 auch mit seinem Sohn Michael ein florierendes musi-kalisches Unternehmen betrieb. Einzig von Händel, der zu dieser Zeit *"did bestride our musical world like a Colossus"*, fühlte sich Arne bis zu dessen Tod unterdrückt als von einem *"tyrant and usurper, against whom he frequently rebelled, but with as little effect as Marsyas against Apollo"*.[41] Vor allem auf dem Gebiet des Oratoriums erwies sich Arne gegenüber Händel *"always as a loser"*.

37 Charles Burney, *General History* 4, S. 1008.

38 Warwick und Arthur Edgar Wroth: *The London Pleasure Gardens of the Eighteenth Century* (1896), Reprint Hamdon/Conn. 1979, S. 303.

39 T. Lea Southgate: *Music at the Public Pleasure Gardens of the Eighteenth Century*, in: *Proceedings of the Royal Musical Association* 38 (1911/12), S. 145 ff.

40 O. E. Deutsch: *Handel. A Documentary Biography*, London 1955, S. 519.

41 Charles Burney: *General History* 4, S. 1009, 1011.

Seine Stärke waren die volkstümlichen Gattungen des Air und des Song; auf diesem Gebiet *"formte seine Melodie eine Ära der englischen Musik"*.[42] Auf dem Gebiet des Konzertes für Tasteninstrumente hingegen lehnte sich Arne eng an Händel an, da dessen Beispiele der Gattung an Publikumswirksamkeit zumindest bis zur *"total revolution in our musical taste"* in den 1760er Jahren, teilweise aber auch darüber hinaus

> *"long remained in possession of the first and favourite places, in the private practice and public performance of every organist in the kingdom"*.[43]

Wie schon Händel, verwendete Arne seine Klavierkonzerte außer in den Konzertveranstaltungen auch als Zwischenaktsmusiken in Opern- bzw. Masque-Aufführungen, z. B. 1755 in *King Alfred the Great*. Daß Arne seine offensichtlich in der Interpretation seines Sohnes ebenfalls sehr beliebten Konzerte nicht veröffentlichte, sondern sie dem Repertoire Michaels vorbehielt, ist aus der geschilderten, von heftigen Konkurrenzkämpfen gekennzeichneten Situation des Londoner Musiklebens zu verstehen. Das Motiv dieser Nicht-Veröffentlichungen dürfte damit ein grundlegend anderes gewesen sein als bei den norddeutschen Klavierkonzert-Komponisten.

Arnes – wie schon erwähnt – posthum erschienene *Six Concertos for the Organ, Harpsichord, or Piano Forte* stellen Zyklen von wechselnder Satzzahl dar. Das erste, vierte und fünfte Konzert umfaßt drei, das dritte und sechste vier und das zweite Konzert fünf Sätze, von denen allerdings nur der erste Orchesterbeteiligung aufweist, während die übrigen dem Typ des Orgel-Voluntary angehören. In der prinzipiellen Abhängigkeit von den Orgelkonzerten Händels befindet sich Arne in Übereinstimmung mit den übrigen Vertretern des Londoner Klavierkonzertes der 1740er und 50er Jahre. Doch findet sich gelegentlich bereits ein Zug zum Galanten, der mit Edwards' Kennzeichnung *"... for the most part he uses his own pleasant style of writing"*[44] vielleicht ein wenig überpointiert erscheint. Auch formal begibt sich Arne selten auf ein Terrain außerhalb der Vorgaben in Händels Konzerten. Einen besonders interessanten Fall indessen stellt das *Konzert Nr. 4 in B-Dur* dar.[45] Es handelt sich um einen dreisätzigen Zyklus ohne tonartlichen Wechsel bzw. Kontrast mit einem Menuetto an zweiter Stelle, bei dem sich der Soloteil (T. 41-87) als figurative Variation zum eröffnenden Tuttiteil (T. 1-40) verhält, und einer abschließenden Giga, die ebenso wie der erste Satz zweiteilig angelegt ist. Die Anlage des Eröffnungssatzes (*"Con spirito"*[46]) ist durch die *coupe binaire* zwischen den T. 56/57 bei einem Gesamtumfang von 154 Takten gekennzeichnet. Die beiden wiederholten Teile (T. 15-56 und T. 57-136) werden eingerahmt von einem vierzehntaktigen Eingangs- und einem achtzehntaktigen Schlußritornell. Vor dem Schlußritornell ist eine Fermate über dem Vorhalts-6/4-Akkord der Dominante zu improvisieren. Das Eingangsritornell zerfällt in zwei unterschiedliche Teile. Die ersten vier Takte haben nur Vorspannfunktion; ihre aus

---

42 Ebd., S. 1004, 1015.
43 Ebd., S. 1008.
44 O. T. Edwards: *Concerto in England*, S. 230.
45 Vgl. die oben (Anm. 10) genannte Neuausgabe von R. Langley.
46 In der V. II-Stimme lautet die Tempo-Bezeichnung *"Largo ma con spirito"*.

gebrochenen Dreiklängen bestehende Melodik tritt im ganzen Satz an keiner Stelle wieder auf. Erst mit T. 5 beginnt das eigentliche Thema, das unüberhörbar Händels tonartgleiches Konzert op. IV Nr. 6 abwandelt:

Notenbeispiel 1

Schon in Händels Kopfsatz, der das binäre Grundschema der frühen Klaviersonate (D. Scarlatti) und Sinfonie (Sammartini) übernimmt, findet sich eine merklich verknappte Ritornell-Anlage mit Halbschluß-Doppelpunkt-Anschluß des Solopart-Einsatzes; indessen befolgt dieses Ritornell bei aller Konzentration doch genau die barokke Norm mit Eröffnung (T. 1/2), Fortspinnung (T. 3/4) und Epilog (T. 5/6), woran dann das Solo mit gleicher Eröffnungsthematik und fortspinnender Figuration sich anschließt und mit letzterer den gesamten ersten Teil bis zum dreieinhalbtaktigen Zwischenschluß-Ritornell vor der Coupe allein bestreitet. Dieser Norm folgt Arne im Grundsatz nicht mehr, auch wenn sie bei ihm noch durchscheint. Atypisch ist zunächst der erwähnte Vorspann, der nichts mit dem Material des folgenden Satzes zu tun hat. Das in T. 5 beginnende eigentliche Thema aber ersetzt die Reihungsstruktur der barocken Norm durch ein Korrespondenzverhältnis von Vordersatz und Nachsatz:

Notenbeispiel 2

Diese periodische Anlage, die das kleinstrukturelle Pendant der großstrukturellen *Coupe binaire* bildet (der sich aber die barocke Ritornellform prinzipiell widersetzt und nur unter Verkürzung und Kompromissen anbequemt), wird nun äußerlich durch die Anfügung des Themenkopfes in der Dominante zu einer dreiteiligen Reprisenform erweitert, was aber eben ihre Problematik ausmacht, denn genau genommen bedarf die Periode dieser Ergänzung nicht, sie weist sie im Gegenteil von sich ab. Infolge dieser Anfügung wirkt das Ritornell insgesamt gestückelt, und eben darin besteht eigentlich jene Form-Unsicherheit, die den tastenden Übergang vom reihenden Ritornell-Prinzip zum korrespondierenden Perioden-Prinzip im Bereich des Solokonzertes kennzeichnet. Eine weitere Schwierigkeit ergibt sich daraus, daß der strukturelle Kontrast, der durch die Anwendung des Korrespondenzprinzipes auf das Verhältnis der beiden Halbsätze zueinander sich verlagert, durchkreuzt wird durch die Übertragung des aus dem Concerto grosso stammenden klanglichen Kontrastes auf das Binnenverhältnis der beiden Kleinglieder des Vordersatzes beim Beginn des Solos

(T. 15-18), wogegen der Nachsatz allein dem Solisten überlassen bleibt. Der Widerspruch des klanglichen Kontrastes aber zu dem der neuartigen Periodenstruktur bedingt, daß der erstere zu einem sekundären Moment absinkt und daß die klangliche Kontrastierung (die ja für die Idee des Konzertanten substantiell ist) in den Bereich des kompositorisch Beliebigen überwechselt.

Erkennen wir also in der abweichenden formalen Struktur des Ritornells und in der veränderten Auffassung des konzertanten Kontrastprinzipes bei Thomas Arne Ansätze zu einer gegenüber der des späten Händel grundlegend revidierten Konzeption des Klavierkonzertes (bei gleichzeitig enger idiomatischer Anlehnung), so erweist sich erst recht in den Solopassagen, wie weit sich der junge Engländer von dem zeitlich und räumlich ihm engstens benachbarten Musiker der vorangehenden Generation entfernt hat. An die Stelle der generalbaßgestützten Figuration bei Händel tritt eine schwebende Achtel-Triolenbewegung in der zweigestrichenen Oktave (T. 25-30), begleitet von zweistimmiger Viertelbewegung in langsamer harmonischer Progression von nur einem bis höchstens zwei Funktionsschritten pro Takt. Die ungewöhnliche Wirkung des Abschnittes beruht weiter auf dem abrupten Wechsel von der Dominante (F-Dur) in deren Moll-Variante in T. 95 und dem dadurch bedingten Eintreten von der Grundtonalität fremden Tönen (*ges, des, h*) sowie auf dem Beibehalten der Molldominante durch alle chromatischen Trübungen hindurch in der folgenden Progression:

Notenbeispiel 3

Geht man davon aus, daß diese Konzerte tatsächlich – zumindest im Grundriß – schon in den 1750er Jahren so angelegt waren, wie sie sich im posthumen Druck darstellen – und es gibt keinen zwingenden Anlaß, daran zu zweifeln –, dann bedeutet dies, daß Arne noch zu Lebzeiten Händels und in dessen Schatten, etwa zehn Jahre vor der durch Johann Christian Bachs op. 1 ausgelösten *"total revolution"* in Sätzen wie dem vorliegenden zu einer neuartigen Gestaltungsweise des Soloparts im Klavierkonzert, namentlich seiner figurativen Teile vorgestoßen ist, die erst später von anderen Komponisten aufgenommen wurde und bis in das Passagenwerk der Konzerte Mozarts hinein zu verfolgen ist. – Harmonische, rhythmische, klangliche und satztechnische Struktur verleiht dieser solistischen Figuration nun aber auch eine neuartige funktionale Bedeutung innerhalb der Gesamtform. Vom formalen Aspekt her gesehen übernimmt der betrachtete figurative Abschnitt die Überleitungsfunktion zwischen dem Tonikabereich, in dem er seinen Ausgang nimmt, und dem Dominantbereich, zu dem er hinstrebt und der an der *Coupe binaire* endgültig befestigt erscheint. Die Anlage des ersten Teiles eines zweiteiligen Stückes als Bewegung zwischen den beiden Hauptfunktionen der Dur-Moll-Tonalität ist schon in der vorbereitenden

Phase des eigentlichen Sonatenhauptsatzes erkannt worden.[47] Sätze wie das an zweiter Stelle von Händels op. IV/2 stehende Allegro, das auf die *Triosonate* op. II/4 zurückgeht und somit bereits zu Anfang der 1730er Jahre konzipiert war, ebenso wie der erste Satz aus dem 4. Konzert, der mit der Oper *Alcina* (1735) in Verbindung steht,[48] zeigen, daß Händel schon recht früh, und zwar vor dem Erscheinen der *Essercizi* D. Scarlattis (1738) und der *Sinfonien* Giovanni Battista Sammartinis (1744) auf der Londoner Musikszene und auch vor der theoretischen Beschreibung in Scheibes *Critischem Musikus*, zu dieser Anlage des Konzertallegros vorgestoßen war (auch wenn die *Coupe binaire* hier noch nicht durch Wiederholung hervorgehoben ist).

Andererseits scheint es, daß das Klavierkonzert seinerseits zur Entwicklung des Sonatensatzes ganz spezifische Beiträge geliefert hat. Einer von ihnen liegt in der großen Bedeutung, die die Vermittlungs- und Überleitungspartien zwischen den beiden Tonalitäts- (später auch Themen-) Bereichen annehmen und die in der solistischen Sonate ebenso wie in der Orchestersinfonie nicht so ausgeprägt erscheinen. Es handelt sich dabei um ein Erbteil der Ritornellform, in welcher die Soloabschnitte bekanntlich dadurch formfunktional charakterisiert waren, daß sie die modulierenden Überleitungen zwischen den von den Ritornellen eingenommenen Tonartenstationen realisierten.[49] Wo nun nicht mehr mehrere, sondern nur noch zwei Tonartenstationen bei gleichbleibenden Satzdimensionen vorhanden sind – wie beim ersten Teil der frühen rudimentären Sonatenform –, bietet sich naturgemäß mehr Raum zur Entfaltung sowohl der thematischen wie auch der überleitenden Partien. Und genau dies ist ebenso schon an Händels eben betrachtetem *Konzert* op. 4 Nr. 6 wie auch an Arnes *4. Konzert* zu beobachten. Der Unterschied zwischen beiden liegt in der ungleich höheren Bedeutung und in dem entsprechenden Grad an Differenzierung, mit welchem Arne gerade diese Partien gestaltet. Bei Händel besteht die gesamte Überleitungspartie (T. 17-24) aus einem einheitlich durchgehenden improvisatorisch anmutenden und im wesentlichen mit den Mitteln der Sequenz und des "Lagenechos" (Wechsel der gleichen Figur zwischen Quint- und Terzlage) arbeitenden Figurationszug des Solisten. Demgegenüber weitet Arne die Überleitungspartie auf 21 Takte (T. 25-45) und differenziert sie durch rhythmisch unterschiedliche Figurationselemente (Achteltriolen, Vierer- und Zweiergruppierungen) sowie klanglich durch akkordisch begleitende bzw. die Kadenzierungsstellen markierende Orchestereinwürfe. Dadurch gewinnen diese Partien ein solches Eigengewicht gegenüber dem im Ritornell angestimmten Thema, daß man sie im Kontrast gegenüber diesem als eigenständigen Bereich hört – auch dann, wenn man noch nicht eigentlich von einem "zweiten Thema" sprechen kann, das sich mangels prägnanter Gestalthaftigkeit kaum einstellt. Doch erscheint im Hinblick auf die spätere Herausbildung des "Gesangsthemas" diese deutlich hörbare

---

47 Vor allem von Johann Adolph Scheibe: *Critischer Musikus* (²1745), Reprint Hildesheim/New York/Wiesbaden 1970, S. 623 f. Vgl. Fred Ritzel: *Die Entwicklung der "Sonatenform" im musiktheoretischen Schrifttum des 18. und 19. Jahrhunderts*, Wiesbaden 1974, S. 46 f., 51 ff.

48 N. K. Nielsen: *Handel's Organ Concertos Reconsidered* (s. Anm. 5), S. 5, 9.

49 Vgl. etwa Rudolf Keller: *Vivaldi – Dresden – Bach*, in: BzMw (1961), auch in Walter Blankenburg (Hrsg.): *Johann Sebastian Bach*, Darmstadt 1970, S. 471.

Eigenständigkeit des gegensätzlichen Ausdruckes als bedeutungsvoller im Vergleich zu einem formal als abgeschlossenes Thema definierbaren Gebilde.

Der zweite Teil, als dessen harmonische Grundbewegung seit Scheibe[50] die Rückleitung zur Grundtonart unter Einschluß der Möglichkeit, *"die Tonart ... mehr, als einmal, zu verändern, und also in der Mitten desselben auch in andere Tonarten zu gehen, oder zu schließen"* auch theoretisch anerkannt war, besteht bei Händel lediglich aus einem nur an einer Stelle von einem kadenzierenden Orchestereinwurf unterbrochenen Solo und dem symmetrisch dem Eingangsritornell korrespondierenden Schlußritornell. Die intermittierende Orchesterkadenz markiert das Ende einer zwölftaktigen Episode in der Tonikaparallele g-Moll, die bereits im dritten Takt des zweiten Teiles durch einfache Rückung von der Anschluß-Dominante aus erreicht wurde. Nach der Orchesterkadenz findet die Modulation sehr rasch über die Doppeldominante zur Grundtonart zurück. Dieser einfache, bei Händel geradezu in schematischer Knappheit vorgezeichnete Weg der Rückmodulation liegt auch Arnes Konzertsatz zugrunde. Doch erweitert er ihn, indem er nach der Tonikaparallele eine weitere tonale Zwischenstation, nämlich die Dominantparallele d-Moll, ansteuert. Die Nebenstufen-Stationen werden (ebenso wie die an den ersten Teil anschließende Dominante) durch verkürzte Orchester-Ritornelle markiert, die allerdings aufgrund unterschiedlicher formaler Funktion voneinander abweichend gestaltet sind: Dominant- und Tonikaparallel-Ritornell zitieren den Themenkopf, also die T. 5 und 6. Das Dp-Ritornell hingegen beschließt den modulierenden Abschnitt, ihm folgt unvermittelt, nur durch eine Sechzehntelpause getrennt, die Reprise der Grundtonart und zugleich des Themas (zunächst durch den Solisten, in der Folge auch durch das Orchester). Dementsprechend nimmt dieses Ritornell kadenzierenden Charakter an, es bezieht sich auf das den ersten Teil beschließende Ritornell (vgl. T. 94-96 mit 52-56). Daraus jedoch ergibt sich eine Konsequenz, die wiederum als entscheidende Neuerung anzusehen ist: durch diese formfunktionale Ritornell-Kadenz wird der durch sie beschlossene modulierende Abschnitt zu einem eigenständig-ebenbürtigen erhoben: der zweite Teil des Satzes wird dadurch seinerseits in zwei Teile geteilt, somit erhält der Satz eine dreiteilige Form, die spätere "Durchführung" hat de facto ihren eigenständigen Stellenwert erhalten. Diese Maßnahme aber geht einher mit einer im Vergleich zu Händel stärkeren Rückbeziehung zur Ritornellform: während sie bei Händel zu einer extremen Schwundstufe reduziert war, kehrt Arne zum Prinzip des Tonartenstationen-Ritornells zurück, jedoch – und das ist entscheidend – nur im Modulationsteil, der nun zum Mittelteil geworden ist. Der Substanzverlust, den das Ritornell als konstituierender funktionaler Bestandteil der Form hatte hinnehmen müssen, wird dadurch nicht wettgemacht. Indem das Ritornell sich zu einem der Dreiteiligkeit nachgeordneten Formelement gewandelt hat, kann es – wie sich in der folgenden Entwicklung zeigt – beliebig abgewandelt und mit anderen nachgeordneten Formelementen verbunden werden, so daß es zum Schluß praktisch nicht mehr vorhanden ist. Die funktionale

---

50 Vgl. Anm. 47.

Entwertung des Ritornells zeigt sich am krassesten in der Tatsache, daß zahlreiche Sätze in englischen Orgelkonzerten ganz allein dem Solisten zugewiesen sind.[51]

Wir glauben somit im ersten Satz von Arnes *Favourite Concerto* Nr. 4 ein entwicklungsgeschichtlich entscheidendes Stadium der Konzertform zu erkennen: sie hat sich von der reihenden Ritornellform umgebildet zu einer dreiteiligen Form mit Exposition – Modulationsteil – Reprise auf der Grundlage einer periodischen Konzeption der Thematik und mit Rekurs auf die Ritornellform, die jetzt nicht mehr den Gesamtablauf beherrscht, sondern in komprimierter Gestalt im Modulationsteil überdauert. Dem überkommenen konzertanten Kontrastprinzip wird die Gegensätzlichkeit verschiedener Ausdrucksbereiche gegenübergestellt. Dieser Befund wäre ein Hinweis darauf, daß die bislang herrschende Ansicht, die Sonatenform sei gewissermaßen als ganze – wenn auch nur rudimentär ausgebildet und mit gewissen gattungsspezifischen Modifikationen – auf das Klavierkonzert übertragen worden und dies sei im wesentlichen die Leistung Johann Christian Bachs in seinen *Six Concerts* op. I von 1763 gewesen,[52] der tatsächlichen Entwicklung kaum gerecht wird. Vielmehr wird deutlich, daß die Gattung Solokonzert eine eigenständige Entwicklung zur "Sonatisierung" durchgemacht hat und zwar unter Einbezug und Akzentuierung von strukturellen Momenten, die in dieser Weise in den solistischen, kammermusikalischen und symphonischen Nachbargattungen nicht zum Tragen kamen.[53] Dies würde selbst dann gelten, wenn das betrachtete Konzert Arnes nicht – wie hier angenommen – bereits vor 1763 vorgelegen haben sollte. Wahrscheinlich wird man sich überhaupt von der Vorstellung freimachen müssen, derartige Umwälzungen wie der Übergang von der Ritornell- zur Sonatenform im Solokonzert könnten durch ein einziges Opus (das in diesem Fall übrigens von relativ leichtem Gewicht wäre) oder von einem einzelnen Komponisten ausgelöst werden, dessen Einfluß sich von einem Tag zum anderen plötzlich alle Kollegen unterworfen hätten. Der Historiker sollte es sich vielmehr angelegen sein lassen, herrschende Tendenzen zu erklären, deren Voraussetzungen und Auswirkungen an möglichst zahlreichen Befunden zu ermitteln und die Nuancen ihrer Wirksamkeit differenziert zu erfassen. In diesem Fall gälte es, konkret das Verhältnis des unter ganz spezifischen Produktions- und Rezeptionsbedingungen herausgebildeten englischen Konzertes für Tasteninstrumente zum Berliner zu bestimmen. Wenige verbale Hinweise stehen dazu zur Verfügung. So sind von C. P. Emanuel Bach Meinungsäußerungen überliefert, die auf eine nicht sonderlich hohe Einschätzung von Händels Or-

---

51 So sind von den fünf Sätzen des zweiten Arne-Konzerts vier reine Solostücke (*"Voluntaries"*).

52 So z. B. Hermann Abert: *W. A. Mozart* 1. Leipzig ⁸1973, S. 324. – Arnold Schering: *Geschichte des Instrumentalkonzerts*, S. 148 f. – Hans Engel: *Instrumentalkonzert* 1, S. 266 ff., 270.

53 Diese These wurde neuerdings mehrfach vorgetragen, so von Jane R. Stevens: *The Keyboard Concertos of Carl Philipp Emanuel Bach*, Diss. phil. Yale University 1965, S. 101, Christian Möllers: *Der Einfluß des Konzertsatzes auf die Formentwicklung im 18. Jahrhundert*, in: ZfMth 9 (1978), S. 34-46, und jüngst von Erich Reimer: *Zum Strukturwandel des Konzertsatzes im 18. Jahrhundert*, in: Werner Breig/Reinhold Brinkmann/Elmar Budde (Hrsg.): *Analysen. Beiträge zu einer Problemgeschichte des Komponierens*. Fs. Hans Heinrich Eggebrecht zum 65. Geburtstag, Wiesbaden/Stuttgart 1984 (= BzAfMw 23), S. 202-216. Wohl zuerst argumentierte in diese Richtung hinsichtlich der Klavierkonzerte Mozarts Edwin Simon: *The double exposition in classic concerto*, in: JAMS 10 (1957), S. 111 ff.

gelkonzerten hindeuten.[54] Dieses Urteil verschärfte sich vermutlich noch in bezug auf Händels englische Nachfolger. Und von der Musik seines Londoner Bruders Johann Christian weiß man, daß sie seiner Hauptforderung, zu "rühren", nicht gerecht wurde.[55]

Carl Philipp Emanuel Bachs eigene Entwicklung als Komponist von Klavierkonzerten verlief recht uneinheitlich. Einer ersten Berliner Periode von etwa 1738 bis 1751, die vom Geist reger Experimentierfreude hinsichtlich der formalen Ausgestaltung geprägt ist, folgt eine zweite von 1753 bis 1765, die von einem nachlassenden Interesse an den Formproblemen und einer Hinwendung zu einer mehr inhaltlich-expressiven Gewichtung und zu einer Anreicherung der figurativen Details mit thematischer Substanz gekennzeichnet ist.[56] Auch die dritte Periode der Auseinandersetzung mit der Gattung in Hamburg brachte keine neuen formalen Problemstellungen, sie verlief uneinheitlich, teilweise retrospektiv, andererseits von Popularisierungstendenzen beeinflußt.[57] Doch auch in seiner ersten, "experimentellen" Periode bleibt die Form grundsätzlich derjenigen des spätbarocken Ritornellkonzertsatzes verpflichtet.[58] Dies gilt natürlich auch von den formal viel schematischer verfahrenden anderen Vertretern des Berliner Klavierkonzertes einschließlich der "Stürmer und Dränger" unter den jüngsten Schülern J. Sebastian Bachs, Johann Gottlieb Goldberg und Johann Gottfried Müthel.[59] – Das Problem, welchem sich C. P. E. Bach in seiner ersten Berliner Periode – offenbar im Unterschied zu seinen Berliner Zeitgenossen – konfrontiert sah, war die Frage, wie die Erscheinung der Reprise, die sich zu dieser Zeit in der Sonate allgemein durchzusetzen begann, mit der dem Konzert eigenen und dem Reihungsprinzip verpflichteten Ritornellform zu vereinbaren sei. Es gelang ihm nicht, eine zukunftsweisende Lösung zu finden, die ihn selbst zufriedenstellte.[60] So wäre zumindest sein später nachlassendes Interesse plausibel zu erklären. Doch brachte dieses Suchen und Experimentieren während der ersten Berliner Periode bereits eine Reihe von formalen Erfahrungen, die sich als eine gewisse Annäherung an sonatenhafte Gestaltungsweisen interpretieren lassen, ohne daß diese dem Konzert einfach übergestülpt würden. Besonders betrifft dies den Modulationsweg der Großform und dessen Regulierung im Sinne einer Dreiteiligkeit mit finaler Reprisenfunktion, wie sie von Jane R. Stevens am Beispiel der um 1740 entstandenen Werke *Wq 7* und *8* aufge-

---

54   Wahrscheinlich von C. P. E. Bach stammt ein Vergleich zwischen den Orgelkompositionen J. S. Bachs und Händels. Dort heißt es: "*... unter allen den Händelschen Orgelsachen, die ich kenne ... finde ich keines, das die ... an den Bachischen gerühmten Vorzüge hätte ... Man sehe alle seine gedruckten Orgelkonzerte und Orgelfugen ...*"; Allgemeine Deutsche Bibliothek, Bd. 81, 1. Stück (1788), zit. nach *Bach-Dokumente*, Bd. 3, hrsg. von Hans-Joachim Schulze, Kassel u. a. Leipzig 1972, Nr. 972, S. 442.

55   Brief von Matthias Claudius an H. W. Gerstenberg vom 5. Juli 1768, zit. nach Ernst Fritz Schmid: *Carl Philipp Emanuel Bach und seine Kammermusik*, Kassel 1931, S. 37.

56   Jane R. Stevens: *The Keyboard Concertos of C. P. E. Bach*, S. 18 ff., 109 ff.

57   Leon Crickmore: *C. P. E. Bach's Harpsichord Concertos*, in: ML 39 (1958), S. 233.

58   J. R. Stevens, *Keyboard Concertos*, S. 13, 19 ff.

59   H. Engel: *Instrumentalkonzert*, S. 210 ff. – Douglas A. Lee: *Christoph Nichelmann and the Early Clavier Concerto in Berlin*, in: MQ 57 (1971), S. 650.

60   J. R. Stevens: *Keyboard Concertos*, S. 98.

zeigt wurde.[61] In diesem Sinn wird in späteren Werken besonders das dritte Solo in der Weise umgestaltet, daß es gemeinsam mit dem Orchester eine thematische Reprise bestreitet, in der die herkömmliche säuberliche Trennung von Solo und Tutti weitgehend aufgehoben ist, wie sich etwa an dem im Druck vorliegenden Konzert *Wq 35* von 1759 zeigt.[62]

II

Angesichts dieser Konstellation der Gattung Klavierkonzert in England und in Norddeutschland um 1760 ist nun die Betrachtung eines Komponisten von Interesse, der einerseits im Einflußbereich der Bach-Schule gelebt hat, andererseits nachweislich stark von der Londoner Entwicklung geprägt worden ist. Es handelt sich um den Lübecker Marienorganisten und städtischen Musikdirektor Adolph Carl Kunzen (1720-1781), den Vater des als Komponist dänischer Opern, Singspiele und Lieder zu einem gewissen Bekanntheitsgrad gelangten Friedrich Ludwig Aemilius Kunzen.[63] Johann Paul Kunzen, der Begründer einer Musikerdynastie, war 1732 von Sachsen aus über Hamburg, wo er neun Jahre als Operndirektor und Privatmusiklehrer gelebt hatte, nach Lübeck gekommen und als Marienorganist angestellt worden. Als solcher war er (nach Johann Christian Schiefferdecker) der zweite Nachfolger Dietrich Buxtehudes. Gleich nach seinem Amtsantritt nahm er das für ihn zeitlebens sehr mühevolle Unternehmen in Angriff, in Lübeck ein bürgerliches Musikleben mit Konzertbetrieb zu organisieren, wie es in zahlreichen deutschen Städten im zweiten bis vierten Jahrzehnt des 18. Jahrhunderts aufzublühen begann.[64] Das Streben nach Erfolg in dieser Frühphase des öffentlichen bzw. halböffentlichen Konzertes war auch das Motiv für Johann Paul Kunzen, seinen Sohn Adolph Carl bereits mit acht Jahren als cembalistisches Wunderkind auftreten zu lassen und mit ihm Konzertreisen bis nach London zu unternehmen. Nach dem Bericht Matthesons[65] spielte der Knabe damals vor bedeutenden Politikern wie dem Premierminister Robert Walpole und Musikern wie Händel und Pepusch. Burney berichtet als von einem *"phenomenon"* des Jahres 1729 über die *"performance on the harpsichord of little Kuntzen, a youth of seven years old, just arrived from Germany"*. Dieser junge Musiker sei lange Jahre in England geblieben *"and continued to improve in proportion to the expectations raised by his early talents"*. Burney

---

61 Ebd., S. 51 ff.
62 Hrsg. von Helmut Winter (Hamburg 1964).
63 Georg Karstädt: Art. *Kunzen*, in: MGG 7, Kassel u. a. 1958, Sp. 1902-1906. – Ders.: *Die Musikerfamilie Kunzen im Lübecker Musikleben des 18. Jahrhunderts*, in: A. Grassmann/W. Neugebauer (Hrsg.): *800 Jahre Musik in Lübeck* (Teil 1). Lübeck 1982, S. 80-90.
64 Vgl. dazu Johann Hennings: *Musikgeschichte Lübecks*, Bd. 1 (*Weltliche Musik*). Kassel ... 1951, S.126 ff. – Eberhard Preussner: *Die bürgerliche Musikkultur*, Kassel u. a. ²1951, S. 29 ff. – Gerhard Pinthus: *Das Konzertleben in Deutschland. Ein Abriß seiner Entwicklung bis zum Beginn des 19. Jahrhunderts*, Leipzig/Straßburg/Zürich 1932, S. 63 ff. – Heinrich W. Schwab: *Konzert. Öffentliche Musikdarbietung vom 17. bis 19. Jahrhundert*, Leipzig 1971, S. 7. – Arnfried Edler: *Der bürgerliche Konzertbetrieb im 18. Jahrhundert*, in: A. Edler/W. Neugebauer/H. W. Schwab (Hrsg.): *800 Jahre Musik in Lübeck* (Teil 2), Lübeck 1983, S. 71-82. – Ders.: *Die Klavierkonzerte Adolph Carl Kunzens*, in: Kgr.-Ber. Bayreuth 1981, Kassel u. a. 1984, S. 321-325.
65 Johann Mattheson: *Grundlage einer Ehren-Pforte* (1740), Neudruck hrsg. von M. Schneider, Berlin 1910, S. 163.

kannte auch A. C. Kunzens in London 1757 bei John Johnson veröffentlichte Sammlung *12 Sonatas for harpsichord*, von der er meinte, sie *"required genius to compose and hands to execute"*.[66] Die Daten von Kunzens England-Aufenthalten lassen sich nach den bis heute vorliegenden Quellenbelegen nicht genau bestimmen. Wenn aber Burney, wie aus seiner Formulierung hervorzugehen scheint, der Meinung war, Kunzen habe die gesamte Zeit von 1729 bis zur Veröffentlichung seiner Cembalosonaten in England verbracht (*"he published before his departure for Lubeck ..."*), dann war er nur ungenau informiert. Es lassen sich zumindest vier verschiedene England-Aufenthalte Adolph Carl Kunzens identifizieren. Der erste dauerte nur ein halbes Jahr. Als Zwölfjähriger trat Kunzen im Februar 1732 in Hamburg auf und ließ sich in einem Konzert seines Vaters *"auf unterschiedliche Art"* hören, in dem ein Concerto *Das Kleeblatt von 3 Gemüts-Eigenschaften, la Tendresse, la Furie* und *la Galanterie* aufgeführt wurde.[67] Entscheidend geprägt worden sein muß A. C. Kunzen durch seinen zweiten England-Aufenthalt, dessen Datierung nur sehr vage mit den hypothetischen Eckdaten 1740 bis 1749 bestimmt werden kann. In diese Zeit fällt offenbar sein Kontakt mit Händel, über den wir durch diverse Äußerungen eines verläßlichen Gewährsmannes, des Kieler Universitätsprofessors für antike Literatur und Herausgebers des *Magazins der Musik* Carl Friedrich Cramer, unterrichtet sind.

> *"Er war einer der größten Virtuosen auf dem Flügel und brillanten Handhaber der Orgel. Die unerhörtesten Fingerhexereien waren ihm wie Händeln, dem er viel abgelernt hatte, ein Spiel."*[68]

So äußerte sich Cramer enthusiastisch über den ihm persönlich bekannten Vater seines Freundes Friedrich Ludwig Aemilius Kunzen. Er bedauerte zutiefst, daß dem *"Publikum nur sehr wenig von den Arbeiten dieses fleißigen und verdienstvollen Künstlers"* bekannt seien, und er führte dieses *"traurige Schicksal"* zum guten Teil auf den allzu schlicht-bürgerlichen Familiennamen zurück. In einem kleinen Essay *Die Umtaufung*, erschienen unter dem Datum des 25. Dezember 1791 in Cramers aus Betrachtungen und autobiographischen Notizen bestehender umfangreicher Sammlung *Menschliches Leben*, heißt es in Form einer Anrede an Aemilius Kunzen:

> *"... wärest du meinem Rathe gefolgt; hättest Du, gleich bey deinem Eintritte in Berlin, Deinen gemeinen Namen, mit dem tönenden Federigo Lodovico Emilio di Concionello vertauscht; – wer weis? der musikkennende Hof hätte Dich vielleicht, statt des Italiäners Alessandri zum Capellmeister gemacht, der in der Musik eben kein – Alexander nicht ist. Indeß hilft es alles zu nichts; seitdem Claudius durch sein Epigramm mit dem Begriff von Kunz den Begriff von Hinz auf ewig vergesellschaftet hat. Zudem hat*

---

66   Ch. Burney: *General History* 4, S. 999.
67   Mitteilung im *Hamburger Relations-Courier* vom 23. Februar 1732, zit. nach Heinz Becker: *Die frühe Hamburgische Tagespresse*, in: *Beiträge zur Hamburgischen Musikgeschichte*, Bd. 1, Hamburg 1956, S. 26.
68   Carl Friedrich Cramer: *Magazin der Musik*, Bd. 2 (Hamburg 1786), Reprint Hildesheim/New York 1971, S. 1363. Wörtliche Wiedergabe der Vorrede zu der von Cramer herausgegebenen Sammlung *Flora*, Bd. 1, Hamburg/Kiel 1787.

mir der alte Kuntzen [Adolf Carl; d. V.] *selber erzählt, daß, als er nach Engelland ge-gangen, um unter Händel zu lernen, und Anfängern Unterricht zu geben (als womit sich jedes Genie verderben und durchkröpeln muß), die Neider unter den Londoner Claviermeistern ihm seinen deutschen Namen durch die Assoziation eines vocabuli* ἀρρητε *dort so in Geschrei gebracht, daß keine Dame ihn über den Mund bringen noch Stunden bey ihm nehmen gewollt."*[69]

Aus diesen spärlichen Andeutungen geht immerhin der Zweck von Kunzens London-Aufenthalt und einiges über die Umstände, unter denen er dort lebte, hervor. Spöttisch werden die Folgen der extremen Konkurrenzsituation skizziert, in der sich die Musiker in London zu eben der Zeit befanden, als Händel seine großen Triumphe mit den Zwischenakts-Orgelkonzerten feierte.

Diesen zweiten London-Aufenthalt scheint A. C. Kunzen schon einige Zeit beendet zu haben, bevor er 1749 die Stelle eines Konzertmeisters am herzoglichen Hof in Schwerin antrat. Schon 1748 führte er in Hamburg ein Oratorium zur Zentenarfeier des Westfälischen Friedens auf.[70] In dem Bericht wird er bereits als *"Direktor der Winterkonzerte"* in Lübeck bezeichnet, hatte dieses von seinem Vater begründete Konzertunternehmen also offenbar schon zu dessen Lebzeiten zwischenzeitlich übernommen. Nachdem das Schweriner Engagement 1753 unter für Kunzen unerfreulichen Umständen geendet hatte, ging er nach einem Zwischenaufenthalt in Lübeck 1754 zum dritten Mal nach London und blieb dort, bis er nach dem Tod seines Vaters 1757 dessen Nachfolger in Lübeck wurde. Schließlich muß sich Kunzen im Jahr 1768 ein viertes Mal in London aufgehalten haben. Ohne Quellenangabe berichtete Carl Stiehl in einer biographischen Notiz, Kunzen habe in diesem Jahr mit seinem Sohn F. L. Aemilius und mit einer Tochter eine Kunstreise nach London unternommen. Die beiden Kinder seien dort in einem Konzert für zwei Flügel von A. C. Kunzen mit Erfolg aufgetreten.[71] Die Durchsicht mehrerer Londoner Zeitungen sowie Nachforschungen in Londoner Archiven nach diesen und die anderen Aufenthalte A. C. Kunzens in London betreffenden Dokumenten blieben bisher ohne Ergebnis. Trotzdem scheint sich die Mitteilung Stiehls zu bestätigen, denn die Partitur des fünften Cembalokonzertes von A. C. Kunzen trägt in der handschriftlichen Partitur den Vermerk *"London 1768"*. Es handelt sich jedoch nicht um ein Konzert für zwei Klaviere. Die Besonderheit dieses Konzertes liegt vielmehr darin, daß in ihm (das wie im Prinzip auch die übrigen Konzerte Kunzens für *"Cembalo concertato"* geschrieben ist) an einigen Stellen das Soloinstrument als *"Organo"* bezeichnet wird. Das deutet auf die speziellen Londoner Verhältnisse, auf die Orgeln in den Theatern und in den Pleasure Gardens hin, auf denen auch die Konzerte Händels und seiner englischen Nachfolger erklungen waren. Allerdings ist auch in der Titel-Besetzungsangabe des in Lübeck geschriebenen 7. Konzertes (dort allerdings nicht weiter im Notentext) die alternative

---

69 Carl Friedrich Cramer: *Menschliches Leben*, Bd. 7, Altona/Leipzig 1791, S. 508 ff.

70 *Hamburger Relations-Courier*, nach Becker: *Tagespresse*, S. 28.

71 C. Stiehl: *Biographie lübeckischer Tonmeister, 2. Ludwig Aemilius Kunzen*, in: Lübeckische Zeitung vom 9. September 1888.

Besetzungsmöglichkeit *"per l'organo ò il Cembalo concertato"* angegeben.[72] Da nicht bekannt ist, daß Kunzen in Lübeck eine für den Konzertgebrauch geeignete Kleinorgel zur Verfügung stand, erscheint es als denkbar, daß er dieses aus dem letzten Jahr seines Konzertschaffens stammende Werk ebenfalls mit Blickrichtung auf eine Aufführung in London komponiert hat. An einer möglicherweise geplanten abermaligen Reise nach England wie überhaupt an jeder solistischen Tätigkeit wurde er jedenfalls durch einen 1772 eintretenden Schlaganfall mit folgender Lähmung der rechten Hand gehindert; dieses gesundheitliche Mißgeschick nötigte ihn, sich auch im Organistenamt von seinem Schüler Johann Wilhelm Cornelius von Königslöw als Adjunkt vertreten zu lassen.

Kunzen muß sich also in London eines gewissen Bekanntheitsgrades erfreut haben, und offenbar gehörten zu seinen dortigen maßgeblichen Kontaktpersonen beide Arnes, Vater und Sohn. Darauf weist die Tatsache hin, daß Michael Arne 1772, also vier Jahre nach dem Londoner Konzert Kunzens, seinerseits zwei Konzerte in Lübeck gab, eines öffentlich, das andere im privaten Rahmen. Dabei hat er laut Ankündigung *"Solo und Concerte auf dem Flügel gespielt"*.[73] Wahrscheinlich kannte Kunzen Thomas Arne und auch seine Cembalokonzerte spätestens seit seinem (in der von uns angenommenen Zählung) dritten Londoner Aufenthalt, möglicherweise aber schon seit den 1740er Jahren, als sich Arne vergeblich von Händel zu emanzipieren versuchte.

Wie fest Kunzen in der englischen Tradition des Cembalospiels verwurzelt war, wird besonders dadurch offenkundig, daß er sich 1762, also in dem Jahr, in dem laut Vermerk in der Partitur seine Cembalokonzertproduktion einsetzte, ein Instrument eigens aus England nach Lübeck kommen ließ. Er kündigte in diesem Jahr in den *Lübeckischen Anzeigen* fünf Konzerte in seiner Wohnung an,

> *"in welchen ein vortreffliches, aus England angekommenes Doppel-Harpsichord mit vielen Veränderungen u. angenehmen Stimmen zu hören sein wird"*.[74]

Die aufwendige Anschaffung, mit der Kunzen die traditionsreiche Hamburger und niederländische Cembaloproduktion offenbar bewußt überging, sowie der Hinweis auf den Reichtum an Registriermöglichkeiten durch die *"vielen Veränderungen"* legt die Vermutung nahe, daß es ihm auf die Ausnutzung jener verfeinerten klanglichen Möglichkeiten der Spätzeit des Cembalobaus ankam, die durch die englische Manufaktur eines Burkat Shudi oder Jacob Kirkman maßgeblich repräsentiert wird. Shudi soll für den persönlichen Gebrauch Händels ein Cembalo mit 16'-, zwei 8'- und 4'-Register gebaut haben, dessen *"powerful tone is well calculated for Concerts"*.[75] Er ließ sich ungewöhnliche Registerkombinationen und sogar Schwellmechaniken paten-

---

72 Kunzen unterscheidet demnach präzis zwischen der Besetzungsbezeichnung *"Organo"* und *"Cembalo"*, im Gegensatz zu anderen Komponisten des 18. Jahrhunderts, etwa Locatelli in seiner *Arte del violino*, wo in der Generalbaßstimme am Satzbeginn *"Organo"* vorgeschrieben, im weiteren Satzverlauf jedoch der Begriff *"Cimbalo"* verwendet wird.

73 Lübeckische Anzeigen vom 5. Juni 1772.

74 Lübeckische Anzeigen vom 20. März 1762.

75 Annonce im *Morning Herald* von 1788, zit. nach Raymond Russel: *The Harpsichord and Clavichord*, London 1959, S. 81.

tieren. All diese Maßnahmen zielten auf die klangliche Bereicherung des seit der Jahrhundertmitte als allzu starr und einförmig empfundenen Cembalotones ab, vor allem auf die Ermöglichung stärkerer dynamischer Einflußnahme im Sinne von sforzando und crescendo. Man wird kaum fehlgehen in der Annahme, daß diese Tendenzen im Cembalobau, die er in England gründlich kennengelernt hatte, Kunzen zu der ungewöhnlichen Investition in das englische Instrument bewogen. Dies läßt selbstverständlich Rückschlüsse betreffs der Aufführungspraxis dieser und der ihnen stilistisch nahestehenden Konzerte zu.[76]

Kunzens Behandlung des Cembalos fiel in seiner norddeutschen Umgebung als ungewöhnlich auf. So stellte der Herzoglich Mecklenburgische Hoforganist Johann Wilhelm Hertel, der als 33jähriger den sieben Jahre älteren A. C. Kunzen 1760 in Lübeck besuchte, erstaunt fest, daß es sich um *"einen braven, besonders properen Clavierspieler"* handele, der *"zwar nicht in Bachischer, doch in guter Manier"* auf den Tasteninstrumenten spielte, wobei Hertel diese Manier *"noch beßer auf dem Flügel und Clavier, wie auf der Orgel gefiel"*.[77]

Ob Hertel über den musikalischen Werdegang Kunzens zu diesem Zeitpunkt unterrichtet war, geht aus der zitierten Passage nicht hervor. Wovon er aber sicher wußte, war das vierjährige Engagement Kunzens an dem stark unter künstlerischem Einfluß aus Berlin stehenden Hof in Schwerin. Dies sowohl als auch die regen Beziehungen zwischen der Hamburg-Lübecker Region und Berlin auf musikalischem Gebiet (man denke nur an den bekannten langjährigen Briefwechsel zwischen Telemann und Carl Heinrich Graun) bot genügend Anlaß zum Erstaunen, wenn ein Klavierist an maßgeblicher Stelle nicht nach der ganz selbstverständlich als dernier cri geltenden *"Bachischen Manier"* sich ausrichtete.[78] Die Berliner Klavierschule kann Kunzen kaum unbekannt geblieben sein. Mit an Sicherheit grenzender Wahrscheinlichkeit war er auch mit Johann Gottfried Müthel persönlich bekannt, der als acht Jahre Jüngerer Schüler seines Vaters gewesen war und als Komponist von Klavierkonzerten der Berliner Schule wesentlich näher stand als er selbst. Beide waren auch zu gleicher Zeit am Schweriner Hof tätig. Kunzen aber setzte sich – darauf deuten alle Belege hin – bewußt von der *"Bachischen Manier"* ab und betonte seine Prägung durch die Händel-Schule in London.

Kunzens Cembalokonzerte folgen trotzdem nicht eindeutig den in dieser Tradition gewachsenen und im I. Abschnitt aufgewiesenen Gestaltungsmerkmalen. Sie markieren eine vielmehr sehr eigenständige und in mancher Hinsicht singuläre Vermitt-

---

76 Arnfried Edler: *Aufführungspraktische Überlegungen zum Konzert für Tasteninstrumente des 18. Jahrhunderts*, in: *Musikzentren – Konzertschaffen im 18. Jahrhundert*. Konferenzbericht der XI. Wissenschaftlichen Arbeitstagung Blankenburg/Harz 1983, Blankenburg 1984 (= Studien zur Aufführungspraxis und Interpretation von Instrumentalmusik des 18. Jahrhunderts, Heft. 23), S. 32-36.

77 Johann Wilhelm Hertel: *Autobiographie*, hrsg. und kommentiert von Erich Schenk, Graz/Köln 1957 (= Wiener Musikwissenschaftliche Beiträge 3), S. 50.

78 Wie stark um diese Zeit bereits die "Bachische Application" auch in mittleren und kleineren Orten als unbedingtes Richtmaß und selbst als Kriterium für Stellenvergaben gewertet wurde, zeigen Belege bei Arnfried Edler: *Der nordelbische Organist. Studien zu Sozialstatus, Funktion und kompositorischer Produktion eines Musikerufes von der Reformation bis zum 20. Jahrhundert*, Kassel u. a. 1982, S. 109, 197.

lungsposition zwischen der englischen und der norddeutschen Schule, die im folgenden beschrieben werden soll.

Zunächst ist ein seit langem in der Literatur ungeprüft weiterverbreiteter, wohl auf Eitners Angaben[79] zurückgehender Irrtum bezüglich der Anzahl von A. C. Kunzens Cembalokonzerten zu berichtigen: insgesamt liegen acht, nicht fünf Konzerte vor. Sie befinden sich in einem Partitursammelband, der unter der Signatur U 6127[80] in der Bibliothek des *Conservatoire Royal de Musique* in Brüssel verwahrt wird. Es handelt sich um eine Abschrift von der Hand Johann Jacob Heinrich Westphals (1756-1825), eines in Schwerin zuletzt am Dom tätigen Organisten, der mit C. P. Emanuel Bach in bewundernder Freundschaft verbunden war. Er besaß eine umfangreiche Musiksammlung, die zum großen Teil aus eigenhändigen Abschriften von Werken aus dem Wirkungskreis C. P. Emanuel Bachs bestand und nach seinem Tod von F. J. Fétis für die Musikbestände der Brüsseler Bibliotheken erworben wurde.[81] Westphals Name ist zwar in dem Band nicht genannt, doch läßt sich die Identität des Kopisten durch Schriftvergleich einwandfrei bestimmen.

Die Reihenfolge von Kunzens Cembalokonzerten in dem handschriftlichen Sammelband entspricht nicht ganz der Chronologie der Entstehung, indem das an erster Stelle stehende Konzert zusammen mit Nr. 7 und Nr. 8 auf 1769 datiert ist. In der Übersicht stellt sich der Bestand folgendermaßen dar:

- *Konzert Nr. 1 E-Dur.* Lübeck 1769; 1. Satz ohne Bezeichnung – Amoroso e cantabile – Allegretto. S. 1-57

- *Konzert Nr. 2 G-Dur.* 1762 Mense mart.; 1. Satz ohne Bezeichnung – Lento e Affettuoso – Vivace. S. 59-83

- *Konzert Nr. 3 A-Dur.* Lübeck 1763 Mese Marz (sic!); 1. Satz ohne Bezeichnung – Andante affettuoso – Allegro assai. S. 85-111

- *Konzert Nr. 4 G-Dur.* Lübeck cominciato 1766 o(cto)bre finito 1768 mese Jan:; 1. Satz ohne Bezeichnung – Affettuoso e cantabile – Presto. S. 112-142

- *Konzert Nr. 5 D-Dur.* London 1768; 1. Satz ohne Bezeichnung – Adagio e Andante – Tempo di Minuetto. S. 144-163

---

79   Robert Eitner: *Quellenlexikon*, Bd. 5. Leipzig 1901, S. 476. – Nur Hugo Daffner: *Die Entwicklung des Klavierkonzerts bis Mozart*, Leipzig 1906, S. 63-67, gibt die Anzahl der Konzerte richtig an, seine weiteren Ausführungen sind jedoch größtenteils irreführend.

80   Alfred Wotquenne: *Catalogue de la Bibliothèque du Conservatoire Royal de Musique de Bruxelles*, Vol. 2 (1902), Reprint Brüssel 1980, S. 323, stellt zwar die Anzahl richtig, macht jedoch bezüglich der Besetzung irrtümliche Angaben. – Für die folgenden analytischen Ausführungen sei auf die Edition der Konzerte Nr. 2 und Nr. 8 von Kunzen sowie der Konzerte U 6076 und U 6082 von Johann Wilhelm Hertel verwiesen: *Norddeutsche Klavierkonzerte des mittleren 18. Jahrhunderts: Adolf Carl Kunzen (1720-1781), Johann Wilhelm Hertel (1727-1789)*, hrsg. von Arnfried Edler, München u. a. 1994 (= Denkmäler norddeutscher Musik, Bd. 5/6).

81   Miriam Terry: *C. P. E. Bach and J. J. H. Westphal – a clarification*, in: JAMS 22 (1969), S. 106-115. C. F. Bitter veröffentlichte in seinem Buch über die Bach-Söhne (S. 108-110) vier Briefe von C. P. E. Bach an Westphal. Ihnen fügte Erwin R. Jacobi (JAMS 23, 1970, S. 119-127) weitere fünf hinzu.

- *Konzert Nr. 6 F-Dur.* Lübeck 1768 Mese May; 1. Satz ohne Bezeichnung – Dolce affettuoso – Allegro assai. S. 164-203

- *Konzert Nr. 7 Es-Dur.* Lübeck 1769 Mese Dez(ember) per l'organo ò il Cembalo concertato; Allegro – Adagio e andante – Vivace. S. 204-227

- *Konzert Nr. 8 D-Dur.* Lübeck 1769; Allegro moderato – Affettuoso – Vivace. S. 228-269

Kunzens Produktion von Cembalokonzerten beginnt also 1762/63 mit zwei Konzerten, die er jedenfalls vor dem Erscheinen des Druckes von Johann Christian Bachs op. 1 geschrieben hat. Der Schwerpunkt liegt mit fünf Konzerten in den Jahren 1768/69, etwa ein Jahr nach dem Erscheinen von Johann Christian Bachs zweiter gedruckter Klavierkonzert-Sammlung op. VII. Für das letztere Opus ist laut Angabe auf dem Titelblatt der Ausgabe des Londoner Verlegers Peter Welcker freigestellt, ob es auf dem *"Harpsichord"* oder auf dem zu dieser Zeit am Beginn seiner allgemeinen Verbreitung stehenden *"Pianoforte"* gespielt wird. Bei Kunzen dagegen wird das Pianoforte nicht für die Darstellung des Soloparts in Erwägung gezogen. Wie schon erwähnt, kam es Kunzen offenbar darauf an, die verfeinerten klanglichen Möglichkeiten der Spätzeit des Cembalobaus in England in seine Konzerte einzubeziehen, auch wenn es darauf nur selten Hinweise im Notentext gibt. Die Konzerte rechnen mit einem Tonumfang von knapp fünf Oktaven (tiefster Ton ist $_1$G im Konzert Nr. 2 und Nr. 5, höchster f'' im Konzert Nr. 6 und Nr. 8). Die obere Begrenzung des Instrumentes bei f'' wird deutlich im 1. Satz des 8. Konzertes, wo in T. 145 die Sequenz wegen des offensichtlich nicht vorhandenen fis''' verändert fortgeführt wird.

Die Besetzung des Orchesters besteht in sechs der acht Konzerte aus dem vierstimmigen Streicherchor, wobei eine klangstrukturelle Zweigliederung in zeittypischer Weise vorgenommen wird: die beiden Violinen einerseits, Viola und Baß andererseits stehen miteinander jeweils in engem Zusammenhang. Sie verhalten sich, wo sie nicht überhaupt unisono geführt sind, oktavierend bzw. in parallelen Terzen und Sexten bei engstens einander angenäherter Rhythmik zueinander. Die Konzerte Nr. 1 und Nr. 8 erfordern zusätzlich Bläser: ein Hörnerpaar in den Ecksätzen und ein Flötenpaar im Mittelsatz, wobei die Möglichkeit offenbleibt, daß beide Instrumente von denselben Musikern geblasen wurden. Eine derartige Praxis wäre angesichts der naheliegenden Mitwirkung von Lübecker Ratsmusikern keineswegs abwegig. Im übrigen entspricht diese Besetzung derjenigen, die auf dem bekannten Kupferstich von J. R. Holzhalb (Zürich 1777) dargestellt ist, der zudem belegt, daß unter kammermusikalischen Aufführungsbedingungen das Cembalokonzert von einfacher Streicherbesetzung ohne oktavverdoppelnden Violonbaß begleitet wurde. Wahrscheinlich verwendete Kunzen in seinen öffentlichen, wenn auch in relativ kleinen Räumen stattfindenden Lübecker Konzerten eine etwas stärkere Streicherbesetzung. Erst recht trifft dies auf die Aufführungen unter Freiluftbedingungen, wie in den Londoner Pleasure Gardens, zu.

Tonartlich bewegen sich sämtliche Konzerte im Dur-Bereich. Die langsamen Mittelsätze stehen gewöhnlich in der Dur-Tonart der vierten Stufe; nur *im Es-Dur-Konzert (Nr. 7)* erscheint ein Mittelsatz in der parallelen Moll-Tonart.

Die formale Haltung der Konzerte ist durch die bemerkenswerte Einheitlichkeit geprägt, mit der sämtliche Ecksätze – mit der einzigen Ausnahme des Finalsatzes aus dem für London geschriebenen fünften Konzert – auf ein und demselben Modulationsschema beruhen. Dieses sei zunächst skizziert. Dem einleitenden Orchesterritornell folgt ein in die Dominanttonart modulierendes Solo. Ein zweites, gegenüber dem einleitenden verkürztes Ritornell bestätigt zunächst die Dominanttonart, schert aber sehr rasch aus, um in die Tonikaparallele überzuleiten. In ihr spielt sich über eine längere Strecke die anschließende Solofiguration ab, um schließlich über unterschiedlich zahlreiche sequenzierend berührte Tonartenstationen zur Grundtonart zurückzukehren, diese jedoch mit einem Dominantschluß zu erreichen, der dem dritten, ebenfalls verkürzten Ritornell in der Dominanttonart vorangeht. Erst danach erfolgt die endgültige Restitution der Haupttonart, und zwar in Gestalt des Vortrages des Themenkopfes durch den Solisten, an den sich umgehend eine Figuration anschließt, die ganz allmählich alle thematischen Anklänge und zugleich die Beteiligung des Orchesters in den Hintergrund drängt und am Ende ganz ausschaltet, so daß ein fantasieartiges Passagenspiel übrigbleibt, das gelegentlich noch in einem als *"Cadenza"* überschriebenen zu improvisierenden Takt gipfelt, worauf der ganze Satz durch eine Dal-Segno-Teilwiederholung des Eingangsritornells beschlossen wird.

Eingangsritornell T	Solo T→D	2. Ritornell D→Tp	2. Solo Tp → → → D	3. Ritornell D	3. Solo T	Dal-Segno-Ritornell T

Das Schema scheint zunächst der Norm des Konzertsatzes zu folgen, wie sie in dieser Epoche aus der Gattungstradition formtheoretisch abstrahiert wird. Sie verlangt die Anordnung des Konzertsatzes in vier Ritornellen und drei zwischen ihnen plazierten "Haupt-Soli". Der Sinn dieser Norm liegt allerdings darin, daß die Ritornelle eindeutig die Funktion der tonalen Fixpunkte des Satzverlaufes erfüllen, die kurz nach 1750 in der Abfolge T-D-Tp-T fixiert wurden.[82] Der Schematismus der tonalen Anlage ist daher durchaus nicht als ästhetischer Mangel zu bewerten, sondern entspricht vollkommen der zu dieser Zeit herrschenden Auffassung von der Organisation der Abläufe größerer tonaler Zusammenhänge.[83]

---

82 Joseph Riepel: *Grundregeln zur Tonordnung insgemein*, Frankfurt/M. – Leipzig 1755, S. 93 f. – Von dieser *"concertmäßigen Ordnung"* unterscheidet sich die *"fugenmäßige Ordnung"* nach Riepel dadurch, daß in ihr die dritte Stelle von der Dp statt von der Tp eingenommen wird. Das Verhältnis von Themendurchführung und Zwischenspiel in der Fuge wird also in Analogie gesehen zu dem von Ritornell und Solo im Konzertsatz.

83 Chr. Möllers weist mit Recht auf die gleichfalls schematische Anlage des Tonartenverlaufes in J. Sebastian Bachs Suitensätzen hin. Christian Möllers: *Der Einfluß des Konzertsatzes auf die Formentwicklung im 18. Jahrhundert*, in: ZfMth 9 (1978), S. 37. – Schon Rudolf Eller (*Vivaldi – Dresden – Bach*, a. a. O., S. 471) betont, daß der formale Schematismus den Hintergrund für *"sehr reiche Variationsmöglichkeiten im einzelnen"* abgibt.

Die Pointe von Kunzens Auffassung der Konzertform liegt nun darin, daß die Norm des tonalen Verlaufes eingehalten, die Funktionen der Tutti- und Solo-Sektionen sich aber verändert und zugleich ihre Proportionen sich verschoben haben. Der Norm relativ am nächsten steht der Bau der Eröffnungs-Ritornelle, der sich am überkommenen Modell von Eröffnung – sequenzierende Fortspinnung – Epilog ausrichtet. Doch läßt sich eine Tendenz erkennen, die von den zweitaktigen Ritornellköpfen der ersten Konzerte wegführt zu vier- und achttaktigen Gebilden, die sich vordersatzartig zusammenschließen und sich zum sequenzierenden Mittelteil mit einem Dominanthalbschluß öffnen. Der Ritornellkopf selbst erhält zudem um 1768 einen Binnenkontrast, der dem Ritornell ein neuartiges Gepräge verleiht:

Notenbeispiel 4: A. C. Kunzen, Konzert Nr. 5, Beginn des Kopfsatzes

Das sind Tendenzen der periodisierenden Kontrastbildung, wie sie Kunzen weniger im Klavierkonzert der Berliner, dafür umso mehr der Londoner Schule kennengelernt haben konnte.[84]

Auch das erste Solo übernimmt eine tradierte Funktion: die Überleitung vom Tonika- zum Dominantbereich. In den Kopfsätzen von fünf Konzerten (Nr. 1, 3, 4, 5 und 7) setzt der Solist mit dem mehr oder weniger stark ausfigurierten Themenkopf des Ritornells ein; in zwei Konzerten (2 und 6) ist die Entfernung des Soloeinsatzes vom Ausgangsgedanken des Ritornells so groß, daß von einer thematischen Beziehung nicht mehr gesprochen werden kann, und im Konzert Nr. 8 setzt der Solist mit einem ausgeprägten Kontrastthema ein, das aber keine weitere Bedeutung für den weiteren Verlauf hat.

In den Schlußsätzen leiten vier Konzerte (2, 3, 4 und 6) den ersten Sologedanken aus dem Ritornellkopf ab, drei bilden einen Kontrastgedanken aus (1, 7 und 8). Das fünfte Konzert bringt – zum einzigen Mal – die Form des Rondos im Menuett-Rhythmus.

In der Ausprägung des Kontrastes herrschen zwischen den einzelnen Konzerten vielfache Nuancen, ebenso, was die thematische Bedeutung der Kontrastgedanken im weiteren Verlauf angeht. In einem Fall (dem Kopfsatz des 1. Konzertes) kommt es bereits innerhalb des ersten Solos zur Ausprägung eines "zweiten Themas" nach Erreichen der Dominante. Ansonsten besteht das erste Solo gewöhnlich aus an das variierte

---

84 C. P. Emanuel Bachs melodische Struktur bleibt demgegenüber – ungeachtet aller Verbundenheit zum "galanten Stil" – derjenigen seines Vaters – der Fortspinnung eines einmal gesetzten thematischen Kerns – verpflichtet. J. R. Stevens: *The Keyboard Concertos*, S. 135.

Zitat des Ritornellkopfes anschließenden Passagen, zumeist aus arpeggierten Akkorden, die die Überleitung zur Dominante besorgen, und einer länger ausgesponnenen allmählichen Befestigung der Dominanttonart durch unthematische, von ausgehaltenen Harmonien des Orchesters begleitete Figurationen. Der Umfang des ersten Solos übersteigt den des Einleitungsritornells in den früheren Konzerten etwa im Verhältnis 1 : 1,3; in den Konzerten des Jahres 1769 entsprechen sich die Umfänge beider Formabschnitte in etwa.

Das erste Solo schließt – da es sich ausschließlich um Konzerte in Dur-Tonarten handelt – in der Dominante. Das sich anschließende zweite Ritornell, das sich in der Regel auf ein Drittel des Umfanges des ersten beschränkt, bricht mit der Rolle, die ihm die tradierte Norm zuwies, und von hier ab entspricht überhaupt der Verlauf in entscheidenden Punkten nicht mehr den für einen Konzertsatz damals gültigen Kriterien. Die tradierte Norm sah für diese Stelle eine Befestigung der Dominanttonart durch ein Ritornell vor, dem sich ein die nächste Tonartenstation – die Tonikaparallele – ansteuerndes Solo anzuschließen hatte. Stattdessen verbleibt zwar das zweite Ritornell mit seiner ersten Hälfte, dem Themenkopf, im Dominantbereich, moduliert jedoch in der zweiten Hälfte mit einem der anschließenden Sequenzglieder (zumeist dem ersten) seinerseits in die Tonikaparallele, übernimmt also die normentsprechend dem Solo zukommende Formfunktion. Durch diesen Rollenwechsel ist nun das zweite Solo frei für eine neue Funktion. Und die besteht in den späteren Konzerten häufig darin, ein kontrastierendes Thema einzuführen. Der Theorie der Zeit um 1760, in der das Stück komponiert wurde, war dieser Kontrast noch völlig unbekannt. Wohl aber benennt ihn Heinrich Christoph Koch in seiner dreißig Jahre später erschienenen Kompositionsanleitung:

> *"... geschieht der Anfang dieses zweyten Solo gemeiniglich vermittelst eines solchen melodischen Theils, der nicht in dem ersten Perioden enthalten war, sondern der ein stark hervorstechender, aber passender Nebengedanke ist, der aber wieder sehr schicklich auf einen Hauptgedanken leitet.*
> *Dieser Periode ... wird also in der weichen Tonart der Sexte, zuweilen auch in der weichen Tonart der Secunde oder Terz geschlossen."*[85]

Am stärksten ausgeprägt ist dieses echte "zweite Thema", das allein dem Solisten vorbehalten ist, im achten Konzert (1. Satz, T. 86-93, 116-123). Deutlich zeichnet es sich auch im Kopfsatz des 6. Konzertes ab, der ohnehin bereits ein vom Tuttiritornell stark abweichendes Einsatzthema des Solisten aufweist (vgl. Notenbeispiel 5).

Im 1. Konzert, dessen Kopfsatz – wie schon erwähnt – das Kontrastthema bereits dem ersten Solo zuerteilt, tritt in der "Tonikaparallel-Station" das erste Ritornell-Thema auf, verteilt auf Orchester und Solisten (T. 115-126), während sich das Kontrastthema die "Subdominant-Station" reserviert (T. 143-150). – In den – wie bereits dargelegt – auf der Basis des gleichen Modulationsschemas angelegten Schlußsätzen kommt es nicht zur Ausbildung eines derartigen Kontrastthemas im zweiten Solo;

---

85   H. Chr. Koch: *Versuch einer Anleitung zur Composition*, Bd. 3, Leipzig/Rudolstadt 1793, S. 338 f.

durch diesen signifikanten Unterschied bleibt der Finalsatz – entsprechend seiner Kehraus-Funktion – einfacher, geradliniger und spannungsärmer strukturiert als die Kopfsätze, denen innerhalb des Zyklus trotz etwa gleichen Umfanges der Ecksätze eindeutig das größere Gewicht zukommt. – In den vor 1769 liegenden Konzerten ist das Kontrastthema zwar noch nicht ausgebildet, doch läßt sich deutlich erkennen, wie es sich anbahnt. Bereits im frühesten Konzert (Nr. 2) findet sich an dieser Stelle eine im Satz bis dahin nicht aufgetretene auffällige Spielfigur in der Solostimme, die noch dazu durch einen zweimaligen dynamischen Wechsel piano – forte hervorgehoben wird – eine Maßnahme, die im norddeutschen Cembalokonzert äußerst selten vorkommt;[86] offenbar ist ein Manualwechsel intendiert. Indem dergestalt mehrere neue und kontrastierende Elemente in anderen Satz-Schichten als der thematischen

Notenbeispiel 5: A. C. Kunzen, Konzert Nr. 6, 1. Satz

eingeführt werden, zeigt sich eindeutig das Bestreben, diesen Formabschnitt zu einer Kontrastphase zu erheben, was Auswirkungen auf der Ebene der großformalen Glie-

---

86 Einer dieser seltenen Fälle findet sich in C. P. Emanuel Bachs bekanntem Konzert Wq 23 (DDT 29/30), 1. Satz, T. 139 ff., 187 ff., 232 ff., 260 ff.

derung des Satzverlaufes zeitigt. Besonders interessant ist dabei, daß im Gegensatz zur Sonatenform dieser Kontrast nicht innerhalb des ersten Teiles (also der thematische Kontrast Hauptthema Seitenthema als Bekräftigung des tonalen Kontrastes T – D) angesiedelt ist, sondern den Beginn der zweiten Satzhälfte markiert; weiterhin ist festzuhalten, daß er aus einer Voraussetzung abzuleiten ist, die allein dem Konzertsatz vorbehalten war, nämlich aus der Umfunktionierung von zweitem Tutti und zweitem Solo.

Die Herausbildung eines Kontrastthemas, wie sie hier bei Kunzen begegnet, stellt nun in der Entwicklung des Solokonzertes keineswegs ein Novum dar.[87] Entscheidend ist aber, daß sie einhergeht mit einer grundlegenden Veränderung der großformalen Disposition, die auf eine Abkehr vom barocken Prinzip des kreisförmigen Ritornellkonzertes hinausläuft. Sie ist begründet in der strukturell unterschiedlichen Anlage des mit Erreichen der Tonikaparallele erreichten Formabschnittes gegenüber dem ersten. Es wurde bereits gezeigt, daß der eröffnende Formteil, bestehend aus Eingangsritornell und erstem, zur Dominantregion modulierendem Solo durchaus im Sinne der überkommenen Formvorstellung gebaut ist. Der zweite Abschnitt hingegen, beginnend mit dem formfunktional veränderten zweiten Ritornell und dem kontrastierenden zweiten Solo, verläßt das aus der überkommenen Formvorstellung stammende Prinzip des regelmäßigen Wechsels von einem die Tonartenstationen fixierenden Ritornell und einem modulierenden Solo und setzt an dessen Stelle ein anderes, in dem das Verhältnis von Solostimme und Tutti ganz neu definiert wird. Im frühen zweiten Konzert ist es noch schwach ausgeprägt, indem das Orchester, statt wie im ersten Solo nur mit klangverstärkenden und -untermalenden Liege- und Stützklängen in Erscheinung zu treten, in den T. 74-77 sich motivisch an der Einführung der Kontrastfigur durch den Solisten beteiligt. Die strenge Rollentrennung, die die Abschnitte des alten Konzertes wesentlich bestimmte, weicht also einer gewissen Verzahnung. Diese Neuerung war von der zeitgenössischen Theorie bereits registriert worden:

> *"Freylich ein pures Solo, nämlich gar ohne einziges Accompagnement, haben wir heut zu Tage überhaupt nicht mehr, ausser etwan ein Capriccio, Hand- oder Galanterie-Stück."*[88]

In C. P. Emanuel Bachs früheren Konzerten gibt es ebenfalls gewisse *"events which cannot be fitted into the traditional form"*, doch bleibt es dabei, daß *"this plan coincides with a normal ritornello form in several ways"*.[89]

Zwar ist die Trennung von Ritornell und Solo bei Kunzen durchaus nicht aufgehoben, aber sie ist von einem substantiellen zu einem akzidentellen Strukturmoment geworden, indem sich beide Klangträger gemeinsam an der Darstellung der ihrer Ge-

---

87 Carl Dahlhaus: *Bachs konzertante Fugen*, in: BJ 1955, S. 62, 66. – Rudolf Eller: *Die Entstehung der Themenzweiheit in der Frühgeschichte des Instrumentalkonzertes*, in: Fs. Heinrich Besseler zum 60. Geburtstag, Leipzig 1961, S. 323-335.

88 J. Riepel: *Tonordnung*, S. 97.

89 J. R. Stevens: *The Keyboard Concertos of C. P. Emanuel Bach*, S. 52. Einen wesentlichen dieser die Tradition in Frage stellenden *"events"* erblickt die Verf. in der *"distortion"* der *"balance of solo and tutti sections"*, ebd., S. 64.

gensätzlichkeit übergeordneten Motivstruktur beteiligen. Das engere Zusammenrük-
ken von Tutti und Solo wirkt sich entscheidend auf die zeitliche Erstreckung der einzelnen Modulationsstationen aus. Das Ritornellkonzert verteilt prinzipiell die Tonartenstationen gleichmäßig über den Verlauf des gesamten Satzes (abgesehen von gewissen Verlängerungen des ersten und letzten Abschnittes im Sinn der Akzentuierung
von Grundtonartenexposition und -reprise). Im zweiten Abschnitt von Kunzens Kon-
zertsätzen rücken demgegenüber die Stationen eng aneinander. Im Kopfsatz des 8.
Konzertes erstreckt sich der Tp-Bereich über 23 Takte (86-108), der abschließende
Sp-Bereich über 14 Takte (111-124); im Vergleich dazu umfaßt der T-Bereich im
ersten Abschnitt die ersten 48 Takte, der D-Bereich (gerechnet ab der Kadenz in
T. 64 bis zum Beginn der Modulation in T. 81) 28 Takte. Wodurch aber der Eindruck der Zusammendrängung des Geschehens entscheidend gefördert wird, ist –
über diese Verkürzung der absoluten Erstreckung hinaus – der Umstand, daß im
zweiten Abschnitt jede Tonartenstation auf die beiden Kontrastthemen verteilt ist,
während im ersten Abschnitt jeweils eine ganze Station allein für das Ritornellthema
bzw. das Einsatzthema und die Figurationspassagen des Solisten zur Verfügung steht.
Die aufgewiesenen Merkmale der Formstruktur laufen insgesamt auf einen prinzipiellen Wechsel der Kriterien hinaus. Das alte Ritornellkonzert mit seinem kreisförmig
angelegten Modulationsverlauf basierte auf dem Prinzip sich ablösender Ritornelle
und Soloepisoden. Dreiteiligkeit war in Gestalt des Ausgehens von und der Rückkehr
in die Grundtonart zwar als Hintergrund latent, nicht jedoch als übergeordnetes
Strukturprinzip wirksam. Demgegenüber macht sich in Kunzens Konzerten ein diverse Schichten des Satzes betreffender struktureller Gegensatz zwischen erstem und
zweitem Formabschnitt bemerkbar. Er tritt an die Stelle der Solo-Tutti-Abwechslung
als oberster Instanz der Formstruktur. Die Solo-Tutti-Abwechslung geht von der
Funktion eines primär formbestimmenden Prinzipes in die eines Elementes der
Klangstruktur über. Doch verläuft dieser Übergang nicht abrupt, sondern allmählich.
Der zweite Abschnitt des Satzes (den wir nun nicht mehr, wie zu zeigen versucht wurde, adäquat als zweites Ritornell und zweites Solo, sondern als Modulationsabschnitt
bezeichnen müssen) hat keine festgelegte Anzahl von Modulationsstationen. Die Tp,
in der Regel der Ausgangspunkt, bleibt gelegentlich die einzige (so in den Kopfsätzen
des 2. und 3. Konzerts). Meistens schließt sich aber noch eine weitere an, vor allem
die Subdominante oder deren Parallele. Der Kopfsatz des 4. Konzertes nimmt einen
abweichenden Modulationsgang, indem er von der Dp statt von der Tp ausgeht und
die S als zweite Station ansteuert. Auch die Satzstruktur ist von Variabilität gekennzeichnet. Einem relativ strikten (und damit konservativen) Wechsel von kurzen Or-
chester- und Soloabschnitten (wie etwa im 6. und 8. Konzert) stehen Modulations-
abschnitte gegenüber, in denen Solo und Tutti völlig ineinander verzahnt sind (besonders im 1., 4. und 7. Konzert). Auch diese Variabilität (die in ihrer Unvor-
hersehbarkeit auf den Einfluß der zur gleichen Zeit sich entfaltenden freien Fantasie
verweist) unterscheidet diesen zweiten Abschnitt vom ersten, der Norm gemäßen.
Wenig variabel hingegen ist dessen Abschluß: er führt regelmäßig in die Dominanttonart, was aber einen Verstoß gegen die Norm des Ritornellkonzertes darstellt, indem

auf diese Weise eine tonale Kongruenz zum Abschnitts-Anfang hergestellt wird und der Abschnitt als ganzer eine Symmetrie bekommt, die ihn gegenüber den beiden angrenzenden Teilen als in sich geschlossen abhebt. Dieser Eindruck wird auch nicht dadurch neutralisiert, daß das in der Regel den zweiten Aufenthalt auf der Dominant-Station markierende Orchesterritornell aufs engste mit einer Solopassage verzahnt ist, die die Wendung zur Tonika und damit die tonale Reprise des Gesamtverlaufes besorgt (typisch im Kopfsatz des 8. Konzertes, T. 133-142).

Die Reprise stellte für einen Konzert-Komponisten um 1760 das wohl gravierendste Formproblem dar.[90] Anders als in der nachmals ausgebildeten Sonatensatzform könnte der Begriff, wollte man ihn – was die Theorie dieser Zeit nicht tat – sinnvoll auf die Ritornellkonzertform anwenden, nur auf das Schlußritornell bezogen werden. Der Sonatenhauptsatz hingegen kehrt – vom *"Standpunkt des Konzertsatzes"* aus gesehen – *"zu früh zur Grundtonart und zum Satzanfang zurück"*.[91] Kunzen löst dieses Problem, indem er das Thema aus der tonalen Reprise heraushält. Er verstößt so zwar mit dem Dominantritornell, das doppelpunktartig den Wiedereintritt der Grundtonart herbeiführt, gegen die Regel des Ritornellkonzertes, nicht zweimal die gleiche Tonartenstation mit einem Ritornell anzulaufen, vermeidet aber die (wenn auch durch einen Soloabschnitt vermittelte) Aufeinanderfolge zweier Ritornelle in der Grundtonart. Der Vorgang entspricht wiederum der Beschreibung dieses Formmomentes in der Theorie von Heinrich Christoph Koch:

> *"Mit dem Schlußtone* [des zweiten Solos; d. V.] *tritt wieder ein kurzes Ritornell ein, welches den, schon bey der Sinfonie beschriebenen Nebenperioden macht, welcher vermittelst eines melodischen Theils, der durch die Progression* [= Sequenzierung; d. V.], *oder durch die Fortsetzung einer in demselben enthaltenen metrischen Formel erweitert wird, die Modulation wieder in den Haupttton zurückführt, in welcher dieses Ritornell mit dem Quintabsatze schließt, damit das dritte Solo der Hauptstimme wieder im Haupttton anfangen kann."*[92]

Das die Rückkehr zur Haupttonart anbahnende Ritornell unterscheidet sich nur darin von dieser dreißig Jahre später aufgestellten Norm, daß es ebenso wie die übrigen mit dem Themenkopf und nicht mit einem Nebengedanken oder mit dem Kontrastthema arbeitet; darin zeigt sich noch die Bindung an die Ritornellform.

Das letzte Solo hatte im Ritornellkonzert – wie alle anderen Soli – Überleitungsfunktion: es modulierte zurück zur Haupttonart, die erst durch das häufig als *Dal Segno* absolvierte Schlußritornell endgültig bestätigt wurde. Daß diese Norm bereits um 1750 außer Kraft gesetzt war, zeigt die Bemerkung Joseph Riepels, das letzte Solo könne sich entweder von der zuletzt eingenommenen Tonartenstation zur Haupttonart wenden oder aber sogleich in der Haupttonart anfangen.[93] Über seine formale

90 Vgl. die Bemerkungen zu C. P. E. Bach, S. 114.

91 Christian Möllers: *Einfluß des Konzertsatzes*, a. a. O., S. 39.

92 H. Chr. Koch: *Versuch 3*, S. 338 f.

93 J. Riepel: *Tonordnung*, S. 94.

Funktion und Struktur jedoch macht Riepel keine näheren Angaben, während Koch sie umstandslos im Sinne der sonatenhaften Restitution bestimmt.[94] Indem sich Kunzen auf die tonale beschränkt, bestätigt er abermals seine mittlere Position zwischen noch vorhandener Bindung an die alte Norm und einem formalen Denken, das schon wesentliche Aspekte des Neuen erfaßt. Keiner der beiden prinzipiellen Alternativen der Konzertforrn schließt sich dieses dritte Solo an: weder ist es modulierend-figurative Überleitung im alten noch tonal-thematische Reprise im neuen Sinn. Die Stelle der Themenreprise vertritt eine andere Kategorie des Konzertanten: die Ausweitung des Figurativen und seine Erhebung zu einem dem Thematischen ebenbürtigen form-konstituierenden Element. Schon im zweiten (wie erwähnt frühesten) Konzert tritt die eigenartige Gestaltung dieses Teiles in voller Schärfe hervor. Nach dem Dominant-Halbschluß des überleitenden Ritornells in T. 115 beginnt der Solist ein virtuoses Passagenwerk, das nur noch bis T. 121 von geradezu zaghaft wirkenden Einwürfen des Orchesters glossiert wird; danach verstummt das Orchester völlig und räumt dem Solisten das Feld für einen 30 Takte langen unbegleiteten und von einer zu improvisierenden *"Cadanze"* in T. 150 beschlossenen virtuosen Monolog, der über weite Strecken von der Figur des *"Battement"* beherrscht wird. Am ausgeprägtesten zeigt sich diese Formidee des dritten Solos im Kopfsatz des achten Konzertes. Dort erstreckt sich der Vorgang des allmählichen Zurücktretens des Orchesters allein über 33 Takte (137-169); der anschließende solistische Monolog wendet sich nach zwei Takten in die Moll-Variante der Grundtonart und wechselt dabei sowohl die Akzidentien wie auch das Tempo (*"più moderato"*). In diesem Fall wäre es zu wenig, von bloßer Ausweitung des Figurativen zu sprechen. Vielmehr wird deutlich, daß eine andere Tendenz durchbricht; das Konzert nimmt in sich Elemente derjenigen Gattung der Klaviermusik auf, die zu dieser Zeit gerade als "letzter Schrei" in der ästhetischen Diskussion ist, nämlich der Freien Fantasie, wie sie C. P. Emanuel Bach theoretisch und kompositionspraktisch wenige Jahre zuvor kreiert hatte. Daß diese Gattung durch Johann Sebastian Bach – insbesondere durch die *Chromatische Fantasie*, aber auch durch Stücke wie die *g-Moll-Orgelfantasie BWV 542* – angebahnt und in einem sehr erheblichen Ausmaß bereits ausgeprägt worden war, haben jüngere Untersuchungen deutlich gemacht.[95] Aber schon im Kopfsatz des *Brandenburgischen Konzertes Nr. 5* tritt die Nähe der konzertanten Kadenz zur freien Fantasie ostentativ zutage. Und auch die Anbahnung dieser Kadenz – das allmähliche Zurücktreten der übrigen Instrumente bis zum alleinigen Verbleiben des Solocembalos – ist in Bachs singulärem Werk – auf einem fraglos unvergleichlich höheren kompositorischen Niveau – derart charakteristisch ausgeprägt, daß es kaum denkbar erscheint, daß Kunzen dieses Konzert nicht gekannt und als Modell sich vorgestellt habe.[96]

---

94 H. Chr. Koch: *Versuch 3*, S. 339.

95 Peter Schleuning: *Die freie Fantasie*, Göppingen 1973, besonders S. 79 ff. – Ders.: *"Diese Fantasie ist einzig ..."* in: Martin Geck (Hrsg.): *Bach-Interpretationen*, Göttingen 1969, S. 57 ff.

96 Heinrich Knödt: *Zur Entwicklungsgeschichte der Kadenz im Instrumentalkonzert*, in: SIMG 15 (1913/14), S. 398 ff. erwähnt in seiner Besprechung der Rolle Bachs in der Entwicklung der Konzertkadenz das *Brandenburgische Konzert Nr. 5* mit keinem Wort.

Neben J. S. Bachs Fantasie und Konzertkadenz muß aber noch ein weiteres Modell für die beschriebene Gestaltung des dritten Solo in Betracht gezogen werden, das allerdings auf dem Gebiet des Violinkonzertes angesiedelt ist. 1733 waren in Amsterdam Pietro Locatellis *12 Violinkonzerte* op. 3 unter dem Titel *L'Arte del Violino* erschienen, eine Werksammlung, die sehr rasch und sehr nachhaltig ihre Wirkung in ganz Europa, vor allem aber in Frankreich ausübte.[97] Hier findet sich in sämtlichen Ecksätzen ein mit *"Capriccio"* überschriebener Soloteil hochvirtuosen Charakters, der gelegentlich, aber keineswegs immer, Bezug nimmt auf das thematische Material des betreffenden Konzertsatzes. Formal nimmt das Capriccio bei Locatelli die gleiche Position ein wie bei Kunzen: es fungiert als drittes Solo der Ritornellkonzertform, und es markiert die endgültige Restitution der Grundtonalität. In einigen Fällen, so in dem des von A. Dunning beschriebenen 9. Konzertes,[98] wird der Eintritt in das Capriccio von sich steigernd virtuosen Komplikationen bei immer mehr zurücktretendem Orchesteranteil vorbereitet. Locatellis Capricci galten als Gipfel geigerischer Virtuosität noch zu einer Zeit, als die Konzerte, denen sie zugehörten, allmählich als veraltet angesehen wurden. Diese Entwicklung scheint schon neun Jahre nach der Erstveröffentlichung, also in den 1740er Jahren eingesetzt zu haben.[99] Offenbar hat aber Kunzen zu Anfang der 1760er Jahre auf diese Sammlung Bezug genommen und die Ambition gehabt, für das Cembalo Konzerte von analoger virtuoser Bedeutung zu schreiben, wie sie Locatellis op. 3 für die Violine besaß. Darauf deutet neben dem beschriebenen Parallelismus in Struktur und formaler Funktion der an dritter Stelle stehenden Soloabschnitte vor allem die Tatsache, daß der Begriff *"Capriccio"* im Kopfsatz des ersten und im Finalsatz des fünften Konzertes explizit als Bezeichnung für den entsprechenden Abschnitt verwendet wird, im letzten Fall ganz ähnlich wie bei Vivaldi und Locatelli mit dem zusätzlichen Vermerk *"a piacimento"*.[100] – Kunzens *"Capricci"* – vielleicht ist es legitim, aufgrund des dargelegten Befundes diese Bezeichnung für sämtliche entsprechenden Abschnitte zu verwenden – haben als themenfreie, teils etüdenhafte, teils aber auch expressiv-fantastische Einbauten in die Ecksätze des Klavierkonzertes nach Kenntnis des Verf. kein Gegenstück im Klavierkonzertrepertoire des 18. Jahrhunderts. Sie sind nicht zu verwechseln mit eigentlichen Kadenzen bzw. den regelmäßig in den langsamen Mittelsätzen der Berliner Klavierkonzerte auftretenden Fermaten. Von beiden unterscheiden sie sich vor allem durch zwei Merkmale: zum einen sind sie völlig ausgeschriebene, also nicht zu improvisierende (wenngleich improvisatorisch anmutende) Abschnitte; zum anderen sind sie hinsichtlich ihrer formalen Funktion mehr als bloß ein *"Einschnitt"* oder *"Stillehal-*

---

97 Albert Dunning: *Pietro Antonio Locatelli. Der Virtuose und seine Welt*, Bd. 1, Buren 1981, S. 169-191, stellt ausführlich die Wirkungsgeschichte vor allem der rasch aus dem Konzertzusammenhang heraustretenden und sich verselbständigenden Capricci bis hin zu Paganini dar.

98 Ebd., S. 244 ff.

99 Ebd., S. 170.

100 Im Titel von Locatellis opus 3 heißt es: *"… con XXIV Caprici ad libitum, che si potrà Finire al Segno"* (Reprint der Edition von 1733 hrsg. von Paul van Reijen, Amsterdam 1981). Schon in Vivaldis *Concerto fatto per la solennità della S. Lingua di S. Antonio in Padua* (GA 1, 136) findet sich in den vielzitierten Kadenzen der Ecksätze die Anmerkung *"Qui si ferma a piacimento"*.

ten".[101] Wie schon dargestellt, handelt es sich vielmehr um das bis nahe zur Verselbständigung ausgebaute dritte Solo, also einen integralen Formteil des Konzertsatzes, der seinerseits (wie bei Locatelli) durch eine Kadenz abgeschlossen wird.[102] Diese Kadenz ist teilweise als zu improvisierende gekennzeichnet, teilweise ist sie ebenfalls ausgeschrieben. Im bereits erwähnten Finalsatz des fünften Konzertes findet sich allerdings eine andere Situation: an diesem ausnahmsweise als Rondo angelegten Satz stellt das *"Capriccio"* eindeutig einen fakultativen Anhang dar, und zwar im exzessiven Verhältnis von 90 Takten gegenüber nur 97 des eigentlichen Satzes; hier zeigt sich, bis zu welchem Ausmaß sich (ähnlich wie bei Locatelli) die virtuose Darbietung verselbständigen kann. Dabei ist die spezielle Londoner Zweckbestimmung dieses Stückes nicht zu übersehen. Abweichend verhält sich das Londoner Konzert außerdem im Mittelsatz (*Adagio e andante*), das erstens nicht durch ein Ritornell, sondern durch den Solisten intoniert und zweitens durch eine ungewöhnliche solistische Überleitung (*Grave solo ad libitum*) nach der Fermate mit dem Schlußsatz verbunden wird, wodurch zweiter und dritter Satz eng miteinander verklammert werden. – Sämtliche dritten Soli enden in einer Kadenz bzw. Fermate; ein eindeutiger Unterschied zwischen diesen beiden Erscheinungsformen im Sinne von *"Manier"* und *"Composition aus dem Stegreif"*[103] läßt sich bei Kunzen nicht ausmachen. Auffällig ist allenfalls, daß in allen Sätzen beides auftritt, während im Berliner Klavierkonzert eher die Kadenzen im langsamen Mittelsatz bevorzugt werden.[104] Doch zeigen die 75 überlieferten authentischen Kadenzen zu Klavierkonzerten C. P. E. Bachs,[105] daß sie auch am Schluß von Ecksätzen keine Seltenheit darstellen. – Zu bemerken ist, daß sich Kunzens Kadenzen in ihrer Faktur deutlich von den bzw. innerhalb der fantasieartig ausgestalteten dritten Soli abheben. Sie bestehen aus ausschließlich von der rechten Hand auszuführenden Koloraturen über der in der linken ausgehaltenen Dominant-Quinte der

---

101 C. P. E. Bach: *Versuch über die wahre Art das Clavier zu spielen*, Faksimile-Nachdruck Leipzig ³1976, Teil 1, 1753: S. 131 f., Teil 2, 1762: S. 254.

102 Etwas unpräzis dargestellt, in der Tendenz aber wohl richtig gesehen hat dies im Fall von Locatelli Hans Engel: *Instrumentalkonzert* 1, S. 104. – Durch das vom Komponisten freigestellte Weglassen des Capriccio würde also in Locatellis Konzerten die Form des Satzes einschneidend verkürzt.

103 C. P. E. Bach: *Versuch* 1, S. 112 ff., 131 ff. Davon weicht die Erklärung von Marpurg nicht unbeträchtlich ab: Fermate sei *"eine willkührliche zierliche Aufhaltung in der Mitte des Stückes"*, Kadenz *"eine willkührliche Auszierung der Hauptnote eines Modi gegen die im Basse dagegenstehende Quinte des Modi. Dieser Auszierung bedienet man sich nur insgemein am Schlusse eines Stückes."* Friedrich Wilhelm Marpurg: *Die Kunst, das Clavier zu spielen*, Berlin ⁴1762, S. 16. – Zum Problem vgl. Günter Katzenberger: *Die Kadenz im Instrumentalkonzert bei Beethoven und das Stilproblem der nichtoriginalen Kadenzen zu Beethovens Konzerten*, Diss. phil. Innsbruck 1963, S. 2-6.

104 Nach C. P. E. Bach: *Versuch* 1, S. 113, kommen die Fermaten über einer Pause häufiger in schnellen, dagegen die über der vorletzten oder der letzten Baßnote *"gemeiniglich in langsamen und affectuösen Stücken"* vor. Auch Quantz versteht unter Fermate nur die *"Aufhaltungen in der Mitte eines Stückes"*, unter Cadenz hingegen die *"willkührliche Auszierung, welche von einer concertirenden Stimme, beim Schlusse des Stückes, über der vorletzten Note der Grundstimme, nämlich über der Quinte der Tonart, woraus das Stück geht, nach dem freyen Sinne und Gefallen des Ausführers, gemachet wird"*. Er verbietet sie für *"lustigen und geschwinden Stücken"* und hält sie nur *"in pathetischen und langsamen, oder in ernsthaften geschwinden Stücken"* für statthaft. Johann Joachim Quantz: *Versuch einer Anweisung die Flöte traversière zu spielen* (³1789), Faksimile-Nachdruck Kassel u. a. 1953, S. 151 ff.

105 Cadenzen von C. P. E. Bach, Brüssel, Bibliothèque du Conservatoire Royal de Musique Nr. 5871. Es handelt sich um eine Zusammenstellung durch den Hamburger Kopisten Michel. Übersicht bei R. W. Wade: *The Keyboard Concertos of C. P. E. Bach*, Appendix E, S. 331 ff. – J. R. Stevens: *Keyboard Concertos of C. P. E. Bach*, S. 54.

Haupttonart, die die vom Ohr zu ergänzende 6/4-Vorhalt-Harmonie vertritt; sie bekunden durch diese Faktur deutlich ihre Herkunft vom Violinkonzert bzw. von der Opernarie. Demgegenüber entfalten sich in den *"Capricci"* analog der freien Fantasie breit angelegte, originär klavieristische, sogar ausgesprochen cembalistische[106] Fakturen, die in Etüdenmanier *"aus einer vorgegebenen ... musikalischen Struktur"* nach einer bestimmten Regel *"auf eindeutige Weise den konkreten musikalischen Text ... erzeugen"*;[107] in einem *"Capriccio"* können – wie in der Fantasie – mehrere solcher "Texte" mit unterschiedlichen Charakteren, Tempi und Tonarten zusammenkommen.

In Kunzens Konzerten sind die Abweichungen von dem umgebenden norddeutschen Gattungsmilieu, wie sich gezeigt hat, beträchtlich. Was bei C. P. Emanuel Bach nur vereinzelt und ausnahmsweise – etwa in *Wq 14* und dem bereits erwähnten Konzert *Wq 35* – vorkommt: die formale Ausweitung des 3. Solos und die Annäherung an den frühen Sonatensatz unter spezifisch dem Konzert eigenen Bedingungen und Modifikationen –, ist bei dem Lübecker Marienorganisten um 1762 bereits die Norm. Es ist denkbar – wenn auch kaum aufgrund von Quellen- bzw. Dokumentenbefunden bis ins letzte belegbar –, daß Kunzen zu seinen eigenständigen Gestaltungsformen durch die Entwicklung der Gattung angeregt wurde, wie er sie in England, namentlich durch die Erscheinung Händels, kennengelernt hatte. Der Einfluß der englischen Tradition auf Kunzens Konzerte hatte die Auflösung der Formfunktion des Ritornells sowie die Wucherung des Solistischen innerhalb des Konzertsatzes im Gefolge: schon bei Händel ist das Tasten-Konzert vielfach ganz wesentlich ein Tummelplatz solistischer Schaustellung, oft werden die zu improvisierenden und in ihrem Ausmaß nicht festgelegten solistischen Abschnitte im Notentext nur skizzenhaft angedeutet. Dieser Einfluß verbindet sich bei Kunzen offensichtlich mit demjenigen des Locatellischen Violinkonzertes.

III

Im Jahr 1760, also drei Jahre nach seiner Rückkehr aus London und seinem Amtsantritt in Lübeck und zwei Jahre vor dem Beginn der eigenen Klavierkonzert-Produktion, empfing Kunzen jenen Besuch des Herzoglich mecklenburgischen Hofkomponisten Johann Wilhelm Hertel aus Schwerin, über den bereits berichtet wurde.[108] Den Formulierungen in Hertels Autobiographie ist wohl zu entnehmen, daß sich die beiden bis dahin noch nicht persönlich kennengelernt hatten, obwohl Hertel der unmittelbare Nachfolger Kunzens in der Schweriner Position des Hof- und Capell-Componisten war.[109] Der Besuch von 1760 indessen scheint der Auftakt zu einer

---

106 Die meisten dieser *"Capricci"* klingen nur auf dem Cembalo; sowohl auf dem Hammerklavier wie auf der Orgel wirken sie stumpf. An eine Wiedergabe auf dem Clavichord ist aus bereits diskutierten Gründen nicht zu denken.

107 So die Definition des Fakturbegriffs bei Hartmuth Kinzler: *Frédéric Chopin. Über den Zusammenhang von Satztechnik und Klavierspiel*, München-Salzburg 1977 (= Freiburger Schriften zur Musikwissenschaft, Bd. 9), S. 16.

108 Vgl. oben S. 119. – Willi Kahl, Art. *Hertel*, in: MGG 6, Kassel u. a. 1957, Sp. 284-288.

109 J. W. Hertel: *Autobiographie*, S. 44.

dauernden freundschaftlichen Beziehung gewesen zu sein, wobei der jüngere Hertel dem Lübecker Musikdirektor mit *"Achtung und Ergebenheit"* gegenüberstand. Offenbar sah Hertel in Kunzen einen Musiker von vorbildlicher fachlicher und charakterlicher Haltung; er sei ein

"Mann von gutem Herzen, feiner Lebens-Art und ein warmer, uneigennütziger Freund von dem, der ihm behagte. Ohne falschen Auswuchs Virtuosen Stolzes, bewies er durch einige bekannt gewordene Züge, daß er wußte, wenn es Zeit war, die Überzeugung tätig werden zu lassen, daß sich ein wahrer Virtuos unter seinem Werth so wenig nehmen, als von anderen nehmen laßen müsse."[110]

Das stimmt durchaus überein mit den von Carl Friedrich Cramer überlieferten Zügen. Für Hertel scheint aber – obwohl er es in der Autobiographie nicht erwähnt – der Austausch mit Kunzen musikalisch produktiv geworden zu sein. Dabei war er beim ersten Kennenlernen von Kunzens Kompositionen nicht gerade übermäßig beeindruckt, von denen er meinte, daß sie *"im Geschmack annoch etwas Telemannisierten"*. Doch nahm er bereits die 1760 in London entstandenen Klaviersonaten von diesem Urteil aus. Man darf wohl annehmen, daß Hertel in den folgenden Jahren Kunzens intensive Auseinandersetzung mit der Gattung des Klavierkonzertes mit Interesse verfolgte. Er selbst war von Hause aus zwar mehr Geiger, konnte jedoch schon als Knabe *"Händelsche und Bachische Fugen und Sonaten auf dem Clavier auswendig und fertig accompagniren"*. Seine erste Anstellung als 17jähriger am Neustrelitzer Hof *"zur Violine und zum Clavier"* vermittelte ihm die Verbindung zum Berliner Musikerkreis um die friderizianische Hofkapelle. Der Vortrag des Cembalokonzertes D-Dur *Wq 11* durch C. P. Emanuel Bach beeindruckte ihn zutiefst; er kaufte sich das 1745 bei Schmid in Nürnberg gedruckte Werk und studierte es ein. Später wurde er mit Philipp Emanuel auch persönlich bekannt, bemühte sich, ihn so oft wie möglich zu hören und Stücke von ihm zu bekommen, die er ihm dann vorspielte, um sich sein Urteil darüber auszubitten *"und so auch die Freundschaft dieses braven Mannes nutzen"* zu können. Von Philipp Emanuel erfuhr Hertel Ermunterung und Bestärkung in seinen kompositorischen Versuchen, und von nun an galt die damals erst sich einbürgernde Fingersetzungsmanier C. P. E. Bachs (die *"Bachische Application"*) für Hertel als unbedingt verbindlich.[111] Hertel verkehrte in der Sackschen *Musikübenden Gesellschaft* und lernte dort auch Johann Gottlieb Goldberg, den von J. S. Bach so hoch geschätzten Cembalisten, kennen. Im Jahr 1750 wurden in Neustrelitz Silbermannsche Fortepianos angeschafft, auf denen Hertel *"theils auf Befehl der Herrschaft, theils aus eigenem Vergnügen jetzt mehr ... als auf dem Clavier"* spielte.

---

110 J. W. Hertel: *Autobiographie*, S. 50.
111 Vgl. oben S. 119.

"Und da er mit der Zeit immer eines von diesen Instrumenten unter den Händen be-
hielt, so verschaffte ihm endlich die diesem Instrument ganz eigene Behandlung dieje-
nigen kraftvollen Finger, die hernach auch dem hartnäckigsten Clavier-Instrument so
zuzusprechen wußten, daß es auch den letzten Rest seines Klanges hergeben mußte."[112]

Daß aus diesem Passus eine sonderliche Vorliebe Hertels für die frühen Hammerkla-
viere aus musikalischen Gründen hervorgehe, läßt sich kaum behaupten. Vergegen-
wärtigt man sich die Feststellung Jakob Adlungs, daß das Silbermannsche Pianoforte
nicht so stark klang wie das Cembalo und *"ein Kammer-Instrument und daher zu kei-*
ner anderen Music zu gebrauchen" sei,[113] dafür aber eine wesentlich schwergängigere
Spieltraktur hatte, dann läßt sich dieser Stelle wohl nicht mehr entnehmen, als daß
Hertel das neue Instrument als besonders geeignet zum sportiven Fingertraining an-
sah. Es hatte eben um 1750 etwas Sensationelles, auf einem Hammerklavier zu spielen, und dies scheint der Grund der ausführlichen Erwähnung zu sein.

Wahrscheinlich ähnlich wie Kunzen zu Händel, stand Hertel zu C. P. Emanuel
Bach in einem Verhältnis, das zwischen Freundschaft und Schülerschaft anzusiedeln
wäre. Trotzdem hat er sich erst relativ spät der Komposition von Klavierkonzerten
zugewandt. Erst die Schwächung seiner Sehkraft hatte zur Folge, daß sich in seinen
späteren Jahren das Hauptgewicht seiner Produktion von der Violine zu den Tasteninstrumenten hin verschob. Eine genaue Datierung liegt nur bei wenigen Klavierkonzerten vor; sie weist in die erste Hälfte der 1770er Jahre. Wahrscheinlich ist die Entstehung der ersten Konzerte jedoch schon für die zweite Hälfte der sechziger Jahre
anzusetzen. Dies ergibt sich aus der Tatsache, daß das C-Dur-Konzert (Brüssel, Bibliothèque du Conservatoire, Sign. U 6070) als einziges auch im Druck vorliegt (ebda.
U 6071). Das Titelblatt des Druckes trägt zwar keine Verlagsangabe, doch weist die
Platten-Nummer CXXXIX auf den Nürnberger Verlag Johann Ulrich Haffner und
das Datum 1765-1767.[114] Das späteste gesicherte Datum wiederum ist 1774 (Vermerk am Ende der Partitur von U 6076). Man wird also etwa das Jahrzehnt von 1765
bis 1775 als Entstehungszeit der siebzehn Klavierkonzerte Hertels annehmen dürfen.
In der folgenden Übersicht werden die bis auf eine Ausnahme handschriftlichen Quellen dieser Konzerte in der Reihenfolge und Numerierung der Westphalschen Sammlung in der Brüsseler Conservatoire-Bibliothek, die den bei weitem größten Bestand
an Hertel-Klavierkonzerten aufweist, aufgeführt.[115]

---

112 J. W. Hertel: *Autobiographie*, S. 39.

113 Jakob Adlung: *Musica mechanica organoedi*, Bd. 2 (Berlin 1768), Faksimile-Nachdruck Kassel/Basel 1961,
     S. 117.

114 O. E. Deutsch: *Music Publishers' Numbers*, London 1946, S. 13. Der Druck ist in RISM A/1, 4 nicht aufgeführt.

115 B Bc = Brüssel, Bibliothèque du Conservatoire Royal de Musique; D B = Staatsbibliothek zu Berlin – Preußi-
     scher Kulturbesitz, Musikabteilung; D SWl = Schwerin, Landesbibliothek Mecklenburg-Vorpommern, Musika-
     liensammlung [die 1986 gültigen Bibliothekssigel D-ddr SWl und D-brd B wurden für die vorliegende Publika-
     tion aktualisiert; d. Hrsg.]. – Die Dissertation von Mary R. Hertel: *The Keyboard Concertos of Johann Wilhelm*
     Hertel, Catholic University of America, Washington/D. C. 1964, war dem Verf. nicht zugänglich. – Reinhard
     Diekow beschäftigt sich in seinen *Studien über das Musikschaffen Johann Christian und Johann Wilhelm Hertels*,
     Diss. phil. mschr. Rostock 1980, mit quellenkritischen Fragen zur Überlieferung sowie mit analytischen Proble-
     men der Sinfonien, nicht aber der Klavierkonzerte von Johann Wilhelm Hertel. In Diekows Werkverzeichnis

(1)   *Konzert C-Dur.* Allegro moderato – Largo – Tempo di Minuetto.
B Bc U 6070; D SWl 2762

(1a)   dgl. Druck B Bc U 6071

(2)   *Konzert C-Dur.* Allegro – Adagio di molto – Allegro assai. B Bc U 6072

(3)   *Konzert c-Moll.* Allegro – Largo – Allegro. B Bc U 6073; D B Mus. ms. 10546/8

(4)   *Konzert D-Dur per la Harpha ô il Cembalo concertato.* Allegro – Largo – Vivace.
B Bc U 6074

(5)   *Konzert D-Dur.* Allegro moderato – Largo poco andante – Allegro.
B Bc U 6075; D SWl 2763/1

(6)   *Konzert Es-Dur* (1774). Allegro con spirito – Largo con sordine – Allegro. B Bc U 6076

(77)   *Konzert F-Dur per la Harpa ô Cembalo.* Allegro con brio – Adagio – Tempo di Minuetto.
B Bc U 6077

(8)   *Konzert f-Moll.* Allegro con spirito – Largo – Allegro. B Bc U 6078

(9)   *Konzert G-Dur per la Harpa ô il Cembalo concertato.* Allegro – Affettuoso – Allegro non troppo. B Bc U 6079

(10)   *Konzert G-Dur.* Allegro ma non tanto – Larghetto – Allegro.
B Bc U 6080; D SWl 2763/2

(11)   *Konzert G-Dur.* Allegro – Largo – Allegro. B Bc U 6081

(12)   *Konzert g-Moll.* Allegro – Adagio – Allegro (ineinander übergehend). B Bc U 6082

(13)   *Konzert A-Dur.* Allegro non troppo – Adagio – Allegro.
B Bc U 6083; D B Mus. ms. 10546/4

(14)   *Konzert a-Moll* (1772). Allegro con spirito – Adagio con sordine – Allegro di molto.
B Bc U 6084

(15)   *Konzert B-Dur.* Allegretto – Adagio – Allegro. B Bc U 6085; D B Mus. ms. 10546/6

(16)   *Konzert c-Moll.* Allegro – Affettuoso – Presto. D B Mus. ms. 10546/1

(17)   *Konzert d-Moll.* Allegro – Andante – Vivace. D B Mus. ms. 10546/2

Man erkennt sogleich, daß diese Anordnung nach Tonarten, nicht nach Entstehungs-daten erfolgte. Immerhin ist das gedruckte Konzert (1a) auf dem Titelblatt als *"Con-certo primo"* bezeichnet; man wird also davon ausgehen dürfen (wovon ja auch das

---

(Anhang II, Abschnitt 2. 4. 3., S. 210 ff.) fehlen die in Berlin/West liegenden Klavierkonzerte. – Zum weiteren Konzertschaffen J. W. Hertels vgl. auch Ludwig Güttler: *Johann Wilhelm Hertel (1727-1789) "... dem Publicum unbekannt geblieben". Ein Trompeter über J. W. Hertel heute*, in: *Die Wechselwirkung von Instrumentenbau und Kompositionsweise sowie Editionsfragen der Frühklassik*, Blankenburg/Harz 1980 (= Studien zur Aufführungspraxis und Interpretation von Instrumentalmusik des 18. Jahrhunderts, Heft 14), S. 38-41.

anzunehmende Publikationsdatum zeugt), daß dieses Konzert zumindest zu den frühesten gehört.

Als Soloinstrument ist in sämtlichen Konzerten *"Cembalo concertato"* verzeichnet; in drei Fällen allerdings hat es nur alternative Funktion zu der an erster Stelle genannten Harfe, ohne daß diese Konzerte tiefergreifende Unterschiede in satz- und spieltechnischer Hinsicht zu den übrigen aufwiesen. Die alternative Besetzungsangabe für Cembalo oder Pianoforte, die etwa in England um 1770 bereits allgemein anzutreffen ist, findet sich bei Hertel überhaupt nicht. Mit Bezug auf die oben diskutierte Einstellung Hertels zum Pianoforte wird man seine Klavierkonzerte – ebenso wie diejenigen Kunzens – als ausschließlich für die Aufführung mit Cembalo berechnet ansehen dürfen mit Ausnahme der drei für Harfe vorgesehenen Werke, die eine wertvolle Bereicherung des ansonsten nicht allzu umfangreichen Repertoires an Konzerten für dieses Instrument aus dem 18. Jahrhundert darstellen.

Die Standardbesetzung des Orchesters ist das vierstimmige Streichercorpus in der schon anläßlich von Kunzens Konzerten dargestellten Klang- und Satzstruktur.[116] In zwei Konzerten (U 6074 und U 6082) treten Hörner, in drei weiteren (U 6076, U 6079 und U 6081) Hörner und Flöten hinzu. Auf dem Titelblatt von U 6079 werden die Blasinstrumente mit dem Zusatz *"per rinforza"* versehen, doch spielen besonders die ausschließlich in den langsamen Mittelsätzen eingesetzten Flöten eine weit über klangliche Verstärkung hinausgehende, teilweise geradezu solistische Rolle, indem sie mit den hohen Streichern einerseits, dem Cembalo andererseits einen konzertanten Dialog führen. Aber auch die Hörner leisten mehr als die zweistimmige Verstärkung von Grundharmonien, indem sie eigenständig rhythmische Akzente setzen und auf diese Weise das Klangbild sowohl rhythmisch wie auch harmonisch und farblich entscheidend beleuchten; freilich erreichen sie bei weitem nicht den gleichen Grad an Unabhängigkeit wie die Flöten. Bei der Verwendung von Blasinstrumenten im Klavierkonzert konnte kaum C. P. Emanuel Bach als Vorbild dienen, der sie erst seit den Sonatinen der ersten Hälfte der 1760er Jahre, im Klavierkonzert selbst erst seit seiner Übersiedlung nach Hamburg einsetzte.[117] Dem englischen Tasten-Konzert hingegen war schon in seinen Anfängen bei Händel die Beteiligung von Blasinstrumenten nicht fremd. So sah Henry Burgess auf dem Titelblatt seiner um 1740 erschienenen Konzerte *Violins & other Instruments* für das Ripieno vor und forderte im Largo des 5. Konzertes sogar eine solistische Oboe. Arnes Konzerte weisen durchweg zwei teilweise von den Violinen unabhängig geführte Oboen und im ersten Konzert (allerdings nur in einem Satz) Hörner und Trompeten auf. Auch in den Titeln der meisten anderen englischen Konzerte für Tasteninstrumente finden sich betreffs der Begleitinstrumente vorwiegend unbestimmte Angaben wie *"with Instrumental parts"* oder *"with Accompanyments"*, was darauf schließen läßt, daß die Begleitung den Aufführungsbedingungen angepaßt werden sollte. In größeren Räumen, etwa in Theatern und in den Pleasure Gardens, ist – entsprechend größeren Soloinstrumenten – auch

---

116 Vgl. oben S. 121.
117 J. R. Stevens: *Keyboard Concertos of C. P. E. Bach*, S. 228, 235.

mit Beteiligung von mehr und unterschiedlichen Ripienoinstrumenten zu rechnen. Im Gegensatz dazu wird in den norddeutschen Konzerten entweder nur von *Concerto per il Cembalo concertato* gesprochen oder *"accompagnato da due Violini, Violetta e Basso"* hinzugefügt. Die Besetzung mit zwei Hörnern und zwei Flöten trat bei Kunzen, wie schon erwähnt,[118] in zwei Konzerten aus dem Jahr 1769 auf. Zwei Jahre zuvor waren bei Breitkopf mehrere Klavier-Konzerte des in Paris lebenden und aus Mozarts Biographie bekannten Stürmers und Drängers Johann Schobert erschienen, die diese Besetzung verwenden. Es ist nicht auszuschließen, daß hier Einflüsse wirksam geworden sind, wenn sich auch ansonsten Schoberts Klavierstil stark von demjenigen Kunzens unterscheidet.[119] Daß aber, wie der bereits erwähnte Züricher Kupferstich von Holzhalb zeigt, diese Besetzung anscheinend zum Standard der Gattung in den 1770er Jahren wurde, dürfte nicht zuletzt der Wirkung Schoberts zuzuschreiben sein, auch wenn diese nach dem Zeugnis Burneys in Frankreich und England stärker war als in Deutschland, wo angeblich die C. P. Emanuel-Bach-Schule Schobert sein Haschen nach Neuem und Außergewöhnlichem sowie sein Sich-selbst-Wiederholen zum Vorwurf machte.[120] Immerhin lenkte Johann Adam Hiller schon 1766 die Aufmerksamkeit der deutschen Musikwelt auf Schobert,[121] während dessen Name in Hertels Autobiographie nicht erwähnt wird.

Von den siebzehn Klavierkonzerten Hertels stehen sechs in Moll-Tonarten, und zwar – außer dem *a-Moll-Konzert U 6084* – sämtlich in b-Tonarten: d-Moll (Mus. ms. 10546/2), g-Moll (U 6082), c-Moll (U 6073, Mus. ms. 10546/1) und f-Moll (U 6078). Dies und die für die Zeit äußerst seltene Wahl einer Tonart mit vier b-Akzidentien deutet den Ausdruckswillen des musikalischen *"Sturm und Drang"* an. So sagt etwa Christian Friedrich Daniel Schubart von den *"mit B markierten Tönen"*, sie

"wiegen durch ihre Sanftheit nicht nur in den Schlaf, sondern deuten auch die Natur des Todes durch ihre hinsterbende Dumpfheit an".

Der Tonart f-Moll attestiert Schubart

"tiefe Schwermuth, Leichenklage, Jammergeächz, und grabverlangende Sehnsucht".[122]

Auch stehen die langsamen Mittelsätze von Dur-Konzerten nicht selten in Moll-Tonarten (was bei Kunzen, wie erwähnt, nur einmal vorkommt). Dabei kommt die Tonikaparallele ebenso in Frage (U 6070, 6076) wie die Tonika-Mollvariante (U 6072, 6081, 6083). Auffallend häufig stehen alle drei Sätze in der gleichen Tonart, allerdings beschränken sich derartige Fälle auf Dur-Zyklen: U 6074, 6075, 6077, 6079, 6080. In Moll-Konzerten steht der Mittelsatz in der parallelen Dur-Tonart (U 6073, 6082, Mus. ms. 10546/1), in der Dur-Variante (U 6078), in der Leitton-

---

118 Vgl. oben S. 121.

119 Vgl. dazu die beiden in *DDT* 1, 39 publizierten Klavierkonzerte op. 12 und 19.

120 Ch. Burney: *General History* 4, S. 956 f. Burney schreibt, er selbst sei der erste gewesen, der 1766 Schoberts Werke von Paris nach London gebracht habe.

121 Wöchentliche Nachrichten und Anmerkungen 1, S. 134 f.

122 Christian Friedrich Daniel Schubart: *Ideen zu einer Ästhetik der Tonkunst*, 1806; s. Anm. 29, S. 376, 378.

wechsel-Tonart (U 6084) oder in der Molldominant-Tonart (Mus. ms. 10546/2); im letzteren Fall stehen also sämtliche Sätze in Moll-Tonarten, was wohl einen äußerst seltenen Fall nicht nur im vorklassischen Repertoire bedeuten dürfte. – Insgesamt haben somit die Mollsätze einen auch in dieser Zeit ungewöhnlich hohen Anteil innerhalb des gesamten Werkbestandes. Ihrem Ausdruckscharakter nach zerfallen Hertels Konzerte in die zwei scharf voneinander getrennten Gruppen des empfindsamen und des Sturm- und Drang-Stils. Das Fehlen eines im eigentlichen Sinn "galanten" Konzertes, wie es etwa im Repertoire des friderizianischen Hofes dominierte, erklärt sich aus Hertels neuartiger gefühlshafter Einstellung als Komponist, die ihn – ungeachtet seines Status als höfischer Funktionsträger – als zutiefst bürgerlich empfindenden Menschen erscheinen läßt. Er sagte von sich selbst, er gehöre

"zu der Claße Menschen ..., die mehr in Extremen, als gleichschwebend gestimmt sind, mehr fühlen, als raisonniren, mehr handeln, als sprechen".[123]

Das ist ein Psychogramm, das seinen Träger nach den Maßstäben des Hoflebens von Versailles eigentlich hätte zugrunde richten müssen.[124] (Daß dies offenbar nicht der Fall war, zeigt, in welchem Ausmaß nach der Mitte des 18. Jahrhunderts bürgerliche Empfindungsweisen auch an den Höfen vorzudringen im Begriff waren.) – Wie später Beethoven die Landschaft um Wien als Quelle der Recreation und künstlerischen Inspiration empfand, so unternahm Hertel tägliche Spazierritte in die Umgebung Stralsunds.

"Er befand sich nie munterer und vergnügter, als wenn er für sich allein Felder und Gehölz durchwanderte, so daß er gemeiniglich alsdann die besten Gedanken zu seinen musikalischen Stücken zu sammeln pflegte."[125]

Ähnlich wie sich in den Naturidyllen Salomon Gessners *"die Verbindung zur Gesellschaftsdichtung des Rokoko löste"*,[126] zeigen sich in Hertels empfindsamen und in schrofferer Ausprägung noch in den "Sturm-und-Drang"-Klavierkonzerten Zeichen der Abwendung von einer Schaffensweise, die sich in erster Linie als Erfüllung gesellschaftlicher Aufträge verstand. In einem neuen Sinn wurde hier die Natur – verstanden als Landschaft, Atmosphäre, Stimmung – zur "Lehrmeisterin" des musikalischen Künstlers, der einsam, unbekümmert um Geschmacksrichtungen und herrschende Konventionen, zur inneren Sammlung gelangte und nach wahrer Dichterart autonom sein Schaffen betrieb.

Das empfindsame Konzert, wie es im *Es-Dur-Konzert* U 6076 begegnet, ist geprägt durch eine Ritornell-Melodik, die in ihrem schroffen Nebeneinander von engschrittigen Triller- bzw. Doppelschlagfiguren und enormen Sprüngen stark an die zeitgenössische Opera buffa, z. B. Pergolesis, gemahnt, deren rasche, ruckartig und

123 J. W. Hertel: *Autobiographie*, S. 60.
124 Norbert Elias: *Die höfische Gesellschaft*, Darmstadt-Neuwied ⁴1979, S. 158 ff.
125 J. W. Hertel: *Autobiographie*, S. 49.
126 Richard Newald: *Geschichte der deutschen Literatur*, Bd. 6/1, München 1959, S. 109.

unvorhergesehen sich vollziehende Situationsänderungen nach Thrasybulos Georgiades eher einen Ablauf realen Geschehens als die Darstellung von Affekten manifestieren.[127] Zu derartigen Überraschungen zählen auch blitzartige Eintrübungen wie jene doppelte Tiefalteration der sechsten Stufe in T. 14, die aber so rasch vorbeizieht wie sie hereinbrach und von buffonesken stakkatierten Oktavsprüngen in aufsteigender Linie abgelöst wird. Die Figuration des Solos hat nichts gemeinsam mit der Thematik des Ritornells, doch steckt auch das Solo – auf andere Weise – voller Überraschungen: sie liegen vor allem in den auf Schritt und Tritt sich ändernden Figurationsformen. Gegenüber dem blitzschnellen Situationswechsel der schnellen Ecksätze erscheint die verschattete, gemessene Seriosität des Mittelsatzes als um so wirkungsvollerer Kontrast, als die klangliche Delikatesse von miteinander konzertierender Soloflöte und Cembalo auf dem Hintergrund sordinierter Streicher und eines einzelnen, in großen Abständen auftauchenden synkopierten Horntones im ununterbrochenen Ablauf gleichmäßiger Sechzehntelbewegung sich entfaltet.

Unter den "Sturm-und-Drang"-Moll-Konzerten ragt neben dem in zwei Handschriften überlieferten *c-Moll-Konzert* (U 6073/Mus. ms. 10546/8) das *g-Moll-Konzert* U 6082 heraus, weil es den im vorklassischen Klavierkonzert wohl einmaligen Fall einer Zusammenfügung der drei zyklischen Konzertsätze zu einem einzigen durchlaufenden vermittels überleitender Passagen darbietet. Dieses auf Robert Schumanns *d-Moll-Sinfonie* oder – auf dem Gebiet des Konzertes – auf Webers und Spohrs, ja auf Liszts Konzertstücke bzw. einsätzige Klavierkonzerte vorausweisende Verfahren zyklischer Zusammenfügung zeugt von dem Bestreben, dem Klavierkonzert eine dramatische, an der Akteinteilung orientierte Einheit zu verleihen, für die es allerdings unter den zeitgenössischen Experimenten mit der sich immer stärker emanzipierenden Instrumentalmusik das Vorbild der freien Fantasie C. P. Emanuel Bachs gab. Wie stark hier außermusikalische, dramatische Impulse wirksam wurden, wissen wir aus dem Beispiel der von Gerstenberg mit Texten versehenen Fantasie aus der 6. Probestück-Sonate zum *Versuch ...* .[128] Das Ritornell des Kopfsatzes ist geprägt von spannungserzeugenden und -erhöhenden Momenten: Beginn mit einem Triller, punktierter Rhythmus, pochender Hämmer-Rhythmus unisono auf dem Grundton mit anschlie-ßender Circulatio-Figur als Ausgangsmotiv, das erst diatonisch, dann chromatisch aufwärts zur Quinte geführt wird, wobei zugleich der Sprung zum oberen Oktavton, vom Grundton ausgehend, immer enger wird – eine anfängliche Zuspitzung, die ihr entspannendes Gleichgewicht durch einen anschließenden gleich langen "Gerüst-bau"[129] erhält. Eine nachbarocke Quintschritt-Sequenz vermittelt ihn mit einer auf die beiden Violinen beschränkten zweistimmigen kantablen Kontrastpartie, danach erfolgt die Wiederaufnahme des Anfangsmotives, das durch eine von riesigen Intervallsprüngen neben engstschrittigen Trillerfiguren geprägte Schlußphase zu Ende geführt wird. Diese Schlußphase weist in auffälliger Weise auf das Kopfmotiv von

---

127 Thrasybulos Georgiades: *Aus der Musiksprache des Mozarttheaters*, in: Mozart-Jahrbuch 1950, S. 79.

128 Friedrich Chrysander: *Eine Klavier-Phantasie von Karl Philipp Emanuel Bach mit nachträglich von Gerstenberg eingefügten Gesangsmelodien zu zwei verschiedenen Texten*, in: VjfMw 7 (1881), S. 1-25.

129 Thrasybulos Georgiades: *Schubert. Musik und Lyrik*, Göttingen 1967, S. 69-83.

Mozarts *c-Moll-Konzert KV 491* voraus. Diesem von heftigster Erregung geprägten Ritornell folgt ein Solo, das die Gefühlslage aufnimmt, jedoch mit völlig unterschiedlichen Mitteln beantwortet, nämlich mit einer achttaktigen, durch einen einstimmigen Vorspann auf zehn Takte erweiterten Periode, deren einfache melodische Grundbewegung durch zahlreiche Verzierungen (Doppelschläge, Vorschläge, *"Anschläge mit dem Tertiensprunge"*[130], Triller) und eine ungewöhnliche irrationale Achtelfioritur mit 11 für 8 Achtel verschleiert wird. Mit nervöser Unruhe des Rhythmus reagiert das Solo auch im weiteren Satzverlauf auf die aufgewühlte und zerrissene Faktur der Ritornelle. Dieses Verhältnis erfährt im Mittelsatz insofern eine Verlagerung, als hier das Solo derart führend sich entfaltet, daß es zu einer Ausprägung von Orchesterritornellen nicht mehr kommt; es handelt sich vielmehr um einen durchgehenden Monolog des Soloinstrumentes, das vom Orchester nur begleitet oder von ein- bis dreitaktigen Einwürfen kurz unterbrochen wird. Der letzte Satz, zwar rhythmisch wesentlich einfacher gehalten, knüpft in Drei-Viertel-Bewegung an den Charakter des Kopfsatzes an und bildet schon von seinem beträchtlichen Umfang von 320 Takten (gegenüber 268 des Kopfsatzes) her dessen adäquates Gegengewicht.

Fragt man über diese vornehmlich vom Ausdruckscharakter her bestimmten Beobachtungen weiter nach spezifischen konstruktiven Merkmalen von Hertels Konzerten, so bietet sich der Vergleich mit Kunzen an. Neben C. P. Emanuel Bach, der aber in den Jahren vor dem Einsetzen von Hertels Klavierkonzert-Komposition – abgesehen von den Sonatinen – nur fünf konzertante Klavierwerke geschrieben hatte (*Wq 36/1762, 37/1762, 38/1763, 39/1765, 40/1765*), stellt Kunzens Produktion mit den Schwerpunkten 1762/3 und 1768/9 angesichts räumlicher Nähe und persönlicher Bekanntschaft, ja Freundschaft, einen natürlichen Bezugspunkt für Hertel dar. Wie für Kunzen ist auch für Hertel die grundlegende modulatorische Bewegung von (in Dur) der Dominante zu Beginn des zweiten Ritornells über die Tonikaparallele zur Reprise der Grundtonart zu einer regelmäßig wiederkehrenden Verfahrensweise geworden.[131] Die schon schematisch zu nennende Anwendung dieses normgerechten Modulationsweges verbindet Kunzen und Hertel etwa gegenüber C. P. Emanuel Bach, der zur gleichen Zeit sehr viel variabler in seinen Modulationsverläufen sich verhält, weil er grundlegend dem im Ritornellkonzert veranlagten Prinzip der Nicht-Fixierung der Tonartenstationen treu bleibt. Auf der anderen Seite bleibt Hertel – im Gegensatz zu Kunzen – bei der traditionellen Funktionalität von Ritornell und Solo: nach wie vor markiert bei ihm das erstere ausschließlich die Tonartenstationen, moduliert also nicht. Diese Haltung verbindet Hertel mit C. P. Emanuel Bach stärker als mit Kunzen, der an den im englischen Konzert aufgewiesenen Rückgang der formfunktionalen Bedeutung des Ritornells anknüpfte. An die Stelle des beinahe hybrid ausgebildeten unthematischen dritten Solos bei Kunzen tritt bei Hertel eine ausgeprägte thematische Reprisenstruktur, die sich auf das regelmäßig die zurückkehrende Grundtonart markierende vierte Ritornell und das daran anschließende mindestens

---

130 C. P. E. Bach: *Versuch* 1, S. 104.
131 Vgl. oben S. 122.

eine weitere Solo und ein weiteres Ritornell verteilt; gelegentlich ist auch das vierte Ritornell in zwei von einem weiteren Solo unterbrochene Hälften aufgeteilt, so daß die Zahl der Ritornelle auf insgesamt sechs ansteigt. In derartigen Maßnahmen zeigt sich die Problematik der mehrfachen Grundtonart-Ritornelle innerhalb der Reprise, der sich Kunzen durch die Ausflucht in das exzessiv-fantasiehafte Solo zu entziehen suchte. Auf Steigerungen des Solistischen, wie sie Kunzen im traditionellen dritten Solo unternahm, verzichtet Hertel zwar, doch zeigt sich auch bei ihm eine Änderung des entsprechenden Satzteiles, der grundsätzlich vom 4. Ritornell eingeleitet wird, weil – entsprechend der Tradition des Ritornellkonzertes – das 3. Ritornell eine Nebenstufe (in der Regel, auch in Moll-Konzerten, die Tonikaparallele) markiert. Das folgende 4. Solo ist regelmäßig das umfangreichste des ganzen Satzes, und es ist ausgezeichnet durch einen gegenüber den übrigen Soli vermehrten Anteil des Orchesters, das über seine Begleitfunktion hinaus häufig mit einzelnen Instrumenten dem Solisten als konzertanter Dialogpartner gegenübertritt oder aber als ganzes seine thematische Substanz dem figurierenden Solisten synchron gegenüberstellt, ja sogar in selbständigen kurzen Einwürfen die Soli unterbricht.[132] Auf diese Weise wird auch bei Hertel, wenn auch anders als bei Kunzen, die traditionelle Relation Solo-Tutti aufgebrochen. Grundsätzlich verzichtet Hertel am Ende des vierten Solos, wie überhaupt in den Ecksätzen, auf Kadenzen; einzig im *G-Dur-Konzert* U 6080/D SWl 2763/2 findet sich im Kopfsatz eine Fermate, jedoch am Ende des 3. Solos, also vor der Reprise. Regelmäßig aber verlangen die langsamen Mittelsätze die improvisierte Fermate vor dem Dal-Segno-Ritornell, das in der hier verkürzten und vereinfachten Form zumeist an 3. Stelle (also nach dem 2. Solo) steht. Der Kopist Westphal versah in seinen Brüsseler Manuskripten diese Fermaten mit höchst interessanten Ausführungsanweisungen als Fußnoten der betreffenden Seiten. Sie stellen wichtige Zeugnisse für die Auszierungs- und Improvisationskunst im Cembalokonzert um 1770 dar, sie zeigen aber auch, daß man in der Ausführung der Fermaten noch eng jener Praxis verpflichtet war, in der schon Händels oder Burgess' Orgelkonzerte mit Fermaten verziert wurden.[133]

Die aufgezeigten Merkmale erlauben es vielleicht, Hertel eine Stellung zwischen Kunzen, dessen extreme Neuerungen er sich nicht zu eigen macht, und C. P. Emanuel Bach anzuweisen, dessen Sturm- und Drang-Gestus er zwar übernimmt, vielleicht sogar hier und da überbietet, von dem er sich aber durch seine modernere formale und modulatorische Haltung unterscheidet.

---

132 Ähnliches wurde bei C. P. E. Bach beobachtet; vgl. oben S. 115.

133 Ein authentisches Zeugnis dafür stellt das Notenbuch des Dr. Benjamin Cooke, Organist an Westminster Abbey und Musikdirektor in Oxford und Cambridge, dar, das im Londoner Royal College of Music unter der Signatur MS 810 verwahrt wird. Fol. 65 v finden sich zwei Kadenzen zu den beiden Adagios aus Händels *Konzert op. 4/1*. Sie sind zwar wahrscheinlich erst zu Beginn der 1770er Jahre aufgezeichnet, repräsentieren aber wohl eine längere Tradition. – Im Largo fis-Moll aus Burgess' *3. Konzert* findet sich eine Ad-libitum-Kadenz.

IV

Es hat sich gezeigt, daß die Geschichte des Klavierkonzertes zwischen Bach und Händel einerseits, Mozart andererseits, noch recht wenig bekannt ist. Zu wenig ist die Geschichte der Voraussetzungen und Bedingungen, zu wenig aber auch die der wechselseitigen Kenntnisse und Wirkungen, die Verbreitung etc. erhellt. Daß solche gegenseitigen Beziehungen bestanden haben müssen, daß die Komponisten um die Mitte des 18. Jahrhunderts weitläufige, an der aktuellen Entwicklung des internationalen Repertoires brennend interessierte und vielfach weitgereiste Musiker waren, geht aus allen Anzeichen und Belegen, die sich zu einem – wenn auch lückenhaften – Gesamtbild zusammenfügen, hervor. Gerade die Zeit des gesellschaftlichen Umbruches im 18. Jahrhundert förderte die Aufmerksamkeit auf das Neue und die Weltoffenheit der Künstler; sie spiegelt sich andererseits wider in der Unsicherheit, die sich aus der Auflösung alter und der Ausbildung neuer Formideen und Strukturprinzipien für die Instrumentalmusik ergaben.

Die Verbindung zwischen England und Norddeutschland auf dem Gebiet des Klavierkonzertes, zu der weiterhin Einflüsse aus den Niederlanden (Locatelli) und Paris (Schobert) hinzutreten, läßt das Klavierkonzert als eine für die Situation sehr typische Gattung erscheinen. Daß diese Verbindung weniger von den führenden Musikern als von den im "zweiten Glied" Stehenden hergestellt wurde, die für das Aufkommen des städtisch-bürgerlichen Musikbetriebes die entscheidenden Grundlagen legten, wirft ein bezeichnendes Licht auf die Zusammenhänge zwischen sozialem Status und sozialer Funktion von Musik und Musiker einerseits und der strukturellen Entwicklung der Gattung andererseits. Es zeigen sich weiterhin die graduellen Unterschiede des Ausmaßes, in dem – bei vordergründiger Ähnlichkeit oder scheinbarer Ununterscheidbarkeit im Stilistischen – die einzelnen Individuen an solchem Austausch partizipierten.

Nicht zuletzt konnte ein gewisses Stück jener Eigenständigkeit formal-struktureller Entwicklung erhellt werden, die das Klavierkonzert im 18. Jahrhundert für sich beanspruchen kann, die aber noch intensiver weiterer Erforschung bedarf.

Hans-Günter Ottenberg (Hrsg.), Carl Philipp Emanuel Bach – Musik für Europa. Bericht über das Internationale Symposium 1994 im Rahmen der 29. Frankfurter Festtage der Musik an der Konzerthalle "Carl Philipp Emanuel Bach" in Frankfurt (Oder), Frankfurt (Oder) 1998 (= Carl-Philipp-Emanuel-Bach-Konzepte, Sonderreihe Bd. 2), S. 261-278

Die Klavierkonzerte C. P. E. Bachs im Kontext der zeitgenössischen Gattungsgeschichte in Norddeutschland

Daß das Klavierkonzert eine Gattung darstelle, die von Johann Sebastian Bach begründet und im weiteren Verlauf des 18. Jahrhunderts sich bis zum Höhepunkt Mozart weiterentwickelt hat, galt lange Zeit als unbezweifelbare historische Tatsache.[1] 1979 formulierte Werner Breig einige Fragen bezüglich der tragenden Kategorien des Gattungsbegriffs, ohne jedoch die Kontinuität der bei Bach beginnenden und das gesamte 18. Jahrhundert durchziehenden Gattungstradition in Zweifel zu ziehen. U. a. bezeichnete er es als ein entscheidendes *"Definitionsmerkmal"*, ob *"das Werk original für diese Besetzung (i. e.: ein solistisches Tasteninstrument und Orchester; A. E.) geschrieben ist und aus ihr Gestaltungsimpulse empfangen hat"*.[2] Bekanntlich trifft dies bei keinem der Klavierkonzerte Johann Sebastian Bachs zu, vielmehr handelt es sich bei ihnen um Arrangements präexistenter, jedoch verschollener Konzerte für andere Soloinstrumente, deren Einzelsätze zudem teilweise vor ihrer Zusammenstellung zu dreisätzigen Zyklen als Einleitungsmusiken zu Kantaten (unter Zuweisung der solistischen Funktion an die Orgel anstelle des Cembalos) gedient hatten. Als Fazit erhob Breig die Forderung des Nachweises, daß es sich bei der behaupteten gattungsmäßigen Kontinuität des Repertoires um mehr als um den *"Usus"* handele, für zwei historisch tiefgreifend unterschiedliche Erscheinungsformen des Konzertierens eine gemeinsame Bezeichnung zu verwenden, nämlich für das *"Konzert Vivaldischer Prägung für Cembalo und Streicherripieno"* einerseits und das *"Sonatenkonzert für Pianoforte und Symphonieorchester"* andererseits. Dieser Nachweis setze jedoch vor allem die Erschließung des *"stattliche(n) Klavierkonzert-Oeuvre(s) von Carl Philipp Emanuel Bach voraus"*.[3] Zu dieser Erschließung liegen inzwischen einige profunde Beiträge sowohl in Gestalt von Editionen, wie auch von monographischen Untersuchungen vor; dennoch ist die Musikwissenschaft noch weit davon entfernt, eine auf umfassenden Materialuntersuchungen beruhende Darstellung der Geschichte des Konzertes für Tasteninstrumente im 18. Jahrhundert vorlegen zu können, in der das äußerst komplizierte Geflecht der

---

1 Arnold Schering: *Geschichte des Instrumentalkonzerts bis auf die Gegenwart*, 2. Auflage, Leipzig 1927, S. 130 ff.; – Lothar Hoffmann-Erbrecht: *Das Klavierkonzert*, in: Wulf Arlt u. a. (Hrsg.): *Gattungen der Musik in Einzeldarstellungen. Gedenkschrift Leo Schrade*, München 1973, S. 745 f. – Ders.: *Johann Sebastian Bach als Schöpfer des Klavierkonzerts*, in: *Quellenstudien zur Musik. Wolfgang Schmieder zum 70. Geburtstag*, Frankfurt a. M. 1972, S. 69-77.

2 Werner Breig: *Johann Sebastian Bach und die Entstehung des Klavierkonzerts*, in: Archiv für Musikwissenschaft 36 (1979), S. 21.

3 Ebd., S. 22 f.

produktiven, transformatorischen und rezeptorischen Beziehungen der einzelnen Komponisten-Persönlichkeiten, der unterschiedlichen Regionen und Schulen sowie der theoretischen Reflexion aufgehellt würde. Das liegt in der Natur der Sache, denn eine "Gattung" wird heute nicht mehr als eine Gruppierung von stets gleichen formalen und satztechnischen Elementen aufgefaßt, sondern als *"ein ständig sich verändern- des evolutionierendes Bezugssystem"*,[4] in dem jene Elemente im Zuge des historischen Prozesses sich in stets neuen Konstellationen zueinander befinden. Der Gattungsbe- griff ist – in der Musik wie in den übrigen Künsten – eng verbunden mit der gesell- schaftlichen Funktionalität der Kunst: er stellt sozusagen das Scharniergelenk zwi- schen der Entwicklung gesellschaftlicher und musikalischer Strukturen dar. Dieser Gedanke wurde wohl zuerst im russischen Formalismus vertreten. Erst in den sechzi- ger Jahren faßte er auch in den westlichen Sozialwissenschaften – beispielsweise in der Wirtschafts- und Sozialgeschichte bei Michael M. Postare – Fuß, zur gleichen Zeit übrigens, als in der Musikwissenschaft – etwa bei Leo Schrade, Hans Engel, Walter Wiora u. a. – der soziologische Aspekt des musikalischen Gattungsbegriffs in den Vordergrund gerückt wurde.

Unter diesen Voraussetzungen soll in der folgenden Betrachtung ein Beitrag zur Erstellung einer solchen Geschichte der Gattung Klavierkonzert im 18. Jahrhundert geleistet werden, indem versucht wird, die Entwicklung C. P. E. Bachs als Komponi- sten von Klavierkonzerten in einigen zentralen Punkten zu charakterisieren und die Bedeutung dieser Werke für den Gattungskontext in der norddeutschen Musik dieser Zeit zu umreißen. Die fortschreitende Erschließung der Klavierkonzerte im Rahmen der *Carl Philipp Emanuel Bach Edition* hat bereits in den letzten Jahren neue Voraus- setzungen zu einer detaillierteren Betrachtung geschaffen.

Auszugehen ist von der Frage nach der Konzertform. Die Form des Ritornellkon- zerts hatte Johann Sebastian Bach rund zwanzig Jahre zuvor von Vivaldi übernommen und sich anverwandelt. In der Zwischenzeit war sie über sämtliche europäische Mu- sikzentren verbreitet. Dabei hatte sich bis in die dreißiger Jahre als Norm die Anlage mit vier oder fünf Ritornellen und drei oder vier Soloepisoden herausgebildet, wobei allgemein eine signifikante Verringerung des Tutti-Anteils zu beobachten ist: hatten die solistischen Partien im Solokonzert ursprünglich die Funktion von Episoden, die die Überleitung von einer Tonartenstation zur nächsten versahen, so wurden in den dreißiger Jahren umgekehrt die Tutti als Einleitungen und Einschübe in die als ei- gentliche Substanz angesehene Solopartie betrachtet. So beschrieb etwa Johann Adolf Scheibe den Konzertsatz als eine Form, die nach dem Modell der Da-capo-Arie vom Ripieno eingeleitet und beschlossen wird, in der aber im übrigen die konzertierenden Instrumentalparts *"das Wesen des Concerts eigentlich ausmachen"*.[5] Für die Ritornell- form ergab sich daraus eine abgeschwächte Ausprägung der formalen Funktionen von Tutti und Solo: Die eindeutige Zuordnung: Tutti → Markierung einer Tonartensta- tion, Solo → Verbindung zwischen den Tonartenstationen – wurde bereits weitge-

---

4   Jurij Striedter (Hrsg.): *Texte der russischen Formalisten*, München 1969, S. XI, I.
5   Johann Adolf Scheibe: *Der Critische Musikus*, 2. Aufl., Leipzig 1745, Reprint Hildesheim 1970, S. 631.

hend aufgegeben. Diese in der älteren Literatur häufig dem Einfluß der in den dreißiger Jahren gedruckten Violinkonzerte von Giuseppe Tartini zugeschriebene Tendenz ist eine übergreifende Erscheinung, die insbesondere auch in den wahrscheinlich gleichzeitig mit den frühen Klavierkonzerten C. P. E. Bachs entstandenen, auf Vorlagen älterer Solokonzerte zurückgehenden Klavierkonzerten seines Vaters zu beobachten ist. Wodurch sich die Form des Kopfsatzes bereits in C. P. E. Bachs frühesten Klavierkonzerten auszeichnet, ist die zweite Hälfte des Satzes: sie tendiert zu einer Vorverlegung der Rückmodulation in die Grundtonart und damit zu einer Dreiteilung der Gesamtform nach dem Gesichtspunkt der Tonalität. Im besonderen zeigen sich – wie Shelley G. Davis ausführt – drei Ausprägungen dieser formalen Neuerung: die erste betrifft die neungliedrige – aus fünf Tutti- und vier Solosektionen bestehende – Ritornellform. Hier wird das Gewicht des dritten Ritornells (das gemeinsam mit der zweiten und dritten Solosektion den Zentralabschnitt bildet) so geschwächt, daß es beinahe als eigener stabilisierender Formbestandteil verschwindet und somit der Mittelteil im wesentlichen von den beiden Solosektionen bestritten wird. Dies aber hat zur Folge, daß er zum vorwiegend modulierenden gegenüber den beiden tonal stabil im Spannungsfeld der beiden Hauptfunktionen angesiedelten Rahmenteile wird. – Die zweite und dritte Ausprägung betrifft die siebengliedrige, aus vier Tutti- und drei Solosektionen bestehende Ritornellform. Hier geschieht die Vorverlegung der Rückkehr in die Tonika auf die Weise, daß sie entweder (zweite Ausprägung) im dritten Ritornell oder aber (dritte Ausprägung) in der dritten Solosektion erfolgt.[6] Ergebnis ist in allen drei Ausprägungen die Erweiterung des Grundtonartbereiches gegenüber den modulierenden Partien in der zweiten Hälfte des Satzes, zugleich ein deutlicheres Gleichgewicht zwischen den Rahmenteilen, die nunmehr als tonal stabile dem unstabilen Mittelteil gegenüberstehen. Hinzu kommt, daß sowohl der zweigliedrige Schlußteil der zweiten wie der dreigliedrige der dritten Ausprägung die entsprechenden Partien des ersten Teils in verkürzter Form rekapitulieren und dabei die klaren Abgrenzungen zwischen Solo und Tutti zugunsten eines kurzgliedrigen Dialogisierens suspendieren (*"joint recapitulation"*[7]). – Obwohl damit einige zentrale Merkmale des späteren Sonatenhauptsatzes – nämlich seine großformale und tonale Disposition – in der Tendenz erfüllt sind, erscheint die Bezeichnung dieser Form als "Sonatenkonzert" als nicht haltbar, da sich – ähnlich wie in C. P. E. Bachs Klaviersonaten dieser Zeit – die über die tonale Grunddisposition hinausgehenden konstituierenden Merkmale der klassischen Sonatenhauptsatzform – insbesondere die Differenzierung nach thematisch-motivischen Gesichtspunkten in exponierende und durchführende Partien – nicht aufweisen lassen.[8] Von Sonatenkonzerten läßt sich erst in einer kompositionsgeschichtlichen Situation sprechen, in der die Sonate als kompositorisches Prinzip und

---

6 Shelley G. Davis: *Bach and the Recapitulary Tutti in Germany*, in: Stephen L. Clark (Hrsg.): *C. P. E. Bach Studies.* Oxford 1988, S. 67 ff.

7 Jane R. Stevens: *The Keyboard Concertos of Carl Philipp Emanuel Bach*, Ph. D. diss., Yale Univ. (Conn.) 1965, Ann Arbor 1989, S. 52.

8 Stevens: *The Keyboard Concertos*, S. 129. – Wolfgang Horn: *Carl Philipp Emanuel Bach. Frühe Klaviersonaten. Eine Studie zur "Form" der ersten Sätze nebst einer kritischen Untersuchung der Quellen*, Hamburg 1988, S. 92.

nicht nur als formaler Verlauf auf fast sämtliche Gattungen der Instrumentalmusik –
so eben auch auf das Konzert – übergriff. Diese Situation ist nicht vor den späten
siebziger Jahren des 18. Jahrhunderts in Wien erreicht. Der von Jane R. Stevens vor-
geschlagene Begriff einer *"recapitulation form"* erscheint vor allem wegen seines strikt
formalen Bezuges und seiner gattungsmäßigen Neutralität unter der Einschränkung
brauchbar, daß er aufgrund seiner kategorialen Allgemeinheit nur innerhalb der kon-
textuellen Verankerung in der Gattung des Klavierkonzertes des 18. Jahrhunderts
sinnvolle Verwendung finden kann.

All diese Neuerungen finden sich bei C. P. E. Bach bereits in den Jahren zwischen
etwa 1738 und 1745, also in den ersten sieben Berliner Jahren. Die Werke der späteren Berliner Zeit lassen keine entscheidenden Bemühungen des Komponisten um eine
Weiterführung der Experimente mit der Form des Klavierkonzerts erkennen. Die
Neigung C. P. E. Bachs, Konzerte zu schreiben, die keine ausgeprägt klavieristische
Idiomatik aufweisen, sondern sich für mehrere Soloinstrumente eignen, tritt bereits ab
1750 in den diversen Alternativ-Solobesetzungen für Flöte oder Violoncello (*H 430-
432, 434-436, 437-439, 444-445*) hervor, wozu auch die alternative Bestimmung der
Konzerte H 444 und *446* für Orgel oder Cembalo hinzuzurechnen ist. Insgesamt deutet vieles darauf hin, daß Bachs Interesse an der Gattung in dieser Zeit stark nachließ.
– Die beiden letzten in Berlin geschriebenen Klavierkonzerte in B-Dur *Wq 39/H 465*
und in Es-Dur *Wq 40/H 467* sind im *Nachlaßverzeichnis* auf das Jahr 1765 datiert
und mit dem Vermerk versehen: *"ist auch für die Hoboe gesezt"*.[9] Gemeint sind die
Oboenkonzerte *Wq 164/H 466* und *Wq 165/H 468*, wobei bisher nicht restlos geklärt
werden konnte, wie sich die Oboen- und die Cembaloversion zueinander verhalten.
Wahrscheinlich stellt in beiden Fällen die Oboenversion die primäre kompositorische
Konzeption dar, doch ist dies im Fall des *B-Dur-Konzertes Wq 39/H 465* weniger klar
ersichtlich als in dem des *Es-Dur-Konzertes Wq 40/H 467*. Rachel W. Wade hält es für
denkbar, daß die Cembaloversion im Zusammenhang mit der Herstellung des autographen Stimmensatzes St 529 für das *Oboenkonzert* anhand von dessen Partitur
(Staatsbibliothek zu Berlin, Preußischer Kulturbesitz: Mus. ms. autogr. Bach P 356)
entstand.[10] Die Tatsache, daß von dem *B-Dur-Konzert* drei Stimmensätze der Cemba-
lofassung gegenüber nur einem der Oboenfassung überliefert sind, ist ein Indiz dafür,
daß zumindest dieses Werk als Cembalokonzert bekannter war als in der Oboenversion. Für eine etwa gleichzeitige Entstehung beider Versionen spricht zusätzlich im Fall
des *Es-Dur-Konzertes H 467/468* – wie ebenfalls Rachel W. Wade erkannte – eine am
Schluß der autographen Partitur der Oboenversion folgende Skizzierung der Takte
323-344 der Cembaloversion.[11] Der Solopart des Cembalos ist im Finale von *H 467*

---

9   *Verzeichniß des musikalischen Nachlasses des verstorbenen Capellmeisters Carl Philipp Emanuel Bach*, Hamburg
    1790. Reprint als *The Catalog of Carl Philipp Emanuel Bachs Estate*, hrsg. von Rachel W. Wade, New York, Lon-
    don 1981, S. 34 f. Die Bände II 16 und II 17 der *Carl Philipp Emanuel Bach Edition*, hrsg. vom Verf., mit den
    Konzerten *H 465, 467, 469, 470* befinden sich im Druck.

10 Rachel W. Wade: *The Keyboard Concertos of Carl Philipp Emanuel Bach*, Ph. D. diss., New York University.
    1979; Ann Arbor 1981, S. 106 f.

11 Ebd., S. 106, Facs. 5.

an zwei Stellen (T. 280 ff., 323 ff.) gegenüber dem der Oboe erweitert, was der Entfaltung der solistischen Figuration zugutekommt. In beiden Konzerten wird in der Cembaloversion der Anteil des Solisten dadurch erhöht, daß motivische Partien der Begleitinstrumente in den Solopart übernommen, dagegen längere Haltetöne der Oboe in die Begleitinstrumente verlegt werden. Doch handelt es sich dabei offensichtlich um eine eher äußerliche Maßnahme, die die kompositorische Substanz nur unwesentlich berührt.

Wie die für diese Schaffenszeit charakteristischen Phänomene der Konventionalisierung der formalen Errungenschaften aus den vierziger Jahren einerseits und der Entidiomatisierung und damit Neutralisierung des solistischen Konzertstils andererseits zu interpretieren sind, bleibt letztlich ungewiß. Offensichtlich war C. P. E. Bach in seiner späten Berliner Zeit – vielleicht auch ermutigt vom Erfolg seines Lehrbuches und bestrebt, dessen Schub zu seinen Gunsten zu nutzen – zunehmend um eine breite Distribution seiner Musik bemüht; das zeigt sich u. a. in der Beteiligung an neuartigen Unternehmungen zur Verbreitung der Musik, etwa den musikalischen Periodika. Jedenfalls weist die eigenartige Gattung seiner *"Sonatinen"* für konzertierendes Cembalo und Streicher darauf hin, daß er auch auf diesem Gebiet einen populären Ton suchte und daß ihm die große Konzertform – hinter der ja der Anspruch einer nur mehr von professionellen Instrumentalisten zu erfüllenden hohen Virtuosität stand – für dieses Ziel wenig geeignet erschien. Die *Sonatinen* sind dreisätzige Zyklen, die zum großen Teil auf frühere Charakterstücke für Solo-Tasteninstrument und auf die Sammlung *Zwölf kleine Stücke mit zwey und drey Stimmen für die Flöte oder Violin und das Clavier Wq 81/H 600* zurückgehen.[12] Sie nehmen also auf Musik Bezug, die ganz bewußt für einen Abnehmerkreis von Liebhabern – z. T. mit musikalischen Porträts – konzipiert war und offenbar großen Erfolg hatte, wie sich an der Tatsache zeigt, daß die 1758 gedruckte Sammlung *Wq 81/H 600* sogleich im folgenden Jahr eine zweite Ausgabe und dann sogar eine posthume dritte im Jahr 1790 erlebte. Die bescheidenen spieltechnischen Ansprüche der Vorlagen werden in den Sonatinen zwar erheblich gesteigert, es kommt jedoch nie zu einem großflächigen konzertanten Dialog zwischen Soloinstrument und Orchester. An dessen Stelle treten vielfältige Ausprägungen eines Miteinanders der beiden Träger: das Alla-Pollacca-Finale der *Sonatine Nr. 4 Wq 98/ H 451* geht auf das Charakterstück *L'Auguste Wq 117,22/H 122* (vgl. Notenbeispiel 1a) aus der 1757 gedruckten *Raccolta delle più nuove composizioni* zurück. Sein erster Teil zeigt in der Sonatine im ersten Durchgang ein *colla-parte*-Spiel von Solisten und Orchester, in der Wiederholung dann ein konzertantes Auseinandertreten beider (vgl. Notenbeispiel 1b). Das konzertante Element ist also bloßes Mittel zum Zweck der Veränderung der Reprise geworden.

Als Bearbeitungen, die sie großenteils darstellen, sind die einzelnen Sätze der Sonatinen in ihrer Form fremdbestimmt und daher heterogen: das geht bis zu solchen

---

12 Vorwort zu *Carl Philipp Emanuel Bach Edition*, Serie II, Volume 23: *Sonatinen Nr. 4, 5,* hrsg. von Paul G. Wiley II/Claudia Widgery, Oxford/New York 1992, S. XVII.

L'Auguste. *Polonoise.*

Notenbeispiel 1a: L'Auguste, Wq 117,22/H 122

Notenbeispiel 1b: Sonatina Wq 98/H 451, 3. Satz, T. 8-12

Kuriosa wie dem Finalsatz der *Sonatine Nr. 5 Wq 99/H 452*, der aus fünf völlig gegensätzlichen Abschnitten besteht und so entfernte Tonarten wie F-Dur und D-Dur unvermittelt aufeinander folgen läßt. Unvermittelt ist auch der Gegensatz zwischen den völlig ohne solistischen Anteil verlaufenden Abschnitten des Orchesters und denen des Solisten, in dem das Orchester gänzlich schweigt. Schließlich frappiert die unübliche Anordnung der dreisätzigen Zyklen: Eröffnet werden sie mit einem langsamen Satz, an zweiter Stelle erscheint ein Allegro im Stil eines Sonatenkopfsatzes von C. P. E. Bach, und an dritter Stelle steht ein Satz unterschiedlicher Form und manchmal besonders eigenwilligen Charakters.

Die Sonatinen stellen also in der Entwicklung der Komposition für Solo-Tasteninstrument und Orchester bei C. P. E. Bach zugleich einen Einzel- und einen Extremfall dar: einen Einzelfall, weil es weder in C. P. E. Bachs Oeuvre noch in dem irgendeines anderen Komponisten vergleichbare Werke gibt. C. P. E. Bach hatte den Terminus bereits 1734 für seine Klavier-Solowerke *Wq 64/H 7-12* verwendet, die sich durchaus in die Sonatengattung einreihen. Der gelegentlich in der Literatur hergestellte Bezug zu den süddeutschen Divertimenti kann nicht mehr als den Wert einer vagen Vermutung beanspruchen. Einen Extremfall bedeuten sie, weil sie ein demonstratives Abrücken von dem für das Konzert konstitutiven Faktor der gattungsautonomen Form signalisieren. In gewissem Sinne stellen sie *"die Sonate für Solisten und Orchester"* dar, von der Charles Rosen einmal meinte, es hätte nach 1750 nahegelegen, sie einfach an die Stelle der überkommenen Ritornellform zu setzen.[13] Zugleich bedeuten sie in ihrer Anlehnung an eher populäre Gattungen einen geradezu gewaltsamen Schritt heraus aus der elitären Musiziersituation des Solokonzerts. Auf der anderen Seite findet sich in ihnen eine bedeutende Verfeinerung und Bereicherung der klanglichen Seite: Das Orchester ist nämlich durchgehend um ein Flöten- und ein Hörnerpaar erweitert. Diese Besetzung wirkte unmittelbar auf das Klavierkonzert zurück. Zwar hatte C. P. E. Bach schon in den vierziger Jahren gelegentlich in einzelnen Klavierkonzerten dem Streichorchester diverse Blasinstrumente hinzugefügt; doch wurde die Flöten-Hörner-Besetzung der Sonatinen noch in den sechziger Jahren von anderen Komponisten in die Gattung Klavierkonzert übernommen, bevor C. P. E. Bach selbst sie im ersten in Hamburg geschriebenen Konzert – dem *Es-Dur-Konzert Wq 41/H 469* – erprobte.

Dieses Konzert bedeutet nun vor dem Hintergrund der dargestellten Entwicklung eine Ausnahme. In geradezu spektakulärer Weise sprengt das Werk sowohl hinsichtlich der Form und des äußeren Umfanges als auch der Instrumentation und des Solo-Tutti-Verhältnisses den Rahmen des Gewohnten und von den Hörern Erwarteten. Man gewinnt den Eindruck, als habe der Komponist hier prüfen wollen, wie weit er bei seinem neuen Publikum mit unkonventionellen Ideen bezüglich der Weiterentwicklung des Klavierkonzerts Verständnis fand. Die Tonartenfolge der drei Sätze: Es-Dur – C-Dur – Es-Dur, die Carl Philipp Emanuel Bach in seinem späten *Doppel-*

---

13   Charles Rosen: *Der klassische Stil*, München/Kassel u. a. 1983, S. 224.

Notenbeispiel 2: Concerto a Cembalo concertato Wq 41/H 469, 1. Satz, Beginn

konzert für Cembalo und Fortepiano Wq 47/H 479 wieder aufnahm, ist ungewöhnlich, insofern im langsamen Mittelsatz die Dur-Variante für die normgemäße Mollparallele zur Tonart der Ecksätze eintritt. Die Überleitung vom zweiten zum dritten Satz unterstreicht die ungewöhnlich weite Entfernung dieser nebeneinandergestellten Tonarten. Doch ist diese tonale Disposition des Zyklus nur ein Indiz dafür, daß es dem Komponisten in diesem Werk offenbar darum ging, der Gattung des Klavierkonzertes ein bedeutendes ästhetisches Gewicht zu verleihen. Um dieses Ziel zu erreichen, rückte er die Gattung einerseits in die Nähe der zeitgenössischen Sinfonie mit ihren neuartigen Möglichkeiten orchestralen Ausdrucks, andererseits machen sich Auswirkungen der Freien Fantasie bemerkbar. In diesem Sinn wird die ungewöhnliche, mit sordinierten Streichern beginnende langsame Einleitung des Kopfsatzes (vgl. Notenbeispiel 2) zu verstehen sein, die in T. 110 ff. wiederholt wird, um die formale Gegenüberstellung von Tonika- und Dominant-Ebene zu akzentuieren; zugleich ist aber damit eine Verbindung zu dem der Freien Fantasie entlehnten Prinzip des Tempowechsels hergestellt. Daß C. P. E. Bach von den gelegentlichen langsamen Einleitungen aus den in den sechziger Jahren entstandenen Sinfonien Haydns oder gar durch dessen frühe Streichquartette beeinflußt worden wäre, ist unwahrscheinlich. Die Forschung hat diese Frage erst ansatzweise ins Blickfeld gerückt.[14]

Notenbeispiel 3: Concerto a Cembalo concertato Wq 41/H 469, 2. Satz, Beginn

---

14   Stevens: *The Keyboard Concertos*, S. 242. – Ernst Suchalla: *Die Orchestersinfonien Carl Philipp Emanuel Bachs*, Augsburg 1968, S. 206. – Reinhold Klinkhammer: *Die langsame Einleitung in der Instrumentalmusik der Klassik und Romantik*, Regensburg 1971 (= Kölner Beiträge zur Musikforschung; 55), Kapitel I, II, S. 1-20. – Zu *H 469* S. 11, Anm. 47. – Marianne Danckwardt: *Die langsame Einleitung. Ihre Herkunft und ihr Bau bei Haydn und Mozart*, Tutzing 1977 (= Münchner Veröffentlichungen zur Musikgeschichte; 25), Kapitel III, S. 235-280, zu *H 469* S. 269 f.

Darüber hinaus weist *H 469* eine Instrumentation auf, deren Differenzierung den Orchesterklang als eine neue Qualität in das Klavierkonzert einführt. So wirken (neben den klangverstärkenden Hörnern in den Ecksätzen) die Flöten in allen drei Sätzen mit und lösen sich streckenweise aus der Rolle des lediglich färbenden Zusatzes zum Violinklang. Die weithin in zwei selbständige Stimmen aufgeteilten Violen bilden gegenüber den Violinen eine eigenständige Klangebene und prägen durch ihr dunkles sordiniertes Timbre in Verbindung mit den Pizzikato-Einwürfen der Violinen den höchst individuellen Charakter des langsamen Mittelsatzes (vgl. Notenbeispiel 3).

Weiterhin kennzeichnet ihr Dialog mit den Flöten den thematischen Kontrast im Kopfsatz, der es gestattet, dessen zweite thematische Gestalt bereits im Sinn eines "Seitenthemas" aufzufassen, das zu dieser Zeit durchaus noch nicht zur Norm gehörte, jedoch in den eben erörterten Sonatinen C. P. E. Bachs – die ja ihrerseits wieder stark von der Klaviersonate geprägt waren – häufig begegnet (vgl. Notenbeispiel 4).[15]

Schließlich ist das Auftreten einer neuen thematischen Gestalt im Mittelteil des Kopfsatzes (T. 155 f.) bemerkenswert (vgl. Notenbeispiel 5).

An die Neuerungen des *Es-Dur-Konzerts Wq 41/H 469* hat der Komponist unter den folgenden elf in Hamburg komponierten Klavierkonzerten nur noch einmal angeknüpft: in seinem letzten Beitrag zur Gattung, dem bereits erwähnten, in seinem Todesjahr erschienenen *Doppelkonzert für Cembalo und Fortepiano Wq 47/H 479*. In den dazwischen liegenden Konzerten wandte er sich entweder, wie im Fall der 1772 gedruckten *Sechs Konzerte Wq 43/H 471-476* – vielleicht seinen bekanntesten –, an ein breites Amateurpublikum, oder er knüpfte an seine spätere Berliner Zeit an.

---

15   Arnfried Edler: *Zwischen Händel und Carl Philipp Emanuel Bach. Zur Situation des Klavierkonzertes im mittleren 18. Jahrhundert*, in: Acta Musicologica 58 (1986), S. 205 f. (Wiederabdruck in diesem Band; vgl. S. 127).

Notenbeispiel 4: Concerto a Cembalo concertato Wq 41/H 469, 1. Satz, T. 30-37

Überblickt man das Klavierkonzertschaffen C. P. E. Bachs insgesamt, dann ist festzustellen, daß um 1745 derjenige Entwicklungsstand bereits erreicht war, der für die
Folgezeit zum Maßstab wurde. Es wäre zweifellos verfehlt, die Ausprägung der Idee
dieser Gattung ausschließlich als C. P. E. Bachs persönliche Leistung anzusehen. Dagegen sprechen nicht nur die schon erwähnten Entwicklungen in den auf Umarbeitungen beruhenden Klavierkonzerten seines Vaters oder in den Violinkonzerten Tar-
tinis und seines Umkreises. Es hat vielmehr den Anschein, daß C. P. E. Bach diese
Tendenzen in ihren frühen Ausprägungen im Solokonzert (auch im Klavierkonzert)
bereits vorfand, als er in den Rheinsberg-Berliner Kreis um den preußischen Kron-
prinzen und baldigen König eintrat, innerhalb dessen Musiker wie die Brüder Graun
oder Johann Joachim Quantz bereits Konzertkompositionen gemäß den in den
1730er Jahren aktuellen geschmacklichen und formalen Prinzipien vorgelegt hatten.
Obwohl C. P. E. Bach in seiner späteren Berliner Zeit hinsichtlich der formalen Kon-
sistenz der Konzertsätze nicht über den um 1745 erreichten Stand hinausgelangte,
und obwohl von seinen vierzig in Berlin komponierten Klavierkonzerten nur drei
gedruckt erschienen, wurden seine Werke im norddeutschen Raum als die eigentlichen Repräsentanten der noch jungen Gattung anerkannt. Das hat verschiedene
Gründe: Einmal genoß C. P. E. Bach im Schülerkreis seines Vaters – der seinerseits
einen weitverzweigten Einfluß auf das Musikleben in Mittel-, Nord- und Ostdeutsch-
land ausübte – hohes Ansehen allein schon durch die Tätigkeit am preußischen Hof;
er hatte von allen Bach-Schülern den wohl größten beruflichen und später auch ge-
schäftlichen Erfolg und galt zudem nach dem Tod seines Vaters als dessen eigentlicher
Nachlaßverwalter und Hüter seines musikalischen Erbes. Zum anderen stellten

C. P. E. Bachs Klavierkonzerte das schon von der Anzahl her umfangreichste Corpus der jungen Gattung dar, was hinsichtlich einer Modellfunktion nicht gering zu veranschlagen ist. Und drittens steigerte der Erfolg des ersten Teils des Lehrwerks *Versuch über die wahre Art das Clavier zu spielen* von 1753 an die überregionale Bekanntheit des Berliner Hofcembalisten beträchtlich. Ein Beleg für das hohe Ansehen und die starke Wirkung, die die Klavierkonzerte C. P. E. Bachs bereits in den vierziger Jahren ausübten, ist die in Johann Wilhelm Hertels Autobiographie beschriebene Reaktion auf eine Audition des vom Komponisten in Neustrelitz aufgeführten *Konzertes D-Dur Wq 11/H 414* im Jahr 1745.[16] Die Klavierkonzerte der übrigen Mitglieder der Berliner Hofkapelle wie diejenigen der Brüder Graun, Christoph Schaffraths, Georg Bendas und Christoph Nichelmanns[17] sowie des Domorganisten Christian Schale weisen durchaus ähnliche formale Züge auf; indessen läßt sich aufgrund von deren wesentlich geringerer Zahl und der zumeist unsicheren Datierung eine Aussage über ihre eigenständige Teilhabe an der Gattungsentwicklung schwer treffen.

Notenbeispiel 5: Concerto a Cembalo concertato Wq 41/H 469, 1. Satz, T. 151-158

---

16 Johann Wilhelm Hertel: *Autobiographie (1783)*, hrsg. von Erich Schenk, Graz/ Köln 1957, S. 24 ff.
17 Douglas A. Lee: *Christoph Nichelmann and the Early Clavier Concerto in Berlin*, in: Musical Quarterly 57 (1971), S. 650 ff.

Von den außerhalb Berlins wirkenden Klavierkonzertkomponisten steht wohl Johann Gottfried Müthel aufgrund seiner besonders ausgeprägten Neigung *"zu überraschende(n) Kontraste(n), Brüche(n) und ... Ungleichgewicht"*[18] den gattungstypischen Tendenzen relativ fern. Ansätze, wie sie sich in einigen besonders subjektiv geprägten Konzerten C. P. E. Bachs finden, – vor allem Ausbrüche des Improvisatorischen und des Virtuosen – werden bei ihm bis zum Manierismus übersteigert. Dagegen läßt die um 1760 einsetzende, von der Londoner Händel-Schule beeinflußte Klavierkonzert-Produktion des Lübecker Marien-Organisten Adolf Carl Kunzen ein formales Bewußtsein erkennen, in dem einige Ansätze, die C. P. E. Bach in den vierziger Jahren entwickelt hatte, weitergedacht sind. Das betrifft einmal den Mittelteil des Kopfsatzes, der durch Einführung eines zum Hauptthema kontrastierenden Themas und durch eine Verknappung der formalen Umrisse gekennzeichnet ist. Noch gravierender aber stellt sich die Umgestaltung des Schlußteils dar. Im Zuge der Rückkehr in die Grundtonart wird nicht – wie es der Konvention entspräche – zugleich auch die Ausgangsthematik wiederhergestellt: vielmehr wird diese einem gegenläufigen Prozeß, d. h. einem solchen der Auflösung unterzogen. Solche Ansätze hatte es vereinzelt bei C. P. E. Bach gegeben; sie wurden jedoch von ihm nicht fortgeführt und auch in den Hamburger Konzerten nicht wieder aufgenommen. – Eine reizvolle Weiterführung der bei C. P. E. Bach angelegten Tendenzen findet sich in den siebzehn Klavierkonzerten des Mecklenburg-Schwerinischen "Hof- und Capell-Componisten" Johann Wilhelm Hertel. In seinen meist in der Form von fünf Ritornellen mit vier Soli angelegten Konzerten zeigt besonders das letzte, in die Grundtonart zurückkehrende Solo eine neuartige und geschickte Verbindung von Orchester und Solist. Hertels Konzerte zerfallen in zwei gegensätzliche Typen: einen idyllisch-empfindsamen und einen leidenschaftlich-erregten, für den die Bezeichnung "Sturm und Drang" in mancher Beziehung durchaus zutrifft. Manche seiner Gestaltungsweisen – etwa die Sequenzbildung der zweiten Hälfte des *g-Moll-Konzertes Nr. 12*[19] – weisen deutlich auf Mozart, namentlich auf das *c-Moll-Konzert KV 491*, voraus.

Mozart war es allerdings, der als einzelne Komponistenpersönlichkeit das Klavierkonzert von seinen Grundlagen her neu durchdachte und auf eine neue Basis stellte. Obwohl Konzerte C. P. E. Bachs und sogar anderer Berliner Komponisten des mittleren 18. Jahrhunderts wie Christoph Nichelmann bis in das zweite Jahrzehnt des 19. Jahrhunderts hinein auf Berliner Konzertprogrammen erschienen, konnten sie im Empfinden der romantischen Generation dieser Zeit ihren Platz gegen die überwältigende Universalität des Mozartschen und des ihm folgenden Beethovenschen Klavierkonzertes nicht behaupten.

---

18 Regula Rapp: *Die Konzerte für Tasteninstrument und Streicher von Johann Gottfried Müthel*, Phil. Diss. mschr. TU Berlin 1990, S. 152.

19 Neuausgabe in: *Denkmäler Norddeutscher Musik*, Bd. 5, 6 (Hrsg. d. Verf., München/Salzburg 1994). – Vgl. auch A. Edler: *Zwischen Händel und Carl Philipp Emanuel Bach* (s. Anm. 15).

Wolfgang Birtel und Christoph-Hellmut Mahling (Hrsg.), Aufklärungen. Bd. 2: Studien zur deutsch-französischen Musikgeschichte im 18. Jahrhundert – Einflüsse und Wirkungen, Universitätsverlag C. Winter: Heidelberg 1986 (= Annales Universitatis Saraviensis, Reihe Philosophische Fakultät, Bd. 20), S. 219-232

Das Charakterstück Carl Philipp Emanuel Bachs und die französische Tradition

Anna Amalie Abert zum 75. Geburtstag

Im Jahr 1768 vertauschte Carl Philipp Emanuel Bach seine Stellung als Kammercembalist Friedrichs des Großen mit der des Hamburger Johanneumskantors und städtischen Musikdirektors als Nachfolger des verstorbenen Georg Philipp Telemann. Gleich bei seiner Ankunft am neuen Wirkungsort meldete sich der Journalist Matthias Claudius aus Wandsbek und bat um ein Interview. Unter anderem stellte er die Frage: *"Sie haben einige Piècen gemacht, darin Charaktere ausgedrückt sind, haben Sie die Arbeit nicht fortgesetzt?"* Carl Philipp Emanuel Bach*: "Nein, die Stücke hab' ich gelegentlich gemacht und vergessen."* Claudius insistierte: *"Es ist doch gleichwohl ein neuer Weg –."* – Darauf Bach: *"Aber nur ein kleiner, man kann's näher haben, wenn man Worte dazu nimmt."*[1] Claudius verfolgte bei diesem Gespräch einen Hintergedanken. Er war Mitglied einer Gruppe von Dichtern und Literaten, die sich als Vorreiter einer neuen Entwicklung fühlten und die die Überwindung der Formenstrenge des französischen Klassizismus ebenso wie die Herausbildung einer deutschen Nationaldichtung auf ihre Fahnen geschrieben hatten. Klopstock hatte mit seiner Befreiung des Sprachrhythmus aus den Bindungen des Alexandriners und sonstiger überlieferter Metren das Signal gegeben. Das Zentrum dieses Kreises befand sich damals in Kopenhagen, wo Klopstock und Wilhelm Heinrich Gerstenberg lebten; die Beziehungen nach Hamburg und Schleswig-Holstein, später auch nach Lübeck, wo Gerstenberg jahrelang seinen Wohnsitz hatte, waren rege. Das dichterische Schaffen aus dem Rausch irrationaler Antriebe, aus dem Zustand prophetischer Begeisterung heraus verlangte nachhaltig die Ergänzung durch die Musik. Hohe Erwartungen setzten darum die Anhänger Klopstocks und Gerstenbergs auf Philipp Emanuel, der sowohl in seiner Musik wie auch in seiner Schrift über das Klavierspiel seine geistige Nähe zu diesen Bestrebungen angedeutet hatte.

Claudius' Frage nach den Charakterstücken zielte auf das Problem des Zusammenwirkens der immer stärker zur Emanzipation von der Vokalmusik tendierenden Instrumentalmusik mit der Poesie. Die Titel jener Stücke deuteten an, daß es hier um charakterisierende Schilderung durch nicht-vokale Musik ging. Darum muß die Antwort Carl Philipp Emanuel Bachs für Claudius eine herbe Enttäuschung gewesen sein.

---

[1] B. Engelke: *Gerstenberg und die Musik seiner* Zeit, in: Zeitschrift für Schleswig-Holsteinische Geschichte Bd. 56 (1927), S. 429.

Wie ist diese gleichgültige, desinteressierte Haltung, die Carl Philipp Emanuel Bach seinen eigenen Erzeugnissen gegenüber an den Tag legte, zu erklären?

Zum Zeitpunkt des Gespräches lag die Komposition der Charakterstücke rund 10-15 Jahre zurück. Als Cembalist am friderizianischen Hof schrieb Carl Philipp Emanuel Bach zwischen 1754 und 1757 24 sogenannte "Petites Pièces", die entweder den Namen einiger Damen der Berliner Gesellschaft oder aber bestimmte Charakterbezeichnungen – *La Complaisante, L'Irrésolue, La Journalière, La Capricieuse* – im Titel führten.[2] Zeitgenossen bezeugten, *"Humor"* und *"Benehmen im Umgange"* (nach der alten Temperamentenlehre bedeutet dieses soviel wie innere und äußerliche Wesenszüge) der geschilderten Personen seien *"glücklich in denselben ausgedrückt gewesen; nur habe man sie von Bach selbst spielen hören müssen."*[3] Diese hohe Wertschätzung der Stücke scheint der Komponist nie geteilt zu haben; er veröffentlichte sie geraume Zeit später in musikalischen Wochenschriften und Sammelwerken zusammen mit Sonaten, Variationen, Menuetten, Opernszenen u. a.; er betrachtete sie offenbar als Spreu aus der Komponistenschublade, geeignet als lukrative Beiträge zur Befriedigung des rapide anwachsenden Bedarfs des musikkonsumierenden Publikums. Selbst der mit Bach befreundete Kieler Philosophieprofessor und Musikpublizist Carl Friedrich Cramer bemühte sich in den 80er Jahren vergeblich darum, eine kommentierende Äußerung des Komponisten zu diesen Stücken zu erhalten.[4]

Das Interesse, das die Klopstock-Nachfolger seinen Charakterstücken entgegenbrachten, und ihren Glauben, hier sei ein Anknüpfungspunkt für das Band zwischen Poesie und Instrumentalmusik gefunden, empfand Carl Philipp Emanuel Bach offenbar als Mißverständnis. Denn diesen Kompositionen lag kaum die Intention eines experimentellen Aufbruchs in eine neue Periode des durch die Künste gemeinsam zu bewirkenden Ausdrucks des Individuums und seiner wechselnden Seelenzustände zugrunde. Vielmehr markieren sie das Ende einer Entwicklungslinie, die – ganz im Gegenteil – vom Geist des französischen Rationalismus geprägt war: am Anfang dieser Tradition stand François Couperins erster *Livre de Pièces de Clavecin* von 1713. Im Vorwort dieses Buches lesen wir:

> *"J'ay toujours eu un objet en composant toutes ces pièces; des occasions differentes me l'ont fourni. Ainsi les Titres repondent aux idées que j'ay eues; on me dispensera d'en rendre compte."*[5]

Couperin sagt also, daß in den Stücken jeweils *ein* Objekt dargestellt werde, und er betont, daß es sich dabei um die Musikalisierung *seiner* – also des Komponisten – Ideen von diesem Gegenstand handele. Er akzentuiert die Distanz zwischen seiner kompositorischen Umsetzung und dem Gegenstand selbst noch dadurch, daß er ga-

---

2   Wq 117.

3   C. H. Bitter: *Carl Philipp Emanuel und Wilhelm Friedemann Bach und deren Brüder*, Berlin 1868, S. 86.

4   C. F. Cramer: *Magazin der Musik* II, S. 1979.

5   F. Couperin – GA Bd. II, Paris 1932, S. 10.

lant-ironisch bemerkt, die so gefälligen Überschriften seien den Originalen eher angemessen als die Kopien, die er daraus gezogen habe.

Couperins Charakterstücke bedeuten einen Einschnitt auf dem Gebiet der Klaviersuite vor allem insofern, als durch sie die *allgemeinen* Charaktere der immer wiederkehrenden Tanzstücke modifiziert und schließlich ganz ersetzt wurden durch *Individual*charaktere, hinter denen freilich die zugrundeliegenden Tänze teils stärker, teils schwächer immer wieder aufscheinen. Zu wenig beachtet wurde dabei, daß Couperin die Anregung zu dieser tiefgreifenden Neuerung wahrscheinlich von dem Kammercembalisten Ludwigs XIV., Jean-Henri d'Anglebert, empfing, der in seinem Todesjahr 1689 eine Sammlung mit *Pièces de Clavecin* herausgab. Dabei fügte er zwischen die Tanzsätze der Suite Klaviertranskriptionen von Bruchstücken aus den damals so beliebten Opern Lullys und gängige Vaudevilles ein und hob im Vorwort hervor, es handele sich bei den Lully-Stücken um *"Airs ... de différents caractères"*.[6] Seit dieser Zeit verbindet sich der Begriff des Charakterstücks mit den Opernarien der französischen Barockkomponisten; so spricht noch Blainville 1754 von den verschiedenen Charakterstücken Lullys, die im Gegensatz zu den Chören, Symphonien (also Ouverturen) und "Festen" (also den Ballett-Divertissements) den geist- und lebensvollen Teil der Lully-Opern darstellten.[7]

Durch d'Angleberts ursprünglich vokale, fürs Clavecin transkribierte Charakterstücke ließ sich Couperin wahrscheinlich zu seinen neukomponierten Einlagen in die Suite anregen. Der Geist der Lully-Oper zeigt sich auch hier in der malenden, portraitierenden Haltung, in der sich jene *"Caractères"* entfalten, die Sébastien Brossard in seinem Lexikon von 1703 als Folge der Differenzierung der ursprünglich auf wenige Bereiche beschränkten barocken Stilauffassung beschrieb: statt wie bisher lediglich Aufführungsort und -gelegenheit – Kirche, Theater, Kammer – werden nunmehr die *"Caractères"* bestimmend für den "Stil" der Stücke: so entsteht der *"Stile gay, enjoué, fleury, piquant, pathétique, grave, sérieux, majestueux, coulant, tendre"* etc.[8] Die hier im musikalischen Bereich zutagetretende Wandlung des Stilbegriffs geht zurück auf eine auf allen Gebieten des höfischen Lebens in Frankreich im späten 17. Jahrhundert festzustellende Ausweitung und einen Bedeutungszuwachs des Charakterbegriffs. Im Leben der Hofmenschen dieser Zeit spielte die Fähigkeit zu psychologischer Erkenntnis und Berechnung eine existenzentscheidende Rolle. In einer Atmosphäre täglichen Beisammenseins der gesamten französischen Aristokratie, des permanenten gegenseitigen Beobachtens und Lauerns auf ausnützbare Schwächen des anderen sowie der daraus entspringenden Notwendigkeit zu intensiver Selbstbeobachtung und Bemühung zur Selbstkontrolle[9] entwickelte sich die intuitive Psychologie der Moralisten, unter ihnen an hervorragender Stelle neben La Rochefoucauld die *Caractères* von La Bruyère, die wiederum ein Gegenstück bilden zu den Komödien Molières. Robert Gara-

---

6   S. Hofman: *L'Oeuvre de François Couperin le Grand. Etude stylistique*, Paris 1961, S. 17.
7   J. A. Hiller: *Wöchentliche Nachrichten und Anmerkungen, die Musik betreffend* I, 1766, S. 368.
8   S. Brossard: *Dictionnaire de Musique*, Paris 1703, Repr. Amsterdam 1964, Art. *Stilo*.
9   N. Elias: *Die höfische Gesellschaft*, Darmstadt-Neuwied ⁴1979, S. 158 ff.

pon beschreibt in seiner La Bruyère-Monographie den Aufbau der Portraits in den *Caractères* als auf drei zentralen Elementen basierend: 1. einer *"idée initiale qui nous renseigne sans pourtant déflorer le développement qui va suivre"*; 2. *"énumération de traits significatifs"*; der Moralist zeigt hier die Person *"en situation, en la faisant agir et parler devant nous"*, und 3. einem Schluß, der entweder als *"réplique lourde de sens"* – die Veränderbarkeit oder Unveränderbarkeit des vorgeführten Charakters demonstrierend – oder aber als ein Satz gestaltet ist, *"qui renvoie au début en le confirmant"*.[10] Diese Grundstruktur hat nun aber im Musikalischen eine bemerkenswerte Analogie in der Form des Rondos. (Gerade in den Opernszenen Lullys, die häufig als Rondeaux gebaut sind, kann man beobachten, wie sich der Refrain und die einzelnen Couplets nicht in einem Verhältnis starken Kontrastes, sondern eher dem von Ausgangsthese und paradigmatisch erläuternden Einzelfällen gegenüberstehen.) In der Clavecin-Musik vor Couperin trat das Rondeau noch verhältnismäßig selten, vorwiegend in der Verbindung mit der Passecaille, auf. Wenn es Couperin – offenbar nach dem Vorgang Lullys – gehäuft verwendete, dann deshalb, weil es sich um eine Struktur handelte, die – weit über das Musikalische hinaus – der Denk- und Ausdrucksweise der höfischen Gesellschaft in besonderer Weise entsprach. Indem aber der Musiker nunmehr an dieser allgemeinen Denkstruktur teilhatte, produktiv zu ihrer Erfüllung beitrug, trat er gesellschaftlich heraus aus der Disqualifikation als geistig unbedeutender Spezialist, in der ihn z. B. La Bruyère noch dargestellt hatte: als ein Mann, der sich, nachdem er vorgespielt hat, mit seinem Instrument zusammen in den Geigenkasten verkriecht, als ein geistiges Nichts, eine *"machine démontée"*.[11] – Couperin hingegen wurde zu einem geistvollen Unterhalter und belehrenden und moralisierenden Portraitisten der Gesellschaft, an die er seine Musik adressierte. Dieser Wandel machte sich schon 1697 bemerkbar, als Saint-Lambert in seinen *Principes de clavecin* bemerkte:

> *"Les maîtres de clavecin doivent juger leurs élèves sur la promptitude avec laquelle ceux-ci arrivent à discerner les intentions littéraires de l'oeuvre qu'ils exécutent."*[12]

So eng also war das französische Charakterstück ideell an die Welt des Hofes des Sonnenkönigs gebunden. Als Carl Philipp Emanuel Bach 24 Jahre nach dem letzten Clavecin-Buch Couperins an diese Tradition anschloß – bis hin zu von Couperin entlehnten Titeln wie *Les Langueurs tendres* oder *L'Auguste* –, da geschah dies zwar ebenfalls aus einer Stellung als Musiker am Hof heraus – als Kammercembalist hatte Bach sogar einen Posten am Hof Friedrichs II. inne, den Couperin bei den beiden Louis' nie erlangt hatte –, doch waren Voraussetzungen, Bedingungen und Wirkungen in ästhetischer, gattungshistorischer und gesellschaftlicher Hinsicht völlig andere. Keineswegs fanden Strukturen des Charakterstückes zu dieser Zeit noch Analogien in der zeitgenössischen Poesie, die Rondos Carl Philipp Emanuels sind von Geist und Gestaltung her kaum mehr mit den französischen Rondeaux zu vergleichen. Auswirkun-

---

10 R. Garapon: *Les Caractères de La Bruyère – La Bruyère en travail*, Paris 1978, S. 141 ff.
11 La Bruyère: *Oeuvres complètes*, Paris 1951, S. 361.
12 La Laurencie: *Lavignac Encyclopédie* I/3, S. 1501.

gen auf andere Gattungen, wie wir sie bei Couperin im Hinblick auf die Suite festgestellt hatten, etwa auf die damals neue vorklassische Sonate, sind nicht auszumachen, umgekehrt profitierte das Charakterstück von den in den Preußischen, Württembergischen und Probestück-Sonaten erreichten formalen und satztechnischen Innovationen.[13] Ausgesprochen retrospektiv nehmen sich die Charakterstücke im Kontext des bis dahin vorliegenden Oeuvres Carl Philipp Emanuels aus, und die überwiegend bürgerlichen Abgebildeten, die Frauen von Hofräten oder Leibärzten des Königs, mochten sich angesichts der an die Usancen am Hof des Sonnenkönigs gemahnenden Huldigungen, die ihnen mit diesen Stücken entgegengebracht wurden, geschmeichelt vorkommen. Wenn Willy Kahl in seinem Beispielwerk über das Charakterstück beim Vergleich der *Langueur tendre*-Stücke von Couperin und Carl Philipp Emanuel Bach auf des letzteren Ausdrucksvertiefung durch Expressivpolyphonie, Zurückdrängung der Ornamentik etc. hinwies,[14] dann betrifft dies einen der wenigen Ausnahmefälle und verhält sich zu anderen Werken eher bescheiden. Die meisten Stücke weisen durch Reichtum, Differenzierungsgrad und Formen der Ornamentik unmittelbar auf Couperin zurück. Auch die auffällig hervortretende Technik der variierten Wiederholung hat ihren Vorgang in Stücken wie *L'Olimpique* oder *Les Chérubins ou l'Aimable* aus Couperins *20. Ordre*.[15] Sogar für die bei Carl Philipp Emanuel Bachs Charakterstücken vorherrschende Form des *coupe binaire*, nach dem eine schwach kontrastierende tonale Ebene (meist Tonikaparallele) eingeführt wird, um mit einer Reprise als den *coupe binaire* quasi durchkreuzendem dritten Teil zu schließen, finden sich in den eben genannten Stücken Couperins Vorbilder; doch war Carl Philipp Emanuel Bach in seinen eigenen Sonaten inzwischen sehr viel weiter vorgestoßen, hatte die Form vor allem durch kontrastierende Motivgruppen beträchtlich erweitert. Trotz ihrer Rückwärtsgewandtheit verraten Carl Philipp Emanuel Bachs Charakterstücke eine Prägnanz und Rundung der aphoristischen Form, die ohne die Portraitkunst Couperins kaum zu denken wäre; er bleibt jedoch in dessen Rahmen der grundsätzlich von einem einzigen motivischen Gedanken beherrschten Gestaltung, von der es nur wenige Ausnahmen gibt. Gerade diese aber sind besonders zukunftsweisend. Das Portrait der Frau Johanna Elisabeth Stahl, jener Leibmedicusgattin, von deren 9 Kindern 3 totgeboren und 3 weitere bald nach der Geburt starben und die selbst nur ein Alter von 38 Jahren erreichte,[16] überschreitet diese Grenzen entschieden; es ist ein Bild der Zerrissenheit, der extremen motivischen und dynamischen Kontraste. Zahlreiche lange, rhetorisch wirkende Pausen trennen markant abgegrenzte Phrasen unterschiedlicher Länge. Im ersten Teil werden die drei Grundmotive exponiert: 1. ein aus drei forte zu spielenden Halben und zwei leisen Vierteln bestehendes Eröffnungsmotiv; 2. ein auftaktiges, von chromatischer Linienführung geprägtes Motiv aus punktierten Achteln und Sechzehnteln; 3. eine meist ein-, stellenweise zweistimmige melo-

13 R. Wyler: *Form- und Stiluntersuchungen zum ersten Satz der Klaviersonate Carl Philipp Emanuel Bachs*, Diss. phil. Zürich, Biel 1960, S. 133 ff.

14 W. Kahl: *Das Charakterstück* (= Das Musikwerk Bd. 7), Köln o. J., S. 7.

15 S. Hofman: *Couperin*, S. 115 ff.

16 H. Miesner: Bach-Jb. 30 (1933), S. 71 f.

dische Linie aus gleichmäßigen Vierteln, die sich rezitativähnlich über orgelpunktartig liegenden Baßtönen entfalten. – Überblickt man das Stück im ganzen, so erkennt man, daß diese Motive stark abgewandelt wiederkehren, wobei in der Abfolge der Motive das rudimentäre Sonatenhauptsatzschema nur schwach aufscheint. Dies ist bewußt so komponiert, daß die Formeinschnitte als solche beim Hören kaum wahrgenommen werden. Die Variierung im Mittelteil bewirkt, daß sich dieser zum A-Teil wie ein arioser zu einem rezitativischen Abschnitt verhält. Und der Eintritt der Reprise wiederum gestaltet sich als ein abruptes Abbrechen des Ariosos; die architektonischen Aspekte treten also ganz in den Hintergrund.

Die hier aufgezeigten Merkmale weisen eindeutig in eine Richtung. Der architektonische Aufbau der Form wird begründet, gleichzeitig aber auch in seiner Eigenwertigkeit dementiert durch die Elemente des Ausdrucks: die rhetorischen Pausen, die Gesten des Abbrechens, des Kantablen oder des Rezitierens. Zwei Jahre vor der Komposition von *La Stahl*, 1753, war die erste *Freie Phantasie* Carl Philipp Emanuel Bachs erschienen: der letzte Satz der 6. Sonate aus den Probestücken zum *Versuch über die wahre Art das Clavier zu spielen*. Praktisch wie theoretisch beschrieb Carl Philipp Emanuel Bach in diesem Werk seinen neuen Begriff der *Freien Phantasie* als den Prototyp der *"Ausdrucksform"*, die gekennzeichnet ist vom schnellen Wechsel der Affekte, von der *"beständigen Abwechslung der Leidenschaften."* Dies bezeichnet den äußersten Gegensatz zur französischen *"Pièce d'une teneur"*. Und dennoch scheint es selbst hier Verbindungen zu geben. Denn die Couplets des französischen Rondeau formieren – in geschlossenen Verläufen und mit geringen Kontrastierungen – ein ähnliches Spiel des Wechsels, wie es bei Carl Philipp Emanuel Bach auf engstem Raum und mit schärfsten Kontrasten die verschiedenen Motivgruppen vollführen. So steht *La Stahl* gewissermaßen auf der Grenze von französischer Tradition und der neuen *"Ausdrucksform"* des irrationalistischen Zeitalters.

Wir nähern uns der Beantwortung unserer Ausgangsfrage: warum rückte Carl Philipp Emanuel Bach später von seinen Charakterstücken ab? – Die eben erwähnte erste *Freie Phantasie* Carl Philipp Emanuel Bachs regte etwa 30 Jahre nach ihrem Entstehen den vorhin genannten Dichter Wilhelm Heinrich Gerstenberg zu einem inzwischen in der Musikwissenschaft recht berühmt gewordenen Experiment an: er unterlegte nämlich dieser Phantasie zwei Texte: den Monolog des *Hamlet* von Shakespeare und einen von ihm selbst gedichteten Monolog des Sokrates vor dem Trinken des Schierlingsbechers. Die Gesangsstimme folgt in freier Deklamation dem Verlauf der Klavieroberstimme.[17] Veröffentlicht wurde dieses Experiment 1787 in der Musiksammlung *Flora* des schon erwähnten Carl Friedrich Cramer, der lange auf die Einwilligung Carl Philipp Emanuel Bachs zur Publikation hatte warten müssen. Nun fand sich zusätzlich ein Stück, das bereits 1762 veröffentlicht wurde, dem in ganz ähnlicher Weise wie bei Gerstenbergs Experiment mit der *c-Moll-Phantasie* ein Text – allerdings melodramatisch – zugeordnet ist. Dieses Werk ist aber keine "Phantasie", sondern eines jener erweiterten Charakterstücke im Stil von *La Stahl*; und dies stützt ganz entscheidend die These, daß offenbar eine begrenzte Zeit lang das Charakterstück französischer Provenienz als diejenige musikalische Gattung angesehen wurde, aus der sich die von den Klopstock-Nachfolgern erstrebte Vereinigung von Poesie und Musik mit der größten Aussicht auf Erfolg entwickeln ließe. Unter dem Titel *La Spinoza* erschien die Komposition anonym in einer Wochenschrift des Berliner Verlegers Georg Ludwig Winter mit dem Namen *Musikalisches Mancherley*.[18] In dem ersten Vierteljahr dieses Periodikums kommen außer 12 anonymen Kompositionen nur solche von Carl Philipp Emanuel Bach und seinem Adlatus Carl Fasch vor. Ganz gleich, ob nun Carl Philipp Emanuel Bach selbst der Komponist ist oder nicht – er war höchstwahrscheinlich zumindest an der Auswahl der Stücke für die Sammlung mit beteiligt und hat somit das Bekanntwerden des Experimentes gebilligt.

Die Formulierung des Titels *La Spinoza* ordnet das Werk eindeutig in die Gattungstradition des Charakterstücks französischer Provenienz ein; allerdings läßt der Name des Philosophen Spinoza in der Umgebung der ansonsten porträtierten Berliner Hofratsdamen aufhorchen. Der Aufbau folgt den bei *La Stahl* aufgezeigten Prinzipien, allerdings ist hier die Zahl der konstitutiven Motive auf fünf erweitert. Bereits die

---

17 Fr. Chrysander: *Eine Klavier-Phantasie von Karl Philipp Emanuel Bach mit nachträglich von Gerstenberg eingefügten Gesang-Melodien zu zwei verschiedenen Texten*, in: VfMw VII (1891), S. 1 ff.

18 *Musikalisches Mancherley*, Berlin (Georg Ludwig Winter) 1762, 3. Stück.

ungewöhnliche Tonart fis-Moll weist aber über das im Charakterstück Gebräuchliche hinaus, sie verbindet die Pièce mit der späten Phantasie *Carl Philipp Emanuel Bachs Empfindungen*. Ganz ähnlich wie in *La Stahl* folgt nun die Anordnung der Motivgruppen dem psychologischen Vorgang, der in diesem Stück durch einen unterlegten Text semantisch eindeutig bestimmt wird; diese Eindeutigkeit unterscheidet *La Spinoza* von dem Experiment Gerstenbergs mit der *c-Moll-Phantasie*, wo zwei Texte zur Auswahl erprobt wurden. Ähnlich wie bei Gerstenberg sind die Texte wohl als melodramatisch in die Musik hineingesprochen vorzustellen (dem Stück fehlt jedoch jeglicher den Vortrag erläuternder Kommentar). Der Text beschreibt den auf äußerst emotionale Weise sich vollziehend vorgestellten Reflexionsvorgang Spinozas über den Satz *"Der Mensch ist der Sklave seiner Leidenschaften"*, wobei es sich wohl um die aus dem Zusammenhang gerissene Folgerung aus dem Lehrsatz 4 des IV. Teils von Spinozas *Ethik* (*Von der menschlichen Knechtschaft*) handelt:

> *"Hieraus folgt, daß der Mensch notwendigerweise immer Leidenschaften unterworfen ist und daß er der gemeinsamen Ordnung der Natur folgt und ihr gehorcht und sich ihr, soweit die Natur der Dinge es verlangt, anpaßt".*[19]

Spinoza unterscheidet prinzipiell zwei verschiedene Arten von Affekten: die *"Ideen"* der menschlichen Seele, die als entweder leidende (inadäquate) oder aktive (adäquate) eine Minderung oder Steigerung der menschlichen Existenz bedeuten können. Ziel des ethischen Strebens muß es sein, soweit wie möglich zu adäquaten Ideen, d. h. zur Erkenntnis zu gelangen – was wiederum gleichbedeutend mit der Umwandlung von passiven in aktive Affekte ist, da das menschliche Wesen entsprechend einem mechanischen Kräfteparallelogramm mit den durch die verschiedenartigen Affekte ausgelösten (positiven oder negativen) Begierden identifiziert wird. Entschieden wendet sich Spinoza gegen die Lehre des Descartes, die Affekte seien vom freien Willen des menschlichen *"Seelenwesens"* abhängig, das *"bei guter Leitung eine unbedingte Gewalt über seine Leidenschaften erlangen könne"*.[20] Auf diese Cartesianische Theorie aber berief sich die ältere Auffassung, die in der Musik – nach Matthesons Formulierung – eine *"Zucht-Lehre vor anderen"* sah und im Sinne der Zielsetzung einer moralischen Läuterung eine Auswahl der Affekte nach Grundsätzen der Vernunft forderte:

> *"... daß diejenigen unter den Affecten, welche uns von Natur am meisten anhangen, nicht die besten sind, und allerdings beschnitten oder am Zügel gehalten werden müssen ... "*[21]

Genau diese auf Vernunftgrundsätzen beruhende Auswahl wird durch Spinozas Affektentheorie sinnlos. Deren Einfluß aber macht sich – wenn auch noch zaghaft – in einigen Formulierungen des Berliner Theoretikers Christian Gottfried Krause bemerkbar, dessen 1753 erschienene Abhandlung *Von der musikalischen Poesie* als ein

---

19 B. Spinoza: *Die Ethik nach geometrischer Methode dargestellt*, hrsg. von O. Baensch/R. Schottlaender, Hamburg ⁴1955, S. 195.

20 Spinoza: S. 264.

21 J. Mattheson: *Der Vollkommene Capellmeister*, Hamburg 1739, Faksimile-Nachdruck Kassel/Basel 1954, S. 15.

Sprachrohr der Ideen der fortschrittlich gesinnten Mitglieder der friderizianischen Kapelle gelten kann. Dort heißt es etwa:

"Man verlangt von der Musik etwas, daß sie nicht gewehren kann, wenn sie den Menschen beständig, gutthätig, aufrichtig machen soll ... Niemand hat jemals bey einer Musik gedacht: das ist wahr; sonders allemal nur: das ist schön, angenehm, unangenehm, es rühret, oder es rühret nicht."

Krause hat zwar noch nicht den Schritt vollzogen, das Rührende, den Ausdruck mit der "Wahrheit" ineinszusetzen (die für ihn noch eine eindeutig moralische Kategorie ist), aber er trennt deutlich die Möglichkeiten der musikalischen Wirkungen von denen der Wortdichtung, der allein er den Bereich moralischer Belehrung zuweist. Dadurch aber wird die alte Forderung nach der Einheit des Affekts innerhalb eines Musikstückes in Frage gestellt; denn in höchstem Grad fasziniert der Musiker sein Auditorium beim *"sogenannten Phantasieren"*:

"dieß gefällt ganz ungemein, weil man unsern Geist nicht geschwinde genug beschäftigen kann ... ".

Der einzige Grund, weshalb nicht auch die Arie sich des Prinzips der freien Fantasie bedient, ist nach Krause der beschränkte Umfang der menschlichen Stimme, der es nicht erlaube,

"die dem Phantasieren wesentlichen Verschiedenheiten und starke Abwechslungen hervor zu bringen".[22]

Solche Ansichten aber sind nicht weit entfernt von der berühmten Äußerung Carl Philipp Emanuel Bachs:

"Kaum daß er [der Musiker] einen [Affecten] stillt, so erregt er einen andern, folglich wechselt er beständig mit Leidenschaften ab."[23]

In diesem Satz dürfen wir nach dem Gesagten eine Wendung von der Cartesianischen zur Spinozistischen Affektenauffassung erblicken und weiterhin feststellen, daß die letztere offenbar seit den fünfziger Jahren in den Berliner Musikerkreisen ein überaus aktuelles Thema darstellte. Die Absicht, ein Liebhaberpublikum mit dem neuen Phänomen einer musikalischen Ausdruckskunst und den Reflexionen über die Affektenlehre und über das Verhältnis der Musik zur Sprache bekanntzumachen, spricht u. a. aus dem Vorbericht der musikalischen Wochenschrift, in der *La Spinoza* erschien:

"Die Musik dient entweder dem Kenner, so wie ein wohlgebautes Haus, ein regelmäßig angelegter Garten vergnüget; oder sie ist Sprache der Empfindung. So rauschen Racheschwangere Töne, so schleppt sich die Traurigkeit auf den Sayten, so wirft der

---

22 Chr. G. Krause: *Von der musikalischen Poesie*, Berlin 1753, fotomechanischer Nachdruck Leipzig 1973, S. 83, 86, 88. Schon Schering (ZIMG 8, 1906/07, S. 271) machte auf eine mögliche Beeinflussung Krauses durch Spinoza aufmerksam, ohne dies näher zu begründen.

23 C. P. E. Bach: *Versuch über die wahre Art das Clavier zu spielen*, Berlin 1753, Faksimile-Nachdruck Leipzig ³1976, S. 122.

Zorn feurig die Luft, so wallet die Freude im Aether, so seufzt der zärtliche Ton Freundschaft und Liebe, und so bringen die belebten Töne Lob und Dank aus dem vollen Herzen und auf den Zungen der Menschen zu dem Sitze der Allmacht und theilen die Wolken. Die vornehmste Absicht des Wochenblatts ist einige Versuche von dieser letztern Art der Musik zu geben, und werden darin deutsche, französische und italienische Arien und kurze Rezitativen und Stücke fürs Clavier und andere Instrumente vorkommen".[24]

LA SPINOZA.

---

24 *Musikalisches Mancherley* 1762, Vorbericht zum 1. Stück.

Er zieht den Schluß mit Gewalt zu —

Er will seine Thesin auf einer angenehmern Seite betrachten. Er besinnt sich. Er fängt von neuen an — es hackt.

Nun geht es besser —

Er kann mit dem Schlusse nicht fertig werden.

Er wird darüber äusserst betrübt.

Die fünf Motive des Klavierstücks *La Spinoza* bezeichnen wie Leitmotive die einzelnen Phasen des philosophischen Reflexionsvorganges: a. die Aufstellung der Thesis; b. das *"Hacken"* (die Schwierigkeiten beim Ingangbringen der Demonstration); c. das *"Fließen"* der Gedankenführung; d. die klagende Feststellung, *"nicht auf den Grund kommen"* zu können, und e. den Versuch eines abschließenden gedanklichen Gewaltstreiches, den das Scheitern der rationalen Bemühung auslöst. Die traditionelle dreiteilige Form des Charakterstückes wird inhaltlich interpretiert als dreifacher Ansatz und Scheitern, wobei jeweils eine andere Gemütsverfassung den Reflexionsvorgang bestimmt. Der begrenzte Kontrast der Verlagerung auf die tonartliche Ebene der Tonikaparallele nach dem *coupe binaire* wird als "angenehmere Seite" der Betrachtung gedeutet und besonders extensiv ausgesponnen; hingegen stellt sich der Schlußteil durch die gänzliche Absenz des "Gedankenfluß"-Motives entscheidend verkürzt und zu einem bitteren Resumée geschrumpft dar – eine sinnfällige musikalische Demonstration des philosophischen Determinismus.

An *La Spinoza* erkennen wir, wie im Berliner Kreis um Carl Philipp Emanuel Bach auf dem Feld des klavieristischen Charakterstücks französischer Tradition die Wendung gegen die ästhetische Begründung eben dieser Tradition selbst vollzogen wird. Damit wäre die ablehnende Haltung Carl Philipp Emanuel Bachs gegenüber späteren Ansinnen, auf der Grundlage des Charakterstücks zu Annäherungen an die Poesie zu gelangen, hinlänglich erklärt. Seinem musikalischen Denken in späterer Zeit konnte nicht das Charakterstück, sondern einzig die Freie Phantasie das Tor zu neuen Horizonten künstlerischer Ausdrucksgestaltung erschließen; sie war die Gattung, die das Kunstwollen des musikalischen Sturm und Drang in exemplarischer Weise repräsentierte.

Die Musikforschung 33 (1980), S. 279-291 (Bärenreiter-Verlag)

Hinweise auf die Wirkung Bachs im Werk Franz Schuberts*

Die im folgenden entwickelten Gedankengänge nehmen ihren Ausgang von Schuberts *Moment musical op. 94 Nr. 4 in cis-Moll.* Die durchsichtige Schreibweise des Anfangsteiles mutet zunächst wie die einer Studie im zweistimmigen Satz an, vielleicht auch einer klaviertechnischen Etüde. Bei näherem Hineinhören enthüllt sich jedoch, daß die auffällige Perpetuierung der Bewegung nur den Hintergrund abgibt für ein außerordentlich abwechslungsreiches Geschehen; es ermöglicht, daß in den sechzig Takten des ersten Teils der anfängliche Einsatz viermal wiedererscheinen kann, ohne zu ermüden, weil er sich erstaunlicherweise trotz der Gleichmäßigkeit der vorherrschenden Bewegung immer wieder als etwas Neues darbietet. Ein gewichtiger Grund für diese Tatsache scheint der zu sein, daß der Hörer eine geraume Zeit braucht, um in den musikalischen Komplex einzudringen, und in jeder neuen Beleuchtung, sei sie bedingt durch die Änderung der Bewegung in der linken Hand (durch die neue Zusammenklänge und eine melodische Gegenstimme sich bilden) oder auch durch sekundäre Momente wie eine durch Änderung der Dynamik und der Artikulation bedingte Modifizierung der Färbung, offenbaren sich im Gewebe des durch die Bewegung erzeugten Klangteppichs neue und überraschende Konfigurationen, ornamentartige Gebilde, die auftauchen und wieder verschwinden. Sehr bald erkennt das musikalische Gehör, daß solcher Reichtum an Möglichkeiten der Klangkombinatorik kaum zu erreichen gewesen wäre, handelte es sich um echte Zweistimmigkeit. Beim genauen Durchhören stellt sich heraus, daß dem Stück ein vierstimmiger Satz zugrundeliegt, der in Akkordbrechungen auseinandergezogen wird.

Dieses Brechen der Akkorde bildet für sich bereits einen zentralen kompositorischen Gedanken. Es ist keineswegs – wie sonst bei aus Arpeggien gebildeten Figuren häufig zu konstatieren – simpel oder gar banal. Die Töne des Akkordes werden höchst individuell, nämlich in der Weise zu einer Vierergruppe gebrochen, daß sich je zwei durch die Wiederholung eines von beiden in Gestalt einer Dreiergruppe zu einem als Einheit empfundenen Klang synthetisieren, während der letzte isoliert und damit als einzelner melodischer Ton herausgehoben wird. Rhythmisch nun steht dieser isolierte Melodieton jeweils am Ende einer Gruppe von vier Sechzehnteln, also an ihrer am wenigsten betonten Stelle, dort, wo keine Unterstützung klanglicher oder rhythmischer Art seitens einer anderen Stimme möglich ist. Das Ergebnis ist die Konstitution einer Melodielinie, die ihrer harmonischen Fundierung jeweils retardiert und synkopisch hinkend nachfolgt. Durch die Zerlegung von Harmonie- und Melodietönen in die Homogenität der Sechzehntelbewegung erreicht Schubert viererlei: 1. Der Hörer

---

* Antrittsvorlesung an der Universität Kiel (Mai 1978).

wird in das Erlebnis eines Bewegungsverlaufes hineingezogen, er kann sich dem musikalischen Strom gleichmäßig erfüllter Zeit nicht entziehen, der Musik nicht als Abfolge konturierter Gestalten gegenübertreten. – 2. Harmonie und Melodie werden durch die Bewegung zu einem hohen Grad von Einheit verschmolzen, wie er im traditionellen mehrstimmigen Satz übereinander angeordneter Haupt-, Gegen- und Nebenstimmen kaum zu erreichen wäre. Erst im allmählichen Eindringen in die oftmals wiederholten gleichartigen Konstellationen beginnt das Ohr, die funktionelle Bedeutung der einzelnen Töne der Sechzehntelbewegung zu identifizieren und zu differenzieren. – 3. Durch die rhythmische Anordnung der Melodietöne an unbetonter Stelle wird die Melodie besonders herausgestellt, indem diese Töne jeweils als letzte, gewissermaßen also als Zieltöne der Gruppen von vier Sechzehnteln erscheinen; sie nimmt des weiteren einen eigenartig schwebenden, nachhallartigen Charakter an, weil die Momente ihres Ertönens durch drei Sechzehntel von jeder Schlagzeit und zugleich von dem sie tragenden Baßton getrennt sind, ohne daß diese Trennung durch einen gestalthaften Rhythmus (etwa eine punktierte Achtel vor dem letzten Sechzehntel, so wie es für die barocke Gigue typisch ist) verdeutlicht würde. – 4. Hat das Ohr schließlich das rhythmische Verhältnis zwischen Melodie- und Harmonietönen innerhalb der Dreiklangsbrechung erfaßt, so kann es sich trotzdem nie sicher sein, ob dieses Verhältnis in der Weise des Beginns aufrecht erhalten wird, da ein jederzeitiger Wechsel zu anderen Relationen innerhalb der Dreiklangsbrechung möglich erscheint und tatsächlich in Takt 17 eintritt. Anlaß für die dort eingeführte Dreistimmigkeit ist der Melodieton-Wechsel von der vierten zur ersten Sechzehntelnote einer Gruppe. Die Folge dieser ständigen Ungewißheit ist die Verstärkung des schwebenden Melodiecharakters zur latenten rhythmischen Instabilität, die das Oberstimmengewebe als Ganzes kennzeichnet.

Um so stärker ist das Gegengewicht rhythmischer Stabilität, das von der gleichmäßigen Achtelbewegung der linken Hand geleistet wird. Die zunächst konventionell anmutende Begleitfigur erweist sich als aus zwei Stimmen zusammengesetzt, die sich in Vierteln bewegen und durch die Versetzung der Oberstimme um eine Achtelnote zu einer Komplementärbewegung in Achteln zusammenfügen. Die Funktion der beiden Stimmen ist grundverschieden. Während die untere eindeutig harmonietragende Baßfunktion übernimmt und den Wechsel der harmonischen Stufen in ruhigem Gleichmaß auf den beiden Taktvierteln markiert, entbehrt die obere hinsichtlich ihres melodischen Verlaufes jeder Eigenständigkeit; anfangs verdoppelt sie in der unteren Oktave die Melodie, später dann einzelne Töne der harmoniebildenden Intervalle in der rechten Hand. Neben der klangfüllenden Bedeutung liegt ihre Hauptaufgabe in der Herstellung des gleichmäßigen Achtelrhythmus, der verhindert, daß die Harmoniebewegungen des Basses den Rhythmus des gesamten Satzes in langsamer, schwerer Viertelbewegung belasten; sie entzieht den Hauptzeiten rhythmisches Gewicht und verstärkt dadurch den Charakter schwerelosen, gleichmäßigen Bewegungsflusses.

Für ein Satzbild wie dasjenige dieses *Moment musical* konnte Schubert kaum Vorbilder in der Wiener Klassik finden, der solche Einheitsabläufe fremd waren. Allenfalls in einigen Stücken Beethovens ließen sich Ansätze zu derartigen Verfahrensweisen

ausmachen, jedoch längst noch nicht zu solcher Konsequenz durchgebildet; man denke an die Finali der *Klaviersonaten As-Dur op. 26* oder *d-Moll op. 31/2*, von denen
bezeichnenderweise das letzte mehrfach als "schubertisch" apostrophiert worden ist.

Wohl aber weist Schuberts Satz zurück in die vorklassische Vergangenheit, wo
sich bei J. S. Bach Stücke finden, in denen manches von dem vorgebildet ist, was soeben aufgewiesen wurde. Als Beispiel sei auf das *Präludium d-Moll* aus dem 1. Teil des
Wohltemperierten Klaviers verwiesen. Der sofort ins Ohr fallende Unterschied zwischen
beiden Stücken besteht in der wesentlich einfacheren rhythmischen Struktur des
Bach-Präludiums; ihm fehlt die durch die Komplementärbewegung der linken Hand
bei Schubert konstituierte Leichtigkeit der Unterstimmen-Achtel; infolgedessen kann
es auch nicht zu der subtilen rhythmischen Verschiebung der Melodiestimme auf das
unbetonte letzte Sechzehntel kommen, zumal es sich bei Bach um eine Akkordbrechung nicht in Vierer-, sondern in Triolengruppen handelt. Prinzipielles jedoch haben
beide Stücke miteinander gemeinsam: auch bei Bach ist eine Melodie in die ornamentale Akkordbrechung eines – hier dreistimmigen – Satzes eingebettet, weniger schematisch sogar als in den ersten 16 Takten bei Schubert (die Melodietöne wechseln innerhalb der Triolengruppen, gelegentlich ist nicht zweifelsfrei auszumachen, welcher
Triolenteil den melodieführenden Ton enthält). Das Verhältnis der Baßstimme zum
Oberstimmengewebe ist in beiden Stücken durchaus vergleichbar. Hervorstechend ist
vor allem die jeweilige Kontinuität der Bewegung, die aus einer einzigen Kernzelle
heraus entwickelt wird, wobei Bach sogar noch den Baß zwei Achtelschläge allein
vorausgehen läßt, bevor sich aus der gleichen auftaktigen Abwärtsbrechung des Dreiklanges wie bei Schubert das Folgende entwickelt. Dieses Verfahren der Entwicklung
eines Kontinuums aus einer einzigen Kernzelle wurde von Eggebrecht[1] als für das
Schubertsche Lied typisch beschrieben und mit dem spätbarocken Verfahren der mu-
sikalisch-rhetorischen Inventio-Elaboratio in einen historischen Zusammenhang gebracht. Es läßt sich ohne weiteres auf die Instrumentalmusik übertragen.

Hier kann es nicht auf eine weitere detaillierte Analyse beider Stücke ankommen,
die sich in ihrem formalen Aufbau schon deshalb voneinander unterscheiden, weil sie
als ein die Fuge vorbereitendes Präludium und als A-Teil einer dreiteiligen autonomen
Form ganz unterschiedliche gattungsbedingte Funktionen erfüllen. Wesentlich bleibt
für unser Thema die Übereinstimmung in bemerkenswerten satztechnischen Details,
mit denen beide im Gegensatz zur zwischen ihnen liegenden Epoche der Wiener Klassik stehen. – Ein wichtiger Punkt an Schuberts Klavierstück aber muß in diesem Zusammenhang noch berührt werden: die Gestalt der Baßstimme. Ihre verschiedenen
Töne ergeben in der Reihenfolge ihres Erscheinens die Notenfolge *cis-his-e-dis*. Diese
Töne aber stellen nichts anderes dar als das prominente Thema der fünfstimmigen
cis-Moll-Fuge aus Bachs *Wohltemperiertem Klavier*, Teil I. Dieses Thema bestimmt
sehr deutlich das harmonische Gerüst der ersten vier Takte bei Schubert.

Erhöhte Bedeutung gewinnt diese Feststellung durch die Tatsache, daß das Baß-
Thema mit seinen beiden abwärtsgerichteten, einander sequenzierenden Halbton-

---

1   H. H. Eggebrecht: *Prinzipien des Schubert-Liedes*, in: AfMw XXVII (1970), S. 89 f.

schritten eine starke Substanzgemeinschaft mit der Melodie der Oberstimme aufweist. Wenn man von der Tatsache ausgeht, daß innerhalb eines Zweitakters die Betonung zum Ende hin wächst, der jeweils zweite Takt also den betonungsmäßigen Schwerpunkt enthält, dann stellen die derart betonten Melodietöne der Oberstimme die Folge *a-gis/cis-his* dar, die Bewegung des Basses in der Parallele der oberen Sexte, woraus deutlich erkennbar wird, daß die Melodie der Oberstimme, deren schwebenden, rhythmisch diffizilen Charakter wir vorhin herausgestellt hatten, aus der Grundsubstanz des cis-Moll-Themas der Bach-Fuge abgeleitet ist. Hieran schließt sich eine weitere Beobachtung an. In Schuberts Heine-Vertonung *Der Doppelgänger,* die bekanntlich ebenfalls auf dem Thema der Bachschen *cis-Moll-Fuge* sich aufbaut, geht zu den Textworten *"Mir graust es, wenn ich sein Antlitz sehe"* aus dem Ostinato des Bach-Themas eine Melodielinie hervor, die in der Substanz derjenigen des *Moment musical* auffällig gleicht. Es handelt sich offensichtlich um ein von Schubert zu Bachs Thema erfundenes ostinates kontrapunktisches Gebilde, das in immer neuer, variativer Verwandlung in verschiedenen Kompositionen erscheinen kann. Als drittes Beispiel wäre auf das *Agnus Dei* der *Es-Dur-Messe* zu verweisen, über das am Schluß noch zu sprechen sein wird. Das cis-Moll-Thema, im *Moment musical* bis auf den Ton *e* jeweils am Taktbeginn verankert, stellt offensichtlich die Grundsubstanz des Stückes dar, was eine genauere Analyse bestätigt. Hinweisen möchte ich vor allem auf die Tatsache, daß der Des-Dur-Mittelteil, der so merkwürdig mit dem Charakter des ersten zu kontrastieren scheint, von dieser Seite her seine Einheit mit jenem offenbart: denn dann erschließen sich sogleich die Takte 69/70 mit ihrer so einzigartigen plötzlichen Wendung nach Moll als die verborgene Kernzelle des ganzen Abschnittes, aus welchem alles Weitere organisch entwickelt ist.

Haben wir nun in doppelter Hinsicht die Affinitäten im *Moment musical cis-Moll* zu spezifisch Bachschen Verfahrensweisen einerseits und zu einem exemplarischen Bach-Thema andererseits feststellen können, so wäre an dieser Stelle zu fragen, unter welchen Voraussetzungen Schuberts Bach-Rezeption erfolgte und welcher Stellenwert ihr bisher zuerkannt wurde.

Das dritte Jahrzehnt des 19. Jahrhunderts bedeutete in der Wirkungsgeschichte J. S. Bachs einen entscheidenden Umschwung. Hatte man in Bach im ausgehenden 18. und beginnenden 19. Jahrhundert hauptsächlich einen "klassischen" Komponisten deutscher Nation gesehen, an ihm also in erster Linie das Exemplarische, Nachahmenswerte betont und das, was man als "Gründlichkeit" und "Tiefsinnigkeit" seiner kontrapunktischen Setzweise umschrieb, dem angeblichen Verfall der Musik in der eigenen Zeit gegenübergestellt, so entdeckten die Musiker der zwanziger Jahre des 19. Jahrhunderts in Bachs Werken ganz neue Seiten, und zwar solche, die mit ihrem eigenen, der versinkenden Wiener Klassik bereits widerstreitenden Empfinden insgeheim zu kongruieren schienen. Aufschlußreich ist etwa der Artikel, mit dem Carl Maria von Weber im *Freischütz*-Jahr 1821 des Geburtstages Bachs in der *Dresdner Abendzeitung* gedachte, in dem er Bachs Wesen als *"eigentlich romantisch"* der *"mehr antiken Größe"* Händels gegenüberstellte. Weber sieht Bach vor allem unter dem Aspekt der Innovation: *"Von ihm ging so viel Neues und in seiner Art Vollendetes aus, daß seine Vorzeit fast in Dunkelheit verschwand, ja, sonderbar genug, sein Zeitgenosse Händel wie einer anderen Epoche angehörig, betrachtet wird. "*[2]

Bachs Wirkungen beruhen nach Webers Auffassung nicht auf rational faß- und lehrbaren Voraussetzungen, sie entstammen vielmehr dem Reich mystisch-geheimnisvoller Kräfte, die sich zum *"wahrhaft gotischen Dom der Kunstkirche"* zusammenfügen; unter ihnen hebt Weber drei technische Aspekte hervor: die *"wunderbarsten Verkettungen der Stimmenführung"*, die daraus erzeugten *"fortgesponnenen seltsamen Rhythmen"* und – beides verbindend – die *"künstlichsten kontrapunktischen Verflechtungen"* – womit wohl die spezifische Klanglichkeit Bachs angesprochen ist, die als aus der Stimmführung erwachsen erkannt wird. Die hier von Weber geäußerte Überzeugung der inneren – wenn auch geheimnisvollen – Nähe Bachs zum eigenen künstlerischen Wollen, die ihn von allen übrigen in historische Distanz gerückten Komponisten der Barockzeit grundlegend unterscheidet, bleibt von nun an eine Konstante im Bewußtsein der Komponisten der deutschen Romantik. Ob Schumann in Bachs Musik den Ursprung für die Eigenarten seiner eigenen Produktivität: für das *"Tiefkombinatorische"*, das *"Poetische"* und das *"Humoristische"* – erblickt, Mendelssohn in Anklängen seiner Kompositionen an Bach kein Manko sieht, da sie ihm *"aus dem Herzen geflossen"* seien, ob Liszt einer seiner harmonisch kühnsten und zukunftsweisendsten Kompositionen das Thema *B-A-C-H* zugrundelegt oder Wagner sich während der Arbeit an seinem *Tristan* mit dem Spielen des *Wohltemperierten Klaviers*, in dem er die *"unendliche Melodie geradezu präformiert"* sieht, in produktive Stimmung versetzt – aus allen diesen Äußerungen und Handlungsweisen wird umrißhaft die Richtung klar, in die eine derartige Bach-Rezeption zielte: Die Romantiker bewunderten an Bach jenes Moment, das Ernst Kurth als Entfaltung der Energie freier linearer Bewegung der klassischen Melodiebildung aus dem rhythmischen Akzent heraus konfrontiert hat. Nachromantischer Enthusiasmus schwingt in Formulierungen wie dieser aus Kurths *Linearem Kontrapunkt*: *"Die ganze Polyphonie ist eine große Steigerung aus den Spannungen und Bewegungskräften der einstimmig-melodischen Kunst heraus; sie ist nicht bloß satztechnisch als Gegenbild zur akkordlich fundierten Homophonie in der Linienentwicklung gegründet, sondern auch ihre formalen Erscheinungen beruhen in den gleichen inneren Eigentümlichkeiten wie die melodische Kunst selbst, die Entwicklung, Ausspinnung und Steigerung der einzelnen Linie. "*[3]

Kurth, dessen Buch vom *Linearen Kontrapunkt* gemeinhin allzu einseitig als Anreger und Auslöser der neusachlichen neobarocken Tendenzen nach dem Ersten Weltkrieg gewertet wurde, erweist sich in seiner Auffassung der Polyphonie im Sinne von Aperiodizität und Spannungssteigerung sowie ihrer – wenn auch modifizierten – Koinzidenz mit dem von Wagner formulierten und in seiner Nachfolge als ein für das Wagnersche Komponieren als eigentümlich reklamierten Prinzip einer *"Kunst des Überganges"* als ein später, vielleicht letzter, aber durchaus authentischer Repräsentant

---

2   C. M. von Weber: *Ausgewählte Schriften*, hrsg. von W. Altmann, Regensburg 1937, S. 294.
3   E. Kurth: *Grundlagen des linearen Kontrapunkts. Einführung in Stil und Technik von Bachs melodischer Polyphonie*, Bern 1917, S. 202.

dieser romantischen Rückwendung hinter die Klassik. Den definitiven Beginn dieser Rückwendung aber erblickte Kurth im Werk Franz Schuberts, das für ihn *"kühnste Ansätze zur unendlichen Melodie"* ebenso wie (in der Linearisierung des Klaviersatzes der Liedbegleitungen) wichtige Beiträge zur Ablösung der Herrschaft periodischer Oberstimmen durch die *"Gesamtmelodik"*, also die Melodisierung des orchestralen Stimmengewebes, aufweist.[4] Dieser Ansatz Kurths ist in der Musikwissenschaft eigentlich kaum weitergeführt worden. In der Literatur herrscht vielmehr im wesentlichen die Ansicht vor, Schubert habe sich zwar für Bach – zumindest für das *Wohltemperierte Klavier* – nachweislich stark interessiert, auch seien diese oder jene Anklänge nicht von der Hand zu weisen, indessen habe für Schubert die Musikgeschichte recht eigentlich erst mit Haydn und Mozart begonnen, nur die Wiener klassische, allenfalls auch gewisse Momente der vorklassischen Epoche seien für ihn lebendige Tradition gewesen. Einstein führt als "Beleg" für diese These Schuberts *e-Moll-Fuge D 952 für Orgel oder Klavier zu vier Händen* an. Schubert schrieb sie im Juni 1828 im freundschaftlichen Wettbewerb mit Franz Lachner, als beide die berühmte Orgel der Kirche in Heiligenkreuz erproben wollten. Vielleicht hatte Schubert das Thema der *fis-Moll-Fuge* aus dem 1. Teil des *Wohltemperierten Klaviers* umrißhaft im Gedächtnis, die ersten vier Töne sind jedenfalls melodisch und rhythmisch weitgehend identisch. Trotzdem läßt sich kaum ein größerer Unterschied denken als zwischen diesen beiden Fugenthemen und ihrer Weiterführung.

Durch verschiedene Kunstgriffe rhythmischer Gewichtsverteilung im Wechsel auftaktiger, volltaktiger und synkopischer Bewegung im Sechsermetrum, durch Motivverkürzung und eine subtile Bewegungsbalance zwischen Thema und Kontrapunkt gewinnt der Bachsche Satz ebensoviel Originalität und Überraschungsmomente wie Einheit und Sinnfälligkeit; Schuberts Thema und noch mehr sein Kontrapunkt wirken dagegen seltsam bemüht, unindividuell, abgezirkelt und – wie die Zeit sich ausdrückte – "gearbeitet" (vgl. Notenbeispiele 1a und 1b). – Ähnliches wie beim Vergleich dieser beiden Fugenexpositionen ließe sich in einem anderen Fall feststellen, wo Schubert ein Bachsches Thema aus dem *Wohltemperierten Klavier* zitiert und zu einem neuen Fugenthema umformt, nämlich im *Gloria* seiner *Es-Dur-Messe*. In dem getreu der Tradition als Fuge konzipierten Schlußteil *"Cum sancto spiritu"* bedient sich Schubert des Themas der *E-Dur-Fuge* aus dem 2. Teil des *Wohltemperierten Klaviers*, das seinerseits auf das Modell eines Magnificat-Tones zurückgeht. Hier beschreitet Schubert im Vergleich zur eben erörterten *e-Moll-Fuge*, in der er Bachs Thema verkürzte, den umgekehrten Weg der Verlängerung des Themas, indem er aus der Figuration des sequenzierten 3. Thementaktes einen Anhang in gleichmäßigen Vierteln entwickelt. Diese Verlängerung nähert das Thema dem folgenden ersten Kontrapunkt bewegungsmäßig an, vermittelt also den Kontrast beider Stimmen. Andererseits übernimmt die so erreichte Homogenität der Bewegung als solche in den für diese Fuge charakteristischen Zwischenspielen eine wichtige Funktion: in ihr (der Bewegung)

---

4   E. Kurth: *Romantische Harmonik und ihre Krise in Wagners "Tristan"*, Berlin ³1923, Repr. Hildesheim 1968, S. 547 ff.

verschwindet, versickert gleichsam das Thema, wenn im Baß in langen Noten die Tonfolgen *es-d-f-e*, also das transponierte *B-A-C-H,* und anschließend im Sopran deren Krebs in den betonten ersten Noten *h'-c''-a'-b'* (T. 348-355) erscheinen. Diese Beziehung erscheint als eigentlicher Sinn der Fugen-Zwischenspiele, in denen sich die Chromatik des zweiten Kontrapunktes hintergründig und beziehungsreich zum Symbol des verehrten Namens verdichtet.

Notenbeispiel 1a: J. S. Bach, Wohltemperiertes Klavier I, Fuge fis-Moll

Notenbeispiel 1b: F. Schubert, Fuge e-Moll (D 952)

Doch auch in dieser Fuge läßt sich – gerade im Vergleich mit der mühelosen Sicherheit, Selbstverständlichkeit und elementaren Überzeugungskraft, mit der sich Schubert der Formen der Klaviermusik, der Kammermusik und der Sinfonie bemächtigte und sie mit einem neuen authentischen Sinn erfüllte – eine gewisse Angestrengtheit nicht überhören. Die Fuge als tradierte, mit dem Geist seiner Zeit und seiner Subjektivität zu bewältigende Form war für Schubert zweifellos ein schwieriges Problem, und das Bewußtsein dieser Problematik wuchs gegen Ende seines Lebens bis zu jenem berühmten, durch den plötzlichen Tod an der Ausführung verhinderten Entschluß, bei dem Wiener Hoforganisten Simon Sechter Fuge und Kontrapunkt zu studieren, und zwar aufgrund der verschiedenen Personen gegenüber geäußerten Überzeugung, er habe auf diesem Gebiet Nachhilfe nötig. Der unmittelbare Anlaß zu diesem Schritt scheint übrigens nicht die Beschäftigung mit Bach, sondern die mit Händels Oratorienfugen gewesen zu sein, die Schubert im Zusammenhang mit der im Juni 1828 komponierten Grillparzer-Kantate *Mirjams Siegesgesang* eifrig studiert und zusammen mit Hüttenbrenner vierhändig aus der Partitur gespielt hatte. Aus der Tatsache des unzweifelhaft problematischen Verhältnisses Schuberts zur Fuge ergibt sich aber in gar keiner Weise der Schluß, den Alfred Einstein aus ihr gezogen hat: daß Schuberts Schaffen ausschließlich auf der klassischen Periodenstruktur beruhe und daß er Kontrapunktik *"gelegentlich für seine Kammermusik brauchte"*.[5] Zu einer tiefergehenden Auseinandersetzung mit Bach soll es auch laut Walther Vetter niemals gekommen sein, und in dieser Tatsache dürfe man *"wieder ein neues Beweismoment dafür erblicken, daß Franz Schubert nicht einseitig Romantiker ist"*.[6] Auch Vetter erkennt also die Beziehung zu Bach als ein für die Romantik wesentliches Moment. Müßig sei es, meint Vetter, darüber zu rechten, ob Schubert aufgrund der Erfahrungen bei Sechter ein Kontrapunktiker geworden wäre – in der Tat, so muß man feststellen, war er längst vorher einer, und zwar in seiner ersten Schaffensperiode. Schon bei einem Stück wie dem *Menuett cis-Moll D 600*[7], das Schubert möglicherweise mit 17 Jahren geschrieben hat, gemahnt das Bild des Triosatzes etwa an Bachsche dreistimmige Sinfonien.

In bemerkenswertem Widerspruch zu seinen eben zitierten Äußerungen stellt Einstein in anderem Zusammenhang fest, Schubert sei *"ein Kontrapunktiker von eigenen Gnaden und, sozusagen ohne es zu wissen, ein unwillkürlicher Polyphoniker."*[8] Indessen: mit Einstein zu vermuten, daß er aus eben diesem Grunde die Kontrapunkt-Studien bei Sechter wahrscheinlich sehr bald wieder aufgegeben hätte, hieße nach dem bisher Festgestellten wiederum weit über das Ziel hinauszuschießen. Wir wissen aus einem einzigen direkten Zeugnis aus dem Jahr 1824, daß sich Schubert mit dem *Wohltemperierten Klavier* beschäftigt hat.[9] Vermutlich hat er aber schon in seinen Studienjahren ebenso wie viele seiner zeitgenössischen Wiener Kollegen – etwa die beiden böhmischen Musiker Václav J. Tomášek und Jan Václav Voříšek, die ihm in gewisser Hinsicht als Vorbilder für seine einsätzigen Klavierstücke dienen konnten und von denen eifriges Studium des *Wohltemperierten Klaviers* bezeugt wird – von der Möglichkeit Gebrauch gemacht, Bachs Klavierwerke, die seit 1806 in einer 15bändigen Druckaus-

5   A. Einstein: *Schubert*, Zürich 1953, S. 321.

6   W. Vetter: *Der Klassiker Schubert*, Band II, Leipzig 1953, S. 252.

7   F. Schubert: Alte Gesamtausgabe Band XXI, Nr. 27.

8   Einstein: *Schubert*, S. 51.

9   O. E. Deutsch: *Schubert – Die Dokumente seines Lebens*, Kassel u. a. 1964, S. 248.

gabe des Wiener Verlages F. A. Hoffmeister vorlagen, kennenzulernen.[10] Darüber hinaus ist bisher zu wenig beachtet worden, daß Schubert zum engsten Bekanntenkreis des Wiener Hofkriegsrates Raphael G. Kiesewetter gehörte, in dessen Haus u. a. einige der berühmten "Schubertiaden" stattfanden, also jene für die zeitgenössische Schubert-Rezeption charakteristische Veranstaltungsform bürgerlicher geselliger Freundesversammlungen. Andererseits nahm Schubert an den gleichfalls von Kiesewetter veranstalteten historischen Hauskonzerten teil, in denen auch Bach aufgeführt wurde,[11] und sicher bot sich dem interessierten jungen Komponisten die Gelegenheit der Einsichtnahme in Kiesewetters für damalige Zeiten recht umfangreiche Sammlung von Bach-Manuskripten. Trotz widersprüchlicher Aussagen seiner Freunde in späteren Jahren darf man die Annahme als begründet ansehen, daß Schuberts Bach-Kenntnisse sich nicht auf das allein authentisch verbürgte *Wohltemperierte Klavier* beschränkten, sondern auch eine Anzahl von Vokalwerken umfaßten.

Ganz unbewußt waren die bisher aufgewiesenen Beziehungen zu Bach also sicher nicht, und in der bisher in der Literatur einseitig betonten Verknüpfung von Schuberts Bach-Verhältnis mit der aufgewiesenen Fugen-Problematik ist wohl der Grund dafür zu suchen, daß der Blick auf eine viel tiefergehende Verbindung des Wiener Komponisten vom Anfang des 19. zu dem mitteldeutschen des 18. Jahrhunderts weitgehend verstellt blieb und somit die vorhin skizzierten Einsichten Ernst Kurths auf wenig fruchtbaren Boden fielen. Einzig Thrasybulos Georgiades hat, soweit ich sehe, den Punkt berührt, allerdings ohne sich ausdrücklich auf Kurth zu beziehen und auch wohl in einer gewissen Befangenheit in Wertvorstellungen der ersten Hälfte des 20. Jahrhunderts über Wahrheitscharakter und Scheinhaftigkeit von Polyphonie. Eine Behauptung wie diese: *"Der satztechnische Unterschied liegt u. a. im nur Scheinbaren der neuen Kontrapunktik, im spezifisch harmonisch Füllenden der Gegenstimmen"*[12] sollte m. E. zu einem erneuten prinzipiellen Durchdenken der Rolle der Polyphonie in der Musik der Romantik anregen. Das Werk Schuberts ist in dieser Hinsicht weitgehend erst zu erschließen. Gerade seine Kompositionen aus den letzten Lebensjahren, namentlich die Kammermusik und die wenig bekannten Chorwerke, scheinen neue Perspektiven des polyphonen Denkens zu eröffnen, die ganz unbestritten mit der Weitung der harmonischen Dimensionen verknüpft sind, damit jedoch keineswegs als sekundäres, scheinhaftes Moment einer alles beherrschenden Vertikale sich unterordnen. Dem *Agnus Dei* der *Es-Dur-Messe* etwa liegt ebenso wie dem anfangs besprochenen *Moment musical cis-Moll* Bachs cis-Moll-Fugenthema zugrunde, diesmal in einer fugierten Satztechnik. Wir finden übrigens dieses viertönige Motiv, dem der späte

---

10   Die drei 1969 von Christa Landon im Archiv des Wiener Männergesangvereins aufgefundenen, 1978 von Otto Biba im Doblinger-Verlag in Wien publizierten Fugen, für deren Komposition vom Herausgeber das Jahr 1812 angenommen wird, lassen allerdings von einer solchen Kenntnisnahme kaum etwas spüren. Es handelt sich um Versuche eines mit den Problemen des Kontrapunktes ringenden Schülers, die österreichische Schulfugentradition durch ungewöhnliche, teilweise abrupte Modulationen und Enharmonik (die als typische Merkmale auf den späteren Schubert-Stil vorausweisen) zu bereichern.

11   H. Kier: *Raphael Georg Kiesewetter (1773-1850). Ein Wegbereiter des musikalischen Historismus*, Regensburg 1968 (Studien zur Musikgeschichte des 19. Jahrhunderts, Band 13), S. 63 ff., 91 ff., 178.

12   Thr. G. Georgiades: *Schubert. Musik und Lyrik*, Göttingen 1967, S. 168.

Beethoven ebenso wie später Liszt, Wagner oder Cesar Franck so zahlreiche thematische Gestaltungen abgewannen, bei Schubert mehrfach wieder; eine zentrale Rolle
spielt es z. B. in der Ouvertüre zu der Oper *Fierrabras* von 1823. In dem *Agnus Dei*
verbindet sich das Vierton-Thema (im Baß) mit einem ostinaten Kontrapunkt (im
Tenor), dessen expressive Linie geradezu eine Ausgestaltung der vorhin zitierten Text-
zeile aus dem *Doppelgänger* darstellt (Beispiel 2; mit x markiert).

Notenbeispiel 2: F. Schubert, Agnus Dei, Es-Dur-Messe

Was im Lied jedoch in kurze zweitaktige Phrasen zerstückelt, in einzelne Schmerzens-
gesten zerhackt wird, gestaltet sich in der Messe zu einer großen gebundenen Linie, zu
einer kontrapunktischen Arabeske, die dem Thema etwas Neues, Einmaliges hinzu-

fügt – ähnlich wie bereits Bach selbst mit der Hinzufügung des zweiten und dritten Kontrapunktes verschiedene Aspekte des Themas erschlossen hatte.

Hier eröffnen sich – abseits von der bei Schubert häufig eine etwas gezwungene Faktur auslösenden Gattung Fuge – neue Dimensionen romantisch-poetisierender Kontrapunktik. Sie hält sich fern von jeder historisierenden Tendenz, sie restauriert keine historischen Formen, sie ist weit davon entfernt, Mittel eines *stile antico* des 19. Jahrhunderts zu sein. In der Begegnung mit Bach fand Schubert, fanden die Romantiker jene Unbegrenztheit und Einheit naturhaften Hervorwachsens musikalischer Gestalten aus keimhaften Zellen, die unendliche Vielfalt des einzelnen auf der Basis einheitlicher Substanz, die unauffällig auch vordergründig Kontrastierendes miteinander verbindet, den Abbau der strengen metrischen Zeitorganisation zugunsten freier, ebenso wie in der Klassik unvorhersehbarer, jedoch im nachhinein als kontinuierlich sich erweisender Erfüllung eines strömenden Zeitablaufs.

Vermittels einer erlaubten Generalisierung umriß Kurth den Unterschied der Relation von motivischer Keimzelle zum Satzganzen bei Bach und bei den Romantikern in einer hellsichtigen Deutung: die *"Gesamtheit des harmonischen Charakters"* war in der ersten Hälfte des 18. Jahrhunderts erst zu erringen, im Dienst dieser historischen Aufgabe steht die kontrapunktische Entfaltung der genuin selbständigen *inventio,* die demgemäß zugleich eine harmonische ist. Nach der vollständigen Erschließung des harmonischen Satzintegrals durch die Klassik stellt sich diese Relation umgekehrt dar: der harmonische Verlauf bildet die Basis, nicht mehr das Ziel in Form der Gewinnung plastisch-gestalthafter Kadenzverläufe. Er tritt in den Hintergrund als Gewebe, aus dem sich individualisierte melodische Gebilde ebenso wie Klangfarben und Bewegungen herausheben, zumeist aber – und dies ist charakteristisch für den romantischen Satz – als transitorische Gestalten im harmonisch-zeitlichen Kontinuum. Gerade der transitorische Charakter ihrer materiellen Elemente macht die Musik zur höchsten der Künste, weil mit ihnen auf das *"Unendliche"* verwiesen wird.[13] Wenn das Wesen des Transitorischen auch das Kontrapunktische ergreift, jenes für die Romantik so typische unmerkliche Aufkommen und Wieder-Verschwinden von Gegenstimmen, so wäre es demnach verfehlt, hierin einen ästhetischen Mangel im direkten Vergleich mit Bachs Kontrapunktik zu erblicken. Vielmehr zeigt sich gerade darin die Analogie des musikalischen Vorgangs zu einem solchen in der Natur, die ihrerseits in allen ihren Erscheinungen denjenigen, der in ihr zu "lesen" versteht, auf das Unendliche verweist. In diesem Sinne spricht E. T. A. Hoffmann von den *"schauerlich-geheimnisvollen Kombinationen"* des Kontrapunkts, der von romantisch empfindenden Menschen *"mit wunderlich verschlungenen Moosen, Kräutern und Blumen"* verglichen werde,[14] und Novalis schienen *"die musikalischen Verhältnisse recht eigentlich die*

---

13 So verweist Jean Paul, um das Wesen des Romantischen als *"schönes Unendliches"* zu demonstrieren, auf das Verschwimmen und endliche Sich-Verlieren der *"Tonwoge"* einer Saite oder Glocke. Ossians Gedicht ist *"Musik, aber entfernte und dadurch verdoppelte und ins Unendliche verschwommene ..."* (Vorschule der Ästhetik, in: Werke, Band V, hrsg. von N. Miller, Darmstadt 1967, S. 88 f.).

14 E. T. A. Hoffmann: *Gedanken über den hohen Wert der Musik,* in: *Fantasie- und Nachtstücke,* hrsg. von W. Müller-Seidel, Darmstadt 1962, S. 39.

Grundverhältnisse der Natur" zu sein. Gleichzeitig sind aber das Gegenstück zur Musik im Bereich des Sichtbaren *"die Arabesken, Muster, Ornamente"* usw.[15] Aus diesen Zitaten erhellt die Umdeutung des Kontrapunkts von der Lehre der Technik mehrstimmigen Komponierens schlechthin (als welche sie veraltet war) zu einer metaphysischen Kategorie: der durch ihn hergestellte Beziehungs- und Gestaltenreichtum auf dem Hintergrund des harmonisch-zeitlichen Kontinuums verschafft der Musik ihren Charakter als *"unmittelbare Objektivation und Abbild"* (Schopenhauer) des Inneren der Natur, des Wesens der Welt. Durch diese neue Art des Verständnisses und die dadurch bedingte Hörweise erst werden die Schauer erklärlich, die romantische Geister bei ihren Erlebnissen mit Bachscher Musik empfanden. Wie wenig es aber bei diesen Erlebnissen und ihrer spekulativen Verarbeitung sein Bewenden hatte, wie intensiv sie sich vielmehr auf die kompositorische Praxis auswirkten, dies sollte in dieser knappen Skizze an einigen Ausschnitten aus dem Werk Schuberts gezeigt werden. Neben der technischen und der überwiegend historischen Auffassung des Kontrapunkts (die der Klimax romantischer Musikauffassung nachfolgte) könnte die am produktiven Mißverständnis Bachs[16] sich entzündende der Romantik als eine eigenständige dritte bezeichnet werden.

---

15   Novalis: Schriften, 3. Band, hrsg. von R. Samuel, Darmstadt 1968, S. 559, 564.

16   Vgl. dazu G. von Dadelsen: *Robert Schumann und die Musik Bachs*, in: AfMw XIV (1957), insbes. S. 49, 52.

Axel Beer und Laurenz Lütteken (Hrsg.), Festschrift Klaus Hortschansky zum 60. Geburtstag, Verlag Hans Schneider: Tutzing 1995, S. 401-412

Landschaft und Mythos im *Manfred* von Byron und Schumann

Von den Szenerien der vierzehn Aufzüge bzw. (im *Rheingold*) Szenen in Wagners *Ring des Nibelungen* sind elf im Hochgebirge angesiedelt. Die letzte ist das Vorspiel der *Götterdämmerung*: Das Orchester-Zwischenspiel *Siegfrieds Rheinfahrt* – und das gehört entscheidend zu dessen dramaturgischer Funktion – führt erstmals in ein anderes geographisches Milieu, nämlich vom Alpenrhein in die (ebenfalls von Schluchten und Wald geprägte) Mittelgebirgslandschaft des mittleren Rheintals. Dennoch fehlt – nach dem Befund Hubert Unverrichts – dem *Rheingold* – und man kann ergänzen: dem *Ring* insgesamt – das "Bergmilieu":[1] Obwohl Hundings Hütte ebenso wie Mimes Schmiede von hohen Bergen umgeben sind, auf deren Gipfeln und Graten Götter residieren und Walküren reiten, würde eine bühnenarchitektonische Gestaltung dieser Baulichkeiten im schmucken Tiroler- oder Schweizerhaus-Stil vorwiegend Heiter-keitseffekte erzielen. Was in Conradin Kreutzers *Alpenhütte* (1815) nicht anders als in Ralph Benatzkys *Weißem Rössl* (1930) als mehr oder weniger touristikbezogener folk-loristisch-idyllischer Hintergrund unverzichtbar ist, wäre in Wagners mythischer Un-bestimmtheit von Zeit und Raum fehl am Platz. Wagner hat alle irgendwie regional-bezogenen Idyllen-Elemente aus dem dramatischen Milieu der Tetralogie herausgehal-ten; wenn dann im Nachhinein dennoch ein *Siegfried-Idyll* entstehen konnte, dann bezog sich dieser Terminus auf den realen Anlaß zu dieser Gelegenheitskomposition, in der das musikalische Material aus seinem genuinen dramatischen Zusammenhang herausgenommen und zum reinen Charakterstück umgeformt erscheint. Dementspre-chend sind auch in der *Ring*-Musik diejenigen musikalischen Stilmittel ausgespart, die im 19. Jahrhundert für die Erzeugung eines idyllischen alpenländischen Lokalkolorits aufgegriffen oder neu entwickelt wurden, wie z. B. die Hirten- und Fischergesänge oder die Jagdhörner in Rossinis *Guillaume Tell*.[2] Eher knüpfte Wagner an die über-kommenen musikalischen Topoi für die Naturdarstellung auf der Bühne an: Die Stelle der seit den Anfängen der Oper verbreiteten Pastoralidylle etwa nimmt das Waldleben ein, das seinen individuellen Gestus aus dem Lyrischen Klavierstück be-zieht. Auch die vielberufene Darstellung der Naturelemente und -erscheinungen im *Ring* – wie etwa Gewitter oder Sturm – bezieht sich – wenn auch unter vollem Einbe-

---

1   Hubert Unverricht: *Das Berg- und Gebirgsmilieu und seine musikalischen Stilmittel in der Oper des 19. Jahrhun-derts*, in: Heinz Becker (Hrsg.): *Die "Couleur locale" in der Oper des 19. Jahrhunderts*. Regensburg 1976, S. 100.

2   Vgl. Arnfried Edler: *Glanzspiel und Seelenlandschaft. Naturdarstellung in der Oper bei Weber und Rossini*, in: Friedhelm Krummacher u. Heinrich Schwab (Hrsg.): *Weber – Jenseits des "Freischütz"*. Kassel u. a. 1989, S. 81-82 (Wiederabdruck in diesem Bd.). In Wagners Aussparung des Folkloristischen liegt die ironische Unan-gemessenheit des Titels *Über die Anwendung der alten Tonarten in Richard Wagners Kirchen-und Volksmusik* für die fiktive Abhandlung des Lübecker Marien-Organisten Edmund Pfühl in Thomas Manns Roman Budden-brooks (1901), Frankfurt/M. 1960, S. 337.

zug und entschiedener Weiterentwicklung der musiksprachlichen Mittel des 19. Jahrhunderts – auf einschlägige Szenerien der älteren vorromantischen Oper – namentlich der französischen Operntradition von Lully bis Gluck, denen eine regionale Festlegung und eine dementsprechende musikalische Ausstattung mit eindeutig an bestimmte Landschaften gebundenen Idiomen fernlag, soweit es sich nicht um bewußte Exotismen handelt, die aber im 18. Jahrhundert in einen anderen Zusammenhang gehören.

Die Anreicherung der Musik mit regional bestimmbaren, sei es direkt folkloristischen oder aus der Folklore abgeleiteten bzw. an sie anklingenden oder auf sie anspielenden Elemente, geht einher mit der Entwicklung eines "sentimentalischen" Verhältnisses des Menschen zur Natur, das im wesentlichen im 18. Jahrhundert einsetzte. Der Kuhreigen, das Alphornblasen, das Jodeln und die Volkstänze etwa wurden in dem Maß zum musikalischen Signal mit der Bedeutung des Alpenländischen, wie sich der internationale Tourismus das zentrale europäische Hochgebirge aneignete und zugleich die angestammte Bergbevölkerung der Proletarisierung ausgesetzt wurde.[3] Die Sentimentalisierung ist stets die Kehrseite der Rationalisierung und Entmythologisierung, was im Fall des Hochgebirges besonders deutlich wird: Bis ins 18. Jahrhundert hinein galt es als das dem Menschen Unvertraute, ihm als Heimstatt Verwehrte und Unzugängliche. Berge waren in sämtlichen Mythologien Wohn- und Herrschaftssitze der Götter; der Mensch, der in sie eindrang, beging den Frevel der Anmaßung göttlicher Macht – ähnlich dem Flieger Ikarus, der seine allzu große Annäherung an die Sonne mit dem Leben bezahlte –, eine Vorstellung, die noch der zweiten Versuchung Christi (Luk. 4, 5-8) zugrundeliegt. Eben diesen Frevel aber beging der Mensch des Industriezeitalters in massiver Form, indem er das Hochgebirge mehr und mehr in Besitz nahm. Im gleichen Maß, wie er es durch Verkehrswege und Gastronomie bis hinauf in Gletscher- und Gipfelregionen erschloß und es als Erholungsgebiet technisch und ökonomisch bis zum Ruin vereinnahmte, depravierte er – außer der Landschaft selbst – die bodenständige Volkskultur zum pittoresken Bestandteil einer omnipräsenten Animation: Die Alpenlandschaft wurde zugleich Gegenstand der Technisierung wie der trivialisierenden Sentimentalisierung.

Die Entdeckung der Hochgebirgslandschaft als Gegenstand ästhetischer Betrachtung im Sinne der Erfahrung der Kategorie des Erhabenen gehört zu den frühen Manifestationen des abendländischen Humanismus, seit im 14. Jahrhundert Petrarca die Bedeutung der Naturverbundenheit für die vita solitaria des Menschen entdeckte und den Gipfel des Mont Ventoux erstieg, um seiner Ergriffenheit über den grandiosen Ausblick in Deklamationen aus Augustinus' *Confessiones* Ausdruck zu verleihen. In der Folgezeit nahm das Motiv – abgesehen von vereinzelten Zeugnissen faszinierter Zuwendung wie etwa des Züricher Biologen Conrad Gessner *Epistola de montium admiratione ad Jacobum Avienum* (1541)[4] – teil an der Verflachung der Mythologie zur

---

3   Walter Wiora: Art. *Alpenmusik*, in: MGG 1, Kassel u. a. 1949-51, Sp. 366.
4   Enthalten im *Libellus de lacte*. Alec Hyatt King: *Mountains, Music and Musicians*, in: The Musical Quarterly 31 (1945), S. 396.

allegorischen Staffage. Erst im 18. Jahrhundert setzte – nach der lehrhaft-aufkläre-rischen Gegenüberstellung von städtisch-höfischem Sittenverfall und der unschuldi-gen Reinheit des Lebens in den Alpen in den Alexandriner-Idyllen des Schweizers Albrecht von Haller (1732)[5] – ein Prozeß der Vertiefung zur mythisch bedeutenden unbegrenzten Landschaft der Vor- und Frühromantik ein. Schon in Rousseaus *Rêve-ries d'un promeneur solitaire* (1782; vor allem in der fünften Promenade) sowie in des-sen Anhängers Bernardin de Saint-Pierres zwei Jahre späteren *Etudes sur la nature* spielte die hingebende Versenkung in die Natur des Gebirges eine wichtige Rolle. Rousseau war es auch, der den *Ranz de vaches* eines eigenen Artikels im *Dictionnaire de musique* (1768) für würdig befand und ihn darüber hinaus im Artikel *Musique* – allerdings hier noch weitgehend im empfindsam-idyllischen Sinn (so berichtete er, daß das Singen von Kuhreigen bei Schweizer Soldaten verboten gewesen sei, weil diese dadurch in Tränen ausgebrochen oder desertiert seien) – behandelte und sogar ein nachgehend häufig zitiertes Beispiel (planche) im Anhang abdruckte.[6] In seinen Tage-büchern von 1780 dann schilderte Wilhelm Heinse den Aufstieg auf den Rigi ebenso als Begegnung des menschlichen Individuums mit der pantheistisch aufgefaßten Ge-birgsnatur wie Jean Paul im Eingangskapitel des *Titan* (1800/03) seinen Protagoni-sten Albano auf dem höchsten Punkt der Isola Bella im Lago Maggiore den Moment des Sonnenaufgangs erleben ließ,

> *"als alle Türen des neuen Himmels aufsprangen und der Olymp der Natur mit seinen tausend ruhenden Göttern um ihn stand. Welch eine Welt! Die Alpen standen wie verbrüderte Riesen der Vorwelt fern in der Vergangenheit verbunden beisammen und hielten hoch der Sonne die glänzenden Schilde der Eisberge entgegen ... "*[7]

Charakteristisch für diese literarischen Dokumente ist der Rückgang hinter die senti-mentalische Aneignung und die Remythologisierung der Gebirgsnatur. In ähnlichem Sinn entwickelte kaum später die frühe französische Romantik die Idee des Hochge-birges als einer Landschaft, in deren Weltentrücktheit die Begegnung des Menschen mit der Transzendenz, die durch den europäischen "Prozeß der Zivilisation" immer schwieriger, ja fast unmöglich geworden war, dem einsamen Wanderer – dem prome-neur solitaire in der Nachfolge Rousseaus – noch einmal zuteil werden konnte. Noch bevor Mme. de Staël in ihrem Deutschland-Buch (1810) auch die Volksmusik der Schweizer Alpen behandelte, hatte Etienne de Senancour 1804 im *Oberman* die Hoch-region des Gebirges als eine solche des Übergangs von der menschlich-gesellschaft-

---

5   Diese Betrachtungsweise ist noch in Opernlibretti des 19. Jahrhunderts anzutreffen, etwa in Donizettis teilweise im savoyischen Milieu spielender *Linda di Chamounix* (1842); das Savoyardenlied repräsentiert die Gebirgswelt auch in der Zivilisation von Paris und übt heilsame Wirkungen aus. Vgl. Klaus Hortschansky: *Der Deus ex ma-china im Opernlibretto der ersten Hälfte des 19. Jahrhunderts,* in: Heinz Becker (Hrsg.): *Beiträge zur Geschichte der Oper,* Regensburg 1969, S. 53. – Martin Ruhnke: *Das Einlage-Lied in der Oper der Zeit von 1800 bis 1840,* in: Becker (Hrsg.): *Die "Couleur locale"* (wie Anm. 1), S. 81-82, 87. – Norbert Miller: Art. *Donizetti: Linda di Chamounix,* in: Pipers Enzyklopädie des Musiktheaters, Bd. 2. München/Zürich 1987, S. 37-40.

6   Jean-Jacques Rousseau: *Dictionnaire de musique,* Paris 1768, Reprint Hildesheim/New York 1969, S. 314 f., 398; Anhang: Planche N.

7   Jean Paul: *Titan,* in: Werke, Bd. 3, hrsg. von Norbert Miller, München 1966, S. 22.

lichen Immanenz zur kosmischen Transzendenz gedeutet. Die Menschen, die in ihr leben, sind geprägt von diesem Übergang. Ihren Gesang, den Kuhreien (*Ranz de vaches*), empfand der Dichter als etwas ganz und gar anderes als die Musik der zivilisationsgeprägten Menschen der Ebene; es handele sich um *"accens d'une langue primitive que les hommes ne connaissent pas tous, et qui devient étrangère à plusieurs contrées"*.

Der *Ranz de vaches* gehört für ihn zum natürlichen akustischen Ambiente der Bergwelt wie der Donner des Wasserfalls, dem die *"accens hâtés et pesans des Küheren, expression nomade d'un plaisir sans gaîté, d'une joie des montagnes"* folgen. In der oberhalb der Almen anschließenden Fels- und Eisregion aber verstummen die menschlichen Geräusche:

"... l'homme s'éloigne; les cloches ont passé les mélèses: on n'entend plus que choc des cailloux roulans, et la chute interrompue des arbres que le torrent pousse vers les vallées. Le vent apporte ou recoule ces sons alpestres; et quan il les perd, tout parât froid, immobile et mort ... il n'y a plus de mouvement visible, il n'y a plus de mouvement visible, il n'y a plus d'hommes. L'air est froid ... il n'y a plus de mouvement visible, il n'y a plus d'hommes. L'air est froid ... il ne reste que la lueur des neiges antiques, et la chute des eaux dont le bruissement sauvage, en s'élevant des abîmes, semble ajouter à la permanence silencieuse des hautes comes, et des glaciers, et de la nuit."

Der Gipfelblick schließlich bewirkt die gänzliche Befreiung aus der Diesseitigkeit:

"... sous ses monts séparés du globe et comme suspendus dans les airs, vous trouvez à vos pieds le vide des cieux et l'immensité du monte. Il y a là un tems de prestige et d'oubli. L'on ne sait plus où est le ciel, où sont les monts, ni sur quoi l'on est porté soi-même; on ne trouve plus de niveau, il n'y a plus d'horizon; les idees sont changées, les sensations inconnues, vous êtes sortis de la vie commune."[8]

Diese Interpretation, die der Alpenwelt eine ausschlaggebende Bedeutung für ein die Alternative aufsuchendes Lebensgefühl des Menschen im wissenschaftlich-technizistischen Zeitalter zuerkannte, hat in der Folgezeit nicht nur in der Literatur (bis hin zur ironisch gebrochenen Behandlung in Thomas Manns *Zauberberg*), sondern auch in der Musik tiefgreifende und langandauernde Auswirkungen gehabt. Erinnert sei hier lediglich an Gustav Mahlers *Sechste Sinfonie* mit ihrem Almglocke-Getön oder an Olivier Messiaens *Abîme*-Stücke.[9] Die Musik der Älpler ist Teil der akustischen Gebirgsnatur. Der "Kulturmusik" steht sie fremd gegenüber (was man etwa dem dritten Satz von Berlioz' *Symphonie fantastique* anhört, dessen Beginn der Komponist direkt als *"Ranz de vaches"* bezeichnete, obwohl ihm keine identifizierte Vorlage zugrundeliegt).[10]

---

8   Etienne P. de Senancour: *Oberman – Lettres publiees par M ... S.* (1804). Reprint Paris 1980, Sixième Année, Troisième Fragment, S. 161-166.

9   Dieser Aspekt wäre den von Aloyse Michaely: *L'Abîme. Das Bild des Abgrunds bei Olivier Messiaen*, in: Musik-Konzepte 28. München 1982, S. 7-55 angeführten (Bibel, Kirchenväter, Ernest Hello, Paul Claudel) hinzuzufügen. Zu berücksichtigen wäre in diesem Kontext, inwieweit namentlich der Bretone Hello (1828-1885) seinerseits unter dem Einfluß von Ideen der französischen Romantik stand.

10   Hector Berlioz: *Programme zur Symphonie phantastique*, in: *Autographical Score*, hrsg. von Edward T. Cone, New York 1971, S. 22. Dazu King: *Mountains, Music and Musicians* (wie Anm. 4), S. 402.

In seiner Ode *Ce qu'on entend sur la montagne* aus der Sammlung *Feuilles d'automne* (1831) schloß Victor Hugo an Senancours Briefroman an; er gestaltete die Antagonismen der menschlichen Gesellschaft nur noch als undeutliches Gemurmel aus den Ebenen zu den Gebirgsgipfeln hinaufschallendes Getön, das sich mit dem Jubel der akustisch belebten Bergnatur zu einer "Harmonie des Disparaten" vor Gottes Ohr zusammenfindet; das Gedicht wurde bekanntlich zum ideellen Ausgangspunkt von Liszts erster *Sinfonischer Dichtung* (1849).[11] Doch schon wesentlich früher hatte Liszt das oben zitierte dritte Fragment aus dem sechsten Jahr des *Oberman* seinem *Album d'un voyageur* (publiziert 1842; der Titel nimmt Bezug auf George Sands *Lettres d'un voyageur,* in denen die gleiche Reise literarisch geschildert wird) interpoliert und damit die poetische Atmosphäre der in dieser Sammlung enthaltenen Klavierstücke umrissen.[12] In der dreizehn Jahre späteren revidierten und wesentlich erweiterten Fassung des Albums, den *Années de pèlerinage* (der Begriff *Années* entspricht der Gliederungseinheit des *Oberman*), reflektierte Liszt in dem zentralen Stück des Suisse-Bandes, *La Vallée d'Oberman*, über die von Senancour behandelte Thematik und demonstrierte deren Affinität zur Gedankenwelt George Byrons, indem er dem Stück als zweites literarisches Motto Fragmente aus *Childe Harolds Pilgrimage* voranstellte.[13] Diese Affinitäten werden besonders deutlich in dem dramatischen Gedicht *Manfred*, entstanden 1816 nach einer gemeinsam mit John Hobhouse von Genf aus unternommenen zwölftägigen Wanderung in das Jungfrau-Gebiet, eine Landschaft, die dreizehn Jahre später auch der Student Robert Schumann auf dem Weg nach Italien durchstreifte und die möglicherweise später in der Erinnerung zur Wahl des *Manfred* als Kompositionssujet beigetragen hat (Schumann schrieb diese Komposition – was für eine Schauspielmusik ungewöhnlich ist – nicht als Auftragskomposition aus Anlaß einer geplanten Aufführung, sondern aus freien Stücken). Byron benutzte die Gebirgslandschaft nicht als Staffage, sondern bezog sie gewissermaßen als Dialogpartner in die Handlung ein, indem er sie in Geistern und mythischen Figuren zum Leben erweckte. Da sich diese Handlung vorwiegend im Inneren des frühnihilistischen Protagonisten abspielt, erscheint die Natur stets zugleich als Projektion des Ich: Das Hochgebirge ist die Region der Einsamkeit, wo der Held auf ihm gemäße Weise existiert: Nicht als Glied der menschlichen Gesellschaft, sondern in der Kommunikation mit der Natur und ihren Geistern und Dämonen, die er mit der Macht seines Wissens beschwört:

---

11 Norbert Miller: *Musik als Sprache. Zur Vorgeschichte von Liszts Symphonischen Dichtungen,* in: Carl Dahlhaus (Hrsg.): *Beiträge zur musikalischen Hermeneutik,* Regensburg 1975, S. 238.

12 Franz Liszt: *Musikalische Werke* IV. 2., hrsg. von José Vianna da Motta, Leipzig 1916, S. 37-38.

13 Arnfried Edler: *Virtuose und poetische Klaviermusik,* in: *Funkkolleg Musikgeschichte,* Studienbegleitbrief 7, Weinheim u. a. 1988, S. 75-96.

"... With men and with the thoughts of men / I held but slight communion; but instead / My joy was in the Wilderness, to breathe / The difficult air of the iced mountain's top / Where the birds dare not build, nor insects wing / Flit o'er the herbless granite ..."[14]

Mehrere Grenzen sind fließend geworden, sowohl diejenige zwischen Innen und Aussen, zwischen zerissener Seelen- und zerklüfteter Gebirgslandschaft als auch diejenige zwischen Irdischem und Überirdischem. Ähnlich wie Senancours *Oberman* durchsteigt auch Byrons *Manfred* die verschiedenen Höhenregionen, wobei das Verhältnis des einen zum anderen und die Bewegungsrichtung von symbolischer Bedeutung ist.[15] Die Bewegung zwischen den Schauplätzen beginnt in Manfreds im Gebirge gelegener Burg (I.1), steigt dann auf in die Felsregion der Jungfrau (I.2) mit der Hütte des Gemsjägers (II.1), wendet sich wieder abwärts in die "mysteries" des Tals mit dem Wasserfall (II.2), erreicht dann die höchste Höhe auf dem Jungfraugipfel (II.3), von wo sie in die Halle Arimanes' transzendiert (II.4). Der dritte Akt beginnt in den beiden ersten Szenen wieder in der Burg, um schließlich im Innern des Turms zu enden, von dessen Terrasse aus in der vorletzten Szene der Blick auf die in der Ferne gelegene Burg gefallen ist. Die Symmetrie dieser Bewegung ist deutlich. Sie wird unterstrichen *"durch die jeweils am Ende der ersten Szene und am Ende jedes Aktes (I.1 [erg. 4; d.V.]; II.4; III.4) liegende Peripetie ..., deren vierte und endgültige die beiden vorausgehenden miteinschließt: die Ohnmacht (I.1), den Versuch des Selbstmordes (I.2) und die Bewußtlosigkeit (II.4) nimmt der Tod am Ende (III.4) übersteigend in sich auf."*[16] – Entscheidend ist der Gegensatz zur Idylle: Das Drama beschreibt Manfreds Weg in den Tod, den er von Anfang an sucht. Das Gebirge symbolisiert die Grenze zwischen Leben und Tod, eben diese Situation an der Peripherie macht seine Erhabenheit und Schönheit aus. Durch die Macht seiner Beschwörungen erweckt Manfred die Geister der Natur in aufsteigender Ranghöhe – die sieben Elementargeister (I.1), die Alpenfee (II.2), die drei Schicksalsgöttinnen (Destinies) und ihre Beherrscherin Nemesis, schließlich Arimans transzendentes Reich und Astartes Schatten. Doch der Wunsch Manfreds, mit der Natur eins zu werden und dadurch Heilung seiner zerrissenen Seele zu erlangen – die Idylle also – mißlingt: Er erfährt Ohnmacht, Forderung nach Unterwerfung (die er als autonomer Mensch ablehnen muß) und schließlich das schweigende Verschwinden Astartes auf seine Frage nach ihrer verzeihenden Liebe. Nach diesem – wie sich zeigen wird – nur scheinbar "negativen Höhepunkt" erfolgt Manfreds Rückkehr, zunächst in seinen Palast, dann in das Innere des Turms, aus dem kein Blick mehr in die Außenwelt dringt. Unterstrichen wird diese Versenkung in die Tiefen des Inneren durch Manfreds Abschied von der Sonne (III.2). Die im Turm stattfindende letzte Geistererscheinung betrifft sein eigenes Ich, den "Genius" (III.4), der ihn dem ersehnten Ziel – dem Tod – zuführt – allerdings auf eine Weise, die

---

14 George Gordon Byron: *Manfred. A Dramatic Poem* (1817) II. 2, in: Zweisprachige Ausgabe (engl./dt.), hrsg. von Helmut Viebrock, übersetzt von Otto Gildemeister, Düsseldorf 1969, S. 56.

15 Maria Verena Gilles: *Byrons Dramen. Experimente mit dramatischen Gestaltungsmöglichkeiten*, Frankfurt am Main/Bern 1982, S. 47.

16 Helmut Viebrock: Nachwort zu der in Anm. 14 genannten Ausgabe, S. 136.

Manfred nicht akzeptiert. Es geht um die Auseinandersetzung mit der moralischen Instanz seines Innern, seinem Gewissen, und diese Erscheinung beruht – im Gegensatz zu den vorausgehenden – nicht auf der beschwörenden Macht Manfreds: *"I did not send for him, – he is unbidden"* Dennoch besitzt Manfred die Kraft, sie zurückzuweisen: Er weigert sich, den Tod als Strafe für seine irdischen Verbrechen anzuerkennen. Bevor er stirbt, verschwinden der Geist und seine Helfer – der Tod wird in seiner Unausweichlichkeit akzeptiert, die autonome Existenz gegen Fremdbestimmung und Furcht durchgehalten. Offenbar handelt es sich bei Manfred um das frühe Beispiel eines "Stationendramas", in dem *"an die Stelle der objektiven Handlung der subjektive Weg"*[17] des Protagonisten durch die Instanzen des Geisterreichs tritt. Für seine trotz der Symmetrie letztlich "offene Form" spricht vor allem die Grundkonstellation: *"Gegenspieler des Helden ist keine Person, sondern die Welt in der Fülle ihrer Einzelerscheinungen"*[18] – zusammengezogen in die Gestaltenvielfalt der Hochgebirgslandschaft.

Robert Schumanns Musik vollzieht in ihrem ersten Teil die Bewegung durch diese Stationen nach: Innerhalb des gesprochenen Dramas werden sie durch die musikalisierten Stücke markiert und durch differenzierte Kompositionsarten unterschiedlich gewichtet – eine produktive Form interpretierender Rezeption von Dramatik durch Musik. Sogleich in den ersten beiden Szenen – dem Auftritt der ersten vier Elementargeister und des siebenten *"in the shape of a beautiful female figure"* – und im Geisterbannfluch (Nr. 3) werden Manfreds Macht und Ohnmacht vorgeführt: Der Tod – so verkünden es ihm die Geister – wird *"near to thy wish, but as a fear"* sein. Der Alpenkuhreigen (Nr. 4) repräsentiert die atmosphärische Verdichtung der Felsregion der Jungfrau, in der die Gemsjägerszene spielt:

"The natural music of the mountain reed – / For here the patriarchal days are not / A pastoral fable – pipes in the liberal air, / Mix'd with the sweet bells of the sauntering herd; / My soul would drink those echoes. – O that I were / The viewless spirit of a lovely sound, / A living voice, a breathing harmony, / A bodyless enjoyment – born and dying / With the blest tone which made me!"[19]

Die Affinität von Byrons Darstellung zu Senancours oben zitierten Passagen liegt in der mythischen, gegen die Idylle (="pastoral fable") gerichteten Vertiefung der Perzeption der Gebirgslandschaft. – Schumann hat das Stück selbst komponiert und sich somit – wie bereits zwanzig Jahre zuvor Berlioz in der erwähnten *Scène aux champs* – von den seit Rousseau durch die Literatur kursierenden *Ranz-des-vaches*-Modellen distanziert und sich der verdinglichenden Eindeutigkeit identifizierbarer Folklore verweigert.[20] – In der zweiten Abteilung der *Manfred*-Musik weicht Schumann von der Stationenfolge Byrons ab: Die *Rufung der Alpenfee* (Nr. 7) bezieht mit der Violinfigu-

---

17   Peter Szondi: *Theorie des modernen Dramas*, Frankfurt am Main 1956, [12]1977, S. 48. Szondi ordnet das Stationendrama Strindberg als *"eigenste Form"* zu.

18   Volker Klotz: *Geschlossene und offene Form im Drama*, München 1960, [13]1992, S. 219.

19   Byron: *Manfred* I.2 (wie Anm. 14), S. 36.

20   Peter Andraschke: *Byron und Schumann. Naturerleben und Folkloretradition im Manfred*, in: Robert-Schumann-Tage 1986. II. Wissenschaftliche Arbeitstagung zu Fragen der Schumannforschung in Zwickau, Zwickau o. J., S. 74.

ration zum letzten Mal landschaftliche Momente (das im Text beschriebene Rieseln des Wasserfalls, verbunden mit der Brechung des Sonnenlichtes – übrigens eine deutliche Reminiszenz an Goethes Gedicht über den Lauterbrunner Wasserfall, den *Gesang der Geister über den Wassern* [1779]) ein. Manfreds Transzendieren in das Reich des luziferischen Ariman[21] erfolgt nicht – wie bei Byron – über die bewußtseinserweiternde Landschaftsszene mit den drei Schicksalsgöttinnen auf dem Jungfraugipfel (was nicht nur mit Schumanns neurotischen Schwindelempfindungen und seiner Abneigung gegen jedwede größere Höhe zusammenhängt).[22] Vielmehr geht der Weg unmittelbar von den *"fountain dwellings"* der *"Witch of the Alps"* in den Arimanes-Palast hinein, den Schumann sich anscheinend als eine Art musikalischen Höllenrachen im Stil von Opernszenen des 17. Jahrhunderts vorgestellt hat. Diesem Komplex widmet Schumann mit insgesamt fünf Nummern den – neben der Ouvertüre – umfangreichsten Abschnitt des Werkes, der antithetisch die Themen Krieg (in den martialischen, für Schumanns Verhältnisse selten massiv, ja grell besetzten Chören des Ariman-Gefolges mit Piccoloflöte, vier Hörnern, drei Posaunen, Tuba und Becken Nr. 7-9, deren mittlere Nummer bereits die Mahlersche Vortragsbezeichnung *Mit Wut* antizipiert, Nr. 11/Schluß) und *"(unbeantworteter) Frage nach Liebe"* (Nr. 10-11) miteinander konfrontiert. Schumanns dramaturgische Konzeption dieser Szene entstammt ältester Operntradition: Als ein neuer Orfeo oder mehr noch als herrischer Lullyscher Alcide setzt sich Manfred mit den Höllengeistern auseinander und erbittet und erhält vom Herrscher der Unterwelt die Erscheinung der Geliebten. – Dieser Wechsel von der mythischen Alpenlandschaft in die der längst überlebten Tradition der Opernmythologie verhaftete Arimanes-Welt bedeutet einen inneren Bruch in Schumanns Musik, der zugleich seine entscheidende Abweichung von Byrons Naturmythologie ausmacht. Es gehört zu Byrons Grundkonzeption, daß Arimanes nicht als Vorsteher einer christlichen Unter-, sondern als Fürst einer transzendenten Welt fungiert, zu der der Weg allein über die höchsten Berggipfel führt. Arimanes ist Beherrscher des Schicksals – der *"power to thee unknown"* mit ihren *"shades which will not vanish"* und ihren *"thoughts you cannot banish"* (I.1), jener Macht also, die Manfred immer wieder *"withholds, and makes my fatality to live"* (1.2), die mithin die eigentliche Begrenzung seiner Selbstbestimmung bedeutet. Insofern beinhaltet die "Todesverkündigung" der Astarte tatsächlich das Ziel für Manfreds Fragen: Zwar bleibt diejenige nach der Verzeihung seiner irdischen Schuld unbeantwortet, doch erfährt er nunmehr in letzter Instanz – nämlich im Schoß des Schicksals selbst – die Gewißheit des Endes, das zu-

---

21   Zur Verbindung der Figur des Arimanes (die auf das 23. den ägyptischen Isis-Kult behandelnde Kapitel von Plutarchs *Moralia* zurückgeht) zu der des Luzifer, vgl. Luisa Zanoncelli: *Von Byron zu Schumann oder Die Metamorphose des Manfred,* in: Musik-Konzepte-Sonderband Robert Schumann I. München 1981, S. 122. Hinzuzufügen ist aber, daß Arimanes im Gegensatz zur Luzifer-Gestalt in Byrons *Cain-Mysterium* (1821) nicht als heroischer Rebell (im Sinne der Interpretation von Miltons *Paradise lost* durch die englischen Romantiker) glorifiziert, sondern auf seine Inferiorität gegenüber dem Schöpfer-Gott hingewiesen wird.

22   Beate Wendler: *Von Byron zu Schumann. Schumanns 'Manfred'-Verständnis – ein Beitrag zur Psychologie des Schaffensprozesses,* in: Schumann-Studien 2. Zwickau 1989, S. 112, stellte bei der Durchsicht des Handexemplars fest, daß Schumann in Byrons Text (der ihm in der Übersetzung von Karl Adolf Suckow, Breslau 1839, vorlag) Striche vorgenommen hat, die nur durch seine Idiosynkrasien zu erklären sind.

gleich die Pforte zur – wenn auch schattenhaften – Vereinigung mit Astarte bedeutet. Damit ist für Manfred die Wirksamkeit jener für ihn rätselhaften Gegenmacht gebrochen: Bereits vorher konnte er Arimanes daran erinnern, daß über ihm ein höheres Wesen – *"the overruling Infinite – the Maker"* stehe. Für diesen dramatischen Wendepunkt – Manfreds Ansprache an seine schattenhafte Partnerin – finden sich in Schumanns tonal uneindeutig zwischen anfänglichem E-Dur, dann G-Dur, D-Dur und h-Moll (mit dessen Dominante es offen schließt) kreisender Nr. 11 melodramatische Formulierungen von hoher lyrischer Eindringlichkeit und Verdichtung, die in eigenartiger Diskrepanz zu den vordergründig-affirmativen Chören der Höllengeister steht.

Dem christlichen Höllenschlund der zweiten Abteilung von Schumanns Musik entspricht in der dritten die Atmosphäre des christlichen Friedens – beschworen durch den von Schumann hinzugefügten *Klostergesang* mit dem im fugierenden Kirchenstil des 19. Jahrhunderts intonierten Requiem –, in dem Manfred stirbt. Daß dies nicht der von Byron gemeinte Frieden ist, geht aus dem Gesagten hervor und wird bekräftigt durch die Beharrlichkeit, mit der Manfred die Bekehrungsversuche des Abtes von St. Maurice zurückweist. Vorher allerdings kehrt Schumann noch einmal zum authentischen Byron zurück: In Manfreds *Friedensszene* (Nr. 12) und in seinem Abschied von der Sonne (Nr. 13), einem Melodram, das der Endgültigkeit dieses Abschiedes von der hinter dem Gebirge versinkenden Sonne – dem *"representative of the Unknown – Who chose thee for his shadow"* – zwar keinen musikdramatisch überwältigenden, wohl aber einen ebenso schlichten wie subtilen lyrischen Ausdruck verleiht.[23]

Schumanns hochgespannte Erwartungen an die neuartigen Wirkungen seines musiktheatralischen Experiments erfüllten sich bekanntlich nicht: Der Dirigent der Uraufführung 1852 – Franz Liszt – verlegte die weiteren Aufführungen in den Konzertsaal. Die mythische Landschaft verweigerte sich ihrer Repräsentation in Theaterkulissen: Diese kann – wie wohl schon Byron, der von einer Aufführung seines Stückes abriet, vorausgesehen hatte – letztlich nur in der Imagination des lesenden bzw. lauschenden Rezipienten entstehen: Sowohl Byrons Text als auch Schumanns Musik sind in Wahrheit von zutiefst lyrischer, nicht von dramatischer Prägung. Indessen scheint es, als seien von Byrons in die Dramaturgie verwobenem Mythos der Hochgebirgsnatur dennoch indirekte Wirkungen auf das musikalische Theater ausgegangen, und zwar auf Wagner, speziell den *Ring des Nibelungen*, auf dessen Einbeziehung der Landschaft in das mythische Geschehen bereits eingangs hingewiesen wurde. So verweist die Nornenszene am Eingang der *Götterdämmerung* in ihrem dramaturgischen Habitus auf die Destinies-Nemesis-Szene auf dem Jungfraugipfel. Besonders eng erscheinen aber die Bezüge des *Manfred* zum dritten Teil der Tetralogie, dem *Siegfried* – weniger in der Titelfigur, obwohl in deren anarchischem Rebellentum ohne Zweifel Züge des Byronschen Helden auszumachen sind, als im zum Wanderer gewandelten Wotan: Nicht der Rebell, sondern der Herrscher, gegen den sich die Empörung rich-

---

23   Wenn Luisa Zanoncelli: *Von Byron zu Schumann* (wie Anm. 21), S. 141, meint, Schumann habe sich mit der *"bescheidenen Beschränktheit"* dieses Stückes eine *"wichtige Gelegenheit"* entgehen lassen, orientiert sie sich eher an der Opernkonvention, was auch in ihrer Einschätzung des *"meisterlichen Gleichgewichts"* der Klangträger in den Chören der Arimanes-Geister zum Ausdruck kommt.

tet, ersehnt nun das Ende. Drei von dessen Auftritten – schwer zu deuten im Sinne aristotelischer Dramaturgie – lassen sich verstehen als Stationen in aufsteigender Instanzenfolge: Mime – Alberich – Erda, wobei der eigentliche Gegenspieler – ähnlich wie bei Manfred – nicht der jeweilige Gesprächspartner, sondern die "Welt" und ihr fataler Entwicklungsgang ist, in den sich Wotan verstrickt hat. Seine Frage richtet sich in allen drei Szenen nicht auf bestimmte Inhalte, die er zu wissen wünscht, sondern auf das W i s s e n selbst, das er stückweise erwirbt und erst in seinem vierten Auftritt, seinem letzten in der gesamten Tetralogie, in der symbolischen Handlung des Zerbrechens des Speers voll erfährt. Schon vorher aber ist Wotans Streben – wie das Manfreds – auf das E n d e gerichtet. Namentlich die Beschwörung Erdas weist bemerkenswerte Parallelen zur Alpenfee-Szene Byrons auf. – Wagner begann seine Wanderungen in den Schweizer Alpen im Juli 1851, das heißt zu einer Zeit, als die Ring-Dichtung in den Prosa-Entwürfen der einzelnen Teile konzeptionell festgehalten war und die eigentliche dichterische Ausführung anstand: Unmittelbarer Anlaß waren gesundheitliche Probleme, die ihn zu Wasserkuren in Schweizer Gebirgsorten motivierten. Darüber hinaus aber verband sich die Frustration über seine Abgeschnittenheit als politischer Flüchtling mit einer bis zum Haß gesteigerten Zivilisationsmüdigkeit und der Sehnsucht nach der Reinheit unverfälschter Natur. Er suchte das *"Furchtbar-Erhabene"* der Gipfelblicke, von denen er in Briefen und autobiographischen Äußerungen – wenn auch spärlich – berichtet. Als einzige Lektüre befand sich in seinem Wandergepäck Byrons *Don Juan*. Allerdings mußte er sich *"sehr dazu zwingen, Genuss an ihm zu finden"*.[24] Auch wenn Wagner in dieser Zeit in dem Byron-Text nicht mehr fand, was er zu finden hoffte, ist allein schon die Tatsache interessant, daß er ihn auf seine Alpenwanderung mitnahm. Wagner, der in seiner Jugend die zeitübliche Literatur gierig in sich aufnahm, hat Byrons *Manfred* in der Übersetzung seines Onkels Adolf Wagner, *"dessen Umgang ... für die eigenthümliche Bildung des heranreifenden Jünglings von wichtiger Bedeutung ward"*,[25] gelesen.[26]

Damit weitet sich indessen die Betrachtung zu einer neuen Problematik, die den Rahmen des hier behandelten Themas sprengt. Einzubeziehen ist in jedem Fall die Tatsache, daß Byron nicht nur direkt, sondern in vielfältiger Weise auf das ganze europäische 19. Jahrhundert eingewirkt hat, so daß es *"nach der Romantik immer schwieriger wird, ... 'byroneske' Werke und Gestalten ... auf den Byronischen Ursprung zurückzuführen"*.[27] Daß Wagner wie Schumann zu derjenigen Generation des 19. Jahrhunderts gehörte, die in ihrer Jugend vom Byron-Fieber zuerst erfaßt wurden, dürfte kaum einem Zweifel unterliegen. Selbst wenn damit nicht mehr als eine Prädestination für gewisse Gestimmtheiten und Einstellungen aufgezeigt würde, sollte dieses als eine wichtige Komponente des geistigen Klimas, aus dem musikdramatische Werke hervorgingen, nicht unterschätzt werden.

---

24   Richard Wagner: *Mein Leben,* Bd. 2, München 1911, S. 576.

25   Richard Wagner: *Mein Leben,* Bd. 1, München 1911, S. 32.

26   Carl Friedrich Glasenapp: *Das Leben Richard Wagners,* Bd. 1, Leipzig ⁴1905, S. 29. – Cosima Wagner: *Die Tagebücher,* Bd. 1: 1869-1877, hrsg. von Martin Gregor-Dellin u. Dietrich Mack, München/Zürich 1976, S. 354.

27   Gerhart Hoffmeister: *Byron und der europäische Byronismus,* Darmstadt 1983, S. 123.

Siegfried Kross und Marie Luise Maintz (Hrsg.), Probleme der symphonischen Tradition im 19. Jahrhundert. Internationales Musikwissenschaftliches Colloquium Bonn 1989. Kongreßbericht, Verlag Hans Schneider: Tutzing 1990, S. 187-202

Ton und Zyklus in der Symphonik Schumanns

I

Der "Ton" oder der Charakter ist neben Besetzungstypus und Formschema dasjenige Merkmal, das im 19. Jahrhundert eine Gattung primär prägte. Demgegenüber traten die gattungsdeterminierenden Momente früherer Zeit, nämlich Funktion, Text und Satzstruktur, mehr und mehr in den Hintergrund.[1] An der Gattung Symphonie läßt sich vermittels eines vergleichenden Überblickes der Gattungstheorie von Mattheson über Scheibe, Sulzer, Koch, Tieck/Wackenroder, E. T. A. Hoffmann bis zu Vischer/ Köstlin (um nur einige signifikante Stationen herauszugreifen) dieser Befund von Carl Dahlhaus sehr klar ablesen, wobei die Dekade von 1790 bis 1800 einen besonders abrupten Sprung markiert. Die beiden Positionen, die hier beinahe gleichzeitig vertreten werden, repräsentieren die traditionelle Gattungsbestimmung auf der einen, und deren Neubewertung auf der anderen Seite. J. A. P. Schulz redet in seinem Artikel in Sulzers *Allgemeiner Theorie der Schönen Künste*, dessen Autorität durch das ausführliche und kommentarlose Zitat bei H. Chr. Koch sowohl in der Kompositionslehre als auch im Lexikon von 1802 unterstrichen wird, nach wie vor von der Kirchen-, Theater- und Kammer-Symphonie und bezeichnet als ihren *"Endzweck"*: *"den Zuhörer zu einer wichtigen Musik vorzubereiten oder in einem Kammerkonzert alle Pracht der Instrumentalmusik aufzubieten"*.[2] *"Vorzüglich"* sei die Symphonie zum Ausdruck des Großen, des Feierlichen und Erhabenen *"geschickt"*. Demgegenüber antizipiert Wackenroders und Tiecks in den *Phantasien über die Kunst* entwickelter Symphoniebegriff die gesamte symphonische Entwicklung des 19. Jahrhunderts bis hin zu Mahler, wenn er *"jene göttlichen großen Symphoniestücke"* als *"eine ganze Welt"* bezeichnet, *"worin nicht einzelne Empfindungen gezeichnet, sondern ein ganzes Drama menschlicher Affekte ausgeströmt sei"*.[3]

Unmittelbar zu Beginn des 19. Jahrhunderts wird damit der Gattung Symphonie ein einzigartiger ästhetischer Rang zugeschrieben, indem sie zum Inbegriff jener zweiten Welt aus Tönen erklärt wird, welcher der Metaphysik der Musik im 19. Jahrhundert insgesamt zugrunde liegt. In diesem Sinn konnte Schopenhauer 1844 von einer Beethovenschen Symphonie sagen, sie zeige *"die größte Verwirrung, welcher doch die*

---

1   C. Dahlhaus: *Zur Problematik der musikalischen Gattungen im 19. Jahrhundert*, in: *Gattungen der Musik in Einzeldarstellungen* (Gedenkschrift Leo Schrade), hrsg. v. W Arlt, E. Lichtenhahn, H. Oesch, 1. Folge, Berlin/München 1973, S. 845.

2   J. G. Sulzer: *Allgemeine Theorie der Schönen Künste, IV. Teil*, (^{2}1794), ND Hildesheim 1970, S. 478 f.

3   Wilhelm H. Wackenroder: *Das eigentümliche innere Wesen der Tonkunst und die Seelenlehre der heutigen Instrumentalmusik*, in: *Phantasien über die Kunst* (1799), in: Sämtl. Schriften, Reinbek 1968, S. 174.

vollkommenste Ordnung zum Grunde liegt ...: es ist rerum concordia discors, ein treues und vollkommenes Abbild des Wesens der Welt, welche dahin rollt, im unübersehbaren Gewirre zahlloser Gestalten und durch stete Zerstörung sich selbst erhält."[4]

In die metaphysische Inanspruchnahme der Gattung durch die Ästhetik des 19. Jahrhunderts spielt wohl die alte Bedeutung des Wortes *"symphonia"* hinein: das Zusammenpassen, das Übereinstimmen der Klänge; doch war diese Bedeutung in der Antike nicht auf die Musik eingeschränkt, sondern war – etwa bei Platon – die Vereinigung des Gegensätzlichen ganz allgemein, besonders aber die Überwindung der Widersprüche innerhalb der menschlichen Seele, die miteinander *"befreundet"* sein, ja, einander *"begehren"* sollen.[5] Möglich, daß der Platon-Kenner Schopenhauer mit seiner lateinischen Formulierung bewußt auf diesen antiken Begriff angespielt hat – entscheidend ist, daß im Symphonie-Begriff von Anfang an – längst, bevor der Terminus zum musikalischen Gattungsbegriff wurde – das Verhältnis der einzelnen, einander fremden, sich sogar widerstrebenden Teile zum Ganzen zur Debatte stand, ja, sein eigentliches Wesen ausmachte. Das bezieht sich auf alle Ebenen der musikalischen Struktur: auf die thematisch-motivische Vielfalt ebenso wie auf diejenige des orchestralen Klanges und schließlich der wechselnden Charaktere. Schopenhauers Formulierung, die Einheit der Symphonie begründe sich wie diejenige der Welt primär auf den Prinzipien der Unübersehbarkeit des Massenhaften und der Zerstörung des einzelnen – wir werden dabei geradezu an die modernen naturwissenschaftlichen Theorien von Entropie und Wärmetod erinnert – stellt innerhalb des 19. Jahrhunderts gewiß ein Extrem dar, insofern die Begründung der Einheit auf Destruktion anstatt auf Konstruktion der Ästhetik dieser Epoche noch weitgehend unvertraut war und eigentlich erst im 20. Jahrhundert ins Gesichtsfeld trat. Es ist aber trotzdem interessant, daß Derartiges bereits vor 1850 gedacht werden konnte, und es sollte im Hinblick auf die weitere Entwicklung der Symphonik – etwa beim späten Mahler oder in den Orchesterstücken von Berg – festgehalten werden.

Mehr als in anderen musikalischen Gattungen wird – dies ergibt sich aus den bisherigen Erwägungen – die Einheit zum Problem des symphonischen Komponierens. Es ergibt sich einmal aus der wachsenden Differenzierung und Vielfalt dessen, was Adorno das musikalische *"Material"* genannt hat, und zum anderen aus dem Bedürfnis nach immer schärferer und originellerer Ausprägung der individuellen Einzelzüge – ein Phänomen, für das im 19. Jahrhundert die ästhetische Kategorie des "Charakteristischen" bereitgestellt wurde. Die Tendenz der Musik richtete sich seit Beethovens Spätwerk deutlich auf das disparate Detail, dessen Integrierung in die überkommenen Großformen immer größere Anstrengungen erforderte.[6] *"Einzelne Stimmungen"*, so

---

4   Arthur Schopenhauer: *Die Welt als Wille und Vorstellung*, 2. Band (1844), in: Sämtliche Werke II, hrsg. v. E. Grisebach, Leipzig o. J., S. 528.

5   Will Richter: ΣΥΜΦΩΝΙΑ. *Zur Vor- und Frühgeschichte eines musikologischen Begriffs*, in: Convivium Musicorum. Festschrift Wolfgang Boetticher. Berlin 1974, S. 273.

6   In welchem Maß die späten Quartette Beethovens als disparat empfunden wurden, zeigt Friedhelm Krummacher, freilich auch, daß es sich in Wahrheit hier um die radikalisierte Idee des prozessualen Satzverlaufes handelte, indem einzelne Aspekte rhythmischer und intervallischer *"Zellenthematik"* getrennt präsentiert werden.

formulierte Franz Brendel schon 1845 im Hinblick auf Schumanns frühe Klaviermusik, *"welche früher nur Momente eines größeren Ganzen gewesen waren, werden jetzt selbständig ...; ein ganz besonderer Seelenzustand bildet den alleinigen Inhalt des Tonstükkes; kleinere Compositionen verschiedenen Charakters werden aneinandergereiht, ein poetischer Gedanke bildet den Faden, und der technische Zusammenhang tritt zurück ..."*.[7] Als einen *"musikalischen Miniaturisten"* bezeichnete Nietzsche Richard Wagner, den Schöpfer des etwa sechzehnstündigen Großwerkes der Tetralogie, weil er erstrangig nur in der Erfindung des Kleinsten, in der Ausdichtung des Details sei;[8] und wie schon Carl Dahlhaus feststellte, betraf diese Kennzeichnung nicht minder Symphoniker wie Liszt und Brahms.[9] Sie alle sahen sich vor die Aufgabe gestellt, aus der charakteristischen musikalischen Miniatur und ihrer zu quasi sprechenden Ausdrucksgesten verknappten thematischen Substanz Großformen zu entwickeln, die dem Anspruch der Monumentalität und der unendlich differenzierten Tonalität gerecht wurden. Verfahren wie die entwickelnde Variation, die modulierende Sequenzierung und die Variantentechnik[10] erwachsen aus dieser Notwendigkeit heraus ebenso wie die Anstrengungen der zyklischen Vereinheitlichung der symphonischen Satzfolge.[11]

Darüber hinaus wird an die Symphonie als "öffentliche" Gattung die Forderung gestellt, nicht nur für ein großes Publikum zugänglich und verständlich, sondern vor allem auch Ausdruck kollektiver Stimmungs- und Gefühlslagen zu sein. So lesen wir etwa in der "Novelle" *Das Musikfest oder die Beethovener* von Wolfgang Robert Griepenkerl aus dem Jahre 1841: *"Die Beethovenschen neun Symphonien sind unbestritten das Herrlichste, was die Tonkunst aufzuweisen hat. Neun furchtbare Beweger der donnernden Zeit drücken sie alle die verborgenen wilden Triebfedern des Jahrhunderts ..."* Der *"lächerliche Kunstabsolutismus des Individuums"* habe *"seine Endschaft erreicht. Das große öffentliche Leben"* sei *"die eigentliche Werkstatt des Künstlers"*.[12] Ferdinand Hand fand in seiner im gleichen Jahr erschienenen Ästhetik für die Symphonie die Formel von der *"Aussprache eines durch Zustände verschiedener Art modifizierten Gefühles im Lebensverkehr vieler"*.[13] Und Karl Köstlin weist in Friedrich Theodor Vischers Ästhetik (1858) der Symphonie als *"Inhalt"* dasjenige zu, *"um was sich schließlich das ganze Leben mit seinen Strebungen, Hoffnungen, Gefühlen dreht, die Harmonie zwischen Subjekt und Objekt, zwischen dem Ich und dem Weltlauf"*.[14]

F. Krummacher: *Synthesis des Disparaten. Zu Beethovens späten Quartetten und ihrer frühen Rezeption,* in: AfMw 37 (1980), S. 99-134.

7   Franz Brendel: *Robert Schumann mit Rücksicht auf Mendelssohn-Bartholdy,* NZfM 22 (1845), S. 52.

8   Friedrich Nietzsche: *Der Fall Wagner* (1888), in: Werke in drei Bänden, hrsg. v. K. Schlechta, Darmstadt 1966, S. 918.

9   Carl Dahlhaus: *Zur Problemgeschichte des Komponierens,* in: *Zwischen Romantik und Moderne,* München 1974, S. 47.

10   Der Terminus *"Variantentechnik"* geht auf Th. W. Adornos Beschreibung der *"episch-romanhaften"* Symphonik Mahlers zurück. Th. W. Adorno: *Mahler. Eine musikalische Physiognomie,* Frankfurt/M. 1960, S. 116. Vgl. auch Thomas Kabisch: *Liszt und Schubert,* München/Salzburg 1984, S. 8-24.

11   Chr. H. Mahling: *Zur Frage der 'Einheit' der Sinfonie,* in: *Über Symphonien* (Festschrift Walter Wiora zum 70. Geburtstag), Tutzing 1979, S. 1-40, insbes. S. 31.

12   Wolfgang R. Griepenkerl: *Das Musikfest oder die Beethovener,* Braunschweig 1841, S. 58 f.

13   Ferdinand Hand: *Ästhetik der Tonkunst,* Jena 1841, S. 408.

14   Friedrich Theodor Vischer: *Ästhetik oder Wissenschaft des Schönen* (1858), Bd. V, ND d. 2. Aufl. (1923) hrsg. v. R. Vischer, Hildesheim/New York 1975, S. 384.

II

Wie schon Schubert, der sich den Weg zur "großen Symphonie" über andere, hauptsächlich kammermusikalische Gattungen glaubte bahnen zu müssen, war sich auch Schumann der umfassenden Ansprüche der Symponie als "großer Form" früh bewußt – der Fragment gebliebene Versuch der g-Moll-Symphonie von 1832 ist nur einer der Belege für die Bemühungen des jungen Komponisten. Entscheidend für die weitere Entwicklung des symphonischen Gattungsbegriffes bei Schumann wurde die Auseinandersetzung mit den beiden bedeutendsten symphonischen Unternehmungen unmittelbar nach Beethoven: mit Berlioz' *Symphonie phantastique* und mit Schuberts C-Dur-Symphonie, die erstere 1834 (also in der Zeit der Konzeption der Klaviersonaten und der *Sinfonischen Etüden*), die zweite 1840, also zu einer Zeit, als sich bereits Schumanns eigene symphonische Schaffensperiode vorbereitete. Die epochale Bedeutung beider Werke erkannte Schumann in vollem Umfang, er attestierte ihnen, in der Situation der durch Beethovens Wirken ausgelösten symphonischen Resignation und Erstarrung neue Perspektiven und Möglichkeiten gewiesen zu haben. Es fällt auf, daß in Schumanns Rezensionen über die beiden bedeutendsten nach-Beethovenschen Symphonien diejenige ästhetische Kategorie fehlt, die für Beethovens Symphonik ursprünglich konstitutiv war: nämlich die des "Erhabenen".[15] Sie galt auch noch in den Kreisen der "Beethovener" der dreißiger Jahre, denen Schumann zur Zeit seiner Berlioz-Rezension durchaus zuzurechnen ist, als selbstverständlich, wobei man sich allenfalls Gedanken darüber machte, wie es möglich sei, daß das seinem Wesen nach eigentlich esoterische Erhabene eine musikalische Gattung fundiere, die sich an die große Menschheit richte und in Gestalt von Beethovens Symphonien auch wirklich populär geworden sei.[16] Bei Schumann liegt das "Große" der symphonischen Form nicht mehr primär im Ausdruck des Erhabenen, sondern in der Vorstellung des *"Raumes"*, der *"größten Verhältnisse"*.[17] Diese Verhältnisse können gefüllt werden mit höchst verschiedenartigen "Inhalten", von denen das Erhabene nur einer neben anderen ist. Schumann zählt in seiner Berlioz-Rezension verschiedene, höchst heterogene Inhalte auf bis hin zur *"feinen Genremalerei"*, die also zu den *"größten Verhältnissen"* in keinerlei Widerspruch zu stehen brauche.

Auch die Symphonie soll also – wie die übrigen musikalischen Gattungen – eine Beziehung zum realen Leben haben (eine Grundforderung, die die Ästhetik der dreißiger Jahre in allen Kunstbereichen aus der Frühromantik übernommen hatte): der realen Außenwelt ist der Ton der einzelnen Gestalt zu entnehmen, der im musikalischen Werk zu poetisieren ist. Und die Symphonie ist in diesem Sinn nur das weiteste Feld, auf dem sich diese Poetisierung abzuspielen hat. An Schuberts Symphonie rühmt Schumann denn auch vornehmlich das *"Leben in allen Fasern, Kolorit bis in die*

---

15 Carl Dahlhaus: *Ludwig van Beethoven und seine Zeit*, Laaber 1987, S. 100 ff.

16 So bei Wolfgang R. Griepenkerl: *Das Musikfest oder die Beethovener*, Braunschweig 1841, S. 65 f.

17 Robert Schumann: *Sinfonie von H. Berlioz*, in: *Gesammelte Schriften über Musik und Musiker*, hrsg. v. M. Kreisig (im folgenden GS) Bd. I, Leipzig ⁵1914, S. 70.

feinste Abstufung ..., schärfster Ausdruck des Einzelnen".[18] Und er malt ein Bild seines eigenen Erlebnisses von Wien als der – auch poetischen – Heimat Schuberts, um einen Begriff von der Quelle des musikalischen *"Reichtums"* dieser Symphonie zu geben. Dieses Verwurzeltsein in einer bestimmten Sphäre des realen Lebens erblickt Schumann in allen bedeutenden symphonischen Erscheinungen seiner Zeit. Bei Berlioz etwa hebt er die *"Intensität fast jedes einzelnen Tones"* der Melodik hervor, die, *"wie viele alte Volkslieder, oft gar keine harmonische Begleitung vertragen".*[19]

In Mendelssohns a-Moll-Symphonie (der *"Schottischen"*, die er kurioserweise für eine italienische hielt, ohne zu wissen, daß der Komponist nicht diese, sondern deren Schwesterwerk als solche gemeint hatte) bemerkt er wiederum das Abrücken vom Erhabenen und dessen Ersatz durch das *"reizende Kolorit"*, das Mendelssohn mit Schubert gemeinsam habe.[20] Indessen: bei Mendelssohns Symphonie weichen *"Charakter, Tonart, Rhythmus ... in den verschiedenen Sätzen nur wenig voneinander ab"*; deshalb bilde *"sie denn mehr als irgendeine andere Sinfonie auch ein engverschlungenes Ganze".* Man kann diesen Passus durchaus als vorsichtig formulierte Einschränkung am generell hochverehrten Mendelssohn verstehen, zumal auch im Vergleich mit Schuberts C-Dur-Symphonie dieser der Vorzug *"reicherer Erfindungskraft"* zugesprochen wird. Zu dem für eine Symphonie notwendigen Reichtum an Einzelzügen zählen ganz wesentlich auch die instrumentalen *"Effekte"*: auch dies zeichnet nicht nur die *Symphonie phantastique*, sondern nicht minder die C-Dur-Symphonie aus: Schumann rühmt die hier hervortretende kaum begreifliche Eigentümlichkeit und Meisterschaft der Instrumentalbehandlung. Der Begriff des "Effekts" hatte für Schumann noch nicht die negative Bedeutung, die er im frühen 19. Jahrhundert – etwa bei E. T. A. Hoffmann oder Hegel[21] im Sinne der bloß äußerlichen und direkten Einwirkung auf das Publikum allmählich annahm und die schließlich zu Wagners Formel der *"Wirkung ohne Ursache"* führte. Im Gegenteil: *"Glucks Ausspruch, nichts zu schreiben, was nicht Effekt mache"*, gilt Schumann *"im rechten Sinne genommen"* als *"eine der goldensten Regeln, das wahre Geheimnis des Meisters".*[22] Dieser Ausspruch fiel im Zusammenhang der Rezension einer Symphonie des Wiener Komponisten Gottfried Preyer, dem Schumann attestierte, die orchestrale *"Massenzusammenstellung erscheint ... geschickt gemacht, wie das Obligate im Charakter der Instrumente hervortretend."* Wo die Möglichkeiten der klanglichen und charakterlichen Vielfalt unzureichend genutzt werden, wo sie dem öffentlichen Publikum nicht als (freilich "poetische") Effekte bewußt werden, da wird – dies ist offensichtlich Schumanns Überzeugung – das Wesentliche einer symphonischen Komposition verfehlt. Zumindest in der unmittelbaren Perzeption erscheint Schumann dieser charakteristische Ton der Details wichtiger als das allzu massive Betonen der Momente der zyklischen Einheit, insbesondere der

---

18 GS I, S. 462 f.
19 Ebd., S. 80.
20 GS II, S. 132.
21 Fritz Reckow: *"Wirkung" und "Effekt". Über einige Voraussetzungen, Tendenzen und Probleme der deutschen Berlioz-Kritik,* in: Mf 33 (1980) S. 9, 14 f.
22 GS I, S. 426.

thematischen Verbindungen: in der Rezension der Schubert-Symphonie wird der *"reizende Wechsel des Gefühlslebens"* in seiner verwirrenden Fülle als entscheidende Qualität hervorgehoben; der *"Zusammenhang"* dagegen *"wird dir mit der Zeit wohl auch klar werden"*.[23] An anderer Stelle warnt er geradezu vor allzu vordergründiger Betonung der zyklischen Einheit durch wörtliche Zitate: *"Es hat mit solchen sogenannten 'Rückblicken' sein Gefährliches: wo es nicht (wie z. B. im Finale der Beethovenschen* [c-Moll-; d. V.] *Sinfonie, wo das Scherzo wieder auftaucht) im freiesten Fluge der Phantasie geschieht, so daß wir uns sagen müssen: es kann nicht anders sein, – sieht es leicht gezwungen und gemacht aus."* Immerhin habe *"die Intention etwas Sinniges, und wir begegnen ihr immer gern"*.[24] Das bedeutet nicht etwa eine Geringschätzung des Einheitsmomentes – ganz im Gegenteil: *"Mehr als in den Werken der bildenden Künste, wo der einzelne Torso einen Meister beweisen kann, ist in der Musik alles der Zusammenhang, das Ganze – im kleinen wie im großen, im einzelnen Kunstwerk wie in einem ganzen Künstlerleben."*[25] Aber der Zusammenhang erwächst nicht aus der sozusagen materiellen thematischen Verbindung oder gar aus dem Zitieren ganzer Partien in nachfolgenden Werkphasen, sondern aus dem Gespür für den *"Mittelpunkt"*, für die *"Achse"*,[26] für den *"Schwerpunkt"* der Form, *"dem alles zuwächst, wohin sich alle Geistesradien konzentrieren"*.[27] Dabei ist durchaus nicht schematisch festgelegt, wo dieser Schwerpunkt zu liegen habe. Schumann spricht von der *"Mozartschen Weise"*, ihn mehr in die formalen Mittelabschnitte, und von der Beethovenschen, ihn nach dem Schluß hin zu verlagern. Wichtig erscheint, daß sich nach Schumanns Konzeption offenbar nie der Anfang im Sinn einer thematischen Exposition darstellt, sondern daß sich der *"eigentliche Gedanke"* (d. h. nicht die primäre thematische Formulierung) erst nach und nach im Werkverlauf *"Luft macht"*.[28] Auch liegen in dieser Hinsicht die Konzeptionen der zyklischen Großformen Sonate und Variation eng beieinander, denn: auch Variationen sollen *"ein Ganzes bilden ..., das seinen Mittelpunkt im Thema hat (daher man dies manchmal in die Mitte oder auch zum Schluß setzen könnte)"*.[29] In beiden Gattungsbereichen (deren Grenzen sich in Schumanns Oeuvre vielfach verwischen) steht das Thema im Sinn des *"eigentlichen Gedankens"* daher häufig nicht am Anfang, sondern es stellt das unter der musikalischen Oberfläche verborgene Band dar für größere Werkverläufe, die sich im übrigen als Einzelcharaktere manifestieren, wie Schumann sie in seinen frühen Klavierzyklen zuerst erprobt hatte.

---

23 GS I, S. 463.
24 GS I, S. 498.
25 GS I, S. 52.
26 GS I, S. 308.
27 GS I, S. 162.
28 GS I, S. 163.
29 GS I, S. 222.

III

Überblickt man nun – nach der Befragung der zeitgenössischen Ästhetik und des Musikkritikers Schumann über die Konzeption der Symphonie – das kompositorische Schaffen Schumanns im Sinne einer Konkretisierung dieser Auffassungen, dann ist es wohl vor allem seine letzte, die *"Rheinische"* Symphonie, an der die Kriterien der *"Welthaltigkeit"* einerseits und der subtilen und zugleich souveränen Dialektik von Einheit und Manigfaltigkeit der Charaktere andererseits hervortreten.[30] Trotz der vor allem durch das neudeutsche Schumann-Bild hervorgerufenen Reserven konnten sich die folgenden Generationen in diesem Werk wiederfinden,[31] wobei zu fragen ist, ob solche Identifikation nicht vielfach zu vordergründig verlief. Manfred Hermann Schmid vertritt in seinem Buch *Musik als Abbild* die Auffassung, daß sich gerade an der *Rheinischen Symphonie* eine Distanz von Schumanns Musik zur Wirklichkeit zeige, die sich nicht mit Begriffen wie "Zitat" oder "Stilisierung" erfassen lasse. Vielmehr zeige sich der Gegenstand der Musik dem Zuhörer als einem Beobachter, der von außen herankommt und sich wieder entfernt, selbst jedoch am Dargestellten keinen Anteil hat.[32] Auch Karl Heinz Schlager verglich die Perspektive in Schumanns Musik mit einem *"Blick von einem erhöhten Standpunkt aus, der aus vielen Gemälden Caspar David Friedrichs vertraut ist, in dem eine Gestalt im Vordergrund sich silhouettenhaft von einer endlos weiten Landschaft oder einer fernen dunstverhangenen Stadt abhebt".*[33] Schon 1927 hatte Theodor W. Adorno diesen Wesenszug von Schumanns Musik folgendermaßen beschrieben: *"Nichts vermöchte Trauer als Grund ins Inwendige gewandter Musik sichtlicher herauszustellen als Schumanns Vorschrift: 'Im fröhlichen Ton'. Der Name der Freude dementiert ihre Wirklichkeit, und das 'im', das einen fröhlichen Ton als bekannt und vergangen voraussetzt, meldet eine Verlorenheit zugleich und den Vorsatz, ihn zu beschwören."*[34]

Das Beschwören von solchen *"Tönen"*, das *"Antönen"* von Bereichen der äußeren und der innerpsychischen Realität ist ein Wesenszug der Musik Schumanns, der sich selbst als ein musikalischer *"Geschichtenerzähler"* begriff. Gerade die Symphonie aber ist diejenige Gattung, in der man im 19. Jahrhundert Bezug zur Realität, zum gesellschaftlichen Leben in besonderer Weise forderte. Sie ist deswegen auch am offenkundigsten von jener Distanz der Vermittlung gezeichnet, die sich den überkommenen Ausdrucksidiomen als bereits verlorenen noch einmal annähern möchte. In diesem Sinn wird der Ton des "Erhabenen" aus Beethovens symphonischen Kopfsätzen eben-

---

30 Peter Gülke: *Zur Rheinischen Sinfonie* (1974), in: Musik-Konzepte. Sonderband Robert Schumann II, München 1982, insbes. S. 284, 251.

31 Reinhard Kapp: *Einführung und Analyse,* in: *Robert Schumann, Sinfonie Nr. 3.* Taschenpartitur, Mainz/München 1981, S. 232.

32 Manfred Hermann Schmid: *Musik als Abbild*, Tutzing 1981, S. 32 f.

33 Karlheinz Schlager: *Erstarrte Idylle. Schumanns Eichendorf-Verständnis im Lied op. 39/VII (Auf einer Burg),* in: AfMw 33 (1976) S. 121.

34 Theodor W. Adorno: *Motive I,* in: Musikblätter des Anbruch 1927, wiederabgedruckt in: Gesammelte Schriften 16, Frankfurt/M. 1978, S. 259.

so beschworen wie der Volkston, der Konversationston, das Religioso, der Ton der elfenhaften Naturstimmung, der Romanzenton und einige andere.

Unter Schumanns Symphonien scheint die C-Dur-Symphonie (Nr. 2) diejenige zu sein, die am deutlichsten auf die Tonfälle der Gattungstradition bezogen ist. Schon daß die Tonart nicht zufällig für diese Symphonie gewählt wurde, läßt sich aus dem rückblickenden Bericht an den niederländischen Verehrer Verhulst entnehmen, der den Bezug auf Mozart, speziell auf die *Jupiter-Symphonie,* bezeugt.[35] Die auffällige Rolle des Quintsprung-Mottos, das auf die letzte Symphonie Haydns als zentralen Repräsentanten der klassischen Gattungstradition verweist, verstärkt den Eindruck, daß hier zunächst sozusagen retrospektiv der "symphonische Ton" als solcher aufgesucht wird. Auf der anderen Seite weist das strukturelle Verfahren tiefgreifende Divergenzen zur Klassik auf. Die eigentliche Aufstellung der konstituierenden thematisch-motivischen Gestalten vollzieht sich nämlich bereits in der langsamen Einleitung, zu der sich sowohl die Exposition als auch die Durchführung, Reprise und Coda wie Stadien einer thematischen und zugleich charakterlichen Umformung verhalten. Zu geschlossenen periodischen oder satzartigen Formulierungen kommt es – trotz grundsätzlicher Vorherrschaft zweitaktiger Gruppen und deren Wiederholung – nicht, vielmehr werden die rhythmisch stabilen Glieder fortgesponnen, indem sie permanent melodischen und harmonischen Umwandlungen unterzogen werden.

Nun ist die 2. Symphonie als Schumanns *"ehrgeizigste Komposition"* im Hinblick auf das Anknüpfen an die Norm des Beethovenschen *"pathos sublime"*[36] offensichtlich das Ergebnis eines produktiven Wachstums- und Reifungsprozesses, der sich über Jahre hinzog. Die c-Moll-Symphonie, die Schumann in seinem "Symphonischen Jahr" plante und mit der er nicht fertig wurde,[37] findet in ihr nach fünf Jahren ihren Abschluß, und so ist es interessant, einen Vergleich anzustellen zwischen der Behandlung der motivischen Charaktere in der 2. Symphonie und in der früheren skizzenhaften Konzeption.

Die beiden Hauptmotive, die in der Einleitung der C-Dur-Symphonie exponiert werden und grundlegende Bedeutung für den gesamten Zyklus erhalten, finden sich bereits in der frühesten Skizze zur c-Moll-Symphonie, die laut Haushaltbuch zwischen dem 13. und 17. September 1840 entstand[38] und die Vortragsbezeichnung *All° un poco andante* trägt.[39] In einer achttaktigen Einleitung im 3/4 Takt werden das *"Haydnsche Quintmotiv"*(T. 1-4) und das Motiv des chromatisch aufwärtsgerichteten Ganges (T. 6/7) exponiert.

35   F. Gustav Jansen (Hrsg.): *Robert Schumanns Briefe. Neue Folge,* Leipzig ²1904, S. 517 (Anm. 314).

36   Carl Dahlhaus: *Studien zu romantischen Sinfonien,* in: SIM-Jahrbuch 1972, S. 112.

37   Skizzen in Universitätsbibliothek Bonn Ms. Schumann 19.

38   Robert Schumann: *Tagebücher* Band *III/Haushaltbücher Teil 1 1837-1847,* hrsg. v. G. Nauhaus, Leipzig 1982, S. 164.

39   UB Bonn, Ms. Schumann 19, S. 13.

Notenbeispiel 1

Die Idee der 2. Symphonie, die grundlegenden motivischen Gegensätze bereits in der langsamen Einleitung in ihrem Kontrast zueinander zu exponieren, erscheint in der frühesten Skizze also bereits in nuce vorhanden. Der Hauptgedanke des eigentlichen Sonatenhauptsatzes erscheint in der Skizze ebenso wie später in der 2. Symphonie als Ableitung aus der Einleitungsidee, und zwar in jener intervallischen Ausweitung vom Quint- zum Sextsprung, den schon die T. 5/6 der Einleitung vorgegeben hatten:

Notenbeispiel 2

Auch im Seitenthema der Skizze erkennen wir die Vorform desjenigen der 2. Symphonie, jetzt gegenüber der Einleitung zum chromatischen Terzgang erweitert und durch kanonische Führung bedeutungsmäßig beschwert:

Notenbeispiel 3

Die Technik des variierenden Fortspinnens, das wir als für die 2. Symphonie grundlegend bezeichneten, wird gerade an der Behandlung dieses Motives deutlich,

Notenbeispiel 4

das in hartnäckiger Weise bis zum Abbruch der Skizze nicht weniger als dreißigmal wörtlich oder abgewandelt wiederholt bzw. kanonisch und enggeführt wird.
Die zweite der Bonner Skizzen (an erster Stelle im Konvolut) beinhaltet wohl den Versuch, der im Haushaltbuch am 21. Januar 1841 verzeichnet ist, also zwei Tage,

bevor die *Frühlingssymphonie* begonnen und in weniger als vier Wochen vollendet wurde. Hier handelt es sich um die Partiturskizze eines *Andante* und *Allegro agitato* in c-Moll, die mit dem Ansatz vom September 1840 zunächst wenig gemeinsam zu haben scheint. Vordergründig fällt die kleine Besetzung mit jeweils zweifachen Holzbläsern und zwei Hörnern neben den Streichern auf. Selbst die Pauke fehlt in der Partitur (was aber nicht besagt, daß sie nicht letztlich doch vorgesehen war). Bei genauerer analytischer Betrachtung ergibt sich jedoch, daß die beiden genannten Grundmotive auch in diesem Ansatz wiederzufinden sind: das *Allegro*-Thema läßt sich als eine Dehnung und oktavierende Auseinanderlegung des chromatischen Aufwärtsganges deuten, und das Quintmotiv taucht in den Hörnern in ebenfalls gedehnter Form vom ersten *Allegro*-Takt an auf.

Notenbeispiel 5a

Der Rhythmus verweist darüber hinaus auf die *Manfred-Ouvertüre* voraus.

Notenbeispiel 5b

In der *Andante*-Einleitung erkennen wir die rhythmisch-diastematische Gestalt des Motives, das den *Allegro ma non troppo*-Teil des Kopfsatzes der 2. Symphonie eröffnet. Zwischen dieser Partiturskizze und der 2. Symphonie erscheinen die thematischen Gestalten also ausgetauscht, was die Relation von Einleitung und Kopfsatz betrifft.

Notenbeispiel 6

Die dritte Bonner Skizze trägt das Datum 23. September 1841 und stimmt darin mit den Angaben des Haushaltbuches überein.[40] Diese Skizze ist die letzte und vollständigste, sie enthält Ideen zu allen vier Sätzen des Zyklus'; nach ihrer über fünf Tage sich hinziehenden Aufzeichnung (21.-26. September) notierte Schumann: *"Mit Symph. ziemlich fertig."* Die in zwei Systemen notierte Skizze übernimmt im Kopfsatz die wesentlichen thematischen Formulierungen der Partiturskizze vom Januar, verzichtet jedoch auf die langsame Einleitung. Dafür erfährt die Exposition eine Erweiterung in Gestalt eines akkordischen Überleitungsmotives, das in seiner charakteristischen Intervallfolge (aufsteigende Quint – absteigende Sext) wiederum auf die *Manfred-Ouvertüre,* nunmehr auf deren zweites Thema verweist, zugleich jedoch auf das Gegenthema des *Adagio espressivo* der C-Dur-Symphonie (T. 26 ff.).

Notenbeispiel 7

Interessant ist nun die Anlage der Durchführung, die allein in dieser Skizze vorhanden ist. Sie wird nämlich im wesentlichen durch ein neu auftretendes Thema bestritten, das ebenfalls in einem viel späteren Werk Schumanns wieder auftritt, nämlich als Seitenthema im Finale des Klaviertrios d-Moll:[41]

Notenbeispiel 8

---

40   UB Bonn Ms. Schumann 19, S. 17. – Tagebücher III (wie Anm. 38), S. 195.

41   Die Vermutung von Kohlhase, das Seitenthema des Finales von op. 63 sei offenbar *"zunächst in der Vorstellung Schumanns gar nicht so ausgeprägt, wie es sich heute darstellt, und sollte mehr als kantabler Ausklang des Seitensatzes dienen"* (Hans Kohlhase: *Die Kammermusik Robert Schumanns. Stilistische Untersuchungen,* Bd. 2, Hamburg 1979, S. 128 f.) trifft also nicht zu.

Schließlich finden sich im Finale der c-Moll-Symphonie Hinweise auf dasjenige der C-Dur-Symphonie. Das Durchführungsmotiv in markierten in Sekunden und Terzen aufsteigenden Halben (T. 141 ff.) finden wir hier bereits in der für diese Stelle charakteristischen imitatorischen Satzweise. Und sie verknüpft sich mit dem Espressivo-Motiv der Takte 239 ff., das durch die aufwärtsgerichtete Septime und den doppelten Vorhalt der Terz aus oberem und unterem Halbton zusammen mit der anschließenden chromatischen Baßführung gekennzeichnet ist.[42]

Notenbeispiel 9

IV

Versucht man, den Stellenwert der skizzierten c-Moll-Symphonie innerhalb von Schumanns symphonischem Denken zu bestimmen, dann ist zunächst festzuhalten, daß sie zum Ausgangspunkt von Verbindungslinien wurde, die zu drei bedeutenden Werken der Zeit 1845-1848 sowie zur Überschreitung der Grenzen der Gattung Symphonie führte.[43] Bezieht man die Übernahme des Scherzos in die späten Klavierstücke mit ein, so wird man festzustellen haben, daß Schumann die skizzierte Symphonie bis in seine Düsseldorfer Jahre hin immer wieder hervorgeholt und unterschiedlich "weiterverwendet" hat.

Was sich hingegen nicht bestätigte, war seine am Ende der Skizzierung geäußerte Auffassung, die Symphonie sei *"fast fertig."* Die Ursache läßt sich durch die Einsicht näher bestimmen, daß die spätere C-Dur-Symphonie in wesentlichen Punkten nichts anderes als die Erfüllung des Konzeptes von 1841 darstellt. Was aber unterscheidet sie von dem unvollendeten Entwurf?

Anthony Newcomb hat gezeigt, daß die C-Dur-Symphonie von einer *"thorough and deeply worked out ... thematic unity"* geprägt sei, wobei die thematischen Keime zwei entgegengesetzte Intervallkonstellationen darstellen: einmal ein *"diatonic, vigorous*

---

42 Die Beziehung tritt besonders beim Vergleich der Skizzen zur Coda des Finales von op. 61 hervor. Vgl. Jon W. Finson: *The Sketches for the Fourth Movement of Schumann's Second Symphony, op. 61,* in: JAMS 39 (1986) S. 165, der darauf indessen nicht eingeht.

43 Jon W. Finson erwähnt in seiner Untersuchung der Skizzen zur c-Moll-Symphonie (*The Sketches for Robert Schumann's C-Minor-Symphony,* in: *The Journal of Musicology* 1 (1982), S. 395-418) diese Beziehungen nicht.

Florestan-like" Motiv *"A"*, zum anderen *"the chromatic, crawling Eusebian"* Motiv *"B"*; beide werden in den ersten beiden Takten der Einleitung simultan präsentiert. Das Motto *A* ist eine Anspielung auf Haydns letzte Symphonie (Nr. 104) im Sinn von deren Repräsentanz der *"overwhelmingly, even terrifyingly prestigious tradition of the Viennese Classical Symphony"*; sie deutet Schumanns Vorhaben an, in dieser Symphonie die eigentliche Auseinandersetzung mit dieser Tradition zu suchen.[44] In dieser Absicht war aber auch schon die c-Moll-Symphonie von 1841 konzipiert worden.[45] – Entscheidend ist jedoch nicht das *"dichte Netzwerk der thematischen Beziehungen als Quelle der strukturellen Einheit"*, sondern der *"Wechsel der Töne"* (changes of characters), die im Lauf der thematischen Entwicklung stattfinden.[46]

Die eigentliche Entwicklung der Gegensätze vollzieht sich bereits in der langsamen Einleitung, der *Allegro*-Teil bringt nur noch deren Ausformung in verschiedenen Phasen. Auch die erst in der Durchführung der Skizze auftauchende Themengestalt, die später in das Klaviertrio-Finale übernommen wurde, ist aus dieser Intervallkonstellation zu erklären. Die formale Idee jedoch, in der Durchführung eine neue (wenn auch abgeleitete) thematische Gestalt auftreten zu lassen, eliminierte Schumann aus dem Kopfsatz, weil er sie für das Finale brauchte; ein zweimaliger Einsatz des gleichen formalen Effektes wäre eine Überfrachtung gewesen, die den Sinn des Finales zunichte gemacht hätte. Als Finalthema im Sinn einer "positiven" Lösung eignet sich nun dasjenige, das im Finale der 2. Symphonie eingeführt (oder eher wie Carl Dahlhaus gezeigt hat, durch intervallische Transformation des Mottos erreicht wird)[47] in seiner tonalen Festigkeit und melodischen Simplizität ungleich besser als das tonal indifferente[48] Seitenthema des Klaviertrio-Finales. Daran, daß Schumann diesen überaus originellen und interessanten Gedanken nicht in die spätere Symphonie aufnahm, zeigt sich, daß es ihm nicht um die Charakteristik der durch die Themen repräsentierten Töne als solche ging, sondern daß der Gesamtzusammenhang im Vordergrund stand. Dieser aber scheint nach seiner Auffassung in dem Entwurf durch die Vielfalt und scharfe Gegensätzlichkeit der Themencharaktere gefährdet oder sogar unrealisierbar gewesen zu sein, obwohl – wie festgestellt – analytisch ein Bezug zur intervallischen Substanz aufweisbar ist. Den neuen Gedanken des Finales der C-Dur-Symphonie hat Schumann offenbar nicht von Anfang an mit jener kantablen Melodie verbunden, die wahrscheinlich ein Zitat des Beethovenschen *"Nimm sie hin denn meine Lieder"* aus dem Liederzyklus *An die ferne Geliebte* darstellt. Vielmehr stand jene Idee der imitativen Behandlung der Intervallstruktur am Anfang, die die Skizze noch ganz ohne einen Anklang an jene Melodie bringt; ursprünglich war sie mit der expressiven Melodie des langsamen Satzes verbunden und von dieser Verbindung hat sich die Stelle T. 239 ff. als Rest erhalten (vgl. Notenbeispiel 10).

---

44 Anthony Newcomb: *Once more "Between Absolute and Program Music": Schumann's Second Symphony,* in: *19ᵗʰ-Century Music* VII/3 (1984), S. 240.

45 Arnfried Edler: *Robert Schumann und seine Zeit,* Laaber 1982, S. 162 f., 175 f.

46 Newcomb: a. a. O., S. 242.

47 C. Dahlhaus: *Studien zu romantischen Sinfonien* (vgl. Anm. 36), S. 114.

48 H. Kohlhase: *Die Kammermusik Robert Schumanns* I (vgl. Anm. 41), S. 133.

Notenbeispiel 10

Die verschiedenen "Töne" des Zyklus' der C-Dur-Symphonie, das zeigt sich an diesem Vergleich, waren nicht von Anfang an so da, wie sie sich im Endstadium darstellen. Ihr Wechsel, der zugleich die Einheit des Werkes ausmacht, ist das Ergebnis langwieriger, anscheinend über Jahre sich hinziehender Prozesse der Kombinatorik, die es im einzelnen noch weiter zu erforschen gilt.[49] Doch nur vor dem Hintergrund von Schumanns Gattungskonzeption ergibt sich die Motivierung dieser Prozesse, die zweifellos eine ganz andere war als diejenige der Symphoniker der Wiener Klassik.

Besonders das Finale ist in dieser Hinsicht aufschlußreich. Newcomb hat es mit Recht gegen Deutungen verteidigt, die die scheinbare Brüchigkeit seines Formverlaufes als Unvermögen charakterisierten, das Sonatenrondo überzeugend und thematisch einheitlich in seiner Finalfunktion zu erfüllen. Er zeichnet die subtile Entwicklung nach, die das expressive *Adagio*-Thema von seiner scheinbar belanglosen, ja banalisierten (Newcomb spricht von einer *"Weber-like trivialization"*) Vorführung in den T. 63 ff. bis zur Rückkehr als *"resigned melody"* des dritten Satzes in den Takten vor der Generalpause in T. 279[50] nimmt. Es handelt sich um den *"crucial process"* des Finalsatzes, der aber nicht durch Verdichtung der thematischen Arbeit, sondern durch allmähliche Eintrübung und gleichzeitige Zunahme des inneren Gewichtes, im Bereich des "Tones" also, sich vollzieht. Es ist nun von entscheidender Bedeutung für die Interpretation dieses Sachverhaltes, daß das sogenannte *"Adagio*-Thema" – wie gezeigt – nicht genuin im langsamen Satz angesiedelt, sondern bereits in der c-Moll-Symphonie von 1841 im Finale mit dem *Marcato*-Durchführungsmotiv verbunden war. Schumann entwickelte also in der C-Dur-Symphonie – im Gegensatz zu 1841, wo langsamer Satz und Finale noch beziehungsarm nebeneinanderstanden – das berühmte Thema des langsamen Satzes aus der zuerst im Finale angelegten Transformation der Anfangschromatik. Das Zusammenspiel von "Tönen" und zyklischer Geschlossenheit wird darin deutlich, daß die thematischen Bezüge von einem Satz zu einem anderen auf der einen, die Einführung eines neuen Themas inmitten eines Satzes auf der anderen Seite im Dienst der Darstellung von welthaltiger Vielheit in

---

49 Wichtige Ansätze dazu bei Linda Correll Roesner: *Studies in Schumann's Manuscripts*, 2 Vol. Diss. phil. New York University 1973, Ann Arbor 1974, auf symphonischem Gebiet speziell zur 1. und 3. Symphonie.

50 Newcomb: a. a. O., S. 244 ff.

Verbindung mit sinnstiftender Einheit stehen, während die formalen Schemata ebenso wie die satztechnischen Verfahrensweisen der klassischen Symphonik nur noch einen blassen Hintergrund abgeben, vor dem sich das Wesentliche des Geschehens abhebt.

Indem sich Schumann gleichzeitig auf die Klassik bezieht und sich von ihr abwendet, stößt er zu einer Realisierung der symphonischen Gattung vor, die wesentlichen Punkten seiner theoretischen Konzeption entspricht. Die Fülle von "Tönen" entfaltet sich vor dem Hintergrund und in der Auseinandersetzung mit der klassischen Tradition. Sie übernimmt deren Hauptkategorien der "Größe", der Einheit und des Beziehungsreichtums. Doch opfert sie nichts von der psychologischen Differenziertheit, die sich die Musik vor allem auf anderen Gebieten (der Klaviermusik, dem Lied) zwischenzeitlich erworben hatte. Die hohe Wertschätzung, die unter den späteren Symphonikern bemerkenswerterweise Gustav Mahler den Symphonien Schumanns entgegenbrachte, hat vermutlich nicht zuletzt darin ihre Begründung.

Der Unterschied von Schumanns Symphonik zur klassischen liegt im Abschied vom Konzept der Symphonie als eines Ideen-Organismus. Nicht eine "apriorische Organisation" im Sinn einer tonalen Anlage mit hypotaktisch abgestuften Kadenzverhältnissen und formalen Hierarchien, die durch Kunst-"Verstand" zu vollziehen und nachzuvollziehen ist, macht die Symphonie zum Ganzen, sondern ihre Einheit manifestiert sich in der durch das kompositorische Subjekt gesetzten individuellen Beschwörung von musikalischen Gestalten, in denen Erinnerungen an Vergangenes aufgehoben sind – eben von "Tönen". Es handelt sich hier bereits um jene *Metaphysik des unverfälscht vollzogenen Daseins 'normaler Lebewesen'"*, die Beckett als Grundprinzip in Prousts Romanwerk erkannte.[51] In Schumanns C-Dur-Symphonie gehört dazu als zentrales Moment die symphonische Tradition selber, repräsentiert durch das Haydn-Zitat. Nie wieder taucht in solcher Deutlichkeit in einer Schumannschen Komposition diese Gattungstradition auf – als vergangene und als evozierte und angeeignete. Nicht zuletzt ist darum Schumanns *Zweite* eine *"Symphonie über die symphonische Tradition"*. Sie kann dies jedoch nur sein, indem der ursprünglich ideelle Gehalt dieses "Gattungstones" als Teil der Vergangenheit in einen Kosmos der erinnerten Töne eingebettet und zugleich aufgehoben wird. Dies ist ihr Unterschied zum Klassizismus, in dem die Idealität der Organisation zur eigentlichen Substanz wird. War die symphonische Skizze in c-Moll von 1841 noch die einer "Symphonie classique" so vollzieht sich erst in der *Zweiten* die Aneignung der Gattungstradition im vollen Sinn.

---

51 Ulrich Pothast: *Die eigentlich metaphysische Tätigkeit. Über Schopenhauers Ästhetik und ihre Anwendung durch Samuel Beckett*, Frankfurt/M. 1982, S. 190.

Monika Fink, Rainer Gstrein und Günter Mössmer (Hrsg.), Musica Privata. Die Rolle der Musik im privaten Leben. Festschrift zum 65. Geburtstag von Walter Salmen, Edition Helbling: Innsbruck 1991, S. 201-214

Aphoristik und Novellistik.
Versuch über das Private in Schumanns Klaviermusik

Kennzeichnend für die Musik im Privatleben des 19. Jahrhunderts ist die Herausbildung starker Antagonismen hinsichtlich der ästhetischen, sozialen und aufführungspraktischen Bedingungen.[1] Mußte auf der einen Seite dem Bedürfnis nach Ausgleich der Belastungen durch die sich rasch entfaltende neue Arbeitswelt oder auch nach Flucht vor den als bedrohlich empfundenen Zeitumständen Rechnung getragen werden, so machten sich auf der anderen Seite nachhaltig die Ansprüche eines dem bürgerlichen Bildungsbegriff verpflichteten Publikums geltend, die in der Musik wie in den Künsten überhaupt einen Grad von Differenzierung verlangten, der dem kulturellen (und das heißt vor allem: von der Naturwissenschaft geprägten) Bewußtseinsstand entsprach. Das bedeutet, daß der musikalische Text als solcher in seiner spezifischen Struktur ernstgenommen wurde wie nie zuvor in der Musikgeschichte. Analog zur Sprache eignete der komponierten Musik der Charakter des Fixierten, des so und nicht anders Seienden und der von dem Rezipienten jeweils persönlich wie auch von jeder folgenden geschichtlichen Epoche zu fordernden Neuinterpretation an. Wie der literarische Text unterliegt auch der musikalische der von Robin George Collingwood formulierten Bedingung, daß er die Antwort auf eine vorher gestellte Frage darstellt und daß er nur verstanden werden kann, wenn man die Frage, die er beantwortet, ebenfalls versteht.[2] Da aber die Fragen aus dem hochgradig differenzierten Beziehungsnetz des geschichtlichen Kontextes zu rekonstruieren sind, verbirgt sich in der Regel hinter der einfachen Frage ein ganzer Komplex von Problemen, der durch die Interpretation nur partiell aufgearbeitet wird.

Diese neue Auffassung der komponierten Musik als zu interpretierender Text bildet letztlich den Ausgangspunkt jener vielbesprochenen Auseinandersetzung, die während der ganzen zweiten Jahrhunderthälfte – ausgehend von Eduard Hanslicks Schrift *Vom Musikalisch-Schönen* (1854) – den Hintergrund zumindest der deutschen musikästhetischen wie auch kompositorischen Entwicklung abgab. Dabei bezogen sich die unterschiedlichen Auffassungen auf Phänomene, die sich aus größerer zeitlicher Distanz eher als Nuancierungen denn als polare Gegensätze ausnehmen. Es geht darum, daß das Interpretandum des musikalischen Textes, sein "Gehalt", stärker als der sprachliche auf der Ebene der Struktur, weniger dagegen in einer hinter dieser stehenden, von ihr abtrennbaren inhaltlichen Bedeutung liegt. Der Grad dieses Unterschie-

---

1   Dazu grundlegend: Walter Salmen: *Haus- und Kammermusik. Privates Musizieren im gesellschaftlichen Wandel zwischen 1600 und 1900* (= Musikgeschichte in Bildern Bd. IV/Lfg. 3. Leipzig 1969), S. 27 ff.

2   Dazu vor allem: Hans Georg Gadamer: *Wahrheit und Methode. Grundzüge einer philosophischen Hermeneutik*, Tübingen [4]1975, S. 351 ff.

des zwischen Musik- und Sprachtext ist im Grunde der Gegenstand jenes Streites. Über ihm wird vielfach übersehen, daß das eigentlich Neue überhaupt in der Analogie des Textcharakters beider Künste zu erblicken ist, woraus sich sogleich die Fragen nach der Geschichtlichkeit in zweifacher Hinsicht ergeben: 1) nach der geschichtlichen Problemlage, die zur Werkentstehung führt; 2) nach den geschichtlichen Konstellationen, die zu bestimmten Interpretationen führen.

In diesem Sinn sollen im folgenden die Kategorien des Aphoristischen und des Novellistischen in Schumanns Klaviermusik betrachtet werden. Als Inbegriff der "privaten" Musik, die im 19. Jahrhundert eine neue Qualität bis hin zur Vereinsamung und zur mystisch-solipsistischen Überhöhung annahm, erfaßt gerade Schumanns Klaviermusik die Probleme der gesellschaftlichen Vereinzelung und der Tendenz zur psychischen Differenzierung des Individuums in paradigmatischer Weise. Dabei ist von dem in der Malerei häufig dargestellten Motiv der/des am Klavier mit dem Notentext in einsamer Zwiesprache sich befindenden Spielerin/Spielers (am nachdrücklichsten vielleicht bei Fantin-Latour, Khnopff oder Klinger) auszugehen, einem Vorgang, der in Analogie zum stillen meditativen Lesen eines literarischen Textes zu sehen ist, mit der Konsequenz allerdings der aktiven interpretatorischen Reaktion auf die Ansprache durch den Text.

Schumanns Klavierwerke, namentlich die der Kompositionsperiode bis 1840, erstreben in pointierter Weise eine solche Zwiesprache als Ästhetisierung des Privaten. Neben allen möglichen Maßnahmen der musikalischen und außermusikalischen Andeutung, Verrätselung, assoziativen Anknüpfung durch Mottos und verbale Vortragsbezeichnungen wird solche Privatheit durch die Aneinanderreihung kleiner Formen im Sinn von *"Seelenzuständen"* und deren Zusammenführung zu atmosphärisch und durch Chiffrierung verbundenen Zyklen evoziert. In ihrer Gesamtheit erwecken andererseits diese Zyklen den Eindruck großer zusammenhängender Formkomplexe, und häufig gewinnen sie durch komplizierte und hochvirtuose Finalabschnitte sogar den Charakter des Monumentalen, verbinden somit die Privatsphäre mit der *"Ästhetik des Erhabenen"*. Die sich aus dieser neuartigen Verknüpfung ergebende Frage des Verhältnisses von großer und kleiner Form hat sich seit Schumann immer wieder neu gestellt: sie spitzt sich besonders zu angesichts der Tendenz des Expressionismus zu gestischen Miniaturen, so namentlich in Weberns Opera 9-11 (1911-14). Nach Theodor W. Adorno war die Ursache für diesen Vorgang die Wendung des musikalischen Materials gegen den Werkcharakter, der Funktionswandel der Musik von der Vermittlung des Ausdrucks zu seiner direkten Protokollierung, somit zur unmittelbaren Darstellung der Regungen des Unbewußten, der psychischen Schocks und Traumata:

"Die Momente des musikalischen Verlaufs werden gleich psychologischen Regungen ungebunden aneinander gereiht, als Schocks erst, und dann als Kontrastgestalten."[3]

In den letzten Jahren verstärkte sich der Trend, ähnliche Tendenzen bereits in Schumanns frühen Klavierwerken aufzuspüren. So verglich Peter Benary 1975 die frühen

---

3   Theodor W. Adorno: *Philosophie der Neuen Musik*, Frankfurt/M. 1958, S. 61.

Klavierstücke von Schumann und Schönberg,[4] und Dieter Schnebel konstatierte in Werken wie den *Papillons* oder dem h-Moll-Allegro op. 8 eine *"Komposition sich zersetzender Zeitverläufe"*; der Versuch, *"die verfließenden Dinge in fast ohnmächtiger Darstellung wieder zusammenzubringen, führt zu neuartigen und immer noch aktuellen Techniken."* Die Spaltung des vertikal Zusammengehörigen in *"schizoide"* Stimmverläufe werden durch ein Neuzusammenfügen zu *"wirren Beziehungen"*, zu *"überraschendem Zick-Zack"* kompensiert, was *"in gewisser Weise das Abbild des Schumannschen Innenlebens"* sei.[5]

Die Gefahr einer allzu direkten analytischen Bezugnahme auf psychische Besonderheiten der biographischen Persönlichkeit zeigt sich auch in einer jüngst erschienenen Studie zur Musikanschauung Schumanns:

> *"Die Musik vollzieht Schumanns zeitweilige Flucht vor gesellschaftlichen Kontakten und den damit verbundenen Rückzug in Innenwelten mit und nach. Sie nimmt die Haltung des Für-Sich-Musizierens in der eigenen Stube oder ideell im Herzinnern an; sie spricht, wie es in einer Spielanweisung einmal ganz unverblümt heißt, "in sich hinein". Es ist das gleiche "In sich hinein", das auch Schumanns Redeweise kennzeichnet; seiner gesenkten Stimme im Gespräch entsprechen die Undeutlichkeiten und Verwischtheiten des Klaviersatzes ebenso wie die dissoziierenden Stückschlüsse oder die 'stumme Sprache' des sukzessiven Abziehens von Akkordtönen. Weiter spiegeln sich Sprachhemmung und mangelnder Redefluß in der Aphoristik und Brockenhaftigkeit der musikalischen Erfindung."*[6]

Solch negativer Einschätzung der frühen Klavierwerke werden die späten – namentlich die Opera 82 und 133 – als positive Gegenmodelle gegenübergestellt:

> *"Die Werke lösen nun besser ein, was an ästhetischen Vorstellungen sich schon in den frühen dreißiger Jahren bei Schumann zum Denksystem verfestigte: poetische Idee und Werkganzes, Empfindung und Handwerk sind nun, in einem Stadium besonnener Meisterschaft, glücklich zueinander gekommen."*[7]

Diese Argumentation ist in mehrfacher Hinsicht anfechtbar, etwa darin, daß Schumann überhaupt in seinen frühen Werken eigene Defekte zum Thema machte und gewissermaßen mit dem Mittel der Ästhetisierung ins Positive zu wenden suchte; auch daß er davon angesichts der mit den Jahren zunehmenden gesundheitlichen und psychischen Schwierigkeiten später Abstand genommen hätte. Gerade ein Ernstnehmen

---

4   Peter Benary: *Aspekte der Miniatur bei Robert Schumann und Arnold Schönberg*, in: Neue Zürcher Zeitung 1975, Nr. 38 (15./16. Februar).

5   Dieter Schnebel: *Rückungen – Verrückungen. Psychoanalytische und musikanalytische Betrachtungen zu Schumanns Leben und Werk*, in: *Musik-Konzepte. Sonderband Robert Schumann* I, München 1981, S. 15 ff. Auf einer ähnlichen Basis fundiert Giuseppe Sinopoli seine Konzeption der sinfonischen Werke Schumanns. Vgl. G. Sinopoli: *Einige Bemerkungen über Gesundheit und Krankheit in Schumanns Erfindungskraft*, Beilage zur Schallplatte DG 410 863-4 (1984).

6   Gerhard Dietel: *"Eine neue poetische Zeit". Musikanschauung und stilistische Tendenzen im Klavierwerk Robert Schumanns*, Kassel etc. 1989, S. 372.

7   Ebda.

des privaten Momentes gebietet vielmehr, es in Beziehung zu sehen zu den überpersönlichen Tendenzen der Zeit, mit denen es vielfältig verflochten ist und auf die es in positiver oder negativer Weise reagieren kann. Ohne eine Untersuchung dieser wechselseitigen Beziehungen muß das Ergebnis eindimensional bleiben – der Kurzschluß zahlreicher Bemühungen um Ableitung der Kategorien des "Romantischen" lediglich aus individuellen Voraussetzungen und Gegebenheiten.

Die hauptsächliche Problematik einer derartigen Betrachtungsweise liegt in der unreflektierten Annahme des Fortbestehens des in der Wiener Klassik entwickelten ästhetischen Ideals des organisch geschlossenen Werkganzen. Es ist zwar richtig, daß dieses Ideal während des ganzen 19. Jahrhunderts eine überragende Rolle spielte, zumal es in den Formenlehren und in der ästhetischen Argumentation formalistisch gesinnter Musiktheoretiker und -historiker dogmatisch fixiert wurde. Darüber aber geriet in Vergessenheit, daß bereits in der literarischen, später auch in der musikalischen Romantik gerade dieser Werkbegriff in Frage gestellt und dadurch in die Distanz des Klassizistischen gerückt wurde. Diese Entwicklung außer Acht zu lassen bedeutet: nicht den Fragen nachzuspüren, auf die der (musikalische) Text antwortet bzw. reagiert. Im vorliegenden Fall ist die Feststellung ausschlaggebend, daß Schumanns Kampfansage an die alten *"Kontrapunktler"* und *"Antichromatiker"* zugleich eine solche an die Formalisten darstellte zu einer Zeit, in der die theoretische Bestandsaufnahme der Form, mithin auch die Erhebung des Formschematismus zum kompositionstheoretischen Dogma, soeben auf die Tagesordnung gesetzt worden war.

Es charakterisiert die Sichtweise des Autors, daß er die auf dieser Sachlage beruhende Irritation Schumanns über Rellstabs *Papillons*-Kritik umstandslos auf die Ebene des Moralischen und Pathologischen bezieht und Schumanns wahrscheinlich ironisch gemeinten Tagebucheintrag *"Zur Besserung"* geradlinig als Reaktion auf *"konstruktive"* Kritik und *"Hinweis auf objektive Mängel der Komposition"* interpretiert. Ganz offenkundig wird die Vermischung von Kompositionstechnik und Moral (die eher im Hinblick auf die *"moralischen Charaktere"* der Klassik eine gewisse Berechtigung hat), wenn die Lösung der kompositorischen Problematik darin gesehen wird, *"die musikalischen Charaktere in eine prozessuales Ganzes einzubinden"*, welches *"der innerlichen Versöhnung"* von Schumanns zerrissener Persönlichkeit entspräche. Die Untersuchung des Privaten in der Musik verengt sich damit auf die Betrachtung der Persönlichkeitsstruktur, wobei die Werkanalyse notgedrungen zum Beweismittel für eine These über einen psychologisch-moralischen Gegenstand wird.

Demgegenüber soll im folgenden ein Ansatz erprobt werden, mit dem die Kategorie des Privaten als eine ästhetische für das Klavierwerk Schumanns Bedeutung gewinnt. Dazu ist zunächst einmal von dem speziellen Gegenstand weg und auf die ästhetischen Strömungen der Epoche zu weisen.

1. Zeittendenzen

Schumann war in vollem Sinn ein Vertreter seiner Generation – jener Generation, die nach den politischen, ökonomischen und geistigen Umwälzungen um 1830 im Bewußtsein des Abschlusses einer "klassischen" Kunstperiode lebte. Die Bezirke der Kunst im gesellschaftlichen Leben wurden neu vermessen, und man bestimmte (zum zweiten Mal nach den frühen Romantikern) die Funktion des Ästhetischen als Ausdruck des Lebens – des Lebens in einer schlechten Gegenwart der politischen, sozialen und geistigen Unterdrückung. Erlebt aber wurde diese Gegenwart von Individuen, die – im Gegensatz zu denen früherer Jahrhunderte – zumindest ansatzweise "mündig" im Sinn der Aufklärung waren, die zumal ihren Kant, ihren Fichte, ihre Enzyklopädisten und vieles mehr wenigstens virtuell rezipiert hatten. Sie empfanden sich als Individuen, die unterschiedlich betroffen waren von diesen Veränderungen wie auch von jenen der ökonomischen Struktur, von der Mechanisierung der Arbeit und den sozialen Auswüchsen der Industrialisierung. Privatheit bedeutete daher im 19. Jahrhundert – in Schumanns Ausdrucksweise – auch *"Partikulargeist"*, die Erfahrung heterogener und kontroverser Interessen der einzelnen Individuen im Spiel der ökonomischen Neuverteilung und der von ihr nachgezogenen Konkurrenz der sozialen Modelle. Schumanns Klavier-Oeuvre wurde von Anfang an als markante Repräsentantin dieser Zeitströmungen und der zu ihr funktional sich verhaltenden Musik gedeutet. Als Ausdruck des Partikulargeistes war die organische große Form im Grunde wenig geeignet, und wo etwa die große Beethovensche Sinfonie in diesem Sinn aufgefaßt wurde (etwa von den *"Beethovenern"*), da zumeist auch nicht in einem organischen, sondern in einem inhaltlich am Detail orientierten Sinn bzw. als Modell einer verklärt gesehenen Zukunftswelt. Die Sinfonien wurden als Zusammenstellung besonders zahlreicher Einzelcharaktere gehört.[8] Im Sinn von Heines These vom Anbruch des *"demokratischen"* Zeitalters der Kunst[9] sind die *"speziellen Seelenzustände"* (von denen Schumann verschiedentlich spricht) diejenigen des einzelnen, der darin nicht mit den übrigen harmoniert. Dissonanz und strukturelle Diskontinuität sind geradezu die Merkmale, die diese neue Kunst von der vorausgehenden *"aristokratischen"* Epoche trennen.

Aus Gründen dieses strukturellen und funktionalen Wechsels löste in der Literatur der Roman das Drama als "Leitgattung" ab.

> *"Im Roman hauptsächlich sprechen sich alle Anforderungen aus, welche die Menschen heut an die Poesie machen ... Die ... Poesie des Reimes* [wird] *jetzt weit weniger gepflegt und beliebt ..., als die in prosaischer Form auftretende, wo das Dichterische in dem schönen Ineinanderspiel von Kunst und Geben liegen muss."*[10]

An diesem Beleg aus den vierziger Jahren zeigt sich, daß die Aufwertung des Romans durch die literarische Romantik um 1800 unveränderte Geltung besaß. In Friedrich Schlegels *Gespräch über die Poesie* (1800) dient bereits die etymologische Beziehung dazu, die Gattung des Romans zum Signum von "Romantik" gegenüber der aristote-

---

8 Repräsentativ dafür ist Schopenhauers Formulierung, demjenigen, der sich dem Eindruck einer Symphonie ganz hingebe, sei es, als sähe er alle möglichen Vorgänge des Lebens und der Welt an sich vorüberziehen. *Die Welt als Wille und Vorstellung* I (1819), in: Sämtliche Werke, ed. Grisebach Bd. I, Leipzig o. J., S. 346.

9 Heinrich Heine: *Die romantische Schule* (2. Auflage 1835), in: Sämtliche Werke, ed. G. Karpeles Bd. 7, Leipzig o. J., S. 121. Bei Heine ist der Ausspruch nur auf die Literatur bezogen.

10 Karl Gutzkow: *Säkularbilder* II, in: Gesammelte Werke Bd. X, Frankfurt/M. 1846, S. 278.

lisch-traditionellen Prädominanz des Dramas zu erklären, wobei die romantische Theorie des Romans ihrem Gegenstand gemäß essayistisch und fragmentarisch bleibt. Der Zusammenhang des Dramas wird als ein solcher des "Buchstabens", des regulierten Systems also, demjenigen des Romans gegenübergestellt, dessen Einheit eine *"höhere"* sei, hergestellt durch das *"Band der Ideen"* und durch einen *"geistigen Zentralpunkt"*:

> *"Der dramatische Zusammenhang der Geschichte macht den Roman ... noch keineswegs zum Ganzen, zum Werk, wenn er es nicht durch die Beziehung der ganzen Komposition auf eine höhere Einheit, als jene des Buchstabens, über die er sich oft wegsetzt und wegsetzen darf; durch das Band der Ideen, durch einen geistigen Zentralpunkt wird."*[11]

Und in Schlegels Rezension von Goethes *Wilhelm Meisters Lehrjahre* (1798) wurde die Formproblematik des Romans folgendermaßen beschrieben:

> *"Die Art der Darstellung ist es, wodurch auch das Beschränkteste zugleich ein ganz eignes selbständiges Wesen für sich, und dennoch nur eine andre Seite, eine neue Veränderung der allgemeinen und unter allen Verwandlungen einigen menschlichen Natur, ein kleiner Teil der unendlichen Welt zu sein scheint. Das ist eben das Große, worin jeder Gebildete nur sich selbst wiederzufinden glaubt, während er weit über sich selbst erhoben wird; was nur so ist, als müßte es so sein, und doch weit mehr als man fordern darf."*[12]

Der Roman ist die "demokratische" Literaturform, in der auch das Beschränkteste sein Recht hat. Es muß sich nicht ausweisen als Teil eines Ganzen (in dem es durch sein Sosein aufgehoben ist), als Funktion eines Höheren im Verbund eines komplexen Systems. Das Partikulare, ob groß oder klein, ist im Roman – nach Schlegels Verständnis – selbständig und unabhängig. Das *"Band der Ideen"*, der *"geistige Mittelpunkt"* garantiert einen Zusammenhang, der eher im Verborgenen bleibt, aber stets zur Suche und zur Benennung herausfordert. Kennzeichnend für das einzelne des Romans ist (im Gegensatz zum Epos) sein Gehalt an Wirklichkeit und Subjektivität. Grundsubstanz des Romans ist nach Jean Paul das *"Niedere"* ebenso wie das *"Titanische"*, sein Wesenszug das Unzusammenhängende, Unzulängliche und Nicht-Zusammenpassende, das seine Begrenztheit ausmacht. Ihr wird das Unendliche, das *"Ganze"*, in *"humoristischer"* Weise gegenübergestellt.[13]

Die große Vorliebe der Literaten des Jungen Deutschlands, nicht minder aber Schumanns, für die Romane Jean Pauls, des *"Dichters der Niedergeborenen"*,[14] war in dieser Eigenart der Form–Inhalt–Struktur, die seine Romane wie keine anderen repräsentierten, begründet. Sinnfällig wird sie als Konfrontation des witzigen Einfalls, des

---

11   Friedrich Schlegel: *Brief über den Roman*, in: *Gespräch über die Poesie* (1800), in: Kritische Friedrich-Schlegel-Ausgabe Bd. 2.1, ed. H. Eichner, München etc. 1967, S. 336.

12   Fr. Schlegel: *Über Goethes Meister*, ebda. S. 127.

13   Jean Paul: *Vorschule der Ästhetik* (1804), VII. Programm, 31, in: Werke, ed. N. Miller, Bd. 5, Darmstadt 1967, S. 124 f.

14   Ludwig Börne: *Denkrede auf Jean Paul*, Frankfurt 2.12.1825, in: Sämtliche Schriften, ed. I. u. P. Rippmann, Bd. I, Dreieich 1977, S. 791.

Fragmentes, des Aphorismus' mit dem nicht (oder nur scheinhaft) endenden Ganzen (seiner Tendenz nach ist der romantische Roman unabgeschlossen bzw. fragmentarisch). Andererseits verlangt auch der Aphorismus nach Sammlung, nach zyklischer Konstellation, nach einem geistigen Zentralpunkt. Erst in der zyklischen Struktur wird der einzelne Aphorismus mehr als nur eine geistreiche Bemerkung, nämlich zum Teil eines Kunstwerkes.

2. "Literarische" Struktur und Musik

Bekanntlich war schon der jugendliche Schumann ein ebenso großer Literatur- wie Musikenthusiast, und sein Denken kreiste um die Verbindung beider Kunstgattungen. Dafür zeugt noch das Bonmot aus dem Brief an den belgischen Verehrer de Sire von 1838, er habe von Jean Paul mehr Kontrapunkt gelernt als von seinem Musiklehrer,[15] ein Satz, der in der Erweiterung der Bedeutung von "Kontrapunkt" im Sinn von *"geregelter Mehrstimmigkeit"* in Analogie zur Vielschichtigkeit des romantischen Romanes als sehr tiefgründig sich erweist. Unter den musikalischen Formen hat Schumann offenbar zunächst die Variation als diejenige angesehen, die der Konstruktionsidee eines solchen Romanes am nächsten stehe. In diesem Sinn ließe sich die Tagebuchnotiz von 1828 deuten, Schuberts *Hérold-Variationen* D 908 stellten *"ein vollkommen romantisches Gemälde, einen vollkommenen Tonroman dar"*.[16] Die Wilhelm-Meister-Begeisterung der literarischen Frühromantik scheint in Schumanns Überzeugung auf, diese Variationen seien *"ein komponierter Roman von Goethe, den er noch schreiben wollte"*. Schumanns Beschreibung von Variationen als einem *"Ganzen ..., das seinen Mittelpunkt im Thema hat (daher man dies manchmal in die Mitte oder auch zum Schluß setzen könnte)"*[17] verweist bis in den Wortlaut hinein auf Friedrich Schlegels oben zitierte Äußerungen über den Roman.

Schumanns Neubestimmung des Variationsprinzips[18] impliziert eine kritische Einstellung zur bis zu seiner Zeit fraglos höchsten Form der Instrumentalmusik, der Sonate (ähnlich wie in der Literaturtheorie die Romanstruktur als antithetisch zu der des Dramas angesehen wurde). Interessant ist in diesem Zusammenhang Schumanns Überzeugung, die Stelle der Variationen werde zukünftig von der Gattung des *"Kapriccio"* eingenommen werden. *"Kapriccio"* bedeutet ihm offensichtlich eine Sammelbezeichnung für die neuen Formen der ihm vorschwebenden *"poetischen"* Musik:

> *"Keiner anderen Gattung musikalischer Sätze stehen poetische Freiheiten so schön an als der Caprice. Ist aber hinter der Leichtigkeit und dem Humor, welche sie charakterisieren sollen, auch Gründlichkeit und tieferes Studium sichtbar, so ist das wohl echte Meisterschaft."*[19]

---

15 Robert Schumanns Briefe – Neue Folge, ed. F. G. Jansen, Leipzig 2. Auflage 1904, S. 149.
16 Robert Schumann: Tagebücher 1, ed. G. Eismann, Leipzig 1971, S. 96.
17 Robert Schumann: Gesammelte Schriften I, ed. M. Kreisig, Leipzig 1914, S. 219.
18 Arnfried Edler: *Robert Schumann und seine Zeit*, Laaber 1982, S. 126.
19 Robert Schumann: Vorwort zu den *Studien nach Capricen von Paganini* op. 3.

Hier zeigt sich, daß für Schumann – ähnlich wie für Liszt – das Erlebnis Paganinis nicht lediglich in der Faszination durch das reine Virtuosentum bestand; vielmehr war es dessen spezifische Verbindung mit dem *"Poetischen"*, worin das Zukunftsweisende gesehen wurde. So konnten sich in Schumanns *"Kapriccio"*-Begriff zwei scheinbar durch Welten voneinander entfernte Gattungen wie das Paganinische Virtuosenstück und Schuberts Tänze und Variationszyklen miteinander verbinden.

In struktureller Hinsicht repräsentiert das Kapriccio eine analoge Funktion im Zyklus wie das Fragment bzw. der Aphorismus im Roman, was – wie gezeigt – ästhetisch dem Verhältnis von Begrenztem und Unbegrenztem entspricht. Hinzu kommt der gesellschaftliche Aspekt: ähnlich wie die vom Jungen Deutschland bevorzugte Kultur des Essays mit ihren hervorstechenden Merkmalen der Eleganz geschliffener Prosa, der Virtuosität der Sprachspiele und des sprachlichen Witzes ist das musikalische Kapriccio gesellschaftsbezogen und entspricht mit seiner Verbindung von Virtuosität und Witz sowie mit seiner stark auf den Tanz ausgerichteten Grundhaltung der Grundtendenz der Epoche.

Nahezu alle nicht sonatenhaften Werke Schumanns lassen sich im Umkreis dieses neuartigen Gattungsmodells ansiedeln: tanzartige Kapriccios werden durch eine neue Art variativer Verbindung zu zyklischen Großformen zusammengebunden, die per se nicht finalgerichtet sind, deren Finali vielmehr "von außen" herbeigeführt werden, um die tendenziell unbegrenzte zyklische Entwicklung zu beenden bzw. abzubrechen. Analoges läßt sich in den literarischen Großformen der Romantik beobachten. Die unterschiedlichen Lösungsversuche kennzeichnen das Schlussproblem in Schumanns frühen Klavierzyklen – am authentischsten ist es vielleicht durch das allmähliche Verklingen in op. 17 gelöst. Schlüsse nehmen – wie auch im Liederzyklus – mehr und mehr die Form von Epilogen an, die ihre Funktion des nachträglichen Erinnerns offen zutage treten lassen. Doch selbst auf die Sonate – eigentlich ihren Antipoden – greift diese neue Idee über: einmal durch die Übernahme des neuen Variationsprinzipes (der zyklischen thematischen Verbindung), andererseits durch die Zentralstellung einer *"poetischen Idee"*, die sich vielfach dem analytischen Zugriff entzieht.[20] Wie die Variation hat in Schumanns von historischem Bewußtsein gespeister Musikanschauung auch die Sonate ihren *"Lebenskreis durchschritten"* und bedarf der Erneuerung durch das Konzept einer aus dem Geist der literarischen Erzählung erwachsenden Großform.

Die Entdeckung des literarischen Momentes in der Variation und die daraufhin erfolgte Abkehr von der herkömmlichen Variationsreihung bzw. Umfunktionierung des Variationsprinzipes lassen sich in den Jahren 1829-1832 im Fortgang von den *Abegg-Variationen* zu den *Papillons* beobachten. Die Neuartigkeit des op. 2 tritt gerade im Vergleich zum op. 1 frappierend hervor. Der äußere Umfang der einzelnen *"Kapriccios"* des op. 2 entspricht mit etwa 15 bis 50 Takten in etwa dem von Variationen. Alle übrigen Merkmale hingegen können als Opposition gegenüber dem herkömmlichen Variationswesen gedeutet werden: tonaler Kontrast erfolgt gleich zu Beginn zwischen dem D-Dur des ersten und dem As-Dur des zweiten Stückes, jedoch auch in-

---

20   Dietrich Kämper: *Die Klaviersonate nach Beethoven – Von Schubert bis Skrjabin*, Darmstadt 1987, S. 89 f.

nerhalb der ohnehin kurzen Stücke, wie z. B. in der Nr. 6, wo den ersten acht Takten in der Doppeltonart d-Moll/F-Dur unvermittelt die nächsten acht Takte in A-Dur gegenübergestellt werden. Die etwas umfangreicheren Stücke 10, 11 und 12 sind weiterhin durch Tempowechsel auf engem Raum gekennzeichnet. Scharfe Charakter-gegensätze zwischen Rahmen- und Mittelteilen lassen die dreiteiligen Formen gerade-zu wieder in Einzelstücke auseinanderbrechen.

Die abrupten tonalen, tempomäßigen und charakterlichen Wechsel sind aber nur äußerliches Anzeichen für die Struktur des Witzes, die im romantisch–literarischen Sinn den *Papillons* zugrunde liegt. Eine tieferliegende Strukturschicht in diesem Sinn stellt die Verzerrung und Funktionsumkehrung traditioneller Formelemente dar, die als abgebraucht, daher *"prosaisch"* empfunden und deshalb auf ungewohnte Weise behandelt, ja in ihr Gegenteil überführt werden. Dafür seien drei Beispiele etwas ge-nauer betrachtet. Konstitutives Prinzip des Stückes Nr. 1 scheint die Viertaktigkeit zu sein. Die Erfüllung der Symmetrieerwartung, Grundvoraussetzung der periodischen Geschlossenheit, wird indessen durch die motivische Unregelmäßigkeit des zweiten Viertakters verweigert. Asymmetrie herrscht jedoch auch bereits innerhalb des ersten Viertakters durch das Ungleichgewicht der Aufwärtsbewegung von einem, der Ab-wärtsbewegung von drei Takten. Statt einer symmetrischen (aber charakterlosen) Auf-teilung der Skalenbewegung spielt sich ein geradezu physischer Energieverlauf ab in Form der geballten Rasanz des Aufstieges im Gegensatz zur auslaufenden Gebärde des langsamen Herabsinkens. Die zweite Viertaktgruppe wandelt die energetischen Ver-läufe gegenüber der ersten gänzlich ab. Die Takte 9-12 verlassen die Skalenbewegung und damit den Charakter von energetischen Verläufen völlig und fixieren sich auf das durch chromatisierte Harmonik und Sequenzierung richtungslos kreisende Fortspin-nen der Schlußfloskel aus dem Takt 8.

Die Strukturidee des Stücke Nr. 3 ist die dreifache Abwandlung eines nur schein-bar eindeutigen Achttakters:

- Phase 1: Teilung in 2 mal 4 Takte, Einschnitt in der Mitte bei rhythmischer Symmetrie und teilweiser melodischer Identität (T. 2/3-6/7).

- Phase 2: Gruppierung in 1 + 2 + 2 + 3 Dreivierteltakte, wobei die Dreiergruppe durch Synkopierung in zwei hemiolische Viervierteltakte umgewandelt wird.

- Phase 3: Die Achttaktigkeit wird durch kanonische Führung zur Zehntaktigkeit erweitert. Durch den Kanon wird die anfangs als scheinbar eindeutig empfun-dene periodische Struktur, die schon in der 2. Phase außer Kraft gesetzt worden war, zu einem Bewegungszug umgewandelt, dessen Gliederung nur noch durch Einsatz und Ende der zweistimmigen Imitation markiert wird.[21]

Das Stück Nr. 11 ist ein Beispiel dafür, wie Schumann nicht nur tonale Mehrdeutig-keit durch "Doppeltonarten" anstrebt, sondern wie er die scheinbare Naturwüchsig-

---

21 Vgl. zu dieser Problematik Hans Peter Simoneit: *Taktgruppengliederung und Form in Schumanns Carnaval*, Phil. Diss. Berlin 1978.

keit einer *"einfachen Tonart"*[22] wie D-Dur und damit die falsche Sicherheit der Hörerwartung durch die Schlußwendung des ersten Abschnittes in das *"fremde"* fis-Moll erschüttert. Immer mehr gerät der Hörer im Verlauf des Stückes in Zweifel, wie weit er sich noch auf dem sicheren Boden des D-Dur bewegt und ob dieses nicht längst zur Zwischendominante und damit zum Ausgangspunkt eines Modulationsvorganges mit ungewissem Ausgang geworden ist. Die Häufigkeit solcher tonalen Verfremdung durch Beliebigkeit der Kadenzierung führt aber letztlich nicht nur für das jeweilige Stück, sondern für das Ganze des Zyklus zum durchgängigen Gefühl der Uneindeutigkeit der Zuordnung, damit aber zur Entkräftung der tonalen Substanz.

Schon Jean Paul, Schumanns höchstes literarisches Idol, hatte umgekehrt in der Musik (Joseph Haydns!) ähnliche kompositorische Maßnahmen entdeckt und seiner literarischen Theorie des Romans zugeordnet:

> *"Etwas der Keckheit des vernichtenden Humors Ähnliches, gleichsam einen Ausdruck der Welt-Verachtung kann man bei mancher Musik, z. B. der Haydnschen vernehmen, welche ganze Tonreihen durch eine fremde vernichtet und zwischen Pianissimo und Fortissimo, Presto und Andante wechselnd stürmt."*[23]

Sicherlich wurde die Musik Haydns, anhand derer Jean Paul seine eigene Idee von musikalischer Komposition sich zurechtlegte, zu Schumanns Zeit als Paradigma nicht mehr akzeptiert (obwohl sich der Topos von Haydn als Humoristen in popularisierter Form noch lange ins 19. Jahrhundert hinein aufrechterhielt). Das ändert jedoch nichts an der musikästhetisch folgenreichen Tatsache, daß die von Schumann zum Programm erhobene Verbindung des *"Tiefkombinatorischen"* mit dem *"Poetischen"* und dem *"Humoristischen"*[24] ihren Ausgang von der Literaturtheorie – eben jener Jean Pauls, die sich aber auch mit derjenigen Friedrich Schlegels gerade in diesem Punkt aufs engste berührt – nahm, wobei das von Schumann herangezogene Paradigma Bach gewiß für die Zeitgenossen in diesem Kontext erheblich befremdlicher wirkte als Haydn.

Auch für das "Kombinatorische", für die auf Einheit gerichtete Tendenz, die von Schlegel als das *"Band der Ideen"*, als der *"geistige Zentralpunkt"* umschrieben worden war, fand Jean Paul unter dem Titel des *"Charakters"* die genauere Beschreibung:

> *"Der Charakter wird nicht von e i n e r Eigenschaft, nicht von vielen Eigenschaften, sondern von deren Grad und ihrem Misch-Verhältnis zueinander bestimmt; aber diesem allen ist der geheime organische Seelen-Punkt vorausgesetzt, um welchen sich alles erzeugt und der seiner gemäß anzieht und abscheidet; freilich geheim genug, aber nicht geheimer im Geistigen, als es für Körperlichen die winzigen Psychen und Elementar-*

---

22 *"Einfachere Empfindungen haben einfachere Tonarten; zusammengesetzte bewegen sich lieber in fremden, welche das Ohr seltener gehört."* R. Schumann: *Charakteristik der Tonarten*, in: Gesammelte Schriften, wie Anmerkung 17, S. 106. Modell für Schumann war der Quintenzirkel mit dem *"einfachen ungeschminkten C-Dur"* und dem *"höchsten Punkt"* Fis als Extrem.

23 Jean Paul: *Vorschule der Ästhetik*, VII. Programm, 33 (1804), in: Werke, ed. N. Miller, Bd. 5, Darmstadt 1967, S. 132.

24 R. Schumann, Brief an G. A. Keferstein vom 31.1.1840, in: Briefe – Neue Folge, vgl. Anmerkung 15, S. 177 f.

geisterchen sind, welche aus der Tierhaut oder aus dem Gartenbeete die verschiedenen Farben für die Pfauenfeder oder das Vergißmeinnicht und die Rose reiben ... "[25]

Das in diesem Sinn Kombinatorische erscheint in den *Papillons* noch recht schwach ausgeprägt, und darauf bezogen sich nun in der Tat Schumanns Skrupel im Blick auf diesen Zyklus. Zwar kehren unscheinbare Grundbausteine durchgängig wieder, wie etwa das schon betrachtete Skalenmotiv der ersten Nummer in der Nr. 3, wo es in den T. 4-6 eine Art Umkehrung erfährt, in Nr. 6, wo die T. 3-5 seinen Krebs darstellen, weiterhin in Nr. 7, Nr. 9 und (in der Umkehrung) Nr. 11; oder auch das Auftaktmotiv aus aufspringender Quart und anschließendem ab- oder aufsteigendem Ganz- oder Halbton charakterisiert einerseits die Stücke 2, 4 und 6; andererseits wird es im zweiten Teil des Zyklus im Sinn der späteren Thementransformation behandelt, so etwa in Nr. 7/T. 9; Nr. 9/T. 3,4; Nr. 10/T. 41 ff. Auch die 16tel-Figur der Nr. 11 (T. 12) ist über Quart und Halbton (e–a, b–a) gebaut. Die Intervallkonstellation aber ist bereits im ersten Takt der Introduzione angeklungen (fis–h, a–gis). Dennoch empfand Schumann die einheitsbildenden Momente als zu schwach ausgeprägt, wie es die Tagebuch-Selbstkritik vom 9. Juni 1832 belegt. Dort ist er betrübt über die Äußerung eines Hörers, man müsse das Werk *"oft hören"*. Schumann aber interpretiert diese Notwendigkeit als Defekt: es sei für den Komponisten *"keine Schmeichelei"*, denn

> *"der Eindruck darf nicht zweifelhaft sein ... Wer verlangt vom Zuhörer, wenn ihm ein Stück zum ersten Mal vorgetragen wird, daß er es zergliedert bis in's Mechanische und Harmonische? bey den Papillons könnte man vielleicht eine Ausnahme machen, da der Wechsel zu rasch, die Farben zu bunt sind und der Zuhörer noch die vorige Seite im Kopfe hat, während der Spieler bald fertig ist. Dieses Sich-selbst-vernichten der Papillons hatt vielleicht etwas Kritisches, aber nichts Künstlerisches. Man mag zwischen einzelnen ein Glas Champagner einschieben ... "*[26]

Über der dergestalt nicht voll erfüllten Intention darf indessen die wesentlich bedeutendere Aufgabe nicht vergessen werden, die sich Schumann mit diesem Werk erstmals eindeutig stellte: einen "musikalischen Roman" zu schreiben, der in seinen Strukturprinzipien mit solchen der literarischen Romantiker übereinstimme. In diesem Punkt aber besteht die Affinität zu Jean Pauls *Flegeljahren*. Ein Mißverständnis wäre es, die nachweisbaren Anstreichungen im Sinne einer inhaltlichen Programmatik zu interpretieren.[27] Gerade die Nachträglichkeit der Anstreichungen macht deutlich, worum es geht: der *Larventanz* ist nur ein extremes Beispiel für Jean Pauls *"humoristische"* Konstruktionsweise, daher in besonderer Weise geeignet zur nachträglichen Erprobung oder Verifizierung der eigenen Methode im musikalischen Material.

---

25 Jean Paul: *Vorschule der Ästhetik*, X. Programm, 56, wie Anmerkung 23, S. 208.

26 Robert Schumann: Tagebücher I, wie Anmerkung 16, S. 407. Auch ebda., S. 399.

27 Wolfgang Boetticher: *Robert Schumann. Einführung in Persönlichkeit und Werk*, Berlin 1941, S. 331 f. und 611 ff. – Constantin Floros: *Schumanns musikalische Poetik*, in: *Musik-Konzepte. Sonderband Robert Schumann* I, München 1981, S. 101 f.

3. Humoristische Totalität und partikulare Rezeption

Die Diskussion um die *Papillons* – und um viele, eigentlich alle relevanten Kompositionen Schumanns und seiner Zeitgenossen und Nachfolger – läßt ein Problem aufscheinen, das ebenfalls im Zusammenhang mit dem neuen Roman und der Entdek-
kung des *"Poetischen"* in der Kunst überhaupt durch die literarische Frühromantik zur
Sprache gekommen war: das Problem der Verständlichkeit. Wiederum war es Friedrich Schlegel gewesen, der im 3. Jahrgang des Athenäums (1800) in einem Aufsatz
Über die Unverständlichkeit der Frage nachgegangen war, welcher Wert eigentlich dem
"Verstehen" eines Kunstwerkes beizumessen sei. Seine Thesen sind – wie bei ihm
üblich – provozierend:

> *"... Das Köstlichste was jeder Mensch hat, die innere Zufriedenheit selbst hängt, wie
> jeder leicht wissen kann, irgendwo zuletzt an einem solchen Punkte, der im Dunkeln
> gelassen werden muß, dafür aber auch das Ganze trägt und hält, und diese Kraft in
> demselben Augenblicke verlieren würde, wo man ihn in Verstand auflösen wollte.
> Wahrlich, es würde euch bange werden, wenn die ganze Welt, wie ihr es fordert, ein-
> mal im Ernst durchaus verständlich würde. Und ist sie selbst diese unendliche Welt
> nicht durch den Verstand aus der Unverständlichkeit oder dem Chaos gebildet? ... Die
> neue Zeit kündigt sich an als eitle schnellfüßige, sohlenbeflügelte; die Morgenröthe hat
> die Siebenmeilenstiefel angezogen. – Lange Zeit hat es gewetterleuchtet am Horizont
> der Poesie; in eine mächtige Wolke war alle Gewitterkraft des Himmels zusammenge-
> drängt; jetzt donnerte sie mächtig, jetzt schien sie sich zu verziehen und blitzte nur aus
> der Ferne, um bald desto schrecklicher wiederzukehren; bald aber wird nicht mehr von
> einem einzelnen Gewitter die Rede sein, sondern wird der ganze Himmel in einer
> Flamme brennen und dann werden euch alle eure kleinen Blitzableiter nicht mehr
> helfen. Dann nimmt das 19. Jahrhundert seinen Anfang, und dann wird auch jenes
> kleine Rätsel von der Unverständlichkeit des Athenäums gelöst sein. Welche Katastro-
> phe! Dann wird es Leser geben, die lesen können. Im neunzehnten Jahrhundert wird
> jeder die Fragmente mit vielem Behagen und Vergnügen in den Verdauungsstunden
> genießen können, und auch zu den härtesten, unverdaulichsten keinen Nußknacker
> bedürfen. Im 19. Jahrhundert wird jeder Mensch die "Lucinde" unschuldig, die "Ge-
> noveva" protestantisch und die didaktischen Elegien von A. W. Schlegel fast gar zu
> leicht und durchsichtig finden. Es wird sich auch hier bewähren, was ich in propheti-
> schem Geiste in den ersten Fragmenten als Maxime aufgestellt habe: Eine klassische
> Schrift muß nie ganz verstanden werden können. Aber die welche gebildet sind und
> sich bilden, müssen immer mehr daraus lernen wollen."*[28]

Erst indem sich das Kunstwerk dem letzten Verständnis verweigert, wird es zu einem
nicht ausschöpfbaren, damit aber – zumindest potentiell – bleibenden Bestandteil des
Lebens, allerdings nicht als "Bildungsgut", sondern als permanente Herausforderung
zur Weiterarbeit, zur Auseinandersetzung. Nicht Aneignung, Besitz, sondern partiku-

---

28   In: Werke, Bd. 2, wie Anmerkung 11, S. 370.

lare Annäherung bedeutet "Bildung". Durch das prinzipiell Unabgeschlossene der vielschichtigen Struktur des romantischen Kunstwerkes wird der einzelne Rezipient in einen virtuell unbegrenzten Prozeß geistiger Auseinandersetzung verwickelt. Das Kunstwerk begleitet den Leser/Hörer im täglichen Leben bis in die intime Welt der Tagebücher und Briefe hinein. Durch die Privatheit unterscheidet sich diese Rezeption grundlegend von derjenigen der vorromantischen Zeit, die durch den Charakter der Öffentlichkeit gekennzeichnet wurde. Selbst in der Sphäre der Collegia Musica, der Liebhaberkonzerte, der großbürgerlichen Salons und des "privaten" Musikunterrichtes im 18. Jahrhundert handelt es sich um *private Öffentlichkeit* (Habermas) bzw. um *öffentliche Privatheit*. Erst wo das Kunstwerk Gegenstand des permanenten und infiniten subjektiven Verständnisprozesses wird, ist der private Charakter der Kunstrezeption vollkommen. – Die Tendenz, die mit diesem neuen Verhältnis von künstlerischer Produktion und Rezeption verfolgt wurde, war das Leben im Kunstwerk, die Poetisierung der prosaischen Individualität. In diesem Sinn erwartete der junge Schumann – ähnlich wie die literarischen Frühromantiker – den Anbruch einer *"neuen poetischen Zeit"*. Der Verlauf des 19. Jahrhunderts bestätigte diese Erwartung nicht – eine Einsicht, die Schumann nach 1840 mehr und mehr gewann und die offensichtlich Anlaß zur Änderung seiner Einstellung zur künstlerischen Produktion wurde. Die Kritik, die der spätere Schumann an der Unverständlichkeit der eigenen Frühwerke übte, ist die Korrektur seiner Fehleinschätzung bezüglich einer allgemeinen Verbreitung der neuen Rezeptionshaltung. Zwar wurde durchaus die Ästhetisierung der privaten Existenz eine Lebenseinstellung, die das 19. Jahrhundert so sehr charakterisierte wie keine andere Epoche der Geschichte; dennoch wurde sie auch in dieser Zeit nicht "total", blieb vielmehr auf Einzelpersonen beschränkt und typisch nur für begrenzte gesellschaftliche Teilbereiche (vor allem der Intelligenz und des Großbürgertums). Diese bittere Erkenntnis, die Schumann mit den meisten derjenigen Romantiker teilte, die das fünfte Jahrzehnt des 19. Jahrhunderts noch erlebten, darf jedoch nicht mit den individuellen psychischen Schwierigkeiten verwechselt werden, die sich aus Problemen der Persönlichkeitsstruktur ergaben.

Unter den Werken, mit denen der junge Schumann der Verwirklichung des poetisch-humoristischen Konzeptes möglicherweise am nächsten kam, ist vor allem die *Humoreske* op. 20 zu beachten, jenes Werk, das nach Bernhard R. Appel[29] *"bis dato eines der längsten, wenn nicht gar das längste zusammenhängende Stück der Musikgeschichte"* darstellt. Dieser Tatbestand wäre nach dem über Schumanns Intentionen Gesagten nicht weiter verwunderlich. Zumindest den Zeitgenossen indessen mußte der Titel *Humoreske* für einen solchen *"musikalischen Roman"* paradox erscheinen, führte Schumann damit doch einen Begriff neu in die Musik ein, der zuvor nur in der Literatur geläufig, ja modisch gewesen war, indessen ausschließlich auf den – wie Arnold Ruge formulierte[30] – *"novellenartig-aphoristischen kleinsten Umfang"* bezogen

29 Bernhard R. Appel: *Robert Schumanns Humoreske für Klavier op. 20. Zum musikalischen Humor in der ersten Hälfte des 19. Jahrhunderts unter besonderer Berücksichtigung des Formproblems*, Phil. Diss. Saarbrücken 1981.
30 Arnold Ruge: *Neue Vorschule der Ästhetik* (1837), Nachdruck Hildesheim – New York 1975, S.195.

wurde, worin die Humoreske dem Witz nahestehe. In Schumanns eigenen Äußerungen zur Konzeption des Stückes fallen die äußerst affektbetonten und gegensätzlichen Formulierungen auf:

"... komponierte und schrieb und lachte und weinte durcheinander ..." (an Clara 11.3.1839)[31]

Die *Humoreske "sei wenig lustig und vielleicht mein Melancholischstes"* (an Ernst A. Becker 7.8.39)[32] Mit Herrmann Hirschbach diskutierte Schumann während der Zeit der Komposition über das *"rein humoristische Quartett"* und über die musikalische Novelle.[33] Das Problem des "Novellistischen" in der Musik beschäftigt ihn gleichzeitig im Zusammenhang mit der wiederentdeckten C-Dur-Sinfonie von Schubert. Ähnlich wie die *Papillons* ist die *Humoreske* op. 20 gekennzeichnet durch Tempo-, Rhythmus- und Ausdrucksmodifikationen auf engem Raum, sowie schnelle Perspektivenwechsel. Die Einzelsätze wirken relativ selbständig, auch wenn die Doppeltonalität (B-Dur/g-Moll) strenger eingehalten wird als in früheren vergleichbaren Werken. Als mottoartigen Hintergrund bezeichnet Appel die Intervallkonstellation des doppelten Quintfalls (g–c, f–b). Es scheint, als beziehe sich der Werktitel ganz wesentlich auf die "humoristische" Konstruktion, die sich besonders in der Gestaltung der zweiten Werkhälfte und des Schlusses zeigt. Der vierte Teilsatz beruht – wie Appel gezeigt hat – auf einer kontinuierlichen Temposteigerung: Innig (643) – Schneller (651) – Sehr lebhaft (693) – Immer lebhafter (789) – Stretta (811).

Zugleich verweist dieser Teilsatz reprisenartig auf die ähnlichen tonalen Verhältnisse des 2. Teilsatzes. Der Humor besteht nun darin, daß sich diese scheinbar eindeutige Zielgerichtetheit als Täuschung erweist. Wo nach den Konventionen durchführungshafter Zuspitzungen und strettaartiger Finalgestaltungen ein Abschluß in Form letzter Aufgipfelung erreicht scheint, schließt sich der Abschnitt *"Mit einigem Pomp"* (T. 833) an, der sich als Parodierung der *"Sehr lebhaft"*-Passage T. 693 erweist. Durch das hohle, gestelzte Pathos mit der stupid-pompösen Wiederholung der simplen Kadenzformel wird der affektuöse Elan der gesamten Steigerungspassage nachträglich "vernichtet". Der Parodierung des überspannten Ausdrucks folgt in T. 854 der Gestus des Sich-Besinnens, der dann *"Zum Beschluß"* überleitet. Dieser Beschluß ist wiederum ein Nachspiel, ein Betrachten aus der rückblickenden Situation. Es ergibt sich aus der Tatsache, daß der scheinbar organische Schluß in T. 831 als brüchig und somit das Werkende als tendenziell offen sich erwiesen hatte.

Schumanns *Humoreske* stellt somit nicht einfach eine Folge komponierter *"Seelenzustände"* dar, vielmehr werden diese vom Komponisten *"erzählt"* und humoristisch kommentiert bzw. in eine humoristische Konstellation zueinander gerückt. In dem schon zitierten Brief an de Sire steht das Bekenntnis:

---

31 Clara und Robert Schumann: Briefwechsel Bd. 2, ed. E. Weissweiler, Frankfurt/M. 1987, S. 435.
32 Robert Schumann: Briefe – Neue Folge, wie Anmerkung 15, S. 166.
33 Robert Pessenlehner: *Herrmann Hirschbach. Der Kritiker und Künstler*, Regensburg 1932, S. 35 f.

"Manchmal ist mir, als könnte ich immerfort spielen und nie zu Ende kommen."

Dies ist in der Tat die Grunderfahrung des romantischen Erzählers, auch des musikalischen. In der *Humoreske* scheint sie am reinsten auskomponiert zu sein. Indem der *"Beschluß"* als von außen herbeigeführte Beendigung den humoristischen Charakter des Ganzen von rückwärts beleuchtet, erweist sich, daß der Komponist den dargestellten Seelenzuständen nicht ausgeliefert ist, vielmehr über ihre Darstellung verfügt und ihre Vereinzelung überwindet. Jean Paul hat diesen Zug als das Grundcharakteristikum des Humors, nämlich als seine *"Totalität"*, bezeichnet: nicht die *"einzelnen Satiren auf Ochsenhändler, Schauspieler u. s. w."* machen das Humoristische an Goethes *Jahrmarkt zu Plundersweiler* aus, und nicht Onkel Tobys Feldzüge als solche machen diese Figur aus Sternes *Tristram Shandy* lächerlich, sondern das *"epische Gruppieren und Verachten des Erdentreibens"* ist die Grundlage des Humors dieser Werke.[34]

Gleichzeitig aber ist der Humor an die Subjektivität – gesellschaftlich gesprochen: an das Private – gebunden. So zieht – nach Jean Paul – der humoristische Dichter *"seine persönlichen Verhältnisse auf sein komisches Theater, wiewohl nur, um sie poetisch zu vernichten. Andererseits muß der Leser einige Liebe, wenigstens keinen Haß gegen das schreibende Ich mitbringen und dessen Scheinen nicht zum Sein machen; es müßte der beste Leser des besten Autors sein, der eine humoristische Scherzschrift auf sich ganz schmecken könnte."*[35] Mit diesen Worten Jean Pauls wird der *"Privatcharakter"* des romantischen Humors beschrieben, der zugleich derjenige der *"Klavierromane"* ist, die Schumann in Gestalt seiner frühen zyklischen Werke komponierte. Darin liegt freilich auch ihre auffällige Nicht-Eignung zur konzertanten Darbietung begründet – bei aller geforderten virtuosen Kapazität.

Die humoristische Auflösung des Endlichen in das Unendliche, die zugleich die Liebe und Versöhnung unter den Subjekten schafft, unterscheidet – um zum Schluß auf den anfänglichen Vergleich zurückzukommen – die expressionistischen grundlegend von den romantischen Kurzformen. Dem expressionistischen Gestus fehlt gerade die entscheidende Qualität des romantischen: das Angelegtsein auf die humoristische Auflösung hin. Daher bedeutet die eingangs beschriebene aktuelle Tendenz zur psychoanalytisch fundierten Schumann-Analyse eine Verkürzung um eine entscheidende Dimension, insofern sie davon absieht, die Ästhetik des romantischen Humors sowie die gesellschaftliche Bedeutung des Privaten einzubeziehen.

Das Private in Schumanns Klaviermusik wäre schließlich auch jenseits der entschieden zu engen Alternative von *"Umgangs"*- und *"Darbietungs"*-Musik anzusiedeln. In unserer Zeit allerdings scheint der Raum für sie knapp geworden zu sein.

---

34   Jean Paul: *Vorschule*, VII. Programm, wie Anmerkung 13, S. 126.
35   Ebda. S. 132 f.

Friedhelm Krummacher und Heinrich W. Schwab (Hrsg.), Weber – Jenseits des *Freischütz*. Referate des Eutiner Symposions 1986 anläßlich des 200. Geburtstages von Carl Maria von Weber, Bärenreiter-Verlag: Kassel u. a. 1989 (= Kieler Schriften zur Musikwissenschaft, Bd. 32), S. 71-83

"Glanzspiel und Seelenlandschaft".
Naturdarstellung in der Oper bei Weber und Rossini

I

"Das Herz des Freischütz ist das unbeschreiblich innige und feinhörige Naturgefühl. Die Hauptperson des Freischütz ist sozusagen der Wald, der deutsche Wald im Sonnenglanz, von Hornklängen und Jagdlust belebt, der Wald in mitternächtigem Gewitter und finsterer verrufener Schlucht, im ersten Aufblitzen der Morgenfrühe, im traulichen Hereinrauschen in das abendlich stille Försterzimmer. Die Personen spielen gegenüber der Natur sozusagen eine zweite Rolle. Sie sind, wie bei Eichendorff, beinahe nur als Staffage in die Landschaft hineingestellt. Aber eben aus dem Naturgefühl heraus verstehen wir auch diese schlichten Menschen und ihren Glauben an die finsteren und freundlichen Gewalten, die diese Natur geheimnisvoll beleben. Wir müssten dankbar sein, daß sich in einem so wertvollen und tiefen Kunstgebilde noch eine solche Fülle von wirklicher Naivität bewahrt hat, auch eine Eigenschaft, die uns, wie es scheint, unwiederbringlich verloren ist und doch zu aller Kunst gehört."[1]

In diesen Sätzen, die Hans Pfitzner in seinem Geleitwort zur Kölner Festspielaufführung des *Freischütz* wenige Wochen vor Ausbruch des 1. Weltkrieges formulierte, ist konzentriert die Rolle umschrieben, die Weber als eigentlichem Schöpfer der deutschen Nationaloper von der Bildungsideologie des deutschen Bürgertums zugewiesen wurde. Weber, so meinte Pfitzner – wohl wiederum stellvertretend für die bürgerliche Ideologie – *"kam auf die Welt, um den Freischütz zu schreiben"*. Denn der übrige Weber, besonders der Musikdramatiker, ließ sich schon von den Sujets her – etwa der orientalischen und spanischen Exotik oder des französischen hohen Mittelalters – nicht ohne Gewaltsamkeit zum deutschen Nationalkomponisten zurechtbiegen. Zwar war es unzweifelhaft Webers erklärtes Bestreben, die Oper zu schaffen, *"die der Deutsche will"*. Doch das Hauptkriterium, das er zu diesem Zweck aus seiner vergleichenden Beobachtung des italienischen und des deutschen Musiktheaters in Dresden gewonnen hatte – nämlich die Einheit des Ganzen als *"abgeschlossenes Kunstwerk, wo alle Teile und Beiträge der verwandten und benutzten Künste ineinanderschmelzend verschwinden und auf gewisse Weise untergehend – eine neue Welt bilden"*[2] –, gab nicht den

---

1 H. Pfitzner: Gesammelte Schriften, Bd. 1, Augsburg 1926, S. 80 f.
2 C. M. von Weber: *Über die Oper "Undine" von Fouqué/Hoffmann* (1817), zitiert nach C. M. von Weber: *Kunstansichten. Ausgewählte Schriften*, Wilhelmshaven 1978, S. 134 f.

Ausschlag für die Erhebung des *Freischütz* – und des *Freischütz* allein – zur deutschen Nationaloper. *"Grundlage dieser Entscheidung einer Nation (oder des Bildungsbürgertums einer Nation)"*[3] war – einmal abgesehen von dem von Alfred Einstein unterstellten *"üblichen 'Kniff' nationalistischer Kunstgeschichte, national zu nennen, was reiner Persönlichkeitsstil ist"*[4] – die Bereitschaft, ja das Bedürfnis, aus Webers Musik unmittelbar die eigene Wesensart im Gegensatz zu der anderer Nationen herauszuhören. Die aber bestand weniger in der ästhetischen Idee der Werk-Einheit als in der gerade nicht ästhetischen Haltung der Identifikation mit eingängiger Melodik, charakteristischen Klangwirkungen und der Verbundenheit der Figuren mit ihrer angestammten Scholle, dem naiven Umgang mit Brauchtum und tradierten Gewohnheiten. Gerade darin bietet nun der *Freischütz* nicht etwa prinzipiell Neues, sondern partizipiert an der Tradition der Opéra comique, der er sowohl vom Sujet wie auch von der sozialen Ebene der Handlung und den zugrundeliegenden musikalischen Formmodellen her entstammt.[5] Wie weit Elemente der romantischen Neukonzeption der Oper bereits an dem durchschlagenden Erfolg des *Freischütz* Anteil hatten, lässt sich nicht leicht bestimmen. Die Zeitgenossen rezipierten das Werk jedenfalls zunächst als eine besonders gut gelungene Opéra comique. Darauf deutet u. a. Goethes Hinweis auf die Bedeutung des guten Textes für den Erfolg des Ganzen,[6] der um so schwerer wiegt, als er im Gegensatz steht zu der spöttisch-herablassenden Beurteilung des *Freischütz* durch Zelter, dem Goethe sonst in musikalischen Fragen etwas zu blindlings vertraute. Noch Wagner erblickte Webers Bedeutung hauptsächlich auf dem Gebiet des Melodischen: Er habe die *"deutsche Volksmelodie"* zur Grundlage seiner *"Volksoper"* gemacht, habe dann jedoch in der *Euryanthe* wieder einen Schritt zurück zur *"absoluten"*, d. h. vom Worttext ablösbaren Melodie à la Rossini getan. Als Begründer der deutschen romantischen Oper und damit seinen eigenen Vorläufer läßt Wagner Weber im Grunde nicht gelten, da nach seiner Meinung diejenigen Neuerungen, auf die es Weber angekommen sei, vom Publikum nicht als solche angenommen worden seien.[7] Daß man um die Mitte des 19. Jahrhunderts den *Freischütz* noch keineswegs als deutsche Nationaloper akzeptierte, zeigt Friedrich Theodor Vischers *Vorschlag zu einer Oper* von 1844, in dem festgestellt wird, die romantische Oper habe die *"subjektive Empfindungswelt zur Genüge ausgebeutet"*; die Nationaloper hingegen solle *"an die großen objektiven Empfindungen gehen"*. *"Weber legt viel Nachdruck auf die Charakteristik, aber die Recken der alten Heldensage und ihr gigantisches Schicksal wollen eine andere Zeichnung als Jägerbursche"*.[8]

---

3   C. Dahlhaus: *Die Musik des 19. Jahrhunderts* (=Neues Handbuch der Musikwissenschaft, Bd. 6), Wiesbaden/ Laaber 1980, S. 55 f.

4   A. Einstein: *Die Romantik in der Musik*, München 1950, S. 137.

5   Anlässlich seines Besuches in Paris traf Weber u. a. mit Lesueur zusammen. Der berichtete anschließend seinem Schüler Berlioz: *"Eben war Weber bei mir! Fünf Minuten früher hätten Sie ihn ganze Szenen unserer französischen Partituren auf dem Klavier spielen hören können; er kennt sie alle."* H. Berlioz: *Memoiren* I (1870), Wilhelmshaven 1979, S. 70.

6   J. W von Goethe: *Gespräche mit Eckermann*, 9. Oktober 1828, hg. von L. Geiger, Leipzig o. J., S. 229.

7   R. Wagner: Sämtliche Schriften und Dichtungen, Bd. 3, Leipzig ⁵/o. J., S. 261, 294.

8   Fr. Th. Vischer: *Kritische Gänge*, Bd. II, München ²/o. J., S. 453 f.

Erst Berlioz fasste in seinem in der Sammlung *A travers chants* (der Titel ist bekanntlich ein Wortspiel mit der französischen Übersetzung von *"Durch die Wälder, durch die Auen"*) 1862 erschienenen, in den fünfziger Jahren entstandenen kleinen *Freischütz*-Essay diejenigen Urteilskriterien zusammen, die bis heute bestimmend gewirkt haben: *"die strengste Einheit des Gedankens, das richtigste Gefühl für den Ausdruck und die Forderungen der Dramatik; dazu einen mit weiser Zurückhaltung verwerteten Überfluss an Ideen ..."* Auch die Neuartigkeit der symbolischen Zuordnung von Instrumentalfarben zu Erscheinungen der äußeren Natur und ihrer Spiegelung im Innern der Personen erkennt Berlioz, wenn ihm dabei auch so erstaunliche Irrtümer unterlaufen wie der, daß er das Klarinettensolo, das Maxens Entsetzen vor dem äußeren und inneren Abgrund repräsentiert, für eine ferne, vom Wind getragene Klage durch den tiefen Wald hält, die Agathe zuzuordnen sei.[9] Damit ist dem *Freischütz* jene Qualität der Neuartigkeit und Einmaligkeit zugesprochen, die weder die Zeitgenossen noch die unmittelbaren Nachfolger Webers erkannten oder erkennen wollten, die aber in der Folge (seit der zweiten Hälfte des 19. Jahrhunderts) immer stärker akzentuiert wurde. Repräsentativ für die hohe Einschätzung von Webers Einwirkung auf die musikalische Entwicklung ist Philipp Spittas Aufsatz zur Zentenarfeier 1886, wo immerhin konstatiert wird, kein Künstler habe *"die moderne Musik kräftiger und nachhaltiger beeinflußt als Weber"*.[10]

Die Weber-Rezeption im 19. Jahrhundert – darauf deuten die hier herangezogenen wenigen, aber vielleicht repräsentativen Belege hin – verlief gegensätzlich. Nach einer Phase des unmittelbaren ersten Bühnenerfolges zeigen sich eher skeptische, abwertende Grundsatz-Einstellungen (die sich jedoch gegen die Romantische Feen- und Zauberoper generell richten). In einer dritten Phase seit dem Ende der fünfziger Jahre wird dann Webers Musik und dem *Freischütz* insbesondere ein Grad von Besonderheit, Neuartigkeit und künstlerischer Individualität zuerkannt, der ihn aus den Gattungszusammenhängen sowohl mit der älteren Opéra comique wie auch mit der deutschen Romantischen Oper heraushebt. Damit aber ergibt sich die Frage, warum bestimmte Momente des Weberschen Werkes den Zeitgenossen und unmittelbaren Nachfolgern in einem anderen Licht und offenbar weniger hervortretend erschienen als denjenigen, die dieses Werk aus einem Abstand von drei bis vier Generationen betrachteten. Gewiss handelt es sich dabei um vielfach miteinander verflochtene Merkmale, die kaum in einer kurzen Betrachtung vollständig behandelt werden können. Als Ansatz zu derartiger Betrachtungsweise aber möge die Behandlung der Problematik des Verhältnisses Natur – Mensch dienen, die als zentraler Punkt in Webers Opernmusik von beinahe sämtlichen Betrachtern hervorgehoben wird. Schon bei Spitta findet sich die Feststellung, daß hier ein entscheidender Gegensatz zwischen den Opern Webers und Mozarts liege.

---

9   H. Berlioz: *Musikalische Streifzüge*, in: Literarische Werke, Bd. VI, Leipzig 1912, S. 195 f. – Ähnlich in Berlioz/ Strauss: *Instrumentationslehre* (1844, 1856, 1904), Leipzig 1955, S. 225.

10   Ph. Spitta: *Carl Maria von Weber*, in: Zur Musik, Berlin 1892, S. 270.

"Seine Personen haben nicht die realistische Lebensfülle, wie diejenigen in Mozarts 'Figaro' und 'Don Giovanni'. Aber der Hintergrund, den er öffnet, ist reicher. Schöne bewegte Bilder ziehen vorüber, ein jedes in seine besondere leuchtende Farbe getaucht. Die Personen scheinen fast mehr von den Zuständen und allgemeinen Stimmungen getragen, als daß sie dieselben bewirkten. Dies eben ist episch."[11]

Eben dieses *"Epische"* im Sinne einer Emanzipation der *"Zustände"* – und das heißt: der Atmosphäre, des Bildes, des Lichtes, des Klanges – von dem eigentlichen dramatischen Darstellungszweck, nämlich der Handlungsfunktion, ist nach Christhard Frese ein entscheidendes Stilmittel der Grand' Opéra Giacomo Meyerbeers.[12] Frese sieht es offenbar am reinsten verwirklicht in der szenischen Darstellungsform des *"Tableau"*, das heißt einer szenischen Konstellation, in der der Chor und die Solisten selbständig und voneinander unabhängig handeln und aufeinander reagieren. Den Chorszenen des *Freischütz* ist dieser Tableaucharakter durchaus zuzusprechen. So wird als Vordergrundmotiv der Verhaltensweise des Max die Provokation durch die öffentliche Verspottung zugrundegelegt, die dann allerdings ihren Hintergrund erst durch die eigentlichen bewegenden Kräfte erhält – nämlich die dämonischen Naturgewalten, denen sich Max als Spielball ausgesetzt vorkommt. – Werden hier also Prinzipien sichtbar, die eine gewisse Verbindung zwischen Weber und Meyerbeer – immerhin seit ihrer gemeinsamen Darmstädter Lehrzeit beim Abbé Vogler miteinander befreundet – erkennen lassen, so wäre generell zu fragen, ob die Koinzidenz von landschaftlicher und seelischer Atmosphäre, die in Webers Opern ganz ähnlich wie bei denen Meyerbeers die Auflösung des Gegensatzes zwischen handlungsförderndem Rezitativ und handlungsretardierender Arie bewirkte, nicht eine Tendenz darstellt, die den *Freischütz* nicht ausschließlich individuell auszeichnet, sondern ihn durchaus mit der internationalen Entwicklung verbindet, die am Ende der zwanziger Jahre zur Grand' Opéra Aubers, Rossinis und Meyerbeers führte.

Wenn Goethe den Text des *Freischütz* als besonders gut rühmte, dann meinte er weder seine rein poetische Qualität noch seinen deutsch-nationalen Charakter, sondern eben seine Eignung zur Vertonung als Oper – eine Bewertung, die man mit Fug und Recht ebenso auf die Texte von Eugène Scribe beziehen könnte. Man muß sogar Einstein widersprechen, der zumindest den Stoff lediglich als Ausfluß der deutschen Schauerromantik gelten lassen wollte. Wohl kaum hätte diese Schauerromantik ohne die Wechselwirkung mit der englischen *"gothic novel"* des späten 18. Jahrhunderts eine derart nachhaltige literarische Wirkung erzielt.[13] Die Affinität der dramaturgischen Struktur des *Freischütz* zu derjenigen des *Robert le Diable* wurde ebenfalls früh erkannt, wenn auch Heinrich Heine in prägnanter Schärfe den entscheidenden Unter-

---

11   Ph. Spitta: Op. cit., S. 283.

12   Chr. Frese: *Dramaturgie der großen Opern Giacomo Meyerbeers*, Berlin-Lichterfelde 1970, S. 270.

13   K. S. Guthke: *Englische Vorromantik und deutscher Sturm und Drang. M. G. Lewis' Stellung in der Geschichte der deutsch-englischen Literaturbeziehungen*, Göttingen 1958, S. 11-40. – J. Trainer: *Ludwig Tieck. From Gothic to Romantic*, Den Haag 1964, passim.

schied hervorhob: Er erkannte die Geistergeschichte als politische Parabel.[14] Weniger die dramaturgische und musikalische Machart trennt Meyerbeers erste Grand' Opéra vom *Freischütz* als das Bewußtsein des Publikums, für das sie geschrieben wurde. Das Pariser Publikum, so berichtet Heine, wurde *"nicht bloß von der Musik, sondern von der politischen Bedeutung der Oper"* angezogen und interpretierte automatisch die Prinzipien des Guten und Bösen, die den *Robert* (ähnlich wie den *Freischütz)* entscheidend prägen, im Sinne von revolutionärem *"Mouvement"* und reaktionärer *"Convention"*. Das war eine politische Rezeptionsweise im Unterschied zu der des *Freischütz* in Deutschland, die lediglich den Etappensieg im 50jährigen Krieg der deutschen gegen die italienische Oper feierte, das Werk selbst jedoch vollkommen unpolitisch auffaßte. In der ästhetischen Zielsetzung wie auch in der dramaturgisch-musikalischen Gestaltung stimmen romantische Oper und Grand' Opéra soweit überein, daß die Totalwirkung der Teilnahme am Individualschicksal übergeordnet wird. Für die Romantische Oper formulierte dies E. T. A. Hoffmann in *Der Dichter und der Komponist* folgendermaßen:

> *"In der Oper soll die Einwirkung höherer Naturen auf uns sichtbarlich gesehen und so vor unseren Augen sich ein romantisches Sein erschließen, in dem auch die Sprache höher potenziert, oder vielmehr jenem fernen Reiche entnommen, d. h. Musik, Gesang ist, ja wo selbst Handlung und Situation in mächtigen Tönen und Klängen schwebend, uns gewaltiger ergreift und hinreißt."*[15]

Die Erscheinungen der Natur bieten sich einer derartigen Konzeption als transparente Manifestationen der Einwirkung höherer Mächte auf den einzelnen an. In der Grand' Opéra, wo die Totalwirkung nicht auf dieses Aufscheinen des Transzendenten, sondern auf die Allegorese immanenter, meist politischer Ideen abzielt, was, wie schon gesagt, wesentlich durch die Reaktion des Publikums bedingt ist, muß hingegen die Bedeutung von Naturerscheinungen geringer sein. Dementsprechend beruhen die großen Tableaux der Grand' Opéra mehr auf handlungsmäßig episodischen oder dramatisch zugespitzten Vorgängen. Typisch dafür ist, daß Louis Véron, der erste Direktor der Pariser Oper nach der Julirevolution 1830, die Einförmigkeit der Landschaften, Dekors, Kostüme und Veduten als entscheidenden Fehler von Rossinis *Guillaume Tell* bemängelte.[16] Gerade die Einheitlichkeit des landschaftlichen Hintergrundes, der die Atmosphäre der Oper prägt und auch von der Musik immer wieder evoziert wird, rückt dieses letzte Werk Rossinis näher an Weber als an die Pariser Opern Meyerbeers, als deren Vorläufer es gemeinhin angesehen wird. Es wäre daher zu untersuchen, wie weit Weber und Rossini, die eigentlich immer als polare Gegensätze angesehen wurden und sich wohl auch zeitweise als solche empfunden haben, in den zwanziger Jahren aufeinander reagiert haben. Es könnte sich dabei zeigen, daß Webers Opern, einschließlich des *Freischütz*, weniger aus ihrer nationalen Frontstellung gegen

---

14 H. Heine: *Berichte aus Paris für die Augsburger Allgemeine Zeitung* Nr. V (25. März 1832), in: Sämtliche Werke, hg. von G. Karpeles, Bd. IX, Leipzig o. J., S. 58.

15 E. T A. Hoffmann: *Die Serapionsbrüder* (1819-1821), Darmstadt 1963, S. 84.

16 Chr. Frese: *Dramaturgie Meyerbeers*, S. 21 f., 49 f.

die italienische Oper, sondern aus ihrer Teilhabe an international übergreifenden Tendenzen des Musiktheaters vor 1830 zu begreifen wären. Andererseits würde sie Rossinis schwer begreifliche Abwendung von den Spätformen der italienischen Seria- und Buffa-Oper zumindest zu einem gewissen Grad als Reaktion auf Webers erfolgreiche Neukonzeption der Oper verständlich werden lassen.

II

Der *Freischütz* setzte bei Weber im Grunde nur eine Linie fort, deren Ausgangspunkt sich schon in seinen frühen Werken erkennen läßt. Wie nahe Weber in seiner Naturauffassung der literarischen deutschen (und wie Warrack bemerkt,[17] auch der englischen) Romantik steht, zeigt das erste Kapitel des Romans *Tonkünstlers Leben*, das 1819 entstand. Die musikalische Metaphorik eines Sonnenaufganges als *"das heilige Crescendo der Natur im lichtbringenden Äther"* oder eine Äußerung wie *"Das Anschauen einer Gegend ist mir die Aufführung eines Musikstückes"*[18] erweisen unmittelbar auf die beseelte Natur, wie sie in den frühen Dichtungen Ludwig Tiecks, namentlich in dem 1798 erschienenen Romanfragment *Franz Sternbalds Wanderungen*, als ein Grundelement des neuen romantischen Lebensgefühls angeklungen und durch Caspar David Friedrich in die Malerei eingeführt worden war. Diese beiden Hauptfiguren der romantischen Dichtung und Malerei lebten gleichzeitig mit Weber in Dresden, und es ist unwahrscheinlich, daß der Komponist mit dem Schaffen dieser ihm engstens geistesverwandten Künstler nicht vertraut gewesen wäre. Menschliche Kontakte scheint Weber allerdings mit dem menschenscheuen Maler überhaupt nicht,[19] mit dem Dichter dagegen durchaus gepflegt zu haben, da er ihn häufig im Tagebuch erwähnt und ihn sogar 1825 mit der Aufgabe des *"Literators"* an der Dresdner Oper betraute, der den Sängern bei den Proben die Handlung zu interpretieren und ihre Aussprache zu kontrollieren hatte.[20] Während der literarische Einfluß Tiecks auf Weber nachhaltig war, scheint umgekehrt Tieck die Musik Webers nur begrenzt verstanden zu haben, da sein musikalisches Ideal zeitlebens Mozart war und blieb und sogar Beethoven dagegen abfiel. Weber, so läßt Tieck in der Novelle *Musikalische Leiden und Freuden* (1824) einen Kapellmeister äußern, habe gar nicht die Absicht, sich *"gegen jenes ungeheure* [gemeint ist Mozarts Don Giovanni, d. V.] *zu stellen. Überschreitet auch die angefochtene Stelle* [nämlich die 'Wolfsschlucht', d. V.] *die Grenzen der Musik, so ist doch übrigens des Vortrefflichen, des echten Gesanges, des Neuen und Genialischen, vorzüglich aber des wahrhaft Deutschen, im besten Sinne, so viel, daß ich vollkommen in das Lob ... einstimmen muß"*.[21] Aus dieser etwas distanzierten Respektbezeugung geht nicht hervor, daß sich Tieck auch nur im entferntesten bewußt gewesen wäre, in welchem Ausmaß Webers Musik eine Realisierung seiner eigenen poetischen Musikvor-

---

17   J. Warrack: *Carl Maria von Weber* (1968), Hamburg 1972, S. 108.
18   C. M. von Weber: *Kunstansichten*. S. 36.
19   H. Schnoor: *Weber auf dem Welttheater. Ein Freischützbuch*, Dresden ³/o. J., S. 63.
20   K. Laux: Vorwort zu C. M. von Weber: *Kunstansichten*, S. 12. – J. Warrack: *Weber*, S. 245.
21   L. Tieck: *Novellen*, in: Werke, hg. von M. Thalmann, Bd. III, Darmstadt 1977, S. 113.

stellung bedeutete, indem sich in ihr exemplarisch jene *"Poetisierung der Klangfarbe"* ereignete, die, wie Jürgen Maehder herausgearbeitet hat, ohne den Vorausgang der Literatur kaum vorstellbar wäre.[22]

Als zentrale Momente, die Webers Klangfarbenbehandlung kennzeichnen, stellt Maehder erstens die *"individuelle ... Strukturierung der Klangwelt einer Oper"*, zweitens die Ambivalenz der Einzelklangfarbe innerhalb eines Werkes heraus.[23] Diese Momente, die freilich erst im *Freischütz* voll durchgebildet sind, erscheinen übrigens ganz ähnlich in der Literatur. So dient etwa im *Sternbald* der Hörnerklang in der Landschaft als Symbol sowohl für die Sehnsucht in die Weite, zugleich nach der fernen Geliebten,[24] als auch für die Gefährdung, Aggressivität, Verlust, Ruhelosigkeit und Verfolgung als Aspekte der Jagd.[25]

Doch nicht nur der klangliche Ausdruck der die Natur erfüllenden Musik und Geräusche im Sinn von Klangfarben-Chiffren für seelische Stimmungen und charakterisierende Couleurs locales begründet die Bedeutung der Landschaft für Webers Musik. Er selbst weist in der bereits zitierten Stelle aus *Tonkünstlers Leben* noch auf einen anderen Aspekt hin: den der musikalischen Zeit in ihrem Verhältnis zur Form. Weber unterscheidet zwischen zwei Möglichkeiten der Landschaftsbetrachtung, die gegensätzliche musikalische Reaktionen hervorrufen:

"Sehe ich stillstehend so recht festen Blickes in die Ferne, so beschwört dies Bild fast immer ein ihm ähnliches Tonbild aus der verwandten Geisterwelt meiner Phantasie herauf, was ich dann vielleicht liebgewinne, festhalte und ausbilde. Aber, gerechter Himmel, mit welchen Purzelbäumen stürzen die Trauermärsche, Rondos, Furiosos und Pastorales durcheinander, wenn die Natur so meinen Augen vorbeigerollt wird. Da werde ich denn immer stiller und stiller und wehre dem allzu lebendigen Drang in der Brust. Kann ich dann auch nicht den Blick abziehen von dem schönen Glanzspiele der Natur, so wird es mir bald doch nichts mehr als ein buntes Farbenspiel, meine Ideen entfernen sich durchaus von allem Tonverwandten, das bloße Leben mit seinen Verhältnissen tritt beherrschend vor, ich gedenke vergangener Zeit, ich träume für die Zukunft ..."[26]

Nur der Blick von einem festen Standpunkt in die Landschaft löst künstlerische Eindrücke aus:

"Ich erfühle das Ganze, ohne mich bei den hervorbringenden Einzelheiten aufzuhalten; mit einem Worte, die Gegend bewegt sich mir, seltsam genug, in der Zeit. Sie ist mir ein sukzessiver Genuß."

---

22 J. Maehder: *Die Poetisierung der Klangfarben in Dichtung und Musik der deutschen Romantik*, in: Aurora 38 (1978), S. 9-31.

23 J. Maehder: Op. cit., S. 23, 26 f.

24 L. Tieck: *Franz Sternbalds Wanderungen. Eine altdeutsche Geschichte* (1798), in: Frühe Erzählungen und Romane. Werke, hg. von M. Thalmann, Bd. I, Darmstadt 1977, S. 724, 854 ff., 869 f.

25 Tieck: *Sternbald*, S. 849 f., 887.

26 Weber: *Kunstansichten*, S. 36.

Wesentlich für Weber zur Erfassung der Atmosphäre einer Landschaft ist die Einheit des Gesamteindruckes. Er kann nur entstehen, wenn die Impressionen nicht in schnellem Wechsel vorbeijagen, sondern wenn von einem festen Standpunkt aus ein Verhältnis zur Außenwelt aufgebaut wird, das – wie Weber sich ausdrückt – vom *"magischen Kreis"* eingegrenzt wird, der das künstlerische Anschauungsvermögen umfängt. Damit setzt Weber sich ab sowohl von einer illustrativ schillernden Umsetzung von Naturdetails in musikalische Allegorien – wie er es von seinem Lehrer Vogler kennengelernt hatte – als auch von einer koloristisch-ornamentalen, ungegenständlichen Auffassung der Natur, in der das Subjekt lediglich mit der Empfindung des Angenehmen, jedoch letztlich distanziert beobachtend und unbeteiligt sich verhält. Nur wenn die Subjekt-Objekt-Schranke zwischen Natur und Künstler überwunden wird, entsteht ein künstlerisches Werk. In der ruhend-meditativen Vertiefung in die Landschaft erhalten *"alle Gegenstände"* *"eine nur dir eigene Farbengebung ..., die sie sich unwillkürlich dem Grundtone deines Lebens und Gefühles abborgen"*. Aus der Verschmelzung der Landschaftseindrücke zu einer Einheit mit der künstlerischen Subjektivität ergibt sich konkret die individuelle musikalische Gestalt: Erst der Kompositionsvorgang vermittelt den subjektiv gefärbten Natureindruck, die Stimmung, an die Bewegungsform der Musik: *"Ich fühle das Ganze, ohne mich bei den hervorbringenden Einzelheiten aufzuhalten; mit einem Worte, die Gegend bewegt sich mir, seltsam genug, in der Zeit. Sie ist mir ein sukzessiver Genuß."* Dies ist es, was Weber als *"musikalische Form"* bezeichnet, zu der *"alles sich bei mir ... bequemen muß"*.[27]

Es braucht nicht besonders betont zu werden, daß sich das hier von Weber beschriebene Verhältnis von erlebter Natur und musikalischem Schaffensvorgang nicht auf landschaftliche Sujets beschränkt, sondern generell jede kompositorische Aktivität anspricht: Weber stellt hier den Formbegriff der Klassik in Frage, der auf der Gestaltung der Zeit durch das immanente Maß menschlichen Empfindens und Handelns (etwa im Tanz) beruht. Nach Weber dagegen bringt nur derjenige Künstler lebendige und individuelle Formen hervor, der die Fähigkeit hat, sich mit der Natur in ein tieferes, das Subjekt transzendierendes Verhältnis zu begeben. Insofern wäre ein poetisches Reagieren auf jede Musik, das etwa im literarischen oder malerischen Medium Naturstimmungen evozierte, das eigentliche Adäquate in Webers Sinne, wie etwa in Brentanos Phantasie für vier Blasinstrumente oder in Runges musizierenden Kindern. Doch auch die Naturdarstellung in der Oper muß eine neue Qualität gewinnen bei einem Komponisten, der die Beziehung zur Natur und Landschaft zum Ausgangspunkt seines Schaffens erklärt.

III

Die Beziehung des Menschen zur Natur aktualisiert sich in Webers Opern vor allem im Waldleben. Es bildet schon das Thema in Webers 1810 entstandener Oper *Silvana*, die ihrerseits auf das verschollene *Waldmädchen* zurückgeht, das Weber als Vier-

---

27 Ebenda, S. 35.

zehnjähriger vertont hatte. Im Zentrum des ersten Aktes ist ein Jägerchor mit folgendem Text plaziert:

> *"Halloh, halloh, im Wald nur lebt sich's froh!*
> *Die freie Brust erweitert, wenn rings das Horn erschallt,*
> *Fühlt jeder sich erheitert, im Wald, im Wald, im Wald.*
> *Und steigt der Abend nieder, von Nebelduft umwallt,*
> *so tönen Waidmanns Lieder im Wald, im Wald, im Wald."*[28]

Im unmittelbaren Anschluß an diesen Chor, der weitgehend einstimmig vom Männerchor vorgetragen wird und durch den Klang von vier Hörnern und Holzbläsern charakterisiert wird, äußert der Graf Rudolf:

> *"Hier will ich verweilen. Diese schwermütige Gegend entspricht der Stimmung meiner Seele."*

Bereits hier wird der ambivalente Eindruck der Waldlandschaft auf das menschliche Gemütsleben erkennbar, der auch die späteren Werke Webers bestimmend prägt. Der unbeschwerte heitere Mensch erlebt den Wald als Ort der Freiheit, der Steigerung der eigenen Lebenskraft, der Freude. Er vertraut sich den positiven Kräften an, die die Natur lenken und beherrschen. Der bedrückte und verzweifelte Mensch hingegen projiziert in die Waldlandschaft seine Ängste und erlebt die Natur als schreckliche Bedrohung. Die gleiche Konstellation kehrt im zweiten Auftritt des 1. Aktes des *Freischütz* wieder. Die formalen Elemente sind ähnlich wie in der zitierten *Silvana*-Stelle: Dialog – Terzett (statt Soloszene) – Chor. Ein erheblicher Unterschied aber liegt in der musikalisch-dramaturgischen Verfahrensweise: Im *Freischütz* ist in einen einzigen szenischen Abschnitt zusammengezogen, was in der *Silvana* noch drei aneinandergereihte Einzelnummern waren. Auch die Reihenfolge ist geändert: Der Dialog im *Freischütz* führt zum Monolog des Verzweifelten (Max), zu ihm verhält sich der Chor zweifach: Zuerst spricht er ihm Mut und Vertrauen zu, dann, zum Schluß, gibt er ein Modell der Lebensfreude des in Harmonie mit der Waldesnatur lebenden Menschen. Die Szene stellt also gegenüber der Silvana eine konsequente dramatische Steigerungsform vom nicht musikalisierten über den musikalisierten Dialog des Verzweifelten mit den unbeschwerten Menschen hin zum Jubilus des Jägerchores, in dem die Hörner das Naturecho – den weiten Widerhall des menschlichen Glückgefühles – übernehmen. Anfang und Ende der Musik bilden totale Gegensätze. Dem unheilvollen Sonnen-Aufstieg aus der Tiefe des D^v, des Samiel-Akkords in fahler, leerer Streicherfärbung, steht die vom Hörnerklang gesättigte, von vielfachen Echos der Instrumente und der im Doppelchor singenden Bauern und Jäger erfüllte abendliche Waldlandschaft gegenüber. Dazwischen aber liegt die Vermittlung, die den Übergang des einen Extrems in das andere zur Voraussetzung hat: der Zuspruch des mit der Natur Verbundenen an den, dem diese Verbindung zu entgleiten droht: das eigentliche Hoff-

---

28 C. M. von Weber: Musikalische Werke, 2. Reihe, 2. Bd., eingeleitet und revidiert von W. Kaehler, Augsburg 1928, S. 56 ff.

nungsthema, das eine enge Substanzverwandtschaft zum berühmten C-Dur-Horn-thema der Ouvertüre aufweist (I 2, Takte 63 ff./ Ouvertüre Takte 10 ff.). Im Hörner-klang des Jäger-und Bauernchores schwingt der vorausgegangene des Hoffnungsthe-mas nach. In diesem klanglichen Verweis liegt der dramaturgische Sinn und die Be-gründung der Einheit des Szenenaufbaus, der zugleich diesem Chor jenen unverwech-selbaren Charakter verleiht, der ihn von der zu Webers Zeit längst bestehenden Kon-vention von Jägerchören im deutschen Singspiel[29] abhebt. Im Sinn einer solchen dramatisch motivierten Einheitsform wird an diesem Auftritt auch erklärlich, warum Weber die sich aufdrängende Gelegenheit ausließ, die Erzählung des Erbförsters als effektvolle Ballade und dramatisch-leitmotivischen Keim (gewissermaßen als vorweg-genommene Senta-Ballade) in ein großes Ensemble einzufügen.[30] Durch die Einord-nung in den gesprochenen Dialog wird dem Probeschuß-Motiv diejenige Stelle zuge-wiesen, die es in der Dramaturgie der Oper einnimmt: die eines zwar auslösenden, aber äußerlich bleibenden Ereignisses, das nicht mit dem eigentlichen dramatischen Konflikt – nämlich der Ambivalenz des menschlichen Verhältnisses zur Natur – ver-wechselt werden darf.

Eine weitere Variante des beschriebenen Ambivalenz-Verhältnisses zeigt der dritte Akt der *Euryanthe*. Die Titelheldin ist scheinbar des Verbrechens der Untreue über-führt, ihr Verlobter Adolar führt sie in die Einöde einer Waldschlucht unter Trauer-weiden, um an ihr die Todesstrafe zu vollstrecken: *"Dies ist der Ort"*, so singt er, *"so schaurig, öd' und still, wie meine Tat ihn will"*. Die Ausführung der Tat wird im letz-ten Moment verhindert durch den intervenierenden Auftritt einer monströsen Schlan-ge. Euryanthe will sich opfern, um Adolar die Flucht zu ermöglichen, doch dieser erlegt das Ungetüm im Kampf. Euryanthe zu richten fühlt er sich nun nicht mehr berechtigt, aber er läßt sie allein in der Einsamkeit zurück, um Gott das Urteil an-heimzustellen. Die nun folgenden Szenen bilden wiederum eine dramatische Einheit, indem sich Euryanthe der sie umgebenden Natur anvertraut, ja geradezu ein Teil von ihr werden möchte:

"Hier dicht am Quell, wo Weiden steh'n, die Sterne hell durchschauen,
Da will ich mir den Tod erfleh'n, mein stilles Grab mir bauen.
Wohl kommt auch er einst weit daher, und findet kaum die Stätte mehr,
Dann rauscht ihm sanft die Weide zu: sie fand von Lieb' und Leide Ruh.
Die Blum' im Taue spricht: Nein, sie verriet dich nicht!"

Aus dieser Einswerdung mit der Natur erheben sich die Hörnerklänge des Jägerchores, deren vielfaches Echo, verglichen mit dem *Freischütz*, in noch stärker überwältigender Weise die jubilierende Harmonie der Natur in ihrer Einheit von Nahem und Fernem musikalisch realisiert. Jedem Zuhörer wird klar, daß die Handlungsmotivation des Jägerchores, die Rettung, nicht ein zufällig hereinbrechendes Ereignis, einen Deus ex

---

29   H. Abert: *Carl Maria von Weber und sein "Freischütz"*, in: Gesammelte Schriften und Vorträge, Halle 1929, S. 434.
30   C. Dahlhaus: *Zum Libretto des "Freischütz"*, in: Neue Zeitschrift für Musik 133 (1972), S. 250.

machina der Opernkonvention darstellt (obwohl sich der Jägerchor gattungshistorisch durchaus dergestalt ebenso legitimiert wie der Sologesang als *"Cavatine"*), sondern das Ergebnis einer gewandelten Einstellung zur Natur. Die musikalischen Mittel zur Darstellung dieser Dreifach-Struktur sind gegenüber dem *Freischütz* subtiler geworden: Die Öde und Verlassenheit der Natur vergegenwärtigen jetzt zwei unbegleitete Melodielinien von Fagott und Flöte, die wie ins Leere hinausgesungen wirken (die Stelle weist auf den Beginn des dritten Satzes von Berlioz' *Symphonie phantastique* voraus), und an die Stelle des Tremolos unter der Deklamation der Singstimme ist eine ziellos rieselnde einstimmige Triolenbewegung der Streicher getreten, die sowohl für die Bewegung der Quelle wie für die des Mondlichts im Laub des Weidenbaumes steht (III 17, Takte 13 ff.). Das Grab als in die Natur integrierte Ruhestätte der Seele und damit zugleich als Träger der Sehnsucht und zuversichtlichen Hoffnung auf die wohltätige Wirkung des Eingehens in die Natur wird sinnfällig in den ausdrucksvoll in den tiefen Streicherklang eingebetteten Linien des Fagotts (III 17, Takte 45 f., 52 f.). Die gleichen Streicherbässe, die diese Fagottlinien stützten, leiten dann vermittelnd über zu der Entfaltung des Hörner- und Chorklanges (III 17, Takte 67 ff.).

Die bisher besprochenen Beispiele der Jägerchöre aus *Silvana*, *Freischütz* und *Euryanthe* müssen an dieser Stelle genügen, um einen Eindruck von Webers Einbeziehung der Natur in das musikalische Drama zu vermitteln: Sie zeigen, daß die romantische Auffassung der Korrespondenz von Landschaft und menschlichem Seelenleben konkrete Einwirkungen auf die Klang- und Formgestalt (auch auf die Bildung neuartiger formaler Einheiten) in der Oper zeitigt. Zu untersuchen bleibt – unseren anfänglichen Überlegungen folgend –, ob und inwieweit diese neuartigen Gestaltungsmerkmale Webers auf seine unmittelbare Umgebung und Nachfolge gewirkt haben. Wir wählen dazu die letzte Oper Rossinis, den *Guillaume Tell*, erstens, weil sie in unmittelbarer zeitlicher Nähe (etwa drei bis vier Jahre nach *Euryanthe* entstanden) zu Weber liegt, zweitens, weil in ihr die Naturdarstellung eine für Rossini ungewöhnliche Bedeutung hat, und drittens, weil das Verhältnis Weber – Rossini als antipodisch angesehen wurde und wird und die beiden Komponisten zu ihrer Zeit als Haupt-Exponenten der beiden miteinander konkurrierenden italienischen und nationalen Operngattungen galten.

IV

Die Frontstellung zwischen Rossini und Weber ergab sich aus dem jahrzehntelangen Kampf um die Etablierung einer deutschen Oper; sie war nicht so sehr persönlich motiviert und beruhte auf einer anderen Konstellation als etwa die Kontroverse *"Beethoven versus Rossini"*,[31] in der es um die viel grundsätzlichere Frage der Anerkennung der Musik als geistige Erscheinung überhaupt ging. Natürlich hatte die andauernde

---

31 B. Sponheuer: *Beethoven vs. Rossini – Anmerkungen zu einer ästhetischen Kontroverse des 19. Jahrhunderts*, in: Kongreß-Bericht Bayreuth 1981, Kassel 1984, S. 398 ff.; Ders.: *Musik als Kunst und Nicht-Kunst. Untersuchungen zur ästhetischen Dichotomie im musikalischen Denken zwischen Kant und Hanslick*, Habil.-Schrift Kiel 1984, S. 1 ff.

Auseinandersetzung zwischen italienischer und deutscher Oper, in die ja Weber in seiner Dresdner Kapellmeisterfunktion auf der institutionellen Ebene tagtäglich handfest verwickelt war, durch die politischen Ereignisse des Napoleonischen und des deutschen Befreiungskrieges gegenüber dem 18. Jahrhundert stark an nationalistischer Schärfe zugenommen. Auch ist das sozialpsychologische Moment des Erfolgsneides kaum zu unterschätzen, und nachdem Weber als erster und einziger auch der deutschen Oper ein durchschlagendes Erfolgswerk beschert hatte, war er, ob freiwillig oder nicht, zum natürlichen Rivalen Rossinis par excellence aufgerückt. Wahrscheinlich sind sich die beiden Komponisten nur ein einziges Mal im Jahr 1826 begegnet, als Weber, schon von seiner Todeskrankheit gezeichnet, auf seiner letzten Reise zur Vorbereitung der Aufführung des *Oberon* in London, in Paris Station machte.[32]

Über diesen Besuch Webers hat Rossini sehr viel später bei zwei Gelegenheiten ausführlich berichtet: im Jahre 1860 in seinem berühmten Gespräch mit Wagner und 1866 mit Webers Sohn Max Maria. Beiden Gesprächspartnern gegenüber betonte Rossini, daß er den todkranken Weber sehr freundschaftlich empfangen und ihm versichert habe, er trage ihm die scharfen Zeitungsangriffe aus Wien keineswegs nach; im Gegenteil, er gab Weber sogar Empfehlungen an einflußreiche Persönlichkeiten in London mit. Rossini ließ in beiden Gesprächen seine hohe künstlerische Wertschätzung des Komponisten des *"franco arciero"* erkennen.[33] Belegt ist ein Besuch der Wiener Freischütz-Aufführung unter Weber am 7. März 1822, anläßlich dessen ein persönlicher Kontakt indes nicht überliefert ist.[34]

Angesichts des Milieus des *Guillaume Tell* und der unvoreingenommenen Offenheit Rossinis gegenüber den genialen Neuerungen seines Rivalen, der zum Zeitpunkt der Komposition bereits nicht mehr am Leben war, liegt die Vermutung durchaus nahe, daß Rossini, der in diesem Werk ohnehin eine radikale Wendung zum französischen Opernstil plante, sich eingehend mit der Partitur des *Freischütz* beschäftigt und versucht hat, einiges davon seinem neuen Werk zuwachsen zu lassen. Das konnte ihm um so leichter fallen, als ihm von seinem italienischen Standpunkt aus die Verbindungslinien des Weberschen Werkes zur Opéra comique, in der die Landschafts- und Milieuschilderungen seit langem eine bedeutende Funktion eingenommen hatten, besonders auffällig erscheinen mußten.

Schon früh und immer wieder wurde auf die Diskrepanz zwischen dem Libretto des *Guillaume Tell* und der Schillerschen Vorlage hingewiesen. Nicht darüber ist hier zu diskutieren, sondern über die vielfach übersehenen Eigenschaften, die dieses Schauspiel – gemeinsam mit der *Braut von Messina* – unter den Dramen Schillers in die nächste Nähe der Oper rücken. Er selbst bezeugte es im Brief an Goethe vom 29.

---

32   C. M. von Weber: *Reise-Briefe an seine Gattin Carolina*, Leipzig 1886, S. 88.

33   Wagners Besuch wird – außer in seinem eigenen Bericht in: Sämtliche Schriften und Dichtungen, Bd. VIII, Leipzig ⁵/o. J., S. 220 ff. – in den *Souvenirs personnels* des zweiten Brüsseler Conservatoire-Direktors Edmond Michotte, Paris 1906, dokumentiert, aus denen Edgar Istel Auszüge in deutscher Übersetzung in: Die Musik XI/2 (1912), S. 259 ff., veröffentlichte. – M. M. von Webers Bericht erschien unter dem Titel *Ein Name, besser als eine Hausnummer*, in: Deutsche Rundschau V (1875), S. 257-265.

34   H. Weinstock, *Rossini* (1968), Adiswil 1981, S. 134, gibt als Datum den 27. März an, was aber nicht möglich ist, da Weber bereits am 26. März nach Dresden zurückkehrte. Vgl. J. Warrack, Carl Maria von Weber, S. 330.

Dezember 1797, wo er ernsthaft darüber nachdenkt, welchen Beitrag man für die Reform des Dramas von der Oper erwarten könne. *"Ich hatte immer ein gewisses Vertrauen zur Oper ... In der Oper erläßt man wirklich jene servile Naturnachahmung, und obgleich nur unter dem Namen von Indulgenz könnte sich auf diesem Wege das Ideale auf das Theater stehlen ..."*[35]

Nach Emil Staiger war es Glucks *Iphigenie auf Tauris,* die sich Schiller zum Vorbild für die einheitlich unter einen Bogen zu spannende Szene wie die des Rütlischwures nahm.[36] Opernhafte Gestaltung aber fordert nachdrücklich die Idylle, die – wie Gert Sautermeister feststellt – wesentliches Moment des *Tell* ist: Die Dramatik, die für dieses Schauspiel spezifisch ist, vermittelt zwischen erster und zweiter Idylle.[37] Zur Idylle gehören bestimmte Gegenstände, Worte und eben ganz wesentlich der Klang. Am Beginn des *Tell* sind sie *"symbolischer Ausdruck eines Glücks, das in dreifacher Gestalt jeweils den gleichen Zusammenklang zwischen Mensch und Natur vorführt".*[38] Diese Idylle des Anfangs bleibt als das *"Eine im Wechsel"* präsent im gesamten Drama, dessen Ziel die neue, zweite Idylle ist.

Auch Rossinis Oper eröffnet ein Chor und der Gesang des Fischers mit einer Idylle, die in dem Augenblick als trügerisch enthüllt wird, als Tell zum ersten Mal auftritt und seinen eigenen Seelenzustand als demjenigen des Fischers und des Chores entgegengesetzt beschreibt:

"Il chante en son ivresse ses plaisirs, sa maîtresse.
De l'ennui qui m'oppresse il n'est pas tourmenté."[39]

Diese Worte waren vom Pariser Publikum sogleich auf den Zustand politischer Einschläferung zu beziehen. Tell und der wenig später auftretende Melchtal nehmen an der genußvoll einschläfernden Idylle, die mit tänzerischen Rhythmen, mit Barkarolen und mit naturhaftem Hörnerklang (der originale Appenzeller Kuhreigen wird zitiert) begangen wird, nicht teil. Sie verhindern dadurch, daß die falsche Idyllenstimmung total wird: Das geteilte, vielgegliederte und gemischte Tableau der Grand' Opéra ist hier bereits ausgeprägt. Es steht im Gegensatz zur Weberschen Naturszene, die, wie wir sahen, jeweils eine einheitliche Gesamtstimmung evoziert.

Anfang und Ende von Rossinis Oper sind – im Gegensatz zu Schillers Drama – nicht als erste und zweite Idylle aufeinander zu beziehen. Am Ende von Rossinis Werk steht nicht die Rückkehr zum Naturzustand, sondern allein die Befreiung als Ergebnis eines revolutionären Prozesses. In diesem Finale schreibt Rossini eine wahrhaft visionäre, neuartige Musik, und man hat sie vielfach als eine Vorahnung der Schlußszene aus Wagners *Rheingold* angesehen. Diese Qualität des Neuen aber erweist sich erst in ihrer vollen Bedeutung, wenn man sie mit der falschen Idylle des Anfanges vergleicht.

---

35 Schiller/Goethe: *Briefwechsel,* hg. von R. Müller-Freienfels, Berlin 1924, Bd.1, S. 540.
36 E. Staiger: *Friedrich Schiller,* Zürich 1967, S. 389 f.
37 G. Sautermeister: *Idyllik und Dramatik im Werk Friedrich Schillers. Zum geschichtlichen Ort seiner klassischen Dramen.* Stuttgart 1971, S. 119.
38 Sautermeister: Op. cit., S. 90.
39 G. Rossini/V. J. E. Jouy/H. L. F. Bis: *Guillaume Tell.* Klavierauszug, Mainz/Antwerpen 1829, S. 18.

Dann zeigt sich nämlich, daß Rossini den Anfang so konventionell wie den Schluß neuartig angelegt hat. Schon die Barkarole ist für den Hörer dieser Zeit, zumal in Paris, der Inbegriff von Genußmusik, an der man sich betäubt und einschläfert, sie dient dazu, die widerspruchsvolle Realität mit Illusionen von Schönheit und Anmut vergessen zu machen. In ähnlicher Weise wird der Jägerchor als Staffage, die Jagd als ablenkende Beschäftigung dekouvriert: Man tut, als ob alles zum Besten steht, als ob die Harmonie Mensch – Natur ungefährdet sei. Gerade dieses *Als ob* wird in der Musik deutlich im Vergleich etwa mit Webers *Euryanthe*. Der Hörnerklang entsteht im *Tell* nicht organisch als Antwort auf die vorausgehende individuelle Identifikation mit der Natur: Er trägt seine Funktion als Assoziationsauslöser offen zur Schau. Die Klangfarbe verliert sich schnell, es kommt nicht zu jenem vielschichtigen Hörner-Widerhall, der Webers Chor auszeichnet. Die Klangcharakteristik wird nur angetönt, sie verliert sich und wird im weiteren Verlauf durch einen neutral wirkenden gemischten Streicher- und Bläser-Begleitklang abgelöst (I 1, Takte 442 ff.).

Noch ein weiterer Umstand hindert die Hörner im *Guillaume Tell* daran, Natur-harmonie im Weberschen Sinn musikalisch zu realisieren, und das ist ihre Doppelfunktion als Instrument der Schweizer Hirten wie auch des Gefolges des Despoten Geßler. Besonders irritierend wirkt am Ende des den 2. Akt eröffnenden Jägerchores, daß sich die Geßlerschen Jagdhörner in den hornbegleiteten Gesang des Hirten mischen und so eine höchst doppelbödige Klangsituation heraufbeschwören. Wie nüchtern-realistisch der Hörnerklang hier gemeint ist, wird im Kommentar eines der Geßlerschen Jäger deutlich:

> *"Des pâtres la voix monotone encore encore nous poursuit.*
> *Du gouverneur le cor résonne, c'est notre retour qu'il ordonne.*
> *Voici la nuit."* (II 8, Takte 184 ff.)

Das Finale des *Guillaume Tell* stellt – wir betonten das schon – den Triumph der Freiheitsidee dar und stellt sich damit in den Traditionszusammenhang der französischen Revolutionsoper. Keineswegs hat dieser Schluß die Erneuerung der Idylle zum Gegenstand, im Gegenteil: In ihrer modernen Klang- und Formgebung wirkt diese Finalmusik gerade als Kontrast zur konventionellen musikalischen Zeichnung der Anfangsidylle. Auch sie beruht auf der Konzeption der Klangfarben-Alternation, der wechselvollen Vielfalt der Instrumentalfarben. Zunächst von der einheitlichen Grundierung durch die Harfenarpeggien ausgehend, werden die wechselnden Einzelfarben im weiteren Verlauf mit dem Hinzutreten immer neuer Chor- und Orchesterteile mehr und mehr in eine uncharakteristische, wenn auch grandiose Tuttifärbung zusammengezogen. Darin erweist sich der weite Abstand, der auch dieses letzte Opern-werk Rossinis von Webers beseelten Landschaftsdarstellungen trennt. Die Menschen sind aus der Idylle erwacht, sie sind Bürger einer neuen, modernen Welt, die sich gegen die alte verklärt abhebt. Die Musik feiert den Sieg des Fortschritts, der Humanisierung, und diesem Triumph dient die prachtvoll sonnen- und lichtdurchflutete Alpenlandschaft lediglich als erhebende Kulisse. Das ist ohne Zweifel bereits eine Vertiefung der musikalischen Landschaftsdarstellung gegenüber früheren Opern mit

Alpenthematik.[40] Im Sinne der vorhin zitierten Sätze Webers jedoch bleibt die Natur das *"schöne Glanzspiel"*. Sie dient der allegorischen Einkleidung von Ideen und Intentionen, die dadurch erhoben, unterstrichen und aus der Krudität des Alltäglichen herausgehoben werden. Trotz scheinbarer Affinitäten in der äußeren Klangstruktur bleibt Rossini der romantischen Konzeption Webers von der musikalischen Naturdarstellung auch in seinem letzten Opern-Werk fremd.

---

40   H. Unverricht: *Das Berg- und Gebirgsmilieu und seine musikalischen Stilmittel in der Oper des 19. Jahrhunderts*, in: H. Becker (Hg.): *Die "Couleur locale" in der Oper des 19. Jahrhunderts*, Regensburg 1976, S. 99 ff.

Klaus Hortschansky (Hrsg.), Traditionen – Neuansätze. Für Anna Amalie Abert (1906-1996), Verlag Hans Schneider: Tutzing 1997, S. 203-220

Anmerkungen zur Historizität
von Wagners "Romantischen Opern"

Bezüglich seiner drei als "Romantische Opern" betitelten Werke *Der fliegende Hollän-der, Tannhäuser* und *Lohengrin* befand Wagner 1851 folgende Erklärung für notwendig:

> *"Mir ist der Vorwurf gemacht worden, daß ich mit diesen Arbeiten in die – wie man meint – durch Meyerbeers* Robert der Teufel *überwundene und geschlossene, von mir mit meinem* Rienzi *bereits verlassene, Richtung der 'romantischen Oper' zurückgetre-ten sei! Für die, welche mir diesen Vorwurf machen, ist die romantische O p e r na-türlich eher vorhanden als die O p e r n, die nach einer konventionellen klassifizieren-den Annahme 'romantische' genannt werden. Ob ich von einer künstlerisch formellen Absicht aus auf die Konstruktion von 'romantischen' Opern ausging, wird sich heraus-stellen, wenn ich die Entstehungsgeschichte jener drei Werke erzähle."* [1]

Der nach Zürich geflohene, in Deutschland steckbrieflich gesuchte Ex-Revolutionär wandte sich mit dieser gattungsästhetischen Reflexion an diejenigen, *"welche Neigung und Bedürfnis fühlen mich zu verstehen, und dieß können eben nur meine Freunde sein"*.[2] Es war eine beinahe einsiedlerhafte Zurückgezogenheit, in der sich Wagners Abkehr vom herrschenden Theaterbetrieb und sein Sich-Durchringen zur neuen Kon-zeption des musikalischen Dramas vollzog. Der *Ring des Nibelungen* befand sich noch in einem frühen Stadium der Konzeption. Drei Jahre zuvor, im Revolutionsjahr 1848, hatte Wagner den Text zu *Siegfrieds Tod* gedichtet, der die Keimzelle des Ganzen bildet und zu dem 1850 auch zwei musikalische Skizzen entstanden. Das theoretische Hauptwerk *Oper und Drama* war 1850 im wesentlichen abgeschlossen und erschien 1851. Wagners erste Arbeit im Schweizer Exil war die Vollendung der letzten seiner sogenannten Revolutionsschriften – *Das Kunstwerk der Zukunft* – gewesen, die ihn und seine Kunstrichtung von nun an unauflöslich mit dem Begriff der "Zukunftsmu-sik" verband. Im Schlußwort von *Oper und Drama* bezeichnet er den Künstler der Gegenwart als den *"Erzeuger des Kunstwerkes der Zukunft"*, *"der das Leben der Zukunft ahnt und in ihm enthalten zu sein sich sehnt"*.[3] Der scheinbare Widerspruch zwischen diesem Vorauseilen gegenüber der eigenen Gegenwart und dem Verfassen Romanti-scher Opern bedurfte der Auflösung. War nicht die Entscheidung für die Romanti-sche Oper ein Irrweg, eine vorübergehende Selbsttäuschung, ein Marsch in die entge-gengesetzte Richtung des eigentlich Vorgezeichneten gewesen? Schlimmer noch: in

---

1 Richard Wagner: *Eine Mittheilung an meine Freunde* (1851), in: Sämtliche Schriften und Dichtungen, Bd. 4, ⁵Leipzig o. J., S. 264.

2 Ebd., S. 230.

3 Richard Wagner: *Oper und Drama* (1851), in: Sämtliche Schriften und Dichtungen, Bd. 4, ⁵Leipzig o. J., S. 229.

den Augen eines der Idee des Fortschritts in der Kunst sich verpflichtet wissenden Gebildeten mußte Wagners Verfolgen romantischer Ideen in den 40er Jahren nicht nur als persönlicher Irrtum und als bedauerlicher Anachronismus, sondern als übler Opportunismus, als Verrat an der Aufgabe, in der Kunst den Fortschritt zu befördern, erscheinen. Ausgerechnet diesen Verfechtern eines avantgardistischen Kunstbegriffs, die Wagner natürlicherweise als Speerspitze der Zukunftsmusik und damit als seine Gesinnungsgenossen hätte ansehen müssen, macht er den Vorwurf, *"konventionell zu klassifizieren"*, statt die Opern selbst auf den Begriff des in ihnen enthaltenen Romantischen zu überprüfen.

I

Die Romantische Oper war ein relativ spätes Produkt der umfassenden deutschen romantischen Bewegung der ersten Jahrzehnte des 19. Jahrhunderts. Am reinsten formuliert erscheint ihre Intention wohl bei E. T. A. Hoffmann, vor allem in dem 1813 erschienenen Dialog *Der Dichter und der Komponist* und in der kompositorischen Konkretisierung der eigenen Opern, so der im gleichen Jahr entstandenen *Undine*. Über diese verfaßte dann bekanntlich C. M. v. Weber eine Rezension, in die er einen bereits früher geschriebenen Passus aus dem Roman *Tonkünstlers Leben* einfügte, der gleichfalls sowohl als Programm für das eigene Opernkomponieren wie auch als gattungskonstituierendes Manifest gelten kann.[4] Das Romantische ist bei beiden Künstlern – als Folge der Desillusionierung der diesseitigen Erwartungen der Aufklärung durch den Verlauf der Französischen Revolution – gesehen als das Reich des Unendlichen, das der Mensch auf dem Weg über die Kunst – welche damit quasi-religiöse Funktionen übernimmt – sich erschließen kann. *"Die Musik schließt dem Menschen ein unbekanntes Reich auf"*, so heißt es in Hoffmanns Rezension von Beethovens 5. Sinfonie: *"eine Welt, die nichts gemein hat mit der äußeren Sinnenwelt, die ihn umgibt, und in der er alle durch Begriffe bestimmbaren Gefühle zurückläßt, um sich dem Unaussprechlichen hinzugeben."* Die Musik ist insofern die *"romantischste aller Künste"*, als sie als begriffsloses Medium die tiefsten Einblicke in jenes Geisterreich ermöglicht, in das sich die Seele des Menschen hineinsehnt.[5] Das Ziel, dem auch die Sprache des Dichters zustrebt, ist die völlige Musikalisierung der Oper: ihre Durchtränkung mit einer Musik, die ihr Vorbild in der Instrumentalkomposition hat, vor allem in Mozarts und Beethovens Sinfonien, die im romantischen Sinn sowohl als ästhetische wie auch religiöse Manifestationen aufgefaßt wurden.

"In der Oper soll die Einwirkung höherer Naturen auf uns sichtbarlich geschehen, und so vor unseren Augen sich ein romantisches Sein erschließen, in dem auch die Sprache

---

4   Anna Amalie Abert: Art. "Oper", in: MGG, 10 (1962), Sp. 48 f.
5   Ernst Theodor Amadeus Hoffmann: *Sinfonie ... par Louis van Beethoven ...*, in: Allgemeine Musikalische Zeitung, 12 (1810), Sp. 630 f., zitiert nach: Ders.: *Schriften zur Musik. Aufsätze und Rezensionen*, hrsg. von Friedrich Schnapp, München (1977), S. 34.

höher potenziert, oder vielmehr jenem fernen Reiche entnommen, d. h. Musik, Gesang ist, ja, wo selbst Handlung und Situation, in mächtigen Tönen und Klängen schwebend, uns gewaltiger ergreift und hinreißt."[6]

Diese Totalwirkung, in der das einzelne Teilmoment verschwindet bzw. mit den übrigen verschmilzt, ist das Wesentliche der Romantischen Oper. So formuliert es auch Weber: die Oper, die *"der Deutsche will"*, sei *"ein in sich abgeschlossenes Kunstwerk, wo alle Teile und Beiträge der verwandten und benutzten Künste ineinanderschmelzend verschwinden und – auf eine gewisse Weise untergehend – eine neue Welt bilden"*.[7] Verschmelzen sollen auch die unterschiedlichen Gattungen der ernsten und heiteren Oper:

"Nur im wahrhaft Romantischen mischt sich das Komische mit dem Tragischen so gefügig, daß beides zum Totaleffekt in eins verschmilzt und das Gemüt des Zuhörers auf eine eigene, wunderbare Weise ergreift."[8]

Es würde hier zu weit führen, den strukturellen Zusammenhang dieser Ideen mit der geistigen und materiellen Situation des zweiten Jahrzehnts des 19. Jahrhunderts im einzelnen zu beschreiben. Nur soviel sei angedeutet: die Enttäuschung und Desillusionierung der von der Aufklärung geweckten Erwartungen an den allgemeinen geistigen Fortschritt des Menschengeschlechts zu Humanität und freier ethischer Selbstbestimmung durch den Verlauf der Revolution macht sich bemerkbar durch die romantische Ironisierung der realen diesseitigen Welt und eine Haltung der Hingabe an die Natur, in der man die Hieroglyphen einer tieferen, dahinterstehenden Macht zu erkennen glaubt. Gleichzeitig erfahren die vor-aufklärerischen Mächte der Religion, aber auch des Volksmythos und Märchens eine entscheidende Aufwertung und Vertiefung gegenüber ihrer nationalistischen Verflachung oder gar Verhöhnung. Die intendierte Einstellung des Menschen ist nicht mehr aktiv, sich selbst bestimmend – wie etwa in den Opern Mozarts oder Beethovens –, sondern passiv lauschend, hingerissen von der Gewalt des Kunstwerkes wie der Natur, durch die die Mächte des Geisterreiches reden und wirken. So war Webers *Freischütz* die Erfüllung einer lange gehegten Erwartung. Sicherlich war seine Rezeption in vieler Hinsicht vordergründig, und die Bezüge zu benachbarten Gattungen, vor allem der französischen Opéra comique, sind deutlich zu erkennen.[9] Dennoch zeigt die Aufnahme des Werkes bis hin zu Beethovens anerkennenden Äußerungen, daß die neuartige Einheit von Szene und Musik, verbunden mit den suggestiven musikalischen Ausdrucksmitteln für die Natur und die durch sie hindurchscheinenden jenseitigen Mächte, ihre Wirkung nicht verfehlte.

---

6   Ernst Theodor Amadeus Hoffmann: *Der Dichter und der Komponist*, in: *Die Serapionsbrüder* (1819-1821), München (1976), S. 84.

7   Carl Maria von Weber: *Tonkünstlers Leben* (erschienen posthum 1827/8); – Ders.: *Über die Oper Undine*, in: Allgemeine Musikalische Zeitung, 19 (1817), beides zitiert nach: Ders.: *Kunstansichten. Ausgewählte Schriften*, Wilhelmshaven 1977, S. 51, 134 f.

8   E. T. A. Hoffmann: *Der Dichter und der Komponist*, S. 88.

9   Carl Dahlhaus: *Die Musik des 19. Jahrhunderts*, Wiesbaden/Laaber 1980 (= Neues Handbuch der Musikwissenschaft, Bd. 6), S. 56 ff.

II

Den Niedergang der deutschen romantischen Bewegung nach dem Wiener Kongreß hat Heinrich Heine als erster in seiner für Frankreich verfaßten Schrift *Die romantische Schule* (1833) beschrieben und begründet. Unglaubwürdig machten sich die meisten Romantiker mit ihrer Anpassung an den restaurativen Zeitgeist, mit ihrer Unfähigkeit, ihre um 1800 frischen und oppositionell wirkenden Ideen von der Identität des menschlichen Geistes mit der Natur, ihren Appell an den Volksgeist, an die Kräfte des Mythisch-Ursprünglichen und ihre Entdeckung der seelischen Tiefenschichten gegen die Restauration der alten Fürstenherrschaft, gegen den Bruch der Versprechungen, die den bürgerlichen Gesellschaftsschichten für ihre Teilnahme an der Befreiungsbewegung gegeben worden waren, durchzuhalten. An diesem Niedergang hatte auch die Romantische Oper teil, die nach Weber weitgehend verflachte und einerseits zu koloristischen und exotischen Revuen entartete, andererseits an das leichtere Genre der Opéra comique, von der sie ausgegangen war, wieder anknüpfte und den romantischen Tiefgang dem märchenhaften Unterhaltungscharakter opferte. Während die deutsche romantische Bewegung verkümmerte und in mystischem Halbdunkel jahrzehntelang vor sich hin dämmerte – Heine hat dies anhand der Vergreisung von Gestalten wie Schelling, Tieck oder Brentano mit mitleidslosem Sarkasmus geschildert –, ging die Freiheitsbewegung in Deutschland und Europa um 1830 auf eine neue Generation über, die sich wieder ganz den Problemen des Diesseits zuwandte, insofern also ihrerseits eine Kritik an der weltabgewandten Romantik darstellte. Diese Bewegung des "Jungen Europa", die mit dem erfolgreichen Befreiungskampf der Griechen gegen die Türken ihren Ausgang nahm und durch Ereignisse wie die französische Julirevolution, aber auch die Unterdrückung des polnischen Aufstandes durch die Russen sowie der italienischen Einheitsbewegungen durch die Österreicher mächtigen Auftrieb bekam, nahm die Kunst ganz wesentlich in den Dienst ihrer politischen Absichten. Beim deutschen Ableger dieser Bewegung, dem Jungen Deutschland, handelte es sich nach Heines Worten um Schriftsteller, die

> *"keinen Unterschied machen wollen zwischen Leben und Schreiben, die nimmermehr die Politik trennen von Wissenschaft, Kunst und Religion, und die zu gleicher Zeit Künstler, Tribune und Apostel sind. – Ja, ich wiederhole das Wort: Apostel, denn ich weiß kein bezeichnenderes Wort. Ein neuer Glaube an den Fortschritt, [beseelt sie ...] ein Glaube, der aus dem Wissen entsprang. Wir haben die Lande gemessen, die Naturkräfte gewogen, die Mittel der Industrie berechnet, und siehe, wir haben herausgefunden, daß diese Erde groß genug ist, daß sie jedem hinlänglich Raum bietet, die Hütte seines Glücks darauf zu bauen; daß diese Erde uns alle anständig ernähren kann, wenn wir alle arbeiten und nicht einer auf Kosten des anderen leben will; und daß wir nicht nötig haben, die größere und ärmere Klasse an den Himmel zu verweisen."*[10]

---

10   Heinrich Heine: *Die romantische Schule* (1833), in: Sämtliche Werke, hrsg. von G. Karpeles, Bd. 7, Leipzig o. J., S. 208.

Der neue Optimismus, der sich hier ausspricht, in Verbindung mit Aktionismus und Aggressivität, brachte auch in der Musik um 1830 einen neuen Ton hervor. Eine ungeheure Erregtheit, eine Aufbruchsstimmung erfüllte Opernhäuser und Salons. Eine Oper wie Aubers *Stumme von Portici* war in der Lage, eine Menschenmenge zu unmittelbarer politischer Aktion zu veranlassen, und die Fürstin Belgiojoso, eine im Pariser Exil lebende italienische Nationalistin, brachte die sechs bedeutendsten Pariser Klaviervirtuosen dazu, Variationen über eine Bellini-Melodie zum Besten der italienischen Untergrundkämpfer zu komponieren und aufzuführen. Einen Eindruck von der Unmittelbarkeit der Verbindung von musikalischem Theater und der aktuellen politischen Situation, ja der Tagespolitik, vermittelt ein Bericht Heines aus Paris aus dem Jahr 1832. Er schildert die unerhörten Konflikte, in die die Entfesselung der freien Kräfte der Wirtschaft die Gesellschaft Frankreichs gestürzt hat.

"*Im Inneren sind die Beengnisse und Zerrissenheiten nachgerade so unleidlich geworden, daß sogar ein Deutscher die Geduld verlieren könnte. Die Franzosen gleichen jetzt jenen Verdammten in Dantes Hölle, denen ihr damaliger Zustand so unerträglich geworden, daß sie nur diesem Zustand entzogen zu werden wünschten, und sollten sie dadurch auch in einen noch schlechteren Zustand geraten. So erklärte sich, daß den Republikanern das legitime Regime und den Legitimisten die Republik viel wünschenswerter geworden, als der Sumpf, der in der Mitte liegt und in dem sie jetzt stecken ... Die Anhänger des Ministerium, d. h. Angestellte, Bankiers, Gutsbesitzer und Boutiquiers, erhöhen das allgemeine Mißbehagen noch durch die lächelnden Versicherungen, daß wir ja alle im ruhigsten Zustande leben, daß das Thermometer des Volksglücks, der Staatspapierkurs, gestiegen, und daß wir diesen Winter in Paris mehr Bälle als jemals, und die Oper in ihrer höchsten Blüte gesehen haben. Dieses war wirklich der Fall; denn jene Leute haben ja die Mittel Bälle zu geben, und da tanzten sie nun, um zu zeigen, daß Frankreich glücklich sei; sie tanzten für ihr System, für den Frieden, für die Ruhe Europas; sie wollten ihre Kurse in die Höhe tanzen, sie tanzten à la hausse. Freilich manchmal während der erfreulichsten Entrechats, brachte das diplomatische Corps allerlei Hiobsdepeschen aus Belgien, Spanien, England und Italien; aber man ließ keine Bestürzung merken, und tanzte verzweiflungsvoll lustig weiter ... Wie gesagt, die Leute tanzten für ihre Renten; je gemäßigter sie gesinnt waren, desto leidenschaftlicher tanzten sie, und die dicksten moralischsten Bankiers tanzten den verruchten Nonnenwalzer aus Robert le Diable, der berühmten Oper. – Meyerbeer hat das Unerhörte erreicht, indem er die flatterhaften Pariser einen ganzen Winter lang zu fesseln gewußt; noch immer strömt alles nach der Académie de Musique, um Robert le Diable zu sehen; aber die enthusiastischen Meyerbeerianer mögen mir verzeihen, wenn ich glaube, daß mancher nicht bloß von der Musik angezogen wird, sondern auch von der politischen Bedeutung der Oper. Robert le Diable, Sohn eines Teufels, der so verrucht war wie Philipp Egalité, und einer Fürstin, die so fromm war wie die Tochter Penthièvres, wird von einem Geiste seines Vaters zum Bösen, zur Revolution, und von dem Geiste seiner Mutter zum Guten, zum alten Regime, hingezogen, in seinem Gemüte kämpfen*

die beiden angeborenen Naturen, er schwebt in der Mitte zwischen den beiden Prinzi-
pien, er ist Juste-Milieu; vergebens wollen ihn die Wolfsschluchtstimmen der Hölle ins
Mouvement ziehen, vergebens verlocken ihn die Geister der Convention, die als revolu-
tionäre Nonnen aus dem Grabe steigen, vergebens gibt Robespierre, in der Gestalt der
Mademoiselle Taglioni, ihm die Accolade; – er widersteht allen Anfechtungen, allen
Verführungen, ihn leitet die Liebe zu einer Prinzessin beider Sizilien, die sehr fromm
ist, und auch er wird fromm, und wir erblicken ihn am Ende im Schoße der Kirche,
umsummt von Pfaffen und umnebelt von Weihrauch. Ich kann nicht umhin zu be-
merken, daß bei der ersten Vorstellung der Oper durch ein Versehen des Maschinisten
das Brett der Versenkung, worin der alte Vater Teufel zur Hölle fuhr, ungeschlossen ge-
blieben, und daß der Teufel Sohn, als er zufällig darauf trat, ebenfalls hinabsank."[11]

Heine führt den Erfolg von Meyerbeers erster Grand'Opéra, bekanntlich 1831 urauf-
geführt, auf ihre Eigenschaft als *"treues Bild des moralischen Schwankens damaliger*
Zeit" zurück. Sie sei ein *"Meisterwerk der Zagheit"*, geschrieben von einem *"ängstli-*
chen Genie", einem Komponisten, der *"seinem Genius noch nicht traut"* und, voller
Furcht vor der öffentlichen Meinung, vom kleinsten Tadel erschreckt, auch in seiner
Musik der Publikumsgunst nachgelaufen sei. Auch hinsichtlich der Gattungen ist
Robert ein Produkt ästhetischen Schwankens (das dem König Louis-Philippe politisch
zum Vorwurf gemacht wurde) zwischen einem romantisch-mythischen und einem
historisch-gegenwartsbezogenen Stoff und einer entsprechenden musikalischen Gestaltung. In seinem folgenden Werk, den *Hugenotten* (1836) habe er sich dann *"ohne*
Scheu" offenbart als *"Mann seiner Zeit"*.

"Die Juliusrevolution hat ... im Himmel und auf Erden eine große Bewegung hervor-
gebracht, Sterne und Menschen, Engel und Könige, ja der liebe Gott selbst, wurden ih-
rem Friedenszustand entrissen, haben wieder viel Geschäfte, haben weder Ruhe noch
hinlängliche Seelenruhe, um sich an den Melodien des Privatgefühls zu ergötzen, und
nur wenn die großen Chöre von Robert le Diable oder gar der Hugenotten harmonisch
grollen, harmonisch jauchzen, harmonisch schluchzen, horchen ihre Herzen und
schluchzen, jauchzen und grollen im begeisterten Einklang."[12]

Auch diesseits des Rheins erblickte man in den *Hugenotten* den *"würdigsten Repräsen-*
tanten" des *"neuen Kunstideals"*. So wie schon der alte Goethe Meyerbeer als den
Mann bezeichnet hatte, der seinen *Faust* komponieren müsse, waren auch die *"Neu-*
romantiker", die *"Beethovener"*, davon überzeugt, daß auf dem Gebiet der Oper kein
anderer als Meyerbeer derjenige sei, der in Fortführung von Beethovens Sinfonik in
seiner Musik *"die Schauer des Weltgeistes fühlen"* lasse.

---

11   Heinrich Heine: *Über die französische Bühne*, in: Sämtliche Werke, Bd. 10, S. 214.
12   Ebd., S. 214.

"Das religiöse Princip, der Grundton des Werkes, ist hier so behandelt, wie es einzig und allein dem Wesen der Kunst entspricht, als werdend nämlich im Conflicte der Geschichte. Darum ist die Einflechtung jenes eisenhaltigen Chorals "Ein feste Burg ist unser Gott" trotz dem Naserümpfen eingefleischter Pedanten ein Act hoher kunstschöpferischer Begeisterung, der durch das Werk geflochtene rothe Faden, der uns da, wo er hindurchscheint, durch die verworrensten Labyrinthe des geschichtlichen Conflictes der Idee sicher entgegenführt."[13]

Der "Weltgeist" offenbarte sich den Fortschrittlern der dreißiger Jahre – in denen es zu den Selbstverständlichkeiten gehörte, hegelianisch zu argumentieren – im Geschichtlichen, nicht mehr, wie der Romantik, im geheimnisvollen Ton einer sprachlich kaum darstellbaren irrealen Welt, die nur hieroglyphisch durch die Natur hindurchklang. In der Pointierung dieses ästhetischen Gegensatzes und in der Konstruktion einer Verbindung zwischen ihm und den herrschenden politischen Richtungen der Zeit – nämlich einer sich den legitimistischen und restaurativen Tendenzen anpassenden Rest- oder Nachromantik in Deutschland auf der einen, den fortschrittlich-demokratischen, kritisch-emanzipatorischen, sozial und national engagierten Strömungen auf der anderen Seite, die sich als Junges Europa, Giovine Italia, Junges Deutschland, Jeune France etc. bezeichneten – war man sich einig. Robert Schumann beschrieb diese Analogie zwischen politischen und musikalischen Parteien so:

"Die Gegenwart wird durch ihre Parteien charakterisiert. Wie die politische kann man die musikalische in Liberale, Mittelmänner und Reaktionäre oder in Romantiker, Moderne und Klassiker einteilen. Auf der Rechten sitzen die Alten, die Kontrapunktler, die Antichromatiker, auf der Linken die Jünglinge, die phrygischen Mützen, die Formverächter, die Genialitätsfrechen, unter denen die Beethovener als Klasse hervorstechen. Im Juste-Milieu schwankt jung wie alt vermischt. In ihm sind die meisten Erzeugnisse des Tages begriffen, die Geschöpfe des Augenblicks, von ihm erzeugt und wieder vernichtet."[14]

Verwirrend an dieser Terminologie mutet die Gleichsetzung von modern = mittelmäßig, Tagesprodukt, an, wogegen der eigentliche Fortschritt auf der Seite der liberalen Romantiker angesiedelt wird. Der Terminus "Romantiker" wird hier nicht negativ, wie es die Anhänger des Jungen Deutschland taten, im Sinne der Apostrophierung der abgelebten deutschen romantischen Bewegung, verwendet, sondern eben auf diese aufstrebenden Strömungen in Literatur, Kunst und Musik bezogen, die in Frankreich als Romantik, in Deutschland als "Neuromantik" bezeichnet wurden. Zur älteren deutschen Romantik stand diese Bewegung, wie dargelegt, in scharfem Gegensatz, der hauptsächlich durch die politische Zielsetzung sich manifestierte. War die ältere deutsche Romantik wesentlich durch ihre Kritik an der französischen Revolution und den

---

13 Wolfgang R. Griepenkerl: *Das Musikfest oder die Beethovener*, Braunschweig 1841, S. XXIII.
14 Robert Schumann: *Rezension zweier Ouvertüren von Kalliwoda* (1835), in: Gesammelte Schriften über Musik und Musiker, hrsg. von M. Kreisig, Bd. 1, Leipzig 1914, S. 144.

sie tragenden aufklärerisch-rationalistischen Ideen geprägt, mit der sie sich gegen Napoléon als den Gefährder der deutschen nationalen Identität wandte, so galt den liberalen Neuromantikern der dreißiger Jahre Napoléon geradezu als Vorkämpfer des Vernünftigen in Politik und Moral. So verehrte Schumann Napoléon – ähnlich wie Heine – als den *"größten Mann aller Jahrhunderte"*, der angefangen habe, *"unseren europäischen Augiasstall wenigstens von dem obskuranten Pfaffen- und Pabsttum zu reinigen"*.[15] Schumann sagte dies in einer Zeit, als die altgewordenen Vertreter der deutschen literarischen Romantik – Schelling, Görres, Brentano – ein nur noch obskures Dasein als – wie Heine sarkastisch formulierte – einsiedlerisch zurückgezogene korrespondierende Mitglieder der katholischen Propaganda führten. Schumanns Stellung in den Reihen der *"phrygischen Mützen"*, also der revolutionär gesonnenen Liberalen, schien Mitte der 30er Jahre außer Zweifel. Konnte man nicht das von ihm 1834 begründete Blatt, die *Neue Zeitschrift für Musik*, geradezu als das deutsche Organ der internationalen *"musikalischen Linken"* betrachten, die aus Meyerbeers *Hugenotten* die Gestaltung des *"Gesamtgefühls eines ganzen Volkes"* heraushörten und in ihr die Gegenwart mit all ihren *"inneren und äußeren Fehden, ihrem Gemützwiespalt und ihrem Willenskampf, ihre Not und ihre Hoffnung in seiner Musik"*[16] wiederfand? Wie weit die Übereinstimmung in dieser Einschätzung seitens der deutschen Neuromantiker und der französischen Fortschrittspartei reichte, zeigt sich exemplarisch in Balzacs Erzählung *Gambara*, die 1837 in der *Revue et Gazette Musicale* in Paris erschien. Deren Protagonist, der Musiker Gambara, ist ein ins Französische gewendeter Johannes Kreisler, den jedoch bestimmte Züge von seinem deutschen Vorbild unterscheiden: sowohl seine generelle Musikauffassung wie auch sein Konzept der Gattung Oper (das eindeutig von Meyerbeers *Robert* und *Huguénots* ausgeht) verbinden das romantisch-jenseitige mit einem realistisch-diesseitigen Moment, das sich in der Musikrezeption als Einbringung des technisch-analytischen Moments, in der Opernkonzeption wiederum als Verbindung von historischem Milieu und metaphysischem Bedeutungshintergrund aktualisiert. Hauptziel einer Oper ist nach Gambara geradezu ein geschichtsphilosophisches im Hegelschen Sinn:

> *"car ... (sa) musique a pour but d'offrir une peinture de la vie des nations prise à son point de vue le plus élevé."*[17]

Welch völlige Verwirrung der Fronten mußte nun im Jahr 1837 jener Aufsatz Schumanns hervorrufen, in dem die *Hugenotten* als ein Machwerk alleräußerster *"Gemeinheit, Verzerrtheit, Unnatur, Unsittlichkeit, Un-Musik"* gebrandmarkt wurden? Alle Züge, die das Publikum so nachhaltig ergriffen: die Drastik und der Realismus, die Vielgestaltigkeit der Tableaux, die kühnen Gegensätze und Klangeffekte – all dies, was als große Errungenschaft der neuen Oper empfunden wurde, was dem lauwarmen

---

15 Brief an Dr. Kurrer in Augsburg vom 9. Juni 1828, zitiert nach Friedrich Schnapp: *Heinrich Heine und Robert Schumann*, Hamburg-Berlin o. J., S. 16 f.

16 H. Heine: *Über die französische Bühne*, S. 213.

17 Matthias Brzoska: *"Mahomet" et "Robert le Diable": l'Esthétique Musicale dans "Gambara"*, in: Année Balzacienne 1983, S. 61.

245

Klassizismus des Juste-Milieu ins Gesicht zu schlagen und die Respektlosigkeit der *"phrygischen Mützen"* in Musik zu setzen schien – dies alles bezeichnete Schumann als d e n großen Irrweg der Zeit und setzte Mendelssohns *Paulus*-Oratorium als zukunftsweisendes positives Werk dagegen.

III

Die Entscheidung gegen Meyerbeer und der Vorschlag, Mendelssohn statt seiner zum musikalischen Leitbild der Zeit zu erheben, hat viele Anhänger Schumanns irritiert. Wie sollte es mit der Oper weitergehen? Denn daß Schumann nur ein Oratorium und keine Oper als Alternative anbieten konnte, zeigt im Grunde seine eigene Ratlosigkeit, die sich auch in dem jahrelangen Zögern, eine eigene Oper in Angriff zu nehmen, niederschlägt. Zum ersten Mal war die bis dahin scheinbar selbstverständliche Tatsache in ernsthaften Zweifel gezogen, daß das geschichtlich "notwendige" große Musikdrama den Weg in die Zukunft weise. Von nun an herrschte Meyerbeer zwar noch weiter auf den musikalischen Bühnen Europas, doch die Einstimmigkeit, mit der er als Führer des künstlerischen Fortschritts gefeiert wurde, war einer ernsthaften Diskussion über die Frage gewichen, wo Fortschritt auf musikalischem Gebiet wirklich zu finden sei.

Solche Auflösung von jahrelang für klar und eindeutig gehaltenen Fronten künstlerischer Parteiungen ging einher mit einer signifikanten Änderung des politischen Klimas um 1840. Wichtige Indizien waren die offizielle Beendigung der Herrschaft der Hegelschen Philosophie als preußische Staatsideologie einerseits sowie soziale Konflikte und die aus ihnen heraus sich entwickelnde Organisation radikaler und anarchistischer Politbewegungen in Frankreich und England andererseits. Auch rückte die Aussicht auf eine baldige historische Lösung der permanenten europäischen Krisensituation in weite Ferne. Das hatte u. a. zur Folge, daß die optimistischen Ideen des Jungen Deutschland von der Etablierung einer authentischen zeitgenössischen Kunst auf der Basis einer stabilen Verbindung mit dem realen Leben ihre Faszination weitgehend einbüßten. Keineswegs zeichnete sich eine Verringerung der Konflikte und die Herausbildung von christlich-sozialen Volksgemeinschaften nach dem Muster einer Großfamilie ab, wie es der utopische Sozialismus der Saint-Simon, Fourier, Lammenais oder Owens erhofft hatte. Im Gegenteil, die Gegensätze verschärften sich in beunruhigendem Ausmaß und begannen eine Atmosphäre permanent sich steigernder Radikalisierung und politischer Explosivität auszulösen, die vor allem im Bürgertum ein Gefühl der Bedrohung und der Zukunftsfurcht im Gefolge hatte. Zum anderen zog das Leben in der neuen hochkapitalistischen Gesellschaft eine einschneidende Veränderung des Lebensstils und dementsprechend des Lebensgefühls jedes Individuums nach sich. Die sich überstürzende technische und ökonomische Entwicklung vermittelte dem einzelnen das Bewußtsein, in einer permanenten Konkurrenzsituation sich zu befinden, in der die ökonomische und gesellschaftliche Position tagtäglich gegen schnell wechselnde und unberechenbare Konstellationen verteidigt oder aber schwer errungen werden mußte. Das Gefühl der Auflösung beinahe aller Traditionen als Sicherungen der stabilen Existenzbasis förderte einen kollektiven Gemütszustand der Negativität und des Pessimismus. Zum ersten Mal bemerkten breite Gesellschaftsschichten die Machtlosigkeit des menschlichen Individuums gegenüber der als Fortschritt etikettierten Eigendynamik eines immer riesiger und unüberschaubarer werdenden ökonomisch-technologischen Apparates, hinter dessen Belangen alle übrigen Lebensansprüche und Bedürfnisse zurückzustehen hatten. Als dann 1849 die Revolution scheiterte, von der man sich noch einmal eine grundlegende Wende zum Besseren erhofft hatte, ergriff tiefe Resignation und politische Lethargie breite Teile des ehemals durch Zukunftsoptimismus und Fortschrittsglauben sich auszeichnenden liberal gesinnten Bürgertums.

Gerade in dieser Situation des Niederganges der Aufbruchsbewegungen der 30er Jahre, von dem auch der ästhetisch-soziale Rang der gegenwartsbezogenen historischen Oper nicht unberührt blieb, erlebte die Romantische Oper eine Renaissance, die um 1830 als undenkbar erschienen wäre. Aber es war eben eine Romantik sekundärer Qualität, ein abgeleitetes Phänomen – abgeleitet einmal aus dem sozialen Bedürfnis nach Ausgleich für die spannungsgeladene Banalität der realen materiellen Lebensumstände, abgeleitet aber auch aus der alten Funktion der Romantik, auf die Unendlichkeit zu verweisen als auf eine Utopie jenseits der Bedingungen irdisch eingegrenzter Realität. Hatte aber die ursprüngliche Romantik um 1800 sich entzündet am Einspruch gegen die Fortschrittsgläubigkeit, gegen den Diesseitsoptimismus des aufklärerischen Rationalismus und die in seinem Namen auftretenden politischen Mächte, so war die Romantik der 40er Jahre keine solche des Einspruchs mehr: sie erfüllte die ihr zugewiesene Funktion einer illusionären Gegenwelt, ohne das Realitätsprinzip, dem sich die bürgerliche Gesellschaft verschrieben hatte, allzusehr zu stören oder gar Energien, die im realen Existenzkampf benötigt wurden, "nutzlos" zu vergeuden. Im Gegenteil, die für die Abendstunden vorgesehene romantisch-stimmungsvolle Abspannung und Erbauung war durchaus dazu angetan, neben der Beförderung eines gebildet-gemütvollen Renommées dem erfolgreichen Vertreter der neuen großbürgerlichen Klasse eine Art seelischer Hygiene zu verschaffen, die ihn befähigte, sich tagsüber umso energievoller auf die harten und kompromißlosen Kämpfe auf dem Feld eines fessellosen Manchester-Kapitalismus' zu konzentrieren. In den dreißiger Jahren waren kaum nennenswerte Romantische Opern entstanden: Marschners *Hans Heiling* von 1833 ist ein Nachzügler der 20er Jahre, Wagners *Feen* aus dem gleichen Jahr stellen nichts anderes dar als den Anknüpfungsversuch eines hoffnungsvollen Jungkomponisten an das verehrte Vorbild Weber. Nun jedoch, in den vierziger Jahren, feierte die Romantische Oper fröhliche Urständ mit Werken wie Lortzings *Undine* und *Wildschütz*, Carl Amadeus Mangolds *Tannhäuser* und *Gudrun*, Heinrich Dorns *Nibelungen* (1854) oder – last not least – Schumanns *Genovefa*.[18]

---

18 Der Begriff der "circumpolaren" Oper, den Theodor Kroyer 1919 als Kennzeichnung für derartige Produktionen einführte, erscheint im Licht der vorliegenden Betrachtungsweise als inadäquat, weil Wagner seine Werke – zumindest der Intention nach – weniger im Mittelpunkt eines gattungsgeschichtlichen Gravitationsfeldes als vielmehr im Gegensatz – oder besser noch: außerhalb der Traditionen und Konventionen ansiedelte. Außerdem zielt

Die Gefahr der Verflachung, des zweiten Aufgusses, der in dieser Wiederaufnahme der unter anderen Voraussetzungen von Hoffmann, Weber und Spohr kreierten Gattung wurde freilich von einigen hellsichtigen Kritikern erkannt, darunter als wichtigstem vielleicht von Friedrich Theodor Vischer in seinem *Vorschlag zu einer Oper* (1844). Er warnte vor einem Rückfall in die lediglich *"subjektive Empfindungswelt"*, die in der Vergangenheit *"zur Genüge ausgebeutet"* worden sei; an die *"großen Empfindungen"* müsse man gehen. Das ist ganz offensichtlich eine Mahnung, nicht hinter den Entwicklungsstand der *"Grand Opéra"* zurückzufallen. Am liebsten hätte Vischer Meyerbeer als Komponisten einer Romantischen Oper gesehen: er habe *"die meiste Kraft zu einem solchen Stoffe; aber diese Kraft ist nicht rein, sie erschreckt, statt zu füllen"*.[19] Vischers Ziel war nicht eigentlich die Restituierung der Romantischen Oper, sondern die Schöpfung eines neuen Operntypus: der Nationaloper. Sie stellte er sich vor als eine Art Synthese aus den bisher antithetischen Gattungen Romantische Oper und Grand Opéra. Der älteren Romantischen Oper wirft er vor allem vor, mit ihren Stoffen aus der *"finster diabolischen"* und der *"heiteren elfenhaften Wunderwelt"* allzu einseitig geblieben zu sein und letztlich keine Tiefenwirkung erzielt zu haben. Die neue Oper müsse an die *"großen, objektiven Empfindungen gehen"* (dies wäre die Wirkung der Grand Opéra), was aber am ehesten möglich sei mit Stoffen, die hinter das Geschichtliche zurückgehen, nämlich die alten Mythen und Heldensagen. Und zum ersten Mal schlägt er den Nibelungen-Stoff als Sujet einer solchen Oper vor. *"In dieser Familiengeschichte sind doch, obwohl noch eingehüllt, alle die Kräfte tätig, welche uns als Volk durch unsere Geschichte begleitet haben und welche, in ihre wahre Bedeutung erhoben, uns, so der Himmel will, in eine bessere Zukunft begleiten werden."*[20] Der Gedanke, das Mythisch-Vorvergangene sei zugleich das für die Gegenwartsdeutung Bedeutungsvolle und für die Zukunft Richtungweisende – diese Übereinanderschichtung und Verschränkung der Zeitebenen, die später für Wagners Mythosverständnis so wichtig wurden, zeichnet sich umrißhaft in Vischers *Vorschlag* ab.

IV

Hierin nun zeichnet sich eben jene historische und gattungsästhetische Struktur ab, die Wagner in dem Zitat ansprach, von dem unsere Überlegungen ihren Ausgang nahmen. In seinen ersten musikdramatischen Werken hatte Wagner sich mit den beiden maßgeblichen Gattungen auseinandergesetzt, deren Ungenügen Vischers Kritik offenbar machte (*Feen, Rienzi*). Dazu war mit dem *Liebesverbot* von 1836 noch das Experiment getreten, der historisierend-zeitkritischen ernsten Grand Opéra eine komische Gattung aus dem Geist des Jungen Deutschland zuzugesellen. Bei der Frage, in welche Richtung

---

Kroyer mit diesem Terminus vorwiegend auf das deutschnationale Moment, das als Substanz der Wagnerschen Musikdramen wie auch der allgemeinen musikdramatischen Produktion in Deutschland um die Jahrhundertmitte herauszustellen offensichtlich seine Hauptabsicht ist. Theodor Kroyer: *Die circumpolare Oper. Zur Wagnergeschichte*, in: Jahrbuch der Musikbibliothek Peters 1919.

19   Friedrich Theodor Vischer: *Vorschlag zu einer Oper*, in: Kritische Gänge, Bd. 2, ²München o. J., S. 453 f.
20   Ebd.

seine künstlerische Entwicklung nach dem äußerlich durchschlagenden Erfolg mit *Rienzi* weitergehen konnte, hatte er sich zu entscheiden, ob er den in diesem Werk eingeschlagenen Weg der Großen Historischen Oper im Stil Meyerbeers weiterverfolgen und den Erfolg damit ziemlich sicher ausbauen wollte. Als ein in diesem Sinn brauchbarer Stoff schwebte ihm dabei ein Inzest-Drama um Manfred, den letzten Hohenstaufen-Herrscher in Sizilien, und dessen erfundene Schwester vor, die aus der Verbindung seines Vaters Friedrich II. mit einer Sarazenin hervorgegangen war.

> *"Ich hatte diesen Stoff mit vielen reichen Scenen und verwickelten Situationen ausgestattet, so daß ich ihn in seiner Ausführung, sobald ich ihn mit anderen mir bekannten Sujets ähnlicher Art zusammenhielt, für ziemlich stichhaltig, interessant und effektvoll halten durfte. Dennoch konnte ich mich nie genügend dafür erwärmen, um namentlich an eine Ausführung zu denken; wogegen nun ein andrer Stoff mich auf das allerinbrünstigste einnahm. Diesen hatte mir ein zufällig mir in die Hand gerathenes Volksbuch vom "Venusberg" eingegeben."*[21]

Was in der rückblickenden Schilderung wie eine höchst private Entscheidung im Sinne der Präferenz eines Sagen-Sujets über ein historisierendes anmutet, betrifft in Wahrheit die Kriterien der Wirksamkeit von Zeitkritik durch Kunst. Die Entscheidung entsprang der Einsicht – ob eine instinktiv gefühlte oder eine analytisch-bewußte, das sei hier offen gelassen – in die geistig-materielle Struktur der Zeit, in die sich der Komponist hineingestellt fand. Wagner reagierte damit auf die gegenüber den neuromantischen Idealen der dreißiger Jahre völlig veränderte Situation um 1840, die er als einer der ersten gespürt zu haben scheint (Vischers *Vorschlag* erschien erst vier Jahre nach dieser Entscheidung). Wenn trotzdem das Ergebnis bei ihm anders aussah als beim etwa gleichzeitig wirkenden Lortzing, dann hat das ganz wesentlich etwas zu tun mit einem hintersinnig-vertieften Verständnis des Begriffes "Romantische Oper", dem abschließend nachzugehen ist.

Wagner hatte in dem Ausgangszitat von der *"konventionell klassifizierenden Annahme"* des Romantikbegriffes gesprochen. Offenbar hatte er selbst also eine Auffassung, die von dieser Konvention abwich. Als einen großen Irrtum der deutschen fortschrittlich gesinnten Künstler der 30er Jahre glaubte Wagner in Paris die Identifizierung der Grand Opéra mit den eigenen neuromantischen Vorstellungen erkannt zu haben. Wie schon Schumann – und im erklärten Gegensatz etwa zu Wolfgang Robert Griepenkerl und Julius Becker – erschien Wagner der Meyerbeersche Operntypus nicht als jene künstlerische Deutung weltgeschichtlichen Geschehens mit Auswirkungen bis hin zur eigenen Gegenwart, als den ihn seine neuromantischen Befürworter propagierten. Vielmehr erblickte er umgekehrt in den historischen Vorgängen nur den Anlaß zu den Massenszenen, Tableaux und zur musikalischen Koloristik, die die Substanz der Werke im Sinn des *"Effektes"*, einer *"Wirkung ohne Ursache"*, ausmachten.[22]

---

21   Richard Wagner: *Mein Leben*, Bd. 1, München 1911, S. 254.
22   Fritz Reckow: *"Wirkung" und "Effekt". Über einige Voraussetzungen, Tendenzen und Probleme der deutschen Berlioz-Kritik*, in: Die Musikforschung, 33 (1980), S. 1-36.

Die scheinbaren Nebenerscheinungen, nämlich der Profit der Opernproduzenten und die gesellschaftliche Repräsentation und das Prestige der Opernrezipienten, werden – so Wagner – zur sozial in Wahrheit allein relevanten Hauptsache. Anders als ihre treuherzigen deutschen Apologeten meinten, stelle die Grand Opéra keineswegs dasjenige Kunstwerk dar, mittels dessen die Gegenwart interpretiert werde und von dem irgendwelche Impulse zur Inangriffnahme der großen sozialen und politischen Anliegen der Zeit oder gar zur Revolution zu erwarten seien. Vielmehr gehöre sie selbst zu den Krankheitssymptomen der Zeit, die es zu interpretieren und gegen die es zu revoltieren gelte.

Dieser Interpretation Wagners liegt eine durchaus einseitige Betrachtungsweise zugrunde, wie sie wohl immer dann unumgänglich ist, wenn es letztlich nicht um das Für und Wider einer Sache, sondern um die Begründung und Durchsetzung der eigenen Entscheidung hinsichtlich eben dieser Sache geht. Daß Wagner aus den großen Volksdarstellungen der Grand Opéra – anders als etwa Heine – nicht den wilden und hektischen Lebensrhythmus der neuen, sich industrialisierenden Gesellschaft heraushören konnte oder wollte, hängt vermutlich zu einem guten Teil mit seinen persönlichen Erfahrungen und Vorurteilen zusammen. Andererseits brauchte Wagner nur einen Widerspruch überzupointieren, der in Meyerbeers Werken selbst angelegt ist. Seinen Historischen Opern haftet Konventionalität insofern an, daß – getreu einer aus dem 17. und 18. Jahrhundert stammenden Tradition der opernmäßigen Behandlung historischer Stoffe – die "allgemein"-politische Handlung durch private Affären nicht nur ausgelöst, sondern geradezu motiviert wird.[23] Zumindest stehen sich diese beiden Elemente kontradiktorisch gegenüber und bewirken von daher den Eindruck mangelnder Motivierung der musikalischen und theatralischen Vorgänge durch den Text. In dieser Konstellation liegt ein Moment des Veralteten, wogegen die Modernität der Werke hauptsächlich in der Teilhabe am Technisch-Apparativen besteht – dies war eine der wesentlichen Einsichten, die Wagner in seinen Pariser Jahren gewann, nachdem er in den dreißiger Jahren selbst der neuromantischen Faszination verfallen gewesen war. Darum stand für ihn die Entscheidung für die Romantische Oper im schroffen Gegensatz zur geschilderten biedermeierlichen Restituierung des Romantischen. Bei Wagner verband sich seit seiner Rückkehr aus Paris der Begriff des Romantischen wieder mit jenem oppositionellen, ja revolutionären Impuls, den es bei Hölderlin, Novalis oder dem jungen Friedrich Schlegel an seinem Ausgangspunkt um 1800 einmal besessen hatte. Gerade die Romantische Oper – und sie allein – ist für Wagner revolutionäre Oper: auf ihrem Feld vollzieht sich ein bohrendes Suchen nach dem *"Geist des Volkes"*, den künstlerisch zu gestalten Auflehnung bedeutete:

> *"Auflehnung nicht außerhalb des Gebietes der Kunst, vom Standpunkt des kritisierenden Literaten, noch des kunstverneinenden, sozialistisch rechnenden, politischen Mathematikers unserer Tage ..."*

---

23 Carl Dahlhaus: *Gattungsgeschichte und Werkinterpretation. Die Historie als Oper*, in: Friedhelm Krummacher u. Heinrich W. Schwab (Hrsg.): *Gattung und Werk in der Musikgeschichte Norddeutschlands und Skandinaviens*, Kassel u. a. 1982, S. 24.

Und er betont,

> "*daß meine revolutionäre Stimmung mir selbst den Drang und die Fähigkeit zu künstlerischen Taten erweckte ...*"[24]

Wer mit den *"politischen Mathematikern"* gemeint ist, versteht sich: Wagner war sich seines Gegensatzes zu den politischen Revolutionären wohl bewußt (auch wenn er auf den Barrikaden kämpfte). Er warf ihnen vor, in der Kälte ihrer berechnenden Reflexion selbst zu den Produkten jenes Systems zu gehören, das sie bekämpften.

Was Wagner im romantischen Ideengut entdeckte, war die revolutionäre Qualität einer christlichen Grundidee: die Kraft, die das Göttliche zum Menschlichen herabsteigen läßt: das Wort ward Fleisch. Auch hinter den romantischen Elfen- und Nixenmärchen steckt letztlich diese Grundidee der Sehnsucht des Überirdischen, ins Endliche einzugehen und sich zu konkretisieren. Diese Elementargewalt aber ist nichts anderes als die vom Christentum gepredigte Liebe, und mit ihrem Eingehen in die Welt wurden deren Maßstäbe verändert, revolutioniert. Insofern folgt Wagners Grundgedanke Strukturen, die bereits um 1800 entwickelt worden waren: Die Liebe ist die revolutionäre Kraft schlechthin, und die weltgeschichtliche Leistung der christlichen Religion, die von der Romantik wiederentdeckt worden war, besteht darin, die Idee dieser Liebe der Menschheit vermittelt zu haben. Wagners Absage an die Grand Opéra, sein mühevolles Bestreben, sich von ihr mit Hilfe der Romantischen Oper zu lösen, ist insofern eine direkte revolutionäre Aktion. Sie richtet sich gegen eine Opernform, in der die Liebe konventionalisiert und damit als Motiv für die geschichtliche Aktion unglaubwürdig gemacht wird statt in ihrem romantisch-revolutionären Impetus aufgedeckt zu werden. Wagners Revolutionsschriften stehen daher nicht nur in einem äußeren zeitlichen Zusammenhang mit seinen Romantischen Opern, sie bilden vielmehr deren eigentlichen geschichtsphilosophischen und ästhetischen Kommentar. Ihr Tenor ist, daß die wahre Revolution diejenige gegen die künstlerische Öffentlichkeit der Gegenwart sei. Symptomatisch hierfür der Schlußsatz aus *Die Kunst und die Revolution* (1849):

> "*So laßt uns denn den Altar der Zukunft, im Leben wie in der lebendigen Kunst, den zwei erhabensten Lehrern der Menschheit errichten: – Jesus, der für die Menschheit litt, und Apollon, der sie zu ihrer freudenvollen Würde erhob.*"[25]

Indem die christliche Liebe zum Thema schlechthin wird, kann die Romantische Oper aus dem Geist der Musik selbst geboren werden. Denn getreu der Auffassung der Romantiker ist Musik die romantischste aller Künste (E. T. A. Hoffmann), folglich kann Wagner *"den Geist der Musik nicht anders fassen als in der Liebe"*.[26] Der Formalismus, in dem nach Wagners Meinung die Grand Opéra erstarrt ist, muß als direktes In-Erscheinung-Treten jenes Prinzips verstanden werden, auf dem das System

---

24   R. Wagner: *Eine Mittheilung an meine Freunde*, S. 263.
25   Richard Wagner: *Die Kunst und die Revolution* (1849), in: Gesammelte Werke, Bd. 3, ⁵München o. J., S. 41.
26   R. Wagner: *Eine Mittheilung an meine Freunde*, S. 264.

beruht, das sie hervorgebracht hat: des Prinzips der Lieblosigkeit, bei Marx als Entfremdung bezeichnet. Von der Überwindung des Formalismus in der Kunst – und die Romantische Oper ist für ihn die nicht-formalistische Oper schlechthin – erwartet er die Überwindung des Geistes der Entfremdung. Das Thema, das Wagner bereits im *Liebesverbot* angeschlagen hatte, erfährt nun eine ungeahnte Vertiefung, wird geradezu zum Thema schlechthin. Nicht die Zeitoper, das auf Analyse der Gegenwart per analogiam bezogene historische Drama, ist demnach dasjenige Kunstwerk, das die Gesellschaft benötigt. Sondern indem der Künstler das alte romantische Zentralthema neu gestaltet und vertieft, schafft er das auf Zukunft gerichtete Kunstwerk.

> *"Alle unsere Wünsche und heißen Triebe, die in Wahrheit uns in die Z u k u n f t hinübertragen, suchen wir aus den Bildern der Vergangenheit zu sinnlicher Erkennbarkeit zu gestalten, um so für sie die Form zu gewinnen, die ihnen die moderne Gegenwart nicht verschaffen kann."*[27]

Wagners revolutionäre Utopie bindet das Zukünftige mit dem Längstvergangenen zusammen – ein urromantischer Gedanke, den auch Novalis schon unter der Idee des Goldenen Zeitalters, das am Beginn wie auch am Ende des Prozesses der Geschichte steht, gefaßt hatte.[28] Das Zukünftige ist zugleich das Neue u n d das Vertraute, das Andere und doch die Heimat, in der der Mensch angenommen und in Liebe geborgen ist. In dieser vertieften Anknüpfung an zentrale Ideen der älteren Romantik ist aber zugleich eine Fortführung der Thematik aus den dreißiger Jahren enthalten. Schon im *Liebesverbot*, jenem italienisierenden Hymnus auf freie Liebe aus dem Geist des Jungen Deutschland, ereignet sich die Konfrontation eines Mannes, der sich nach Liebe sehnt, zu ihr jedoch nicht fähig ist und sie deshalb verbietet, mit einer Frau, für die die Liebe das einzige und absolute Lebenselement darstellt, dem sie alles andere bedingungslos unterordnet. Sie wird zur strafenden Rächerin, aber auch zur erbarmenden Erlöserin des Liebesunfähigen. Schon in Friedrich Schlegels frühromantischem Romanfragment *Lucinde* (1799) heißt es:

> *"Unter ihnen* [den Frauen; d. V.] *gibt es keine Ungeweihten; denn jede hat die Liebe schon ganz in sich, von deren unerschöpflichem Wesen wir Jünglinge nur immer ein wenig mehr lernen und begreifen."*[29]

Und an anderer Stelle wird das Wesen der Liebe geradezu in der Entgrenzung des Ichs, Bereitschaft zur Selbstaufopferung, zum Liebestod als eigentlichem Ziel erkannt:

> *"... da wir unsterblich sind wie die Liebe? Ich kann nicht mehr sagen, meine Liebe oder deine Liebe; beide sind gleich und vollkommen Eins, so viel Liebe als Gegenliebe. Es ist Ehe, ewige Einheit und Verbindung unsrer Geister, nicht bloß für das was wir*

---

27 Ebd., S. 311.
28 Zu dieser Thematik grundlegend Hans Joachim Mähl: *Die Idee des goldenen Zeitalters im Werk des Novalis*, Heidelberg 1965.
29 Friedrich Schlegel: *Lucinde. Ein Roman* (1799), München (1985), S. 27.

diese oder jene Welt nennen, sondern für die eine wahre, unteilbare, namenlose, un-endliche Welt, für unser ganzes Sein und Leben. ... Ich weiß, auch du würdest mich nicht überleben wollen, du würdest dem voreiligen Gemahle auch im Sarge folgen und aus Lust und Liebe in den flammenden Abgrund steigen, in den ein rasendes Gesetz die indischen Frauen zwingt und die zartesten Heiligtümer der Willkür durch grobe Absicht und Befehl entweiht und zerstört. "[30]

Der Gedanke, daß diese zur völligen Selbstentgrenzung und Selbstaufgabe fortschrei-tende Zuwendung zum anderen in unvermittelter Form zunächst nur der Frau mög-lich sei, wogegen der Mann sie nur in stufenweiser Annäherung, in *Lehrjahren der Männlichkeit* (Friedrich Schlegel; der heutige Anthropologe würde von "Initiation" sprechen) erreicht, wurde Wagner von der Romantik übermittelt. Auch Hölderlin hatte in seinem *Hyperion*-Roman angeknüpft an den platonischen Mythos von Dio-tima, der weisen Frau aus Mantinea, der Lehrerin und Prophetin des Eros, der sich der Mann als Unvollkommener anvertrauen darf. Das Junge Deutschland übernahm die Idee der starken, sich in der Beziehung zum Mann verwirklichenden Frau: die Emanzipation des weiblichen Geschlechts nach vieltausendjähriger Unterdrückung wird hier zu einem zentralen Moment gesellschaftlicher Umgestaltung und Befreiung vom Überkommenen. Wagner schildert in seiner autobiographischen *Mittheilung an meine Freunde*, wie ihm in der Gestalt Elsas im *Lohengrin* diese romantische Bedeu-tung des Weiblichen klar geworden sei:

"In 'Elsa' ersah ich von Anfang herein den von mir ersehnten Gegensatz Lohengrins, natürlich jedoch nicht den diesem Wesen fern abliegenden, absoluten Gegensatz, son-dern vielmehr das andere Theil seines eigenen Wesens. ... Elsa ist das Unbewußte, Unwillkürliche, in welchem das bewußte, willkürliche Wesen Lohengrins sich zu erlö-sen sehnt; dieses Verlangen ist aber selbst wieder das unbewußte Nothwendige, Un-willkürliche im Lohengrin, durch das er dem Wesen Elsas sich verwandt fühlt. ... Die-ses so und nicht anders lieben könnende Weib, das gerade durch den Ausbruch ihrer Eifersucht erst aus der entzückten Anbetung in das volle Wesen der Liebe geräth, und dies Wesen dem hier noch Unverständnisvollen an ihrem Untergang offenbart; dieses herrliche Weib, vor dem Lohengrin noch entschwinden mußte, weil er es aus seiner be-sonderen Natur nicht verstehen konnte – ich hatte es jetzt entdeckt. ... Lohengrin, den ich verloren geben mußte, um mit Sicherheit dem wahrhaft Weiblichen auf die Spur zu kommen, das mit und aller Welt die Erlösung bringen soll, nachdem der männliche Egoismus, selbst in seiner edelsten Gestaltung, sich selbstvernichtend vor ihm gebrochen hat. Elsa, das Weib, – diese nothwendigste Wesenäußerung der reinsten sinnlichen Unwillkür, hat mich zum vollständigen Revolutionär gemacht. Sie war der Geist des Volkes, nach dem ich auch als künstlerischer Mensch zu meiner Erlösung verlangte. "[31]

---

30   Ebd., S. 15 f.
31   R. Wagner: *Eine Mittheilung an meine Freunde*, S. 301. Auf die gedankliche Nähe zu Johann Jakob Bachofens 1861 erschienenem *Mutterrecht* kann hier nur hingewiesen werden.

Elsa, die nicht eine emanzipierte Jungdeutsche, sondern eine romantische Gestalt ursprunghafter Unmittelbarkeit ist, scheitert also an Lohengrins männlichem Egoismus, an seiner Unfähigkeit, das Weibliche schlechthin emotional zu erfassen und darin aufzugehen. Dagegen repräsentiert Ortrud den Typus der politisierenden Intrigantin, der in Wagners Sicht für die Gattungstradition der Historischen Oper, insbesondere die Grand Opéra, charakteristisch ist. In dieser Passage wird, wie kaum in einer anderen, die Aktualität deutlich, die die romantische Überzeugung von der Möglichkeit der Wiedergewinnung der menschlichen Ganzheit in den vierziger Jahren besaß. Es handelt sich um den verzweifelten Versuch, jenen "Riß" zu heilen, der die moderne Welt durchzieht: den Riß zwischen dem Ich und dem nur verstandesmäßig zu erkennenden, dem Ich jedoch fremd, zum bloßen Objekt gewordenen Bereich der Außenwelt. Karl Gutzkow hat diesen Zwiespalt sehr treffend in seinen *Säkularbildern* (1846) geschildert:

> *"Es ergibt sich, daß die Kunst in unserer Zeit nichts Unmittelbares, sondern nur noch ein Vermitteltes ist. Nichts kommt ihr entgegen; was sie braucht, muß sie suchen; Luft und Leben, so wie es der Tag bietet, muß sie erst von der Ansteckung des Momentes reinigen. Wer ein ächter Kunstjünger in unserer Zeit sein will, muß aus dem Geräusch der Welt entfliehen, die Einsamkeit suchen und sich lieber mit den Thieren des Waldes befreunden, als mit den Menschen. So wie der Tag uns die Situationen der Menschen bietet, können wir sie als Künstler nicht brauchen, sondern da sind Prosa und Langeweile in ganzen Massen auszuscheiden, bis wir das Wenige finden, was uns die Zeit als Stoff darbietet. ... Ausgehen kann man von dieser Zeit nicht. ... Wer den Wald, die Nacht nicht kennt, wird nie ein Dichter werden; wer sich in den Geist des medizeischen Zeitalters nicht vertiefte der wird kein Maler und Bildner werden. ... Seitdem man an das Ideal nicht mehr unmittelbar sich hingeben kann, wie es die alten Zeiten konnten, wurde das Schöne durch das Häßliche, die Wahrheit durch die Lüge vermittelt. Daher kommt es, daß all' unsere moderne Kunst einen s p e z i e l l e n A c c e n t hat und daß Bildung dazu gehört, um in ihrer Isolierung ihre Tiefe und ihr Wesen zu erkennen."*[32]

Gutzkow – selbst ein Vertreter der in den dreißiger Jahren so optimistischen Generation des Jungen Deutschland – hält also eine Heilung unter den gegebenen gesellschaftlichen und materiellen Verhältnissen für unmöglich. Wagners Rückwendung zur Romantik mit dem Ziel der Überwindung von Entfremdung und Isolation der Subjekte, unternimmt dieses Unmögliche. Dem Kunstwerk der Zukunft traut er zu, was die Revolution im politischen Bereich allein nicht erreichte und – nach seiner Meinung – auch nie erreichen konnte: Wagners Revolution im Bereich der Kunst beginnt im Individuum, das auf seine Wurzeln verwiesen wird. Dies ist das eigentliche Motiv des Zurückgehens zum Mythos, des Aufsuchens eines *"Volksgeistes"* in verschütteten Tiefenschichten, deren Verbindungen zur Existenz in der Gegenwart weitgehend gekappt sind. Insofern stellt Wagners künstlerisches Unternehmen, innerhalb

---

32 Karl Gutzkow: *Säkularbilder*, in: Gesammelte Werke, Bd. 10, Frankfurt/M. 1846, S. 245 ff.

dessen die Romantische Oper bekanntlich nur eine Etappe markierte, die Konsequenz dar, die er aus der Analyse der gesellschaftlichen, geschichtlichen und künstlerischen Situation seiner Zeit zog. Zum *"unabweisbaren Vater der strukturalen Analyse der Mythen"*, als den ihn Claude Lévi-Strauss apostrophierte, avancierte Wagner indessen erst nach Überwindung der Romantischen Oper. Werke wie *Tristan, Ring, Parsifal*, entziehen sich der Einordnung in diese Gattungstradition ebenso wie in jede andere, stellen aber als "Handlungen" oder "Festspiele" in gewisser Hinsicht doch eine Erweiterung und Vertiefung des in der "Romantischen Oper" Angelegten dar. Die Teilnahme an der "Romantik-Welle" der vierziger Jahre war aber – gerade in ihrer Andersartigkeit gegenüber deren sonstigen Vertretern – eine notwendige Durchgangsstation in Wagners künstlerischer Entwicklung.

Eine dem aktuellen Bewußtseinsstand angemessene monographische Interpretation von Wagners drei Romantischen Opern steht noch aus. Sie hätte von einer strukturgeschichtlichen Konditionierung auszugehen und zum einen den Abstand aufzuzeigen, der diese Werke von denen der übrigen Komponisten Romantischer Opern in den vierziger Jahren trennt, sodann aber auch diejenigen Elemente zu beschreiben, die als Keime des späteren Musikdramas als der entfalteten musikalischen Exegese des Mythos erkennbar sind. Von der ideen- oder stilgeschichtlichen Betrachtungsweise würde sich eine derartige Interpretation vor allem durch die wechselseitige Beleuchtung mit den Bereichen der materiellen Lebensentwicklung einerseits und der Ästhetik andererseits unterscheiden. Daß der Begriff "Romantische Oper" um 1815 etwas anderes meint als um 1845, weil er von vielfach geänderten materiellen und bewußtseinsmäßigen Strukturen ausgeht, dürfte einleuchten. Inwiefern für das kompositorische Bewußtsein die im fünften Jahrzehnt sich ereignende Auseinandersetzung mit der Grand Opéra eine entscheidende Bedeutung hat – dies zu zeigen war das Ziel des vorliegenden Versuches.

Michael von Albrecht und Werner Schubert (Hrsg.), Musik und Dichtung. Neue Forschungsbeiträge, Viktor Pöschl zum 80. Geburtstag gewidmet, Verlag Peter Lang: Frankfurt am Main u. a. 1990 (= Quellen und Studien zur Musikgeschichte von der Antike bis in die Gegenwart, Band 23), S. 331-350

Mythische und musikalische Struktur bei Wagner

I

Sucht man nach bestimmenden Kriterien der Entwicklung der Kunst seit dem Ende des 18. Jahrhunderts, dann drängt sich wohl zu allererst die Abwendung von der Naturnachahmung auf. In dem Maße, wie die äußere Natur wissenschaftlich beherrschbar und in der Folge zum Objekt der materiellen Ausbeutung wurde, verlor sie die Fähigkeit, der Kunst zum Gegenstand und zum leitenden Prinzip zu dienen. Noch für Kant hatte das Naturschöne absoluten Vorrang vor dem Kunstschönen. Das Genie war das Medium, durch das die Natur der Kunst *"die Regeln vorschreibe"*. In Hegels Ästhetik wird ihr dieser Rang bestritten mit der Begründung, nur als Einzelnes, als konkrete Subjektivität könne sich die Idee des Schönen verwirklichen, und dies sei allein im Für-Sich-Sein des Kunstwerkes, nicht im An-Sich-Sein der Natur möglich. Die Subjektivität aber aktualisiert sich nach Hegel in der individuellen Form, in der *"die Vernünftigkeit des Wirklichen ... zur äußeren Erscheinung gelangen soll"* .[1]

Die Überforderung des Subjekts als Vollstrecker des Vernünftigen führte bald zur Krise des Hegelianismus und des Idealismus überhaupt, die spätestens um 1840 zum Ausbruch kam, als offenkundig wurde, daß nicht die Vernünftigkeit des Wirklichen, sondern die Beschädigung und Zerstörung der Natur und die Vereinsamung des Individuums das Resultat jener radikalen Trennung von Subjekt und Objekt waren, die durch die cartesianische Wende im abendländischen Denken eingeleitet worden war. In der offiziellen gesellschaftlichen Funktionsbestimmung der Kunst blieb allerdings der nunmehr fragwürdig und hohl gewordene idealistische Begriff maßgeblich: die Kunst als Aktualisierung *"von Freiheit und Menschenwürde, demzufolge nichts in der Welt zu achten sei, als was das autonome Subjekt sich selbst verdankt. Die Wahrheit solcher Freiheit für es ist aber zugleich Unwahrheit: Unfreiheit fürs Andere. Darum fehlt der Wendung gegen das Naturschöne, trotz des unermeßlichen Fortschritts in der Auffassung von Kunst als eines Geistigen, den sie ermöglichte, das zerstörerische Moment so wenig, wie dem Begriff der Würde gegen Natur schlechthin"*.[2]

Die *"Wendung gegen das Naturschöne"* vollzog sich jedoch erst in der Auseinandersetzung Hegels mit den romantischen Philosophen und Dichtern, namentlich mit Schelling, seit der *Phänomenologie des Geistes* (1807). Noch 1796, im sogenannten

---

[1] Georg Wilhelm Friedrich Hegel: *Vorlesungen über die Ästhetik* (1820/21), Frankfurt/M. 1970 (Theorie-Werkausgabe 13), S. 364.

[2] Theodor W. Adorno: *Ästhetische Theorie*, Frankfurt/M. 1973, S. 98.

"Ältesten Systemprogramm des deutschen Idealismus", war sich Hegel mit seinen Tübinger Freunden Hölderlin und Schelling in der Forderung nach einer *"neuen Mythologie"* einig, die in der Formulierung Friedrich Schlegels mit der Poesie *"eins und unzertrennlich"* sei und im Gegensatz zur antiken Mythologie nicht aus der Anschauung der sinnlichen Welt, sondern *"aus der innersten Tiefe des Geistes sich aus sich selbst herausarbeite"*. Der Idealismus, der *"in praktischer Ansicht nichts anderes sei als der Geist der Revolution"* (womit sowohl die politische Französische wie auch die geistige Revolution der Aufklärung, die Selbstbestimmung des Geistes gemeint ist), treibe aus sich selbst einen grenzenlosen Realismus hervor, der aber nichts ist als die andere Seite seiner selbst. Auf dieser Identität von Geist und Natur beruht die Forderung der Romantik nach einer Mythologisierung der Naturwissenschaft, nach einer *"mythologischen Ansicht der Physik"*.[3] Die *Rede über die Mythologie* ist ein Abschnitt des 1800 entstandenen *Gespräches über die Poesie*, der in einer Variante der Werkausgabe von 1823 als *Mythologie und symbolische Anschauung* betitelt wurde. Darin zeigt sich das Verhältnis, das nach romantischer Anschauung die alte und die neue Mythologie zueinander einnehmen: geht der antike Grieche von der unmittelbar sinnlichen Erscheinung aus, um ihr symbolische Bedeutung beizumessen, so besteht die Aufgabe der modernen Dichter darin, von den Abstraktionen der empirisch-wissenschaftlichen Betrachtung der Natur zu deren symbolischer Bedeutung vorzustoßen, denn:

"was ist jede schöne Mythologie andres als ein hieroglyphischer Ausdruck der umgebenden Natur in dieser Verklärung von Fantasie und Liebe?"[4]

"Die allegorische Deutung der Mythenwelt wird ... durch die 'tautegorische' ersetzt – d. h. durch eine solche, die die mythischen Gestalten als autonome Gebilde des Geistes nimmt, die aus sich selbst, aus einem spezifischen Prinzip der Sinn- und Gestaltgebung begriffen werden müssen."[5] Die neue Mythologie wird also aufgefaßt als ein Realwerden des seiner selbst bewußt gewordenen Ideellen, Kunst somit als Konkretisierung des modernen Bewußtseins, das von der Wissenschaft geprägt, jedoch zugleich von der symbolischen Bedeutsamkeit des Physischen überzeugt ist.

Obwohl sich der romantische Traum der *"neuen Mythologie"* von einer zur Naturphilosophie umgestalteten Naturwissenschaft historisch in sein Gegenteil verkehrte, blieb die von Schlegel, Schelling und anderen Romantikern neuentdeckte Identität von Mythologie und Kunst im weiteren Verlauf des 19. Jahrhunderts ebenso erhalten wie die Hegelsche Subjekt-Objekt-Antithese zwischen Kunst und Natur. Diese doppelte Erbschaft der idealistischen Ästhetik zeitigte besonders offenkundig ihre Konsequenz in der Kontroverse um das Verhältnis der Kunst zum Leben. Auf der einen Seite wurde diese Beziehung in der Geschichtlichkeit der Kunst gesehen; namentlich die Strömungen der 30er Jahre, die man dem Begriff des "Jungen Europa" zuordnen könnte, erblickten die Aufgabe der Kunst vor allem im Ausdruck des geschichtlich

---

3   Friedrich Schlegel: *Gespräch über die Poesie* (1800), in: Kritische Ausgabe II.1., ed. H. Eichner, München ... 1967, S. 312 ff.

4   Ebd., S. 318.

5   Ernst Cassirer: *Philosophie der symbolischen Formen* 2. Teil: *Das mythische Denken*, Berlin 1925, S. 7.

Gewordenen und der politischen Probleme der Gegenwart als Resultat jenes histori-schen Prozesses. Aber auch der wachsende Einfluß des Historismus auf die künstleri-sche Produktion im späteren 19. Jahrhundert resultiert aus dem zunehmenden Ge-wicht der Kategorie des Historischen in allen Bereichen der materiellen und geistigen Entwicklung dieser Epoche. In der Musik manifestiert sich dies vor allem in der Aus-einandersetzung zwischen Traditionsgebundenheit und Fortschrittsglauben, die die zweite Hälfte des 19. Jahrhunderts erfüllte und bis weit ins 20. hinein die Legitimati-onsgrundlagen für die maßgeblichen kompositorischen Richtungen lieferte. Auf der anderen Seite konstatierten selbst Parteigänger einer engagiert historischen Kunst, daß dieser ein entscheidendes Moment abgeht: die Unmittelbarkeit. Karl Gutzkow stellte 1846 fest, daß die moderne Kunst einen *"speciellen Accent"* habe und daß *"Bildung dazu gehört, um in ihrer Isolierung ihre Tiefe und ihr Wesen zu erkennen"*.[6] Diese Er-kenntnis war, als Reaktion auf die Fortschrittseuphorie der dreißiger Jahre, weit ver-breitet. Sie führte im Bereich der Oper zur Kritik an Meyerbeers als Gleichnisse oder Analogieverweise aufzufassenden historischen Bilderbogen, etwa in Friedrich Theodor Vischers *Vorschlag zur Oper* (1844).

Die Forderung des Rückganges vom geschichtlichen zum mythischen Stoff, die hier programmatisch erhoben wurde, setzte Richard Wagner in die Tat um. In seiner *Mitteilung an meine Freunde*, jener Broschüre, mit der sich 1851 der nach Zürich geflohene, in Deutschland steckbrieflich gesuchte Ex-Revolutionär an diejenigen wandte, *"welche Neigung und Bedürfnis fühlen, mich zu verstehen"*, schilderte er den schwierigen Entscheidungsprozeß, der – noch während der Komposition des *Lohen-grin* – weg vom historischen Stoff des *Friedrich der Rothbart* hin zum mythischen des *Siegfried* führte. Den Gegensatz bringt Wagner auf eine lapidare Formel: Geschichte – das sind *"Verhältnisse, und nichts als Verhältnisse"*; demgegenüber erkannte er im My-thos *"den Grund auch dieser Verhältnisse"*, nämlich den Menschen selber als *"unwill-kürlichen Schöpfer der Verhältnisse"*.[7] Hier wird die Beziehung zu Schlegels Forderung, neue Mythologie müsse ihren Ausgangspunkt im Idealismus als der Offenbarung des sich selbst bestimmenden Geistes nehmen, schlagend deutlich.

Lange Zeit wurde Wagners Verständnis des Mythos weithin verkannt, vor allem dadurch, daß seine Wurzeln im romantischen Mythosbegriff nicht gesehen wurden. So bezog Fritz Strich in der 1910 erschienenen Betrachtung über die Rolle der My-thologie in der deutschen Literatur Wagner ausdrücklich in das Scheitern der nach-romantischen Bemühungen um die Mythologie ein.[8] Diese Einschätzung beruht in-dessen auf einer Verwechslung von Wagners These des anthropogenen Ursprungs des Mythos (die ihrerseits die Übereinstimmung mit der Genese der romantischen neuen Mythologie aus dem revolutionär verstandenen Idealismus ausmacht) mit der voride-alistischen euhemeristischen Auffassung von der Mythologie als einer märchenhaften Überhöhung eigentlich geschichtlicher Gestalten und Vorgänge.

---

6   K. Gutzkow: *Säkularbilder*, in: Gesammelte Werke Bd. X, Frankfurt/M. 1846, S. 245 ff.
7   Richard Wagner: *Sämtliche Schriften und Dichtungen* Bd. IV, Leipzig o. J., S. 312.
8   F. Strich: *Die Mythologie in der deutschen Literatur von Klopstock bis Wagner*, Halle 1910, S. 469 f.

In jüngerer Zeit ist dieser Auffassung entschieden widersprochen worden, am nachhaltigsten wohl von Claude Lévi-Strauss, der die *"tiefgreifende, wenn auch auf den ersten Blick überraschende Affinität zwischen Musik und Mythen"* dadurch unterstrich, daß er eines seiner mythologisch-anthropologischen Werke in Kapitel gliederte, die mit musikalischen Formbegriffen überschrieben sind. Doch sieht Lévi-Strauss in dieser Analogie nur *eine* Seite der Beziehung zwischen Musik und Mythos, und zwar diejenige, die auf der grundlegend ähnlichen Einstellung beider zur Zeit beruht:

"Alles geht so vor sich, als hätten Musik und Mythologie die Zeit nur deshalb nötig, um sie zu verleugnen."

In beiden Bereichen werde die *"physiologische Zeit des Hörers, eine heillos diachronische, da irreversible Zeit"*, zum Stillstand gebracht und in der *"geschlossenen Totalität"* einer *"permanenten Struktur"* überwunden.[9] – Die andere Seite dieser Beziehung besteht nach Levi-Strauss darin, daß die Musik in der Lage ist, *"eine strukturale Analyse der Mythen"* zu leisten, und diese ihre Fähigkeit sei von niemand anderem als von Richard Wagner entdeckt worden. *"In dem Augenblick des Zerfalls der Mythologie als beherrschender literarischer Ausdrucksform* [seien] *die Strukturen des mythischen Denkens von der Musik übernommen"* worden. *"Die Botschaft des Mythos ging auf den Roman über, aber von seiner Form nahm die Musik Besitz."*[10]

Es kann in diesem Rahmen unmöglich eine Diskussion dieser sehr weitreichenden Theorie des Dreiecks-Verhältnisses Mythos – Literatur (Roman) – Musik erfolgen (was zweifellos wichtig und notwendig wäre). Wir sind eigentlich gewohnt, eher umgekehrt den strukturellen Einfluß als von Wagner ausgehend in der Romanliteratur etwa eines Thomas Mann aufzusuchen. Und Thomas Mann war es auch, der die eigenartige Position von Wagners Musik zwischen *"vorkultureller Tiefe"* auf der einen und höchstraffiniertem Kunstverstand auf der anderen Seite beschrieb:

"Aufgelöst in ihre Urelemente muß die Musik dazu dienen, mythische Philosopheme ins Hochrelief zu treiben."[11]

Umgekehrt sah es Adorno im *Versuch über Wagner* (1952), der andererseits Thomas Mann in vielem verpflichtet ist: die hochentwickelte Musiksprache übersetze nicht die Mythen ins Dramatisch-Rezipierbare, sondern in ihr vollziehe sich die Preisgabe des subjektiven Widerspruches gegen die universale Gewalt der Mythen. Das Formprinzip des Musikdramas, die *"Kunst des Überganges"*, stehe – entgegen allen theoretischen Beteuerungen Wagners – im äußersten Gegensatz zum *"antimythologischen"* Prinzip der entwickelnden Variation.[12] Und die Bemühungen, die Symbolik des *Ringes* im

---

9   Claude Lévi-Strauss: *Mythologica* I, *Das Rohe und das Gekochte* (1964), Frankfurt/M. 1976, S. 31.
10   C. Lévi-Strauss: Spiegel-Gespräch (in Nr. 53/1971), zit. n. H. Barth (ed.): *Bayreuther Dramaturgie. Der Ring des Nibelungen*, Stuttgart/Zürich 1980, S. 289.
11   Thomas Mann: *Leiden und Größe Richard Wagners* (1933), in: *Leiden und Größe der Meister*. Frankfurt/Main, ²1959, S. 232.
12   Th. W. Adomo: *Versuch über Wagner*, Berlin/Frankfurt/M. 1952, S. 150 f., 160.

Sinne der Archetypik von C. G. Jung aufzulösen,[13] lesen sich wie die bestätigende Illustration dieser Inkriminierung. Sie legt nahe, Wagners Komponieren bestehe im wesentlichen im Auffinden und im hochartifiziellen Kombinieren von *"musikalischen Archetypen"* und bewähre sich als solches allein in der unmittelbar schlagenden theatralischen Wirkung.

II

Im 2. Teil seiner *Philosophie der symbolischen Formen* unternahm 1925 der Neukantianer Ernst Cassirer in der Wendung sowohl gegen Schellings metaphysisch orientierte *Philosophie der Mythologie* als auch gegen die empirisch orientierte Völkerpsychologie eine *"kritische Phänomenologie des mythischen Bewußtseins"*. Der *"Geist"* als Subjekt des Kulturprozesses wird hier in seiner *"reinen Aktualität"*, *"in der Mannigfaltigkeit seiner Gestaltungsweisen zu erfassen und die immanente Norm, der jede von ihnen folgt, zu bestimmen versucht"*.[14] Es geht darum, das kritische Denken, das sich bei Kant auf die Erkenntnisform beschränkt hatte, auf die übrigen Bereiche der Kultur auszuweiten, wobei Kritik der Sprache, des Mythos, der Religion und der Kunst als Hauptbereich zu gelten haben, freilich immer innerhalb eines Gesamtprozesses, in dem die *"passive Welt der bloßen Eindrücke, in denen der Geist zunächst befangen scheint, zu einer Welt des reinen geistigen Ausdrucks"* umgebildet wird. In diesem Prozeß kommt dem Mythos lediglich die Funktion eines *"Ausgangspunkt(es) für alles Werden der Wissenschaft"* zu, die mit Hegel als die Stufe begriffen wird, auf der der Geist zu sich selbst gekommen ist. Doch bilden Mythos und Wissenschaft eine Einheit, verbunden durch ihre je eigenartige Symbolik, und so ist Cassirers Werk der erste große Versuch, das mythische Denken in seiner spezifischen Struktur und nicht nur in motivgeschichtlicher und psychologischer Annäherung zu erfassen. Letztes Motiv, den Mythos in seiner eigenen Wahrheit zu erforschen ist das Bedürfnis, *"Eingriffe und Übergriffe des Mythos in den Kreis der Wissenschaft"* abzuwehren und so die Restbestände des mythischen Denkens zu überwinden. Dies sei nur möglich, wenn man, *"was er geistig ist und geistig vermag, erkannt habe"*.[15]

Cassirers *Formenlehre des Mythos* stellt – trotz der Abwehrhaltung, die hinter ihr steht, – einen sehr klaren und systematischen Aufriß der Strukturen des mythischen Denkens dar. Er geht aus vom mythischen Raum und mythischer Zeit, wobei grundsätzlich der Primat des räumlichen Beieinander vor dem zeitlichen Nacheinander als Grundzug hervorgehoben wird. Der Gegensatz von Licht und Dunkel sowie die Entstehung und das Vergehen des Lichtes geben die grundsätzlichen Orientierungsmarken für die raumzeitliche Orientierung, sie verleihen der primären räumlichen Gegebenheit die zeitliche Tiefendimension. Das Erlebnis solcher Gegensätze wird als Ereignis empfunden, was etwa an dem Diktum Heraklits deutlich wird: *"Die Sonne ist*

---

13   Johannes Bertram: *Mythos – Symbol – Idee in Richard Wagners Musikdramen*, Hamburg 1957. – Robert Donington: *Wagner's 'Ring' and its Symbols*, London 1963.

14   Ernst Cassirer: *Das mythische Denken*, S. 18.

15   Ebd., Vorwort, S. XIII.

neu an jedem Tag". Der Zusammenhang, den der Mythos konstituiert, setzt sich aus solchen erlebten, affektiv besetzten Grunderlebnissen zusammen. Das mythische Bewußtsein deutet gegenwärtige Ereignisse, indem es sie auf vergangene zurückführt jedoch nicht im Sinne eines überprüfenden Vergleichens, sondern einer einfachen, absoluten Kausalität. *"Die Vergangenheit selbst hat kein Warum mehr: sie ist das Warum der Dinge. Das eben unterscheidet die Zeitbetrachtung des Mythos von der Geschichte, daß für sie eine absolute Vergangenheit besteht, die als solche der weitergehenden Erklärung weder fähig noch bedürftig ist."*[16] Absolute Vergangenheit bedeutet – in der Formulierung von Mircea Eliade –: Sie ist der Ursprung der Zeit, denn es konnte keine Zeit geben vor der Erscheinung der im Mythos berichteten Realität.[17] Der mythische Zeitbegriff kennt darum im Grunde nur zwei Pole: das Ereignis und seine im Ritus sich vollziehende aktualisierende Wiederholung. Er beruht auf der Identität alles sinnlich Wahrgenommenen, die auf ihren gemeinsamen Ursprung zurückgeführt wird. Auch der Grundgegensatz ist kein absoluter: so formt etwa der babylonische Weltschöpfer Marduk den Kosmos aus dem Leib seines Widersachers, des chaotischen Tiâmat, und den Menschen aus dessen Blut.

Demgegenüber ist das Prinzip der Entwicklung, des Überganges von einem zum anderen, dem mythischen Denken fern. Der mythische Ablauf vollzieht sich in zyklischer Wiederholung des Gleichen, nicht in der allmählichen Umgestaltung in einer schrittweise fortlaufenden, sich entwickelnden Geschehnisreihe.

Der Versuch, diese grundlegenden strukturellen Sachverhalte in Wagners Musik wiederzufinden, zeigt sowohl Übereinstimmung wie auch entscheidende Abweichungen. Auf der einen Seite steht das leitmotivische Verfahren, das sowohl hinsichtlich der Genese wie auch der funktionalen Verwendung durchaus rituelle Züge trägt. Die Setzung, die *"Exposition"* eines Leitmotivs erfolgt stets als handlungsmäßiges, gestisches, sprachliches, atmosphärisches und musikalisches Ereignis, sie bewirkt das *"mysterium tremendum"* und das *"mysterium fascinosum"*, das im dramatischen Spiel aus seinen rituellen Ursprüngen sich erhalten hat. Die weitere Verwendung der Leitmotive hingegen ist ambivalent. Einerseits hat ihre Wiederkehr ein rituelles Moment: die Vergegenwärtigung jenes Ereignisses, auf das es sich bezieht. Andererseits unterliegen die Leitmotive einem Prinzip der Verarbeitung, für das Wagner selbst die Herkunft aus der Sinfonik Beethovens in Anspruch nahm, auch wenn es sich tatsächlich mehr um eine motivische Verflechtung als um dialektische Entwicklung handelt.[18] Doch auch das zweite grundlegende Formprinzip, das von Wagner als *"Kunst des Überganges"* bezeichnet wurde, ist durchaus am Modell des begrifflichen Denkens orientiert, wogegen es *"dem mythischen Erklärungsbedürfnis genügt, wenn nur überhaupt Anfang und Ende des Prozesses sich bestimmt gegeneinander abheben"*.[19]

---

16 Ebd., S.134.
17 Mircea Eliade: *Das Heilige und das Profane*, Hamburg 1952, S. 42.
18 Klaus Kropfinger: *Wagner und Beethoven*, Regensburg 1975, S. 257.
19 Ebd., S. 71.

Ein letztes Strukturmoment des Musikdramas, das hier genannt werden soll, ist die Vielfalt der Motive, die – wie schon die aristotelische Poetik lehrte – ein Merkmal des Epos darstellt. Das Epos aber bedeutet nach Cassirer (der sich seinerseits auf Schellings *Philosophie der Mythologie* beruft) die Krisis des mythologischen Bewußtseins, durch welches die allgemeine Vorstellung des Numinosen zu einer individualisierten Götter- und Heldenwelt und zur Gestaltung in einer vielschichtigen Erzählung sich wandelt.[20]

Es ist Wagner offenbar nicht um die Restitution des mythischen Denkens gegangen (die unter den Bedingungen des 19. Jahrhunderts ohnehin unvorstellbar gewesen wäre). Es geht offensichtlich – gemäß dem Programm der romantischen *"Neuen Mythologie"* – um eine Wiedergewinnung einzelner verlorener Elemente des mythischen Denkens und ihre Verschmelzung mit den Mitteln der modernen Kunst. Insbesondere der musikalische Aspekt läßt den avancierten Materialstand hervortreten. Indessen geht es wohl weniger darum, daß die Musik ein Vehikel darstellt, das – in der Formulierung Kurt Hübners – *"den modernen Menschen mit ihrem unsäglichen Zauber und der Fülle ihres Gefühlsausdruckes zum Sakralen geradezu verführen"*[21] soll, sondern die Verbindung des Mythischen als einer sehr alten und der avancierten Musik des 19. Jahrhunderts als einer sehr jungen Hervorbringung der kulturellen Entwicklung beruht auf der Entdeckung von gewissen Entsprechungen oder – mit Lévi-Strauss – *"Affinitäten"* zwischen beiden. Auch Schlegel und Schelling suchten in der *"Neuen Mythologie"* eine solche Verbindung von archaischen und modernen Momenten. Der Unterschied zu Wagner liegt darin, daß die frühromantischen Literaten den herrschenden Geist ihrer Epoche, der vom aufklärerisch-revolutionären Gedanken der menschlichen Autonomie bestimmt war, als jenes Neue ansahen, das mit dem mythischen Denken zu amalgamieren sei, während im späteren 19. Jahrhundert – maßgeblich artikuliert durch die Philosophie Schopenhauers – die Musik als die elementarste aller kulturellen Hervorbringungen und daher ihrer Natur nach als die dem mythischen Wissen adäquateste angesehen wurde. Schopenhauers metaphysische Deutung der Musik als *"Analogon der Grundbeschaffenheit der Natur"*[22] weist einerseits auf die frühromantische *"neue Mythologie"* zurück und liefert andererseits die Legitimation für die Erhebung der *"absoluten Musik"* des 19. Jahrhunderts auf die Spitze der Hierarchie der Künste.

III

Als Hinweis auf eine mögliche Konkretisierung mögen die folgenden Bemerkungen zur Struktur und Funktion des *"Schlafmotives"* aus dem *Ring des Nibelungen* dienen. Diese musikalische Gestalt (sie figuriert in der Wagner-Exegese auch unter Bezeich-

---

20   Ebd., S. 241 ff.

21   Kurt Hübner: *Wirklichkeit und Unwirklichkeit des Mythos in Richard Wagners Werk*, in: SIM-Jahrbuch 1983/84, S. 78.

22   Arthur Schopenhauer: *Die Welt als Wille und Vorstellung*, 2. Band (1844), in: Sämtliche Werke ed. E. Grisebach Bd. II, Leipzig o.J., S. 525.

nungen wie *"Schlummer"*- oder *"Dämmer-Akkorde"*) gehört zu jenen chromatischen Gebilden, die im *Ring* die Regeln des *"melodisch bedingten Ineinanderfließens der Klänge"* ebenso wie die der dur-moll-tonalen Harmoniefortschreitung außer Kraft setzen.[23] Das Ergebnis ist jedoch weniger, wie Ernst Kurth meinte, ein *"reines Klangfarbenspiel"* als vielmehr ein Entgleiten aus dem taktmäßig gegliederten Ablauf der Zeit, der der klassischen Kadenzharmonik zur Basis dient. Die Wirkung ist ein Stillstehen, ein Anhalten, eine Verräumlichung der Musik.[24] Meist stehen musikalische Motive dieser Art im Zusammenhang mit der Thematik der Durchbrechung der Realität, des *"ungehinderten"* und *"freien"* Überganges von einem Reich zum anderen, wie Lévi-Strauss die mythische Darstellung der Verbindung von animalischer Natur und humaner Kultur beschreibt.[25] Er bedient sich zur Kennzeichnung dieser Übergangsstruktur des musikalischen Terminus *"Chromatik"*. Und auch bei Wagner spielt die chromatische Struktur derartiger Gebilde – genannt seien etwa das *"Tarnhelm"*-, das *"Vergessenstrank"*- und das *"Loge"*- bzw. *"Feuer"*-Motiv, aber auch die *"Wanderer"*-Akkorde – durchgängig eine gewichtige Rolle.

Im vorliegenden Fall allerdings verbindet sich die absteigende Chromatik der Oberstimmen mit einer anderen Struktur im Baß: der Aufteilung von zwei Oktaven in drei nach ihrer Intervallstruktur identische Teile in aufsteigender Richtung – man kann hier, in Anlehnung an den Begriff der *"Symmetrischen Leiter"*[26] von einer *"Symmetrischen Doppeloktavleiter"* sprechen:

(vgl. "Siegfried", III. Aufzug, 1. Szene, T. 124ff.)

Notenbeispiel 1

Die 24 Halbtöne der Doppeloktave werden in drei gleiche Segmente der Anordnung 3–3–1–1 aufgeteilt.[27] Die Qualität des Ausgangstones als tonales Zentrum wird schon allein dadurch aufgehoben, daß diese lineare Struktur der Unterstimme aufgrund

23 Ernst Kurth: *Romantische Harmonik und ihre Krise in Wagners "Tristan"* (1923), Repr. Hildesheim 1975, S. 225 f., 348.

24 Reinhold Brinkmann: *Mythos – Geschichte – Natur. Zeitkonstellationen im "Ring"*, in: St. Kunze (ed.): *Richard Wagner – von der Oper zum Musikdrama*, Bern/München 1978, S. 62 ff., 73 ff.

25 Claude Lévi-Strauss: *Das Rohe und das Gekochte* (vgl Anm. 9), S. 356.

26 Jurij N. Cholopov: *Symmetrische Leitern in der Russischen Musik*, in: Die Musikforschung 28/1975, S. 379-407.

27 Denkbar ist, daß Wagner zu dieser Struktur durch Liszt inspiriert wurde. In dem Klavierstück *Il Penseroso* (*Années de Pèlerinage, 2ième année* Nr. 2) findet sich in den T. 17-19 die Verbindung von absteigender Chromatik, Klangkette und Kleinterzaufstieg im Baß (allerdings nur in sequenzierender, nicht in skalar durchgebildeter Struktur) rudimentär vorgeprägt.

ihrer Symmetrie prinzipiell ohne Anfang, Mitte und Ende, lediglich kreisförmig in sich bewegt ist. Das übersah Hermann Erpf, der bei der Betrachtung dieser Passage allzusehr auf das Phänomen der *"Klangkette"* fixiert war und daher in der Binnenstruktur der *"Staffeln"* keine Symmetrie entdeckte.[28] Offenbar ist aber die Asymmetrie in die Akkordstruktur der Oberstimmen bewußt eingebaut, um einerseits einen entfernten Anklang an kadenzielle Verbindungen aufrechtzuerhalten, diese andererseits aber nicht durch sequenzmäßige Wiederholung zu verfestigen. Die Verbindung zwischen den Segmenten erfolgt jeweils durch einen $\mathcal{D}^{v}$-D-Schritt. Die Asymmetrie ergibt sich daraus, daß der vorletzte Klang in den Segmenten 1 und 3 als neapolitanischer Sextakkord auf diese $\mathcal{D}^{v}$-D-Bewegung bezogen werden kann, nicht dagegen im Segment 2. Hier bildet der vorletzte Klang einen alterierten Doppeldominantvorhalt zur $\mathcal{D}$, also die Dominante der Doppeldominante:

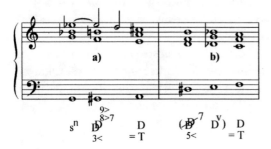

Notenbeispiel 2

Die Gesamtstruktur des Schlafmotives erweist sich demnach als Synthese aus drei Einzelstrukturen, von denen jede einzelne bereits tonalitätssprengende Wirkung hat: Chromatik, symmetrische Doppeloktavskala und Klangkette.

Interessant ist nun der Entstehungsvorgang dieser Motivstruktur im konkreten dramatischen Zusammenhang. Die Aufstellung erfolgt – entgegen der Auffassung von Lorenz – nicht erst in den T. 1430 ff. des 3. *Walküre*-Aktes und auch durchaus nicht in der Art einer *"gehäuften immerwährenden Wiederholung ..., die sich mächtig eindringlich auf die Nerven der Zuhörer legt"*.[29] Nicht Steigerung, sondern ein allmählicher phasenweiser Werdeprozeß ist das Prinzip dieser Genese. Als kaum wahrnehmbarer Keim deutet es sich bereits in der zweiten Szene des dritten *Walküre*-Aktes an. Wotans Worte *"In wehrlosen Schlaf schliess' ich dich fest"* sind hier (T. 849 ff.) noch als Ankündigung einer Vergeltung im Zorn gesprochen. Die beschriebene Struktur ist an dieser Stelle lediglich als absteigender Halbton in der Oberstimme und als im (hier: Groß-) Terzraum ansteigende Baßlinie vage angedeutet. Die zwischen diesen Außenstimmen entstehenden Akkorde wären in einer tonal gefestigten Umgebung im Sinn der neapolitanischen Sexte B–A zu deuten, wirken in der vorliegenden tonal unstabilen Situa-

---

28 Hermann Erpf: *Studien zur Harmonie- und Klangtechnik der neueren Musik* (1927), Wiesbaden 1969, S. 34 ff., 141 f.

29 Alfred Lorenz: *Das Geheimnis der Form bei Richard Wagner*, Bd. I: *Der musikalische Aufbau des Bühnenfestspieles "Der Ring des Nibelungen"*, Berlin 1924, S. 80 f.

tion jedoch als einfache chromatische Rückung, was auch durch die der neapolitanischen Struktur widersprechenden Akkordlagen (6/4 mit Baßdurchgang zum T-Grundakkord an Stelle der zwischengeschalteten Dominante des entwickelten Motives) unterstützt wird.

Notenbeispiel 3

Der Zuschauer erlebt diese Stelle als eine begrenzt auffällige, relativ schnell vorüberziehende musikalische Gestalt; möglicherweise assoziiert er gewisse verwandte Motive, die sich ihm vorher eingeprägt haben (etwa das *"Tarnhelm"*-Motiv). Erst geraume Zeit später, in der folgenden Szene, ereignet sich das eigentliche *"mysterium fascinosum"* dieses Motives, und zwar in drei Phasen: einmal in der direkten Verkündigung in der Zwiesprache Wotans mit Brünnhilde zu den Worten: *"In festen Schlaf verschliess ich dich; wer so die Wehrlose weckt, dem ward, erwacht, sie zum Weib"* (Notenbeispiel 4a).

In zweitaktiger Gliederung werden zunächst die ersten beiden der drei Segmente vorgetragen, verteilt auf den Holzbläser- und den Streicherklang. Die anschließende Pendelbewegung in den Hörnern zwischen der Tonika und der Dominante von C-Dur bedeutet ein willkürliches Anhalten der Klangkette, zugleich wird in Baßtrompete und Pauke – wenn auch sehr entfernt – ein scharf akzentuierter Taktrhythmus eingeführt; die Stelle weist insgesamt auf das Walhallmotiv, das musikalische Symbol von Wotans Machtstreben; unmittelbar wird sie jedoch hinübergeführt in das nun ebenfalls vom Klang der vier Hörner gefärbte letzte Segment der Klangkette. Noch ist allerdings an dieser Stelle das Motiv in seiner "eigentlichen" Gestalt nicht präsent: die Symmetrie wird gestört durch den irregulären ersten Schritt in T. 1413, wo an die Stelle der kleinen die große Terz g–h tritt, sowie durch den sequenzartigen Anschluß des letzten Segmentes, das sich nicht der symmetrischen Skala fügt. Auch in Brünnhildes Bitte T. 1479-1486, wo es mit dem *"Feuer"*-Motiv kombiniert wird, erscheint das Schlafmotiv noch nicht in seiner "reinen" Form, die zum erstenmal ohne Worte, als einfacher Vollzug des Bannes sich in den T. 1617-1625 ereignet (Notenbeispiel 4b und 4c).

Notenbeispiel 4a

Notenbeispiel 4b

Notenbeispiel 4c

Dem dramatischen Verlauf von Ankündigung – Verhängung – Bitte um Modifizierung – Vollzug entspricht also eine motivische Genese von einer keimhaften Zelle über Stufen der Annäherung bis zur vollen Präsenz – ein unmittelbar einleuchtender musikalischer Verlauf, der zeigt, daß die bloße Entgegensetzung von *"Aufstellung"* und *"Verarbeitung"* der Motive, wie sie Lorenz, ausgehend von Wagners eigener, naturgemäß vereinfachender Darstellung in seiner Schrift *Über die Anwendung der Musik auf das Drama*[30] vornahm,[31] ebenso der Differenzierung bedarf wie diejenige von

---

30   Richard Wagner: *Sämtliche Schriften und Dichtungen* Bd. X, ⁵Leipzig o. J., S.176-193.

"originaler" und *"getrübter"* Version.[32] Die dreisegmentige Struktur ist an dieser Stelle unterstrichen durch die Instrumentation, die den ersten beiden Segmenten einen alternativ von Flöten und Oboen dominierten Holzbläser-, dem dritten den Streicherklang zuteilt. Allerdings schließt sich am Ende ein überschießendes viertes Segment in den Streichern an, das die eben erreichte strukturelle Integrität des Motives durch das Überschreiten der Doppeloktavgrenze sogleich wieder in Frage stellt. Indem diese Grenze als ein strukturierendes Ordnungsprinzip, nicht aber als tonales Gravitationszentrum offengelegt wird, erweist das Motiv sich selbst als ein Zeichen für den Begriff der Endlosigkeit. Den Zeichencharakter aber teilt Wagners musikalisches Motiv als Element des musikdramatischen Gesamtbaues mit den *"Elementen der mythischen Reflexion"*. Wie diese stellt es *"ein Zwischenglied zwischen dem Bild (der szenischen Aktion) und dem Begriff"*[33] dar. Der nur denk-, aber nicht vorstellbare und nicht machbare Begriff der Endlosigkeit wird im musikalischen Zeichen *"in einem bestimmten Maße durch den Menschen geprägt"*.[34] Das Motiv wird in den bestimmten Zusammenhang der konkreten Situation – der Verhängung des Schlafbanns – gestellt. In ihr erweist sich Wotan – darauf weist das Fragment des *"Walhall"*-Motives ebenso wie das sich anschließende *"Waberlohen"*-Motiv unüberhörbar hin – als der Machtbewußte und -besitzende. Der Zuschauer versteht diese Aktion als eine (wenn auch bereits gebrochene) Machtausübung Wotans auf Kosten der Freiheit Brünnhildes.

Um so überraschender und rätselvoller berührt ihn das Wiedererscheinen des Motives im Zusammenhang mit Wotans zweiter Erda-Beschwörung im 3. Akt des *Siegfried*. Die dramatische Konstellation hat sich entscheidend gewandelt. Zwar ist Wotan auch hier Hauptfigur; doch schon seine geänderte Bezeichnung als der "Wanderer" deutet daraufhin, daß er nicht der gleiche ist wie in der eben betrachteten Szene. An die Stelle von Brünnhilde ist Erda getreten. Und der dramatische Vorgang ist gegenüber dem soeben betrachteten gegenläufig: statt um Versenkung in den Schlaf geht es hier um Erweckung aus ihm. Die Bedeutungserweiterung ist reziprok: einerseits wird das musikalische Motiv in seiner unmittelbar szenischen Funktion in der Weise erweitert, daß es auf das gegenläufige Ereignis seines bisherigen Signifikates bezogen wird. Zugleich aber erfährt durch diese reziproke Bezogenheit das Signifikat seinerseits eine erweiterte Bedeutung dadurch, daß es über den sicht- und hörbaren szenischen Vorgang hinaus verweist und Schlaf und Erwachen als eine Einheit im Gegensatz erfahren werden, eine Einheit zudem, die über den Bereich der Empirie hinausweist. Der Zuschauer erlebt nun, daß es nicht lediglich der einmalige, an das Individuum Brünnhilde gebundene Vorgang der Einschläferung war, den er in der Bannszene der "Walküre" verfolgte, sondern daß dieser Vorgang mit einem dahinterliegenden Allgemeinen in Zusammenhang steht. Ermöglicht wird diese Erweiterung durch eine Veränderung der motivischen Konstellation: nicht mehr mit dem Walhall-Fragment (wie noch in

31   Alfred Lorenz: *Der Ring des Nibelungen* (vgl. Anm. 29), 2. Hauptteil (S. 71-124).
32   Carl Dahlhaus: *Formprinzipien in Wagners "Ring des Nibelungen"*, in: H. Becker (ed.): *Beiträge zur Geschichte der Oper*, Regensburg 1969, S. 105.
33   Claude Lévi-Strauss: *Das wilde Denken* (1962), Frankfurt/M. 1973, S. 31.
34   Ebd., S. 33.

der *"Walküren"*-Szene) wird das *"Schlaf"*-Motiv hier in Zusammenhang gebracht, sondern mit dem *"Wissens"*-Motiv Brünnhildes, das auch in der *"Walküre"*, jedoch in der Szene der Todesverkündigung an Siegmund, exponiert worden war. Das *"Schlaf"*-Motiv wächst zu Beginn der Szene aus dem chromatisierten *"Götterdämmerungs"*-Motiv heraus (T. 58, 3. Taktzeit), als dessen Fortsetzung es zunächst erscheint. Zusammen mit dem in T. 64 anschließenden *"Wissens"*-Motiv ergibt sich somit ein aus einheitlichem Material entwickelter Komplex, der den erweiterten Bedeutungshorizont musikalisch umschreibt.

Notenbeispiel 5

Die verbale Bestätigung der Bedeutungsvertiefung erbringt schließlich Wotans Selbst-interpretation (T. 144 ff.): *"Der Weckrufer bin ich, und Weisen üb' ich, daß weithin wache, was fester Schlaf umschließt."* Wotan hat die Rolle des Machthabers und Gestalters mit der des Deuters und Erweckers vertauscht, der die schlafenden Urgewalten – verkörpert durch Erda und Brünnhilde – zum Kampf an seiner Stelle gegen das Verhängnis mobilisieren will. Gegen Wotans Forderung nach Erwachen setzt jedoch Erda die Gleichung: *"Mein Schlaf ist Träumen, mein Träumen Sinnen, mein Sinnen Walten des Wissens."* Hier scheint die tiefste Bedeutungsschicht des *"Schlaf"*-Motives aufzuleuchten, was musikalisch durch den erstmaligen Einbezug des übermäßigen Dreiklanges sich manifestiert. Der symmetrischen Leiter entspricht nunmehr – wenn auch nur partiell – der symmetrische (aus gleich großen Intervallen bestehende) Klang; in ihm gelangt sozusagen das Motiv *"zu sich selbst"*.

Notenbeispiel 6

Im Schlaf, im Zustand des Traumes, aktualisiert sich Erdas Wissen, zugleich ist dieser Zustand des *"Urweiblichen"* der fundamentale Gegensatz zur männlichen Bewußtseinsaktivität, der auch Wotan zunächst mit seinen Weckrufen noch angehört. Die männliche Aktivität, wie sie sich in den *"großen Taten"* der Geschichte manifestiert, bedeutet zugleich auch immer Vergewaltigung des Urweiblichen der Natur, was Erda in den Worten bezeugt: *"Männertaten umdämmern mir den Mut; mich Wissende selbst bezwang ein Waltender einst."* Die Szene zeigt nichts anderes, als daß Wotan dies lernt und begreift. Am Ende ist er ein anderer geworden, der weiß, daß er nichts weiß, wenn er das Wissen nicht in der Tiefe des Traumes sucht – d. h. wenn er nicht Brünnhilde auf ihrem Weg folgt. In diesem Sinn übernimmt Wotan das *"Schlaf"*-Motiv am Ende der Szene (T. 436 ff.). Aus seinem neuen Wissen entspringt die Annahme des eigenen Unterganges.[35]

Die Nähe des an diesem Beispiel beschriebenen leitmotivischen Verfahrens zu dem des Mythos beruht – wie schon oben angedeutet – auf dem Charakter der Motive als Zeichen, die zwischen der sinnlichen Wahrnehmung und dem begrifflichen Denken eine Art Mittlerrolle übernehmen. Es beruht weiterhin auf der Fähigkeit der Motive, durch ihren *"chromatischen"* Charakter jenen *"steten schwebenden Übergang"* zu bewirken, der *"für das mythische Denken und die mythische 'Erfahrung' zwischen der Welt des Traumes und der der objektiven Wirklichkeit besteht"*.[36] Ein dritter wichtiger Punkt ist die Konstitution alles Seienden aus Gegensatz-Figuren, von denen sich die von Schlaf und Erwachen als grundlegend erweist; sie umfaßt weitere wie Weiblich und Männlich, Bewußt und Unbewußt, Aufwärts und Abwärts, Wissen und Handeln, Hell und Dunkel. Wagners Werk umkreist jenes *"Gesetz der Äquivalenz von signifikanten Kontrasten"*, das auf verschiedenen Ebenen das *"mythische System"* definiert.[37] Und schließlich weist die leitmotivische Struktur jene auch für das mythische Denken typische Behandlung der Zeichen auf, nämlich sie nicht in einer bestimmten Konstellation zu fixieren, vielmehr sie ständig neu zu arrangieren, in immer neue Konstellationen zusammenzuführen. Auf diese Weise werden die Bedeutungen verändert, die Materialien erweisen sich als Bruchstücke früherer Bedeutungszusammenhänge und können nun kraft der Reste der ihnen anhaftenden Bedeutungen und in der Verbindung mit anderen neue Bedeutungen stiften.[38]

Von dieser Deutung der zweiten Erda-Szene her ergeben sich auch für die dramatische Großstruktur Folgerungen, wenn auch nicht auf der Ebene der musikalischen Formenlehre.[39] Ihr Gegenstück findet diese Szene in der Nornenszene der *Götterdämmerung*, jener Szene, die das Drama *"ins Ortlos-Mythische, Vorzeitliche"* rückt.[40] Ihr Verlauf entspricht mit dem Übergang von der Nacht zum Tage am Beginn und dem Versinken ins Dunkel der Tiefe am Ende weitgehend der Erda-Szene, doch der Zuschauer erlebt ihn nunmehr vor dem Hintergrund der entscheidend erweiterten Strukturbeziehungen. Das Schlafmotiv wird mit dem Wissensmotiv als Einheit erlebt; diese Beziehung wird abermals erweitert durch die Einbeziehung des Motives des Schicksalsseiles der Nornen (T. 248-264).[41] Die Nornen erweisen sich als Mittlerinnen und Wahrerinnen der Äquivalenz zwischen der geschichtlichen Tat-Welt Wotans

---

35 vgl. die Deutung von K. Hübner in SIM-Jb. 1983/84, S. 62 f. – Ders.: *Die Wahrheit des Mythos*, München 1985, S. 388 f.

36 E. Cassirer: *Das mythische Denken* (vgl. Anm. 5), S. 49.

37 Claude Lévi-Strauss: *Das wilde Denken* (s. Anm. 33), S. 81 f., S. 111 f.

38 Ebd., S. 33 f.

39 Vgl. dazu C. Dahlhaus: *Formprinzipien* (vgl. Anm. 32), S. 104.

40 Stefan Kunze: *Der Kunstbegriff Richard Wagners. Voraussetzungen und Folgerungen*, Regensburg 1983, S. 184.

41 Vgl. dazu Warren Drake: *The Norns' Scene in "Götterdämmerung": a Cycle within a Cycle*, in: *The Richard Wagner Centenary in Australia* = Miscellanea Musicologica Vol. 14/1985, S. 57-77.

und der naturhaften Wissenswelt Erdas. Das Reißen des Seiles ist ein mythisch wie musikalisch gleichermaßen sinnfälliger Ausdruck der Störung des komplizierten Zusammenhanges zwischen Handeln in der Realität und dessen Begründung im transzendierenden Wissen.

Wagners Werk ist ein grandioser Versuch, auf dem Weg der Kunst gegenüber dem naturwissenschaftlichen Wissensbegriff dem mythischen Denken seine eigene Wahrheit zurückzugewinnen. Mit seiner Bemühung, die Struktur des mythischen Denkens mit den Mitteln der fortgeschrittenen Verfahren musikalischer Komposition im 19. Jahrhundert zu aktualisieren, stellte sich Wagner in die Tradition der *"Neuen Mythologie"* der Frühromantik, für deren Bedeutung in der heutigen Zeit die Philosophie ebenso wie die strukturelle Anthropologie ein neues Verständnis anzubahnen scheinen. Man sollte die Bemühung um ein gleichberechtigtes Nebeneinander von naturwissenschaftlicher und mythischer Denk- und Erfahrungsweise nicht vorschnell als Antirationalismus denunzieren. Daß Wagner der Tendenz des ihm anhängenden oder gar hörigen Publikums zu ungenauer und einseitig emotionaler Rezeption keineswegs positiv gegenüberstand, darauf deutet ein von Cosima Wagner in ihren Tagebüchern festgehaltener Ausspruch. Auf ihr Bedenken, ob nicht *"die große Ergriffenheit, welche sich der Zuhörer bemächtigt, wohl verhindere, daß auf die vollendete Form solche Achtung gegeben werde"*, entgegnete Wagner: *"Dafür sind aber die Werke da, sie liegen vor, sie können studiert werden"*.[42] Entscheidend ist, ob die Leitmotive – wie vielfach in der orthodoxen Wagner-Exegese – lediglich in verbale Formeln übersetzt und als klangliche Etikette mißverstanden, oder ob sie als das behandelt werden, was sie sind: als Zeichen, d. h als Elemente eines komplexen und in steter Wandlung begriffenen, daher stets zu analytischer Anstrengung herausfordernden Systems.

---

42 Cosima Wagner: *Die Tagebücher* Bd. II, München/Zürich 1977, S. 247 (1. Dezember 1878). Auch am 21. August 1881 empfahl Wagner Cosima intensives Partiturstudium.

Die Musikforschung 25 (1972), S. 249-258 (Bärenreiter-Verlag)

"In ganz neuer und freier Form geschrieben." Zu Liszts Phantasie und Fuge über den Choral "Ad nos ad salutarem undam"

Das erste Orgelwerk Liszts – an Ausdehnung sein größtes und wohl länger als alle Orgelwerke, die bis dahin komponiert wurden –, ist von Anfang an Mißverständnissen, Anfeindungen und abwertenden Beurteilungen ausgesetzt gewesen. Heute wird es im Zuge der neuerwachten Beliebtheit der Orgelmusik des 19. Jahrhunderts zwar wieder häufiger aufgeführt, ohne daß man jedoch von einem Verständnis mehr registrieren könnte als dann und wann eine Interpretation, die deutlich macht, daß das Stück mehr darstellt als einen ziemlich endlosen Wurm von variativen Episoden.

Die in der Literatur vertretenen Meinungen über das Stück entsprechen im wesentlichen der Auffassung weiter Kreise der Kenner und Liebhaber, wobei sich ein eigenartiger Mangel, ja eine Abwehrhaltung bemerkbar macht. Man siedelt das Werk unter den Opernparaphrasen an, für die das Nebeneinander des Vielfältigen charakteristisch sei;[1] es handle sich um ein freies Variationenwerk, in dem sich etwa 24 ineinanderübergehende Variationen unterscheiden lassen, in deren Mitte eine ein Fugato darstelle; der Anspruch Liszts, alles dieser Variation Folgende als Fuge zu bezeichnen, der sich in der Überschrift "Fuge" ausspreche, verrate den Scheincharakter des Ganzen; es gehe nur um die Anrufung, die Fassade, nicht um die *"Form an sich"*;[2] die Schaustellung der Virtuosität stehe im Vordergrund.[3] – Die hier zutagetretende Ratlosigkeit dem Werk gegenüber kennzeichnet sogar die Rezeption eines so begeisterten Liszt-Apologeten wie Franz Brendel. Als er das Stück am 26. September 1856 im ersten Konzert auf der neugebauten Domorgel in Merseburg in einer Aufführung durch Alexander Winterberger hörte, erinnerte er sich nicht daran, daß er es vier Jahre zuvor von dem gleichen Organisten bereits in der Weimarer Stadtkirche vernommen hatte;[4] allerdings hatte das Werk inzwischen einige Umgestaltungen erfahren. Seine Zustimmung beruht nur auf der Sympathie für die Richtung, in welche diese Orgelmusik zu weisen scheint, nicht auf der Überzeugung durch das vernommene Werk:

"Ich wage nach einmaligem Anhören kein erschöpfendes Urtheil über das umfangreiche, wie mir schien allerdings etwas zu ausgedehnte Werk. Folgendes aber hat sich mir nach dieser ersten Bekanntschaft mit Bestimmtheit ergeben. Liszt nimmt jetzt durch dies Werk zur Orgel eine ähnliche Stellung ein wie früher zum Pianoforte. Wie er

1   G. Frotscher: *Geschichte des Orgelspiels und der Orgelkomposition*, II. 3, Berlin 1966, S. 1213.

2   K. Trapp: *Die Fuge in der deutschen Romantik von Schubert bis Reger*, Phil. Diss. Frankfurt/M. 1958, S. 105 f.

3   M. Weyer: *Die deutsche Orgelsonate von Mendelssohn bis Reger*, Regensburg 1969, S. 90.

4   F. Brendel: *Ein dritter Ausflug nach Weimar*, in: NZfM 37 (1852), S. 253.

früher das Pianoforte zu behandeln vermochte, einzig in seiner Art, so weiß er jetzt auf der Orgel den ganzen Glanz und die ganze Pracht des Instruments zur Darstellung zu bringen. Seine Composition bezeichnet daher schon nach dieser Seite einen Fortschritt. Eine zweite Seite ist die des Inhaltes und Charakters des Werkes. Dieser ist allerdings überwiegend weltlicher Natur, obschon Liszt auch Gelegenheit genommen hat, der alten Kunst darin Rechnung zu tragen. Dieser weltliche Charakter wird zur Zeit Manchen ein Stein des Anstoßes sein. Ich aber erkenne darin nur die Consequenz der neuen Richtung der Kirchenmusik seit Beethovens großer Messe ... Ich muß gestehen, daß ich überrascht war durch Liszts Composition, in der sich mir der Fortschritt nach einer bis jetzt noch nicht zur Behandlung gekommenen Seite hin offenbarte und Blicke in eine zukünftige Entwicklung der Orgelmusik sich darboten."[5]

Daß Brendel hinsichtlich der historischen Bedeutung dieses und der folgenden Lisztschen Orgelwerke Recht behalten hat, daran kann bei einem Blick auf die Entwicklung der Orgelmusik der letzten 120 Jahre kein Zweifel bestehen. Etwas anders verhält es sich indessen mit der "Weltlichkeit" dieser Musik. Ist es schon seltsam genug, daß für Brendel die Verweltlichung der Kirchenmusik erst mit der "Missa" beginnt, so fällt es umso mehr auf, daß Reste des Nicht-Weltlichen für ihn nur in Gestalt von Reverenzen an die "alte" Kunst zurückgeblieben sind, daß er also kritiklos der pauschalen Identifizierung von alt = sakral, neu = weltlich huldigt, einer Identifizierung, die zwar dem Fortschrittsdenken des 19. Jahrhunderts recht naheliegen mochte, deren Wurzeln auch in musicis bekanntlich weit bis in das 17. Jahrhundert zurückreichen, die aber der Ästhetik des späteren Liszt gerade zuwiderläuft, für den Religion und Kunst untrennbar miteinander verbunden sind und der, umgekehrt zu der von Brendel angedeuteten Tendenz, seine Musik zunehmend in den Bereich des Kirchlichen hineinrückte, in seinen Vokal- und späten Orgelwerken sogar bis in die Nähe des Cäcilianismus.

Immerhin handelt es sich bei *Ad nos* um dasjenige der Orgelwerke Liszts, welches zumindest äußerlich der religiösen Sphäre am fernsten zu stehen scheint, obwohl bereits der Ausdruck *"Choral"* im Titel zu denken gibt. Wie allgemein bekannt, entnahm Liszt dieses "Choral"-Thema dem *Propheten* Meyerbeers, einer Oper, die um 1850 die bedeutenderen europäischen Bühnen eroberte und ein leidenschaftliches Pro und Contra auslöste. Die Oper, deren Partitur bereits 1840 fertiggestellt war, war von Meyerbeer wegen des Fehlens geeigneter Darsteller erst 1849 zur Aufführung freigegeben worden.[6] Nach der Pariser Uraufführung, zu der die Eintrittspreise von Spekulanten bis zu 200 Franken hochgetrieben wurden,[7] fanden Aufführungen in Deutschland 1850 u. a. in Dresden, Frankfurt/M. und Hamburg statt. Der ungeheure Wirbel, den Meyerbeers Werk verursachte, war nicht zuletzt auf die Verbindung zurück-

---

5 Rezension des Merseburger Orgelkonzertes am 26. 9. 1855, in: NZfM 43 (1855), S. 157.
6 H. Becker: in MGG 9, Kassel u. a. 1961, Sp. 251.
7 NZfM 30 (1849), S. 204.

zuführen, die zwischen ihrer Handlung (Libretto von Eugène Scribe) und den revolutionären Vorgängen von 1848 hergestellt wurde.

> *"Das Tun und Treiben dieser Socialisten des 16. Jahrhunderts, ihr Sengen und Brennen, Mord- und Raublust, Vielweiberei und Sittenschänderei ... giebt ein erwünschtes Bild von dem, was wir von einem Siege der heutigen Socialisten zu erwarten haben dürften ... Ein herrlicher Text in der Tat, zu warnenden Commentaren, zu Strafpredigten gegen die ruchlosen Neuerer und ihre verabscheuungswürdigen Tendenzen ..."*

so spottet August Gathy in einem Bericht aus Paris.[8] Es handelt sich nach der Auffassung der antireaktionär eingestellten Kräfte der Zeit um die *"Pfiffigkeitsoper"* zweier in hohem Grade Besitzender (Meyerbeer und Scribe), denen es *"ihr politisch-sociales Gewissen verboten hat, die Wiedertäufer, jene mittelalterlichen Anhänger der Güterteilungstheorien, als etwas anderes, denn als grobe Betrüger, hinzustellen"*.[9]

Liszts Einstellung zu Meyerbeer und zu seinem *Propheten* stand zu solchen Auffassungen in merklichem Widerspruch, wobei eine Wandlung von höchst positiver Bewertung Meyerbeers bis in den Anfang der 50er Jahre hinein zu einer reservierteren, das Für und Wider abwägenden Beurteilung – vor allem im Hinblick auf Wagners Frontstellung zu Meyerbeer – festzustellen ist.[10] Besonders in seinem Aufsatz über *Robert der Teufel*[11] – geschrieben anläßlich einer eigenen Weimarer Aufführung 1854 – versucht Liszt, die historische Bedeutung Meyerbeers für die dramatische Musik zu begreifen und Meyerbeer auch gegenüber Wagner – der ihn freilich überholt habe, indem er an Stelle des Situationendramas das Charakterdrama auf der Opernbühne eingeführt habe – Gerechtigkeit widerfahren zu lassen. Indem dieser Aufsatz sich auf das dramatisch und musikalisch Technische und Ästhetische beschränkt, die politisch-soziale Problematik ganz ausklammert, bedeutet er natürlich seinerseits ein Politikum.[12]

Die Oper *Der Prophet* scheint Liszt sogleich bei ihrem Kennenlernen stark beeindruckt zu haben. Der offenbar rasch gefaßte Entschluß, das Werk in Weimar zur Aufführung zu bringen,[13] scheint nicht zur Ausführung gelangt zu sein.[14] Immerhin entstand sehr bald eine Klavierphantasie *Illustrations du Prophète*, die ursprünglich auf sechs Szenen konzipiert war,[15] von denen aber schließlich nur drei erschienen: 1) *Prière, Hymne triomphale, Marche du Sacre.* 2) *Les Patineurs, Scherzo.* 3) *Choeur pastoral,*

---

8   Ebd.

9   NZfM 32 (1850), S. 83.

10   1850 erschien Wagners Aufsatz *Das Judentum in der Musik*. Vgl.: H. Kirchmeyer: *Die deutsche Librettokritik bei Eugène Scribe und Giacomo Meyerbeer*, in: NZfM 125 (1964), S. 376.

11   Ges. Schr. III, hrsg. von L. Ramann, Leipzig 1881, S. 48-67.

12   Übrigens wird die in diesem Aufsatz geäußerte Auffassung 9 Jahre später in einem Brief an Frau von Szemere vom 12. Dezember 1863 bekräftigt. F. Liszt: *Briefe aus ungarischen Sammlungen 1835-1886*, hrsg. von M. Prahács. Kassel u. a. 1966, S. 115. Zu der im gleichen Jahr erschienenen *Afrikanerin* komponierte Liszt ebenfalls eine Phantasie.

13   *Franz Liszt und Joachim Raff im Spiegel ihrer Briefe*, in: Die Musik I (1901), S. 289.

14   Laut Verzeichnis der von Liszt in Weimar aufgeführten Werke bei Raabe: *F. Liszt*, I, S. 116.

15   Brief an Hermann Härtel. – *Briefe aus ungar. Slg.*, S. 68.

Appel aux armes.[16] Liszt hatte sich für dieses Werk vorgenommen, *"de faire en sorte que ma main d'oeuvre soit digne du chef d'oeuvre"*.[17] Die Fantasie über den Gesang der Wiedertäufer indessen nahm wohl so gewaltige Dimensionen an, daß sie als gesondertes Werk behandelt werden mußte und erst im Herbst 1850 fertiggestellt wurde.[18] Das Werk erschien 1852 als vierte der *Propheten*-Illustrationen in einer recht seltsamen Ausgabe, in der untereinander eine Fassung für Klavier vierhändig und diejenige für Orgel figurierten, bei Breitkopf & Härtel; es war ursprünglich für den Organisten Ferdinand Breunung (1830-1883) gedacht, wurde aber später Meyerbeer selbst gewidmet – ein weiterer Beweis für Liszts andauernde Wertschätzung dieses Komponisten.

Der Gesang der drei Wiedertäufer *Ad nos ad salutarem undam iterum venite miseri, ad nos venite populi"* hat für Meyerbeers Oper eine zentrale Bedeutung. Einstimmig gesungen, erscheint er dem vom Feudalismus geknechteten Volk als *"des Himmels Wort"*, das zum Aufstand gegen die Tyrannei und zur Rache gegen die Unterdrücker aufruft. Durch das ganze Werk zieht sich dieses Thema und übt jedesmal jene suggestive Wirkung auf die Massen aus, die dann von den Anabaptisten mißbraucht wird; diese Musik soll das Mittel darstellen, das es skrupellosen politischen Abenteurern ermöglicht, ein Volk zu verführen. Liszt versteht dieses Thema rein als theatralisches Faszinosum:

> *"Auch im Propheten kann man sich dem Eindruck nicht entziehen, welchen im ersten Akt das Auftreten der drei düsteren unheimlichen Männer hervorbringt, die gleich Gottesgeißeln den noch unter dem Attentat brutaler Gewalt erbebenden Landleuten die ihnen bevorstehende Rache verheißen."*[19]

Die Bezeichnung *"Choral"* im Titel der Fantasie läßt vermuten, daß Liszt während der Komposition des Werkes der damals verbreiteten Meinung huldigte, es handele sich bei der Melodie um eine originale Kirchenmelodie aus der Zeit der Handlung der Oper. Jedenfalls hielt es Meyerbeer 1852 in dem Brief, in dem er sich für die Widmung der Fantasie bedankte, für notwendig, Liszt darauf hinzuweisen, der Gesang der Anabaptisten, *"bon ou mauvais qu'il est, a crû sur mon propre terrain; j'ai cherché à lui donner le coloris d'un cantique du temps, voilà tout ..."*.[20] Er habe nur deshalb nichts gegen dieses Gerücht unternommen, weil er es sich abgewöhnt habe, auf die Falschmeldungen, die bezüglich seiner in der Presse kursierten, zu replizieren.

Trifft es zu, daß Liszt die Melodie zunächst als Kirchenchoral angesehen hat, so hat dies einige Konsequenzen für das Verständnis der Orgelkomposition. Es handelt sich zunächst keineswegs um eine Opernfantasie in dem Sinne der Lisztschen einschlägigen Werke für Klavier; abgesehen von dem Ausmaß und vom Stil des Werkes, durch welche es ganz außerhalb des Rahmens dieser Werke gestellt wird, entspricht

---

16 Raabe: *F. Liszt*, II. S. 279.
17 Brief an F. Kroll. – *Briefe aus ungar. Slg.*, S. 66.
18 Liszt und Raff-Briefe, a. a. O., S. 503.
19 *Scribes und Meyerbeers "Rob. d. Teufel"*, Ges. Schr. III, Leipzig 1881, S. 59.
20 Brief Meyerbeers an Liszt v. 8. Februar 1852. – *Briefe hervorragender Zeitgenossen an F. Liszt*, hrsg. von La Mara, I, Leipzig 1895, S. 205.

schon die durch den Titel gegebene Beschränkung auf ein einziges Thema aus der Oper nicht dem jenem Typ mehr oder weniger eigenen Paraphrasencharakter. Dazu kommt aber, daß die Oper eigentlich nur den Fundort und die Situation, die stimmungsvolle Beleuchtung für ein musikalisches Gebilde abgibt, welches genuin – immer unter der Voraussetzung des Irrtums, in dem sich Liszt befunden habe – mit der Opernmusik gar nichts zu tun hat. In diesem Fall aber rückt das Werk seiner Intention nach in einen der Orgelmusik durchaus eigentümlichen Bereich, nämlich in den der Choralphantasie. Diese Gattung war, namentlich seit Mendelssohn, wieder stärker gepflegt und vor allem von Liszts Weimarer Kollegen an der Orgel, Johann Gottlob Töpfer, mit bemerkenswerten Arbeiten bedacht worden; diese Entwicklung führte schließlich zu den großen Choralphantasien Regers. Damit ist freilich nicht gesagt, daß Liszt auch nur in irgendeiner Weise für Reger als Muster gedient habe;[21] vielmehr soll damit nur der gattungsmäßige Umkreis des Werkes aufgezeigt werden, in welchem es im übrigen stilistisch kaum nachgewirkt hat.

Es ist hier nicht der Ort, die mannigfachen Belege für die Bedeutung des Chorals in der Romantik aufzuzeigen. Das wesentliche ist jedenfalls das poetische, im eigentlichen Sinne mystische Element, welches durch den Choral repräsentiert wird. Nicht wie im reformatorischen Verständnis ist der Choral hier Lob und Verkündigung[22] (i. S. einer lehrhaften Einübung in die Glaubensaussagen) durch die Gemeinde, sondern er bedeutet die direkte musikalische Repräsentanz des Numinosen. Daher spricht der Choral meist zu dem Menschen, dessen empfängliches Gemüt dem Göttlichen offen ist; nicht aber der Mensch selbst singt ihn als Bekenntnis. Meist begegnet in romantischer Dichtung der Mensch als der dem Choral ergriffen Lauschende, nicht als der Einstimmende. Ähnlich erscheint der Choral in der romantischen Orgelmusik; in Mendelssohns erster Orgelsonate in f-Moll etwa tritt der Choral *Was mein Gott will, das gscheh' allzeit* – formal als zweites Thema des Sonatenhauptsatzes – dem bewegten motivischen Geschehen des ersten Themenkomplexes als ein fremdes, statisches Gebilde entgegen, dynamisch in die Ferne gerückt durch das geschlossene Schwellwerk, das adäquat nur ein Fernwerk sein kann. Auch Liszt behandelt in seinen späteren Variationen über Bachs Ostinato-Baß aus *Weinen, Zagen* (1862) den am Schluß eintretenden Choral *Was Gott tut das ist wohlgetan* als ein solches verklärendes Numinosum. Es würde nicht schwerfallen, weitere Beispiele beizubringen.

Für eine solche Auffassung stellt sich natürlich das Problem einer integrierenden Behandlung des Chorals in der Komposition. Die Variierung des Chorals als Umspielung der integren Melodie im Sinne der barocken Partita unternahm Mendelssohn in seiner d-Moll-Sonate mit dem Choral *Vater unser im Himmelreich,* wobei die Choralmelodie durch verschiedene Lage, Tempo, Motivik der Gegen- und Begleitstim-

---

21 Auf die grundlegenden Unterschiede weist bereits hin: Hugo E. Rahner: *Max Regers Choralfantasien für die Orgel,* Kassel 1936, S. 21 f.

22 W. Blankenburg: *Der gottesdienstliche Liedgesang der Gemeinde,* in: Leiturgia IV, Kassel 1961, S. 571.

men, Dynamik u. a. eine stimmungsmäßige Umdeutung erfährt.[23] Wie verhält es sich damit bei *Ad nos*?

Bereits ein flüchtiger Überblick zeigt, daß es sich hier nicht um einen solchen einfachen Variationenzyklus handelt; vielmehr ergeben sich größere Gliederungen vor allem aus den Tempobezeichnungen. Bereits Hugo E. Rahner stellte fest, daß sich *"die einzelnen Gruppen von Variationen"* zu *"Satzgebilden der Sonate"* ordnen;[24] wobei natürlich die Frage zu stellen ist, welche Idee die bestimmende war: die der Variation oder die der Sonate. Es ergibt sich folgendes Schema:

Einleitung Moderato T. 1-73	1. Satz A capriccio/ Tempo giusto T. 74-212	Langsamer Satz Adagio T. 245-445	Schlußsatz unterteilt in: Fuge I T. 492-580
(Zählung nach der Ausgabe von M. Dupré, Verlag Bornemann, Paris 1941.)			Fuge II T. 614- ca. 670 und Coda.

Selbstverständlich bedeutet diese Übersicht nicht mehr als eine Orientierungshilfe und kann das Wesen dieser Form kaum erfassen, welches, wie sich zeigen wird, in der dynamischen Entwicklung liegt und sich der abschnittsweisen Festlegung entzieht.

Am Beginn des Werkes wird das Thema aufgestellt (T. 1-16). Bereits hier erfährt das Meyerbeer-Thema einige gewichtige Änderungen: Liszt verzichtet auf die kirchentonale Gewandung Meyerbeers, der im zweiten Takt auf der dritten Taktzeit durch ein *b* statt des *h* der Leittönigkeit ausweicht; außerdem verändert Liszt den Rhythmus, indem er an Stelle von Meyerbeers 6/4-Takt mit Halben und Vierteln einen 4/4 mit punktierten Vierteln und Achteln verwendet, was dem Thema erheblich schärferes motivisches Profil verleiht und die Nähe des Beethovenschen *"Muß es sein?"* beschwört. Die Einstimmigkeit des Meyerbeerschen Chorals wird ersetzt durch einen oktavverdoppelten vierstimmigen Satz über dem Orgelpunkt des tonalen Zentrums *C*, wobei die Harmonisierung zuerst in der Tonika, sodann in der Subdominante und schließlich in der Dominante erfolgt. – Was die Periodengliederung anlangt, so weicht Liszt vollends von Meyerbeer ab. Er benutzt überhaupt nur die ersten sechs Takte Meyerbeers und läßt dessen formelhaften Schluß weg; dadurch, daß er mitten innerhalb der zweiten Phrase der Vorlage abbricht, fehlt eine eigentliche Schlußwendung: das Lisztsche Thema ist völlig offen, allen Möglichkeiten Raum gebend. Dafür wird die erste viertaktige Periode des Themas als das Wesentliche auf anderer Stufe wiederholt, wodurch zusammen mit dem letzten Teil des Themas eine Barform sich bildet, von der bei Meyerbeer gar nichts vorhanden war. Zwischen den orgelpunktge-

---

23 Der Versuch, dieser Variationenfolge eine verkappte Sonatenhauptsatzform zu unterlegen, erscheint mir weniger überzeugend. Vgl. M. Weyer: *Die deutsche Orgelsonate ...*, S. 174.

24 H. E. Rahner: *Max Regers Choralfantasien*, S. 21. Trotzdem glaubt M. Weyer auf eine Besprechung im Zusammenhang seines Themas verzichten zu können, *"da Liszt keine Orgelsonate schrieb"*. M. Weyer: *Die deutsche Orgelsonate ...*, S. 90.

tragenen drei Themenabschnitten unterbricht jeweils das Pedal das Thema mit einer Sequenz des zentralen Motivs der ersten Themenhälfte: den beiden auftaktigen Aufwärtssprüngen in reiner und verminderter Quart im Abstand einer kleinen Terz. Diese Pedalsequenz führt das Geschehen auch nach dem Abgesang des Themas weiter, der seinerseits als eine Art Umkehrung des ersten Thementeils aufgefaßt ist: die Bewegung, nunmehr volltaktig, ist in ihm abwärtsgerichtet, abermals liegen die Betonungen eine kleine Terz auseinander; das rhythmische Motiv bleibt ostinat erhalten. Die Barform bewirkt eine scharfe Entgegensetzung innerhalb des Themas: die wiederholte erste Zeile mit ihrer aufwärtsgerichteten Bewegung kontrastiert mit der Abwärtsbewegung der zweiten Zeile, wobei das rhythmische Motiv – in seiner Punktierung beibehalten – eine charakteristische Umwandlung von der Auf- zur Volltaktigkeit erfährt. Dieser Gegensatz wird, wie sich zeigen wird, für das ganze Werk konstitutiv, indem daraus ein regelrechtes Gegenthema entwickelt wird. – Die dieser Exposition folgenden T. 17-23 sequenzieren in den verschiedenen Stimmen jene von den Pedalinterpolationen vorher als "Zentralmotiv" (im folgenden als A bezeichnet) herausgehobene Tonfolge, bei der allerdings die Auftaktquart durch einen Sekundschritt oder gar durch einen angebundenen Auftakt auf der gleichen Stufe ersetzt wird; die Sequenzierung beginnt im Pedal unter ausgehaltenen verminderten Septimenakkorden und wandert dann in die Sopran- und Altstimmen; harmonisch vollzieht sich die allmähliche Auflösung der Zentralstellung der Tonika (durch Ausweichungen in die Subdominante und chromatische Rückungen); angesteuert wird die Moll-Dominante, die in T. 74 über die Moll-Parallele erreicht wird. – Dieser erste Abschnitt, der die Exposition des Themas und die Herauskristallisation der entscheidenden Materialien brachte, mag als Einleitungsteil bezeichnet werden. Ihm schließt sich ein g-Moll-Abschnitt an, der zum ersten Mal das Thema verändert, indem er den ersten Thementeil statt um den Grundton um die obere Quinte zentriert. Aus der Kantabilität dieser in Sopran und Tenor geführten Variation, die von einer 9/8-Figuration klavieristisch umspielt wird, entwickelt sich durch den Hinzutritt des Motivs A im Pedal (T. 92, geschärft durch einen 16tel-Triolen-Auftakt) eine erste durchführungsartige Verdichtung, die in den Pedaltriller der Takte 132 ff. ausmündet; über ihm erscheint das Thema – nach der Exposition am Anfang zum ersten Mal – als ganzes in g-Moll; der letzte Teil indessen (der Abgesang) wird durch eine kühne Modulation nach As-Dur versetzt und erhält durch die Dreiklangsharmonisation sowie durch die Vermeidung verminderter Intervalle einen neuen, heroischen Ausdruck. Auf diese Weise entsteht in T. 141 ein völlig neues Thema, eigentlich ein zwischen Tonika und Subdominante rasch wechselndes Trompetengeschmetter (bei Straube als *"Marziale"* bezeichnet), welches im folgenden als regelrechtes "zweites Thema" im Sinne des Sonatenhauptsatzes fungiert; es zeigt sich an dieser Stelle in exemplarischer Weise das Lisztsche Verfahren der Ableitung aller formalen Elemente aus einem einzigen thematischen Gebilde. Es handelt sich somit nicht um einen "thematischen Dualismus" im Sinne von vornhinein vorhandener kontrastierender Prinzipien, wohl aber um die bis zum Kontrast getriebene variative Entwicklung eines einzigen Themas, die Entfaltung eines "Charakters" in mehrere gegensätzliche.

Die Exposition dieses "zweiten Themas" evoziert sogleich seine motivische Durchführung (ab T. 156) und eine Kontrastierung des Motivs A des ersten Themas mit dem Motiv A^u (Umkehrung von A) des zweiten Themas (T. 191-212), welche beiden in einen freien, rezitativischen Abschnitt einmünden und allmählich zur Ruhe gebracht werden (T. 213 -244). Diese Überleitung bereitet den großen langsamen Mittelteil vor (T. 245-445), der um die Tonart Fis-Dur zentriert ist und damit sowohl im Tongeschlecht als auch im Grad der Intervallverwandtschaft den äußersten Gegenpol zur c-Moll-Ausgangstonart markiert. Auch hier treten erstes (T. 245-300) und zweites (T. 301-338) Thema sich gegenüber, doch sind sie kaum noch als Gegensätze zu spüren, obwohl sie gegeneinander geführt werden (T. 339-360); sie ergänzen sich als Vordersatz und Nachsatz zu einer großen Periode (T. 361-389), ihre Motive kontrapunktieren sich gegenseitig (T. 394-432).[25] Erst am Ende des Abschnitts (T. 433) werden sie wieder als Gegensätze spürbar und provozieren eine stürmische motivische Überleitung zur Fuge (T. 446-591).[26]

Die Fuge wird vom ganzen Thema des Gesamtwerkes bestritten, und zwar in einer Form, die der Meyerbeerschen Urfassung im periodischen Aufbau nähersteht als die Anfangsexposition: Die Barform wird aufgegeben, der Schlußteil des Themas wird zum tonalen Abschluß auf dem Grundton geführt, was den Eindruck einer Periodizität hervorruft, welche der Fuge Bachschen Gepräges fremd ist. Obwohl auf diese Weise äußerlich eine scharfe Trennung zwischen Thema und Fortspinnung vollzogen ist, wirkt das Kontrasubjekt nicht als Gegensatz; es übernimmt den scharfen punktierten Rhythmus des Themas und unterstreicht ihn nur durch den Schleifer, der bereits in den T. 93 und 95 vorweggenommen war; insgesamt fungiert dieses Kontrasubjekt als Begleitung, nicht als Kontrast zum Thema. Infolge der homophonen Anlage bereits der Exposition wirkt der Übergang zur motivischen Arbeit nach ihrem Abschluß keineswegs als Bruch, sondern nur konsequent (T. 523). Für Liszt bedeutet Fuge nicht mehr eine polyphone Form, er versucht keine Restauration des Vergangenen (wie etwa Mendelssohn oder Franck, z. T. aber auch Schumann und Brahms); was ihn offenbar am Prinzip der Fuge reizt, ist das allmähliche Zunehmen der Klangmasse und die damit einhergehende motivische Verdichtung. Dies ist alles, was er übernimmt, was er für seine Zwecke brauchen kann.[27] Die funktionale Aufgabe der Fuge ist es vielmehr, die beiden antipodischen Themenhälften zusammenzuzwingen, welche im langsamen Satz nur scheinbar versöhnt waren und nach seinem Ausklang wieder auseinandergebrochen waren. Insofern übernimmt die tradierte Fugenform die

---

25 Die Kürzung dieses Abschnitts durch Streichung der T. 361-433 wird zwar schon im Erstdruck vorgeschlagen und scheint daher vom Komponisten autorisiert zu sein; sie wirkt jedoch kompositorisch unmotiviert, wenn man davon ausgeht, daß der langsame Satz innerhalb der Gesamtform die Funktion übernimmt, eine vorläufige Möglichkeit des Ausgleichs und der gegenseitigen Ergänzung der beiden kontrastierenden Elemente zu demonstrieren.

26 Die überaus schwierigen Sechzehntelpassagen dieses Überleitungsabschnitts sind vom Komponisten für die Manualiter-Ausführung bestimmt, und zwar oktavverdoppelt in den T. 457/458 und 465-473; erst in diesem Takt tritt auf dem dritten Viertel das Pedal mit der Note H hinzu.

27 Es ist daher unhistorisch, Liszt die Entfernung von der "echten" Fuge Bachs, seinen Mangel an Polyphonie vorzurechnen, zumal ohne Rücksicht auf den Kontext. Vgl. K. Trapp: *Die Fuge in der deutschen Romantik*, S. 101 ff., insbes. 106. Das Fugato als reines Steigerungsmoment im 19. Jhdt. erkennt hingegen Herbert Haag: *César Franck als Orgelkomponist*, Kassel 1936, S. 27.

Rolle eines von außen kommenden, die Autonomie des motivisch-dramatischen Geschehens unterbindenden "autoritären" Prinzips, welches sich jedoch den immanenten motivischen Kräften gegenüber nicht behaupten kann, denn das in der Fuge initiierte Spiel mit dem rhythmisch geschärften Thema führt in den T. 557 ff. zur Abspaltung eines Motives aus dem Hauptthema, welches bisher noch nicht isoliert aufgetreten war, nämlich des dritten Thementaktes (A'), kontrastiert mit dem Motiv A (T. 563 ff.). Diese Entwicklung führt zur "Wiedererstehung" des zweiten Themas in T. 581, welches durch die Fugenarbeit vorübergehend als autonomes ausgeschaltet worden war; nunmehr aber tritt es wieder auf den Plan und löst eine Art zweitaktiger Stichomythie aus (581-590), der eine stürmische Entladung in aus dem Motiv A gebildeten Figurationen (T. 599-613) folgt. Abermals wird die Auseinandersetzung abgebrochen durch eine zweite Fuge (T. 614 f.), die das Thema periodisch ähnlich behandelt wie die erste, jedoch den Rhythmus auf die Ausgangsform zurückführt; das Kontrasubjekt wird diesmal durch eine äußerst rapide Sechzehntelfiguration gebildet, die jedoch, ebenso wie das ganz anders strukturierte Kontrasubjekt der ersten Fuge, kein eigenes motivisches Gepräge aufweist. Die Fuge verläuft dünnstimmiger, rasanter als die erste und nimmt mehr und mehr Strettacharakter an. Über den virtuosen Passagen erhebt sich schließlich in vierstimmigen Akkorden (T. 656 ff.) das erste Thema, dessen Motiv A nun in breiten Notenwerten nach H-Dur moduliert (T. 688); noch aber ist die Beruhigung nicht erreicht; ruhelos gehen die Modulationen mit dem Motiv A weiter, bis in T. 711 die Grundtonart c-Moll wieder erreicht ist und das Pedal wie ermattet die Bewegung auslaufen läßt; da erklingt zum letzten Mal – Adagio, b-Moll – das zweite Thema (T. 730-733) – als ein Prinzip, dessen Isolierung überwunden ist. Das integrierte Thema bildet dementsprechend den pompösen Ausklang in sieghaftem C-Dur.

Diese Darstellung hat gezeigt, daß es sich bei *Ad nos* um ein sonatenhaftes Werk handelt, bei dem die einzelnen Themen und Motive als dramatische Charaktere aufgefaßt sind und in dem die musikalischen Verläufe analog den Entwicklungen eines Handlungsdramas konzipiert sind. Die Variation ist in diesem Zusammenhang wesentliches Mittel, jedoch im Dienste einer übergreifenden Formidee. – Diese Idee der einsätzigen Sonate, deren gesamte Entwicklung aus einem einzigen thematischen Keim abgeleitet wird, ist seit langem als für Liszts Komponieren kennzeichnend erkannt worden. Als das erste nach diesen Grundsätzen komponierte Werk kann wohl das Es-Dur-Klavierkonzert (1849) angesehen werden. Als vollendetes Beispiel dieser neuartigen Gestaltung und Auffassung der Sonate ist jedoch die Klaviersonate in h-Moll (1854) aufzufassen, die auch allgemein als musterhaft anerkannt wird.[28] So wurde auch behauptet, die h-Moll-Klaviersonate habe als direktes Vorbild für die Kompositionen von Liszts Schüler Julius Reubke (1834-1858), insbesondere auch für dessen bekannte Orgelsonate *Der 94. Psalm* gedient.[29] Richard Pohl ("Hoplit") gab

---

28 Vgl. A. Ritzel: *Die Entwicklung der "Sonatenform" im musiktheoretischen Schrifttum des 18. und 19. Jahrhunderts*, Phil. Diss. Frankfurt/M. 1968, S. 226 f.

29 Vgl. H. Keller: Vorwort zu seiner Edition der Reubke-Sonate in der Edition Peters. – M. Weyer: *Die deutsche Orgelsonate ...*, S. 93.

jedoch in seinem Nachruf auf Reubke[30] (Pseudonym) den Hinweis, so wie für Reubkes *Klaviersonate b-Moll* die Lisztsche *h-Moll-Sonate*, habe für die Orgelsonate die *"Propheten-Phantasie ... die künstlerische Anregung gegeben"*, *"ein Werk, das er mit ebensoviel Vorliebe als Vollendung spielte."*

Vergleicht man beide Werke, so erkennt man frappante Übereinstimmungen. Gemeinsam ist beiden Werken der außermusikalische Vorwurf: der Protest gegen die Unterdrückung des Volkes. Aber auch die formale Anlage ähnelt sich bis in die Tonarten-Disposition: in beiden Werken folgt auf die relativ ruhige c-Moll-Einleitung eine g-Moll-Exposition, die auf ähnliche Weise angebahnt und durchgeführt ist. Der langsame Satz, etwa an der gleichen Stelle plaziert (Liszt T. 245, Reubke T. 233), unterscheidet die beiden Werke in Anlage, Umfang und Tonart am meisten. Ganz ähnlich aber sind wieder die abschließenden Abschnitte; wie bei Liszt finden sich auch bei Reubke die beiden nacheinander einsetzenden Fugen, von denen die erste kompakter, die zweite virtuos dünnstimmig verläuft.

Diesen Kongruenzen stehen gewichtige Unterschiede gegenüber. Reubkes Thema ist im Grunde nur ein einziges Motiv, dessen Sequenzierung und Variierung beliebige periodische Gebilde ergeben kann (vgl. Reubke T. 1/2, T. 53/54, T. 317-19). Liszts Thema dagegen ist das periodische Kontinuum der Choralmelodie, aus welcher er allerdings, wie wir feststellten, entscheidend wichtige Motive herauslöst und ähnlich verarbeitet wie Reubke. Der Gegensatz zwischen integriertem Choral und isoliertem Motiv ist für Liszts Komposition ein entscheidendes Merkmal. Weiterhin verzichtet Reubke auf ein zweites Thema, welches auch nur annähernd jene Bedeutung für das gesamte Geschehen hätte wie dasjenige Liszts; nur episodisch begegnen bei Reubke Seitengedanken,[31] und sofern man den Gegensatz zweier Themenkomplexe für ein essentielles Merkmal der Sonate hält (was aber erst in der Sonatentheorie des 19. Jahrhunderts normativ wurde[32]), müßte man der *"Prophetenphantasie"* sogar mehr Sonatenhaftes zuerkennen als der Reubke-Sonate. – An dem Vergleich Liszt – Reubke wird schließlich auch das oben problematisierte Verhältnis Liszts zum Choral deutlich. Indem Liszt das Choralthema motivisch-sonatenhaft verarbeitet, es in das Zentrum des dramatisch aufgefaßten musikalischen Ablaufs stellt, behandelt er es ohne Unterschied zu nicht religiös ausgezeichneten Themata. Diese Behandlung darf aber nicht isoliert gesehen werden: die Idee des Werkganzen zielt auf die Re-Integration des Ursprünglich Einen; insofern ist die Schlußapotheose des Chorals durchaus als eine Entrückung aus den Gefilden des irdischen Kämpfens zu verstehen. Freilich verfährt Liszt auch in (fast allen) anderen sinfonisch-sonatenhaften Werken in ähnlicher Weise; zu fragen wäre, ob nicht mit dem gleichen Recht wie das *Propheten*-Thema auch all die hymnischen Themen dieser anderen Liszt-Werke als "Choräle" angesehen werden können, womit die von Brendel angeschnittene Frage nach der Weltlichkeit der Orgelphantasie (s. o.) erweitert würde zur Frage nach dem religiösen Gehalt in Liszts

---

30   NZfM 48 (1858), Beilage zu Nr. 25, S. 1 f.
31   M. Weyer: *Die deutsche Orgelsonate ...*, S. 94 f.
32   A. Ritzel: *Die Entwicklung der Sonatenform ...*, S. 227.

gesamtem sinfonischen Schaffen. Daß das Lisztsche Thema nichts mehr mit jener Funktion des Chorals gemein hat, welche der Anabaptisten-Gesang in der Meyerbeer-Oper erfüllte, dürfte ebensowenig der Erläuterung bedürfen wie die Unmöglichkeit der Vermutung, Liszts Orgel-Phantasie illustriere in Form einer *"sinfonischen Dichtung"* das Geschehen der Oper. Liszt baut dieses Werk nach gänzlich autonomem Plan, er schreibt es in einer *"völlig neuen und freien Form"*[33] und schafft sich selbst seine "dramatischen" Gesetze. Während Reubke sich solchen "Gesetzen" bestimmter Werke unterordnete und gleichzeitig inhaltliche Ideen seines Lehrers übernahm, zeigt sich das künstlerische Wollen Liszts selbst gerade in der Einmaligkeit formaler wie inhaltlicher Konzeptionen.

---

33 NZfM 45 (1856), S. 80. Vgl. auch die Rezension der *h-Moll-Sonate* durch L. Köhler, in: NZfM 41 (1854), S. 70 ff. Vgl. hierzu C. Dahlhaus: Analyse von *Mazeppa*, in: *Analyse und Werturteil*, Mainz 1970, insbes. S. 88.

Christoph-Hellmut Mahling und Kristina Pfarr (Hrsg.), Deutsche Musik im Wegekreuz zwischen Polen und Frankreich. Zum Problem musikalischer Wechselbeziehungen im 19. und 20. Jahrhundert. Bericht der Tagung am Musikwissenschaftlichen Institut der Johannes Gutenberg-Universität Mainz 1988, Verlag Hans Schneider: Tutzing 1996 (= Mainzer Studien zur Musikwissenschaft, Bd. 34), S. 84-98

Saint-Saëns' Sinfonik als "haute composition"

I

Die Tatsache, daß Camille Saint-Saëns' *3. Sinfonie* sein kompositorisch wohl ambitioniertestes, zugleich aber auch sein letztes Werk in der Gattung Sinfonie ist, und daß der Komponist in den verbleibenden immerhin 35 Jahren seines Schaffens keinerlei Initiativen zu einer weiteren Sinfonie entwickelte, ist ein eigenartiges Phänomen, geradezu gegenläufig zu jenen überwiegend deutschen Sinfonikern, die über der Arbeit an ihren letzten Werken oder über ihren Plänen zu einer weiteren Sinfonie verstarben. Das Faktum kann vielleicht in mancher Hinsicht aus biographischen Zusammenhängen erklärt werden, indessen zeigt sich doch wohl vor allem, daß er 1886 an eine Grenze gestoßen war, jenseits derer er keine weiteren Entwicklungsmöglichkeiten sah: die Grenze seiner Konzeption des Sinfonischen. In mindestens zweierlei Hinsicht war die in Paris nach 1860 allmählich entstehende Sinfonik problematisch: erstens gab es in Frankreich – im Gegensatz zu Deutschland – trotz einer frühzeitigen Rezeption der Gattung von ihren Anfängen im 18. Jahrhundert an[1] und trotz Hector Berlioz keine eigentliche Tradition der Sinfonie. Vielmehr wurde die Gattung ebenso wie im übrigen Europa als eine genuin deutsche betrachtet, die vor allem durch Beethoven geprägt worden sei und eine bestimmte Auffassung von instrumentaler Musik repräsentiere, die vom Hang zur Gelehrsamkeit, ja zur Philosophie gekennzeichnet sei.[2] Diese Auffassung verhinderte bei aller Pflege der Sinfonik in Paris seit Habeneck, daß die Gattung aufgrund ihres ästhetischen Ranges zu einer sozialen und institutionellen Bedeutung aufsteigen konnte, die mit derjenigen in Deutschland vergleichbar gewesen wäre. Unangefochten galt die Oper – in ihren verschiedenen Ausprägungen – als die dominierende musikalische Gattung, in der sich der Rang jedes Komponisten entschied.

> *"Der einzige Weg, sich einen Namen zu machen, ist für den Komponisten die Opernbühne. Sie ist der einzige Ort, wo ein Musiker ständig Gelegenheit und Mittel zur Kommunikation mit dem Publikum finden kann. – Religiöse und symphonische Musik rangieren zweifellos höher im strengsten Sinn als die dramatische; doch die Gelegenheiten, sich in dieser höchsten Kunstsphäre zu produzieren, sind äußerst selten.*

---

1   Barry S. Brook: *La Symphonie française dans la seconde moitié du XVIII siècle*, 3 Bde., Paris 1962.
2   Dazu grundsätzlich Julien Tiersot: *La Symphonie en France*, in: *Sammelbände der Internationalen Musikgesellschaft* III (1901-1902), S. 391-402.

Man erreicht hier nur gelegentlich Auftritte, nie aber jene regelmäßige und systematische Präsenz des Opernkomponisten."[3]

Allein von der wirtschaftlichen Seite her war die Existenz eines Instrumentalkomponisten in Frankreich unattraktiv:

"Heutzutage ist ein Instrumentalkomponist genötigt, ein doppeltes Opfer zu bringen: das seiner Popularität und das seines Wohlstandes. Er wird nicht nur nicht populär durch das Schreiben von Quartetten und Symphonien, es kostet ihn noch dazu ein Vermögen, um diese Art von Produktionen bekanntzumachen und zum Erklingen zu bringen. Sie sehen: es ist einfach wenig ermutigend."[4]

Zum zweiten bestand das Problem der in der zweiten Hälfte des 19. Jahrhunderts sich in repräsentativen Werken entfaltenden französischen Sinfonik darin, daß sie historisch gesehen in eine Epoche fiel, für die Carl Dahlhaus den Begriff *"Das zweite Zeitalter der Symphonie"* prägte.[5] Damit ist gemeint, daß die Gattung etwa zwischen 1850 und 1870 in eine Krise geriet, während derer es zeitweilig den Anschein hatte, als werde die von Liszt ausgebildete Sinfonische Dichtung allein dem Anspruch gerecht, die "große Form" der Instrumentalmusik darzustellen. Auch nachdem sich die Position der Sinfonie vom Beginn der siebziger Jahre an wieder konsolidierte, bedeutete fortan die kompositorische Entscheidung für die eine oder die andere sinfonische Richtung eine Art gattungsästhetische Konfession. Zusätzlich zu dem Anspruchsdruck der "großen Form" als solcher belastete den Sinfonien-Komponisten die Notwendigkeit, sein Werk gegenüber dem Verdacht des Formalismus und des Traditionalismus zu legitimieren. Wurde diese Problematik auch am deutlichsten in den jungen, im Aufstieg begriffenen nationalen Schulen Ost- und Nordeuropas formuliert, so betraf sie doch nicht minder die großen instrumentalmusikalischen Ambitionen, die sich in Frankreich im Zusammenhang mit der kulturellen Besinnung und Erneuerung nach 1871 entfalteten. Indem sich die gattungsinterne Problematik mit den nationalistischen Ressentiments im Gefolge der Ereignisse von 1870/71 verband, befand sich die Gattung Sinfonie in Frankreich letztlich sogar in einer schwierigeren Situation als im übrigen außerdeutschen Europa.

Saint-Saëns war um 1871 einer der wichtigsten Inauguratoren und Organisatoren, die die Erneuerung der französischen Musik ins Werk setzten. In der Zeit etwa zwischen der Gründung der Société Nationale de Musique und der Komposition der *c-Moll-Sinfonie* – also etwa 15 Jahre lang – gehörte er zweifellos zu den einflußreichsten Akteuren der französischen Musikszene. Auch im Ausland wurde er weithin als repräsentative Leitfigur der im Aufstieg begriffenen französischen Musikkultur ange-

---

3   Charles Gounod: *Autobiographie* (London 1875), zit. nach Jeffrey Cooper: *The Rise of Instrumental Music and Concert Series in Paris 1828-1871*, Ann Arbor 1983, S. 4.

4   Anon. Artikel, in: *La France Musicale* 34 (1860), zit. nach David M. Fallon: *The Symphonies and Symphonic Poems of Camille Saint-Saëns*, Phil. Diss. Yale University New Haven 1973, T. 1, S. 73.

5   Carl Dahlhaus: *Die Musik des 19. Jahrhunderts* (= Neues Handbuch der Musikwissenschaft, Bd. 6), Wiesbaden/Laaber 1980, S. 220 ff.

sehen. Nicht nur als Komponist, sondern ebenso als hervorragender Interpret und als stilistisch brillanter, urteilssicherer Musikschriftsteller brachte er alle Voraussetzungen mit, eine überragende Rolle in der stürmischen Entwicklung der französischen Musik dieser Jahre zu spielen. Dennoch verlor er gegenüber der konkurrierenden Schule César Francks kontinuierlich an Einfluß, und das Jahr der *c-Moll-Sinfonie* war zugleich dasjenige seines Rücktritts und Ausschlusses aus der Société Nationale de Musique auf Betreiben seines Intimfeindes Vincent d'Indy. Drei Jahre nach der Londoner Uraufführung von Saint-Saëns' *c-Moll-Sinfonie* brachte César Franck seine *d-Moll-Sinfonie* heraus; angesichts der umrissenen Konstellation liegt die Annahme einer Konkurrenz um die gültige Gestaltung einer "Symphonie française" als Anlaß für beide Chef-d'oeuvres nahe. Daß das sinfonische Verstummen von Saint-Saëns nach 1886 im Zusammenhang mit diesem Ereignis und mit dem im folgenden Jahr (1890) erfolgten Tod Francks steht, erwiese sich im Sinn einer "inneren Biographie" als nachvollziehbar, läßt sich jedoch auf der Grundlage der bis heute vorliegenden Quellen (insbesondere der Korrespondenz) ebensowenig belegen[6] wie ein denkbarer Zusammenhang mit dem im Erscheinungsjahr der *c-Moll-Sinfonie* erfolgten Tod Liszts.

II

Geht man davon aus, daß die Ausprägung einer großen Sinfonie, die das ästhetische Postulat der Gattung im 19. Jahrhundert nach Verfügung über sämtliche Ausdrucksmittel der Form und des orchestralen Apparates mit der Ausbildung eines eigenständigen französischen Idioms der Instrumentalmusik verbinden sollte, eine zentrale Zielvorstellung der französischen Komponisten im Umkreis der Société Nationale de Musique, also auch von Saint-Saëns, war, dann muß man nach den Voraussetzungen einer solchen Konzeption fragen. Die Sinfonie ist, ähnlich wie die Oper, an den großen Apparat, folglich an Institutionen gebunden, die einen solchen tragen. Darüber hinaus aber wirkt sich das Milieu des Ortes oder der Region, in der sich diese musikalischen Gattungen entwickeln, vor allem in der Rezeption aus, die ihrerseits wieder nicht von einer einzelnen Gattung, sondern von der Konkurrenz verschiedener Gattungen, einem Gattungsgefüge also, bestimmt wird. Dieses milieubestimmende Gattungsgefüge aber unterschied sich in Frankreich stark von demjenigen, in dem die deutsche Sinfonik seit Beethoven beheimatet war. Die Pflege der Sinfonik vollzog sich in Deutschland in vielfältiger Form: im bürgerlichen Milieu großer städtischer Orchester in Leipzig, Hamburg oder Frankfurt, in den zahlreichen großen und mittleren Hoftheater-Orchestern, auf den vielen regionalen und überregionalen Musikfesten,

---

6   Den wichtigsten von Saint-Saëns selbst stammenden Hinweis auf die Konkurrenzsituation bietet ein Brief an Durand vom 3. Dezember 1912: *"Sie finden die ganze Geschichte der Gründung der SNM in meinem Buch 'Harmonie et Melodie'. Was Sie darin nicht finden ist, daß sich C. Franck einzig zu dem Zweck nationalisieren ließ, um Zugang zu erhalten. Das war der Wurm in der Frucht. Während Bussine und ich alle zulassen wollten, die an der Französischen Schule interessiert waren (sowohl der neuen als auch der älteren), hatten César und seine Gefolgsleute nur einen Gedanken: die Gesellschaft zu einer Clique (chapelle) zu machen, in der die Herren waren. Sie manövrierten so geschickt, daß ich eines Tages, als es nicht mehr auszuhalten war, meinen Hut nahm."* – Zit. nach D. M. Fallon: *Symphonies*, a. a. O., S. 209 (Übersetzung vom Verfasser).

aber auch im Liebhaber-Milieu kleinerer und mittlerer Dilettanten-Orchester. In Frankreich hingegen hing die Pflege der Sinfonik von ganz wenigen Orchestern, bis gegen Mitte des 19. Jahrhunderts fast allein von den Pariser Conservatoire-Orchester-Konzerten unter Habeneck ab. Dem vergleichsweise bescheidenen sinfonischen Angebot stand jedoch das riesige und hochdifferenzierte Spektrum musikalischer und theatralischer Aktivitäten und Unternehmungen gegenüber, das Paris, die *"Hauptstadt des 19. Jahrhunderts"* (W. Benjamin), allen anderen Regionen und Metropolen voraus hatte. Wie in keiner anderen Stadt des 19. Jahrhunderts war die Musik in Paris Teil jener industriell hergestellten "zweiten Natur" der Glas- und Eisenpassagen, der Panoramen, der Weltausstellungen und jener ungewohnten und großzügigen Raumphantasmagorien, die sich dem Auge des flanierenden Großstädters (Baudelaire) in den durch Haussmanns Durch- und Abbrüche geschaffenen Straßenzügen darboten. Zentrales künstlerisches Medium dieser ersten modernen Großstadt war das Theater in seinen vielfältigen Ausprägungen von der Académie Royale bis hin zu den Boulevard- und Vaudeville-Theatern mit ihrer Traumwelt der Panoramen und Illusionen, in die sich die unbehausten, vom "artiste démolisseur" aus ihrem angestammten Milieu vertriebenen Großstädter flüchteten. In den sechziger Jahren entstanden auch im musikalischen Bereich die Gegenstücke zu den Nouveautés und Bilderpanoramen in Gestalt der *Scènes pittoresques d'orchestre* von Jules Massenet, die in die Traumwelt des "hongrois", "napolitain" oder gar des "féerique" entführten. Im orchestralen Genre bildeten sie den Widerpart zum Sinfonischen, das sich in dieser von dem ökonomischen Gesetz von Angebot und Nachfrage eindeutig bestimmten Welt zu bewähren bzw. durchzusetzen hatte. Gerade Saint-Saëns entrichtete dem Exotismus jener neuen Gattungen reichlichen Tribut und erwies sich damit durchaus als Mann der aktuellen Stunde: er lieferte bretonische und auvergnatische Fantasien und Rhapsodien, persische Lieder, arabische Suiten, portugiesische Barkarolen, dänische, russische und arabische Capriccios, afrikanische Fantasien und ägyptische Klavierkonzerte. So wie in die Weite der Geographie strebte er in die der zeitlichen Vergangenheit: er komponierte Musiken zu griechischen Tragödien und verfaßte eine der frühesten theoretischen Abhandlungen über historische Aufführungspraxis der Musik. In diesem allem erwies er sich als ein auf der Höhe der Bildung seiner Epoche stehender Musiker, der wie kein anderer in der Lage war, den zugleich enzyklopädischen und imperialistischen Geist der Weltausstellungen in sein musikalisches Produzieren und Reproduzieren eingehen zu lassen.

Doch dieses ist nur die eine Seite von Saint-Saëns' Künstlertum. Ihr gegenüber steht die Bereitschaft, gegen den Strom zu schwimmen, Widerstand zu leisten gegen den nivellierenden, auf Konsum und Vergessen ausgerichteten großstädtischen Musikbetrieb. Und offensichtlich mißfiel er mit dieser Haltung dem französischen Publikum, das sich weigerte, in ihm auf Dauer einen Hauptrepräsentanten der nationalen musikalischen Kultur (die es mit den eigenen musikalischen Bedürfnissen verwechselte) anzuerkennen:

"In der französischen Kunst stellt er etwas Außergewöhnliches dar, etwas, das bis in die jüngste Zeit nahezu einmalig war: den großen klassischen Geist, die hohe enzyklopädische Musikkultur, die man deutsche Kultur nennen muß, weil sie sich auf die deutschen Klassiker stützt, das Fundament jeder modernen Kunst."[7]

III

Mit dieser Haltung stand Saint-Saëns in Paris jedoch andererseits innerhalb einer Tradition, die sich bis ins dritte Jahrzehnt des 19. Jahrhunderts zurückverfolgen läßt. Dem zweiten Band seines *Traité de la Haute Composition* hatte Anton Rejcha 1824 einen überaus hellsichtigen gattungs- und rezeptionsästhetischen Abschnitt eingefügt, der im folgenden vollständig zitiert sei, da dieses wichtige Werk meines Wissens bis heute nicht im Neudruck vorliegt:

"In unseren Tagen spielt die Musik in Europa eine große Rolle, sie ist populär geworden. In Europa hat man die Harmonie entdeckt und eine Menge von Instrumenten erfunden, perfektioniert und in den Orchestern eingeführt, die Ausführung auf die höchste Stufe gebracht und Chef d'oeuvres in den verschiedenen Gattungen der Komposition geschaffen. Aber nachdem ein so imposantes Gebäude aufgeführt wurde, das dem Geist und dem Genie des zivilisierten Menschen zur Ehre gereicht, kommt es darauf an, es zu konservieren. Wenn eine Kunst einen hohen Grad der Vollkommenheit erreicht hat, wenn sie populär geworden ist, wenn alle Welt sich mit ihr beschäftigt: gerade dann ist sie auf dem Punkt, zurückzuschreiten. Man entfernt sich von den wahren Prinzipien: der Geschmack verdirbt, man mißbraucht die Ressourcen der Kunst und die ihr eigenen Mittel. Die Herrschaft der Scharlatane beginnt. Die Kunst sinkt ab, entwürdigt sich. Leider gewöhnen sich die Ohren allmählich an die schlechte Musik ebenso wie an die gute. Jedermann glaubt in letzter Instanz urteilen zu können; das ist nicht nur lächerlich, sondern vielmehr höchst gefährlich für die Musik. Die Komponisten, die vom Publikum abhängen, opfern die Ziele ihrer Kunst dem Wunsch, der Menge zu gefallen. Sind nicht auch die musikalischen Produktionen zum größten Teil Modewaren, die nur eine ephemere Existenz fristen? Das ist die Ursache dafür, daß sich alle Gattungen der Musik miteinander vermengen [confondent]; der gleiche Geist, dem es nur darauf ankommt, aller Welt gerecht zu werden, ganz gleich mit welchen Mitteln, und zu gefallen, welchen Ohren auch immer, der regiert alle musikalischen Produktionen. Die schönen Muster, die uns Mozart und Haydn gegeben haben, werden nicht nachgeahmt, und die heilige Musik unterscheidet sich von der theatralischen nur dadurch, daß sie in der Kirche aufgeführt wird.

Da einerseits das Publikum verlangt, ständig mit Neuheiten unterhalten zu werden, andererseits die Ressourcen der Haute Composition nicht unterhaltsam genug für

---

[7] Romain Rolland: *Camille Saint-Saëns* (1901), in: *Musiciens d'aujourd'hui* (Paris 1908), zit. nach Ch.-C. Saint-Saëns: *Musikalische Reminiszenzen*, hrsg. v. R. Zimmermann, Leipzig 1978, S. 34.

die Masse sind, ist schwer vorauszusehen, was die Modekomponisten (die einzigen, die protegiert und ermutigt werden) in Zukunft erfinden werden, um weiter Beifall zu bekommen, und welches der Zustand der Musik in 100 Jahren sein wird. Aus dem Gesagten kann man leicht entnehmen, daß das Erscheinen einer sublimen Produktion, eines Chef d'oeuvre gar, äußerst selten sein muß. Um ein solches Werk zu schaffen, bedarf es nicht nur eines seltenen Genies und einer tiefen Kenntnis der Kunst, sondern auch einer starken Seele, die sich über die Kritik zu stellen [hinwegzusetzen] weiß, die mit nobler Courage die Meinung der Masse besiegt und die keinen anderen Lohn sucht als den, den das Gefühl der eigenen Überlegenheit verleiht."[8]

Rejchas Analyse der musikgeschichtlichen Situation ist deutlich vom nachrevolutionären Skeptizismus gegenüber dem Fortschrittsdenken geprägt, das etwa das ein Jahr vor dem Ausbruch der Revolution erschienene groß konzipierte Werk von Forkel kennzeichnet.[9] Der Vergleich der nur 36 Jahre auseinanderliegenden Texte verdeutlicht schlagend, was sich durch das Erlebnis der Revolution im musikgeschichtlichen Bewußtsein verändert hatte. An die Stelle der Überzeugung von der unaufhaltsamen Vervollkommnung der Ausdrucksfähigkeit der Musik und von der ihr entsprechenden Verfeinerung der musikalischen Rezeptionsfähigkeit als einem Ergebnis geduldiger Erziehungsarbeit ist das Mißtrauen gegen die Menschheit als Masse und ihre Verführbarkeit auch und gerade durch die Musik getreten. Die industriellen Produktionsmethoden, die allenthalben zur Notwendigkeit werden, beschwören im Bereich der Kunst die tödliche Gefahr des Standardisiert-Massenhaften und der totalen Kommerzialisierung herauf. Die Doppelgesichtigkeit der Kunst als sublimes Geisteserzeugnis und als Ware verschärft sich zum kaum noch zu kittenden Riß, zur *"Dichotomie"*.[10] Nicht mehr – wie in der Aufklärung – werden Unbildung und selbstverschuldete Unmündigkeit als Hindernisse der adäquaten ästhetischen Rezeptionshaltung gesehen, sondern die ökonomischen Bedingungen der Massenproduktion, unter denen die kompositionstechnischen Errungenschaften in ihr Gegenteil verkehrt, zurückgebildet werden. Das Phänomen der *"Regression des Hörens"* (Adorno) wird von Rejcha zu einem frühen Zeitpunkt, lange vor der Erfindung der Massenmedien, in wesentlichen Punkten beschrieben. Und es ist kein Zufall, daß diese Analyse in Paris entstand und an das französische Publikum gerichtet wurde zu einem Zeitpunkt, an dem Paris zwar noch nicht die moderne Großstadt der Jahrhundertmitte war, aber doch für den Hellhörigen die Tendenz an vielen Einzelphänomenen vorhersehbar wurde. Der Verweis auf die Modelle bei Haydn und Mozart erweist sich unter diesen Auspizien als nur scheinbar klassizistisch. In Wahrheit ergibt er sich aus dem analytischen Befund, daß diese Werke die letzten und höchsten Stufen der Entwicklung vor dem Einsetzen der Regression repräsentieren.

---

8   Anton Rejcha: *Traité de la Haute Composition* II, Paris 1824, S. 238 (Übers. v. Verf.).
9   Johann Nikolaus Forkel: *Allgemeine Geschichte der Musik*, Bd. 1, Leipzig 1788.
10   Bernd Sponheuer: *Musik als Kunst und Nicht-Kunst. Untersuchungen zur Dichotomie von "hoher" und "niederer" Musik im musikästhetischen Denken zwischen Kant und Hanslick*, Kassel u. a. 1987.

Der Begriff "haute composition", den Rejcha im Titel seiner Abhandlung einführt, ist aus der Analyse der musikgeschichtlichen Situation abgeleitet. Er beinhaltet fortan den Bereich der "hohen Musik", im äußersten Fall der "chef d'oeuvres", die den Bedingungen der Massengesellschaft und ihrer Produktionsweise abgetrotzt werden muß. Der schöpferische Musiker als Einsamer, als gesellschaftlicher Außenseiter – dies ist die bewußtseinsprägende Situation der bedeutenden Rejcha-Schüler in Paris: Berlioz, Liszt, Franck. Jeder von ihnen verhielt sich auf seine Weise kritisch bis antagonistisch zum musikalischen Massenbetrieb, speziell zum Musikleben von Paris: Berlioz kämpfte jahrzehntelang mit wenig Erfolg um die Anerkennung seiner neuartigen Kompositionen. Liszt führte seinen Kampf in Form einer Umfassungsstrategie, indem er die ursprünglich gesellschaftskonforme Virtuosität bis zu einem Punkt steigerte, von dem aus er hoffen konnte, mit gewissermaßen diktatorischer Gewalt sein Publikum an die Chef d'oeuvres heranzuführen: doch wich er im entscheidenden Moment von Paris nach Weimar aus, einer hervorragenden Pflegestätte der deutschen Klassik, von wo aus die Umformung der sinfonischen Gattung sich wesentlich leichter und nachhaltiger betreiben ließ als dies unter den Verhältnissen von Paris möglich gewesen wäre. Franck schließlich zog sich bis in ein reifes Alter hinein aus der Pariser Musikszene weitgehend zurück. Erst die gesellschaftliche und kulturelle Umgestaltung nach 1871 schuf die äußeren Voraussetzungen für seinen Aufstieg zum Schulhaupt einer jungen Komponistengeneration. Er wirkte nicht als Organisator und kulturpolitischer Kämpfer, sondern (hierin vielleicht Olivier Messiaen vergleichbar) durch eine einzigartige Verbindung von kompositorischer und pädagogischer Überzeugungskraft, die ihre Ursprünge wohl in religiöser Verankerung hatte. Allen drei Rejcha-Schülern gemeinsam ist ihr Ausgehen von der deutschen Musik, vor allem von Beethoven und dem von der deutschen romantischen Beethoven-Rezeption institutionalisierten Primat der Instrumentalmusik. Für alle drei gleichermaßen gilt als höchste Ausprägung der Instrumentalmusik die "Idee des Sinfonischen" mit ihren vier Aspekten: der monumentalen Form, der Gestaltung als thematische Abhandlung, des Wechsels der Töne und der Einheit im Reichtum des Beziehungsnetzes.[11]

Als Theoretiker hat Rejcha dieser Idee des Sinfonischen entscheidend vorgearbeitet. Aus seiner kompositorischen Praxis, die nicht zu trennen ist von seiner Analyse der Wiener Klassiker, gewann er den neuen Begriff des Développement, unter dem er bereits zweierlei verstand: die *première section de la seconde partie* des Sonatenhauptsatzes[12] ebenso wie das kompositorische Prinzip der motivischen Entwicklung als solches, unabhängig von der formalen Plazierung. Ohne Développement ist ein Musikstück nichts als eine Anhäufung aneinandergereihter und daher monotoner Ideen (was Rejcha der älteren Instrumentalmusik pauschal vorwirft).

---

11 Carl Dahlhaus: *Liszts Idee des Symphonischen*, in: *Liszt-Studien* 2, Kongreß Eisenstadt 1978, München/Salzburg 1981, S. 36 f.

12 Vgl. Fred Ritzel: *Die Entwicklung der "Sonatenform" im musiktheoretischen Schrifttum des 18. und 19. Jahrhunderts*, Wiesbaden ³1974, S. 255.

"L'art du compositeur consiste donc principallement dans la création des idées et dans leurs développements".[13]

Mit der Kategorie des Développement gewinnt Rejcha jenes dynamische Prinzip, durch das seine Theorie dem Geist der Sonate und Sinfonie näherkommt als die eher statische Formenlehre, wie sie die gleichzeitig und wenig später entwickelte deutsche Kompositionstheorie kennzeichnet. Der hohe kompositionstechnische Entwicklungsstand der neueren Instrumentalmusik läßt sich nach Rejcha geradezu ablesen an den vielfältigen Differenzierungsmöglichkeiten des Développement-Prinzips. Im Gegensatz zur älteren Instrumentalmusik, die als einziges Développement-Mittel das Imitationsprinzip gekannt habe, gebe es in der zeitgenössischen Instrumentalmusik mindestens elf dieser "Moyens":

1. Phrasentransposition
2. Progression (= Sequenz)
3. Imitation (gelegentlich eine vier- bis achttaktige Kanonepisode)
4. Dialogisieren zwischen zwei oder drei Phrasen
5. Hinzufügen von Gegenthemen im doppelten Kontrapunkt
6. Variation: harmonisch, melodisch sowie durch Veränderung des "Dessin" (= satztechnischer Zusammenhang) sowie durch Vergrößerung bzw. Verkleinerung des harmonischen Rhythmus' ("serrant et elargissant l'harmonie")
7. Veränderung der Anordnung der Gedanken (Permutation der motivischen Struktur)
8. Verlängerung und Verkürzung der Gedanken
9. Modulation (häufig und raffiniert)
10. Begleitung eines Grundgedankens durch einen anderen
11. Durchführung eines Gedankens durch die verschiedenen Teile des Ganzen.

Mit diesen "Moyens" komplettiert sich das kompositionstechnische Arsenal der "haute composition". Für den praktischen Kompositionsunterricht scheinen diese Kriterien, die schon 1824 formuliert wurden, erst nach 1870, vor allem bei Franck und Saint-Saëns, eine verbindliche Bedeutung gewonnen zu haben. Bis hin zu d'Indys *Cours de composition musicale* (1903-1950) blieb die Nachwirkung Rejchas bis in die Terminologie hinein spürbar. Für den Begriff des Sinfonischen in Frankreich kann die Nachwirkung (in der sich wohl auch der persönliche Einfluß des Lehrers Rejcha auf seine bedeutenden Kompositionsschüler widerspiegelt) kaum hoch genug eingeschätzt werden. Ihr auffallendes Kennzeichen ist die strikte Bindung des kompositorischen Ranges an benennbare Sachverhalte der Technik; die Struktur als solche tritt als Maßstab und als eine Kategorie hervor, die abhängig ist vom Stand der geschichtlichen Entwicklung. Die "haute composition" – und das sind in erster Linie die vom "Développement" geprägten Gattungen, allen voran die Sinfonie, – wird damit eine Angelegenheit des "Métiers"; die darin implizierte antidilettantische Einstellung (deren Wurzeln selbstverständlich weiter, vor allem in das 17. Jahrhundert zurückreichen) prägt die Pariser Musikkultur bis in die Gegenwart.

---

13   Anton Rejcha: *Traité de la haute composition* II, Paris 1824, S. 262.

IV

Saint-Saëns gehört der ersten französischen Komponistengeneration an, die Rejcha nicht mehr als Lehrer erlebte. Unter seinen Kompositionslehrern dürften ihm weder Pierre Maleden, ein Schüler Gottfried Webers, noch Jacques Halévy wesentliche Aufschlüsse über die Idee des Sinfonischen verschafft haben. Um so bedeutungsvoller wird in dieser Hinsicht die frühe persönliche Begegnung mit Liszt 1852 gewesen sein. Jedenfalls entstand im auf sie folgenden Jahr die erste *Sinfonie Es-Dur* op. 2, es folgten 1856 die Sinfonie *Urbs Roma* (eine Wettbewerbskomposition für Bordeaux) und 1859/60 die zweite *Sinfonie a-Moll op. 55*. Während des folgenden Jahrzehnts scheint der Komponist das Interesse an der Sinfonik zwischenzeitlich verloren zu haben. Nach der Gründung der Société Nationale de Musique entstanden dann innerhalb von fünf Jahren die vier Symphonischen Dichtungen *Le Rouet d'Omphale* (1872), *Phaeton* (1873), *Danse macabre* (1874/5) und *La Jeunesse d'Hercule* (1876/7). Die im Auftrag der Londoner Philharmonic Society geschriebene *c-Moll-Sinfonie* (Nr. 3) beendete dann 1886 das sinfonische Schaffen von Saint-Saëns.

Wie stark Saint-Saëns' Vorstellung von sinfonischer Musik geprägt war durch das Bewußtsein der historischen Situation der Gattung, zeigt sein Urteil über jene französischen Sinfonien, die in der Zeit entstanden, als er selbst seine ersten sinfonischen Versuche unternahm, also über die Werke von Bizet, Gounod, Théodore Gouvy, Henri Reber, Adolphe Blanc, Louise Farrenc und anderen:

> *"Diese Sinfonien waren nicht blendend, aber bezaubernd. Sie stellen ein interessantes Glied in der goldenen Kette dar, und das Publikum hat ein Recht und sogar eine Art Pflicht, sie zu hören. Es würde ihnen auch heute mit einem ähnlichen Vergnügen lauschen wie demjenigen, mit dem es gewisse Bilder im Louvre betrachtet, die zwar nicht unbedingt außerordentlich, aber doch durchaus des Platzes wert sind, den sie dort einnehmen. So ist es, wenn das Publikum wirklich durch Liebe zur Kunst geleitet wird und statt Sensation und Schocks ein intellektuelles Vergnügen sucht."*[14]

Die hier zum Ausdruck gebrachte Meinung, daß der Wert eines musikalischen Werkes nicht allein aus ihm selbst als einem "opus absolutum", sondern ganz wesentlich auch aus seiner Stellung in der "goldenen Kette" der Gattung entspringe, zeigt die durch und durch historisch geprägte Einstellung von Saint-Saëns. Gattungsgeschichtliche Relevanz ist nach dieser Auffassung kein äußerliches Merkmal des Werkes, sondern entscheidet mit über seinen ästhetischen Rang. Umgekehrt leitet sich daraus die Forderung ab, das Publikum auf eine ästhetisch-intellektuelle Rezeptionshaltung zu verpflichten. Deutlich spürbar ist als Ausgangspunkt dieser Einschätzung des Produktion-Rezeption-Verhältnisses die Sorge um die Konservierung des hohen Entwicklungsstandes, die sich in der oben zitierten Reflexion Rejchas über den Zustand der europäischen Musik ausdrückte. Darin schwingt aber als Erbteil der Aufklärung des

---

14 C. Saint-Saëns: *Mémoires musicales*, zit. nach D.M. Fallon: *Symphonies*, a. a. O., S. 82.

18. Jahrhunderts die Überzeugung mit, daß die Kunst dasjenige Feld sei, auf dem der Mensch seinen Anspruch auf Mündigkeit zu legitimieren habe.

Saint-Saëns' frühe Sinfonien sind ganz offensichtlich aus solchem gattungsbewuß-ten Denken heraus entstanden. Dennoch heben sie sich bereits aus der französischen sinfonischen Produktion der fünfziger und sechziger Jahre heraus, die auf den erwähn-ten Einfluß von Liszt seit der Begegnung von 1852 zurückgehen dürfte. Sie betreffen vor allem die Vereinheitlichung des Zyklus' durch motivische Leitideen (d'Indy nann-te sie später im Anschluß an Rejcha *"idée mère")*, die zunächst isoliert in einer Einlei-tung vorgetragen werden. Dieses Verfahren findet sich bereits in der *Es-Dur-Sinfonie*, während die zweite Sinfonie sogar schon den ersten Entwurf einer "zyklischen Form" (im Sinne d'Indys) darstellt: der erste Satz hat – wie bereits das Finale der ersten – die ambitiöse Kombination von Sonaten- und Fugenform zum Gegenstand, den das 19. Jahrhundert am Finale aus Mozarts *Jupiter-Sinfonie* bestaunte, und das Finale beruht auf der nicht minder ambitiösen Kombination aller Themen der vorausgehenden Sätze. Vor allem aber bedient sich Saint-Saëns hier erstmals exzessiv der Technik der Thementransformation, die er von Liszt übernahm.[15]

Noch 1899 bekannte Saint-Saëns, wie ihm das frühe Studium der Werke Liszts den Zugang zur Sinfonik eröffnet hatte:

> *"Man hat es nicht unterlassen, das, was man meine Schwäche für Liszt nannte, zu verspotten. Würden sich selbst die Gefühle der Dankbarkeit und Liebe, die er in mir geweckt hat, wie ein Prisma zwischen meinen Blick und sein Bild schieben, so würde ich darin nichts wahrhaft Bedauerliches sehen; aber ich schuldete ihm nichts, ich hatte seine persönliche Faszination noch nicht erfahren, ich hatte ihn weder gesehen noch gehört, als ich mich bei der Lektüre in seine ersten Sinfonischen Dichtungen verliebte, als sie mir den Weg wiesen, der mich später zum 'Totentanz', zum 'Spinnrad der Omphale' und anderen Werken dieser Art führen sollten; darum bin ich sicher, daß mein Urteil durch keinerlei sachfremde Erwägung beeinträchtigt ist – das kann ich voll und ganz versichern."*[16]

Nach dieser Äußerung müßte also Saint-Saëns vor der erwähnten denkwürdigen Be-gegnung als Neunzehnjähriger Sinfonische Dichtungen von Liszt gleich nach ihrem ersten Erscheinen in Partitur kennengelernt haben, was indessen kaum möglich ist, da die frühesten gedruckten Ausgaben *(Les Préludes, Orpheus)* erst 1856 erschienen. Im-merhin ist es glaubhaft, daß Saint-Saëns diese Werke zum frühestmöglichen Zeitpunkt kennengelernt und – wie die 1859 begonnene *a-Moll-Sinfonie* zeigt – ihre Komposi-tionsweise in kürzester Zeit so weitgehend erfaßt hat, daß er sich der neu erworbenen Mittel selbst bedienen konnte. Auch wenn er zunächst noch keine Sinfonischen Dich-tungen schrieb, wurde die *"größere Mannigfaltigkeit der Formen"* und die *"größere Freiheit der Bewegungen"*, die Liszt in der neuen sinfonischen Gattung erreicht habe,

---

15   D. M. Fallon: *Symphonies*, a. a. O. S. 88 f., 170, 187, 193 ff.
16   C. Saint-Saëns: *Portraits et Souvenirs* (1899), zit. nach R. Rolland: *Camille Saint-Saëns*, in: C. Saint-Saëns, *Musi-kalische Reminiszenzen*, a. a. O., S. 40.

für Saint-Saëns zum bestimmenden Moment.[17] Das technische Verfahren der Thementransformation wurde für seinen Begriff des Sinfonischen konstitutiv, und ausdrücklich wies er in deren Beschreibung auf die Affinität zum Wagnerschen Leitmotivverfahren hin.[18]

Es war unter diesen Voraussetzungen nur konsequent, wenn Saint-Saëns als Inaugurator französischen Musiklebens (als Gründer der Société Nationale de Musique) im allgemeinen und der Produktion französischer Instrumentalmusik im besonderen nach 1871 die Sinfonische Dichtung bevorzugte, wie er es in seinen dicht aufeinander folgenden vier Werken tat. Bedeutet nun die Rückkehr zur Sinfonie im Jahr 1886 eine Wende oder gar eine Inkonsequenz?

V

Diese Frage vorbehaltlos zu bejahen, verbietet sich bereits bei flüchtiger Kenntnis der c-Moll-Sinfonie aufgrund der Gliederung in zwei große Teile, zu denen jeweils zwei der vier ineinander übergehenden im übrigen an die konventionellen Typen des Sinfoniezyklus angelehnten Einzelsätze zusammengefaßt werden. In seiner eigenen, als Einführung in die Londoner Uraufführung geschriebenen Kurzanalyse bezeichnete Saint-Saëns jeweils die ersten Sätze der beiden Großteile als "Einleitung" zu den zweiten. Nähme man also – unter Mißachtung der Zweiteilung – einen konventionellen viersätzigen Zyklus an, dann verschöbe sich das Hauptgewicht vom Kopfsatz auf den langsamen Satz, während das Finale zusätzliches Gewicht durch die Einleitungsfunktion des Scherzos bekäme. Offensichtlich orientierte sich Saint-Saëns jedoch an Liszts eigenen Sinfonien über Faust und Dantes Divina Comedia, die ebenfalls einen mehrsätzigen Zyklus bilden, ohne auf die neue thematische Konstruktionsweise der Sinfonischen Dichtung zu verzichten. Eine solche Gestaltung stellte nach Saint-Saëns – und wohl auch nach Liszts – Meinung durchaus eine der vielfältigen konstruktiven Möglichkeiten dar, die die Sinfonische Dichtung eröffnete. Denn deren Haupterrungenschaft wurde in der "endlosen Variabilität" der Formen gesehen; ihr einziges durchgehendes Prinzip sei, daß sich die einzelnen "Tempi" einer leitenden Grundidee unterordnen und in dieser sich zum einheitlichen Ganzen zusammenschließen. Ausdrücklich stellte Saint-Saëns fest, daß Liszts Dante und Faust "mit der Symphonie nur den Namen gemein haben, in Wirklichkeit aber Symphonische Dichtungen darstellen in zwei und drei Teilen".[19] Damit aber ist das Aufbauprinzip der eigenen c-Moll-Sinfonie beschrieben, auch wenn hier kein außermusikalisches Programm mitgeteilt wird. Das "Verschweigen" von Programmen gehört ohnehin durchaus zu einer der gängigen Verhaltensweisen von Komponisten im 19. Jahrhundert,[20] die noch dazu bei einem

---

17 C. Saint-Saëns: Harmonie und Melodie, deutsch v. W. Kleefeld, Berlin ²1905, S. 146.

18 Ebd., S. 143 f.

19 Ebd.

20 Dazu vor allem Constantin Floros: Verschwiegene Programmusik (= Mitteilungen der Kommission für Musikforschung, Nr. 34), Wien 1982. – Ders.: Gustav Mahler II. Mahler und die Symphonik des 19. Jahrhunderts in neuer Deutung. Zur Grundlegung einer zeitgemäßen musikalischen Exegetik, Wiesbaden 1977.

Komponisten besonders naheliegt, der sich – zumindest seit den 80er Jahren – zu einem Strawinsky antizipierenden Formalismus bekannte.

> *"Wie Tolstoj, Monsieur Barrès und viele andere Denker scheint Monsieur d'Indy in der Kunst nichts als Ausdruck und Leidenschaft zu sehen. Es ist für mich unmöglich, diesen Standpunkt zu teilen. Für mich steht die Form über allem. Es ist klar, daß sich Kunst im allgemeinen und Musik im besonderen wunderbar zum Ausdruck eignet und daß der Amateur nichts darüber hinaus sucht. Für den Künstler ist das total anders. Ein Künstler, der sich von eleganten Linien, harmonischen Farben und einer schönen Reihe von Klängen nicht zufriedengestellt fühlt, begreift die Kunst nicht."*[21]

> *"Ich habe es schon gesagt und zögere nicht, es als Wahrheit zu wiederholen, daß die Musik, ebenso wie Malerei und Bildhauerei aus sich selbst heraus und unabhängig von jeder Emotion existiert; sie ist nichts als nur Musik ... Je weiter sich die Sensibilität entwickelt, desto weiter entfernen sich die Musik und die anderen Künste vom Status der Reinheit; und wenn man nur noch nach den Gefühlen verlangt, verschwindet die Kunst; wir haben dafür Beispiele deutlich vor Augen. L'art est un mystère."*[22]

Worum es Saint-Saëns letztlich geht, wird angesichts solcher Zitate deutlich: als Parteigänger Liszts erblickte er in der Sinfonischen Dichtung einen entscheidenden Fortschritt auf kompositionstechnischem Gebiet, der indessen durch den inhaltsästhetischen Ballast gefährdet wurde. Es galt, den Standpunkt des professionellen Künstlers gegen den Dilettantismus der inhaltsästhetischen Rezeption durchzusetzen, was gleichbedeutend damit war, das kompositionstechnische Niveau als entscheidendes Kriterium des großen sinfonischen Chef d'oeuvre im Sinn der von Rejcha formulierten, vor allem in Frankreich in Musikerkreisen offensichtlich kontinuierlich tradierten Forderungen zu garantieren. Dieses Niveau definierte sich am Katalog der technischen Errungenschaften der gesamten Gattungsgeschichte, der älteren sowohl wie der neuesten, und dazu gehört auch – wie Saint-Saëns ausdrücklich in seiner Werkeinführung vermerkte – der *"Fortschritt der modernen Instrumentation"*, woraus sich die auffällige Diskrepanz zwischen dem *"orchestralen Pomp"* auf der einen und der *"Diskretion, mit der er die Motivtechnik behandelt"*[23], auf der anderen Seite erklärt. Gewiß wirkt die einseitig kompositionstechnische Gesinnung, die der Gattungskonzeption von Saint-Saëns zugrundeliegt, befremdend, zumal auf den an der deutschen sinfonischen Tradition Orientierten eher widersprüchlich. Es darf jedoch nicht übersehen werden, daß erstens Liszts eigener Spätstil mit seiner eigenartigen Hervorkehrung der nackten Materialstruktur in gewisser Hinsicht in die gleiche Richtung zielt. Zum anderen gehört es zu den Grundeinsichten, die man bei der Betrachtung der Pariser Musikgeschichte des 19. Jahrhunderts gewinnt, daß es die speziellen Bedingungen des zu dieser Zeit nur hier erfahrbaren großstädtischen Milieus sind, die angesichts der verschärft er-

---

21 C. Saint-Saëns: *Les idées de Vincent d'Indy* (1919), zit. nach D. M. Fallon: *Symphonies*, a. a. O., S. 440 f.

22 Antwort Saint-Saëns' auf eine Umfrage im Jahr 1881, zit. nach Michael Stegemann: *Camille Saint-Saëns und das französische Solokonzert von 1850-1920*, Mainz u. a. 1984, S. 29.

23 Carl Dahlhaus: *Die Musik des 19. Jahrhunderts* (= Neues Handbuch der Musikwissenschaft, Bd. 6), Wiesbaden/Laaber 1980, S. 242.

fahrenen ästhetischen Dichotomie zu der spezifisch handwerklich-technischen und zugleich engagiert antidilettantischen Einstellung in der Musik wie in allen Künsten führten. Zu Recht verweist David M. Fallon am Schluß seiner Abhandlung über Saint-Saëns' Sinfonien auf die geistige Nähe zu den literarischen Parnassiens.[24]

Der "orchestrale Prunk" der *c-Moll-Sinfonie* von Saint-Saëns darf nicht darüber hinwegtäuschen, daß auch er vor allem im Sinn der Demonstration des Entwicklungsstandes, der instrumentationstechnischen Möglichkeiten auf dem aktuell höchsten Niveau, gemeint war. Insofern unterscheidet sich die dahinterstehende Gesinnung wenig von der späteren, von den soviel sparsamer oder karger, jedoch keinesfalls weniger raffiniert orchestrierten Sinfonien Strawinskys.

Unter diesen Auspizien erweist sich die sinfonische Konzeption von Saint-Saëns als ein vorweggenommener Neoklassizismus, in dem die strukturelle Differenzierung und die demonstrative Offenlegung des geschichtlich gewachsenen Materialstandes zum eigentlichen Gegenstand der Komposition werden.

---

24   D. M. Fallon: *Symphonies*, a. a. O., Chapter 12.

Arnfried Edler und Joachim Kremer (Hrsg.), Niedersachsen in der Musikgeschichte. Zur Methodologie und Organisation musikalischer Regionalgeschichtsforschung. Internationales Symposium Wolfenbüttel 1997, Wißner-Verlag: Augsburg 2000 (= Publikationen der Hochschule für Musik und Theater Hannover, Bd. 9), S. 11-22

Forschungsprojekt Niedersächsische Musikgeschichte. Möglichkeiten – Ziele – Grenzen

I. Bemerkungen zur Entstehung musikalischer Regionalgeschichtsforschung

Als Charles Burney seine vierbändige *Allgemeine Musikgeschichte* vorbereitete, deren erster Band gleichzeitig mit John Hawkins' fünfbändigem Konkurrenzwerk 1776 herauskam, hielt er es für notwendig, vorher jahrelang die wichtigsten Regionen Europas zu bereisen zu dem einzigen Zweck – wie es auf dem Titelblatt heißt – *"to collect Materials for a General History of Music"*.[1] Gegen den Vorwurf, *"daß der Gegenstand meiner Untersuchungen keineswegs mit meiner Mühe und meinen Kosten in Verhältniß stünde"*, führt er als *"Rechtfertigung oder Entschuldigung"* an, es geschehe, weil

> *"das Zeugnis eines Schriftstellers, der das, was er erzählt, selbst gesehen und gehöret hat, ... ein Gewicht haben [wird], welches die grösseste Aufrichtigkeit einer Erzählung nach Hörensagen nicht geben kann, und daß das Gemüth des Lesers nach eben dem Verhältniß mehr Vergnügen empfinden wird, als es sich auf die Wahrheit des Geschriebenen verlassen kann ... ."*[2]

Seine musikalischen Reisebeschreibungen ordnete Burney nach Ländern und innerhalb deren nach Städten an. Seine Recherchen betrieb er offensichtlich nach einer systematisch festgelegten Anordnung: Nach einer allgemeinen Charakteristik des ersten Eindrucks betrachtete er – ausgehend zumeist von einer oder mehreren zentralen Kirchen – die musikalischen Institutionen der betreffenden Orte und deren Funktionsträger. Natürlich bemühte sich Burney darum, berühmte Musiker, Musiktheoretiker, Theaterleute usw., von denen er gehört hatte, persönlich kennenzulernen und sie zu interviewen, wobei eine vergleichende Untersuchung der thematischen und psychologischen Strategien, die er in seinen Interviews verfolgte, eine lohnende Aufgabe darstellte. Doch derart ausgiebige biographische Darstellungen wie die von Carl Philipp Emanuel Bach innerhalb des Hamburg-Kapitels bilden die Ausnahme. Das Interesse Burneys richtete sich vordringlich auf die Strukturen der musikalischen Institutionen sowie deren Funktionen; aus ihrem Vergleich bildete er nach und nach das Gesamtbild, das er seiner Musikgeschichte zugrundelegte. Typisch für seine diesbezüglichen Zielsetzungen sind etwa Einsichten wie diejenige, die er im Zusammenhang mit seiner Enttäuschung über das Musikleben in der traditionsreichen Reichsstadt Augsburg formulierte:

---

1   Charles Burney: *The Present State of Music in France and Italy*, London ²1773, Titelblatt.
2   Charles Burney: *Tagebuch seiner musikalischen Reisen II* (1773), Repr. Kassel 1959, S. 2, 89.

"Diese Städte sind nicht reich, und besitzen also nicht die Thorheit, mit grossen Kosten ein Theater zu unterhalten. Die schönen Künste sind Kinder des Überflusses und des Wohllebens; in despotischen Reichen machen solche die Gewalt weniger unerträglich, und Erhohlung vom Denken ist vielleicht eben so nothwendig, als Erhohlung vom Arbeiten. Wer also in Deutschland Musik suchen will, sollte darnach an die verschiedenen Höfe gehen, nicht nach den freyen Reichsstädten, deren Einwohner mehrentheils aus unbegüterten, arbeitsamen Leuten bestehen, welcher Genie von Sorgen der Nahrung niedergedrückt wird, welche nichts auf eitle Pracht oder Üppigkeit verwenden können; sondern können sich glücklich schätzen, wenn sie ihr nothdürftiges Auskommen haben. Die Residenz eines souveränen Prinzen hingegen wimmelt, außer den bestallten Musikern bey Hofe, an den Kirchen und in den Theatern, von Expectanten, welche bey alle dem oft Mühe haben, zu Gehör zu kommen."[3]

Ein solcher Passus, 1773 geschrieben, steht quer zu einigen verbreiteten Vorstellungen über die zweite Hälfte des 18. Jahrhunderts, deren musik-, kunst- und literaturgeschichtliches Profil gewöhnlich unter dem Schlagwort der "Verbürgerlichung" figuriert. Paradigmatisch etwa wäre hier an Carl Philipp Emanuel Bachs Karriereverlauf zu denken, der sich aus einer jahrzehntelang innegehabten Hofmusikerstelle in Berlin in den bürgerlich geprägten Musikbetrieb Hamburgs begab. Daß dies aber keineswegs den Regelfall darstellte, darauf weist Burney als ein Musiker und Musikbeobachter hin, der aus London kam, jener Stadt, die damals eindeutig die am weitesten entwickelte bürgerlich-kapitalistisch geprägte musikalische Distributions- und Organisationsstruktur besaß und in der die höfische Musik seit der zweiten Hälfte des 17. Jahrhunderts gegenüber der öffentlich organisierten stetig an Bedeutung verloren hatte. Mit der Charakteristik der deutschen Verhältnisse wies er indirekt auf den auffälligen Unterschied zwischen der Musikkultur Englands und der "despotischen Staaten" hin.

Deutlich wird in Burneys Zu-Werke-Gehen der Hintergrund des Empirismus: Keine andere Informationsquelle kommt der eigenen Erfahrung vor Ort und der auf das Besondere und Individuelle der einzelnen Orte gerichteten Anschauung gleich. Wie genau er beobachtete, wird deutlich im Vergleich mit einer wenig später von einem Deutschen verfaßten musikgeschichtlichen Abhandlung, die ebenfalls das musikalische Profil einzelner Regionen und Orte im Vergleich darstellte: mit Christian Daniel Friedrich Schubarts posthum 1806 erschienenen *Ideen zu einer Ästhetik der Tonkunst*, zu denen der Autor seine Informationen zwar auch auf Reisen – jedoch wesentlich begrenzteren –, das meiste aber aufgrund von Lektüre bezog; in seinen Charakteristiken verbinden sich historische und anekdotische Betrachtungen mit poetischem Enthusiasmus, doch erreichen sie selten jene Plastizität und Präzision, die Burneys Schilderungen dank der systematischen Vorgehensweise auszeichnet. – Allein die Tatsache als solche ist auffällig, daß gerade im letzten Drittel des 18. Jahrhunderts erstmalig und von verschiedenen Autoren Ansätze zu einer Beschreibung regionaler musikalischer Profile unternommen wurden. Die vorausgehende Zeit – namentlich seit Charles Per-

---

3   Ebd. S. 86 f.

raults *Querelle des Anciens et des Modernes* – war ganz von der Auseinandersetzung über den Vorrang der italienischen und der französischen Musik bzw. des aus beiden zusammengesetzten "vermischten" Stils beherrscht. Der Musikbetrieb in den einzelnen musikalischen Zentren interessierte lediglich insoweit, als an ihnen von den jeweils dort engagierten Künstlern maßgebliche Ausprägungen jener fixierten und in zahlreichen enzyklopädischen und gattungstheoretischen Schriften beschriebenen und diskutierten Stile bzw. "Schreibarten" vorzufinden waren. Daher führten etwa die Reisen junger Musiker zumeist immer an die gleichen Plätze, vor allem nach Italien, daneben nach Paris: Man reise dorthin nicht, um Studien über die Struktur des Musiklebens an Ort und Stelle zu betreiben, sondern um sich selbst den Ausweis des weit herumgekommenen, mit den wichtigen Stilausprägungen vertrauten und von den aktuell als wichtig geltenden Komponisten, Instrumentalisten, Musiktheoretikern, Mäzenen und Funktionären musikalischer Institutionen anerkannten Musikers zu verschaffen. Erst um die Mitte des 18. Jahrhunderts – andeutungsweise schon bei Mattheson und Scheibe, dann voll einsetzend mit den *Kritischen Briefen* und *Beiträgen* Friedrich Wilhelm Marpurgs – macht sich das rapide wachsende Informationsbedürfnis in bezug auf das Musikleben an zahlreichen einzelnen Orten bemerkbar. Ganz offensichtlich artikulierte sich darin jener aufgeklärte Dialog, der in einer neuen, auf zahlreiche größere wie auch kleinere Orte verteilte, an der verbreiteten Diskussion geistiger und kultureller Gegenstände interessierten Öffentlichkeit stattfand und in den die einzelnen Subjekte einer zunehmend bürgerlichen Gesellschaft ihre Erfahrungen – auch diejenigen in bezug auf Musik und auf die Begründung musikalischer Organisationsstrukturen an ihren Heimatorten – einbrachten. Die musikalische Fachpresse baute seit dieser Zeit und weiter durch das ganze 19. und 20. Jahrhundert hindurch ein Netz von Korrespondenten auf, das in Mitteleuropa außerordentlich dicht, nach den Rändern zu naturgemäß weitmaschiger strukturiert war. Die für die regionale Berichterstattung vorgesehenen Abteilungen machten seit der Mitte des 18. Jahrhunderts einen zunehmenden Teil des Gesamtumfangs der Blätter aus, sie dienten der Sammlung und dem vergleichenden Überblick über das Musikleben und zeigen, daß bis weit in die zweite Hälfte des 19. Jahrhunderts hinein der aufklärerische Impuls, die Musikkultur ganz Europas als eine Einheit zu begreifen und in ihren zahlreichen individuellen Ausprägungen zu verfolgen, lebendig blieb.

Angesichts des zunehmend sich von den Höfen emanzipierenden, über größere und auch kleinere Städte sich ausbreitenden, zugleich immer schwerer zu überschauenden Musikbetriebes stellten diese neuen musikalischen Medien aber nicht nur die Basis für den Informationsstand wißbegieriger Bildungsbürger dar, sondern sie lieferten jene Auskünfte, die für die am Musikleben selbst unmittelbar beteiligten Musiker, Musikverleger und Musiktheoretiker immer unentbehrlicher wurden. Es lag nahe, daß in einer Zeit, in der neben dem technisch-ökonomischen und naturwissenschaftlichen das historische Denken das gesellschaftliche Bewußtsein prägte, die Forderung sich stellte, diese periodisch erscheinenden, jeweils nur auf die unmittelbare Gegenwart bezogenen regionalen Informationen zu Darstellungen größerer diachroner Zusammenhänge zusammenzufügen und auszubauen. Dienten Unternehmungen wie diejenigen von Burney und Schubart noch der Fundierung allgemeiner musikgeschichtlicher bzw. musikästhetischer Abhandlungen, so zeigte sich seit der Mitte des 19. Jahrhunderts eine Tendenz zu spezialisierter Erforschung bestimmter Städte und Regionen. Die bedeutendsten Vertreter dieser Richtung wie Eduard Hanslick oder Josef Sittard waren – im Gegensatz zu den gleichzeitigen biographisch-editorisch orientierten Gründervätern der Historischen Musikwissenschaft – von Beruf keine Philologen oder Historiker, sondern die führenden Musikkritiker und Chronisten des Musiklebens der in ihren Werken behandelten Städte. Der Zusammenhang zwischen der damals entstehenden musikalischen Regionalgeschichte und einer wesentlich weiter zurückdatierenden regionalen Publizistik wird in dieser Personalunion offenkundig. (Die Diskussion über den Terminus musikalische "Regionalgeschichte" möchte ich an dieser Stelle nicht führen; ich benutze ihn, weil mir der Begriff – auch wenn ihn in der Vergangenheit die DDR-Historiographie etwas einseitig besetzt hat – für die Betrachtung kleiner Räume mit dem Ziel einer auf Vergleich angelegten genauen Erfassung einzelner Strukturen angemessen erscheint.) Der Anteil von fachfremden Autoren wie Allgemeinbibliothekaren und -archivaren, aber auch Theologen, Offizieren, Lehrern verschiedener Schultypen und Medizinern unter den an der musikalischen Regionalforschung Beteiligten ist bis in die jüngere Vergangenheit überproportional hoch geblieben. Der Umstand, daß ein erheblicher Anteil der Beiträge zur Regionalmusikforschung von musikwissenschaftlichen Laien geliefert wurde, hatte zur Folge, daß die methodologische Reflexion dieses Wissenschaftszweiges im Vergleich zu den übrigen Bereichen des Faches lange Zeit besonders auffällig zurückblieb. Der extreme Positivismus, der sich in häufig reflexionsloser Anhäufung der Ergebnisse archivalischer Freizeitbeschäftigung von Amateuren niederschlug, hat seit dem letzten Viertel des 19. Jahrhunderts das Bild der Regionalmusikforschung sowohl innerhalb wie außerhalb des Gesamtfaches stark geprägt. Sie wurde geradezu zum Inbegriff jenes auf die Sammlung von Einzelfakten fixierten Wissenschaftsbetriebes, dessen Lebensbezüglichkeit von der Kritik an Historismus und Bildungsphilisterei aufs heftigste in Frage gestellt wurde. Es wäre jedoch ebenso unklug wie ungerecht, diese Literatur der zahllosen oft in fachfremden Publikationsorganen (in Fest- oder Jubiläumsschriften, lokalen Tageszeitungen etc.) verstreut erschienenen, häufig miszellenartigen Beiträge pauschal abzuwerten; innerhalb der Grenzen einer strikt enzyklopädisch zu verstehenden Funktion sind sie nach wie vor von nicht zu unterschätzender Bedeutung. Auf sie zu verzichten hieße sich eines bereits vorhandenen, die Quellen zu erheblichen Teilen zusammenstellenden und beschreibenden Materials zu begeben, d. h. einen immensen Aufwand an Erschließungsarbeit im Nachhinein zu verdoppeln.

Auf ganz neue Art in die Pflicht genommen wurde die regionale Perspektive der Musikgeschichte im späten 19. Jahrhundert durch die Begründung der mit großem philologischem und historischem Aufwand betriebenen Denkmälerreihen. In ihrem Gefolge richtete sich der Blick auch der Vertreter des inzwischen akademisch etablierten Metiers verstärkt, ja z. T. vordringlich auf die Regionalgeschichte. Die ausführlichen Einleitungen zu zahlreichen Denkmälerbänden lassen sich geradezu im Sinn von regionalgeschichtlichen Abhandlungen lesen, wobei durch den speziellen Zweck hier wohl zum ersten Mal – ohne daß es methodologisch explizit reflektiert worden wäre –

der Zusammenhang von Regional- und Gattungsgeschichte in das Zentrum der Betrachtung trat; erinnert sei an das besonders prominente Beispiel der Auseinandersetzung zwischen Hugo Riemann und Guido Adler um den gattungsgeschichtlichen Primat der Mannheimer bzw. Wiener vorklassischen Sinfonie, die sich an den von beiden edierten konkurrierenden Denkmälerreihen entzündete. Bekanntlich übernahmen die Denkmälerreihen eine zentrale Funktion im Sinn einer national orientierten musikgeschichtlichen Perspektive. Die Aufgabe der Stiftung eines nationalen Identitätsgefühls, die während der Epoche zwischen spätestens 1870 und 1945 allen historischen Disziplinen ausnahmslos gestellt wurde, verband sich in den Denkmälerausgaben vielfach mit einer die Fakten lediglich sammelnden und registrierenden, sie aber kaum kontextuell strukturierenden Arbeitsweise. Welche Bedeutung dem Denkmälerwesen in der Epoche des hypostasierten und pervertierten Nationalismus im Dritten Reich zugemessen wurde, zeigt sich an der Mitte der dreißiger Jahre unter dem etwas ominösen Titel *Erbe deutscher Musik* begründeten Reihen der *Reichs-* und *Landschaftsdenkmale*.[4] Es hat fast etwas Makaberes, daß der Begriff einer "niedersächsischen Musik" ausgerechnet in diesem Zusammenhang erstmals thematisiert wurde, nämlich in den zwei Landschaftsdenkmälerbänden mit Werken des Dannenberger Organisten Johannes Schultz und des Hannoveraner Marktkirchenkantors Andreas Crappius. Nach den im eigentümlichen Idiom der Zeit gedrechselten Worten des Herausgebers Hermann Zenck in der Einleitung zum ersten dieser Bände von 1937 sollten sie

> *"helfen, die vielfältigen Kräfte des niedersächsischen Volkstums in den eigengearteten künstlerischen Leistungen seiner Vergangenheit forschend zu erschließen, damit sich im Heute ihre fruchtbaren Keime wieder neu entfalten. Wir stärken aus dem alt=angestammten und wieder angeeigneten Erbe unseren Willen für das Werdende und Kommende in dem Vertrauen, auf diese Weise zugleich ein Stück unserer musikalischen Gegenwart und Zukunft aus Eigenstem mitzugestalten."*[5]

Die Verstrickung der regionalen Musikgeschichte in die Ideologien des Rassischen und Völkischen verdeckte von 1933 bis in die späten sechziger Jahre hinein in Deutschland den Blick auf die Tatsache, daß sich zur gleichen Zeit in völlig unterschiedlichen Bereichen eine fundamental neue Bedeutung der regionalgeschichtlichen Betrachtungsweise herausbildete. In Frankreich konstituierte sich um die seit 1929 erscheinende historische Zeitschrift *Annales* eine Gruppe von Wissenschaftlern, die sich den Abbau der Grenzen zwischen Historie und Sozialwissenschaft zum Ziel setzten. Ebenfalls vor 1933 entwickelte in Deutschland Norbert Elias sein umfassendes Konzept der Darstellung des abendländischen Zivilisationsprozesses, bei dem die vergleichende Betrachtung von regional eingrenzbaren Phänomenen zum methodischen Grundprinzip erhoben wurde. Im Umkreis des Frankfurter Instituts für Sozialforschung sowie des von Leo Kestenberg geleiteten Berliner Zentralinstituts für Erzie-

---

4   Über Konzeption und Gründung des EdM vgl. Hans Joachim Moser: *Das musikalische Denkmälerwesen in Deutschland*, Kassel/Basel 1952, S. 28 ff.

5   Hermann Zenck: *Vorwort* zu EdM/LD Niedersachsen, Bd. 1, Wolfenbüttel 1937.

hung und Unterricht wurden um 1930 Untersuchungen zur Entstehung der bürgerlichen Musikkultur angeregt, die von der Erforschung paradigmatischer regionaler Strukturen ausgingen. Schließlich ist speziell auf musikhistorischem Gebiet auf die Herausbildung des völlig neuen Typus der Dokumentarbiographie durch Otto Erich Deutsch zu verweisen, dessen ersten Niederschlag die bereits 1913/14 erschienenen Bände zu Franz Schubert darstellen. Deutschs Werke stellen eine bewußte Verbindung von regional- und sozialgeschichtlicher mit biographischer und ikonographischer Dokumentation und damit einen scharf provozierenden Gegenentwurf zu der in der Zeit nach dem Ersten Weltkrieg mehr denn je grassierenden, von der popularisierenden Genieästhetik beherrschten Komponistenbiographie dar.

II. Zur aktuellen Bedeutung der musikalischen Regionalgeschichte

Die Untersuchung regional abgegrenzter Phänomene bildet den Ausgangspunkt und die Grundlage, auf der sich mittels räumlichen und diachronischen Vergleichs die Bildung von Strukturen – oder wie Norbert Elias es nannte: Figurationen – vollzieht. Wie in der allgemeinen Historie hat sich seit etwa zwei Jahrzehnten auch in der Historischen Musikwissenschaft die Überzeugung von der Bedeutung regionaler Forschung für die Erkenntnis der Strukturen und ihres Wandels durchgesetzt. Diese Bedeutung kann aus doppelter Interessenperspektive gesehen werden, nämlich aus einer wissenschaftsinternen und aus einer wissenschaftsexternen, wobei die erstgenannte einem gewandelten methodischen Bewußtsein entspringt, während sich die zweite auf die schon gestellte, darum aber auch heute nicht minder legitime Frage nach der Rolle der Musik in der Gesellschaft bezieht.

1. Zur wissenschaftsinternen Bedeutung

Auf die Musikgeschichte angewandt, lautete die bekannte Formulierung zu Beginn von *Der Achtzehnte Brumaire des Louis Bonaparte* (1869) von Karl Marx, die Musiker machen zwar *"ihre eigene Musikgeschichte ..., aber sie machen sie nicht aus freien Stücken, nicht unter selbstgewählten, sondern unter unmittelbar vorgefundenen, gegebenen und überlieferten Umständen"*.[6] Ob die Geschichte der Künste, die wesentlich *seconda creazione* sind, also vom Menschen geschaffene Zweit- bzw. Gegenwelten entwerfen, unter dieser einseitigen Prämisse geschrieben werden kann, wird zu bestreiten sein. Unbestritten aber gehören die Künste zusammen mit anderen Phänomenen der menschlichen Bewußtseinsentwicklung in den Bereich der Kultur, jenen Bereich geschichtlicher Wirklichkeit also, der zwar (in der Formulierung von Jürgen Kocka) mit *"Ökonomie, Politik und Sozialstruktur ... aufs engste verbunden und verwoben"* ist, jedoch in diesen keineswegs aufgeht und daher einer klaren Abgrenzung bedarf.[7] Daß sie dennoch in die Strukturen des realen Lebens nachhaltig involviert sind, bedarf keiner besonderen Unterstreichung (obwohl die aus dem 19. Jahrhundert überkommene einseitige Vorstel-

---

6   Karl Marx/Friedrich Engels: *Werke,* Bd. 8, Berlin 1960, S. 115.
7   Jürgen Kocka: *Sozialgeschichte. Begriff – Entwicklung – Probleme*, Göttingen 1986, S. 156.

lung von der Kunst als dem von der Empirie radikal getrennten Gegenbereich auch heute noch – meist in trivialisierter Form – die Vorstellung von Teilen der Gesellschaft beeinflußt oder gar beherrscht). Struktur – im Verständnis von Fernand Braudel ein Ordnungsgefüge, ein Zusammenhang, die *"hinreichend feste Beziehung zwischen Realität und sozialen Kollektivkräften"*[8] – ergibt sich aus der Beobachtung von prozessualen Entwicklungen im Bereich der Institutionen, der sozialen Verhaltensweisen, der Bevölkerungsstruktur, der Berufsgeschichte, der Geld- und Preisentwicklung, der Weltanschauungen etc. über vergleichsweise lange Zeitabläufe hinweg (den *longues durées* im Sprachgebrauch der *Annales*-Schule). Die Beschreibung der äußeren und inneren Entwicklung eines Komponisten sowie die mit den Mitteln philologischer Quellenforschung zu beschreibende Genese und Überlieferung musikalischer Kunstwerke gehört demgegenüber in den Bereich dessen, was der *Annales*-Historiker François Simmiand als *histoire événémentielle*, als *"Ereignisgeschichte"*[9] bezeichnete, was also in einem vergleichsweise kurzen Zeitraum sich abspielt. Erst in den Jahrzehnten nach 1970 ist dieses Spannungsverhältnis von der Historischen Musikwissenschaft überhaupt wahrgenommen und erstmals 1977 in den *Grundlagen der Musikgeschichte* von Carl Dahlhaus theoretisch reflektiert worden. Dabei äußerte sich Dahlhaus eher skeptisch hinsichtlich der Möglichkeit, die unterschiedlichen Zeitrhythmen auf ein gemeinsames Grundmaß zu beziehen, da sich Kunstgeschichte gewissermaßen im natürlichen Rhythmus der Generationenfolge abspiele.[10] Demgegenüber zeigte Reinhart Koselleck, daß gerade dieses Spannungsverhältnis ein für die Historie ungemein befruchtendes Potential enthält, das er am Beispiel von begriffs- und sozialgeschichtlicher Analyse aufzeigte. Ereignisse und Strukturen gegeneinander abzuwägen erscheint aber nicht minder als eine der vordringlichen Aufgaben der gegenwärtigen Historischen Musikwissenschaft.[11] Auch hier geht es um jene *"Gleichzeitigkeit von Ungleichzeitigem"*, die die gängigen Abgrenzungen von musikhistorischen Epochen und Stilen als fragwürdig erscheinen läßt. – Die Notwendigkeit, die musikhistorische Wirklichkeit unter einer solch neuen Perspektive zu vermessen, zeigte sich in den letzten Jahren besonders am Beispiel der Gattungsgeschichte. So wurden beispielsweise bezüglich der Oper die Struktur des Musiklebens, der Institutionen und der musikalischen Kritik verschiedener Städte sowie Phänomene wie die Verstädterung der Gattung im 19. Jahrhundert thematisiert, und die von Lorenzo Bianconi und Giorgio Pestelli in den 1980er Jahren herausgegebene sechsbändige *Geschichte der italienischen Oper* realisiert geradezu exemplarisch ein strukturgeschichtliches Konzept, indem sie *"ein System"* beschreibt, das *"aus nicht eindeutig definierten Beziehungen zwischen den vielen kleinen und mittleren Zentren"* bestand, *"von denen keines wirklich selbständig und keines wirklich überflüssig"* war.[12]

---

8   Hans-Ulrich Wehler (Hrsg.): *Geschichte und Soziologie*, Köln 1976, S. 194.

9   Ebd. S. 191.

10   Carl Dahlhaus: *Grundlagen der Musikgeschichte*, Köln 1977, S. 224.

11   Reinhart Koselleck: *Begriffsgeschichte und Sozialgeschichte* (1979), in: *Vergangene Zukunft. Zur Semantik geschichtlicher Zeiten*, Frankfurt a. M. ³1995, S. 125.

12   Lorenzo Bianconi/Giorgio Pestelli (Hrsg.): *Geschichte der italienischen Oper – Systematischer Teil – Bd. 4*, hrsg. von Fabrizio Della Seta: *Die Produktion: Struktur und Arbeitsbereiche*, Vorwort der Herausgeber (1987), dt. Laaber 1990, S. 9.

Wohl zum ersten Mal wurde hier in einem umfassenden und repräsentativen gattungs-geschichtlichen Unternehmen durch die Aufteilung in die beiden großen Teile *Le Vicende* (Die Ereignisse; Bde. 1-3) und *I Sistemi* (Die Systeme; Bde. 4-6) die Konsequenz aus der Einsicht in die unterschiedlichen historischen Rhythmen gezogen. Gerade durch diese Perspektive aber wurden gravierende Forschungsdefizite offenkundig, die vor allem anderen die regionale Musikforschung betreffen. So stellte beispielsweise Elvidio Surian 1987 fest, daß über die meisten italienischen Opernkomponisten

> *"nur das bekannt* [sei], *was vor mehr als einem Jahrhundert über sie geschrieben wurde ...; es sind oft ungenaue, lückenhafte, in vielen Publikationen lokalen Charakters versteckte Beiträge, deren Ergebnisse dann unbesehen in die Stichworte der neuesten Lexika aufgenommen wurden."*

Sogar die einschlägigen Materialien zu den prominenten Opernkomponisten des 19. und frühen 20. Jahrhunderts seien von den Biographen und Kritikern bislang nicht ausgewertet worden.[13] Weil auf dem Gebiet der Oper diese Überlegungen am weitesten vorangetrieben worden sind, werden sich die letzten beiden Beiträge dieses Symposiums mit einigen Aspekten zu dieser Gattung befassen. Ähnliche Feststellungen gelten jedoch für alle anderen Gattungen, namentlich für die Sinfonie, die Gattungen der Kammermusik oder der Musik für Tasteninstrumente mindestens in gleichem, wenn nicht in erhöhtem Ausmaß.

2. Wissenschaftsexterne Bedeutung

Der wissenschaftsinternen steht die externe Motivation zur Beschäftigung mit regionaler und lokaler Musikgeschichte durchaus nicht als die weniger wertvolle, jedoch aus kulturpolitischen, pädagogischen, sozialen und nicht zuletzt auch kommerziellen Gründen unverzichtbare gegenüber. Abgesehen davon, daß der angestrebte wissenschaftsinterne Profit nur unter der Voraussetzung zu erhalten ist, daß für die regionale Musikgeschichte eine kulturpolitische und institutionelle Basis existiert, hat wie alle anderen auch die Geschichtswissenschaft einschließlich der Musikgeschichte in allen ihren Bereichen den Nachweis ihrer gesellschaftlichen Nützlichkeit und Notwendigkeit zu führen. Alle Geschichtswissenschaften haben es dabei besonders schwer insofern, als ihre einstmals unbestrittene und zentrale Funktion als Auslöser für staatskonformes Verhalten und Stiftung von regionaler und nationaler Identität durch den Bruch nach 1945 bzw. nach 1968 radikal in Frage gestellt wurde. Daß der Begriff der Identität und der Suche nach ihr legitimerweise nur unter dem Signum kritischen Abwägens von Standortbestimmungen und einer grundsätzlichen Offenheit für Veränderungen Anspruch auf den Status einer Motivation zu wissenschaftlicher Aktivität erheben kann,[14] bedarf heute kaum einer ausführlichen Diskussion. Daß diese Identitätssuche stattfinden soll und daß der öffentliche Wissenschafts- und Unterrichtsbetrieb die Aufgabe hat, sie mit allen zur Verfügung stehenden Mitteln zu fördern, steht

---

13   Elvidio Surian: *Der Opernkomponist*, ebd. S. 297 f.

14   Jürgen Kocka: *Sozialgeschichte. Begriff – Entwicklung – Probleme*, Göttingen ²1986, S. 129 ff.

– gerade in der heutigen gesellschaftlichen Umbruchsituation mit ihren deutlich erkennbaren Tendenzen zur Depersonalisierung durch die Auflösung des Subjekts in isolierte Reflexe auf im Prinzip unbegrenzte Mengen an Informationen – außer Frage. Doch worauf ist sie konkret gerichtet? Führt im föderalen Deutschland tatsächlich die Zugehörigkeit des einzelnen zu einer durch regionale Kulturtraditionen geprägten Gemeinschaft zu einer Konsolidierung und Profilierung der gesellschaftlichen Position, wenn die Realität des unter den Bedingungen der heutigen Informationsgesellschaft lebenden Menschen geprägt ist von permanenter und quasi grenzenloser Mobilität und globaler Omnipräsenz sämtlicher aktueller Ereignisse als Voraussetzung der Existenzsicherung und des Erwerbs und der Aufrechterhaltung von berufsqualifizierender wie auch gesellschaftsbezogener Kompetenz?

Auf der anderen Seite ist der heutige Zug zur Regionalisierung besonders auf kulturellem Gebiet unübersehbar. Der Unterschied zur früheren gewachsenen Bindung an die Region der Herkunft bzw. der frühen Sozialisation liegt wohl in der allgemein wachsenden Einsicht, daß die Verantwortung für die Aufrechterhaltung und Weiterentwicklung des kulturellen Sektors eine quasi ökologische Aufgabe darstellt, die nur auf regionaler Ebene angegangen werden kann, weil nur so jeder einzelne die Möglichkeit hat, an ihr teilzunehmen bzw. mitzuwirken. Die Beispiele zahlreicher ehemals prosperierender, derzeit jedoch infolge des spätindustriellen Strukturwandels ökonomisch verelendender Regionen in ganz Europa (gerade auch in den westeuropäischen Ländern) führen bereits heute das Ausmaß der Bedrohung des gesellschaftlichen Lebens drastisch vor Augen, die von der kulturellen Verödung ganzer Landstriche ausgeht. Auch für einen Menschen, der nicht durch die naturwüchsigen Gegebenheiten von Geburt und jugendlicher Prägung mit der Region seines aktuellen Lebens und Arbeitens verwachsen ist, entspringen aus einem derartigen Bewußtsein Motivationen zur Identifizierung mit den Bemühungen um Weiterführung vorhandener bzw. Anknüpfung an verlorene regionale Kulturtraditionen. Das Wissen um die Bedeutung eines hohen kulturellen Entwicklungsstandes als entscheidenden Faktors der Lebensqualität und der Möglichkeit jedes einzelnen, ein menschenwürdiges und erfülltes Leben führen zu können, kann nur durch die Geschichte ermittelt und vermittelt werden.

*

Aus einer solchen Perspektive heraus kann die Frage nach dem Gegenstand einer auf Niedersachsen bezogenen Regionalmusikforschung durchaus pragmatisch beantwortet werden. Die Frage der historischen Berechtigung des Begriffes Niedersachsen und seiner Abgrenzungen tritt ebenso in den Hintergrund wie die Bemühung um Kriterien der Einheit des Raumes Niedersachsen als Kulturlandschaft, wie sie etwa den Herausgebern der oben erwähnten Landschaftsdenkmäler in den 1930er Jahren vorschwebte. Politisch wie gesellschaftlich ist dieses Land, das 1946 zum ersten Mal aus zahlreichen Einzelterritorien zusammengefügt und 1949 als politische Einheit in die neu entstehende Bundesrepublik Deutschland eingefügt wurde, völlig unterschiedlich strukturiert: Die Kultur der untereinander aufs heftigste konkurrierenden welfischen

Residenzen steht neben derjenigen der kleinen Grafschaften, der bürgerlichen Städte, geistlichen Territorien und Bauernrepubliken, die sich teilweise erfolgreich und dauerhaft ihrer Einverleibung in die welfischen Bereiche entzogen. Künstlerische Einflüsse von außen machten sich stets stark bemerkbar, vor allem italienische, englische und französische. Diese Vielfalt zu strukturieren wäre die grundlegende Zielvorstellung: die unterschiedliche Entwicklung in großen und kleinen Residenzen, Handels-, Beamten-, Universitäts- und Industriestädten modellhaft aufzuzeigen und in ihren Voraussetzungen sowie den Beziehungen zu den allgemeinen und benachbarten historischen Erscheinungen verstehbar zu machen.

Über stadtmusikgeschichtliche Darstellungen im engeren Sinne hinaus bilden die unterschiedlichen Bereiche des Musiklebens wie Institutionen – Kirchen-, Schul-, Universitäts-, Theater-, Konzertmusik, die Tanz-, Militärmusik, Unterhaltungs-, Rock- und Popmusik, musikrelevante Medien –, die Geschichte der Produktion und des Handels mit Musikalien, der musikalischen Ausbildung und ihrer Institutionen, des Instrumentenbaus, der Musikwissenschaft und der Musikkritik sowie der verschiedenen musikalischen Berufe und Funktionen große Forschungsfelder, die bisher – was den niedersächsischen Raum betrifft – fast vollständig brachliegen. Die Ausrichtung auf die Erfassung regionaler Strukturen hat in jüngster Zeit durch Arbeiten wie die von Karl Wilhelm Geck zur Herzogin Sophie Elisabeth oder von Joachim Kremer zum Hamburger Johanneumskantor Joachim Gerstenbüttel zu neuen Sichtweisen in der musikalischen Biographik geführt.[15] Von ihnen wäre zu hoffen, daß sie Anstoß zu weiteren Bemühungen auf diesem Feld geben; eine in Hannover in diesem Kontext begonnene Dissertation zu Forkel wird auf diesem Symposium in einem Ausschnitt vorgestellt.

Der hier thematisierte Zweig unseres Faches hat zum Gegenstand die Musik in der hiesigen Region; das Interesse an der Erforschung musikalischer Regionen aber ist international, und es erscheint außerordentlich wichtig, diesen übergreifenden Charakter gerade bei diesem Gegenstand – der sich mitunter in der Gefahr befindet, als wissenschaftlicher Provinzialismus mißverstanden zu werden – zu betonen. Wir haben daher bewußt die Offenheit und den dialogischen Charakter in den Mittelpunkt dieses Symposiums gestellt: den Dialog mit den an anderer Stelle im In- und Ausland mit analogen Inhalten beschäftigten Kolleginnen und Kollegen ebenso wie mit der allgemeinen Historie. Es wäre von dem Symposium zu erhoffen, daß es zu einem für alle Beteiligten nützlichen Nachdenken über die Ziele und Methoden sowie über die Forschungsorganisation Anlaß, zugleich aber für die Beschäftigung mit der niedersächsischen Musikgeschichte einen spürbaren Antrieb geben kann.

---

15   Karl Wilhelm Geck: *Sophie Elisabeth Herzogin zu Braunschweig-Wolfenbüttel* (1613-1676) *als Musikerin* (= Saarbrücker Studien zur Musikwissenschaft Neue Folge, Bd. 6), Saarbrücken 1992. – Joachim Kremer: *Joachim Gerstenbüttel* (1647-1721) *im Spannungsfeld von Oper und Kirche* (= Musik der frühen Neuzeit. Studien und Quellen zur Musikgeschichte des 16.-18. Jahrhunderts, Bd. 1), Hamburg 1997.

Helen Geyer, Michael Berg und Matthias Tischer (Hrsg.), "Denn in jenen Tönen lebt es". Wolfgang Marggraf zum 65., Hochschule für Musik Franz Liszt: Weimar 1999, S. 451-491

Zur Rolle Weimars und Hannovers in der deutschen Musikgeschichte zwischen 1850 und 1890

Städte machen (Musik-)Geschichte. Mit Namen wie Paris, Florenz, Venedig, Neapel oder Wien verbindet der musikalisch Gebildete nicht nur bestimmte Institutionen und Werke, sondern die Vorstellung von ganzen Epochen und Werkgattungen, die an diesen Orten ihren Ausgangs- oder Kristallisationspunkt hatten. Die deutsche Musikgeschichte der zweiten Hälfte des 19. Jahrhunderts ist durch Polarisierungen und Parteienbildungen geprägt, die ebenfalls an Städtekonstellationen festzumachen sind. Die Entwicklung des deutschen Musiklebens seit etwa 1850 verbindet sich nicht nur mit Persönlichkeiten wie Wagner, Liszt, Bülow, Brahms, Brendel oder Hanslick, sondern auch mit den Städten, denen sie durch ihr Wirken ein musikalisches Profil verschafften und deren gesellschaftliche und kulturelle Strukturen andererseits die Grundlage ihrer Wirkungsmöglichkeiten darstellten. In der geläufigen Vorstellung, die vermutlich aus überwiegend mnemonischen Gründen Bipolaritäten favorisiert, sind es die "Schulen" in Leipzig und Weimar, die in dieser Epoche miteinander um die Frage des Musikalisch-Schönen und -Fortschrittlichen stritten und aufs heftigste gegeneinander polemisierten; die von Hans von Bülow erfundenen Verben "entleipzigern" und "verweimarern" kennzeichnen den Sprachgebrauch, der der Einbürgerung dieser Vorstellung auch in der Musikhistorie Vorschub geleistet hat. Daß es aber eine erhebliche Ungenauigkeit bedeutete, würde man diesen Streit analog den aus der Historie bekannten Polarisierungen wie "hie Welf – hie Waiblinger" oder "coin de la reine – du roi" lediglich auf die Formel "Hie Leipzig – hie Weimar" bringen, wird bereits an so fundamentalen Tatsachen deutlich wie der, daß das publizistische Hauptorgan der Weimarer Schule, nämlich die *Neue Zeitschrift für Musik*, ihren Redaktionssitz von Anfang an in Leipzig hatte und ihn bis 1945 dort beibehielt und daß die beiden Tonkünstlerversammlungen von 1847 und 1859, die entscheidend zur Institutionalisierung der späteren "Neudeutschen Partei" beitrugen, in Leipzig abgehalten wurden; erst die eigentliche Gründungsversammlung des Allgemeinen Deutschen Musikvereins fand 1861 in Weimar statt.

Zu den Städten, deren Rolle in der Entwicklung des deutschen Musiklebens nach 1850 nicht unterschätzt werden sollte, ist unter anderen Hannover zu rechnen, das vor allem durch das Engagement Joseph Joachims als Konzertmeister in den Jahren zwischen 1853 und 1866 in das Licht des deutschen und internationalen musikalischen Interesses rückte. Joachims Berufung ist im Zusammenhang mit dem lebhaften Interesse zu sehen, das der letzte Welfenkönig Georg V. an den als progressiv geltenden Musikrichtungen zeigte. Dennoch wendete sich bald nach Joachims Ankunft –

spätestens von seinem offiziellem Absagebrief an Liszt vom 27.08.1857 an bis zum Ende seiner Tätigkeit in dieser Stadt, die mit dem Zusammenbruch der Welfenherrschaft 1866 zusammenfiel, die in Hannover vorherrschende Tendenz eher gegen die neudeutsche Richtung – allerdings vorwiegend gegen die "neuweimarische Schule", wie sie damals häufig genannt wurde, während das Interesse an Wagner ungebrochen lebendig blieb und eher noch zunahm. Im Jahr 1860 wurde Hannover sogar als Hauptzentrum der Gegner der in Weimar lokalisierten Neudeutschen-Partei betrachtet. Mit Brahms' Übersiedlung nach Wien verstärkte sich die Bedeutung der österreichischen Kaiserstadt, in der 1854 Eduard Hanslick das erste nachhaltige Verdikt gegen die neue Musik aus Weimar formuliert hatte, als Gegenzentrum gegen die "Zukunftsmusik"; im gleichen Maß löste sich diese Funktion von Hannover ab.

Nach der Umwandlung Hannovers in eine preußische Provinzhauptstadt gelangte von 1867 bis 1887 mit Hans Bronsart von Schellendorf ein Intendant an die Spitze des Theaters, der sich lange Zeit als Liszt-Schüler und entschiedener Neudeutscher exponiert hatte. Dazu kam, daß Bronsarts Frau Ingeborg geb. Starck ebenfalls eine hervorragende Konzertpianistin aus der Liszt-Schule war. Jedoch wurde Hannover durchaus nicht zu einer Filiale Weimars bzw. der Neudeutschen. Bronsart vermied es strikt, seine Stellung zu einseitiger Förderung der neudeutschen Position zu nutzen. Er verbot sogar kategorisch die Aufführung eigener Kompositionen in Hannover. Als er 1877 seinen langjährigen Freund aus Weimarer Tagen, Hans von Bülow, für zwei Jahre als Kapellmeister nach Hannover holte, hatte dieser längst als fanatischer Vorkämpfer der neudeutschen Bestrebungen abgedankt, ohne allerdings schlicht zur Gegenpartei überzulaufen. Bronsart war schon vor seinem Dienstantritt in Hannover von der einseitigen Parteinahme für die neudeutsche Schule abgerückt und zu einer ausgewogenen Einstellung gegenüber der Vielfalt der zeitgenössischen musikalischen Strömungen gelangt. Es zeigt sich, daß während Liszts jahrelanger Abwesenheit von Weimar zwischen 1861 und 1864 die neudeutsche Schule – trotz Brendels unveränderter publizistischer Wirksamkeit im Sinn Liszts – immer stärker zu einer reinen Wagner-Bewegung sich zu wandeln begann. Der Zeitraum von 1868 bis 1870 brachte drei Ereignisse im persönlichen Bereich, die diesen Wandlungsprozeß entscheidend beschleunigten: 1868 starb Franz Brendel, 1869 Hector Berlioz (an dem zumindest der Kern der Neudeutschen trotz seiner mehr als reservierten Haltung und seines ruinierten Verhältnisses zu Wagner als Gallionsfigur festgehalten hatte). Von 1864 an entfremdeten sich Liszt und Wagner infolge des Ehedramas Cosima und Hans v. Bülows und Cosimas schließlicher Eheschließung mit Wagner (1870). Zugleich wurde mit den Uraufführungen von *Tristan* (1865), *Meistersinger* (1868), *Rheingold* (1869) und *Walküre* (1870) das Übergewicht von Wagners künstlerischer und publizistischer Wirksamkeit immer erdrückender. Mit den ersten Wagner-Festspielen und der Uraufführung des *Ring* 1876 wanderte das Gravitationszentrum der "Zukunftsmusik" dann endgültig nach Bayreuth.

I. Joachim, Hannover und das Manifest von 1860

Hans von Bülows Brief an seine Schwester vom 28. Dezember 1852 spiegelt die Aufbruchstimmung, die in Weimar an der Jahreswende 1852/53 herrschte.

> *"Joachim geht mit Neujahr nach Hannover, wo er eine sehr glänzende und bedeutende Stellung antritt. Sein Weggang würde mich sehr betrüben – auch fällt er mit dem der Arnim'schen Familie, die mir wirklich ans Herz gewachsen ist – zusammen, wenn die Zeit, die ich selbst hier in Weimar noch zu verweilen habe, nicht ebenfalls nach Tagen gezählt wäre."* [1]

Die Wege der beiden befreundeten musikalischen Altersgenossen – Bülow 1830, Joachim 1831 geboren –, die auf ihren Instrumenten für die gesamte zweite Hälfte des 19. Jahrhunderts zu Leitfiguren wurden, verliefen nach dem Verlassen des gemeinsamen Weimarer Nestes unterschiedlich: von Joachim, der bereits eine Wunderkindkarriere hinter sich hatte und seit Herbst 1850 in Weimar Konzertmeister der Weimarer Hofkapelle war, wurde eigentlich erwartet, er werde – nach einer triumphalen Darbietung von Beethovens Violinkonzert im Berliner Schauspielhaus – sich in der preußischen Hauptstadt etablieren; der Wechsel nach Hannover überraschte allgemein. Dagegen begann Bülow ein Leben als Reisevirtuose und publizistischer Propagator der "Zukunftsmusik" (wie die Richtung damals in ironischer Anspielung auf Wagners Revolutionsschrift *Das Kunstwerk der Zukunft* genannt wurde); erst drei Jahre später fand er ein erstes festes Engagement als Klavierlehrer am Berliner Sternschen Konservatorium.

Joachims Abwerbung nach Hannover erfolgte im Zug eines planmäßigen Ausbaus des Musiklebens durch den seit 1851 regierenden blinden König Georg V., der seine Residenz zu einer – wenn nicht der – führenden Musikmetropole Deutschlands zu entwickeln beabsichtigte. Der politisch durchaus reaktionäre Monarch zeigte auf kulturellem Gebiet ein reges Interesse an zeitgemäßen und fortschrittlichen Tendenzen. Wenn er etwa in den *Ideen und Betrachtungen über die Eigenschaften der Musik*, die er 1839 als Kronprinz niederschrieb, die Meinung äußerte, in der Musik werden *"Gedanken, Gefühle, Weltbegebenheiten, Naturerscheinungen, Gemälde, Scenen aus dem Leben aller Art, wie durch irgendeine Sprache in Worten, deutlich und verständlich ausgedrückt"*, dann zeigt das ein Interesse an den damals aktuellen Fragen der Musikästhetik, das er durchaus mit den bürgerlichen Kunstenthusiasten seiner Zeit teilte. Der von 1859 bis 1865 als zweiter Kapellmeister in Hannover wirkende Bernhard Scholz äußerte sich darüber folgendermaßen:

> *"Daß Hannover in jener Zeit so vieles bot, verdankte es dem lebhaften Interesse, welches König Georg an der Musik und an dem Schauspiel nahm. Darin fand er Ersatz für das mangelnde Augenlicht. Das Publikum kam bei den Kunstinstituten des Königs*

---

1   Hans von Bülow: *Briefe und Schriften* I, hrsg. von M. v. Bülow, Leipzig 1895, S. 488.

wenig in Betracht; des Königs Befehle waren allein maßgebend. Der Adel hatte wenig ernsten Kunstsinn; er bevorzugte die italienischen Opern; die Bürgerschaft freute sich der glänzenden Darbietungen und ließ sich die Bevormundung durch den König gern gefallen, da sie für wenig Geld viel Genuß hatte. Adel und Bürger hatten kaum Verkehr miteinander, bekämpften sich vielmehr aufs heftigste ... Bildung, und zwar tüchtige Bildung war am meisten vertreten in dem trefflichen Beamtenstand, der sich ja auch später in Großpreußen auszuzeichnen wußte ... "[2]

Georg V. verfolgte ähnliche kulturelle Ziele wie der Sachsen-Weimarer Großherzog Carl Friedrich und dessen Frau, die Großherzogin Maria Pavlowna, sowie deren Sohn Carl Alexander. So berichtet Berlioz über seine Konzerte mit eigenen Werken, die er im November 1853 erst in Hannover, dann in Weimar gab, von der durchaus ähnlichen Reaktion der beiden Fürsten. Das hannoversche Königspaar besuchte nicht nur die Konzerte selbst, sondern verbrachte ganze Vormittage in den Proben, um, wie Georg V. zu Berlioz sagte, *"besser in die tiefere Bedeutung der Werke ein[zu]dringen und sich mit der Neuheit der angewandten Mittel und Formen vertraut zu machen."* Sowohl der Hannoveraner als auch der Weimarer Potentat baten Berlioz dringend um Wiederkehr und versicherten ihm, daß ihm ihre Hoftheater jederzeit offenstehen würden.[3]

Der offensichtliche Widerspruch zwischen einer politisch reaktionären und einer kulturell progressiven Haltung wurde in der zweiten Hälfte des 19. Jahrhunderts typisch für einige deutsche Fürsten – man denke etwa auch an Ludwig II. von Bayern und den Herzog Georg II. von Sachsen-Meiningen. Zu verstehen ist sie als der Versuch, die Rückständigkeit der politischen Verhältnisse und deren immer deutlicher zutagetretende strukturelle Unangemessenheit gegenüber den realen ökonomischen Erfordernissen durch eine mustergültige Pflege der kulturellen Tradition zu kompensieren und dadurch mit einer gewissen Legitimation auszustatten. Die Annäherung an die kulturellen Vorstellungen des von der politischen Macht ausgeschlossenen Bürgertums offenbart eine von dessen Einflüssen bereits weitgehend geprägte Mentalitätsstruktur der Herrschenden und diente zugleich dem Ziel einer innenpolitischen Versöhnung und Solidarisierung zwischen König und Bürgertum, die sich durchaus gegen den als rückständig geltenden Kunstgeschmack der Aristokratie richteten.

Schon 1836 hatte Robert Schumann festgestellt, die Gegenwart werde *"durch ihre Parteien charakterisiert"*. Wie die politische könne man auch die musikalische Szene in liberale Linke, reaktionäre Rechte und *"Mittelmänner"* aufteilen, wobei sein eigener Standpunkt als Davidsbündler auf der Linksaußenposition zunächst zweifelsfrei feststand. Obwohl Schumann bereits von eben diesem Zeitpunkt an unverkennbare Absetzbewegungen von der damals unter der Bezeichnung "Neuromantiker" figurieren-

---

2   Bernhard Scholz: *Verklungene Weisen – Erinnerungen*, Mainz 1911, S. 123 f.

3   Hector Berlioz: *Memoiren* 2.Teil (1878), dt. Wilhelmshaven 1979, *S.* 468 f. – Georg Fischer: *Musik in Hannover,* Hannover ²1903, S. 230 f. – Heinrich Sievers: *Hannoversche Musikgeschichte*, Bd. II, Tutzing 1984, S. 437-450. – Günter Katzenberger: Art. *Hannover*, IV. 1814-1866, in: ²MGG/Sachteil Bd. 4, Kassel 1996, Sp. 33 f. – Wolfgang Marggraf: *Franz Liszt in Weimar*, Weimar 1985, S. 21 f. – Wolfram Huschke: *Musik im klassischen und nachklassischen Weimar 1756-1861*, Weimar 1986, S. 162-167.

den Partei des musikalischen Fortschrittsdenkens unternahm – die ihn zusammen mit Meyerbeer und Berlioz als legitimen Fortsetzer Beethovens inthronisieren wollten (eine Fraktionsgemeinschaft, in die sich Schumann um keinen Preis einreihen wollte) –, sah ihn Franz Brendel, der 1844 sein Nachfolger als Chefredakteur der NZfM wurde, zu dieser Zeit immer noch gemeinsam mit Mendelssohn als Anführer der musikalischen Fortschrittspartei – zumindest auf dem Gebiet der Klaviermusik[4] (und die hatte damals ein ästhetisches Gewicht bekommen, das sie mit der Oper vergleichbar erscheinen ließ). Brendel – ein von Hegels Geschichtsphilosophie zutiefst geprägter Verfechter der Fortschrittsidee[5] – betrachtete, im Gegensatz zu Schumann, die Aufgabe einer Zeitschrift wie der NZfM vor allem darin, die Kunstkritik über eine bloß ideelle Wirksamkeit auf die individuellen Leser hinaus in kulturpolitische Praxis umzusetzen und zur Organisation einer realen musikalischen Fortschrittspartei voranzutreiben. Seine Bemühungen setzten 1847 mit dem Versuch zur Gründung einer Deutschen Tonkünstlerversammlung ein, zu deren Gründungsveranstaltung Schumann trotz dringender Einladung nicht erschien. In den folgenden revolutionären und nachrevolutionären Jahren geriet Brendel zunehmend in den Bannkreis Wagners, was – zumal nach der flauen Aufnahme der Uraufführung von Schumanns einziger Oper *Genoveva* im Jahr 1850 – zugleich eine Distanzierung von Schumann in sich schloß. So nachdrücklich hatte Wagner in seinen romantischen Opern eine neue musikdramatische Konzeption entwickelt, in seinen Schriften die Stichworte der Debatten (insbesondere das Kunstwerk der Zukunft) geliefert und mit seinem politischen Verhalten während der Revolution die Führung der musikalischen Linken an sich gerissen, daß der persönlich und politisch zurückgezogene Schumann sich plötzlich von den Fortschrittsverfechtern verdächtigt und z. T. heftigen Angriffen (besonders von seiten Theodor Uhligs) ausgesetzt sah. In diese Situation hineingesprochen, mußte sein spätes und isoliertes Plädoyer für den jungen Brahms als jenen Musiker, *"der den höchsten Ausdruck der Zeit in idealer Weise auszusprechen berufen wäre"*,[6] eher kontraproduktiv wirken.

Ein zweiter entscheidender Faktor kam hinzu. Im März 1848 hatte Franz Liszt auf dem Weg nach Weimar, wo er den Kapellmeisterposten antrat, bei Richard Wagner im revolutionären Dresden Station gemacht, und dabei schlossen die beiden ihre lebenslange – wenn auch nicht ungetrübte – Freundschaft, die vor allem durch Liszts Fluchthilfe für Wagner im folgenden Jahr sowie durch die von ihm bewerkstelligte Uraufführung des *Lohengrin* in Weimar besiegelt wurde. Gleichzeitig entwickelte und

---

4   Franz Brendel: *Robert Schumann mit Rücksicht auf Mendelssohn-Bartholdy und die Entwicklung der modernen Tonkunst überhaupt*, in: NZfM 22/1845.

5   Vgl. dazu Robert Determann: *Begriff und Ästhetik der "Neudeutschen Schule"*, Baden-Baden 1989. – Peter Ramroth: *Robert Schumann und Richard Wagner im geschichtsphilosophischen Urteil von Franz Brendel*, Frankfurt a. M. 1991.

6   Robert Schumann: *Neue Bahnen*, in: *Gesammelte Schriften über Musik und Musiker*, hrsg. von M. Kreisig, Bd. II, Leipzig 1914, S. 301. – Einen Begriff davon, wie sehr Brahms durch diesen Aufsatz (wohl gegen seinen Willen) in die Diskussion um die "Zukunftsmusik" hineingezogen wurde, gibt die *Zukunfts-Brahmanen-Polka*, die ihm sein Freund Julius Otto Grimm ironischerweise zum Geburtstag 1854 schenkte. – Abb. in: O. Biba u. a. (Hrsg.): *"... in meinen Tönen spreche ich"*. *Für Johannes Brahms*, Ausstellungskatalog Hamburg 1997, S. 131.

realisierte Liszt in Weimar – für die gesamte musikalische Welt überraschend – eine umfangreiche Konzeption neuartiger Instrumentalkompositionen, vor allem die Erneuerung der Gattung Symphonie durch die zwölf Symphonischen Dichtungen sowie der *Faust-* und der *Dante-*Symphonie. Die persönliche und künstlerische Annäherung der beiden Protagonisten hatte zur Folge, daß etwa von 1852 an – auf breiterer Basis freilich erst etwa seit der Mitte der fünfziger Jahre – die Propagierung sowohl als auch die Rezeption ihrer Werke zu einem einheitlichen Komplex zusammenwuchsen. Dieser Vorgang erscheint aus der historischen Distanz gesehen geradezu paradox, ließen sich doch die sinfonischen Werke Liszts mit den Musikdramen Wagners nur durch einen äußerlich erzwungenen Kompromiß zwischen ihren im Grunde kontroversen geschichtsphilosophisch geprägten Gattungskonzeptionen miteinander verbinden.

Von Anfang an wurde zudem Berlioz als dritter lebender Komponist in diese Gruppierung einbezogen, obwohl er sich selbst dagegen verwahrte und vor allem von Wagner heftig angegriffen wurde. Die publizistischen Auseinandersetzungen zeichneten sich durch eine Schärfe der Polemik und durch eine Konsequenz und Einseitigkeit in der Verfolgung der gesteckten Ziele aus, wie sie bis dahin unbekannt waren. Nach dem Tod Schumanns wurde der Riß zwischen den Anhängern des "Triumvirats" – noch 1855 hatte August W. Ambros[7] von einem "Doppelgipfel" Wagner – Berlioz gesprochen – und den jungen Musikern, die Schumann als richtungsweisenden Komponisten ansahen, ganz deutlich. – Brendel verstärkte in dieser Zeit seine Bemühungen von 1847 um die Konstituierung eines Allgemeinen Deutschen Tonkünstler-Vereins und erreichte dieses Ziel unter immensem publizistischen Aufwand schließlich 1861; zwei Jahre zuvor hatte er auf einer vorbereitenden Versammlung zum ersten Mal den Begriff "Neugermanische" bzw. "Neudeutsche Schule" geprägt, in deren Dienst er den zu gründenden Verein zu stellen gedachte. Zwischen diesen beiden Jahren lag die Erklärung von Brahms, Joachim, Grimm und Scholz von 1860, die von der Gegenpartei als "Manifest der Hannoveraner" bezeichnet wurde.

Durch das Engagement Joachims 1853 war Hannover in den Kreis derjenigen Musikzentren eingetreten, auf die sich die Aufmerksamkeit der musikalischen Welt richtete. Damit war bereits ein wesentliches kulturpolitisches Ziel Georgs V. erreicht. Was heute kaum mehr vorstellbar ist: um 1850 war für einen von außen kommenden Betrachter Weimar mit Hannover hinsichtlich des städtischen Charakters vergleichbar: beide Städte beherbergten Residenzen deutscher Kleinstaaten, Weimar hatte etwa 15000, Hannover 28000 Einwohner, nur halb so viele wie etwa Braunschweig. Während jedoch Weimar ein beschauliches Residenzstädtchen blieb, vollzog sich in Hannover in den kommenden Jahrzehnten die mit der Industrialisierung verbundene Entwicklung zur Großstadt. Bereits 20 Jahre nach Joachims Eintreffen überschritt die Stadt die 100000-Einwohner-Grenze. Freilich konnte Hannover nicht jenes geradezu religiös gefärbte Geschichtsbewußtsein vermitteln, welches Weimar als Name und Begriff in deutschen Bildungsbürgern um 1850 auslöste:

---

7   August Wilhelm Ambros: *Die Grenzen der Musik und Poesie* (1855), Repr. Hildesheim/New York 1976, S. 153.

"Hier in dieser Gräberstadt, in diesem Pompeji des deutschen Geistes verließ mich zum erstenmal jene Empfindung, daß die Erde nicht mehr fest stehe; jenes unsagbare Gefühl, daß eine Revolution, wie die Weltgeschichte noch keine gesehen, mit ihrem ersten dumpfen Donnergrollen das alte Europa von der Ferse bis zum Scheitel elektrisch durchzuckt hat. Und dieses Gefühl des Friedens und der Sicherheit – es kam mir aus dem Gedanken, daß ... die Heroen und Propheten des deutschen Geistes, deren sterbliche Reste diese geweihte Erde birgt, ... erst jetzt im Tode das ewige Leben des Geistes leben, da sie aufgenommen sind in das Pantheon des Genius aller Völker und Zeiten."[8]

Auf die beiden Liszt-Eleven Joachim und Bülow übte Hannover denn auch zunächst einen eher ernüchternden Eindruck aus. So schrieb Bülow an seine Mutter Franziska:

"H. ist ziemlich langweilig. Unerquickliche Stadt; man sieht keinen Menschen auf der Straße ... . Joachim langweilt sich hier – kennt keinen Menschen und sehnt sich fort. Es ist unbeschreiblich tot hier. Er hat viel Zeit für sich selbst. Das ist das Gute."

Joachim selbst schrieb in ähnlichem Sinn an Liszt und berichtete ihm über die Inangriffnahme der Komposition einer Ouvertüre über *Hamlet*.[9] Der Kontrast zwischen der Hitze der musikalischen Experimentierküche Weimar und dem unter Marschner – dessen kompositorischen Verfall Wagner bereits 1844 anläßlich seiner Oper *Adolph von Nassau* mit einigen Krokodilstränen befeuchtet hatte – und dem auf das italienisch-französische Opernrepertoire fixierten König Ernst-August erstarrten hannoverschen Musikleben hätte kaum größer sein können. Sowohl die *Hamlet-Ouvertüre* als auch Joachims rasch aufeinander folgende Ouvertüren *Demetrius, Heinrich IV., Lustspiel v. Gozzi (Re Cervo), Elegische Ouv.* (dem Andenken Kleists gewidmet) sind eigentlich Sinfonische Dichtungen. Auch wenn Joachim von Anfang an mit Liszts Personalstil Probleme gehabt zu haben scheint, sind seine fünf Ouvertüren gattungsästhetisch als Beitrag zu den symphonischen Bestrebungen Liszts anzusehen; er rechnete sich selbst damals noch zur "Weimarischen Schule".[10] Die orchestrale Faktur weist jedoch unverkennbare Züge Mendelssohns und Schumanns auf, die Joachim als Student des Leipziger Konservatoriums vermittelt bekommen hatte. Die neu angeknüpften Verbindungen zu dem Ehepaar Schumann und zu dem jungen Brahms ließen Joachim indessen die hannoversche Ödnis bald vergessen: er entwickelte sich musikalisch rasch weiter und wurde sich seiner zwiespältigen Stellung zur "Zukunftsmusik" bald bewußt. Bereits am 25.03.1854 schrieb er anläßlich einer selbstdirigierten Aufführung seiner *Hamlet-Ouvertüre* in Leipzig an Brahms:

---

8   Adolf Stahr: *Weimar und Jena*, Bd. 1, Berlin ²1871, S. 4.

9   Hans von Bülow: *Briefe und Schriften* II, hrsg. von M. v. Bülow, Leipzig 1895, S.152 f.; Joseph Joachim: Brief an Franz Liszt v. 21.03.1853, in: J. Joachim/A. Moser (Hrsg.): *Briefe von und an Joseph Joachim* I, Berlin 1911, S. 44 f.

10   Andreas Moser: *Joseph Joachim. Ein Lebensbild* I, Berlin ⁴1908, S. 17.

"Zum Glück ist mein Musizieren nicht an das gebunden, was man gewöhnlich Erfolg nennt; ich werde nicht aufhören, die ästhetische Galle der Herren zu erregen, wenn mein Gefühl mir Dissonanzen eingibt. Es ist arg, wie die Leutchen überall in Parteien befangen sind; sie glauben, man könnte nicht mit Berlioz und Wagner befreundet sein, ohne gerade so zu komponieren wie die beiden."[11]

Trotz wachsender Distanz zum Weimarer Kreis trug Joachim zu einer zunehmend intensiveren Wagner-Pflege in Hannover bei; zumal die *Tannhäuser-* und *Lohengrin-*Erstaufführungen, bei denen der König mit dem steckbrieflich gesuchten Exilanten persönlich die Aufführungsbedingungen aushandelte, gehen wohl auf seine Anregung zurück, und bis zum Ende seiner Hannoveraner Zeit hat sich daran nichts Grundsätzliches geändert. Die Ablösung Joachims vom Einfluß Weimars setzte aber wohl bereits in den ersten Hannoveraner Jahren ein und ist wesentlich von der immer reservierter werdenden Einstellung Robert und ganz besonders Clara Schumanns zu Liszt und seinem Weimarer Wirken beeinflußt. Clara Schumann brüskierte nicht nur Liszt, indem sie die Einladung zur Mitwirkung an seinen Mozart-Zentenarfeiern ablehnte, sondern die Weimarer Schule insgesamt. Schon im Dezember 1854 beklagte sich Bülow, daß sie sich ihm gegenüber durch fehlende Rücksichtnahme bei Konzertterminen in Berlin und durch Abwerbung Joachims als Duopartner *"uncollegial"* verhalte:

"Ein zweites Concert kann ich jetzt ... nicht geben ... – außer in dem Falle, daß Joachim so liebevoll ist, mit mir zu spielen – was möglich ist, wenn er sich nicht mit Clara Schumann vollkommen verheirathet hat."[12]

In einem Anfang Juni 1854 geschriebenen Brief Joachims aus Hannover an Gisela v. Arnim findet sich die folgende tiefgründige Charakteristik:

" ... Liszt ist seit gestern Nacht fort. Mir schwindet im Leben eine Illusion nach der anderen ... Liszt könnte seinen herrlichen Gemüths- und Geistes-Anlagen nach, ein beglückender Mensch sein – und bedarf dennoch der complicirtesten Maschinerien, sich zu verbergen, daß er selbst unglücklich ist aus Unklarheit. Es ist in all seinem Thun eine Willkür der Ruhelosigkeit, die etwas unheiliges hat, trotz aller moralischen Zwecke. Könnt' ich ihn gesunden!"[13]

Schon Ende 1855 hatte sich Joachims kritische Einstellung zu Liszt entschieden verschärft, wobei die Moral des Künstlertums den Ausschlag gab:

" ... als mir der Schmerz ward (ich besuchte das Liszt-Concert), einen Menschen den ich oft Freund genannt hatte, dem ich kolossale Irrthümer gerne in Ehrfurcht vor seiner Kraft, vor seinem Genie verziehen hätte, in niedrigster Kriecherei vor dem Publi-

---

11 Andreas Moser: *Joseph Joachim. Ein Lebensbild* II, Berlin ⁴1910, S. 77.
12 Hans von Bülow: Brief an Franziska von Bülow 08.12.1854, in: *Briefe und Schriften* II, hrsg. von M. v. Bülow, Leipzig 1895, S. 302.
13 J. Joachim/A. Moser (Hrsg.): *Briefe von und an Joseph Joachim* I, S. 195.

kum, in ekler Heuchelei vor sich selbst zu erkennen. Pfui über den, der sich bessern will und's nicht lassen kann, sein Stöhnen, sein kriechend Weh vor der Gottheit im Bewußtsein missbrauchter Gewalt wieder eitel zum Effekt auszufeilschen."[14]

Am 27.08.1857 zerschnitt Joachim mit einem vielzitierten Brief aus Göttingen an Liszt die letzten Bindungen an Weimar:

"Ich bin Deiner Musik gänzlich unzugänglich; sie widerspricht allem, was mein Fassungsvermögen aus dem Geist unserer Großen seit früher Zeit als Nahrung sog."[15]

Auch wenn davon die Verbindung zu allen Anhängern der Weimarer Schule – insbesondere zu seinem einstigen Freund und Duopartner Hans v. Bülow – betroffen war, verfiel Joachim jedoch keineswegs in eine rigorose Oppositionshaltung. Er stimmte mit Georg V. grundsätzlich darin überein, daß das Ziel, Hannover zu einem musikalischen Zentrum ersten Ranges zu machen, nicht dadurch zu erreichen sei, daß es als Plattform einer einzigen Richtung – etwa einer "Anti-Weimar-Partei" – diente. Allerdings hegte der König eine ausgesprochene Mißgunst gegenüber Liszt, die – nach dessen Bekunden gegenüber Wagner – dem Einfluß einiger seiner "Freunde" zu verdanken sei.[16] – Wichtigster Partner für Joachims Hannoveraner Arbeit wurde der 1859 von Nürnberg als zweiter Kapellmeister neben Carl Ludwig Fischer und als Leiter der neugegründeten Singakademie nach Hannover gekommene, aus Mainz stammende Bernhard Scholz. Die Verschärfung der Auseinandersetzungen, die sich Ende der achtzehnhundertfünfziger Jahre infolge Brendels verstärkter Anstrengungen bezüglich der Institutionalisierung seiner neuen Musikrichtung ergab, führte zu der bekannten Anti-Neudeutschen-Manifestation von 1860, die in Hannover konzipiert wurde. Am 07.08.1859 schrieb Brahms an Joachim:

"Die Weimaraner machen ihren Lärm fort ... . Da man Liszt nie den Titel eines ziemlich guten Komponisten gegeben hat, so müßte wieder einiges Weitere erklärt werden. Die Kompositionen werden immer schrecklicher, z. B. Dante. Ich möchte, es stände nicht einiges entschieden im Wege, um mit den Leuten umgehen zu können; aber es geht doch nicht, oder bin ich wirklich ein Philister? Mich juckt's oft in den Fingern, Streit anzufangen, Anti-Liszts zu schreiben. Aber ich, der nicht einmal seinem liebsten Freund einen Gruß schreiben kann, weil er keinen Stoff hat und was ihm sonst seine Faulheit vorredet! Aber es wäre herrlich, wenn Du im Sommer in Deutschland säßest, wunderschön komponiertest und nebenbei mit einigen fliegenden Bögen diese Leute totschlügest, und ich säße dabei, freute mich und hülfe Noten schreiben."[17]

Im hannoverschen Abonnementskonzert am dritten März des darauffolgenden Jahres setzte Joachim auf Befehl Georgs V. an die Stelle der zentralen Sinfonie die Urauffüh-

---

14 Ebd., S. 298.
15 Ebd., S. 441 f.
16 Georg Fischer: *Musik in Hannover*, S. 190.
17 Bernhard Scholz: *Verklungene Weisen – Erinnerungen*, S. 142 f. – Max Kalbeck: *Johannes Brahms* I, Berlin ⁴1921, Repr. Tutzing 1976, S. 403 f.

rung von Brahms' *D-Dur-Serenade* op. 11 – übrigens mit mäßigem Erfolg. Die Kritik äußerte lediglich die Meinung, der von Robert Schumann sieben Jahre zuvor als musikalischer Messias angekündigte junge Komponist sei auf dem richtigen Wege, indem er *"einen Mittel- und Einigungspunkt zwischen Beethoven und den neueren romantischen Schulen (Berlioz eingeschlossen) zu finden suche"*.[18] Im Vorfeld zu dieser Aufführung wurde der Wortlaut des Manifestes entworfen, in dem gegen die *"Entstellung der Tatsachen"* in der NZfM protestiert wurde. Allerdings gelang es nicht, alle Gesinnungsgenossen von der Nützlichkeit eines solchen Vorstoßes zu überzeugen. Eigentlich sollte – nach der Erinnerung von Scholz vor allem auf das Votum Ferdinand Hillers hin – die Veröffentlichung unterbleiben, erfolgte dann – lediglich unterschrieben von Joachim, Scholz, Brahms und dem damals noch in Göttingen wirkenden Julius Otto Grimm – durch eine nie aufgeklärte Indiskretion dennoch in der Berliner Zeitung "Echo" und wurde postwendend von den Weimarern in der NZfM mit einer bissigen Parodie beantwortet.[19] Vor allem fehlten die zwanzig Unterschriften, die durch eine Nachschrift erbeten worden waren – darunter in verblüffender Fehleinschätzung ausgerechnet die Hans v. Bülows.[20] Für den geborenen Polemiker Bülow war das Manifest ein gefundenes Fressen: er bereitete nach eigenem Bekunden *"eine Broschüre über die Schumannianer"* vor, *"die die Form einer kleinen Handgranate annehmen wird ... Das Manifest der Hannoveraner hat hierorts gar keine Sensation gemacht: sie haben nicht einmal so viel Witz ihrer Bosheit zuzusetzen, daß sie die Sache ordentlich stilisieren und zu einem geeigneten Zeitpunkt, etwa zur Eröffnung oder inmitten der Saison evomieren sie ihre Galle ..."*.[21]

Die Geschichte des "Vierer-Manifests" fällt zeitlich zusammen mit den Überlegungen Wagners und Liszts, die deutsche Erstaufführung der 1859 vollendeten "Handlung" *Tristan und Isolde* am hannoverschen Theater in Szene zu setzen, nachdem sich entsprechende Pläne in Karlsruhe und Wien zerschlagen hatten. Die Sonderbedingungen, die Wagner in einem Brief vom 27.01.1860 von Paris aus stellte – Vorauszahlung des Honorars in Höhe von 5000 Francs, sowie Anwesenheit des Kapellmeisters und der Sänger beider Titelpartien bei der in Paris geplanten Uraufführung unter Wagners eigener Leitung – wurden vom Intendanten Platen rundweg abgelehnt; lediglich eine Aufführung zu den Konditionen der früheren Wagner-Produktionen in Hannover wurde angeboten. Obwohl sowohl der Sänger Albert Niemann als auch Franz Liszt bei Gelegenheit der Pariser *Tannhäuser*-Proben im Herbst 1860 die Meinung vertraten, Hannover sei ein für das Vorhaben gut gewähltes Terrain, weil der *"in Kunstpassionen"* *"liberale und splendide"* König bereit sein werde, zu einer Musterauf-

---

18 Georg Fischer: *Musik in Hannover*, S. 256.

19 Max Kalbeck: *Johannes Brahms* I, S. 404 f. – NZfM 52/1860, S. 169 f.

20 Hans-Joachim Hinrichsen: Einleitung zu: *Hans v. Bülow: Die Briefe an Johannes Brahms*. Tutzing 1994, S. 12.

21 Hans von Bülow: *Briefe und Schriften* IV hrsg. von M. v. Bülow, Leipzig 1898, S. 315. – in: Marie v. Bülows Edition wurden die heftigsten Verbalinjurien dieses Briefes sogar noch unterdrückt, vgl. Hans-Joachim Hinrichsen: Einleitung zu: *Hans v. Bülow: Die Briefe an Johannes Brahms*, S. 13, Anm. 16.

führung jeden Sänger und jede Sängerin zu engagieren, verfolgte Wagner den Plan nicht weiter.[22]

Über den scharfen Polemiken, die zu dieser Zeit das musikalische Klima bestimmten, wurde vielfach übersehen, daß sich in den folgenden 1860er Jahren die scheinbar so starren und unversöhnlichen Frontlinien zu einem guten Teil auflösten. Der schrittweise Rückzug Liszts aus Weimar seit 1858 und seine jahrelange gänzliche Übersiedelung nach Rom leiteten jene Umwandlung der neudeutschen Richtung zur bloßen Wagnerpartei ein, auf die schon eingangs hingewiesen wurde und die um 1870 weitgehend abgeschlossen erscheint. Das Zentrum der "Zukunftsmusiker" verlagerte sich endgültig 1876 nach Bayreuth; bis dahin gab es jedoch noch einige Nachhutgefechte.

Aber auch in Hannover gelang es Joachim und Scholz nicht im gewünschten Ausmaß, ihre Vorstellungen einer mustergültigen, zeitgemäßen Musikpflege zu verwirklichen. Das lag im wesentlichen an den Strukturen des Hoftheaters, die Bernhard Scholz folgendermaßen charakterisierte:

"Der König liebte direkten Verkehr mit seinen Künstlern und verwöhnte seine Lieblinge, allen voran Niemann [der berühmte spätere Wagner-Tenor; d. V.], *der sich alles erlauben durfte und dem zu Liebe fünf gerade sein mußten. Wenn er etwas wollte, fuhr er mit Umgehung des Intendanten direkt zum Könige und erreichte fast immer seinen Zweck ... Diesem Beispiele folgten alle, die sich beim Könige wohlgelitten wußten: man ließ sich melden und wurde gnädig empfangen. Daß dadurch die Stellung des Intendanten unleidlich werden mußte, bedachte der König nicht; so riß eine von oben geförderte Anarchie ein. Wäre Graf Platen ein Charakter gewesen, so hätte er das nicht geduldet, sondern die Kabinetsfrage gestellt. Das tat er aber nicht; er ließ sich schlecht behandeln und blieb. Dagegen verlegte er sich aufs Intriguieren und suchte nach dem Grundsatz 'Divide et impera' einen gegen den anderen auszuspielen: Fischer gegen Marschner, mich gegen Fischer und so con grazia weiter. Ein klares 'Nein' konnte er nicht sagen, aber es war auch kein Verlaß auf sein Wort. Wie der König ihn im Stiche ließ, so ließ er seine Beamten im Stiche, wenn die Ausführung einer von ihm angeordneten Bestimmung ihm Unannehmlichkeiten zu bringen droht."*[23]

Sowohl Joachim als auch Scholz unternahmen zunehmend Absetzbewegungen von Hannover. Beide empfanden es letztlich als schwer erträglich, *"in der Zeit lebhaft politischer Erregung einem Hofe zu dienen, an dem unsere politischen und religiösen Anschauungen doch eigentlich verpönt waren!"*[24] Scholz verließ 1865 seinen Kapellmeisterposten, ging auf Anregung von Jessie Laussot zunächst für ein gutes halbes Jahr nach Florenz und übernahm – nach einem Zwischenspiel in Berlin – 1871 die Nachfolge des wegen seiner *"allzu heftigen Propaganda für Liszt und Wagner"* ausgeschiedenen und nach New York übergesiedelten Leopold Damrosch als Leiter der Konzerte des Orchestervereins in Breslau.

---

22   Georg Fischer: *Musik in Hannover*, S. 189 f.
23   Bernhard Scholz: *Verklungene Weisen – Erinnerungen*, S. 148.
24   Ebd., S. 180.

Nach seiner Überzeugung war *"das hohe Kunstinstitut in Hannover immer demoralisierender"* geworden. Er, Scholz, danke Gott, daß er *"nicht mehr brauche mit den Welfen zu heulen"*.[25]

Ein Jahr danach zog das Ende der Welfenherrschaft die Eingliederung des hannoverschen Musiklebens in die zentralistische preußische Kulturpolitik nach sich. Joachim, der sich von Georg V. immer wieder zum Bleiben hatte bewegen lassen, ging nun als Leiter der "Lehranstalt für ausübende Tonkunst" nach Berlin, kehrte aber häufig konzertierend nach Hannover zurück. In Berlin zerbrach 1871 die Freundschaft zwischen Scholz und Joachim und wurde erst dreißig Jahre später wieder gekittet. Einige der Kritikpunkte von Scholz am Persönlichkeitsbild Joachims ähneln denjenigen, die neun Jahre später beim Konflikt zwischen Joachim und Brahms eine Rolle spielten.[26]

II. Bronsart und Bülow in Hannover

Als Hans von Bronsart nach der Einverleibung Hannovers in Preußen als Intendant eingesetzt wurde, hatte er keinen leichten Stand. Gerade in jener Zeit, als Joachim sich in Hannover von Liszt löste, befanden sowohl er als auch seine spätere Gattin Ingeborg Starck sich in Weimar in nächster Nähe zu Liszt. Sie gehörten zu jenem engsten Kreis von begabten jungen Musikern, deren Kompositions- und Klavierstudien in der Altenburg von Liszt angeregt und überwacht wurden und die ihrerseits am Entstehen von Liszts eigenen Werken teilhatten;[27] gerühmt wurden u. a. die Aufführungen der Symphonischen Dichtung *Ce qu'on entend sur la montagne* mit Liszt und Bronsart an zwei Klavieren. Bronsart spielte mit großem Erfolg 1857 die Uraufführung von Liszts zweitem *Klavierkonzert,* das ihm gewidmet ist; in demselben Konzert wurde Bronsarts Liszt gewidmetes *Klaviertrio* op. 1 aufgeführt. Im gleichen Jahr unternahm Bronsart eine Konzertreise nach Berlin, Hannover und Paris, wo er als *"Clavierspieler aus der weimarischen Schule ... durch seine ungewöhnlichen Leistungen als Interpret und Componist die bessere musikalische Gesellschaft in nicht geringe Bewunderung versetzt hat"*.[28] Er war in den Jahren 1861/62 Dirigent der Leipziger *"Euterpe"*-Konzerte gewesen, jener Institution also, die im Zentrum der Mendelssohn-Schumann-Tradition als neudeutscher Brückenkopf galt. Er betrieb diese Tätigkeit neben einer hauptamtlichen Anstellung als Kapellmeister des Fürsten von Hohenzollern-Hechingen in Löwenberg/Schlesien. Nach einigen Dirigaten in Dresden übernahm Bronsart die Leitung der Konzerte der auf Bülows Initiative hin 1863 als neudeutsches

25   Bernhard Scholz: Brief an Max Staegemann v. 14.11.1865, Niedersächsisches Handschriftenarchiv, Stadtbibliothek Hannover.

26   Bernhard Scholz: *Verklungene Weisen – Erinnerungen,* S. 244 f. – Bernhard Scholz: Brief an Joseph Joachim v. 19.05.1871, Niedersächsisches Handschriftenarchiv, Stadtbibliothek Hannover. – Johannes Brahms: Brief an Amalie Joachim, Dezember 1880. – Vgl. Karl Geiringer: *Johannes Brahms. Sein Leben und Schaffen* [1955], ²Zürich/Stuttgart o. J., S. 157 ff.

27   Vgl. etwa die Schilderungen bei Wendelin Weissheimer: *Erlebnisse mit Richard Wagner, Franz Liszt und vielen anderen Zeitgenossen,* Stuttgart/Leipzig 1898, S. 39 ff.

28   *Correspondenz aus Paris,* NZfM 46/1857, S. 216.

Podium gegründeten Gesellschaft der Musikfreunde in Berlin, als dieser von Wagner nach München geholt wurde.

Das Ehepaar v. Bronsart war den Hannoveranern 1867 nicht unbekannt. Schon auf dem Weg nach Paris hatte Hans v. Bronsart 1857 ein Konzert am hannoverschen Hof gegeben, und im März 1859 spielte er mehrmals im Museumssaal; in seinem Programm figurierte neben Werken von Chopin und Liszt Bachs *Chromatische Fantasie und Fuge*. Über ein Konzert in Dresden, auf dessen Programm diese Stücke auch standen, erschien eine Rezension, in der Bronsart als eine *"nicht häufige Erscheinung"* bezeichnet wurde, als eine jener

> *"Naturen, die nach dem Tiefinnerlichen sich hingezogen fühlen, auch einer Begeisterung Raum zu geben vermögen, die ungewöhnliche Grenzen beschreitet"*.[29]

In einer mit Joachim gemeinsam veranstalteten Kammermusiksoiree erklang u. a. Beethovens *c-Moll-Trio* op. 1/3. Seitdem waren beide Bronsarts häufiger in den hannoverschen Konzertsälen zu Gast gewesen; Ingeborg v. Bronsart hatte 1863 den Titel einer Königlich Hannoverschen Hofpianistin erhalten. Was den Joachim-verwöhnten Hannoveranern ihren neuen Intendanten verdächtig machen mußte, waren drei Punkte: erstens war man überzeugt davon, er sei von Berlin eingesetzt, um das Theater stramm auf den Kurs der preußischen Kulturpolitik zu bringen. Zweitens war er nicht souverän in seinen Entscheidungen, sondern unterstand dem Generalintendanten der Königlichen Oper in Berlin, Botho von Hülsen, der ihn tatsächlich in der Folgezeit an ziemlich kurzer Leine hielt. (Erst unter Bronsarts Nachfolger B. v. Lepl-Gnitz wurde diese Abhängigkeit beendet.) Drittens eilte Bronsart der Ruf eines Exponenten der Neudeutschen Schule voraus: zu der politischen (auch der kulturpolitischen) Okkupation durch den Berliner Gegner schien die musikalische durch denjenigen aus Weimar hinzuzukommen. Indessen unterzog sich Bronsart seiner delikaten Aufgabe offenbar mit großem Geschick, wiewohl auch einige vermutlich von der welfischen Partei ausgestreute Sticheleien umliefen: Cosima Wagner kolportierte, man erzähle sich, *"er schicke immer die Hälfte der Theater-Subsidien, die er von Berlin* [erhalte]*, wieder zurück, wofür er auch einen Orden erhalten habe"*.[30]

Seine natürliche Veranlagung zu Mäßigung und Ausgleich, sein striktes Pflichtbewußtsein sowie sein persönlich gewinnendes Wesen kamen Bronsart zugute, dazu kam das Mißbehagen vieler Hannoveraner am Zustand ihres Theaters in den letzten Jahren der Welfenherrschaft. Ein Bericht aus dem November 1865 skizziert die Situation:

> *" ... in der Oper gerade hat eine einseitige, den äußeren Effect cultivierende Richtung die Oberhand gewonnen, die auf den Geschmack unseres Publicums bereits verderblich eingewirkt hat. Das* [sic!] *mit der Zeit das Orchester selbst auch darunter leiden würde,*

---

29   NZfM 50/1859, S. 148.
30   Cosima Wagner: *Die Tagebücher* I, hrsg. von M. Gregor-Dellin/D.Mack, München/Zürich 1976, S. 608.

unterliegt kaum einem Zweifel; hätte Joachim in den Symphonieconcerten nicht ein wohlthätiges Gegengewicht abgegeben, so würden die schlimmen Folgen jener Richtung sich auch im Orchester schon gezeigt haben ... – Scholz hatte beim besten Willen nicht die künstlerische Kraft und Directionstalent genug, um wirksam einzugreifen ..."[31]

Als der Sänger Max Staegemann Bernhard Scholz gegenüber 1867 seine Bedenken hinsichtlich des zukünftigen Intendanten in einem Brief nach Berlin geäußert hatte, beruhigte jener ihn mit folgenden Argumenten:

"Wenn es ferner nun sehr thöricht erscheinen mag den jungen Intendanten mit Ihrem Onkel Eduard [Devrient; d. V.] *zu vergleichen, so muß ich Ihnen andererseits sagen, daß ich zehnmal lieber Herrn v. Bronsart als Gf. Platen zum Chef gehabt hätte; ich hätte mich glücklich geschätzt einen Vorstand zu haben, von dem ich weiß, daß er das Gute will ... Sollte ferner die Vernachlässigung Ihrer Person in Bronsarts geselligem Verkehr nicht seinen Grund in der schiefen Stellung in die Sie gegen ihn gerathen zu sein scheinen, haben? Versuchen Sie's doch einmal anders mit ihm! Nähern Sie sich ihm mit Vertrauen und setzen Sie nicht voraus, daß er es schlimm mit Ihnen meine. Lassen Sie sich nicht versetzen, mein Lieber! Dazu ist in Hann.* [over; d. V.] *immer die größte Gefahr."*[32]

Die beiden "neudeutschen Hans v. B. s", wie sie oft tituliert wurden – die im gleichen Jahr 1830 geborenen Bronsart und Bülow also – waren seit Bronsarts Eintritt in den Weimarer Kreis 1853 ebenso eng befreundet wie charakterlich und musikalisch konträr. Dem impulsiv-extravaganten, launisch-divahaften, darüber hinaus stets angriffslustigen, extrem scharfzüngigen und meist polarisierend wirkenden Bülow trat in Bronsart ein vornehm-zurückhaltender, diplomatisch-beherrschter, stets ausgleichend wirkender Charakter gegenüber, dem auch musikalisch das hohe Pathos und die beträchtliche Lautstärke mancher Neudeutscher nicht behagten. Seinem exzellenten Klavierspiel wurde bescheinigt, es sei *"überwiegend zart, weich, gemüthreich, lebenswarm"*. Bronsart *"zeige sich ... auf eine Weise, die die Leute gemeinhin wol nicht als die charakteristische eines 'Zukunftsmusikers' betrachten, da man sich einen solchen gewöhnlich nur als einen ins Schrankenlose Strebenden vorzustellen pflegt".*[33] Der bekannte Klavierpädagoge Louis Köhler charakterisierte anläßlich ihrer Konzerte in Königsberg 1860 Bronsart und Bülow geradezu als polar entgegengesetzte Vertreter der Liszt-Schule:

"H. v. Bronsarts Spiel ist ... von sehr gediegener Art, außerordentlich edel und geistig, das Virtuose innig mit dem Inhaltlichen verschmelzend; nach Seiten der Kraft und Bravour begrenzter als v. Bülows Spiel, ist das v. Bronsart'sche dem selben doch an Art verwandt; die beiden Künstler verhalten sich etwa so zueinander, wie ein seltenes Paar

---

31   *Signale für die musikalische Welt* 23/1865, S. 840.

32   Bernhard Scholz: Brief an Max Staegemann v. 19.09.1867, Niedersächsisches Handschriftenarchiv, Stadtbibliothek Hannover.

33   Franz Brendel: *H. v. Bronsarts Concert in Leipzig,* in: NZfM 48/1858, S. 42 f.

von Bruder und Schwester, die von gleichem Gehalt sind, vorzugsweise zueinander stehen. Sie gehören, von den Sonnenstrahlen ihres Meisters Liszt beglänzt, in der gegenwärtigen Klaviervirtuosen=Generation nebeneinander, an Jedem von ihnen kann man den Andern erkennen lernen ..." [34]

Es gab auch kritische Stimmen. So wurde ihm nach dem Vortrag von Moscheles' *Concerto pathétique,* Chopins *As-Dur-Ballade* op. 47 und der 6. *Ungarischen Rhapsodie* von Liszt im Leipziger Gewandhaus bescheinigt, er biete

"viel Anzuerkennendes, wenn auch nichts Hervorstechendes und Außergewöhnliches. Seine Fingerfertigkeit ist ziemlich bedeutend, aber sein Ton nur klein und seine Technik noch nicht bis zu dem Grade durch- und ausgearbeitet, daß man sie als völlig correct und infallibel in allen Einzelheiten bezeichnen könnte. Man darf sagen: Herr von Bronsart hat viel Anlagen zum Bravourspiele, aber er besitzt diese Bravour selber noch nicht; das bewiesen ... die Passagen, welche Energie und Mark verlangen. Alle zarteren Stellen hingegen waren besser und wie überhaupt bei ihnen der mehr weiche als kräftige Anschlag des Spielers gut an seinem Platze. Die Haupteigenschaft des modernen Clavierspiels, das freie und lose Handgelenk, besitzt übrigens Herr von Bronsart in gutem Maße, wie die Oktavenstellen in der Lisztschen Rhapsodie bewiesen. Daß der Vortrag des Herrn von Bronsart einen gebildeten Sinn und Geschmack verräth, erwähnen wir noch mit Vergnügen ..." [35]

Daß Bronsart sich nicht nur im musikalischen Habitus, sondern teilweise auch in seinen Gesinnungen zumindest von dem radikalen Flügel der Neudeutschen unterschied, zeigt die Broschüre *Musikalische Pflichten,* die als Erwiderung auf einen 1857 in der Augsburger Allgemeinen Zeitung vorgetragenen Angriff Bronsarts Beitrag zu den oben beschriebenen Auseinandersetzungen um die Zukunftsmusik darstellt; mit der Kategorie der "Pflicht" verband sich für den aus einer ostpreußischen Offiziersfamilie stammenden Bronsart – wie aus seiner Korrespondenz zu ersehen ist – eine für jedwedes Handeln grundlegende Einstellung. Bronsarts Streitschrift hebt sich zum einen von anderen gleichzeitigen Polemiken durch ein bemerkenswertes Maß von Sachlichkeit und durch eine unüberhörbare Tendenz zu Mäßigung und Toleranz ab. In seiner Verteidigung des "Triumvirats Berlioz, Wagner, Liszt" machte er darauf aufmerksam, daß das in diesem Diskurs vorherrschende Vokabular nicht nur des Gegenstandes unwürdig sei, sondern auch die Grenzen des einfachen Anstandes überschreite.

"Wir sind immer als Pygmäen, Barbaren, Vandalen, Saracenen, Normanen, Hocus-Pocus- und Scandalmacher, Querköpfe, tönende Götzen, Rand- und Bandlose, Lohnpfotenhauer, gefährliche Leute u.s.w. u.s.w betitelt, und natürlich der völligen Gesetz-

---

34   Louis Köhler: *Aus Königsberg,* in: NZfM 52/1860, S. 6.
35   *Signale für die musikalische Welt* 15/1857, S. 590.

losigkeit, der machtlosen Überschwenglichkeit, dem grobsinnigen Taumel, hohlem Scheinwesen, barockem Ungeschmack, flachem Coquettiren, frechen Lärmen u.s.w. überantwortet. Mit gelehrten Untersuchungen über das Wesen der Kunst, mit metaphysischen oder höflich diplomatisch=hypothetischen Redensarten, mit einer Sprache in mediis terminis ist solchen Gegnern gegenüber nichts auszurichten ... Welch bescheidenes Selbstbekenntnis von Mangel an Überzeugungsgründen,"

war Bronsarts Kommentar.[36]

Zum anderen ist es bezeichnend für Bronsarts Schrift, daß die philosophische Begründung des musikgeschichtlichen Verlaufes, die den Dreh- und Angelpunkt von Brendels Argumentation bildete, kaum ansatzweise entwickelt erscheint. Zwar verteidigte auch Bronsart den "Fortschritt" und die "Zukunftsmusik", jedoch nur im Sinn einer moralischen Rüge des polemischen Stils und den oberflächlichen Umgang mit Schlagworten; er verzichtete weitgehend auf den Nachweis tieferer Begründungszusammenhänge oder der "Notwendigkeit" musikhistorischer Prozesse, wie er in der Nachfolge der Hegelschen Geschichtsphilosophie eigentlich unumgänglich war. Am entschiedensten rückte er – wenn auch nicht explizit – in der Frage der gesellschaftlichen Funktion der Musik von der neudeutschen Position ab.

"Ist es ferner nicht die letzte Zuflucht der Böswilligkeit, auf eine ihr verhaßte Richtung den gehässigen Verdacht zu werfen, sie stamme aus den politischen Bewegungen von 1848. War es schon absurd genug, diese Bewegungen mit der Reformation zu vergleichen, wie dies öfter geschehen ist, so gehört doch noch mehr Mangel an verschiedenen unentbehrlichen Eigenschaften des Geistes und Gemüthes zu dieser neuen Behauptung, da die Kunst der Politik noch viel ferner steht als die Religion. Denn während die religiösen Fragen bis zu einem gewissen Grade in die politischen Verhandlungen hineingehören, ist es doch bisher noch Niemandem eingefallen, die ästhetischen Gesetze in das Gebiet der Politik hineinzuziehen, da letztere bekanntlich nur die Zweckmäßigkeit und Nützlichkeit gewisser Staatsformen und der socialen Verhältnisse zu erörtern hat, aber in durchaus keiner Beziehung zu der Lehre vom Schönen steht, mit der es die Kunst zu thun hat."[37]

Mit dieser Einschätzung stellte sich Bronsart nicht nur geradezu auf den Standpunkt des Hauptgegners der Zukunftsmusik, Eduard Hanslick, der drei Jahre zuvor in seiner Schrift *Vom musikalisch Schönen* eben diese radikale Trennung der Reiche des Schönen und des Realen proklamiert hatte,[38] sondern gab im Grunde jene gesamte Tendenz preis, die seit der neuromantischen "Beethovener"-Bewegung der achtzehnhundertdreißiger Jahre die enge Bezogenheit der Musik auf die historisch-politische Reali-

---

36 Hans von Bronsart: *Musikalische Pflichten*, Leipzig ²1858, S. 37 f.

37 Ebd., S. 12.

38 *"Die ästhetische Untersuchung weiß nichts und darf nichts wissen von den persönlichen Verhältnissen und der geschichtlichen Umgebung des Componisten, nur was das Kunstwerk selbst ausspricht, wird sie hören und glauben ... Ihr Reich ist in der That 'nicht von dieser Welt.'"* Eduard Hanslick: *Vom musikalisch Schönen* [1854]. Reprint Darmstadt o. J., S. 45.

tät propagiert hatte. Überdies konnte ein solches Votum aus der Feder eines Neudeutschen zu diesem Zeitpunkt selbst einen unbefangenen Beurteiler kaum überzeugen, war doch die Verbindung der Zukunftsmusik mit den revolutionären Ereignissen durch die anhaltende steckbriefliche Verfolgung von deren Hauptfigur, Richard Wagner, als gegenwärtige Realität nicht weniger offenkundig und der Öffentlichkeit bewußt als etwa die politische Einstellung des als "republikanischer Baron" bei den nach 1848/49 politisch Tonangebenden durchaus zweifelhaft beleumundeten H. v. Bülow, der aus seinen Sympathien für die Achtundvierzigerrevolution nie ein Hehl machte.

In der Tat versuchten die Neudeutschen nach 1849 in teilweise opportunistischer Haltung, sich den ungeliebten politischen Gegebenheiten anzupassen. Die darüber gelegentlich auftretenden internen Streitigkeiten belegt ein Bericht H. v. Bülows in einem Brief an Wagner vom 24.08.1859 von der Tonkünstlerversammlung in Leipzig 1859: Franz Brendel habe einen

> "taktlosen feigen Trinkspruch ... auf [König] Johann [v. Sachsen] den muntren Staatskutscher, den 'Beschützer der Künste und Wissenschaften' ausgebracht, bei dem ich so frei war, mein volles Glas unter den Tisch zu werfen zum Entsetzen der Zukunftsgänse; außerdem erhob sich der Ultraroyalist Hans von Bronsart, eilte auf die Tribüne zu, um die Kehrseite der Münze zu weisen – aber auf dem Wege hielt ihn die Hand und die fast wehmütig bittende Miene unseres Meisters [Liszt] zurück, der ihm die 'Sage' streng verbot."[39]

Das war natürlich ironisch gemeint, weist aber doch in der Tendenz auf die politisch wie ästhetisch keineswegs monolithische Haltung innerhalb der neudeutschen Partei hin. Über Bronsarts Haltung um diese Zeit geben seine Briefe an Brendel im Zusammenhang mit der Programmgestaltung der Leipziger Euterpe-Konzerte Aufschluß. Wie militant damals gedacht und geschrieben wurde, bezeugt sein Brief vom 18.08. 1861; in ihm ging es um die Uraufführung von Liszts Oratorium *Die Legende von der Heiligen Elisabeth*, dessen Komposition erst im folgenden Jahr abgeschlossen wurde. Bronsart schrieb:

> "Dieß nach Liszts Andeutungen sehr mild und größtentheils zart und anmuthig gehaltene kurze Werk dürfte seines Erfolges ebenso sicher sein, als Prometheus. Wir müssen durchaus Liszt ganz besonders ... nachdrücklich, wenn auch vorsichtig bethonen –, wollten wir weniger von ihm bringen als in der vergangenen Saison, so wäre es gottjämmerliche Feigheit, und ich bin fest entschlossen, in diesem einen Puncte unter keinen Bedingungen dem Comité [der Euterpe-Konzerte; d. V.] nachzugeben, und sollte ich meine Wege gehen und nur die 200 Rtl. Conventionstrafe von irgendeinem Juden (nur nicht von Bernsdorff oder Jadassohn) borgen müssen. Wagner ist durchgedrungen; Berlioz wird wenigstens als pikanter Leckerbissen (mit etwas zu viel Haut gout und Cayenne-Pfeffer) von Gleich und anderen Langohren beschnüffelt; Liszt hat ein De-

---

39 Hans v. Bülow: *Neue Briefe*, hrsg. von R. Graf Du Moulin Eckart, München 1927, S. 435.

zennium lang seine Haut zu Markte getragen für Andere; es ist also höchste und einstweilen fast ausschließliche Pflicht, ihn zur Anerkennung zu bringen, um die "Bresche" zu vervollständigen, ohne welche ein Sieg sobald nicht erfochten werden kann. Daß Sie ein "Brechschießen" proclamirt haben, kann die neudeutsche Schule nur mit Hurrah! und Vorwärts! begrüßen; das Prinzip des langsamen Aushungerns und des kleinen Minenkrieges ist in der That so langwierig wie unerquicklich ..."

Doch schon zu dieser Zeit bemühte sich Bronsart, der heftigen Polarisierung zwischen den Neudeutschen und dem Brahms-Joachim-Kreis entgegenzuwirken. In diesem Sinn schrieb er im gleichen Brief an Franz Brendel:

"Daß Sie nunmehr meiner bereits mehrmals angesprochenen Idee, mit Brahms anzuknüpfen, sich anschließen, freut mich sehr; er ist jedenfalls eine bedeutende Erscheinung, die von der neudeutschen Schule nicht ignorirt werden darf, selbst wenn er sich bemühen möchte dieselbe zu ignoriren; wir können höchstens dieses Ignoriren ignoriren. Ich erwäge an Joachim zu schreiben und ihm – wenn mir von Ihnen als im Namen des Vorstandes kein Einspruch binnen 14 Tagen geschieht – ein Concert ausschließlich für die Namen Schumann, Joachim und Brahms proponiren; ihm selbst müßte man natürlich ganz die Wahl seiner Werke anheimstellen; Brahms könnte sein Concert und außerdem kleinere Clavierstücke eigener Wahl spielen; danach wäre dann zu richten, was von Schumann zu nehmen wäre ..."[40]

Im übrigen begann Bronsart während der ersten Jahre seiner Ehe mit der schwedischen Liszt-Schülerin Ingeborg Starck im Jahr 1861 seine eigene öffentliche pianistische Aktivität zu reduzieren – anscheinend, um sich in puncto Pianistik vorwiegend auf die Förderung seiner überaus begabten Frau zu konzentrieren. Es hat den Anschein, daß dieser Rückzug aus der Solistenkarriere in den achtzehnhundertsechziger Jahren zugleich eine schrittweise Distanzierung von der in dieser Zeit mehr und mehr zur bloßen Wagner-Partei mutierenden neudeutschen Schule beinhaltete. Als Komponist verfolgte Bronsart ebenso wie seine Frau weniger eine dezidiert neudeutsche Richtung als eine Synthese der drei großen Klavierkomponisten Schumann, Chopin und Liszt – mit einem gehörigen Schuß Adolf Jensen und Theodor Kirchner. In den Programmen der Bronsartschen Abonnementskonzerte dieser Jahre in verschiedenen Städten tritt deutlich das Bemühen hervor, die Werke von Schumann, Mendelssohn, Gade und Brahms mit solchen von Chopin, Liszt, Draeseke u. a. gemeinsam zu präsentieren und damit zur Überwindung der Spaltung des deutschen Musiklebens bei-

---

40 Hans v. Bronsart: Brief an Franz Brendel v. 18.08.1861, Haupt- und Staatsarchiv Weimar, Nachlaß Hans Bronsart v. Schellendorf Nr. 127. – Die Bereitschaft zu verstärkter Einbeziehung des Brahms-Joachim-Kreises ist vor dem Hintergrund der lebhaften Kritik an der einseitig neudeutschen Auswahl zeitgenössischer Kompositionen in den "Euterpe"-Programmen zu sehen. So heißt es etwa in den *Signalen für die musikalische Welt* 19/1861, S. 193: "... *scheint es, daß Hr. v. Bronsart eigentlich mit der Mission betraut war, uns Leipziger Heiden das Evangelium der Liszt'schen Lehre zu predigen. Diese Missionspredigten zu St. Euterpe haben jedoch wenig Erfolg gehabt; die guten Leipziger ... bezeugen nicht die mindeste Lust, ... neben dem reichbevölkerten Musikolympe auch noch die allein seligmachende Liszt'sche Kirche anzuerkennen."* – Vgl. dazu: James Deaville: *The New-German School and the Euterpe Concerts, 1860-1862: A Trojan Horse in Leipzig*, in: A. Beer u. a. (Hrsg.): Festschrift Christoph-Hellmut Mahling zum 65. Geburtstag Bd. I, Tutzing 1997, S. 253-270.

zutragen, was nur gegen den erheblichen Widerstand des immer dogmatischer und unflexibeler werdenden Brendel möglich war. Er überzeugte 1862 sogar Hans von Bülow – der in dem in Fußnote 21 zitierten Brief von 1860 selbst Brendel des kompromißlerischen Beschreitens einer "Mittelstraße" bezichtigt hatte – von der Notwendigkeit, einen "*Protest gegen Brendeleien mitzusignieren*". Hauptsächlich von Bronsarts diplomatischer Haltung ging offensichtlich jene Tendenz zu einer gewissen Konzilianz und Mäßigung aus, im Gefolge derer schließlich auch Bülow seinen Radikalismus nach und nach ablegte und 1864 gar in einem Brief an Raff die Parteilichkeit des Allgemeinen Deutschen Musikvereins vollends in Abrede stellte; er betonte, dessen Mitglieder

> "*Kiel, Volkmann u. a. gehören nicht der Weimarischen Schule an. Wenn Brahms und Joachim beisteuern – werden sie ebenfalls bei den Versammlungsconcerten berücksichtigt. Wo steckt also die 'imperialistische' Tendenz – außer etwa in meinem Innern?*"[41]

Dennoch scheint Bülows fanatischer Einsatz für Wagner und die Sache der Neudeutschen erst im Gefolge seiner Ehekrise am Ende der 1860er Jahre einer distanzierten Sicht gewichen zu sein. Mit den Uraufführungen von *Tristan* 1865 und *Meistersinger* 1868 in München hatte Bülow entscheidend zum Durchbruch Wagners beigetragen. In Bülows Münchener Zeit kam es zu einem ernsthaften Dissens zwischen ihm und Bronsart, der offenbar mit dessen konzilianter Haltung zusammenhing. Ende 1867 wurde er durch eine formelle Versöhnung bereinigt; Bronsart lud Bülow gleich nach seinem Dienstantritt zu einem Konzert nach Hannover ein und schrieb ihm dazu:

> "*daß wir Beide Alles das ad acta legen und als ungeschehen ansehen, was uns höchst überflüssigerweise zum zweiten Mal einander entfremdet hatte und ... uns selbst zweifelhaft erscheinen lassen sollte, als erstrebten wir Ein und Dasselbe. Laß uns jeder seinen eigenen Weg nach Rom wandern.*"[42]

Darauf antwortete Bülow:

> "*Nein, unsere Wege werden sich nicht mehr trennen! Betrafen nicht alle unsere zeitweiligen Dissensionen nur die Wahl der Mittel, um einen gemeinsamen Zweck zu erreichen? Sind wir nicht beide aus der Opposition in die Regierung getreten? ... Ich mache sonst keine Konzertreise. Die Exkursion nach Hannover hätte eben ihre ganz spezielle Bedeutung: Konferenz mit Dir über Meistersinger und allerlei anderes.*"[43]

Tatsächlich gehörte Hannover mit seiner *Meistersinger*-Erstaufführung im Jahr 1870 zu den ersten Theatern, die dieses Werk – wenn auch nach Bronsarts Auskunft an Wagner mit mäßigem Erfolg[44] – nachspielten.

---

41 Hans v. Bülow: *Briefe und Schriften* IV, hrsg. von M. v. Bülow, Leipzig 1898, S. 604.

42 Hans v. Bronsart: Brief an Hans v. Bülow v. 26.11.1867, Haupt- und Staatsarchiv Weimar, Nachlaß Hans Bronsart v. Schellendorf Nr. 46.

43 Marie v. Bülow: *Hans von Bülows Leben dargestellt aus seinen Briefen*, S. 213.

44 Cosima Wagner: *Die Tagebücher* I, hrsg. von M. Gregor-Dellin/D. Mack, München/Zürich 1976, S. 250. – Wagner fragte sich, "*wie es kommt, daß die Meistersinger hier vom Repertoire verschwunden seien, während früher Hannover ein Hauptort für seine Sachen gewesen sei.*" Ebd., S. 608 f.

In den auf diesen Brief folgenden Jahren spielte sich die Ehetragödie Bülows mit der Folge der persönlichen Entfernung von Wagner ab, die aber keineswegs zugleich eine künstlerische war. Bronsart empfand offenbar – ebenso wie sein Mentor Liszt und überdies aus freundschaftlicher Solidarität zu Bülow – den persönlichen und gesellschaftlichen Skandal von Cosimas und Wagners Heirat als unerträglich und weigerte sich noch fünf Jahre danach, als Wagner anläßlich einer *Lobengrin*-Aufführung am 10.04.1875 Hannover besuchte, ihn persönlich zu begrüßen. In einem Brief an Bülow begründete er eine Woche zuvor seine Haltung:

"Nächsten Sonntag will Wagner hier den Lohengrin hören, am folgenden Tage gibt ihm der Künstlerverein ein Bankett, wozu er die Einladung angenommen. Ich werde dafür danken – und dem Vorstande erwidern, daß ich Dein Freund bin. Zu einer Feier des größten Komponisten unserer Zeit bin ich jederzeit mit Enthusiasmus bereit, sobald derselbe dabei durch seine persönliche Abwesenheit glänzt."

Doch Bülow reagierte entsetzt:

"Ich bitte Dich aufs inständigste, ich beschwöre Dich bei allem, was z. B. dem Autor der nächsten Sonntagsoper heilig zu sein nicht die Ehre hat – erscheine am nächsten Montag im Künstlerverein. Tu mir die Liebe! Nicht obgleich, sondern weil mein Freund! Wäre Liszt in Hannover, würde es ihm sicher gelingen, Dich umzustimmen. – Sieh – es wäre doch – mit gütiger Erlaubnis Deiner Frau Gemahlin – eine Nationalschande, wenn Bayreuth, i. e. die Nibelungentetralogie nicht zustande käme. Der moralische Mißkredit, der zur Befestigung seines ästhetischen ditto mit so ungeheurem Enthusiasmus von Größen wie Joachim und Geringeren auf den großen Meister angehäuft wird – hat allerorten – glaub mir, dem Vielgewanderten (nicht Vielgewandten) enormen Schaden getan, Interesse in Indifferenz, Indifferenz in Feindseligkeit verwandelt ... Wenn Du mich ein wenig achtest und liebst – bringe der Parole "Weimar" ein Opfer und zwar ein vollständiges."[45]

Daß Bülow an Bronsart appellierte, die "Parole 'Weimar'" in Hannover hochzuhalten und ihm dies geradezu als seine nationale Pflicht darstellte, zeigt, daß er geschickt nicht nur auf realen Klaviaturen, sondern auch auf psychischen wie derjenigen von Bronsarts Patriotismus und Pflichtbewußtsein zu spielen verstand. Er begab sich damit in klaren Widerspruch zu Äußerungen aus dieser Zeit, in denen er anderen gegenüber seine längst vollzogene Distanzierung von Weimar bekundete. So hatte er ein halbes Jahr zuvor Jessie Laussot gegenüber seine veränderte Position in der musikalischen Parteienlandschaft mit einem der bei ihm häufig begegnenden selbstbezüglichen Sarkasmen so beschrieben:

"Wenn Sie große Augen machen, auf die Vermutung kämen, ich würde immer reaktionärrischer – so sind Sie nicht ganz weit von der Wahrheit entfernt. Mein 'Neu-

---

45 Haupt- und Staatsarchiv Weimar, Nachlaß Hans Bronsart v. Schellendorf Nr. 46. – Marie v. Bülow: *Hans von Bülows Leben dargestellt aus seinen Briefen*, S. 287 f.

deutschtum' ist bis zu jener homöopathischen Dosis zusammengeschrumpft, in welcher der Demokratismus beim Duc de Mouchy oder Paione vertreten ist. Werde künftig nur für Waldtrompeten und Feldhörner instrumentieren. "[46]

Als am 18. Oktober 1876 ein Telegramm aus Weimar ankündigte, daß Liszt auf der Reise nach Rom einen Umweg über Hannover machen werde, ähnelte Bülows Reaktion ein wenig derjenigen von Joachim zwanzig Jahre zuvor: *"Ich bange mich ... etwas vor diesem Wiedersehen ..."* Und nach dem Besuch wurde er noch deutlicher:

"Er ist noch immer der wunderbare Zauberer von ehemals, geistig und körperlich rüstiger und frischer als ichs nach unserer letzten Begegnung vor 2 Jahren in Tivoli erwartete. Ich vermag ihm aber in seinen Proteusbewegungen nicht zu folgen, er ist mir geradezu unheimlich – ich fühle mich ihm total entfremdet ..." [47]

Zu diesem Zeitpunkt war ihm gerade die Uraufführung der *ersten Sinfonie* von Brahms 1876 in Karlsruhe unter Dessoff zum Schlüsselerlebnis geworden: unter Anspielung auf das von Sarasate gespielte *zweite Violinkonzert* von Bruch schrieb er kurz danach in seinen Reiserezensionen aus England:

"Erst seit meiner Kenntnis der zehnten Symphonie, alias der ersten Symphonie von Johannes Brahms, also erst seit sechs Wochen, bin ich so unzugänglich und hart gegen Bruch-Stücke und dergleichen geworden. Ich nenne sie die zehnte, nicht, als ob sie nach der "neunten" zu rangieren wäre; ich würde sie eher zwischen die zweite und die Eroica stellen, ähnlich wie ich behaupte, daß unter der "Ersten" (C-Dur) nicht die von Beethoven, sondern die von Mozart componierte, unter dem Namen Jupiter bekannte, zu verstehen sei." [48]

1876 war Bülows Gesundheit durch den Raubbau, den er – zumal auf seinen Tourneen durch England, Rußland und durch die USA – mit seiner Physis getrieben hatte, ruiniert, und das Ehepaar v. Bronsart nahm ihn bei sich in Hannover auf und pflegte ihn gesund. Bei dieser Gelegenheit gelang es Bronsart, der nach Meinung Bülows mit seiner Intendantentätigkeit *"eigentlich der Kunst entsagt"* hatte,[49] gegen die Vorbehalte des Berliner Generalintendanten v. Hülsen das Engagement des von Anfang an widerstrebenden Bülow zwei Jahre lang als Kapellmeister durchzusetzen. Es bedurfte eines erheblichen Aufwands an diplomatischem Geschick, Bülow daran zu hindern, die Aufgabe bereits nach zwei Monaten hinzuwerfen: Bronsart hatte ihm nahezubringen, daß er die Unbeherrschtheiten und Sarkasmen, mit denen er in den Proben Sänger und Musiker reichlich bedachte, einzuschränken und abzumildern habe. Bülow behauptete, er habe bei seiner Abreise aus *"Welfenheim" "bis Minden geheult"* und gelob-

---

46 Hans v. Bülow: Brief an Jessie Laussot aus London vom 19.10.1874, in: Marie v. Bülow: *Hans von Bülows Leben dargestellt aus seinen Briefen*, Leipzig 1921, S. 283.

47 Marie v. Bülow: *Hans von Bülows Leben dargestellt aus seinen Briefen*, S. 303.

48 Hans v. Bülow: *Briefe* und *Schriften* II, hrsg. von M. v. Bülow, Leipzig 1896, S. 369.

49 Brief an Carl Bechstein v. 29.11.1876, in: Hans v. Bülow: *Neue Briefe*.

te guten Willen bei der *"Zähmung"* seiner *"Heftigkeit"*, die er jedoch nie werde *"kastrieren"* können.[50]

Das musikalische Angebot, das Bülow dem hannoverschen Publikum in den zwei Jahren seines dortigen Wirkens vorlegte, knüpfte hinsichtlich Reichhaltigkeit, Gewicht und Qualität der Darbietung an die Glanzzeit des Musiklebens unter Joachim an. Besonders denkwürdig war die hannoversche Erstaufführung von Brahms' *Sinfonie I* in seinem dritten Abonnementskonzert am 20.10.1877, der enorme technische Schwierigkeit, zugleich aber "Keuschheit" und "Adel" des Ausdrucks attestiert wurde und die man immer noch in der Nähe der Symphonik R. Schumanns ansiedelte. Das Werk erweckte große Anteilnahme beim Publikum, dem bis dahin von Brahms vorwiegend Lieder und das *Deutsche Requiem* bekannt waren. Etwas getrübt werde

"der Reichtum musikalischer Schönheiten ... lediglich durch den Nebelflor grübelnder Reflexion",

erst im vierten Satz

"löst sich der Schleier, und mit dem Allegro non troppo con brio braust der Strom der Empfindung mit gewaltiger Kraft daher, die Herzen der Zuhörer im Sturm mit sich fortreißend ... "[51]

Auch wurde Hannover der Ort, an dem Bülow nach Jahrzehnten der Entfremdung erstmals wieder mit Joachim musizierte, und für das *Klavierkonzert fis-Moll* seines Freundes und neuen Vorgesetzten Bronsart setzte er sich intensiv ein.[52] Auf dem Gebiet der Oper machte Bülow die Hannoveraner mit Neuigkeiten wie Glinkas *Iwan Sussanin* (dessen Premiere allerdings verunglückte) und Berlioz' *Benvenuto Cellini* bekannt.[53] Zeitweilig fühlte sich Bülow in Hannover offenbar wohl – was bei ihm viel bedeutete, da es selten vorkam:

"Ich darf wohl sagen, daß mir Hannover in letzter Zeit immer behaglicher geworden ist, daß ich in einem frischen, durch mich selber erfrischten Element schwimme ... "[54]

Doch war diese gute Meinung nicht von Dauer; als sich neun Jahre später der junge Richard Strauss überlegte, sich statt um das weimarische dritte um das erste Kapellmeisteramt in Hannover zu bewerben, lautete Bülows Rat:

"Hätte ich Muße, ich würde es für Pflicht erachten, Ihnen die mir für Sie höchst bedenkliche Velleität auszureden, die Ufer der Ilm gegen die der Leine zu vertauschen. –

---

50 Marie v. Bülow: *Hans von Bülows Leben dargestellt aus seinen Briefen*, S. 317.

51 Rezension in: Neue Hannoversche Zeitung vom 23.10.1877.

52 Im Briefwechsel mit Bülow finden sich kritische Bemerkungen Bronsarts zum Klavierkonzert, an dem Ingeborg v. Bronsart noch unmittelbar vor der Aufführung Änderungen vornahm. Haupt- und Staatsarchiv Weimar, Nachlaß Hans Bronsart v. Schellendorf Nr. 46.

53 Georg Fischer: *Hans von Bülow in Hannover*, Hannover/Leipzig 1902, S. 28 ff.; Marie v. Bülow: *Hans von Bülows Leben dargestellt aus seinen Briefen*, S. 326 f.

54 Hans v. Bülow: Brief an Franziska v. Bülow 21.12.1878, in: Marie v. Bülow: *Hans von Bülows Leben dargestellt aus seinen Briefen*, S. 326.

Hören Sie folg[ende] *Reminiszenz: 1878 H. v. Br*[onsart]*: Du wirst ein gräuliches Publikum kennenlernen: die Hannoveraner sind die – Baiern – (Pardon – ich zitiere) des Nordens. H. v. Br. (4 Wochen später): Weißt Du, lieber Freund, – trotz aller Unliebsamen persönl. Erfahrungen in M*[ünchen] *muß ich den Hannoveranern des Südens doch den Vorzug einräumen ... "*[55]

Die Freundschaft zwischen Bronsart und Bülow wurde durch das aufbrausende Temperament des Dirigenten und seine Neigung zu beleidigend scharfen Urteilen über Musiker, insbesondere Sänger, hart auf die Probe gestellt. Auf die eingebrachten Klagen mußte Bronsart meistens zuungunsten Bülows entscheiden, was dieser zunächst anstandslos akzeptierte.[56] Geradezu tragisch gestaltete sich dann aber das Ende von Bülows Amtszeit in Hannover. Es wurde ausgelöst durch rhythmische Unsicherheiten des Tenors Anton Schott in der Aufführung des *Lohengrin* vom 26.09. und Bülows heftige Reaktion. Die Auseinandersetzungen führten diesmal zum Demissionsgesuch, dem Bronsart stattgeben mußte.[57] Die jahrzehntelange Freundschaft war zunächst zerbrochen und brauchte Jahre zur Wiederherstellung. Von der Dramatik der Auseinandersetzungen zeugen Passagen aus den Briefen Bülows an Bronsart wie die folgende:

"Verehrter Freund, Daß Du meine dringende Bitte, mich in meinem überaus peinlichen Nervenzustande vor Donnerstag unbehelligt zu laßen, nicht erfüllt hast, damit hast Du Dich auf Seite meiner Feinde gestellt, oder, Deine Worte zu gebrauchen, die Freundschaft gekündigt ... "[58]

Als Bülows Frau Marie lange nach Bülows Tod Bronsart um Mitwirkung bei der Edition von dessen Korrespondenz bat, antwortete der vierundsiebzigjährige Bronsart wie immer diplomatisch:

"Fast möchte ich dazu neigen, ... eine Erklärung zu geben, daß es einem berufenen Biographen vorbehalten bleiben müßte, das Entstehen der unnatürlichen Entfremdung zwischen zwei so innig befreundeten Künstlern in den einzelnen Phasen zu schildern die aber zu widernatürlich war, um dauernd bestehen zu können, und wiederum zum alten Freundschaftsbunde führen mußte. "

Bronsart bezeichnete als Grund für den Konflikt *"die Tragik in Bülows Leben"*, die *"ihn mit zunehmendem Alter immer nervöser werden ließ, anstatt sein Wesen zu beruhigen und harmonischer zu gestalten. "*

Und er glaubt sich auch zu diesem Zeitpunkt dafür rechtfertigen zu müssen, Schott in Schutz genommen zu haben:

---

55 Hans v. Bülow: Brief an Richard Strauss 18.05.1887, in: Gabriele Strauss (Hrsg.): *Lieber Collega! Richard Strauss im Briefwechsel mit zeitgenössischen Komponisten und Dirigenten*, Bd. 1, Berlin 1996, S. 60.

56 Ebd., S. 51.

57 Ebd., S. 50-59. – Marie v. Bülow: *Hans von Bülows Leben dargestellt aus seinen Briefen*, S. 331-337.

58 Hans v. Bülow: Brief an Bronsart v. 24.03.1879, Haupt- und Staatsarchiv Weimar, Nachlaß Hans Bronsart v. Schellendorf Nr. 126.

"Liszt äußert sich wiederholt in den Briefen an die Fürstin höchst anerkennend über den in der That hochbegabten und begeisterten Verehrer Bülows Schott, und spricht unumwunden aus, daß er von Bülow maltraitiert worden. Und es mag eine unbedachte Äußerung Schotts gewesen sein, durch die er es für alle Zeit mit Bülow verdorben: 'wir haben uns in den Londoner Concerten künstlerisch ergänzt.' Anstatt darüber zu lachen, faßte Bülow diese thörichte Renommisterei als schwere Beleidigung auf ... Sehen Sie, meine gnädigste Frau, das sind aber Intimissima, sozusagen 'hinter den Coulissen', die man doch der Öffentlichkeit nicht auftischen kann, die jedoch zur völligen Klarstellung unerläßlich wären."[59]

Acht Jahre nach diesem schmerzlichen Abgang beendete Bronsart selbst seine zwanzigjährige hannoversche Dienstzeit. Der Grund lag darin, daß dem Grafen Bolko von Hochberg die Nachfolge des verstorbenen Berliner Generalintendanten Botho von Hülsen übertragen und damit Bronsart, der sich Hoffnungen auf diese Funktion gemacht hatte, übergangen wurde. Voller Verbitterung schrieb Bronsart am 01.05.1887 an den Preußischen Minister Graf Stollberg:

"Alles, was ich im Königlichen Dienste erreicht habe, ist der durch meine Ernennung zum Kammerherrn erfolgte Übergang aus der dritten in die zweite Rang Klasse; nicht einmal eine Gehaltserhöhung ist mir zu Theil geworden, ja selbst bei der allgemeinen Gehaltsaufbesserung im Jahre 1873 war ich von allen Beamten des Königlichen Theaters der einzige, der leer ausging. Daß ich aber als alter Intendant unter die künstlerische Oberleitung des Herrn Grafen von Hochberg gestellt wurde, der niemals eine Bühne geleitet hatte – eine Lage, in welche noch nie bisher ein Intendant versetzt worden – mußte nothwendigerweise eine Einbuße des äußeren Ansehens meiner Stellung mit sich bringen, so daß ich hier gerade einen Rückschritt zu verzeichnen habe. Wären Euere Erlaucht geneigt, bei der definitiven Gestaltung der Verhältnisse mir als dem ältesten Intendanten, dem die wohl nicht ganz unberechtigte Hoffnung, der Nachfolger des verewigten Herrn von Hülsen zu werden, zerstört werden mußte, die Oberleitung der drei auswärtigen Königlichen Theater mit den Competenzen eines Generalintendanten zu übertragen: so würde Euere Erlaucht damit das Gefühl einer erlittenen Kränkung von mir nehmen und zugleich mir eine Beförderung gewähren, wie sie vielleicht im Hinblick auf zwanzig Jahre aufreibende Amtsthätigkeit nicht als unverdiente Bevorzugung erscheinen dürfte."[60]

Bronsarts Anliegen blieb unerfüllt, die erlittene Kränkung veranlaßte ihn zum Wechsel in die entsprechende Position nach Weimar, obwohl sein dortiges Einkommen nur 7000 Mark jährlich gegenüber 9000 Mark in Hannover betrug.[61]

---

59 Hans v. Bronsart: Brief an Marie v. Bülow aus Pertisau v. 10.08.1904, in: Niedersächsisches Handschriftenarchiv, Stadtbibliothek Hannover.

60 Hans v. Bronsart: Brief an Minister Graf v. Stollberg 01.05.1887, Haupt und Staatsarchiv Weimar, Nachlaß Hans Bronsart v. Schellendorf Nr. 130.

61 Premier Lieutenant v. Cranach: Brief an Bronsart aus Berlin v. 15.05.1887, Haupt- und Staatsarchiv Weimar, Nachlaß Hans Bronsart v. Schellendorf Nr. 18.

III. Weimarer Epilog

Bronsarts nach dreißig Jahren vollzogene Rückkehr von Hannover nach Weimar bedeutete indessen mehr als lediglich eine Notlösung zu dem Zweck, das Gesicht zu wahren. Vielmehr leitete Bronsart ein Jahr nach dem Tod Franz Liszts ganz offensichtlich das Bewußtsein, seine Pflicht sei es nunmehr, dessen künstlerisches Vermächtnis zu bewahren. Bronsart als *"alter Vorkämpfer für die neueren Meister"*, sah seine Aufgabe – wie er es gegenüber Richard Strauss formulierte – darin, *"ganz ausschließlich die Verantwortung für die künstlerische Thätigkeit des Weimarer Theaters"* zu tragen.[62] So war es konsequent, daß er sich 1888 zum Vorsitzenden des Allgemeinen Deutschen Musikvereins wählen ließ. Im Gegensatz zu seinem Vorgänger in diesem Amt, Carl Riedel, konnte er nicht mehr auf den autoritativen Rat Liszts zurückgreifen, der bis zu seinem Tod im Hintergrund die Fäden des Vereins in der Hand gehabt hatte, sondern er mußte als erster Vorsitzender selbst den Kurs bestimmen. Vor diesem Hintergrund ist seine Einschätzung zu werten, daß sich die Aufgaben des Vereins gegenüber den Zeiten seiner Gründung verschoben haben:

> *" ... es gibt keinen angefeindeten Liszt, Wagner oder Berlioz mehr und der Nachwuchs, der Hervorragendes leistet, findet zum Glück heutzutage Anerkennung genug, daß er den Verein kaum mehr braucht. – Dessen ungeachtet kann der Verein die modificierte Aufgabe, seinen Mitgliedern die interessantesten Erscheinungen der Neuzeit vorzuführen, immerhin weiter verfolgen, und damit zugleich eine Verständigung unter den verschiedenen berechtigten Kunstrichtungen hervorrufen."*[63]

Offensichtlich war Bronsart Vorsitzender eines Vereins, von dessen funktionaler Notwendigkeit er nicht mehr völlig überzeugt war: die "modificirte Aufgabe" formulierte er deutlich unverbindlicher als es die nach langwierigen Verhandlungen 1861 durchgesetzten Statuten bestimmten, die er konsequenterweise gleichfalls "modificirte", und zwar auf eine Weise, daß 1905 Richard Strauss, der zu dieser Zeit Vorsitzender war, von einer *"absolut konfusen Fassung"* sprach.[64] Dementsprechend war der Kurs, auf dem Bronsart den ADMV die zehn Jahre von 1888 bis 1898 steuerte, keineswegs unumstritten: der Verein zerfiel nun seinerseits in ein konservatives und ein progressives Lager, und aus dem letzteren wurde herbe Kritik an der Politik der Vereinsführung geübt, die den *Lisztschen "Esprit de corps"* mit *"Kirchensprengelinteressen"* und *"Regimentseitelkeit"* verwechsele und die jungen Progressiven zu *"verbotenen Autoren"* mache.[65] Zum Austrag gelangte dieser Konflikt im Verhältnis zwischen Bronsart als Intendanten und dem vierundzwanzigjährigen Strauss, den er selbst nach Weimar als dritter Kapellmeister neben (oder genauer:

---

62 Hans v. Bronsart: Brief an Richard Strauss 08.07.1890, in: Gabriele Strauss (Hrsg.): *Lieber Collega! Richard Strauss im Briefwechsel mit zeitgenössischen Komponisten und Dirigenten,* Bd. 1, Berlin 1996, S. 173.

63 Hans v. Bronsart: Brief an Richard Strauss 24.10.1897, ebd., S. 189.

64 Irina Kaminiarz: *Richard Strauss: Briefe aus dem Archiv des Allgemeinen Deutschen Musikvereins,* Weimar 1995, S. 146.

65 Irina Kaminiarz: *Richard Strauss:* Briefe ..., S. 14.

unter) Eduard Lassen und Karl Müllerhartung geholt hatte. Strauss hatte gezögert, die Stelle anzunehmen: München wollte er auf jeden Fall verlassen, doch die Bedingungen, die ihm Bronsart in Weimar anbieten konnte, sagten ihm weder hinsichtlich des Gehalts noch der Tatsache zu, daß ihm der angestrebte Titel "Hofkapellmeister" verweigert wurde. So überlegte er, ob er sich um die Nachfolge des geistig erkrankten Ernst Frank als Erster Kapellmeister in Hannover bewerben solle, wovon ihm jedoch Hans v. Bülow mit den oben zitierten Argumenten abriet. Mit großem Enthusiasmus kam Strauss im Herbst 1889 nach Weimar:

"Nach Weimar! Neben Lassen und unter Bronsart als Intendanten! Das ist doch ein famoser Tausch gegen München! In die Zukunftsstadt Weimar, an den Platz, wo Liszt so lange wirkte! Ich erhoffe mir sehr viel von dort! Bronsart ist ein famoser Kerl, ein Ehrenmann vom Scheitel bis zur Sohle (ganz wie Perfall), außerdem ist Lassen alt und müde und freut sich auf Entlastung."[66]

Doch schon ein gutes halbes Jahr nach der Weimarer Bestallung war die Desillusionierung komplett: das *"bis jetzt noch nicht gekannte Ideal eines Intendanten"* entpuppte sich als ein *"Fortschrittler von vor dreißig Jahren"*, mit dem *"es wohl noch harte Kämpfe setzen"* werde.[67]

Bronsart hatte sich zu einer künstlerischen Abmahnung veranlaßt gesehen, weil Strauss – unter Berufung auf Wagner – gebeten hatte, als Kapellmeister dem Regisseur grundsätzlich übergeordnet zu werden. Unter Verweis auf die durch Liszt begründete Wagner-Tradition Weimars wies er Strauss' Vorstellungen, die sich eng an die Bayreuther Inszenierungspraxis anlehnten, zurück und bestritt – nicht ohne Seitenhieb auf die *"höchst unzuverlässige"* Quelle, auf die sich Strauss stütze, nämlich die *"unmusikalische, wenn auch übrigens sehr geistvolle Witwe des großen Meisters"* – vehement den Bayreuther Alleinvertretungsanspruch in Sachen Wagnerpflege: eine *"Filiale Bayreuths"* dürfe die Weimarer Bühne nicht werden.

"Das würde Liszt selbst nie gelitten haben."

Während beispielsweise in Bayreuth das zweite Bild von Rheingold *"absolut styllos"* inszeniert werde, *"haben wir in Hannover die stylvollste Inszenierung der 'Nibelungen' erlebt"*.[68] Bronsart persönlich forderte Strauss zu einer *"Modificierung Ihrer ultraradicalen Anschauungen"* und dazu auf, *"mir ... in Ausführung meiner Bestrebungen aufrichtig helfend zur Seite zu stehen."*

---

66 Richard Strauss: Brief an Dora Wilhan 09.04.1889, in: *Richard Strauss: Dokumente*, hrsg. von E. Krause, Leipzig 1980, S. 278.

67 Richard Strauss: Brief an Hans v. Bülow 08.10.1889, in: Gabriele Strauss (Hrsg.): *Lieber Collega! Richard Strauss im Briefwechsel mit zeitgenössischen Komponisten und Dirigenten*, Bd. 1, S. 85; Richard Strauss: Brief an Cosima Wagner 29.07.1890, in: *Cosima Wagner – Richard Strauss: Ein Briefwechsel*, hrsg. von F. Trenner, Tutzing 1978, S. 56.

68 Die Erstaufführung des *Ring* in Hannover wurde von Bronsart in seinen letzten dortigen Jahren in die Wege geleitet und fand zwischen 1884 und 1890 (erste zyklische Aufführung) unter den Kapellmeistern Frank und Kotzky statt.

Im übrigen äußerte er den Verdacht, *"daß diese ganze, mir, beiläufig gesagt, durchaus widerstrebende, ja unsympathische 'Richtung', durch äußerliche Einflüsse, denen Sie sich blindlings hingeben, in Sie hineingetragen werden."* Diese Richtung sei die des *"übertriebenen, ungestümen, exclusiven Wagnercultes,"*; sie äußere sich in *"u. a. ... Ihrer, oft zur Willkür werdenden Freiheit in der Temponahme."*

"Sie überwagnern Wagner – von Beethoven gar nicht zu reden. Sie, mein lieber Strauss, dirigieren oft selbst Wagner so, daß ich nicht einsehe, weshalb Sie nicht ad Beliebitum auch andere Instrumente, andere Harmonien etc. setzen. Daß ich, und mit mir gewiss jeder Musiker, diese 'metrischen Umarbeitungen' ganz interessant finde, ist eine Sache für sich; ein Musiker von Ihrer Begabung macht aber nichts langweilig. Aber in gewissem Sinne ist dieses 'car tel est mon plaisir' doch recht bedenklich, denn dem Publicum wird mit fascinierender Beredsamkeit eine falsche Vorstellung von dem plausibel gemacht, was die Meister – ich nehme in manchem Satze selbst Wagner nicht aus – gewollt ..."

Insgesamt fühlte sich Bronsart von Strauss' ungehemmtem Ausleben seiner Individualität im Dirigieren und von seinem harschen Umgang mit Musikern und Theaterleuten an die unliebsamen Erfahrungen mit *"unserem eben so großen wie unglücklichen Freund Hans von Bülow"* und dessen Abschied von Hannover erinnert. Doch auch am Komponisten Strauss übte er Kritik.

"Daß Ihre Tondichtungen auf mich selbst bedeutend gewirkt haben, beweist nur, wie groß Ihre schöpferische Begabung ist, und ich bin weit davon entfernt, die von Ihnen gewählte Form zu verwerfen; sie hat ihre Berechtigung wie eine andere. Das Bedenkliche ist nur, daß Sie diese 'Richtung' der programmatischen Musik als das Alleinseligmachende proclamieren."

Letztlich befürchtete Bronsart, daß, nachdem

"der ganze tolle Spuk des 'Wagnerianismus', wie er einige Decennien hindurch überall Unfrieden und wüthenden Parteihader stiftete ..., nun Gott sei Dank vorüber [sei], durch den 'roten Radikalismus' von Strauss der 'beispiellose Anachronismus' des musikalischen Parteienkampfes wiederaufleben werde."[69]

Strauss selbst berichtete über den ersten der beiden eben zitierten Briefe an Cosima Wagner, Bronsart habe

"auf einen sehr dringenden Brief, den ich ihm in unserer Regisseursangelegenheit ... geschrieben ... , in einer sehr albernen und verschrobenen Weise geantwortet. Abgesehen davon, daß er meine Bitte 'prinzipiell' (?) nicht erfüllen kann, nahm er wieder einmal

---

[69] Hans v. Bronsart: Briefe an Richard Strauss 08.07.1890 und 05.08.1890, in: Gabriele Strauss (Hrsg.): *Lieber Collega! Richard Strauss im Briefwechsel mit zeitgenössischen Komponisten und Dirigenten*, Bd. 1, S. 171-177.

Gelegenheit, mich vor meinen Irrwegen vor der Lasterbahn des Fortschrittes zu war-
nen und was derlei dummes Zeug mehr ist ... "[70]

Das Ziel, Weimar als zentrale Pflegestätte der Liszt-Wagner-Tradition und als Gegengewicht gegen den nach seiner Meinung in Bayreuth grassierenden überspannten
Wagnerkult auf Dauer zu etablieren (womit er das Vermächtnis seines Idols Liszt zu
erfüllen hoffte), erreichte Bronsart nicht.

In den Jahren nach dem Rückzug von der Weimarer Intendanz und vom Vorsitz
des ADMV lebte das Ehepaar v. Bronsart in Pertisau (Tirol), Rottach-Egern und
München. Ihre Antipathie gegen die musikalische Moderne, wie sie sich bereits in der
Haltung gegenüber dem Weimarer Wirken von Strauss zeigte, pflegten die beiden
ehemaligen Protagonisten des musikalischen Fortschritts nun in konzentrierter Form
privat zu äußern – wie etwa in den Sonetten, die Hans von Bronsart regelmäßig jedes
Jahr seiner Gattin zum Geburtstag schenkte[71] –, oder sie kam in unveröffentlichten
Texten und Konzepten wie denen zu Erinnerungen an Franz Liszt, einer Huldigung
an denselben (1902), oder in einem Aufsatz über die musikalische Moderne von 1896
zum Ausdruck.[72] Zu Weimar wie zu Hannover hatten sich die Beziehungen allmählich gelockert. Doch in dem Dankesbrief, den Bronsarts Sohn Fritz an die Intendanz
des hannoverschen Theaters bezüglich deren Kondolenzbrief zu Bronsarts Tod 1913
richtete, heißt es:

"Mein Vater hat noch beim letzten Mittagessen lange von der unvergesslichen Zeit in
Hannover gesprochen, wo er wohl, wie meine Mutter, die glücklichste Zeit seines Le-
bens verbracht hat."[73]

Joachim und Bronsart gehörten zu den frühen bedeutenden Vertretern der weimarischen Schule, die innerhalb der ersten anderthalb Jahrzehnte des 20. Jahrhunderts
starben. Die Zeiten, in denen sie in Weimar und Hannover im Zentrum der musikalischen Auseinandersetzungen gestanden hatten, waren ferne und verblaßte Vergangenheit.

---

70 Richard Strauss: Brief an Cosima Wagner 29.07.1890, in: *Cosima Wagner – Richard Strauss: Ein Briefwechsel*,
    S. 56.
71 Haupt- und Staatsarchiv Weimar, Nachlaß Hans Bronsart v. Schellendorf Nr. 34.
72 Haupt- und Staatsarchiv Weimar, Nachlaß Hans Bronsart v. Schellendorf Nr. 42, Nr. 45.
73 Personalakte Bronsart v. Schellendorf, Theatermuseum Hannover, Lit. B No. 90.

Axel Beer, Kristina Pfarr und Wolfgang Ruf (Hrsg.), Festschrift Christoph-Hellmut Mahling zum 65. Geburtstag, Verlag Hans Schneider: Tutzing 1997 (= Mainzer Studien zur Musikwissenschaft, Bd. 37), S. 309-322

Von Satie zu Cage, oder: Vom Komponieren mit Objekten

I

Der musikalische Umbruch in den ersten beiden Jahrzehnten des 20. Jahrhunderts wird zumeist mit der kompositionstechnischen Kategorie "Auflösung der Tonalität" beschrieben. Diese Perspektive entspricht einem Denken, das im wesentlichen an der Faktur interessiert ist: Es ist relativ einfach, Musikgeschichte als Abfolge von Systemen der tonalen und zeitlichen Organisation sowie der auf ihnen aufbauenden bzw. aus ihnen resultierenden kompositorischen Verfahrensweisen zu betreiben. Man wird damit allerdings immer nur die Oberfläche der realen geschichtlichen Bewegung erfassen und eine Abfolge von Phänomenen beschreiben, deren Hintergründe und Motive verborgen bleiben. Erst deren Betrachtung verdeutlicht, daß es sich nicht lediglich um Veränderungen des musikalischen Geschmacks handelt, wie sie immer schon an der Tagesordnung gewesen waren. Vielmehr indiziert die Auflösung der Tonalität eine Veränderung des allgemeinen gesellschaftlichen Denkens und Bewußtseins, die den abendländischen Begriff von Kunst überhaupt berührte und ihn sogar in Frage stellte. Virginia Woolf konstatierte 1924 rückblickend, um den Dezember 1910 herum habe sich nicht weniger ereignet als die Veränderung des menschlichen Charakters schlechthin:

> "I am not saying that one went out, as one might into a garden, and there saw that a rose had flowered, or that a hen had laid an egg. The change was not sudden and definite like that. But a change there was, nevertheless; and since one must be arbitrary, let us date it about the year 1910. ... All human relations have shifted — those between masters and servants, husbands and wives, parents and children. And when human relations change there is at the same time a change in religion, conduct, politics and literature. ... changed attitude against reality."[1]

Ein wichtiges Dokument dieser Bewußtseinsänderung liegt für den ästhetischen Bereich in Gestalt des 1912 erschienenen Almanachs *Der blaue Reiter* vor, unter dessen vielfältigen neuartigen Aspekten die auf den ersten Blick ausgesprochen verblüffende Bedeutung hervorgehoben sei, die der Volkskunst – d. h. der ausdrücklich und ihrem Wesen nach anonymen und überindividuellen – Kunst zugewiesen wird. Das Suchen nach dem Persönlichen, schrieb Wassily Kandinsky in der 1911/12 erschienenen Abhandlung *Über das Geistige in der Kunst,* sei nicht nur mit Absicht nicht zu erreichen,

---

1 Virginia Woolf: *Mr. Bennett and Mrs. Brown. A paper read to the Heretics* (1924), in: dies.: *Collected Essays,* Bd. 1, London 1968, S. 320 f.

sondern es habe auch *"nicht die große Bedeutung ..., die heute der Sache beigemessen wird."* Worauf es ankomme, sei vielmehr das *"Sichausdrückenwollen des Objektiven"*, die Entwicklung der Kunst sei eine *"fortschreitende Äußerung des Ewig-Objektiven im Zeitlich-Subjektiven"*.[2] Zu interpretieren wäre diese Haltung als (Über-)Steigerung der expressionistischen Unmittelbarkeit, der Suspension der mimetischen Vermittlung, die Adorno bereits als kunstfeindliches Element in Schönbergs vordodekaphoner Musik ausmachte. Auch Schönbergs berühmte Aussage von 1911: *"Jeder Akkord, den ich hinsetze, entspricht einem Zwang; einem Zwang meines Ausdrucksbedürfnisses, vielleicht aber auch dem Zwang einer unerbittlichen, aber unbewußten Logik in der harmonischen Konstruktion ..."*[3] bezeugt ein kompositorisches Selbstbewußtsein, in dem die Subjektivität ins Objektive umschlägt: Die Personalität tritt hinter die Funktion eines Vollstreckers überpersönlicher Notwendigkeiten zurück, der Künstler kann sich seinem gesellschaftlichen Auftrag nicht entziehen, das geschichtlich Gebotene adäquat und verantwortlich in seinem Medium zu formulieren. Insofern wird der Künstler zum Protokollanten seiner eigenen Emotionalität, deren Funktion als Seismograph des historischen Prozesses den Status subjektiver Befindlichkeit hinter sich läßt. Maler wie Komponisten wurden sich gleichermaßen der Ohnmacht subjektiver Kundgaben wie auch deren relativer Bedeutungslosigkeit bewußt. Deutlich wird die Orientierung des ästhetischen Objektivismus an demjenigen der Naturwissenschaften, von denen man sich seit der zweiten Hälfte des 19. Jahrhunderts zunehmend die Lösung der "Welträtsel" (Ernst Haeckels Buchtitel von 1899 lieferte das Schlagwort für das allgemeine Bewußtsein) versprochen hatte. Die Auflösung der Tonalität läßt sich mithin als Aktualisierung jenes Umschlages der Subjektivität ins Objektive im Bereich des musikalischen Materials verstehen.

Zwar hatte man bereits im späten 19. Jahrhundert die Musik in besonderem Maße als *"Sprache des erhöheten Gefühlsausdruckes"*[4] angesehen, die ihr *"triebkräftiges Leben"* ausschließlich dem Ausdrucksbedürfnis des Menschen verdanke;[5] Schönbergs Formulierung vom *"Triebleben der Klänge"* als überindividueller Instanz war also nicht ohne geistige Vorbereitung. Während jedoch in der Musik des 19. Jahrhunderts der Ausdruck als individueller Inhalt, als das *"Besondere"*, den materialen Momenten der Tonalität, Melodik, Harmonik und Metrik sowie jenen formalen Momenten der Musik, die sprachanalog als *"Syntax"*, musikalische Logik, kurz als das *"Allgemeine"*, Verbindliche betrachtet wurden, gegenüberstanden, nahm in den expressionistischen Werken der freien Atonalität der Ausdruck Besitz gerade auch von der *"Materialschicht"*, was bedeutet, daß diese vom Bereich des *"Allgemeinen"* in den des *"Besonderen"* – des jeweils einer bestimmten Komposition Eigenen – überwechselte. Die Reihentechnik, zunächst als Methode konzipiert, die neugewonnenen Material-Bereiche erneut allgemeinverbindlich zu organisieren, dann jedoch im Serialismus umgedeutet

---

2   Wassily Kandinsky: *Über das Geistige in der Kunst* (1912), hrsg. von M. Bill, 10. Aufl. Bern 1973, S. 82 f.

3   Arnold Schönberg: *Harmonielehre* (1911), 4. Aufl. Wien-Zürich-London 1949, S. 502.

4   Hans von Bülow: *Über Richard Wagners Faust-Ouvertüre* (1856), in: Ders.: *Briefe und Schriften*, Bd. III, Leipzig 1896, S. 153.

5   Friedrich von Hausegger: *Die Musik als Ausdruck*, Wien 1885, S. 123.

zur Operationsbasis für mathematisch-statistische Verfahrensweisen und gegen die traditionelle thematisch-harmonisch-formentfaltende Kompositionsweise gewendet, besiegelte den *"Zerfall der traditionellen Tonsprache"*.[6] Von daher stellte sich die Forderung nach einer *"materialen"* Formenlehre, in der nicht *"von oben"* – d. h. von der Ebene einer *"prästabilisierten"* Systematik aus –, sondern *"von unten"*, von den Einzelwerken und deren *"Materialstand"* her die Kategorien der Formgebung hergeleitet würden, was aber nichts anderes als die Anerkennung des *"Zwangs des Materials"* bedeutet.[7] – Die Perspektive einer historisch konsequenten Fortentwicklung des Materials als des *"sedimentierten Geistes"*, dessen Wahrnehmung und Entfaltung in allen Künsten gleichermaßen durch das kreative Subjekt über den ästhetischen Wahrheitsgehalt der Werke entscheide, beeinflußte nachhaltig die kompositorische Entwicklung nach dem 2. Weltkrieg zumal im Umkreis der Darmstädter Schule und etwa seit der Mitte der 1960er Jahre auch die wissenschaftliche Auseinandersetzung mit der Musik des 20. Jahrhunderts, vorwiegend im deutschen Bereich. Doch schon in den 1950er Jahren – jener Zeit also, in der der Sprachcharakter der Musik in eine weithin wahrgenommene Krise geriet – wurden einige musikhistorische Ansätze unternommen, aus denen zumindest klar wurde, daß die Auffassung der Musik als Ausdrucksmittel der subjektiven Innerlichkeit (Hegel), als *"Herzenssprache"* (Sulzer), diejenige Musikauffassung also, die John Cage als *"anthropozentrisch"* bezeichnete (und die ihm *"trivial"* erschien[8]), erst relativ jungen Datums ist, nämlich aus der zweiten Hälfte des 18. Jahrhunderts herrührt; sie hat die spezifisch neuzeitliche Auffassung des Tones als Klang mit der Konsequenz einer dynamisch sich entfaltenden, auf Entwicklung hin angelegten harmonischen Tonalität zur Voraussetzung.[9] Diese Entwicklung erreichte offenbar in Richard Wagner einen Höhepunkt: Er steigerte – wie schon Nietzsche feststellte – das Sprachvermögen der Musik ins kaum noch Überbietbare; zugleich wurden in der Krise der romantischen Harmonik die Grenzen der chromatisch ausgeweiteten Dur-Moll-Tonalität erkennbar.[10] Eben jene exorbitante Sprachgewalt des Musikdramas war aber der Ansatzpunkt von Nietzsches Wagnerkritik: Sie bedeutete in seiner Interpretation eine Entfremdung der Musik von ihrem eigentlichen Wesen und einen Mißbrauch vor allem deshalb, weil sie den Zuhörern die Freiheit nahm und sie zu willen- und kritiklosen Geistig-Hörigen entmündigte. Das *"'espressivo' um jeden Preis"* sei das Wagnersche Ideal und zugleich das der *"décadence"*;[11] gegen die *"Fanatiker des Ausdrucks"* – zu denen er neben Wagner Berlioz und Delacroix rechnete –

---

6   Rudolf Stephan: *Das Neue in der Neuen Musik,* in: Hans-Peter Reinecke (Hrsg.): *Das musikalisch Neue und die Neue Musik,* Mainz 1969, S. 50.

7   Theodor W. Adorno: *Ästhetische Theorie,* Frankfurt/Main 1973, S. 222 f.

8   John Cage, Brief an Paul Henry Lang vom 22.05.1956, zitiert nach Richard Kostelanetz: *John Cage,* Köln 1973, S. 167.

9   Thrasybulos G. Georgiades: *Musik und Sprache,* Berlin 1954. – Ders.: *Sprache, Musik, schriftliche Musikdarstellung,* in: AfMw XIV/1957. – Hans Heinrich Eggebrecht: *Das Ausdrucksprinzip im musikalischen Sturm und Drang,* in: DVjs XXIX/1955. – Ders.: *Musik als Tonsprache,* in: AfMw XVIII/1961.

10   Ernst Kurth: *Romantische Harmonik und ihre Krise in Wagners Tristan* (1920), Ndr. Hildesheim 1985, S. 227 f.

11   Friedrich Nietzsche: *Der Fall Wagner* (1888), in: Ders.: Werke, Bd. II, hrsg. von K. Schlechta, München 1966, S. 926.

setzte er den Begriff des *"Gesunden"*, einer *"überdeutschen"* und *"übereuropäischen"* *Musik, die noch vor den braunen Sonnen-Untergängen der Wüste recht behält ... "*.[12]

Hier lag der Anknüpfungspunkt der Moderne in ihrer Wendung gegen die Ausdrucksmusik. Nietzsches Wagner-Kritik fiel in Frankreich – nicht unabhängig von den politischen Konstellationen und in der Wendung speziell gegen den französischen Wagnérisme – in der Zeit vor und während des 1. Weltkriegs auf fruchtbaren Boden, obwohl Nietzsche den Franzosen immer Wagners Affinität zu ihrer eigenen Romantik vorgehalten hatte. Wurde schon der kometenhafte Aufstieg von Diaghilews Ballets russes in Paris als eine Art französisch-russischer, gegen die Faszination von Bayreuth gerichteter musiktheatralischer Allianz verstanden und gefeiert, so manifestierte sich das anti-wagnerische Musiktheater vielleicht am wirkungsvollsten in der Konzeption des "Ballet réaliste" *Parade* von 1917, die der Librettist Jean Cocteau in dem Essay *Le Coq et L'Arlequin* 1918 zum Paradigma für die Entwicklung einer betont antitraditionalistischen Ästhetik nahm. Weniger als Rechtfertigung gegenüber seinen frühen Werken – wie Eric W. White und an ihn anknüpfend Pierre Boulez vermuteten – als vor diesem Hintergrund ist Strawinskys vielzitiertes Diktum aus seinen *Erinnerungen* (1936) zu verstehen:

> *"Ich bin der Ansicht, daß die Musik ihrem Wesen nach unfähig ist, irgend etwas 'auszudrücken', was es auch sein möge: ein Gefühl, eine Haltung, einen psychologischen Zustand, ein Naturphänomen oder was sonst. Der 'Ausdruck' ist nie eine immanente Eigenschaft der Musik gewesen, und auf keine Weise ist ihre Daseinsberechtigung vom 'Ausdruck' abhängig ... .* [Ausdruck ist] *nichts als eine äußerliche Zutat, eine Eigenschaft, die wir der Musik leihen gemäß altem, stillschweigend übernommenem Herkommen, und mit der wir sie versehen wie mit einer Etikette, einer Formel, – kurz, er ist ein Kleid, das wir aus Gewohnheit oder mangelnder Einsicht allmählich mit dem Wesen verwechseln, dem wir es übergezogen haben."*[13]

Diese in ihrem Dogmatismus für Strawinsky durchaus kennzeichnende Äußerung ist nun keineswegs originell. Und Strawinsky war auch ursprünglich nicht der Komponist, in dem Cocteau seine gegen den Gefühlskult des 19. Jahrhunderts gerichtete Ästhetik musikalisch realisiert gesehen hatte; vielmehr hielt dieser 1918 Erik Satie für den eigentlichen Gegenspieler der *"schönen Kraken* [belles pieuvres]*"* Wagner, Debussy und des Strawinsky des *Sacre du Printemps*, in deren Nähe ein jeder seine liebe Not habe, sich aus den Fangarmen zu befreien. Demgegenüber weise Satie eine *"weiße Straße, auf die jeder frei seine Fußspuren eindrücken* [empreintes marquer] *könne"*.[14] 1948 bezeichnete John Cage in einem nicht minder provozierenden Statement Satie als den einzigen Komponisten neben Anton Webern, in dessen Werk auf dem Gebiet der Struktur, dem Gebiet der Bestimmung der Teile und ihrer Beziehung auf ein

---

12   Friedrich Nietzsche: *Ecce Homo. Wie man wird, was man ist* (1888), ebda., S. 1091. – Ders.: *Jenseits von Gut und Böse. Vorspiel einer Philosophie der Zukunft* (1885), ebda., S. 723.

13   Igor Strawinsky: *Erinnerungen* (Chronique de ma vie/1936), in: Ders.: *Leben und Werk von ihm selbst*, Zürich-Mainz 1957, S. 59.

14   Jean Cocteau: *Le Coq et L'Arlequin. Notes autour de la Musique* (1918), Paris 1979, S. 59.

Ganzes zum ersten Mal seit Beethoven eine wahrhaft neue Idee zu erkennen sei. Sie bestehe darin, daß das bestimmende Element in der Struktur nicht mehr die Harmonik, sondern die Zeitlänge sei. Cages Hinweis darauf, daß das strukturelle Umdenken bei Satie zwar unauffälliger sich vollzogen habe, jedoch letztlich wichtiger für die kompositorische Entwicklung sei als die zunächst spektakulärere dodekaphone Organisation der Tonhöhenstruktur,[15] geht Boulez' Aufdeckung der Zeitorganisation des *Sacre* (1951/53)[16] voraus. In Deutschland fand er erst in den siebziger Jahren – nach dem Abflauen der Auseinandersetzungen um den Serialismus einerseits und die politisch engagierte Musik andererseits – stärkere Beachtung.

II

In einer Ausschließlichkeit wie bei keinem anderen Musiker seiner Generation ist Saties Schaffen aus der Wendung gegen die Ausdrucksmusik des 19. Jahrhunderts zu verstehen. *"Satie a connu le dégout de Wagner en pleine Wagnérie, au coeur même de la Rose-Croix"*,[17] so beschrieb Cocteau im *Coq* den Ausgangspunkt von Saties musikalischer Laufbahn, nämlich jene Aktivität in den Ritualen des wagneromanen, mystizistischen Literatenzirkels um Josephin Péladan, die Satie ohne weiteres vereinbaren konnte mit der Beschäftigung als Unterhaltungspianist und Chansonkomponist in Montmartre-Cafés. Beide Sphären führten Satie zu der Notwendigkeit, eine "antiwagnerische" Musik zu schreiben: Die Unterhaltungsmusik, zumal in ihrer typisch Pariser Ausprägung, erforderte ganz entscheidend das Moment des Parodistischen, der Persiflage des "Höheren" und "Offiziellen", des herrschenden Geschmacks; und die modernen Mystizisten um Péladan empfanden offensichtlich einen prickelnden Reiz an der unmittelbaren Gegenüberstellung von modernem Raffinement und archaischer Einfachheit, wie sie durch die Musik Wagners und Palestrinas repräsentiert wurde. Sie goutierten zu ihren meditativen Übungen eine extrem spannungsarme, entwicklungslos-eintönige Musik, die herausführte aus der eigenen geschichtlichen Situation und Assoziationen zu längst vergangenen Epochen oder zu östlichen Kulturen und Religionen zu wecken geeignet war. Hinter der Konfrontation des Einst und des Jetzt stand der Gedanke der "Entrealisierung" des Seins, wie er auch in symbolistischer Dichtung, etwa in Mallarmés (von Ravel 1897 vertontem) ursprünglich auf die Musikheilige Caecilia bezogenem Gedicht *Sainte* (1883), begegnet. Gegenstände werden genannt, in denen die Musik längst vergangener Epochen auf eine der Realität entrückte Weise anwesend ist: eine Viola mit Flöte und "Mandora" aus Sandelholz, von dem die Vergoldung abblättert, ein Antiphonale, aus dem heraus sich das Magnificat *"entfaltet"*, das einst in Vesper und Komplet hinein-*"rieselte"*, eine Harfe, deren Umrisse vom abendlichen Flug eines Engels geformt sind. Mallarmé benutzt die Sprache

---

15 John Cage: *Plädoyer für Satie* (1948), in: Kostelanetz: *John Cage* (s. Anm. 8), S. 111.

16 Pierre Boulez: *Strawinsky demeure* (1953), deutsch als: *Strawinsky bleibt*, in: Ders.: *Anhaltspunkte* (1975), München 1979, S. 164 ff.

17 Cocteau: *Le Coq* (s. Anm. 14), S. 57.

dazu, die entrealisierten Dinge zu reinen *"Wesenheiten zu erheben"*.[18] Die sprachliche Benennung tritt an die Stelle der realitätsbezogenen Dinglichkeit. Indem die Sprache anstelle der Wirklichkeit zum Raum der Dinge wird, objektiviert sie zugleich sich selbst: Sie verliert ihre Funktion, Medium der Kommunikation von Subjekten zu sein. Das zeigt sich an der Suspension aller jener Bindeglieder, die das Subjekt in Form von Begründungen, Gegensätzen, Bedingungen, temporalen Bestimmungen, Rückbezügen und Fragen in die Sprache einbringt, um in ihr die Wirklichkeit zu einer "transitorischen" und dadurch begreifbaren Einheit zu gestalten. Die Wörter stehen im Raum der Sprache als gleichartige und gegeneinander abgeschlossene Objekte nebeneinander und zugleich dem betrachtenden Subjekt fremd gegenüber. Während aber Mallarmé selbst in seinen kühnsten und komplexesten Texten – etwa in seinem letzten, 1897 erschienenen Gedicht *Un Coup des Dés ...*, dessen graphische Anordnung die Vereinzelung der Elemente unterstreicht, – die syntaktische Verbindung in einem formalistischen Sinn noch äußerlich aufrechterhält, wird in der folgenden Zeit die Konsequenz gezogen, den Zusammenhang der Realität auch in der sprachlichen Gestalt zunächst in Frage zu stellen und schließlich aufzuheben. Das geschieht auf eine zweifache Weise: Die Heterogenität der Objektwelt, aus der sich das strukturierend und interpretierend eingreifende Subjekt zurückgezogen hat und die es – ähnlich wie die Künstler der "primitiven" Kulturen – nur noch von außen beobachtet und reproduziert, zeigt sich einmal im Versammeln bzw. Zitieren von dissoziierten, gegeneinander indifferenten Realitätsfragmenten in der Collage, die an die traditionellen Kunstgattungen des Stillebens bzw. des Quodlibets und des Pasticcios anknüpft, in denen immer schon ein der Einheitsidee des musikalischen Werkes widerstreitendes Prinzip untergründig gewirkt hatte. Eine gesteigerte Form der Indifferenz dissoziierter Elemente ergibt sich, wenn diese unter kaleidoskopartiger Vertauschung wiederholt werden. Beide Verfahrensweisen führte Roger Shattuck auf das Prinzip der *"Juxtaposition"* zurück und zeigte, daß die Ablösung jenes einheitsstiftenden Konstruktionsprinzips der *"Transition"* – das seit der Renaissance der Entwicklung aller abendländischen Künste gleichermaßen zugrunde lag – durch das entgegengesetzte der *"Juxtaposition"* eines der zentralen, wenn nicht d a s zentrale Merkmal der "Moderne" des späten 19. Jahrhunderts darstellt.[19]

In der Musikgeschichte des 18. und 19. Jahrhunderts realisierte sich diese Einheit in den Konzeptionen der großen Instrumentalgattungen, an der Spitze der Sinfonie:[20] Eine Sinfonie war gerade dadurch "seconda creazione", daß der Komponist eine größtmögliche Vielfalt musikalischer Erscheinungen mit einem durchgängigen Sinn – einer einheitlichen Werkidee – erfüllte. Saties kompositorische Maßnahmen zielen nun darauf ab, auch in der Musik jene innere Dynamik außer Kraft zu setzen, die

---

18 Stéphane Mallarmé: *Sämtliche Gedichte,* französisch und deutsch, hrsg. von C. Fischer (1957), 4. Aufl. Darmstadt 1984, S. 86. – Hugo Friedrich: *Die Struktur der modernen Lyrik* (1956), 4. Aufl. Reinbek 1960, S. 74 ff.

19 Roger Shattuck: *Les Primitifs de l'Avantgarde* (original: *The Banquet Years. The Origins of the Avant-garde in France, 1885 to World War I,* 1955), Paris 1974, S. 352 ff.

20 Christoph-Hellmut Mahling: *Zur Frage der 'Einheit' der Symphonie,* in: Ders. (Hrsg.): *Über Symphonien. Beiträge zu einer musikalischen Gattung,* Festschrift Walter Wiora zum 70. Geburtstag, Tutzing 1979, S. 1-40.

deren Sprachcharakter begründet, das heißt: Er eliminiert diejenigen Elemente, die der Musik den Charakter von Strebung, interner Bezüglichkeit und zielgerichteter, mithin Einheit bewirkender Entwicklung verleihen. Kompositionstechnisch zeigt sich diese Tendenz an Maßnahmen wie der Lockerung der kadenziellen Bezogenheit der Akkorde durch die Bevorzugung der damals als ungewöhnlich empfundenen und später auch von den Impressionisten übernommenen kirchentonal gefärbten Wendungen. Er suspendiert die der Funktionalharmonik korrelierenden metrischen Akzentabstufungen und ersetzt sie durch eine freie, an den melodischen Verlauf gebundene Quantitätsrhythmik (bereits 1884 verzichtete er auf Taktstriche). Vor allem hält er sich fern von der "entwickelnden Variation", dem Prinzip also der Hervorbringung des thematischen Materials und seiner Entfaltung in Zusammenhang stiftenden formalen Kategorien wie Überleitung/Liquidation/Reprise/Durchführung/Ableitung.[21] An ihre Stelle tritt die reihende Wiederholung von nicht oder wenig veränderten Elementen.[22] So beruht der erste der neun *Danses gothiques* (1893) mit dem Titel "*à l'occasion d'une grande peine*" auf sieben Materialelementen, deren Umfang im Rahmen zwischen acht (a) und drei (b) Viertelnoten liegt (vgl. Notenbeispiel).

Die Struktur der Elemente ist so differenziert, daß sie sich kaum auf engem Raum angemessen beschreiben läßt: Beispielsweise besteht das Element (a) aus einer Folge von konventionellen vierstimmigen Septakkorden mit einem abschließenden – aufgrund verdoppelter Quint und Terz – fünftönigen Sextakkord. Die Akkorde stehen in keiner funktionalharmonischen Verbindung zueinander, sie werden vielmehr nur äußerlich durch symmetrische Motivbildung und Abwärtssequenzierung locker zusammengefügt. Element (b) verhält sich als kaleidoskopische Umbildung zum Element (a): Es verzichtet auf dessen Sequenzstruktur, verbindet sich statt dessen mit einem neuen aufwärtsgerichteten Abschlußakkord, dessen Baßton nachgeschlagen wird. Demgegenüber handelt es sich bei Element (e) um zwei durch Verdopplung sechstönige, ebenfalls funktional unverbundene Molldreiklänge im Kleinterzabstand f-d, von denen der erste einen, der zweite zehn Anschläge erhält. Sie verteilen sich auf 26 kurze Abschnitte und werden dort entweder transponiert oder auf gleicher Tonhöhe unverändert oder leicht variiert (zweimal vergrößert) wiederholt. Verändert wird auch die Satzstruktur: So wird das Element (a) von der Vier- auf die Einstimmigkeit reduziert, umgekehrt kehrt das erstmals einstimmig auftretende Element (f) als Schlußphrase frei-(4-6-)stimmig wieder. Die Abfolge der Wiederkehr läßt keine rationalen Anordnungsprinzipien erkennen: Kaleidoskopartig unvorhersehbar erscheinen die Elemente in unterschiedlicher Häufigkeit und wechselnden Konstellationen. – Die zweite *Danse gothique*, "*dans laquelle les pères de la très véritable et très Sainte Eglise sont invoqués*", bedient sich des gleichen Materials wie die erste bis auf ein einziges neu hinzutretendes Element; sie setzt mit dem leicht variierten sechsten Element ein, verzichtet auf jede eröffnende oder anknüpfende, formbestimmende Geste und wirkt fast wie ein

---

21 Arnold Schönberg: *Neue Musik, veraltete Musik, Stil und Gedanke* (1930/1946), in: Ders.: *Stil und Gedanke*, hrsg. von I. Vojtech, Frankfurt/Main 1992, S. 44.

22 Grete Wehmeyer: *Erik Satie*, Regensburg 1974, S. 46 ff.

Fragment der ersten, von der sie sich auch inhaltlich lediglich durch die viel geringere zeitliche Ausdehnung und eine kaleidoskopische Variante des ersten Elements unterscheidet.

Notenbeispiel: Satie, *Danse gothique 1*, 7 Materialelemente

Jedes neue Werk Saties – so betonte Cocteau – sei ein *"exemple de renoncement"*. Satie führe *"retour à la simplicité ..., la seule opposition possible à une époque de raffinement extrême"*.[23] Saties Weg von der mystisch-dekadenten Mittelalterverehrung im Dunstkreis der wagneristischen Neo-Rosenkreuzer des Sar Péladan über die zeitweilige Existenz als Caféhaus-Pianist bis in die Nähe von Dada und Neoklassizismus scheint ebenso weit wie absurd; man übersieht darüber leicht, daß er vom juxtapositorischen Strukturprinzip seiner Frühzeit in keiner der vielfältig wechselnden Schaffens- und Stilphasen abgewichen ist. Gerade der vielfache Wechsel von einem stilistischen Extrem ins andere demonstriert die Distanz, die Satie zu sich selbst als kompositorischem Subjekt zu gewinnen suchte; stets verbarg er sich unter wechselnden Masken, die den Wechsel der sich in den Gesichtszügen ausdrückenden *"Seelenzustände"* (Robert Schumann) zu einem permanenten Lächeln gefrieren ließen. – Hier wird die von Cage aufgewiesene Alternative einer nicht anthropozentrischen Musik deutlich: Der

---

23 Cocteau: *Le Coq* (s. Anm. 14), S. 33.

Hörer erlebt die Klavierstücke Saties mit ihrer entwicklungslosen Wiederholung des Immer-Gleichen nicht als ein dynamisches Geschehen, sondern als Gestaltung eines Zeitablaufs, den sie mit ihren kaum sich verändernden Strukturen erfüllen. Je länger eine derartige Musik dauert, je öfter sie wiederholt wird, desto mehr lenkt sie das hörende Bewußtsein von ihrem Inhalt weg auf den reinen Zeitablauf, der zunehmend als gleichförmig – und das heißt: als leer – empfunden wird. Die kaleidoskopartig zirkulierende Form trägt ihren Sinn in sich selbst und hält die emotionale Reaktion auf niedrigem Niveau. Wohl aber ist sie geeignet, beim Betrachter ein distanziertes intellektuelles Interesse von unterschiedlicher Intensität hervorzurufen: Er kann sich – wie bei Betrachtung eines Kaleidoskops – ihrer Audition widmen oder sich von ihr abwenden. Bei günstiger Disposition wird sich der Zuhörer zu einer Art von geistiger Aktivität angeregt fühlen, die sich nicht auf eine in der Musik enthaltene Botschaft, sondern allein auf den kaleidoskopartigen Wechsel der Strukturen richtet. Mit fortschreitendem Zeitablauf indessen wird dieses Interesse abnehmen: Mehr und mehr lenkt die Musik von sich selbst ab, tritt in den Hintergrund, bleibt jedoch präsent. Für diese Funktion eines dezent-unaufdringlichen "Environments", in dem man auf mancherlei Weise sich aufhalten, umherwandeln und nach Lust und Neigung sich dem einen oder anderen der installierten Elemente als Objekt der Neugier, der Sympathie, der Begierde oder auch der Stupidität oder des Abscheus zuwenden kann, fand der Cocteau-Kreis später die Bezeichnung *"musique d'ameublement"*; in ihr wird die Abwendung vom Charakter des alle Aufmerksamkeit durch seine Botschaft absorbierenden Ausdrucks-Kunstwerkes herausgestellt. Das musikalische Environment bildet insofern den prinzipiellen Gegensatz zur Ausdrucksmusik, als es auf eine pluralistische Rezeption hin intendiert ist; damit deckt es zugleich die Tendenz der Ausdrucksmusik zur Vereinnahmung und damit zur Unfreiheit ihrer Rezipienten auf, vor der Saties "weiße Straße" (s. o.) bewahren will. In der zurückblickenden historischen Distanz erscheint Saties im letzten Jahrzehnt des 19. Jahrhunderts entwickeltes musikalisches Konzept bereits als früheste keimhafte Ausprägung einer musikalischen "Objekt-Kunst", zu der die Gegenstücke in den Bildenden Künsten in Gestalt der Collagen von Picasso, Braque und Duchamp erst seit dem zweiten Jahrzehnt des neuen Jahrhunderts entstanden.[24] Bis hin zu den "Klanginstallationen" der 1980er Jahre läßt sich die Idee in der Musik des 20. Jahrhunderts verfolgen.

III

Es wäre nun freilich verfehlt, Saties Rolle als einsamer, isolierter Sonderling, mit der er zu Lebzeiten kokettierte, überzustrapazieren. Die Tendenz zum "Objektivismus" verfolgte er keineswegs allein, sie betrifft vielmehr umfassend die Entwicklung der europäischen Kunst im späten 19. und frühen 20. Jahrhundert, beginnend wohl mit dem Realismus Mussorgskijs, der seine Rolle als Komponist der Natur des Menschen als

---

24 Willy Rotzler: *Objekt-Kunst*, Köln 1973.

Einzelnem und als Masse gegenüber als die eines Forschers im Sinne Darwins sah.[25] Aber auch in der musikalischen Naturdarstellung weist die Haltung der Komponisten um die Jahrhundertwende – etwa Debussys in *La Mer* – einen entscheidenden Gegensatz zum früheren 19. Jahrhundert, etwa zu Liszts *Ce qu'on entend sur la montagne* auf: Die Natur wird nicht mehr als Bereich der Transzendenz erfahren, mit der der Mensch in einen Dialog tritt: *"Dans 'La Mer', le visage de la personne humaine a complètement disparu."*[26] Debussy selbst sprach von der Bedeutung des Ornamentalen in der (Bachschen) Melodie, das – weit davon entfernt, unnatürlich zu sein – *"unendlich viel 'wahrer' sei als das armselige kleine Menschengeschrei, das im Musikdrama tönt"*. Gleichzeitig schwebte ihm eine *"Musik im Freien"* vor, *"eine Musik der großen Linienzüge"*, in der *"der Traum von Harmonie weiterzuführen"* wäre.[27] Das Bestreben zur Überwindung des Individuell-Ausdruckshaften in der Musik zugunsten einer überindividuellen Harmonie findet sich später im Denken der Debussy scheinbar völlig fernen Bauhaus-Künstler wieder, führt hier aber zu anderen Konsequenzen:

> *"Der Mensch ist der Mikrokosmos. Über ihm und in ihm walten universelle Gesetze. Sein ganzes Wesen und Schaffen ist ein einziger Versuch, diese Gesetze auszudrücken, ihnen eine Form zu verleihen. Es ist heute unser Wunsch: Allgemeingültige (Harmonie- und Gleichgewichts-)Gesetze allgemein gültig zu formulieren. Diese Formulierung vermengt sich aber noch – überall und im überwiegenden Maße – mit der Art des persönlichen Ausdruckes. Einer exakten Notation widerstreben unsere vorsintflutlichen Instrumente und Werkzeuge, oft aber auch unser unvollkommener natürlich nur in technisch-mechanischen Relationen unvollkommener Körperbau. So mußte es mit der Maschine versucht werden."*[28]

Diese futuristisch-mechanische Akzentuierung deckt die entgegengesetzte Seite des Objektivismus auf: Statt auf die Vergangenheit richtet er sich auf die Zukunft. Die elektronische und computergenerierte Produktion von Musik, die noch drei bzw. fünf Jahrzehnte auf sich warten lassen sollte, ist darin ideell bereits enthalten. In der Einssetzung von Mechanismus und pythagoräischer Harmonie zeigt sich das eigenartige, für das 20. Jahrhundert jedoch in vielfacher Hinsicht charakteristische Phänomen des Scheincharakters polarer Gegensätze: So wie Satie in seiner empirischen Existenz den Kontrast von Spiritualität und Hedonismus als scheinhaft entlarvte, erweist sich auch die subkutane Affinität von Debussys musikalischer Natur zum Begriff einer wesentlich in technischen Kategorien begriffenen Produktionsweise. Daß andererseits in solcher "Dissoziation der Zeit" der auf eine geschichtsphilosophische Utopie gerichtete Begriff des prozeßhaften bürgerlichen Kunstwerks auf der Strecke blieb, tat bereits

---

25 Modest Mussorgskij: Brief an Wladimir Stassow vom 18.10.1872, in: Ders.: *Briefe,* hrsg. von D. Lehmann, Leipzig 1984, S. 126 ff.

26 Vladimir Jankélévitch: *La Musique et l'Ineffable* (1961), Paris ²1983, S. 44.

27 Claude Debussy: *Monsieur Croche. Sämtliche Schriften und Interviews,* hrsg. von François Lesure, aus dem Französischen von Josef Häusler, Stuttgart 1974, S. 32 f. und 43 f.

28 László Moholy-Nagy: *Musico-Mechanico, Mechanico-Optico,* in: *Musikblätter des Anbruch* VI-II/1926, S. 363.

1949 Theodor W. Adorno in seiner Strawinsky-Kritik dar.[29] Mit der Krise des Marxismus hat im übrigen auch die sozialphilosophische Transformation des eschatologischen "Prinzips Hoffnung" ihre Basis – wenn auch noch lange nicht einen Rest ihrer Faszination – verloren.

Dennoch bedeutete die Wendung zum Objektivismus nicht mehr als die im Kunstwerk vollzogene Konsequenz aus jener eingangs zitierten, von Virginia Woolf konstatierten *"changed attitude against reality"*. Sie bedeutete eben jenen Austritt aus der bürgerlichen Mentalität, dem erst nach dem 1. Weltkrieg der Zerfall der äußeren sozialen und ökonomischen Strukturen der bürgerlichen Welt nachfolgte. Radikaler noch als in Europa äußerte sich die veränderte Bewußtseinslage in den USA – jenem Land, das besonders seit der gescheiterten Revolution von 1848 vielen Europamüden als Zuflucht und Alternative zur erstarrenden Bürgerlichkeit gegolten hatte. Zentrale Verfahrensweisen des wohl frühesten radikalen Kritikers des bürgerlichen Musikwerk-Begriffs, Charles Ives, lassen sich im Sinn der Objektivierungstendenz erklären: Zitate rhythmischer, melodischer oder auch harmonischer Modelle aus verschiedenartigen amerikanischen Milieus spielen eine zentrale Rolle. Zwar werden sie nur gelegentlich – etwa in *Decoration Day,* dem 2. Satz aus der Orchestersuite *Holidays* (1912) – collageartig zusammengefügt,[30] häufiger dagegen komplizierten Prozessen der Übereinanderschichtung, Gegenüberstellung von integralen und fragmentarischen Gestalten oder auch Verfahren einer allmählichen Integration anfangs nur locker konturierter melodischer Elemente unterworfen; aus ihnen ergibt sich eine vielschichtige Tonalität und Rhythmik, welche die Dur-Moll-Tonalität und die ihr korrelierende Metrik häufig durchbricht. Dennoch behandelt Ives seine Melodien als Objekte, als präexistente, assoziationsbesetzte Elemente der sozialen und historischen Realität, deren prinzipielle Gleichberechtigung zu einer letztlich *"parataktischen"*[31] strukturellen Grundhaltung führt. Das zeigt sich exemplarisch in dem "Orchestral Set" *Putnams Camp* aus *Three Places in New England* (1903-14), wo drei Darstellungsebenen unvermittelt nebeneinander stehen: 1. die Schilderung des Winterlagers des Generals Putnam 1779, 2. die Wachträume eines an einem Gedenktreffen an dem Ort dieses Lagers teilnehmenden Kindes mit der Vision der sorgenvollen Miene der Freiheitsgöttin angesichts der Entwicklung der von den damaligen Ereignissen und ihren Idealen ausgehenden Realität, 3. die Spekulation des Autors Ives über die subjektiv erfahrene Simultaneität geschichtlich ungleichzeitiger Ereignisse. Diese parataktisch-kombinatorische Struktur verhindert die Hingabe des Hörers an die Ausdrucksgewalt eines bestimmten Inhalts und dessen Entwicklung. Vielmehr wird der Hörer in die Distanzhaltung verwiesen, die Musik lenkt zuerst auf das Ereignis und löst anschließend eine Reflexion in unterschiedlichen Bewußtseinsstadien aus. Hinter der Struktur steht hier eine Aufforderung (oder vielleicht sogar eine Provokation) an das Subjekt zur Stellungnahme, der es folgen oder sich verweigern kann. Die wohl radikalste Fortführung dieser neuartigen

---

29 Theodor W. Adorno: *Philosophie der Neuen Musik* (1949), Frankfurt/Main 1958, S. 175 f.

30 H. Wiley Hitchcock: *Charles Ives und seine Zeit,* in: Hermann Danuser u. a. (Hrsg.): *Amerikanische Musik,* Laaber 1987, S. 27.

31 Wolfgang Rathert: *Charles Ives,* Darmstadt 1989, S. 99.

Subjekt-Objektbeziehung findet sich im amerikanischen Bereich bei John Cage. In einem Brief an den Musikologen Paul Henry Lang schrieb er 1956: *"Wir leben in einer Welt, in der es nicht nur den Menschen gibt, sondern auch Dinge. Bäume, Steine, Wasser, alles ist ausdrucksvoll. Ich sehe diese Situation, in der ich vergänglich lebe, als ein komplexes Einander-Durchdringen von Zentren, die sich ohne Unterlaß in alle Richtungen fortbewegen. Ich bemühe mich, in einem Zeit-Raum Klänge sie selbst sein zu lassen ..."*[32] Klänge der realen Welt, die Cage in der Tradition von Ives einbezieht, ganz gleich ob es sich um Geräusche aus der Natur oder der technischen Zivilisation handelt, sind Objekte, die er zusammensetzt, nicht, um sie zu organisieren, sondern lediglich um sie in einem Zeitablauf gemeinsam mit anderen Klangereignissen "sie selbst sein" zu lassen und ihr klangliches Sein mit dem Phänomen der Stille zu konfrontieren, das eine ebenso große Rolle spielt wie der Klang selbst. Im Extremfall des Stückes *4'33"* (1952) gelangte er zu einer Musik im Konjunktiv, in der ein Pianist vier Minuten und dreiunddreißig Sekunden am Flügel sitzt und – statt auch nur einen Ton zu spielen – dreimal stumm die Arme ausstreckt, um anzudeuten, daß das Werk drei Sätze haben könnte. *"Alles, was in dieser Zeit hörbar ist, gehört zum Stück."*[33] Asiatische Musiker lehrten Cage, es sei die Aufgabe der Musik, den Geist zu reinigen und zu beruhigen. Er habe gesehen, so schreibt er, daß vor der Renaissance sowohl die westliche wie die östliche Musik auf einer gemeinsamen Basis standen und daß die Renaissance-Idee einer selbstdarstellenden Kunst *("self-expressive art")* eine Abirrung *("heretical")* sei. Konkret musikalisch manifestiere sich die Häresie im Übergang von einem primär zeitlich zu einem harmonisch bestimmten Musikbegriff. *"Es kann einfach kein richtiges Musik-Machen geben, das sich nicht von den eigentlichen Wurzeln des Klangs und der Stille – den Zeitlängen her – strukturiert. ... Es ist interessant zu beobachten, daß die harmonische Struktur in dem Augenblick entstand, in dem auch der westliche Materialismus entstand; daß sie zu einer Zeit verfällt, da jener Materialismus in Frage gestellt wird ... ."*[34] Als diejenigen Komponisten, die das meiste für die Revision der harmonischen Verirrung und für die Rückkehr zu einer Musik als Zeitkunst getan hätten, bezeichnet Cage Ives, Satie und Webern: *"Eng mit Ives verbunden scheint mir der Gedanke, daß nicht nur ein Ding zu einer Zeit geschieht, sondern daß alle Dinge gleichzeitig geschehen ... ."*[35] Satie und Webern schließlich seien nicht – wie Schönberg – bei einer bloßen Methode der tonalen Organisation stehengeblieben, sondern *"weiter und tiefer"* gegangen, indem sie ihre Werke durch Zeitlängen anstelle von thematischen Entwicklungen strukturiert hätten.[36] Cage stellt sich damit in jenen Kontext moderner Kunst, den in der Formulierung von Günter Blöcker die Überwindung der Grenzen von Zeit, Raum und Persönlichkeit kennzeichnet. Er erstrebt jene *"neuen Wirk-*

---

32 John Cage, Brief an Paul Henry Lang vom 22.05.1956, in: Kostelanetz: *John Cage* (s. Anm. 8), S. 167.

33 Richard Kostelanetz: *Kunst als Folgerung*, ebda., S. 157.

34 John Cage: *Plädoyer für Erik Satie*, ebda., S. 112 und 114.

35 John Cage: *Das tödliche Gleichmaß – Gespräch mit Michael Zwerin*, ebda., S. 223.

36 John Cage: *Plädoyer für Erik Satie*, ebda., S. 112. Offenbar schloß sich Cage hier weitgehend der seriellen Webern-Rezeption an und orientierte sich am vielzitierten Webern-Wort *"Immer verschieden und doch immer dasselbe"*. Cages Webern-Rezeption unterlag starken Schwankungen, die noch genauer zu untersuchen wären.

lichkeiten", die als *"sichtbarer* [und auch als hörbarer; d.V.] *Sinn des Gedankens"*, als *"Leiblichkeit des Wortes"*[37] (und des musikalischen Materials) einer *"nachbürgerlichen Gesellschaft ... mit neuen, funktionalisierten Formen des Bewußtseins ..., wie sie die Industriewelt erzeugt"*, eigentümlich und *"auf die Dimensionen der Innerlichkeit und Tiefe ... nicht festzulegen"* sind.[38] Das Paradoxe ist aber, daß gerade dieses funktionalisierte Bewußtsein das Objektive nicht nur im Neuen und Zukünftigen, sondern ebenso im Archaisch-Mythischen, Vorindividuellen aufsucht. Der Ausdruck im Sinne der Vermittlung emotionaler Gehalte ist ihm zum Anachronismus geworden – wie etwa Joyce's Stephen Dädalus, der beim Anblick einer Flußmündung die graue, warme Luft als zeitlos empfindet und dem sein eigener Geist so fließend und unpersönlich vorkommt, daß er alle Zeitalter als Einheit empfindet.[39] In dieser Suche und Hingabe an das Zeitlos-Überpersönliche, das Kollektiv-Traditionelle, Mythisch-Untergründige und gleichermaßen an das apparativ Mach- und Konzipierbare hat das Zitat, der Rückgriff auf Objekte der zeitlichen Vergangenheit und der räumlichen Ferne ebenso seine Erklärung wie die akustische Evokation der Natur im umfassenden Sinn – vom Schwirrholz bis zum Synthesizer.

---

37 Günter Blöcker: *Die neuen Wirklichkeiten. Linien und Profile der modernen Literatur*, Berlin 1957, S. 10 f.

38 Arnold Gehlen: *Zeit-Bilder. Zur Soziologie und Ästhetik der modernen Malerei*, Frankfurt/Main-Bonn 1965, S. 36.

39 James Joyce: *A Portrait of the Artist as a Young Man* (1916), deutsch von G. Goyert: *Jugendbildnis des Dichters*, Frankfurt/Main 1960, S. 131.

Hellmut Kühn und Peter Nitsche (Hrsg.), Gesellschaft für Musikforschung. Bericht über den Internationalen Musik-wissenschaftlichen Kongress Berlin 1974, Bärenreiter-Verlag: Kassel u. a. 1980, S. 467-470

Zur Beziehung einiger Grundfragen bei Bergson zum musikalischen Denken nach 1900

Die Affinität verschiedener Phänomene der Musik vor dem Ersten Weltkrieg zur Phi-losophie Bergsons ist heute wenig bewußt. Indessen zeigt es sich, daß auch das heutige musikalische Denken um Probleme kreist, die damals aufgeworfen wurden. Die Ver-bindungslinien wieder deutlicher sichtbar zu machen, ist Aufgabe dieses Referats.

1

Bergson hat keine geschlossene Ästhetik hinterlassen. In diversen Werken finden sich gelegentliche Äußerungen zu ästhetischen Fragen, die meist als paradigmatische Erläu-terungen eingestreut sind. Wegen der besonderen Stellung, die bei Bergson das Kunst-werk in Beziehung zum Leben einnimmt, ist es legitim, die allgemeinen Aussagen seiner Philosophie, die er als "psychologische Metaphysik" mit der Aufgabe der Ver-besserung der phänomenalen Perzeption versteht, unmittelbar auf Fragen der Kunst anzuwenden. Im folgenden seien daher die Auffassungen Bergsons über die konstitu-tiven Momente der Musik wie Form, thematisch-motivische Gestalt, Harmonie, Rhythmus, kurz umrissen.

Die Bewegung, die Bergson im Sinne Heraklits als allem Sein zugrundeliegend be-trachtet, vollzieht sich in zwei entgegengesetzten Richtungen: dem "Leben" und der "Materie". Beide werden als in entgegengesetzter Richtung fließende Ströme aufge-faßt, deren erster zum Werden, der zweite zum "Entwerden" hinzielt. Die Energie des ersten, der élan vital, kann zwar nicht die Bewegung der Materie aufhalten, kann sie aber gelegentlich zu D a u e r n gerinnen lassen, in welchen die physikalisch meßbare Zeit der Materie aufgehoben ist und in denen die im Gedächtnis gespeicherte Vergan-genheit sich mit der reinen Wahrnehmung der Gegenwart verbindet und zu freiem Handeln aktualisiert, sei es in Form von Kunstwerken oder von philosophischer Er-kenntnis.

Jedes Kunstwerk wird demnach als zufällig zustandegekommene Verdickung einer Linie, die der Lebensstrom durch die Materie zieht, zu einer Fläche angesehen (wobei die räumlichen Kategorien Linie und Fläche nur als Metaphern für ein psychologi-sches unräumliches Phänomen gebraucht werden). Die Form dieser Verdickungen wie auch die der Linie selbst ist einzigartig und unvorhersehbar, ein ornamentales Linien-spiel, typisch für das organische Wachsen. Das Kunstwerk hat an diesem organischen Wachstum selbst unmittelbar teil, ist nicht dessen symbolische Darstellung (présenta-tion, nicht représentation). Dem Intellekt ist solche Formung wegen ihres prinzipiell

348

alogischen Charakters immer unbegreiflich: *"Entweder er hält das grenzenlos komplizierte (und demgemäß grenzenlos kunstvolle) Organische für ein zufälliges Gehäuf, oder aber er muß es auf den unbegreiflichen Einfluß einer äußeren Kraft zurückführen, durch welche die Elemente des Organismus gruppiert worden wären ... Versuchen wir, nicht mehr mit den Augen des bloßen Verstandes zu sehen, der nur das Fertige greift, der nur von außen her schaut, sondern mit dem Geiste; mit jener Sehkraft, meine ich, die dem Vermögen des Handelns immanent ist und irgendwie aus der Rückwendung des Willens gegen sich selbst hervorbricht – dann löst sich alles auf ... in Bewegung."*[1] In der Ordnung des Lebendigen gibt es *"nur die allgemeine Bewegung ..., die auf divergierenden Linien immer neue Formen erschafft"*.[2] In einem derart dynamistischen Formverständnis ist die Wiederholung nur noch akzidentiell, im Gegensatz zur physikalischen Ordnung, in der sie das Prinzip jeglicher Verallgemeinerung bildet.[3] Ebenso ist die Umkehrbarkeit eines Verlaufs ausgeschlossen, da sie einerseits der einheitlichen Richtung des Lebensstroms widersprechen und andererseits räumliche Vorstellungen in den Ablauf der psychologischen Dauer projizieren würde. Formen sind für Bergson niemals etwas Fertiges, Abgeschlossenes, nicht Hinweise oder Repräsentanten einer Totalität; das Wesen des Lebendigen, wie es auch im Kunstwerk sich darstellt, ist das Nichtabgeschlossene, das Transitorische, das Tendenzhafte. Im Gegensatz zur traditionellen Metaphysik, etwa bei Leibniz, sieht Bergson nicht eine Entwicklung des Realen hin zu einer immer höheren Harmonie, sondern umgekehrt eine Bewegung vom Einfachen hin zum immer schärfer Disharmonischen. Der élan vital, am Ausgangspunkt als Einheit gegeben, zerfasert sich im Fortschreiten in immer komplexere Konstellationen zahlreicher einzelner Manifestationen, die sich zwar, dank der Gemeinsamkeit ihres Ursprungs, in gewisser Hinsicht ergänzen, darum aber nicht weniger antagonistisch sind. Gattungen und Individuen bleiben monadenhaft auf sich selbst beschränkt. Harmonie ist nur insofern gegeben, als der intuitiven Betrachtung des Lebenszusammenhanges die ursprüngliche gemeinsame Schwungkraft und die daraus entspringenden *"Ergänzungsverhältnisse"* sichtbar werden. *"Die Harmonie offenbart sich nur im großen und ganzen, und mehr in den Tendenzen als in den Zuständen."*[4] Die Ergänzungsverhältnisse beruhen auf der *"innigen Solidarität, welche alle Gegenstände der materiellen Welt verbindet"*, eine Unauflöslichkeit ihrer wechselseitigen Wirkungen und Rückwirkungen. Scharfe Abgrenzung der Gegenstände ist scheinhaft und nur von pragmatischem Interesse; in Wirklichkeit ist der Übergang von einem zum andern fließend.[5] – Die zeitliche Gestaltung des Kunstwerks entspricht dem Charakter der durée, der Bewußtseinszeit. Für sie gibt es keinen durchgängigen Rhythmus.

---

1   H. Bergson: *Schöpferische Entwicklung*, übersetzt von G. Kantorowicz, Jena 1912, S. 254 f.
2   Ebd., S. 107.
3   Ebd., S. 235 f.
4   Ebd., S. 57.
5   H. Bergson: *Materie und Gedächtnis. Eine Abhandlung über die Beziehung von Körper und Geist*, deutsch von J. Frankenberger, Frankfurt/M. 1964.

"Man kann sich sehr verschiedene Rhythmen vorstellen, langsamere oder schnellere, welche jeweils dem Grad der Anspannung des Bewußtseins entsprechen und ihnen dadurch ihren Platz in der Reihe der Wesen anweisen."[6]

2

Diese Auffassungen finden zahlreiche Entsprechungen im Denken und in der kompositorischen Praxis von Debussy. Musik *"ist"* für Debussy eine *"Summe von verschiedenen Kräften"* (sie stellt sie nicht etwa metaphorisch dar!).[7] Der Kunstmusik seiner Zeit macht er den Vorwurf, *"fremden und fragwürdigen Gesetzen"* zu gehorchen. Der wahre Musiker wie der Künstler überhaupt benötige eine *"konstruktive Gefühlskraft"*, aus der jene *"vollkommenen Linien"* hervorgehen, *"die den farbig bewegten Flächen des Himmels entstammen und mit ihnen zusammenklingen in einer grenzenlosen und ewigen Harmonie".*[8] In diesen Formulierungen findet sich der gleiche phänomenalistische Begriff vom Kunstwerk und ebenso jene nominalistische Auffassung der Form wie bei Bergson. – Dem korrespondiert der analytische Befund. In seiner Analyse der *Jeux* hat Eimert gezeigt, wie die Form sich gegen jedes Schema sperrt. Die einmalige Wiederholung der meisten thematischen und motivischen Gestalten ist nur noch ein Zugeständnis an die Verständlichkeit im herkömmlichen Sinn, *"aber die Unverständlichkeit wächst in dem Maße, in dem immer Neues wiederholt wird".* Die Reibungen *"funktionieren linear, direkt, geradeaus, sie sind aus dem Gehäuse und Bezugsnetz dialektisch verwalteter Formen entlassen und bilden ornamentale Wellenlinien, die wie in freier Bewegung dahingleiten und neue Wellenlinien auslösen ...".*[9] Der Bergsonschen *"innigen Solidarität"* der monadisch vereinzelten materiellen Gegenstände korrespondiert Debussys Verfahren des *"unmethodischen Wachsenlassens der Linie in der unendlichen Variation".*[10] Der ständig wechselnden Anspannung des Bewußtseins in verschiedenartigsten Rhythmen entspricht das permanente Rubato der *Jeux*.

3

Die relevanten kompositorischen Richtungen nach Debussy, Dodekaphonie und Neoklassizismus, strebten, so kontrovers sie sich untereinander gaben, die Gewinnung objektiver Bezugssysteme an; dadurch bedingt wurde die Zeitkategorie verräumlicht und entpsychologisiert.

6   H. Bergson: *Materie und Gedächtnis*, S. 212.
7   C. Debussy: *Monsieur Croche Antidilettante*, in: Musik und Musiker, deutsch von H. Wille und B. Klau, Potsdam o. J., S. 15.
8   Ebd., S. 55.
9   H. Eimert: *Debussys "Jeux"*, in: Die Reihe 5, 1959, S. 8.
10 Ebd., S. 16.

In Busonis ästhetischem Entwurf trat der Widerspruch zwischen dem Bekenntnis zur subjektiven Zeit und den formalistischen Ansprüchen offen zutage.[11] E. Kurth bezog Bergsons Zeitbegriff in seine formpsychologischen Überlegungen ein. Er gestand zu, *"daß das Raumphänomen auch bei den Formbegriffen nicht bis zu gesichtsmäßiger Vergegenwärtigung durchdringt"*, hält aber doch die *"Raumbeziehung der zeitlichen Abfolge"* für einen *"zwangsmäßigen Vorgang, dessen unsere Vorstellung nicht entraten kann"*.[12]

Seit der Weiterentwicklung der Reihentechnik durch Webern indessen wurden in der Komposition Prinzipien angewendet, die als Umschlag in eine Renaissance Bergsonschen Denkens zu deuten sind. Töne und Klänge wurden als reine Phänomene entdeckt, als Ereignisse, befreit von allem objektivistischen Schematismus. Komposition wurde verstanden als das Inübereinstimmungbringen von Material- und Werkstruktur.[13] Wurde dieses Ziel zunächst noch mit extrem rationalistischen Verfahrensweisen verfolgt, so bahnte sich unter dem Einfluß von Cage eine immer stärkere Entdinglichung und Entwissenschaftlichung der musikalischen Mikro- und Makrostrukturierungen an. Für den Hörer wird dieser Rückbezug durch die frappante Nähe vieler Werke der sechziger Jahre zu Debussy deutlich. – Sinngemäß können auf die Entwicklung der Musik etwa seit der Mitte der fünfziger Jahre die Worte Bergsons angewandt werden: *"... Kompliziertheit ist Werk des Verstandes; ... Unbegreiflichkeit ist sein Werk ... Wo der Verstand, am reglos geglaubten Bild der vorrückenden Handlung sich mühend, unendlich vielfache Teile und eine unendlich kunstvolle Ordnung aufzeigte, da ahnen wir nun einen einfachen Prozeß, ein werdendes Handeln innerhalb eines ihm gleichartigen entwerdenden."*[14]

---

11   A. Briner: *Der Wandel der Musik als Zeitkunst*, Wien 1955, S. 82 f.
12   E. Kurth: *Musikpsychologie*, Bern ²1947, S. 252 f.
13   D. Schnebel: *Denkbare Musik*, Köln 1972, S. 141.
14   *Schöpferische Entwicklung*, S. 254 f.

Peter Becker, Arnfried Edler und Beate Schneider (Hrsg.), Zwischen Wissenschaft und Kunst. Festgabe für Richard Jakoby, Schott: Mainz u. a. 1995, S. 49-65

Wilhelm Langhans und der Begriff des musikalischen Urteils. Ein musikpädagogisches Kapitel aus den Gründerjahren des Zweiten deutschen Reichs

Die derzeit unausweichliche Besinnung auf die identitätsstiftende Tradition einer gesamtdeutschen Kultur führt zwangsläufig dazu, daß die Frage nach dem gegenseitigen Verhältnis von kultureller Einheit und Vielfalt – im nationalen wie im supranationalen europäischen Rahmen – neu gestellt werden muß.[1] In diesem Zusammenhang mag ein Blick auf die Situation der Musik und der Musikpädagogik in den Jahren nach der ersten deutschen Wiedervereinigung von 1871 einige Aufschlüsse vermitteln, die dazu beitragen können, gewisse Phänomene als Konstanten oder Variablen einer langfristigen Entwicklung zu erkennen und damit den Blick freizumachen von etwaigen Begrenzungen durch tagespolitische Konstellationen oder Opportunitäten. Auch scheint es, daß der Stand der musikpädagogischen Diskussion in der Zeit vor Kretzschmar und Kestenberg noch intensiverer Erforschung bedarf, da die Darstellung der Geschichte der Schulmusik in der ersten Hälfte des 20. Jahrhunderts – mehr oder weniger unreflektiert – Denkmodellen verpflichtet war, die der gegen die Tradition des 19. Jahrhunderts gerichteten Epoche nach dem Ersten Weltkrieg entstammten. Aus dieser Perspektive wurde der Innovationsgehalt dieser Reformer häufig überbewertet: Man übersah, wie weit die Kritik am herrschenden System musikalischer Bildung zurückreichte. Und vielleicht hatte man Anlaß, es zu übersehen, weil sich diese Kritik mit Musikerpersönlichkeiten verband, die eben jene Epoche des 19. Jahrhunderts repräsentierten, gegen die man letztlich revoltierte, weil man ihr das (auch) kulturelle Desaster von 1918 ff. anlastete. Hinzuweisen wäre etwa auf die programmatischen musikpädagogischen Entwürfe Liszts[2] und Wagners,[3] beide hervorgegangen aus einer fundamentalen Kritik der gesellschaftlichen Zustände nach den Revolutionen von 1830 bzw. 1848; die durchaus antagonistischen Schlüsse, Bewertungen und Zielsetzungen beider wären einer besonderen Betrachtung wert, die allerdings nicht Gegenstand des vorliegenden Beitrags ist. Festzuhalten indessen wäre, daß Liszt und Wagner in einem (wenn nicht in d e m) zentralen Punkt sowohl miteinander als auch mit zahlreichen Zeitgenossen übereinstimmten: Musik ist ein wichtiges konstitutives Element der menschlichen Bildung. Diejenigen, die – wiederum seit dem Ende des Ersten Weltkrieges, jedoch mit deutlichem Rückbezug auf Nietzsche – den Bil-

---

1   Vgl. dazu u. a. Richard Jakoby: *Wege zum kleinsten gemeinsamen Vielfachen*, in: NMZ 1/1991, S. 1, 6.

2   Franz Liszt: *Zur Stellung der Künstler* (1836), in: Gesammelte Schriften Bd. II, Leipzig 1881. S. 3 ff.

3   Richard Wagner: *Bericht über eine in München* zu *errichtende deutsche Musikschule* (1865), in: Sämtliche Schriften und Dichtungen Bd. 8, Leipzig o.J., S. 125 ff.

dungsbegriff des 19. Jahrhunderts als eines der Hauptelemente der bürgerlichen Lebenslüge ausmachten und den Bürger, der seine Qualität als citoyen unter anderem durch Bildung zu erwerben redlich sich bemühte, pauschal als Bildungsphilister diffamierten (mit der Konsequenz, daß der Bildungsbegriff weitgehend aus den öffentlichen Institutionen, vor allem der Schule, ausgetrieben wurde), übersahen dabei (oder weigerten sich aus unterschiedlichen Motiven zur Kenntnis zu nehmen), daß gerade die genannten Protagonisten der Idee von der Musik als Bildungselement zugleich auf der Seite der entschiedensten Kritiker der Verflachung jenes Bildungsbegriffs ihrer Zeit standen. Die Ursache für das Engagement führender zeitkritischer Beobachter in Deutschland (etwa Nietzsche) und Frankreich (etwa Baudelaire) für Wagners Werk – vor allem vor dessen Bayreuther Institutionalisierung 1876 – dürfte wesentlich darin gelegen haben, daß man in ihm die epochale Chance für die Rückgewinnung des Anschlusses an das antike Drama und damit an die *"eigentliche klassische Bildung"*[4] erblickte; Nietzsches *Geburt der Tragödie* ist dafür das eindrucksvollste Dokument.

Selbstverständlich bestritten die Neudeutschen – denen unter bildungspolitischen Gesichtspunkten der 1855 publizierte einflußreiche Diskussionsbeitrag von Adolf Bernhard Marx: *Die Musik des 19. Jahrhunderts und ihre Pflege* nahesteht – keineswegs allein die Diskussion über Aufgaben und Ziele der Musik in der Gesellschaft und über die daraus abzuleitenden pädagogischen Leitlinien. Zwei Beiträge seien als repräsentativ für die konservative Kritik an der musikalischen Entwicklung in Deutschland hervorgehoben. Des ab 1851 in Bayern wirkenden Volkskundlers und Kulturhistorikers Wilhelm Heinrich Riehl *Briefe an einen Staatsmann über unsere musikalische Erziehung* – erschienen erstmals 1853 in der *Deutschen Vierteljahrsschrift,* dann vor allem verbreitet durch Aufnahme als 3. Buch in Riehls Sammelband *Culturstudien aus drei Jahrhunderten* 1858 – dokumentieren die aus dem Trauma der gescheiterten Revolution von 1848 hervorgegangene antiprogressive, das Heil ausschließlich in der Rückwendung zu vorindustriellen und damit vorindividuellen Einstellungen suchende Tendenz eines großen Teils des deutschen Bürgertums. In seiner vor allem anderen auf die Stärkung der Allianz von Thron und Altar bedachten Instrumentalisierung der Musik zum reinen Erziehungsmittel – wobei das Volkslied erstmals ins programmatische Zentrum gerückt und die auf Herder zurückgehende Lehre vom musikalisch-poetischen Volksgeist in den Dienst eines regressiven musikpädagogischen Konzepts gestellt wurde – verschaffte er der Auffassung der Herrschenden über die Funktion des schulischen Gesangunterrichts und deren administrative Umsetzung (weit über den Volksschulbereich, für den sie zunächst gedacht war, hinaus) die ideologische Grundlage. Nicht ganz so extrem, in der Tendenz jedoch ähnlich, zielt die 1872 unter dem Titel *Des einigen deutschen Reiches Musikzustände* erschienene erste Bestandsaufnahme des Musiklebens im neugegründeten Deutschen Reich, verfaßt von dem zu diesem Zeitpunkt am Dresdener Konservatorium wirkenden Ludwig Meinardus, auf die Vorbildfunktion der Vergangenheit. Diese Schrift dokumentiert eine erschreckende geistige Enge sowie nationalistische Berührungsängste gegenüber Frankreich, wo nach

---

4   Richard Wagner: *Deutsche Kunst und deutsche Politik* (1867), ebd., S. 98.

dem glatten militärischen Erfolg eine geistige Aufbruchsstimmung und die Befreiung von nationalen Selbstzweifeln zu erwarten gewesen wäre. Indem Friedrich Chrysander ihr die gebührende Abfuhr erteilte,[5] erwies er sich als wahrer Europäer und Verfechter jenes aufgeklärten Liberalismus, dessen es in dieser Situation dringend bedurfte. Indessen war Meinardus' Schrift von erheblicher indirekter Wirkung insofern, als sie für den 25jährigen Hermann Kretzschmar, der in einer Rezension im *Musikalischen Wochenblatt* den Besorgnissen des Verfassers um die Rolle der Musik im *Culturleben der Nation* positive Aspekte abgewann, zum eigentlichen Ausgangspunkt der eigenen musikpädagogischen Aktivitäten wurde.[6] Diese unterschieden sich durch ihren Ansatz im Schulwesen grundsätzlich von allen vorausgehenden Konzeptionen. War man sich nämlich bis etwa zum Ende der 1860er Jahre darüber einig gewesen, die Schule könne die Kunst höchstens *"der Menge, die nicht nähern Antheil und Beruf für sie hat, zugänglich"* machen und sie somit in volkstümlicher Umprägung in ihren Dienst nehmen (A. B. Marx), so erhob sich nach der deutschen Reichsbildung vernehmlich die Forderung, Musik müsse als Teil der Gesamtbildung zu einem vollwertigen Schulfach erweitert, d. h. der bloße "Gesangs"-Unterricht in Musikunterricht umgewandelt werden. Offensichtlich fiel eine solche Forderung zumindest in Preußen (indirekt aber im ganzen preußisch dominierten neuen Deutschland) zeitweilig auf nicht ganz unfruchtbaren Boden. Der Kulturkampf offenbarte plötzlich eine Kollision der Interessen von Staat und Kirche, die bis dahin, wenn nicht völlig geleugnet, so doch mit einem Mantel des Schweigens überdeckt worden war. Betroffen war zwar überwiegend das Verhältnis zur katholischen Konfession, doch blieb die Thron-Altar-Allianz als ganze nicht unberührt. Insgesamt wurde die Position des Liberalismus im preußischen Unterrichtswesen gestärkt, wie etwa die Aufhebung des kirchlichen Schulaufsichtsrechts sowie die das Volksschulwesen betreffenden Verordnungen des Unterrichtsministers Adalbert Falk aus dem Jahr 1872 deutlich machen.[7] In dieses Jahr fällt auch die Broschüre von Wilhelm Langhans *Das musikalische Urtheil und seine Ausbildung durch die Erziehung,* die in Darstellungen der Schulmusikgeschichte bisher kaum beachtet wurde, die jedoch als wichtiger Beleg für die progressiven Tendenzen innerhalb der musikpädagogischen Diskussion in den Gründerjahren des Bismarck-Reiches und gewissermaßen als Gegenposition zu der gleichzeitigen Meinardus-Schrift gelesen werden kann. Bereits der Titel macht deutlich worum es geht: Wie kann musikalische Urteilsfähigkeit durch Erziehung erreicht werden? – eine Fragestellung, die die schulische wie auch die außerschulische Musikpädagogik bis heute beschäftigt (wie etwa die Tatsache belegt, daß Carl Dahlhaus' knapp hundert Jahre später – Mainz 1970 – erschienenes schmales, aber überaus wirkungsmächtiges Bändchen *Analyse und Wert-*

---

5   Friedrich Chrysander: *Des einigen deutschen Reiches Musikzustände*, in: AMZ 9/1874, Sp. 1 ff. – Vgl. Christa Kleinschmidt: *Ludwig Meinardus (1827-1896). Ein Beitrag zur ausgehenden musikalischen Romantik*, Wilhelmshaven 1985, S. 121 ff.

6   Heinz-Dieter Sommer: *Praxisorientierte Musikwissenschaft. Studien zu Leben und Werk Hermann Kretzschmars*, München/Salzburg 1985, S. 17 f.

7   Gerhard Braun: *Die Schulmusikerziehung in Preußen von den Falkschen Bestimmungen bis zur Kestenberg-Reform*, Kassel 1957, S. 13 f.

urteil – zumindest unmittelbar – auf eine Initiative seitens der Musikpädagogik hin entstand und so mit dieser Tradition verbunden ist).[8] In Langhans' Schrift ist wohl zum ersten Mal exklusiv die Heranbildung des musikalisch urteilsfähigen Menschen durch die allgemeinbildende Schule problematisiert worden; es erscheint daher als lohnend, die pädagogische Begründung und Zielsetzung sowie den vorgeschlagenen methodischen Weg aus dem Kontext heraus näher zu betrachten. Wilhelm Langhans[9] war von Haus aus Geiger. Der 1832 (ein Jahr vor Brahms) in Hamburg Geborene hatte von 1849 bis 1852 am Leipziger Konservatorium Violine bei Ferdinand David und Komposition bei Moritz Hauptmann und Ernst Friedrich Richter studiert. Anschließend war er Geiger im Leipziger Gewandhausorchester, bildete sich aber gleichzeitig als Geiger weiter bei dem Habeneck-Schüler Delphin Alard am Pariser Conservatoire. 1857 wurde er Konzertmeister in dem vom Schumann-Nachfolger Julius Tausch geleiteten Orchester des Musikvereins in Düsseldorf. 1860 beendete er die Orchesterarbeit und wirkte als Solist sowie als Violinpädagoge zunächst in seiner Heimatstadt, ab 1863 in Paris, wo er als Korrespondent der Chrysanderschen *AMZ* auch die Tätigkeit eines Rezensenten und Musikschriftstellers aufnahm. 1871 promovierte er nach zweijährigem Studium an der Heidelberger Universität und ging anschließend nach Berlin. Dort wurde er ein einflußreicher Rezensent und griff häufig publizistisch in das aktuelle kulturpolitische Geschehen ein. Pädagogisch wurde er an Instituten tätig, die als Stützpunkte der Neudeutschen Schule in Berlin zu gelten haben. Ab 1874 unterrichtete er Musikgeschichte und -theorie an der Neuen Akademie der Tonkunst, der von Theodor Kullak 1855 gegründeten und geleiteten größten privaten Berliner Ausbildungsstätte. 1881 wechselte er an das neugegründete Scharwenka-Konservatorium und wurde 1891 dessen stellvertretender Direktor. Daneben unterrichtete er auch an der Musikschule von Karl Klindworth, die 1893, ein Jahr nach Langhans' Tod, mit dem Scharwenka-Konservatorium fusionierte. – Von dem Verleger Leuckart wurde Langhans beauftragt, August Wilhelm Ambros' unvollendete, mit dem 16. Jahrhundert abbrechende Darstellung der Musikgeschichte bis in die Gegenwart fortzuführen – eine Aufgabe, der er mit einer kulturhistorisch orientierten, bewußt an ein breites Publikum sich wendenden Darstellung der Musikgeschichte des 17.-19. Jahrhunderts gerecht zu werden versuchte. Langhans teilte die bei Ambros (und vor diesem bei Franz Brendel) feststellbare Verbindung von neudeutschem Fortschrittsglauben und entschieden historistischer Grundeinstellung. Der mehr und mehr zum Nationalismus abdriftenden Verengung der deutschen Wagnerverehrung trat er durch eine hohe Bewertung der italienischen Musik entgegen (was der damals entstehenden Wagner-Orthodoxie ein Sakrileg bedeutete, jedoch bereits Momente einer moderneren Wagner-Rezeption wie etwa derjenigen Hugo Wolfs – zu schweigen

---

8   Natürlich ist Dahlhaus' *Analyse und Werturteil* erstens unter Rekurs auf den Kantischen Begriff des ästhetischen Urteils sowie zweitens vor dem Hintergrund des im Kontext des Positivismusstreits erneut heftig umstrittenen Diskussion um die Wertfreiheit wissenschaftlicher Aussagen zu sehen. Auch wenn derlei prinzipielle Fragen in den Jahren nach 1872 noch nicht zur Debatte standen, scheint es sinnvoll, die Problemlage zu erkennen, die an ihrem Ausgang gegeben war.

9   Thomas M. Langner: Art. *Langhans*, In: MGG Bd. 8, Kassel 1960, Sp. 189 f. – Hubert Kolland: Art. *Langhans*, in: NDB Bd. 13, Berlin 1982, *S.* 603 f.

von Nietzsches antiwagnerianischem Mediterraneismus – vorwegnahm). Seine diesbezüglichen Bemühungen wurden durch Ehrenmitgliedschaften in den musikalischen
Akademien von Florenz, Rom und Bologna honoriert.

Von Dogmatikern wie Riehl oder Meinardus unterschied sich Langhans bereits in
seinem Ansatz. Er ging von der Beobachtung aus, daß das Musikleben von seinen
Zeitgenossen vorwiegend unter zwei polaren Aspekten interpretiert wurde: nämlich
unter einem optimistischen und einem pessimistischen; beide erwiesen sich nach seiner Auffassung als vordergründig, weil einseitig. – Die Optimisten verweisen auf die
soziale Präsenz der Musik in einer Breite, wie sie nie zuvor in der Geschichte anzutreffen gewesen sei:

> *"Man gehe in ein beliebiges Haus: wird man nicht vom Erdgeschoß bis zur höchsten
> Etage von den Klängen des unentbehrlichen Möbels, des Claviers, begrüßt, und über-
> tönen nicht die an schönen Sommerabenden bei geöffnetem Fenster zur Rechten und
> zur Linken der Straße erklingenden Instrumente und Singstimmen den ganzen Chorus
> der Nachtigallen und sonstigen gefiederten Sänger? Haben nicht die Conservatorien
> der Musik ihre Schülerzahl seit den 25 Jahren ihres Bestehens[10] unaufhaltsam an-
> wachsen sehen, und sind nicht die aus ihnen entlassenen und über die ganze civilisierte
> Welt verbreiteten Tonkünstler zahlreich wie der Sand am Meere?"[11]*

Demgegenüber verweisen die Pessimisten vor allem auf drei Umstände: Erstens habe
die Musik die seit dem Altertum kontinuierlich weitergeführte Tradition des Schön-
heitsbegriffes in der Kunst verlassen (was insofern stimmt, als seit etwa 1830 das *"Gro-
teske als ein Häßliches, das nicht nur Gegenbild des Schönen"* ist, als autonome Grund-
kategorie von der [literarischen] Ästhetik zunehmend anerkannt wurde[12]). Zweitens
sei die eigene Zeit im Vergleich mit dem Jahrhundertbeginn kompositorisch unpro-
duktiv geworden, und drittens täusche das allgemeine große Interesse am Musizieren
nur darüber hinweg, daß die Art dieser Musikausübung künstlerisch wertlos sei und
daß in Wahrheit die mit den Aufgaben des täglichen Lebens überfrachteten Menschen
keine Zeit zu künstlerisch relevanter Musikausübung hätten. – Fatal sei, so Langhans,
dabei weniger das sterile Beharren auf kontroversen Standpunkten als die Übereinstimmung beider Fraktionen darüber, daß es angesichts der bestehenden Situation

> *"das Angemessenste sei, einstweilen die Hände in den Schoos zu legen ... und die einzi-
> ge Aufgabe der Kunst im Conserviren dessen zu sehen, was uns von den Vätern über-
> kommen ist."*

Eine solche Haltung ist zwar verständlich, denn

---

10 (Ungenau) gerechnet vom Jahr 1843, dem Gründungsjahr des Leipziger Konservatoriums durch Mendelssohn.

11 Wilhelm Langhans: *Das musikalische Urtheil und seine Ausbildung durch die Erziehung* (1872), 2. vermehrte
    Auflage, Berlin 1886 (im folgenden abgekürzt: MU), S. 2.

12 Hans Robert Jauß: *Die klassische und die christliche Rechtfertigung des Häßlichen in mittelalterlicher Literatur*, in:
    Hans Robert Jauß (Hrsg.): *Die nicht mehr schönen Künste. Grenzphänomene des Ästhetischen*, München 1968,
    S. 145 f. Jauß bezeichnet als zentralen Beleg Victor Hugos *Préface à Cromwell* von 1827, eine Rechtfertigung des
    Häßlichen als ästhetische Kategorie, der allerdings zunächst ein Rückfall ihres Urhebers in den Klassizismus folg-
    te.

"wir Deutschen [haben] *zur Zeit eine schwere staatliche Wiedergeburt durchzukämpfen gehabt und die Vollendung dieses Werkes wird noch auf lange Jahre hinaus unsere geistigen und materiellen Kräfte vollauf in Anspruch nehmen ..."*

Gefährlich wird es aber, wenn der Zustand kollektiver Erschöpfung durch die Anstrengungen der deutschen Einheit zur beruhigenden Entschuldigung für kulturell-künstlerischen Stillstand dient. Langhans ließ sie nicht gelten und setzte hier den Hebel der Aktualisierung der historisch-humanistischen Bildungsidee an:

"... lehrt uns nicht aber die Geschichte der griechischen Kunst, dass gerade zu der Zeit, wo eine Nation beginnt, sich als solche zu fühlen, die Bedingungen eines künstlerischen Aufschwunges am vollständigsten vorhanden sind ..."[13]

Bereits Wagner selbst hatte in seinen Revolutionsschriften seinen eigenen Kunstbegriff aus einem vertieften Verständnis der griechischen Antike abzuleiten und so aus der gesamteuropäischen Bildungstradition zu legitimieren versucht, deren Belebung aus klassizistischer Erstarrung die konsequente Forderung war. Nietzsche führte mit der *Geburt der Tragödie aus dem Geiste der Musik,* die im gleichen Jahr 1872 wie die kleine Schrift von Langhans erschien, im Grunde nur diesen Versuch gleichzeitiger Legitimation und Wiederbelebung fort. Bis hin zur Bayreuther Festspielidee war der Neuhumanismus – genauer: die Kritik an seinem Verfall und der Versuch, ihn mit neuem Leben zu erfüllen – ein zentraler Impuls für Wagners Werk, der erst später von den in Nietzsches vehementer und vatermörderischer Kritik exklusiv hervorgekehrten irrationalen Komponenten weitgehend überdeckt wurde. Auch als Beleg dafür, daß die *Geburt der Tragödie* zu ihrer Entstehungszeit keineswegs als kuriose Verirrung eines verzückten Philosophen- (und scheiternden Philologen-)Jüngers isoliert dastand, ist die in ihrem Anspruch unvergleichlich bescheidenere, auf konkrete reale Veränderungen in der Musikpädagogik gerichtete Schrift von Langhans bemerkenswert. Dabei bemühte er sich sichtlich um eine vorsichtige, vom Enthusiasmus Nietzsches weit entfernte distanzierend historische Bewertung des Phänomens Wagner:

"Ich ... überlasse die endgültige Festsetzung ihres [der Wagnerschen Kunst; d. V.] *Werthes gern den kommenden Jahrzehnten, indem ich mich bescheide, ihr ohne Vorurtheil, d. h. mit gutem Willen – denn eine strikte Neutralität ist hier unmöglich – entgegenzukommen und mich in sie hineinzuleben. Aber wäre es selbst festgestellt, dass die Leistungen* [Wagners; d. V.] *n i c h t einen Höhepunkt der Kunstentwicklung bezeichnen, und nur als Übergangsstadium gelten können, sind sie darum für uns Zeitgenossen minder dankens- und beachtenswerth?"*[14]

Das Werk Wagners fungiert in Langhans' Argumentation als eine mögliche, noch nicht als erwiesene Widerlegung der Behauptung von der produktiven Sterilität der eigenen Zeit. Entscheidend aber ist die Folgerung: das Publikum reagiert auf dieses

---

13   Langhans: MU, S. 4 f.
14   Langhans: MU, S. 20 f.

Phänomen überwiegend ablehnend (oder aber unreflektiert enthusiastisch); beide Haltungen bergen Vorurteile, weil das Publikum zur kritischen Urteilsbildung keineswegs in der Lage ist. Er zeigt dies explizit an der Wagner-Verdammung in W. H. Riehls bereits erwähnter Schrift, in der Wagners Kunst als "Beweis" des Absterbens der musikalischen Kunst in der Gegenwart angeprangert wird. Damit verlagerte Langhans die zeitgenössische Wagner-Debatte auf eine weitere Ebene: nämlich die einer Auseinandersetzung um den Begriff der musikalischen Bildung als der Fähigkeit zur Gewinnung eines eigenständigen, gegen Ideologie unanfälligen Urteils – einer Auseinandersetzung mithin um die Frage, wie der "mündige Hörer" heranzubilden sei. Damit wurde die Möglichkeit einer *ästhetischen Erziehung des Menschen* abermals zur Diskussion gestellt, jedoch nicht – wie 77 Jahre zuvor bei Schiller (auf dessen *Briefe* er sich explizit bezog[15]) – in Form eines transzendentalphilosophisch deduzierten Menschenbildes, sondern eines kulturpolitisch begründeten Plädoyers für einen umfassenden Umbau des neuhumanistischen Gymnasiums, dessen *"fast ausschließlich philologischen Charakter"* Langhans als das Haupthindernis für eine *"künstlerische Erziehung"* ausmachte. Damit begab er sich freilich auf ein gefährliches Terrain, denn die Kritik am Übergewicht der alten Sprachen im gymnasialen Fächerkanon, die – namentlich in Handels- und Industriestädten – bereits seit dem 18. Jahrhundert zu beobachten ist, wurde gerade in der "Gründerzeit" zu einer breiten Bewegung für eine stärkere Ausrichtung auf natur- und wirtschaftswissenschaftliche Gegenstände (sie führte bekanntlich im Jahr 1900 zur Gleichberechtigung des Realgymnasiums und der Oberrealschule mit dem traditionellen Gymnasium), und es war gewiß kein sonderlich geschickter Schachzug, wenn Langhans bei den auf die Verteidigung ihrer Bastionen bedachten Altphilologen den Eindruck erweckte, als reihe er sich in die Front ihrer Gegner ein. Darum beeilte er sich auch zu erklären, daß er den Nutzen und die Wichtigkeit der *"philologischen"* Bildung beileibe nicht verkenne, sie gelte vielmehr auch ihm

> *"als das richtige und unentbehrliche Mittel, die geistigen Anlagen des Schülers zur vollen Reife zu bringen. Diesem Studium soll denn auch in dem von mir geplanten Gymnasium weitaus der grösste Raum gelassen sein ..."*[16]

Der Umfang und die Intensität der Beanspruchung durch die antike Literatur erschien ihm bei weitem übertrieben; und er scheute sich nicht, nach den Gründen für die stoffliche Überfrachtung zu fragen. Sein Befund war den Herrschenden vermutlich wenig erwünscht: nationalistischer Wetteifer sei das Motiv, aus dem die Völker sich auf dem Gebiet der Bildung vorwiegend hinsichtlich stofflicher Quantität zu überbieten suchen. Langhans verwies auf ein kurz zuvor erschienenes Buch von Victor de Laprade (1812-1883), das unter dem provokanten Titel *L'Éducation homicide* ganz ähnliche Zustände in Frankreich angeprangert hatte. Die Bildung, so lautet der Be-

---

15 Friedrich Schiller: *Über die ästhetische Erziehung des Menschen, in einer Reihe von Briefen* (1793/95). – Langhans: MU, S. 56.

16 Langhans: MU, S. 34.

fund, wird derzeit in Europa nach militärischen Grundsätzen organisiert; sie trägt unverkennbare Züge eines geistigen Wettrüstens und dient nicht der Verständigung, sondern der Mißgunst unter den Völkern. Die *"immer höher gespannten Erwartungen des Staates"* hätten

> *"den Eintrichterungseifer der Lehrer derart gesteigert, dass die Schüler in vielen Fällen körperlich, in allen Fällen aber geistig geschädigt werden ... . Eine allgemeine Abrüstung wäre mithin für das höhere Schulwesen nicht weniger wünschenswert, als für das Kriegswesen ..."*[17]

Was Langhans hier beim Namen nannte, ist nicht mehr und nicht weniger als die Perversion der humanistischen Bildungsidee durch den überhandnehmenden Chauvinismus; und was er einklagte, ist die Rückkehr zu einer Schule für den Menschen, in der seine geistigen Anlagen gleichermaßen gefordert und gefördert werden. Dazu diene vor allem eine fundamentale Umstellung des Unterrichts von der Stofforientierung auf ein exemplarisches und methodisches Lernen. Einseitigkeiten seien abzubauen, und auf allen Gebieten habe der Grundsatz zu gelten, den Kant für den Philosophieunterricht formuliert habe: nicht Philosophie, sondern Philosophieren sei zu lehren.

Die gleichmäßige Ausbildung aller menschlichen Anlagen war ein Grundgedanke des Humanismus, dem hinsichtlich der künstlerischen Fächer weder die humanistische Lateinschule des 16. noch das neuhumanistische Gymnasium des 19. Jahrhunderts auch nur annähernd gerecht geworden war. Speziell die Entwicklung der Musik hatte sich – zumal seit ihrer unübersehbaren Tendenz zur ästhetischen Autonomie im 18. Jahrhundert – immer weiter von der Schule entfernt.[18] Die Epoche nach 1871 legte sich über das Auseinanderklaffen des nach außen zur Schau getragenen neuhumanistischen Bildungsideals und der Realität der geistlos-stofforientierten Paukschule nach und nach Rechenschaft ab – ein zwangsläufiger Prozeß der Realitätsanpassung, der bis in die Mitte des 20. Jahrhunderts andauerte und der mit dem stetigen Bedeutungsrückgang des altsprachlichen Gymnasiums einherging. Wir Heutigen wissen, was man um 1872 zwar ahnen, jedoch noch nicht so genau voraussehen konnte: daß nämlich anstelle der humanistischen Bildungstradition vor allem die Naturwissenschaften, daneben die neuen Sprachen und die Gesellschaftswissenschaften die bestimmenden Gegenstände der Schule sein würden. Auch wenn Langhans es nicht explizit aussprach, stellt sich für den Heutigen bei der Lektüre seiner Schrift das Gefühl ein, daß er diese Entwicklung vorausahnte und daß er mit seinem Versuch der Wiederbelebung der ästhetischen Erziehung mit musikalischem Akzent eine antizipierende Alternative zu der bevorstehenden, wiederum einseitigen Ablösung der ausgehöhlten und erstarrten neuhumanistischen Bildung entwerfen wollte.

Wie sollte eine solche Wiederbelebung aussehen? Zunächst ist festzuhalten, daß sie sich auf dem Boden des neuhumanistischen Gymnasiums abspielen sollte. Lang-

---

17 Langhans: MU, S. 36.
18 Vgl. dazu Arnfried Edler: *Zum Verhältnis Musikpädagogik – Musikwissenschaft aus der Sicht der Musikwissenschaft*, in: A. Edler/S. Helms/H. Hopf (Hrsg.): *Musikpädagogik und Musikwissenschaft*, Wilhelmshaven 1987, S. 13 ff. (Wiederabdruck in diesem Bd.).

hans plante seinen Entwurf einer künstlerisch orientierten allgemeinbildenden Schule als Reform, nicht als Konkurrenz des bestehenden Gymnasiums. Auf ein in Berlin bestehendes reales Vorbild für die Realisierung eines Teilbereichs des musikalisch-praktischen Unterrichts konnte er sogar verweisen: auf Heinrich Bellermanns Wirken am Gymnasium zum Grauen Kloster. Dieser hatte in jahrelanger pädagogischer Arbeit eine überaus leistungsfähige und nach den damaligen Maßstäben mustergültige Aufführungspraxis alter Musik aufgebaut und war in der Lage, das Berliner Publikum mit Werken Palestrinas und des an Palestrina orientierten Vokalstils des 19. Jahrhunderts, aber auch mit Bach und Händel vertraut zu machen. Spezifisch der Einlösung des humanistischen Bildungsanspruchs dienten seine dramatischen Abende mit griechischen Chören, in denen er fächerübergreifend Musik-, Sprach- und Geschichtsunterricht zusammenzuführen sich bemühte. 1866 als Nachfolger von A. B. Marx auf die Professur für Musik an die Berliner Universität berufen, wurde er vom Provinzial-Schulkollegium zur Ausarbeitung eines Lehrplans für Gymnasien beauftragt. Freilich ließ er darin seiner historistischen Grundeinstellung derart freien Lauf, daß er die Vokalmusik des 16. und 17. Jahrhunderts als *"die schulmäßigste und kirchlichste"* bezeichnete und die Heranführung an die *"besseren jener neuen Komponisten ..., welche dem Zug der Zeit folgend, sich mehr dem Instrument gewidmet haben"*, nur mit großer Vorsicht und Zurückhaltung gestattete. Solche skeptische Gegenwartsferne bot erhebliche Angriffsflächen; sie machten es Bellermanns Gegenspieler, dem Volksliedsammler Ludwig Erk, der auch als Pädagoge – er war 1835 an das Königliche Seminar in Berlin berufen und 1857 in dieser Funktion zum Königlichen Musikdirektor ernannt worden – im Sinne Riehls ganz auf die Beschäftigung mit dem Volkslied setzte und dessen Konsolidierung als Zentrum des schulischen Gesangunterrichts betrieb, leicht, den Entwurf beim Ministerium zu hintertreiben.

Langhans' Überlegungen zur Methodik sind eindeutig darauf gerichtet, die Schüler mit dem aktuellen Stand der Musik vertraut zu machen. Voraussetzung für die Beschäftigung mit der Gegenwartsmusik ist ihm allerdings der Rekurs auf den musikhistorischen Erkenntnisstand, denn

> *"nichts wäre schädlicher, als die Jugend mit der "Mannigfaltigkeit der Modernen" vertraut zu machen, bevor sie nicht im Verkehr mit dem "Alten" bis zu einem gewissen Grade gereift und in ihrem Geschmacke gefestigt ist."*

So sei es falsch, wenn sich Konservatoriumsschüler

> *"in die bisweilen krankhafte Romantik Chopin's und Schumann's derart vertiefen und verbeissen, dass ihnen der Geschmack für die edle Einfachheit eines Mozart, Clementi, eines Hummel und Moscheles völlig abhanden gekommen ist"*.[19]

Man wird – angesichts von Langhans' geistiger Nähe zu den Neudeutschen und Wagner – derartiges nicht einfach als reaktionären Klassizismus abtun können. Vielmehr verschränken sich – wie in der Neudeutschen Schule vielfach zu beobachten –

---

19   Langhans: MU, S. 51.

klassizistische mit progressiven Momenten. Deutlich zeigt sich seine Verwurzelung im Idealismus des späten 18. und frühen 19. Jahrhunderts. So setzte er – im Sinne Herders – bei der Verbindung von Sprache und Gesang an. Er empfahl, den Musikunterricht mit dem der deutschen Sprache und Deklamation zu *"combiniren"* und sich methodisch an Franz Wüllner – dem erfolgreichen (wenn auch von Wagner ungeliebten) Dirigenten der zum Zeitpunkt des Erscheinens von Langhans' Schrift drei bzw. zwei Jahre zurückliegenden Uraufführungen von *Rheingold* und *Walküre* – zu orientieren. Deutlich wird auch die Nähe zu Wagners eigenen Vorstellungen über Gesangspädagogik, wie er sie in seinem *Bericht über eine in München zu errichtende deutsche Musikschule* (1865) sowie in der Abhandlung *Über Schauspieler und Sänger* (1871) dargelegt hatte.

Zeigt sich hier bereits ein markanter Gegensatz zur ideologisierten Volksliedpädagogik, so entwarf Langhans ein radikales Gegenkonzept zum zeitgenössischen *"Gesangsunterricht"*, indem er die *"Komposition"* zum zentralen Unterrichtsgegenstand erhob. Er verstand darunter, was seiner Ansicht nach zu Unrecht als *"Theorie"* bezeichnet wurde und was *"nicht weniger lehrbar als jede andere Verstandesdisziplin"* sei. Was höchstens für Konservatorien erreichbar schien, sollte also Sache der allgemeinbildenden Schule werden. Dabei sei nicht – wie damals üblich – vom vierstimmigen Satz auszugehen. Vielmehr hielt der in den Kategorien von Hegels Geschichtsphilosophie denkende Langhans allein einen solchen methodischen Fortgang für sinnvoll, der sich an der historischen Entwicklung orientiere. Der direkte Bezug zu dieser wird allerdings nicht über Hegel, sondern über eine Bemerkung Goethes hergestellt, welche die Notwendigkeit des ontogenetischen Nachvollzugs der Menschheitsentwicklung als pädagogische, aber auch ästhetische Grundeinsicht betrifft.[20] Auch der Kompositionsunterricht soll vom einstimmigen Satz her die Mehrstimmigkeit erschließen. Vor allem aber soll er nicht vom Dur-Moll-, sondern vom kirchentonalen System ausgehen mit der Begründung, dessen Kenntnis sei unverzichtbar nicht nur für die Erschließung der *"Schätze der älteren Musikliteratur, sondern auch für die der Werke der neuesten Meister, namentlich Wagners und Liszt's, in denen sich das Bedürfnis kundgibt, die Alleinherrschaft des Dur und Moll zu brechen"*.[21] An dieser weit vorgeschobenen musikpädagogischen Position wird deutlich, daß die Auflösung der Tonalität eben nicht allein ein Phänomen der Kompositionsgeschichte war, sondern daß sie sich zwingend aus der voranschreitenden Ausbreitung einer von musikhistorischer Kenntnis geprägten Beurteilung der geschichtlichen Situation ergab.[22]

---

20 Johann Peter Eckermann: *Gespräche mit Goethe*, hrsg. von L. Geiger, Leipzig o J., S. 164 (Gespräch vom 17.01.1827). Die Betrachtung geht aus von Jugendwerken bedeutender Künstler, speziell vom Beispiel der *Räuber* und des *Fiesco* von Schiller. Während zur Frage des kompositorischen Spätwerks eine beträchtliche Anzahl von musikwissenschaftlichen Betrachtungen vorliegt, fehlen weitgehend analoge Untersuchungen zum Frühwerk. Dabei ergäben sich prinzipielle Fragen zur Bedeutung und zur Methode des Kompositionsunterrichts sowie zur Ästhetik und Geschichte der produktiven Rezeption.

21 Langhans: MU, S. 43.

22 Die Herstellung einer Verbindung zwischen der Wagnerschen Moderne und der historisch früheren Modalität war seit etwa 1870 durchaus nicht ungewöhnlich. Es zeigt sich, daß es sich beispielsweise bei dem Unterfangen des Lübecker Marienorganisten Edmund Pfühl aus Thomas Manns *Buddenbrooks*, sein Buch über die Anwendung der Kirchentonarten um den Anhang *Über die Anwendung der alten Torarten in Richard Wagners Kirchen-*

An die Betrachtung der Tonsysteme soll sich die von *"Canon und Fuge"*, d. h. der Kontrapunktlehre anschließen, und erst am Ende, in der Prima, *"bleibt noch übrig, mit der im Anfang des vorigen Jahrhunderts in Aufnahme gebrachten Harmonielehre"* vertraut zu werden. Hier soll dann auch ein *"Cursus in Formenlehre, vielleicht auch in der Instrumentierung"* stattfinden, *"welcher letztere freilich für die Mehrzahl der Schüler nur den Zweck haben würde, eine Orchesterpartitur lesen zu lernen und so ein tieferes Verständnis für die Meisterwerke der Instrumentalmusik zu gewinnen"*.[23] – Neben Gesang und *"Tonsetzkunst"* hat nach Auffassung von Langhans auch die Instrumentalmusik Anspruch darauf, von der Schule berücksichtigt zu werden,

> *"... denn, im Alter dem Gesange nicht nachstehend, ist sie ein uns von der Natur verliehenes, dem menschlichen Kunstbedürfnis durchaus entsprechendes Mittel des Ausdrucks, ja, unter Umständen dazu noch geeigneter als die Singstimme ... . Vor allem ist das Clavierspiel zur Vervollständigung der musikalischen Erziehung unentbehrlich."*

Zwar werde

> *"die Pflege der Instrumentalmusik vorwiegend in der Familie ihre Stätte finden müssen, ganz aber darf sich die Schule ihr nicht entziehen. Sie hat die Pflicht, gleichsam eine Anfrage an den musikalischen Organismus j e d e n Schülers zu richten und wenn sich eine besondere Beanlagung zu einem Instrument bei ihm zeigt, dieselbe nicht ungefördert zu lassen".*[24]

Das Klavier – das hatte schon Wagner formuliert – ist das eigentliche Hauptinstrument, auf dem wie auf keinem anderen Instrument der Gedanke der modernen Musik klarer verdeutlicht werden könne; auf ihm vermöge der gebildete Musiker nicht nur sich selbst allein das vielstimmige Tonstück nach Inhalt und Form unmittelbar zu vergegenwärtigen, sondern er kann sich auf ihm auch hierüber deutlich und bestimmt dem einigermaßen bereits entwickelten Jünger der Vortragskunst mitteilen.[25] Von der Überzeugung ausgehend, daß es unmöglich sei, einen Zugang zur zeitgenössischen Musik ohne Grundkenntnisse auf dem Klavier zu finden, forderte Langhans obligatorischen Gruppen-Klavierunterricht bei einsetzender Mutation. Im übrigen warnte er

---

und Volksmusik zu erweitern, nicht bloß um eine phantasievolle Ironisierung handelt, sondern daß es einem durchaus realen Kontext entnommen ist. Vgl. Thomas Mann: *Buddenbrooks. Verfall einer Familie* (1901), Frankfurt/M. 1974, S. 340. – Auch in Frankreich verband sich – etwa bei Sar Péladan und dem frühen Erik Satie – *"dekadenter Wagnerismus"* (E. Koppen) mit der Vorliebe für "gotische" und Palestrina-Musik bzw. für das, was man sich unter ihnen vorstellte. Für die Geschichte nicht nur der französischen, sondern der gesamteuropäischen Musikpädagogik von Bedeutung ist besonders, daß die Pariser Hauptpflegestätte für alte und kirchliche Musik des späten 19. Jahrhunderts, die "Schola Cantorum", dem "Wagnérisme" gegenüber wesentlich aufgeschlossener war als das Conservatoire. Daß dieses Phänomen einen der wichtigen Ausgangspunkte für die Auflösung der Dur-Moll-Tonalität und für den Aufbruch der Modalität im 20. Jahrhundert darstellt, bedarf einer gesonderten Betrachtung.

23 Langhans: MU, S. 44.

24 Langhans: MU, S. 46.

25 Richard Wagner: *Bericht über eine in München zu errichtende deutsche Musikschule* (1865), in: Sämtliche Schriften und Dichtungen, Bd. 8, Leipzig ⁵o. J., S. 150.

davor, daß über den Vorzügen und der Unabdingbarkeit des Klaviers die übrigen Instrumente

> *"in dem Grade ignoriert werden, wie es im heutigen Musikleben der Fall ist, wo auf ein Dutzend Clavierschüler noch nicht einmal e i n Geiger oder Bläser kommt, wo Instrumente ... wie die Harfe, die Flöte und die zur Begleitung des Gesanges in ihrer Art unschätzbare Guitarre aus dem musikalischen Privatleben beinahe vollständig verschwunden sind. Dieser Vernachlässigung der 'aus der Mode gekommenen' Instrumente sollte der verständige Pädagoge mit Entschiedenheit entgegenarbeiten."*[26]

Langhans war nicht unrealistisch: Er war sich dessen bewußt, daß seine Forderungen nicht nur eine Umwälzung des Schulwesens beinhalteten, sondern darüber hinaus der Grundeinstellung der Gesellschaft – der Orientierung am Nützlichkeitsprinzip zuwiderliefen. Doch er verwies auf

> *"die von allen Kreisen der Gesellschaft ersehnte Umgestaltung unsrer Lebensverhältnisse im weitesten Umfang, vor allem die Hebung der gegenwärtig so wenig befriedigenden kirchlichen und socialen Zustände".*[27]

Er meinte ein zunehmendes Gefühl des Überdrusses an der ausschließlich utilitaristischen Haltung festzustellen und sah darin insgesamt eine Chance für eine "idealere" Zielsetzung des Erziehungswesens – was freilich einer fundamentalen Veränderung der Gesellschaft gleichkam. Innerhalb dieses allgemeinen Trends zu gesellschaftlicher Umgestaltung, in dem sich bereits ankündigt, was erst einige Jahrzehnte später unter dem Titel von Lebensreform und früher Jugendbewegung voll zum Durchbruch kam, versprach sich Langhans von einer Ausbildung musikalischer Urteilsfähigkeit in der Schule zunächst einmal eine Befreiung von der immer zwanghafteren Wiederholung eines von der Gegenwart abgeschnittenen "klassischen" Repertoires: ein waches und kritisches Publikum werde verlangen, an der laufenden künstlerischen Produktion teilzuhaben, statt sie – wie derzeit – unverständig zurückzuweisen:

> *"Jeder einzelne Hörer wird, nachdem er die Arbeit des musikalischen Schaffens bis auf einen gewissen Grad selbst durchgemacht hat, auch dem Gedankengang eines ihm neuen Werkes mit lebendiger Theilnahme folgen; war es ihm früher lästig, ja unmöglich, neben der Empfindung auch die Verstandeskräfte in Thätigkeit zu setzen, so wird ihm dies jetzt eine genussreiche Befriedigung, eine willkommene Geistesnahrung gewähren; waren ihm früher zwei neue Bekanntschaften im Verlaufe der Concertsaison schon zu viel, so wird er jetzt in jedem Concert mindestens eine Novität verlangen und die ausübenden Künstler werden sich der nunmehr auf eine solide Grundlage gestützten Souveränität des Publikums fügen, wie sie es früher ohne genügende Ursache gethan haben. Jene werden nicht mehr den sicheren Pfad der Tradition wandeln und*

---

26 Langhans: MU, S. 45.
27 Langhans: MU, S. 57.

es den Schwächeren überlassen, die Kastanien aus dem Feuer zu holen, Erfahrungen zu machen, von denen zu profitieren sie selbst später nie versäumen, sondern sie werden ... mit ihren überlegenen pecuniären wie künstlerischen Mitteln auf dem ungewissen Wege vorangehen und die leichtere Aufgabe, die Sorge, dass die älteren Meister nicht in Vergessenheit gerathen, den weniger günstig gestellten Instituten überlassen."[28]

Dabei werden sich

"die musikalischen Neuerer ... ebensogut im Kampfe gegen Unverstand und Gleichgültigkeit zu bewähren haben wie die Vorkämpfer des Fortschritts auf anderen Gebieten. Nur das verlangen wir, dass die Kampfbedingungen für sie nicht ungünstiger seien, als für die übrigen, dass jeder einzelne Gebildete zum Componisten in demselben Verhältniss stehe, wie zum Dichter und Schriftsteller, in deren Kunst er sowohl theoretisch eingeweiht ist, als er auch practisch in ihr sich versucht hat, sei es auch nur mit einem Schulaufsatz oder mit der Nachbildung classischer Versmaasse, wie sie in den meisten Gymnasien geübt wird ..."

Weiter sei von einer quantitativ anwachsenden kompositorischen Produktion auch ein Gewinn an qualitativ hochwertigen Werken zu erwarten. Nicht zuletzt aber werde sich die Stellung des Musikkritikers zum Publikum grundlegend verändern, wenn dieses aus mündigen Individuen bestehe: er werde

"sich genöthigt sehen, den Glauben an seine Unfehlbarkeit, der gegenwärtig seinen Blick oft trübt, fahren zu lassen, und die vox populi, welche dann mit besserem Rechte eine vox dei heißen kann, als einen Faktor anzuerkennen, demgegenüber er seiner Subjectivität einen Zügel anzulegen hat."

Von der Musikkritik sei zu verlangen,

"dass sie sich minder subjectiv verhalte als bisher und bei der Beurtheilung einer netten Richtung nicht nur den Maasstab des jeweils mustergiltigen anlege, sondern auch dem Zeitgeist Rechnung trage, dessen Consequenz und Ausdruck sie ist".[29]

Schließlich werde

"der Musiker ... aus seiner isolierten, fast vogelfreien Stellung zum Staat und zur Gesellschaft heraustreten, sobald diese aufgehört haben, seine Kunst als Luxusartikel zu betrachten und sie der bildenden Kunst und den Wissenschaften gleich zu achten gelernt haben".[30]

Langhans' in vielerlei Hinsicht bedeutsame und anregende Überlegungen lösten nicht nur eine rege Diskussion aus, sie führte auch zu einem konkreten Ansatz, den schulischen Gesangunterricht zu reformieren. Gotthold Kunkel, Musiklehrer an der Real-

---

28 Langhans: MU, S. 59 f.
29 Langhans: MU, S. 64.
30 Langhans: MU, S. 61.

und Volksschule der israelitischen Gemeinde in Frankfurt/M., gab dem zweiten Heft seiner um 1875 erschienenen *Liedersammlung für untere und mittlere Klassen der Knaben- und Mädchenschulen* einen Lehrplan für die neunklassige höhere Schule bei, in dem er einen klassenweise vorgehenden Aufbau theoretischer und anschließend historischer Kenntnisse der Musik darlegte. Seine in vielem an Langhans anklingenden Vorschläge wurden von Friedrich Chrysander, der seinerseits gleichzeitig die Etablierung der musikalischen Ausbildung an der Universität betrieb,[31] geradezu höhnisch abgefertigt. Chrysander störte einerseits die Nähe zu Wagner und den Neudeutschen, andererseits hegte er ein tiefes, aus positivistischer Grundeinstellung genährtes Mißtrauen gegen die Ästhetik.[32] Im Versuch, Musik zum gymnasialen Unterrichtsfach zu erheben, vermochte er nichts als Beihilfe zum *"schalen Feuilletongewäsch unserer Zeitungen"* zu erblicken. Über die Frage nach den Voraussetzungen für den von ihm geforderten und detailliert entworfenen universitären Musikunterricht allerdings ging Chrysander mit souveräner Verachtung hinweg. Auch von seiten der den Neudeutschen nahestehenden Kritik erfuhr Langhans' Vorschlag eher zurückhaltende Aufnahme. So stellte Louis Ehlert 1875 in der neugegründeten und vielgelesenen Kulturzeitschrift *Deutsche Rundschau* fest:

> *"Die Masse des in den Schulen zu bewältigenden wissenschaftlichen Materials ist schon so verwirrend groß, daß es geradezu leichtsinnig wäre, sie noch um eine Disciplin zu vermehren, welche so fragwürdig ist und so gar nicht autochthon."*[33]

Statt dessen leitete er aus der Analyse der Musikzustände, die viele Elemente aus Langhans' Beitrag aufnahmen und perspektivisch verlängerten (teilweise auch verzerrten), die Notwendigkeit stärkeren staatlichen Reglements, vor allem hinsichtlich des Prüfungswesens an den Konservatorien, ab. Was Langhans gerade nicht wollte, geschah: Die Möglichkeit der Verbesserung der musikalischen Bildung wurde allein von den Konservatorien, d. h. von einer zwar von vielen genutzten, jedoch letztlich zu einer berufsqualifizierenden und damit zur Spezialisierung tendierenden Institution erwartet, während für das allgemeinbildende Gymnasium alles beim Alten blieb. Dennoch verdienen Langhans' Bemühungen als Vorläufer der dann von Kretzschmar weitergeführten Kritik und Reform des gymnasialen Musikunterrichts Beachtung; deutlich wird damit auch, daß die Wurzeln der späteren schulmusikalischen Reformen wesentlich in der Debatte um die musikalische Bildung zu suchen sind, die vom Schrifttum der neudeutschen Schule und von Liszt und Wagner persönlich angeregt wurde. Der Gegensatz zwischen den am Kunstwerk und den an Popularmusik orientierten musikpädagogischen Konzeptionen hat – wie man sieht – eine lange Vorgeschichte. Und bis zu einem gewissen Grad verhielt sich auch die Musikwissenschaft

---

31 Friedrich Chrysander: *Über Kunstbildung auf Universitäten*, in: AMZ X/1875/76, Sp. 1 ff., XI, Sp. 802 ff.

32 *"Die wichtige Frage ist, ob man in Bayreuth war oder nicht war ... man muss nur die Schule beiseite lassen und dafür die hochedle Partei setzen ... . Sprechen wir ... auch nicht über das 'Musikalisch-Aesthetische', welches in seiner Vieldeutigkeit vor jeder bestimmten Meinung gesichert ist ..."* Friedrich Chrysander: *Gesangsunterricht auf höheren Schulen*, in: AMZ XII/1877, Sp. 515.

33 Louis Ehlert: *Das Musiklehrerthum und das Publicum*, in: Deutsche Rundschau, Bd. 2/1875, S. 459.

gegenüber der Forderung nach ihrer Anwendungsbezogenheit analog zu der Zeit nach dem Zweiten Weltkrieg: positivistische Einseitigkeit führte dazu, daß musikpädagogischen Konzepten, die sich entschlossen der historischen Herausforderung stellten, die Unterstützung von seiten der akademischen Zunft versagt blieb. Erst Gelehrte wie Hermann Kretzschmar und Guido Adler erkannten Jahrzehnte später, daß – wie bei jeder Geisteswissenschaft – auch bei der Musikwissenschaft die gesellschaftliche Legitimation ganz wesentlich an ihrem Beitrag zum allgemeinen Bildungsstand und an dem Ausmaß zu messen ist, in dem ihre Ergebnisse sich in der musikalischen Produktion ebenso wie in der Rezeption und in der Vermittlung niederschlagen.

Arnfried Edler, Siegmund Helms und Helmuth Hopf, Musikpädagogik und Musikwissenschaft, Florian Noetzel Verlag: Wilhelmshaven 1987 (= Taschenbücher zur Musikwissenschaft, Bd. 111), S. 9-40

Zum Verhältnis Musikpädagogik – Musikwissenschaft aus der Sicht der Musikwissenschaft

I

Sowohl die Musikpädagogik als auch die Musikwissenschaft sind im Vergleich zu ihrem Gegenstand, der Musik, junge Disziplinen. Diese Behauptung mag paradox klingen angesichts der Tatsache, daß schon im Frühstadium der Entwicklung europäischer Kunst, Wissenschaft und Kultur – nämlich im antiken Griechenland – die Musik einerseits zur Grundlage der Erziehung erklärt wurde[1] und daß sie andererseits zum Kernfundus der von den Pythagoräern etablierten mathematischen scientiae gehörte. *"Seitdem es Musikunterricht gibt, gibt es Musikwissenschaft."*[2] Es wurde und wird jedoch bis heute vielfach übersehen, daß weder die moderne Musikwissenschaft noch die moderne Musikpädagogik durch eine kontinuierliche Tradition mit der antik-mittelalterlichen Scientia bzw. Ars musica[3] und mit der auf ihrer Grundlage aufbauenden Erziehung zu einer Harmonie mit sich selbst und mit der von Transzendenz geprägten menschlichen Existenz verbunden ist. Die heutige Musikwissenschaft wie auch die Musikpädagogik sind vielmehr aus Bedingungen entstanden, die sich erst im 19. Jahrhundert herausgebildet haben. Daß es unterschiedliche Bedingungen für jede der beiden Fachdisziplinen gab, läßt sich als Erklärung dafür anführen, daß beider Verhältnis zueinander durch wechselseitige Mißverständnisse und falsche Erwartungen seit nunmehr rund fünfundsiebzig Jahren belastet wird.

Der Unterschied des wechselseitigen Verhältnisses der beiden Disziplinen untereinander in der Gegenwart zu demjenigen in Antike und Mittelalter scheint vor allem darauf zu beruhen, daß die alte Ars musica als Wissenschaft ebenso wie als Erziehungsmittel eine bruchlose Einheit darstellte, eine Identität, deren verschiedene Aspekte nur je nach Betrachtungs- bzw. Anwendungsweise hervortraten. Kraft ihres vom Begriff der Harmonia[4] definierten Wesens war die musica ebenso authentische Repräsentanz der kosmischen Verhältnisse bzw. der Musik der Engel für den mathematischen und theologischen Wissenschaftler wie fundamentales Mittel der positiven Einwirkung auf die Charakterbildung für den Erzieher. Beide – der Wissenschaftler wie der Erzieher – wollten durch die Betrachtung bzw. durch die Anwendung der Musik nicht etwas erkennen oder bewirken, was auf die Musik selbst bezogen war, sondern

---

1   Platon: *Politeia* 401 b-e, 402 a.

2   Ernst Robert Curtius: *Europäische Literatur und lateinisches Mittelalter* (1948), Bern/München 1978, S. 253.

3   Heinrich Hüschen: Art. *"Ars musica"* und *"Artes liberales"*, in: MGG Bd. I, Kassel u. a. 1949-51, Sp. 698 ff. und 737 ff.

4   Heinrich Hüschen: Art. *"Harmonie"*, in: MGG Bd. V, Kassel u. a. 1956, Sp. 1588 ff.

etwas Außer- oder Metamusikalisches: ewige Gesetzmäßigkeiten, Lob Gottes und Erweckung des sittlich Guten im Menschen. *"Keine andere Kunst hatte damals eine solche Stellung im Universum des gelehrten Wissens, denn nur die Musik war durch eine förmliche Wissenschaft fundiert."*[5] Aus dieser unbestrittenen Autorität der scientia musica leitete sich die Notwendigkeit ihrer schulischen Vermittlung quasi selbstverständlich ab, somit gestaltete sich das Verhältnis von Musikwissenschaft und Musikpädagogik prinzipiell unproblematisch. Diese Einheit ist in der modernen Welt nicht mehr gegeben. Weil die Wissenschaft von der Musik nun nicht mehr ihr Ziel darin sieht, durch die Erkenntnis ihres spezifischen Gegenstandes zu dem dahinterstehenden Allgemeinen vorzustoßen, sondern darin, diesen Gegenstand um seiner selbst willen und in seinem Eigenwert zu erkennen und zu verstehen, ist eine gemeinsame Basis mit der Musikpädagogik nicht mehr eo ipso gegeben. Je nachdem, worin die Funktion der Musik in der Erziehung und in der Schule besteht, worin der Sinn der Beschäftigung von Kindern und Jugendlichen mit der Musik gesehen wird, ändert sich die Bewertung der Musikwissenschaft durch die Musikpädagogik, denn das Ausüben der Musik und das Wissen um sie sind nicht mehr – wie einst – zwei unterschiedliche Stufen oder Ausprägungen des Umganges der einheitlichen Spezies Mensch mit dem einheitlichen Phänomen Musik, sondern Ausdruck zweier völlig getrennter Weltverhältnisse von Angehörigen unterschiedlicher sozialer Klassen, die zwar noch biologisch eine Einheit bilden, durch ihre jeweilige soziale Prägung jedoch einseitig entweder auf praktisch/affektive oder auf theoretisch/rationale Einstellung zur Welt und dementsprechend zur Musik fixiert sind. Es gehörte sicherlich zu den Aporien der "musischen Erziehung" im 20. Jahrhundert, daß sie die verlorene Einheit naiv durch einen Willensakt, der auf die umfassende Umgestaltung der Musik und der Einstellung der Gesellschaft zu ihr abzielte, glaubte zurückgewinnen und somit über eine mindestens vier Jahrhunderte während soziale, ökonomische und gesamtkulturelle Entwicklung hinweg einfach zurückspringen zu können.

Der Zusammenhang zwischen dem Niedergang der numerisch-rationalen Ars musica und der Entstehung der Kluft zwischen Wissenschafts- und Musikpflege manifestierte sich in ihrer zeitlichen Koinzidenz am Übergang vom Mittelalter zur Neuzeit. Die von Hans Heinrich Eggebrecht beschriebene Wandlung in der Auffassung des Tones von klanglicher Repräsentanz des numerischen Ordo der natura zum physikalisch-energetischen Ausdrucksmittel mit eigenem Sprachcharakter[6] setzt im frühen 15. Jahrhundert in der komponierten Musik ein und schlägt im 16. Jahrhundert auch in der Musiktheorie durch. Die Auffassung des Tones als physikalisches und nicht mehr als mathematisches Phänomen, als dynamisch-energetisches Element mit Strebecharakter und harmoniebildender Tendenz in einem großen Zusammenhang aber ist die Voraussetzung zur Entstehung des musikalischen "Werkes" im Sinn eines artifiziell gesetzten und individuell organisierten Strukturverlaufes, als natura naturans i. S.

---

5   Walter Wiora: Art. *"Musikwissenschaft"*, Abschn. A., in: MGG Bd. IX, Kassel u. a. 1961, Sp. 1193.
6   H. H. Eggebrecht: *Musik als Tonsprache*, in: AfMw XVIII (1961), hier zit. n. *Musikalisches Denken*. Wilhelmshaven 1977, S. 21 ff.

eines musikalisch-eigenständigen "Textes" mit Sprachcharakter. In der Entwicklung der Musiktheorie vom 16. bis zum 18. Jahrhundert läßt sich der allmähliche Übergang von der mathematischen zur sprachlichen Fundierung der Musik recht deutlich verfolgen. In dem Maße aber wie sich die Musik zur Eigensprachlichkeit und zur Werkautonomie hin entwickelt, entfernt sich die Musikpädagogik von ihr. Während an der Einheit von Musiktheorie und Musikpädagogik im Mittelalter bei allen Schwierigkeiten der praktischen Durchsetzung und Konflikten im Detail kein Zweifel bestehen kann,[7] gelang es der Musik trotz ihrer vielfältigen Versprachlichungstendenzen und der entschiedenen Anknüpfung an die musikalische Affektenlehre der Antike[8] im 15. und 16. Jahrhundert nicht, von der Bewegung des Humanismus die Anerkennung als vollwertige theoretisch fundierte Kunstgattung neben der Wort- und Bildkunst zu erreichen. In der Lateinschule, der Hauptdomäne des Humanismus, wurde dem Musikunterricht die Zugehörigkeit zu den eigentlichen Bildungsaufgaben abgesprochen, weil – wie es noch Kant in der *"Kritik der Urteilskraft"* 1790 als einer der letzten formulierte – die *"Reflexion"*, also das rationale menschliche Vermögen, lediglich an der *"mathematischen Form"* Gefallen finden könne, einem Moment, das indessen an dem Reiz und der Gemütsbewegung, welche die Musik hervorbringt, nicht den mindesten Anteil habe.[9] Kants Formulierung zeigt, daß sich die Identifizierung des Geistigen in der Musik mit dem numerischen Ordo ungebrochen vom Mittelalter bis ans Ende des 18. Jahrhunderts gehalten hat, daß also weder der Humanismus noch die Aufklärung die Wandlung der Musik zur Sprachaffinität erfaßt haben. Als abgestorbene wurde die numerische Theorie weitergeschleppt. Die Verschlissenheit des Ordo-Gedankens aber disqualifizierte weitestgehend die Musik als Bildungselement. Reflexion über Musik wurde seit dem Ende des Mittelalters überwiegend eine Angelegenheit von und unter spezialisierten Fachleuten. Aus dem Kanon der allgemeinbildenden Gegenstände verschwand musikalische Reflexion weitgehend. Zugleich aber gehörte sie auch der "eigentlichen" Musik nicht mehr an, wandelte sich vielmehr zum bloßen Propädeutikum und zum theoretischen Hintergrund für die praktische musikalische Tätigkeit. Diese

---

7   Joseph Smits van Waesberghe: *Musikerziehung. Lehre und Theorie der Musik im Mittelalter*, Leipzig 1969 (= Musikgeschichte in Bildern Bd. III. Lfg. 3), insbes. S.18 ff., 42 ff. – Diese Aussage gilt allerdings nur für das Früh- und Hochmittelalter. Seit dem Ende des 14. Jahrhunderts wurde die quadriviale Musiklehre mehr und mehr zu einer Angelegenheit der neugegründeten Universitäten. Vgl. Klaus Wolfgang Niemöller: *Untersuchungen zu Musikpflege u. Musikunterricht an den deutschen Lateinschulen vom Spätmittelalter bis um 1600*, Regensburg 1969, S. 582.

8   Daniel P. Walker: *Der Musikalische Humanismus im 16. und frühen 17. Jahrhundert*, Kassel/Basel 1949. – Edward E. Lowinsky: *Music in the Culture of Renaissance*, in: Journal of the History of Ideas 15 (1954), S. 509-553. – Dietrich Kämper: *Studien zur instrumentalen Ensemblemusik des 15. Jhts. in Italien*, Köln/Wien 1970, S. 157. – Walter Rüegg/Annegrit Schmitt (Hrsg.): *Musik in Humanismus und Renaissance*, Weinheim 1983. – Bemerkenswert ist, daß diese Nicht-Anerkennung der Musik als Bildungselement ein Spezifikum des Humanismus, nicht der Renaissance allgemein war. So gehörte die Musik durchaus zum Kern des in der Bildungsfibel des uomo universale, Baldassare Castigliones *Cortigiano* (1528), aufgeführten Bestandes. Auch in Deutschland war das aufstrebende Bürgertum der Hauptträger im Aufstieg zur Artifizialität begriffenen weltlichen musikalischen Gattungen. Das theoretische Rüstzeug war aber ganz überwiegend pädagogisch-methodischen, nicht mehr spekulativen Charakters. Der Raum dieser teils aristokratischen, teils frühbürgerlichen Musikkultur war nicht die Schule, sondern die höfische private u. halböffentliche Sphäre der Akademien bzw. der Sprachgesellschaft u. Convivia sowie der freien studentischen Organisationen an den Universitäten.

9   Immanuel Kant: *Kritik der Urteilskraft* (1790), hrsg. von G. Lehmann. Stuttgart 1963, S. 270 f.

indessen wurde in der Schule nicht mehr als Hauptfach, sondern entweder (als Kirchengesangsübung) als lästiger alter Zopf (mit dem man den Kantor als immer mehr sich spezialisierenden, von den Lehrern der "eigentlichen" Bildungsfächer geistig und sozial-strukturell sich entfremdenden Fachmann beschäftigte) oder als bloße Gemütsergötzung und Auflockerungsmittel der eigentlichen Studien angesehen.[10] Musikunterricht in der Schule verengte sich im Gefolge dieser Entwicklung zum bloßen "Gesangsunterricht". So wenig wie die Schule als ganze vermochte die Schulmusik die dreihundertjährige Wandlung der Musik zur Tonsprache und zur autonomen Kunst mitzuvollziehen, geschweige denn in methodischer Reflexion didaktische Konsequenzen aus ihr zu ziehen. Dieses Faktum ist besonders deshalb schwer zu begreifen, weil immerhin Luther als einer der ganz wenigen seiner Zeit offenbar die Bedeutung des damals in den Anfängen sich befindenden tiefgreifenden Umwandlungsprozesses in der Musik erkannt oder zumindest gespürt zu haben scheint. Jedenfalls läßt eine Synopse seiner vielfältigen Äußerungen über die Musik eine sehr auffällige Betonung ihrer artifiziellen Seite erkennen, und zumal seine höchst eigenartigen (leider durch unzuverlässige Überlieferung teilweise schwer zu deutenden) Aussprüche über Josquin zeigen ein bemerkenswertes Gespür für musikalische Qualitätsunterschiede. Gerade Luthers Sinn für das Innovatorische und Künstlerische in der Musik ist vielfach über seiner unbezweifelbaren Verankerung in den Traditionen des Mittelalters übersehen worden. Er konnte sich zwar in der weiteren musikalischen Entwicklung im Bereich der lutherischen Reformation äußerst fruchtbar auswirken,[11] zeitigte aber – wohl bedingt durch die stark humanistische Prägung der lutherischen Lateinschule von Seiten Melanchthons – im schulmusikalischen Bericht keinerlei Folgen. Vielmehr drifteten auch im lutherischen Bereich die Entwicklungen der Musik und des schulischen Bildungswesens auseinander, wofür Bachs Schwierigkeiten im Leipziger Kantorat nur ein Paradebeispiel unter vielen darstellen. Daß die humanistische Bewegung im 16. Jahrhundert sich nicht dazu aufraffte, die eigentlich erst unter ihrem Einfluß und aus ihrem Geist entstandene neue Musiktheorie, die "musica poetica", an Stelle der mittelalterlichen Scientia musica in den Bildungskanon der von ihr geprägten Universität und der auf diese vorbereitenden Lateinschule aufzunehmen, daß diese exzessiv sprachanalog konzipierte Kompositionslehre vielmehr ausschließlich im privaten, außerschulischen Bereich ihre hohe Bedeutung für die Entwicklung des 17. und 18. Jahrhunderts erlangte,[12] gehört zu den ebenso paradoxen wie fatalen Weichenstellungen der Geistesgeschichte, an deren Konsequenzen das Fach bis zum heutigen Tag laboriert. Aus ihr erklärt sich denn auch die bereits erwähnte ablehnende Haltung der Philosophen und überhaupt der meisten Nicht-Musiker bis etwa 1800 gegenüber dem theoretischen und rationalen Anspruch, den die ihrer Autonomie zustrebende Musik in

---

10 K. W. Niemöller: *Untersuchungen* S. 616, 637 f., 649, 656, 661 f. – Heinz Bremer: *Musikunterricht und Musikpflege an den niederrheinischen Lateinschulen des Späthumanismus*, Regensburg 1976, S. 99.

11 Arnfried Edler: *Wirkungen Luthers auf die Musik*, in: J. Becker (Hrsg.): *Luthers bleibende Bedeutung*, Husum 1983, S. 53-76.

12 Martin Ruhnke: *Joachim Burmeister. Ein Beitrag zur Musiklehre um 1600*, Kassel/Basel 1955, S. 101.

stetig wachsendem Ausmaß erhob. Noch 1788 mußte Johann Nikolaus Forkel feststellen:

"Diese musikalische Rhetorik, ob sie gleich unläugbar die höhere und eigentliche Theorie der Musik ausmacht, ist doch bis jetzt noch kaum dem Namen nach bekannt."[13]

II

Der Verfall der Schulmusik einschließlich ihrer Institutionen – namentlich des Kantoreiwesens – war, so betrachtet, ein unausweichlicher Bestandteil jener Liquidation des mittelalterlichen Weltbildes und Bildungssystems, die sich im 18. Jahrhundert endgültig und unwiderruflich ereignete. Daß die Musik innerhalb der Schule in nicht mehr zu unterbietende Bedeutungslosigkeit verfiel, ja teilweise vollends aus der Schule verschwand ausgerechnet in jenem Zeitalter, da die kompositorische Entwicklung des Abendlandes in der Wiener Klassik kulminierte, wurde mehr oder weniger am Rand registriert und nur von wenigen als schmerzlich empfunden – so selbstverständlich war es geworden, schulische Musikübung als überlebtes Relikt mittelalterlicher Praktiken anzusehen, das mit der Musik der Gegenwart kaum etwas zu tun habe. Wenn Johann Nikolaus Forkel 1801 die Musik als die Mutter der Schule bezeichnete,[14] dann spielte er damit auf einen Zustand längst vergangener Zeiten an, der nur noch als ein historisches Faktum von Interesse, in seiner Gegenwart jedoch so völlig vergessen war, daß die Erinnerung an ihn eine Provokation darstellte. Daß die Schule der Ort sein könne, ja zu sein habe, wo die seit Herder und der Frühromantik emphatisch verkündete zentrale Stellung der Musik innerhalb des Systems der Künste und damit in der allgemeinen Menschenbildung vermittelt werde, kam weder jenen Verkündern selbst noch den Begründern des humanistischen Gymnasiums in den Sinn. Selbst Wilhelm von Humboldt dachte beim Stichwort Musik ausschließlich an ihre Fähigkeit, *"mehr als jede andere (Kunst) auf die Gemüter selbst der niederen Volksklassen einzuwirken"* und richtete seine Verbesserungsvorschläge einseitig auf diejenige Musik, *"die man, weil sie vor Versammlungen aus allen Ständen und unter der Autorität des Staats ausgeübt wird, die öffentliche nennen kann"*. Humboldts einziges Anliegen war, *"wie die Wirksamkeit der Musik auf den öffentlichen Gottesdienst und die Nationalbildung erhöht und dadurch auch sie selbst mit der Zeit noch mehr veredelt werden könnte"*.[15] Entsprechend dieser Vorgabe hieß es in der Unterrichtsverfassung der Gymnasien und Stadtschulen vom 12. Januar 1816 im § 4 lapidar:

---

13 Johann Nicolaus Forkel: *Allgemeine Geschichte der Musik*, I. Band, Leipzig 1788, S. 37.
14 Johann Nicolaus Forkel: *Allgemeine Geschichte der Musik*, II. Band, Leipzig 1801, S. 29.
15 Wilhelm von Humboldt: Immediateingabe *"Über Musik"* v. 14. Mai 1809, zit. n. Eckhard Nolte: *Lehrpläne u. Richtlinien für den schulischen Musikunterricht in Deutschland vom Beginn des 19. Jahrhunderts bis in die Gegenwart*, Mainz 1975, S. 31.

"Von der M u s i k gehört nur der Gesang, nicht die instrumentale Musik in den Zyklus der Lehrobjekte. – Die Kenntnis und die Fertigkeit im Gesange ist als ein allgemeines Erfordernis und Lehrobjekt anzusehen ..."[16]

Gemeinsam mit Kalligraphie und Zeichnen wurde das Singen als *"technischer Unterricht"* dem wissenschaftlichen gegenübergestellt, damit also die Ausschließung des rationalen Aspektes fortgeschrieben, und zwar für die Dauer eines Jahrhunderts. Sowenig wie die musica poetica als neuartiges theoretisches Fundament des 16./17. Jahrhunderts wurde die von der vokalen emanzipierte und zur "reinen" verabsolutierte Instrumentalmusik des 19. Jahrhunderts und ihre ästhetische Theorie von der humanistischen Schule auch nur zur Kenntnis genommen. Deren Sache blieb vielmehr die Vorbereitung auf die etablierten Universitätsfächer, vornehmlich auf die Theologie. Allein in diesem Rahmen wurde die Bedeutung der Schulmusik gesehen.[17] So konnte ein so breitenwirksamer Musikpädagoge und -theoretiker wie Hans Georg Nägeli auch nur den vokalen Teil seines musikpädagogischen Programms auf den Schulunterricht ausrichten, während er die *"kunstpädagogischen Betrachtungen"* über Instrumentalmusik (die auch in seiner Theorie die eigentliche ist) an die gesellschaftliche Institution des "Kränzchenwesens" anknüpfen mußte.[18]

Voraussetzung für die Etablierung eines Unterrichtsfaches Musik am humanistischen Gymnasium wäre diejenige einer musikalischen Wissenschaft an den Universitäten gewesen. Eine solche Wissenschaft aber existierte in den für die Konstituierung des humanistischen Gymnasiums entscheidenden Jahrzehnten kaum in Ansätzen. Die im Gefolge der umfassenden historischen Bewegung seit dem ausgehenden 18. Jahrhundert entstandene moderne Musikwissenschaft erlangte vielmehr erst seit dem letzten Drittel des 19. Jahrhunderts allmählich ihre Anerkennung als akademische Disziplin und schuf damit die Voraussetzungen dafür, daß die Einführung des Faches Musik unter dem Aspekt von Kunstunterricht – das bedeutet in der Vermittlung der Einheit von Praxis und Theorie – an der allgemeinbildenden Schule überhaupt in Betracht kam. Unter diesen Bedingungen ergab es sich, daß die Entfaltung der bürgerlichen Musikkultur im 19. Jahrhundert, die die Musik zu einer wahrscheinlich in der Geschichte zuvor nie erreichten geistig-gesellschaftlichen Bedeutung und zu einem entsprechenden technischen Gesamtniveau erhob, unter Ausschluß der Schule sich vollzog. Mehr noch: die Entwicklung führte zu einer extremen Polarisierung von schulischer und künstlerisch-musikalischer Lebenshaltung, in der sich der Zwiespalt der Gesellschaft des 19. Jahrhunderts zwischen materialistisch-positivistischem, wenn auch idealistisch verbrämtem Fortschrittsdenken auf der einen und pseudoreligiösem Kunstenthusiasmus auf der anderen Seite widerspiegelt. In Thomas Manns *Buddenbrooks* etwa wird diese Konfrontation von öffentlich-schulisch-kirchlicher Kunstfeindlichkeit und Ästhetisierung der Privatsphäre exemplarisch gestaltet. Wirklich zu be-

---

16 E. Nolte: *Lehrpläne*, S. 80.

17 Vgl. dazu die Dokumente bei Nolte: *Lehrpläne*, S. 79-80.

18 Hans Georg Nägeli: *Vorlesungen über die Musik mit Berücksichtigung des Dilettanten* (1826), Ndr. Darmstadt 1983, S. 249.

greifen aber ist die totale Entfremdung der Schule von der Wirklichkeit der künstlerischen Entwicklung erst, wenn man sich (was in diesem Rahmen nicht unternommen werden kann) die Funktion der Schule als Instrument der Beherrschung und Indoktrination in der das ganze 19. Jahrhundert andauernden, vor allem von Benedetto Croce[19] beschriebenen Auseinandersetzung zwischen der *"Religion der Freiheit"* und der reaktionären Allianz von Thron und Altar in ihrer ganzen Bedeutung präsent macht.[20]

Den frühen Vertretern der im Entstehen begriffenen Musikwissenschaft entging diese Problematik gewiß nicht. Doch hat man den Eindruck, daß sie mit der Fundierung und Etablierung des Faches allzu beschäftigt waren, als daß sie der Reform schulischer Musikübung zunächst mehr als periphere Beachtung hätten zuwenden können. Zudem war der Entstehungsprozeß der Musikwissenschaft selbst in jene Problematik involviert: gehörte doch lange Zeit die Beschäftigung mit Musiktheorie und musikalischer Philologie der gleichen ästhetisierten Sphäre des Privaten und der Liebhaberei zu, in der sich die Musikkultur insgesamt abspielte. Die Ursprünge der historischen Beschäftigung mit Musik liegen weniger in Schule und Universität als im Bereich der Akademien der Renaissance und der Salons in Paris, Hamburg, Berlin, Wien oder London des 18. und frühen 19. Jahrhunderts, exemplarisch vertreten durch die Zirkel von Swieten oder Kiesewetter, in denen auch Mozart, Beethoven oder Schubert Musik machten.

Deutlich ausgesprochen wird die strikte Trennung von schulischer und künstlerischer Sphäre in Adolf Bernhard Marx' repräsentativer kunstpädagogischer Abhandlung *"Die Musik des 19. Jahrhunderts und ihre Pflege. Methode der Musik"* (1855 u. ö.).[21] Die Idee, *"die Kunstpflege (sei) als wichtiger Gegenstand der allgemeinen Volkserziehung"* anzusehen,[22] da *"zunächst die Kunst ... mitten im überbürdeten und verkümmerten Leben der realen sogenannten Wirklichkeit ein zweites Leben in der Freiheit und Wahrhaftigkeit der Ideale schafft und zur Vorstellung bringt, eine Welt der Vorstellungen, in denen aber die Wahrhaftigkeit zum Vorschein kommt"*,[23] bildet den Ausgangspunkt seiner musikpädagogischen Konzeption, die sich damit als adäquat gegenüber der zentralen Funktionalität der Kunst im 19. Jahrhundert (besonders der musikalischen) als autonome und absolute erweist. Das Ziel der Autonomisierung der Kunst könne jedoch nicht in der Schule verfolgt werden: *"Die Schule nähert – das ist nach dieser Seite hin ihr Beruf – die Kunst dem Menschen, macht sie der Menge, die nicht oder nicht nähern Antheil und Beruf für sie hat, zugänglich, macht sie volksthümlich, den*

19 Benedetto Croce: *Storia d'Europa nel Seculo decimonono* (1932), deutsch als: *Geschichte Europas im 19. Jahrhundert*, Stuttgart 1955.

20 Karl Bungardt: *Die Odysee der Lehrerschaft*, Frankfurt/M. 1959, S. 105.

21 Vgl. dazu Kurt-Erich Eicke: *Der Streit zwischen Adolph Bernhard Marx und Gottfried Wilhelm Fink um die Kompositionslehre*, Regensburg 1966. – Arnfried Edler: *Zur Musikanschauung von Adolf Bernhard Marx*, in: W. Salmen (Hrsg.): *Beiträge zur Musikanschauung im 19. Jahrhundert*, Regensburg 1967, S. 103 ff. – Carl Dahlhaus: *Ästhetische Prämissen der "Sonatenform" bei Adolf Bernhard Marx*, in: AfMw XLI/1984, S. 73 ff.; Michael Roske: *Zur Bedeutung Adolf Bernhard Marx' in der Geschichte der Musikpädagogik*, in: Musikpädagogische Forschung VI/1985, S. 209 ff.

22 A. B. Marx: *Methode* [2]1873, S. 138.

23 Marx: *Methode* [2]1873, S. 141.

gesellschaftlichen Zwecken, dem Volks- und Kirchengesang erreichbar und dienstbar. Der Schule ist Volksbildung Zweck, die Kunst ist nur eins ihrer Mittel, und zwar keins der nächsten und wichtigsten." Aus diesem Grund kann die Kunstbildung unter den im 19. Jahrhundert gegebenen Bedingungen nur eine individuelle sein: *"Uns ist nicht allgemeinmenschliche Bildung, sondern Kunstbildung die Aufgabe. – Selbstbildung für Kunst im allgemeinen oder für gewisse Kunstzweige ist keineswegs unmöglich oder unerhört."*[24] Marx, nach H. G. Breidenstein der zweite Musikwissenschaftler, der es im 19. Jahrhundert zu einer außerordentlichen Universitätsprofessur brachte, hielt offenbar von vornherein den Versuch für absurd, diesen fundamentalen Widerspruch aufzuheben, und bürdete deshalb der privaten Musikerziehung die ganze Last der Verantwortung auf, die sich aus dem immensen Anspruch der "absoluten Musik" ableitete. Der Musikwissenschaftler glaubte, sich nicht zu jener Forderung versteigen zu dürfen, die etwa Franz Liszt – der übrigens das Buch von Marx in einer ausführlichen Rezension geradezu als umfassende Definition der epochalen Aufgaben bezeichnete – bereits in den dreißiger Jahren erhoben hatte: *"die Einführung des Musikunterrichtes in die Volksschulen, seine Verbreitung in andere Schulen und bei dieser Gelegenheit das Inslebenrufen einer neuen Kirchenmusik".*[25] Der *"Kunstfeindschaft der Gebildeten"*, die auch Liszt überwinden wollte, glaubte 1875 der in vieler Hinsicht als Pionier der Musikwissenschaft zu bezeichnende Friedrich Chrysander mit dem Mittel der akademischen Institutionalisierung und Verbreitung historischen Bewußtseins auf dem Gebiet der Musik entgegentreten zu können.[26] *"Der Kunstsinn als solcher ist ein Product der Cultur, des Fortschreitens in der menschlichen Bildung ... Die tiefwirkende Kraft der Bildung und Menschenveredlung ist als akademisches Studium bisher so auffallend vernachlässigt, dass man, angesichts der erreichten Höhe der Kunstvollendung, behaupten darf, die Kunst habe bereits in allen Hauptbahnen ihren Kreislauf beendet, nur nicht in der wissenschaftlichen."*[27] Hier wird die Kluft jenes Widerspruchs klar aufgewiesen, vor der Marx stillschweigend haltgemacht hatte. Für den nunmehr streng philologisch arbeitenden Musikhistoriker aber ergibt sich daraus die weitere Konsequenz, daß der fortschreitende Bewußtseinsstand der *"Gebildeten"*, sollte er sich je der Kunst öffnen, ein gänzlich anderes Verhältnis zu ihr voraussetze als *"das sogenannte natürliche ... zwischen den schaffenden und empfangenden Kunstgenossen".* Dieses andere Verhältnis – ein reflektiertes – herzustellen aber sei Aufgabe der Kunstwissenschaft,[28] nur sie könne die *"bleibende Kunsterhaltung"* – gemeint ist wohl der als notwendig und unentbehrlich empfundene permanente Umgang mit Phänomenen der Kunst – bewerkstelligen. Damit aber rührt Chrysander erstmals an einen höchst bedeutungsvollen Vorgang, nämlich an den seit der Mitte des 19. Jahrhunderts immer stärker erkennbaren Rückgang

---

24 Marx: *Methode*, S. 381.
25 Franz Liszt: *Zur Stellung der Künstler* (1836), in: Gesammelte Schriften Bd. II, Leipzig 1881, S. 53 f.
26 Friedrich Chrysander: *Über Kunstbildung auf Universitäten*, in: Chrysander AMZ X/1875, Sp. 80. Dieser Aufsatz ist als Beitrag zu der Diskussion anzusehen, die durch die Publikation von Wilhelm Langhans: *Das musikalische Urtheil und seine Ausbildung in der Erziehung*, Berlin 1872 u. ö., ausgelöst wurde.
27 Chrysander: *Kunstbildung*, Sp. 210.
28 Chrysander: *Kunstbildung*, Sp. 225f.

an Unmittelbarkeit und Natürlichkeit im Umgang mit den Künsten, der innerhalb dieser selbst zu der zunehmenden Tendenz der Abstraktion, zur Minderung, ja zur Preisgabe des "Positiven", zur "impassibilité" des Erzählens, zu naturwissenschaftlich beeinflußten Weisen der künstlerischen Produktion führten. Die historisch-reflektierende Form des Aufnehmens von Kunst ist gewissermaßen die andere Seite der gleichen Entwicklung, ohne daß Chrysander sich dieses Zusammenhanges unmittelbar bewußt gewesen zu sein braucht. Entscheidend ist seine Einsicht, daß der Einsatz einer historisch reflektierenden Musikwissenschaft nicht etwa ein zufällig hinzutretendes Ereignis der geistigen Entwicklung, sondern durch den Zustand des rezipierenden Bewußtseins notwendig bedingt war. Daran hat sich bis heute nichts Grundlegendes geändert – bis auf die Tatsache allenfalls, daß der Zusammenhang zwischen den beiden Seiten der künstlerischen Produktion und der wissenschaftlich vermittelten Rezeption, der im 19. Jahrhundert zumindest in seiner Konsequenz noch nicht absehbar war, in bestimmten Erscheinungen der kompositorischen Entwicklung, etwa der Anlehnung an historische Modelle oder in Zitat- und Collage-Praktiken, mittlerweile manifest geworden ist. So paßt z. B. Chrysanders Formulierung der Aufgabe der Wissenschaft: *"die Idealformen der Kunst den Gebildeten unvergeßlich einzuprägen"*[29] – ohne Rest in das Programm des späteren musikalischen Neoklassizismus, der ja die Historisierung des Kompositionsprozesses hypostasierte.

Chrysander siedelte sein umfassendes musikalisches Bildungsprogramm ausschließlich im universitären Bereich an. Die Frage, wie die Studierenden die Voraussetzungen für derart ungewohnte und anspruchsvolle Lehrgegenstände erwerben sollten, überging er mit Stillschweigen, ja, den vereinzelten Versuch eines Musiklehrers der Real- und Volksschule der israelitischen Gemeinde Frankfurt/M., einen Lehrplan für alle Klassen der höheren Schule mit erheblichen musikhistorischen, -theoretischen und -ästhetischen Inhalten zu erstellen, übergoß er mit überheblichem Sarkasmus. Über die Behandlung von musikalischen Gattungen wie *"Bühnen-, Cammer-, Concert-, Salonmusik"* usw. bemerkt er: *"über die Unterschiede der verschiedenen aufgezählten Musikarten wollen wir kein Wort verlieren. Wieviel Unklarheit und Meinungsverschiedenheit waltet hierüber noch unter den eigentlichen Musikern, und wie leicht würde es einem befähigten Kopf sein, alle begrifflichen Scheidewände, welche man aufgerichtet hat, wieder über den Haufen zu werfen. Was soll der unreife Tertianer, oder überhaupt ein Schüler, mit solchen Unterschieden? Er kann sich mit dem, was die blossen Namen sagen, um so mehr begnügen, weil die Erwachsenen um ihn her auch nicht klüger sind; und diese Namen lernt er entweder zugleich mit den Sachen kennen, oder er lernt sie nicht kennen, und in beiden Fällen ist es um das, was die allgemeine Schulbildung an ihm bewirken soll, gleich gut bestellt. Wir sprechen nicht dagegen, daß der Lehrer gelegentlich auf Fragen eingeht, welche von den vorlauten Neugierigen mitunter gestellt werden. Solche Fragen, meistens Nachwehen einer unverdauten häuslichen Unterhaltung, sind unberechenbar und können dem Lehrer zu würzigen Bemerkungen auch mitunter ganz ange-*

---

29 Chrysander: *Kunstbildung*, Sp. 241.

nehm sein ... "[30] Derartiges liege nicht im *"natürlichen Horizont der Schüler"*, und der Lehrer könne in unsystematischen erfrischenden Bemerkungen *"an den Mann bringen, was er über die Theorie und Aesthetik der Musik in Erfahrung gebracht hat und namentlich auch alles, was er über die Geschichte dieser Kunst sich hat aufbinden lassen: aber zu einem L e h r p l a n muss man dieses nicht ausspinnen wollen, in eine regelrechte Methode es nicht einzwingen, hierum bitten wir ganz ernstlich"*.

Die Ursache, deretwegen Chrysander die Voraussetzungen einer an der Universität zu institutionalisierenden musikalisch-musikwissenschaftlichen Ausbildung stillschweigend übergehen konnte, liegt in der Entstehung der für das spätere 19. Jahrhundert charakteristischen musikpädagogischen Institution des Privatkonservatoriums. Es füllte den breiten Zwischenraum zwischen dem völlig individualisierten Unterricht der *"Kunstjünger"* (A. B. Marx) und dem ganz von kirchlichen und patriotischen Zielsetzungen bestimmten Gesangsunterricht an allgemeinbildenden Schulen und entsprach damit den Bedürfnissen der nach gesellschaftlicher Reputation drängenden, zu beträchtlichem materiellem Wohlstand aufsteigenden Schichten des unteren und mittleren Bürgertums nach Teilhabe am Bildungsprivileg.[31] Auf diese Institution richtete sich konsequenterweise der Blick der jungen, sich eben als akademisches Fach etablierenden Musikwissenschaft, bot sich hier doch ein aussichtsreiches Feld der pädagogischen Vermittlung der aus der Autonomieästhetik abgeleiteten Idee des reflektierten Musikbewußtsein, der *"musikalischen Logik"*. Hugo Riemann meinte geradezu, die Musikwissenschaft sei berufen, die nach kurzer Blüte bereits vom Verfall bedrohten Musikkonservatorien zur eigentlichen Realisierung der in ihnen ruhenden Möglichkeiten zu führen: *"Der Prozess der Auflösung der Konservatorien kündigt sich an in der ans Unbegreifliche grenzenden Vermehrung ihrer Zahl (die nicht möglich wäre, wenn das Ansehen der schon länger bestehenden ein unbezweifeltes wäre) ..."*[32] Das einzige Mittel, um zu verhindern, daß die Konservatorien sich gegenseitig und am Ende die gesamte Institution als solche durch einen überhitzten Wettbewerb mit zweifelhaften Methoden ruinieren, sieht Riemann in der Übernahme ihrer Organisation durch den Staat, einschließlich eines zentral geregelten Prüfungswesens. Ohnehin sei es im Grunde Aufgabe des Staates, Konsequenzen aus der aktuellen Entwicklung der Wissenschaft zu ziehen, denn: *"Seit die Wissenschaft das Wesen der Konsonanz und Dissonanz ergründete, hat die Theorie der Musik ein jedenfalls für lange Zeiten unerschütterliches Fundament erhalten, auf welches sich ein solides Lehrgebäude für die allgemeine musikalische Jugenderziehung mit Sicherheit aufführen läßt ... Besondere Richtungen in der Kunst zu begünstigen ist gewiß nicht Aufgabe des Staates; wohl aber ist es seine Pflicht, den guten Nährboden zu erhalten, aus dem alle Kunst ihre Kraft zieht."*[33] Diesen Nährbo-

---

30 Chrysander: *Gesangsunterricht auf höheren Schulen.* – Chrysander AMZ XII/1877, Sp. 502.

31 Die Bedeutung insbesondere des Klavierspiels und damit der für seine Vermittlung zuständigen Privatkonservatorien für das Sozialprestige in den Jahrzehnten zwischen 1890 und dem 1. Weltkrieg wird eindrucksvoll dargestellt bei Cyril Ehrlich: *The Piano. A History*, London 1976, insbes. S. 95-107.

32 Hugo Riemann: *Musikunterricht sonst und jetzt*, in: Präludien und Studien Bd. II (1900), Repr. Hildesheim 1967, S. 32.

33 Riemann: *Musikunterricht*, S. 20.

den stelle eben die neue, wissenschaftlich fundierte Theorie für die Musik dar, deren Zweck *"eine vernünftige Übung der Vorstellungstätigkeit (Phantasie)"* sei, *"um ihr diejenigen Denkformen geläufig zu machen, in welchen sich die Schöpfungen der Meister bewegen und (so können wir hinzusetzen) in denen sich alle logisch vernünftige Musik bewegen muß"*.[34] Um aber diese Fundamente zu legen, müßte *"der Schulgesangsunterricht ... für das ganze Land ebenso peinlich reguliert werden wie der Unterricht in den wissenschaftlichen Fächern; feste Grundsätze für eine solche Regulierung sind heute bei einigem guten Willen unschwer zu gewinnen ... Was bisher notorisch die Schule versäumt, sollte aber wenigstens die Musikfachschule erzwingen und nachholen"*.[35] Musikhistorische Gegenstände erscheinen in Riemanns Konzeption einzig in Gestalt der *"Analyse klassischer Kompositionen"*. Die Emphase, mit der Riemann die Fundierung der Musikpädagogik auf der ihrerseits naturwissenschaftlich (Helmholtz!) orientierten, auf Musiktheorie verengten und als Basis *"musikalischer Logik"* hypostasierten systematischen Musikwissenschaft als allein historisch gerechtfertigt zum Dogma erhob, zeitigt bis in die Gegenwart hinein beträchtliche Auswirkungen.

Unmittelbar fand Riemanns Stellungnahme allerdings wenig Resonanz, da sie im Vergleich mit der gleichzeitigen, sehr viel umfassenderen und mit großer organisatorischer Tatkraft gepaarten Reformkonzeption Hermann Kretzschmars einen sehr bescheidenen und ephemeren Abstecher auf das Gebiet der Musikorganisation darstellte. Sowohl Kretzschmar (geb. 1848) wie auch Riemann (geb. 1849) gehörten als Schüler des Leipziger Extraordinarius Oscar Paul der ersten Schülergeneration der Begründer der akademischen Musikwissenschaft an, und ihr musikalisch-wissenschaftlicher Werdegang ist auch insofern vergleichbar, daß beide zunächst ausübende Künstler waren oder zumindest werden wollten und von daher ihre wissenschaftliche Tätigkeit grundsätzlich in engem Konnex mit der Praxis sahen, dies auch zu einer normativen Forderung erhoben. Doch die Frage, auf welchem Weg die Musikwissenschaft der Praxis am nächsten komme und ihr am nützlichsten sein könne, beantworteten beide unterschiedlich: Für Kretzschmar ist zwar das Überwiegen der historischen über die systematischen Disziplinen in der eben neu entstandenen Musikwissenschaft eine *"Einseitigkeit"*, die *"wir ... zu überwinden haben"*, vorderhand aber sei sie in der konkret gegebenen Situation *"eine gesunde Erscheinung"*, da *"die bei den Musikern überhaupt vorhandene Neigung, nachzudenken, die Gründe künstlerischer Wirkungen aufzusuchen, an Gewohnheit und gegenwärtige Praxis mit Kritik heranzutreten, ... vor allem durch positives Wissen, durch die Bekanntschaft mit bereits erprobten künstlerischen Ideen und mit historischen Tatsachen gefördert werden"* müsse.[36] Auf die Problematik der Konzeption der Musikgeschichte als einer *"angewandten Ästhetik"* hat vor allem Rudolf Heinz hingewiesen,[37] dabei allerdings den musikpädagogischen Kontext und die Frontstel-

---

34 Riemann: *Musikunterricht*, S. 23.
35 Riemann: *Musikunterricht*, S. 15.
36 Hermann Kretzschmar: *Die Musik auf den Universitäten*, in: Musikalische Zeitfragen, Leipzig o.J. (1903), S. 80.
37 Rudolf Heinz: *Geschichte als angewandte Ästhetik. Zum Verhältnis Musikästhetik–Musikhistorie bei Friedrich Chrysander und Hermann Kretzschmar*, in: W. Wiora (Hrsg.): *Die Ausbreitung des Historismus in der Musik*, Regensburg 1969 (= Studien zur Musikgeschichte des 19. Jahrhunderts Bd.14), S. 251-257.

lung gegen Riemann zu wenig berücksichtigt. Es ging Kretzschmar wohl nicht darum, das nomothetische Prinzip aus der Musikwissenschaft auszuschließen und durch konkurrierendes historisches Tatsachenwissen – in Verkennung der unterschiedlichen Intentionalität – zu ersetzen, sondern um die möglichst rasche und breite Anhebung des Niveaus von Musikhören und Musikmachen, um die Gewinnung einer "musikalischen Bildung". Er war zutiefst davon überzeugt, daß das Wissen um das Gewordensein der Musik, die Relativierung der zeitgenössischen Praktiken und Zustände mehr als alle anderen musikwissenschaftlichen Methoden und Gegenstände geeignet sei, ein musikalisches Bewußtsein in der Gesellschaft zu erzeugen, das der Höhe der kompositorischen Entwicklung einigermaßen angemessen sei. Kretzschmars Hauptmotiv scheint die Zurückgewinnung des Anschlusses der Musik an den Komplex der sprachlich-literarischen Fächer gewesen zu sein, der einerseits durch die Hypostasierung der Musik zur "absoluten" (gegen die er polemisierte), andererseits durch die Vereinnahmung naturwissenschaftlich gefärbter Methodologien (deren Anspruch er offenbar hinter Riemanns Konzept ausmachte) bedroht erschien. Folgerichtig verwies er auf die Kontinuität der aus der Antike sich herleitenden Tradition von musikalischem Ethos und Affekt und auf den Sprachcharakter der Musik,[38] um daraus die Notwendigkeit der Begründung einer musikalischen Hermeneutik abzuleiten.[39]

Zwar begab sich Kretzschmar ins wissenschaftliche Abseits, indem er – über das Ziel der Weckung eines verbreiteten Verständnisses für den Sprachcharakter der Musik hinausschießend – den psychologischen Zusammenhang zwischen Seelenzuständen des Komponisten und deren Darstellung zur zentralen Konstituente der Organisation des musikalischen Werkes erhob,[40] somit dessen übergreifenden Sinn auf die *"Summe einzelner Stellen"* reduzierte und auf diese Weise geradezu den Kunstcharakter liquidierte (ein Zusammenhang, der übrigens undurchschaut bis zum heutigen Tag unzähligen analytischen Bemühungen um musikalische Kunstwerke zugrundeliegt, obwohl es seit etwa 1920 zum guten Ton gehört, von Kretzschmars Hermeneutik als einem Stück schlechten 19. Jahrhunderts überheblich sich zu distanzieren). Es ist jedoch nicht nur ungerecht, sondern zeugt von mangelnder musikhistorischer Einsicht, wenn man über den offenkundigen Irrtümern die tiefe Beunruhigung über die Situation der Musik am Ende des 19. Jahrhunderts übersieht, die Kretzschmar umtrieb und ihn zu seinen breit angelegten Bemühungen um die Reorganisation des Musiklebens veranlaßte. Er erkannte vor allem die Entfremdung, die durch die Idee der absoluten Musik und der letztlich mit ihr korrelierenden These, musikalisch zu hören bedeute den Ausschluß des Expressiven und die Beschränkung auf das Struktu-

---

38 Kretzschmar: *Vom Nutzen der Musik und ihren Gefahren*, in: Musikalische Zeitfragen, S. 16-19.

39 Insbesondere Werner Braun verwies darauf, daß in der pädagogischen Zielsetzung Kretzschmars *"der Schlüssel zum Verständnis seiner Hermeneutik"* liege. W. Braun: *Kretzschmars Hermeneutik*, in: C. Dahlhaus (Hrsg.): *Beiträge zur musikalischen Hermeneutik*, Regensburg 1975 (= Studien zur Musikgeschichte des 19. Jhdts. Bd. 43), S. 39.

40 Adolf Nowak: *Dilthey und die musikalische Hermeneutik* (in dem in der vorigen Anmerkung angeführten Sammelband S. 16) verweist darauf, daß Kretzschmar hierin an den Aufsatz des frühen Dilthey: *Die Einbildungskraft des Dichters. Bausteine für eine Poetik*, anschließt, daß dieser Zusammenhang aber vom späten Dilthey *"als Irrlicht bezeichnet"* wurde.

relle, zwischen der Kunstmusik und breiten Gesellschaftsschichten entstanden war. Kretzschmars zentrales Motiv bestand darin, daß er die Brüchigkeit dieser These[41] und die Gefahr, die sie für das Musikleben besonders in Deutschland bedeutete, durchschaute. Von dieser Erkenntnis her hat man die Konsequenz, die er aus ihr zog, zu beurteilen. Eine fatale Konsequenz seiner historischen Bildung bestand darin, daß er den Ausweg im Rückgriff auf die Affektenlehre des 17./18. Jahrhunderts suchte, also der Epoche vor der Herausbildung der absoluten Musik, deren Möglichkeit er geradezu leugnete.[42] Was Riemann von der musikalischen Akustik, das erwartete Kretzschmar von der ontologisch aufgefaßten (und historisch mißverstandenen[43]) musikalischen Affektentheorie: eine Erfassung der "Natur der Musik", von der die Entwicklung bis zur Gegenwart eine Abirrung darstelle, auf die sich jedoch überzeitlich jedes Musikverständnis gründen lasse und die es deshalb zurückzugewinnen gelte. Dem Irrtum über die Möglichkeiten der Musikwissenschaft stehen indessen Einsichten in ihre Begründung und ihre Aufgaben gegenüber, die mindestens ebenso schwer wiegen, jedoch in der Nachfolge Kretzschmars oft von der Unhaltbarkeit des analytischen Ansatzes kompromittiert wurden. Kretzschmar forderte die unbedingte Ausrichtung der Organisation der Musikwissenschaft und ihrer Arbeitsweise an den Bedürfnissen jener Gesellschaft, die sie als ein Produkt ihrer geistigen Entwicklung hervorgebracht habe und die ihr die materielle Grundlage gewähre. Die Entstehung der Musikwissenschaft ist nicht zu trennen von den historischen Gegebenheiten des 19. Jahrhunderts: von der Notwendigkeit der geschichtlichen Durchdringung der individuellen und gesellschaftlichen Existenz mitsamt allen vor ihr hervorgebrachten und zu erheblicher Differenzierung gesteigerten geistigen Phänomenen, unter ihnen den Künsten. Auf verschiedenen Stufen öffentlicher Wirksamkeit muß die Musikwissenschaft beitragen zur Bildung eines Bewußtseins über die Bedeutung und das Wesen ihres Gegenstandes. Nur wenn sie diese zentrale Aufgabe nicht aus dem Auge verliert, hat noch ihr entlegenster Seitenzweig Daseinsberechtigung: *"Es ist kein Geheimnis, daß der Musikerstand von den höheren Gesellschaftsklassen heute mit Mißtrauen betrachtet wird. Er steht intellektuell und sittlich weit unter der Schulchorzeit ... Noch nicht im entferntesten ist es erkannt, daß es sich bei der Vermehrung geschichtlichen Wissens um Vermehrung musikalischer Bildung überhaupt, daß es sich darum handelt, den geistigen Horizont der Musiker so zu erweitern, daß sie sich vor Malern und Bildhauern nicht zu schämen brauchen."* Überschätzung und Verselbstzwecklichung einzelner Elemente, namentlich des *"antiquarischen"*, stellen daher die Hauptgefahr für die gesellschaftliche Funktionalität der Musikwissenschaft dar.[44]

---

41 Carl Dahlhaus: *Fragmente zur musikalischen Hermeneutik* (in dem in den vorigen Anmerkungen genannten Sammelband), S. 164.

42 Kretzschmar: *Die Musik als freie Kunst*, in: Musikalische Zeitfragen S. 118.

43 Zu den Differenzen zwischen dem Kretzschmarschen Affektenbegriff und dem des 18. Jhdts. vgl. Braun: *Kretzschmars Hermeneutik*, S. 37 f.

44 Kretzschmar: *Musikalische Zeitfragen*, S. 65, 81. Vgl. auch: Heinz-Dieter Sommer: *Praxisorientierte Musikwissenschaft. Studien zu Leben und Werk Hermann Kretzschmars*, München/Salzburg 1985 (= Freiburger Schriften zur Musikwissenschaft Bd. 11).

Aus der gesellschaftlichen Bezogenheit ergeben sich für Kretzschmar dann auch problemlos vier Hauptberufsfelder, auf die eine musikwissenschaftliche Ausbildung hin konzipiert sein müsse: an erster Stelle stehen hier *"die Gesanglehrer an Gymnasien"*, danach Musikbibliothekare, Theorielehrer an Konservatorien und Musikjournalisten. *"Keineswegs darf der (musikwissenschaftliche) Unterricht nur auf Forscher und Spezialisten zugeschnitten sein."*[45] Diese Bezogenheit der Musikwissenschaft auf die gesellschaftlichen Erfordernisse stützte sich vor dem Ersten Weltkrieg auf einen breiten internationalen Konsens. Er artikulierte sich besonders in einer Resolution, die auf dem III. Kongreß der Internationalen Musikgesellschaft in Wien 1909 verabschiedet wurde und in der *"an die Regierungen aller Kulturstaaten"* appelliert wurde, *"in dem Geschichtsunterricht an Mittelschulen auf die Hauptphasen und hervorragendsten Meister der Tonkunst Rücksicht zu nehmen mit Hinweis auf die kulturelle Bedeutung der Musikpflege und die Fortschritte der Musikwissenschaft"*.[46]

Daran anknüpfend, verfolgte der Wiener Musikwissenschaftler Guido Adler mitten im Krieg (1915) die Idee, die Musik im Sinn von Kulturkunde im Rahmen des Geschichts-, nicht des Gesangsunterrichtes zu behandeln. Er forderte die Akzentuierung des kulturwissenschaftlichen Aspekts des Studiums der Geschichtslehrer unter maßgeblicher Beteiligung der Musikwissenschaft. Es gehöre zu deren Pflichten, *"mit dem bisher sichergestellten Stoffe auch für Lehrzwecke der Mittelschulen herangezogen zu werden. Im Einvernehmen mit der Unterrichtsbehörde könnten gewisse Leitregeln für den musikhistorischen Unterricht gegeben werden ..."* Es solle ein kleines Lehrbuch der Musiktheorie für den Schulgebrauch erstellt werden, *"dem eine gewisse autoritäre Stellung eingeräumt würde"*. Bei den Prüfungen der Lehramtskandidaten *"sollte ein Musikhistoriker oder ein Kunsthistoriker herangezogen werden, mindestens wechselweise und besonders dann, wenn die Hauptprüfer auf diese Materien nicht eingehen können oder wollen"*. Außer für das Lehrerstudium der Geschichte könne auch für das der Literaturgeschichte die *"Beigabe der Musikgeschichte"* in Betracht gezogen werden. Darüber hinaus stellen im übrigen Adlers Vorschläge nach eigener Einschätzung *"eine Art Übergang zur völligen Einordnung der Musik- und Kunstgeschichte als eigenes Lehrfach an Mittelschulen dar. Kommen wird der Tag, da sich auch dies mit Notwendigkeit durchsetzen wird. Denn die Künste gehören nun einmal zu den höchsten Idealgütern der Menschheit ... Ihr richtiges Verständnis muß in der Schule angebahnt werden."*[47]

Gemeinsam befanden sich Kretzschmar und Adler im erklärten Widerspruch zu Hermann Aberts 1902 geäußerter Ansicht, die Hauptaufgabe der Musikwissenschaft liege darin, als Wissenschaft *"da ergänzend ein(zu)setzen, wo die Mittel der übrigen versagen, diejenigen Gebiete zu erforschen, die jene aus eigener Kraft zu erleuchten nicht imstande sind"*.[48] Aberts zwanzig Jahre später geschriebener Aufsatz *Kunst, Kunstwis-*

---

45 Kretzschmar: *Musikalische Zeitfragen*, S. 83 f.

46 Bericht über den III. Kongreß der Internationalen Musikgesellschaft Wien 1909, S. 77.

47 Guido Adler: *Musikgeschichtlicher Unterricht an Gymnasien und Realschulen*, in: Jahrbuch der Musikbibliothek Peters 1914/15, S. 54 ff.

48 Hermann Abert: *Musik und Gymnasialunterricht*, in: Zeitschrift der Internationalen Musikgesellschaft III (1901/02), H. 3, S. 92. – Kretzschmar: *Musikalische Zeitfragen*, S. 77 f.

senschaft und Kunstkritik ist im Gegenzug vor allem als eine Kritik an Kretzschmar zu lesen, wie auch Aberts ein Jahr darauf folgender Gedächtnisaufsatz für Kretzschmar bei aller Verehrung für den Verstorbenen vor dessen Nachfolge geradezu warnt, indem er die Einmaligkeit seiner Gestalt nahezu überpointiert.[49] Die hier aufbrechende Diskrepanz des Wissenschaftsverständnisses hat das weitere Verhältnis zwischen Musikpädagogik und Musikwissenschaft nachhaltig – und zwar belastend – geprägt. Bei aller Aufgeschlossenheit, die sowohl Hermann Abert wie auch sein Schüler Friedrich Blume für die *"musikalischen Zeitfragen"* und damit auch die Beziehungen der Musikwissenschaft zur Musikpädagogik bezeugten, läßt sich doch nicht übersehen, daß beide mit dem rigorosen Insistieren auf der Unabhängigkeit der Wissenschaft von den Bedingtheiten des gesellschaftlichen Lebens erheblich dazu beigetragen haben, daß die Musikwissenschaft bis in die Gegenwart hinein insgesamt nur in relativ geringem Ausmaß in die Musiklehrerausbildung hineinwirkte und daß, um das so entstandene Vakuum zu füllen, die Etablierung einer eigenständigen Wissenschaft der Musikpädagogik, die sich von der Musikwissenschaft weitgehend abgelöst versteht, immer mehr als notwendig empfunden wurde. *"Alle Wissenschaft, somit auch die Musikforschung, kennt weder Voraussetzungen noch Zwecke. Sie ist eine ursprüngliche Lebensmacht so gut wie die Kunst und hat es lediglich mit der Erkenntnis der geschichtlichen Tatsachen und ihrer inneren Zusammenhänge zu tun. Ihr Wert hängt nicht davon ab, ob ihre Ergebnisse im Leben des Tages Anwendung finden."* Die in diesen (ganz offensichtlich gegen Kretzschmar gerichteten) Sätzen aus Aberts Aufsatz von 1923 sich artikulierende Haltung entspricht exakt der in dieser Zeit vor allem von der Phänomenologie geforderten Loslösung der Wissenschaft von der *"primären Lebenswelt"*, die – so Jürgen Habermas – angesichts der Situation heraufziehender Barberei zwar Respekt verdient, jedoch nicht sich begründen läßt. Der Phänomenologe *"erliegt einem Irrtum, weil er den Zusammenhang des Positivismus, den er zu Recht kritisiert, mit jener Ontologie, der er unbewußt den traditionellen Begriff von Theorie entlehnt, nicht durchschaut".*[50] Solange dieser Zusammenhang nicht durchschaut war oder von außen zerstört wurde (wie durch den Nationalsozialismus), ließen sich unter günstigen Bedingungen Personaluniones von musikwissenschaftlicher Forschungs- und musikpädagogischer Organisationsaktivität zustandebringen, wie sie typisch für die zwanziger und ersten dreißiger Jahre waren. Allerdings zeigte es sich an den als Organisatoren des Schulmusikstudiums der dreißiger Jahren tätigen Musikwissenschaftlern in erschreckendem Maße, wie wenig resistent die auf dem Irrtum der Phänomenologie Edmund Husserls aufgebaute *"voraussetzungs- und zwecklose"* Wissenschaft gegen ihre ideologische Vereinnahmung war.

---

49   Hermann Abert: *Kunst, Kunstwissenschaft und Kunstkritik*, in: Die Musik XVI (1923). – Ders.: *Zum Gedächtnis Hermann Kretzschmars*, in: Jahrbuch der Musikbibliothek Peters 1924. – Beide Aufsätze auch in: Hermann Abert: Gesammelte Schriften und Vorträge, hrsg. von F. Blume, Halle 1929.

50   H. Abert: Ges. Schriften und Vorträge S. 557. – Jürgen Habermas: *Erkenntnis und Interesse* (1965), in: *Technik und Wissenschaft als Ideologie*, Frankfurt/M. ⁵1971, S. 151 f.

III

Im vorigen Abschnitt wurde versucht, in Umrissen die Entwicklung zu skizzieren, die das Verhältnis der Musikwissenschaft zur schulischen Musikpädagogik seit dem 19. Jahrhundert nahm und die den Hintergrund darstellt für jene bedeutenden Reformen, die den Gesangsunterricht des 19. Jahrhunderts in den Musikuntericht des 20. umwandelten und die sich an die Namen Kretzschmar und Kestenberg knüpfen. Sie brauchen in diesem Zusammenhang nicht abermals dargestellt zu werden.[51] Indessen ergeben sich einige Anmerkungen über das Verhältnis von ursprünglich Intendiertem und am Ende Erreichtem sowie über Konsequenzen, die gezogen wurden bzw. vielleicht heute zu ziehen wären.

Bereits G. Braun betonte den engen Zusammenhang zwischen den beiden Reformen, die das Werk Kestenbergs geradezu *"als organische Weiterentwicklung"* des Kretzschmarschen erscheinen läßt.[52] Mit seiner Forderung nach Anerkennung des künstlerischen Elementes als unverzichtbaren Anteils an der menschlichen Bildung und nach vollwertiger akademisch-musikwissenschaftlicher Ausbildung der Gymnasial-Gesangslehrer durchbrach Kretzschmar bereits die Grenzen des Gesangsunterrichtes seiner Zeit sowohl inhaltlich wie in der Zielbestimmung, auch wenn er sich noch der Vokabel *"Gesangsunterricht"* bediente.[53] Exakt diese Forderung nach künstlerischer u n d wissenschaftlicher Ausbildung nahm Kestenberg als zentrales Kriterium in sein Konzept auf: *"... der Lehrer ... ist nicht mehr der Vertreter eines technischen Nebenfaches, sondern der Mittler künstlerischer Eindrücke und wissenschaftlicher Erkenntnisse"*.[54] Im Interesse eines hohen wissenschaftlichen Niveaus strebte Kestenberg eine möglichst enge Zusammenarbeit zwischen der Musikpädagogischen Akademie (der projektierten Schulmusiker-Ausbildungsstätte) und der Universität an.[55]

Die große Chance, die die Kestenberg-Refom einer gleichgewichtig künstlerisch-wissenschaftlichen und auch musikerzieherischen Ausbildung des Gymnasiallehrers bot, wurde – so muß es rundheraus formuliert werden – vertan. Ursache war vor allem anderen der Einfluß, den die grundlegend antiintellektualistisch eingestellte Jugend- und Singbewegung bei der Umsetzung der Reformideen in die Wirklichkeit ausübte. Mit ihrer der bürgerlichen Bildungstradition gegenüber zutiefst mißtrauischen und teilweise aggressiv feindlichen Grundhaltung strebte die sogenannte Musische Erziehung eine Lebensreform im Sinn von Gemeinschaftsideologie und Überwindung der Klassengegensätze durch die Wiedererweckung vermeintlich positiver,

---

51 Vgl. G. Schünemann: *Geschichte der deutschen Schulmusik*, Leipzig 1928-32 u. ö. – Hans Joachim Moser: *Geschichte der Schulmusik*, in: E. Valentin (Hrsg.): *Handbuch der Schulmusik*, Regensburg 1962, insbes. S.48 ff. – Helmuth Hopf: *Zur Geschichte des Musikunterrichts*, in: S. Helms/ H. Hopf/ E. Valentin (ed.): *Handbuch der Schulmusik*, Regensburg ³1985, insbes. S. 16 ff. – Gerhard Braun: *Die Schulmusikerziehung in Preußen von den Falkschen Bestimmungen bis zur Kestenberg-Reform*, Kassel/ Basel 1957. – Ulrich Günther: *Die Schulmusikerziehung von der Kestenberg-Reform bis zum Ende des Dritten Reiches*, Neuwied 1967. – Eckhard Nolte: *Lehrpläne und Richtlinien* a. a. O. – Sigrid Abel-Struth: *Materialien zur Entwicklung der Musikpädagogik als Wissenschaft*, Mainz 1970.

52 Gerhard Braun: *Schulmusikerziehung*, S. 88 ff.

53 Dies ist gegen die Einschätzung Ulrich Günthers: *Schulmusikerziehung*, S. 12, einzuwenden.

54 Leo Kestenberg: *Musikerziehung und Musikpflege* (1921), Leipzig ²o.J., S. 27.

55 Kestenberg: *Musikerziehung*, S. 83, 132.

aus der Tiefe des Gemütes stammender, durch die Entwicklung des modernen Industrialismus jedoch verschütteter Wesenseigenschaften und Wertvorstellungen an. Die Musik war darin ein zwar höchst bedeutungsvolles, aber immer der Gesamtzielsetzung untergeordnetes Medium.[56] Der ideologische Sog dieser Bewegung war in den zwanziger Jahren so stark, daß ihm sogar diejenigen zumindest zeitweilig und in einigen Bereichen erlagen, die – wie Kestenberg selbst – eigentlich vom humanistischen Bildungsideal herkamen, dieses aber mit einem romantisierenden Sozialismus und der Doktrin der Gemeinschaft im Sinn von Ferdinand Tönnies zu verbinden suchten.[57] Mindestens ebenso fatal wie diese spätere Annäherung Kestenbergs an die Jugendbewegung wirkte sich jedoch die Unfähigkeit der Musikwissenschaft aus, ihrerseits dem Überhandnehmen jener Sogwirkung nachhaltig entgegenzusteuern. Die auf dem undurchschauten Zusammenhang mit dem Positivismus beruhende Berufung auf Voraussetzungs- und Zwecklosigkeit schuf ein Vakuum, das die Ideologen mit ihren Vorstellungen mühelos auszufüllen sich geradezu eingeladen fühlten, und nicht wenige Fachvertreter paktierten infolgedessen zunächst mit der Singbewegung, danach auch mit der durch den Nationalsozialismus umfunktionierten Musikerziehung, ein Faktum, das tiefe Spuren im Selbstverständnis des Faches hinterließ. Die Bemühungen, es zu bewältigen, dauern bis in die Gegenwart an und nahmen um 1970 zeitweise turbulente Formen an.[58] Dabei ist zu konstatieren, daß in der Phase des Wiederaufbaus der deutschen Musikwissenschaft nach dem Zweiten Weltkrieg dem Verhältnis zur Musiklehrerausbildung eher die Bedeutung eines Randproblems zugewiesen wurde, und dies, obwohl der maßgebliche Organisator Friedrich Blume die Schulmusik bereits 1949 *"am Rande des Verderbens"* sah.[59] Es erstaunt aus heutiger Sicht, daß Blume in dieser Situation der Kestenberg-Reform die entscheidende Verantwortung für die Verelendung der Schulmusik sowohl während der Naziherrschaft als auch danach zuschob. Er stellte sich damit in Gegensatz zu denjenigen Musikpädagogen, die sich dem Irrtum hingaben, in der unverdrossenen Restituierung der musischen Erziehung die Wiederanknüpfung an die Kestenberg-Reform und deren Vollendung zu betreiben. Er leistete damit aber zugleich einer später einsetzenden Verzerrung und Verkennung sowohl des ursprünglichen Anliegens wie auch der Leistung Kestenbergs Vorschub, die in der Behauptung gipfelt, die Musikerziehung des Dritten Reiches habe zwar den Namen Kestenberg ausgelöscht, weil er *"zufällig Jude war"*, in der Sache jedoch die Reform weiterwirken lassen.[60] Daß es die bereits seit Mitte der zwanziger Jahre durch die Jugendbewegung und anschließend erst durch die Nazi-Pädagogik besorgte musische Pervertierung und die Verkehrung der Kestenberg-Reform in ihr

---

56 Der Gesamtkomplex, der hier nicht behandelt werden kann, wird neuerdings wohl am umfassendsten dargestellt von Johannes Hodek: *Musikalisch-pädagogische Bewegung zwischen Demokratie und Faschismus. Zur Konkretisierung der Faschismus-Kritik Th.W. Adornos*, Weinheim/Basel, 1977.

57 Vgl. die Belege bei Hodek: *Bewegung*, S. 63f.

58 Vgl. die Diskussionen auf dem Bonner Internationalen Kongreß 1970 innerhalb des Symposiums *Reflexionen über Musikwissenschaft heute*, in: Kgr.-Ber. Bonn 1970, Kassel u. a. 1972, S. 617 ff., gesondert veröffentlicht in der Edition von H. H. Eggebrecht ebd.

59 Friedrich Blume: *Schulmusik am Rande des Verderbens*, in: Das Musikleben II (1949), S. 136-140, 191-195.

60 U. Günther: *Schulmusikerziehung*, S. 204.

Gegenteil war, die – neben den katastrophalen äußeren Zeitumständen – die zarten ersten Sprossen der neuen Schulmusik ruinierten, bleibt bei derartiger Perspektive völlig außer Betracht. Die *"Halbherzigkeit"*, an der die Kerstenberg-Reform von innen her gescheitert sei, machte Blume darin aus, *"daß sie die künstlerisch-technische Ausbildung überbetonte und die wissenschaftlich-pädagogische viel zu weit in den Hintergrund rückte"* und dies auch institutionell durch Etablierung der Ausbildung an künstlerischen Lehranstalten statt an Universitäten festschrieb; dies aber stellt, wie gezeigt, eine pauschale Verwechslung des ursprünglichen Ansatzes der Kestenberg-Reform mit dem dar, was aus ihr gemacht worden war. In einer an diese Überlegungen anknüpfenden, offiziell von der Gesellschaft für Musikforschung den Landesregierungen und der Ständigen Konferenz der Kultusminister übermittelten *Denkschrift zur Schulmusikerziehung* schlug Blume 1951 vor, die Ausbildung eines *"in vollem Sinne wissenschaftlichen Lehrer(s)"* zu konzipieren.[61] Hiermit wurde die Forderung nach einer gravierenden konzeptionellen und institutionellen Veränderung in die durch Anknüpfung an die Musische Erziehung geprägte Nachkriegssituation hineingetragen, ohne daß – wie dies früher Kretzschmar und Adler getan hatten – die Rede davon gewesen wäre, was die universitäre Musikwissenschaft als Hauptträger einer derartigen Lehrerausbildung überhaupt zu leisten gewillt und in der Lage sei. De facto entwickelte sich die Musikwissenschaft nach dem zweiten Weltkrieg bis in die sechziger Jahre hinein bekanntlich primär als philologisch orientiertes, an der Sammlung, Sichtung und Erschließung neuen und vor allem auch des durch die Kriegskatastrophen verschütteten und verschollenen Quellenmaterials interessiertes Fach. An den brennenden musikpädagogischen Diskussionen der 50er Jahre, etwa an der Auseinandersetzung Adornos mit der Musikpädagogik, nahm die Musikwissenschaft, obwohl sie von Adornos Kritik stark mitbetroffen wurde, nur in sehr distanzierter Form Anteil, so wie sich überhaupt nur bescheidene Ansätze zu einer Reflexion über die Rolle des eigenen Faches in der Schulmusikerausbildung von seiten der Musikwissenschaftler in dieser Zeit konstatieren lassen.

Als eine Art Alternative zu dieser stark auf reine Quellenkritik eingeengten historischen Musikwissenschaft verstand sich seit Mitte der 50er Jahre zunehmend die Systematische Musikwissenschaft, die an einigen Instituten (etwa an der Universität Hamburg und am Staatlichen Institut für Musikforschung in Berlin/West) Schwerpunkte errichtete und in der von Walter Wiora im Auftrag des Deutschen Musikrates herausgegebenen, im Titel an Kretzschmar anknüpfenden, Schriftenreihe *Musikalische Zeitfragen* um die Füllung des von der historischen Disziplin verursachten Vakuums hinsichtlich der aktuellen Zeitbezüge, Fragen und Desiderate bemüht war.[62] Den teilweise überzogenen Erwartungen, die an sie auf musikpädagogischer Seite gerichtet wurden, mußte indessen alsbald mit Hinweisen darauf begegnet werden, daß die systematische Musikwissenschaft ihrerseits noch stark mit der Klärung ihrer Methodo-

---

61   Friedrich Blume: *Denkschrift zur Schulmusikerziehung*, in: Musica V, 1951, S. 185.
62   Auf die grundlegende Bedeutung von Albert Welleks Buch *Musikpsychologie und Musikästhetik*, Frankfurt/M. 1963, sei in diesem Zusammenhang hingewiesen.

logie beschäftigt sei.[63] Darüber hinaus machte sich jedoch mehr und mehr der *"Widerspruch"* zwischen den *"Alltagstheorien"* der pädagogischen Praxis und den auf methodischer Reflexion beruhenden Theorien der empirisch verfahrenden Zweige der Musikwissenschaft, etwa der Musikpsychologie, bemerkbar.[64] Nur in begrenztem Ausmaß lassen sich Forschungs- und Unterrichtsmethodik nutzbringend aufeinander beziehen.

Im Gefolge der wissenschafts- und bildungstheoretischen Grundsatzdebatten der späten sechziger und ersten siebziger Jahre und der im Anschluß daran sich durchsetzenden Forderung nach wissenschaftlicher Propädeutik als Hauptcharakteristikum des neukonzipierten Sekundarstufen-II-Unterrichtes verhärteten sich eher die Fronten zwischen Musikwissenschaft und Musikpädagogik. Auf der einen Seite wurde das Verwissenschaftlichungsgebot in Weiterführung des Blume-Konzeptes als eine Durchdringung des Schulmusikstudiums mit musikwissenschaftlichen Gegenständen interpretiert: *"Schulmusik und Musikwissenschaft bilden ein Ganzes, zusammengehöriges, aufeinander Eingestelltes"*, wobei *"die Universitäts-Musikwissenschaft, indem sie sich auf Praxis und Gegenwart einläßt, die gegenwärtige Schulmusikpraxis als ihr Problem ansieht ... "*.[65] Die Jahrestagung der Gesellschaft für Musikforschung in Hannover 1971, auf der solches in einem Grundsatzreferat vorgetragen wurde, bewirkte indessen, daß jahrelang der Dialog zwischen Musikpädagogik und Musikwissenschaft nahezu abbrach. Auf der anderen Seite wurde etwa der Versuch, die Methodik der Musikwissenschaft in einer knappen Zusammenfassung auf ihrem damaligen Entwicklungsstand darzustellen,[66] von der Musikpädagogik als Eingeständnis der Musikwissenschaft interpretiert, sie verfüge *"nicht über ein anerkanntes und ausgearbeitetes Konzept"*, und daraus folge, daß *"die Musikwissenschaft als Muster für wissenschaftsorientiertes Arbeiten im Musikunterricht nahezu ausfalle"*.[67]

Mit dem *Memorandum über die Lage der Musikwissenschaft in der Bundesrepublik Deutschland* wurde 1976 von seiten der deutschen Musikwissenschaft der Versuch unternommen, u. a. auch das Verhältnis zur Musikpädagogik zu klären, die mittlerweile sich derart als Wissenschaft verselbständigt hatte, daß mit ihr lediglich *"methodische Gemeinsamkeiten"* auf gewissen Gebieten bestehen; im übrigen stellt die Musikwissenschaft *"einen Teil der Inhalte und Materialien bereit, die durch die Musikpädagogik – als eigene Forschungsdisziplin wie als Ausbildungsfach für Musiklehrer – vermittelt werden"*.[68] Dieser Satz scheint auf den ersten Blick die Abdankung der Musikwissenschaft als eines an der Schulmusikausbildung eigenständig beteiligten Faches zu be-

---

63   Hans-Peter Reinecke: *Musikwissenschaft und Musikerziehung*, in: SIM-Jahrbuch 1970, S. 148.

64   Günther Kleinen/Helga de la Motte-Haber: *Wissenschaft und Praxis*, in: Neues Handbuch der Musikwissenschaft Bd. 10, Systematische Musikwissenschaft, Wiesbaden/Laaber 1982, S. 309 f.

65   Hans Heinrich Eggebrecht: *Wissenschaftsorientierte Schulmusik*, in: Musik und Bildung 4 (1972), S. 30 f.

66   Walter Wiora: *Methodik der Musikwissenschaft*, in: Enzyklopädie der geisteswissenschaftlichen Arbeitsmethoden, 6. Lieferung: Methoden der Kunst- und Musikwissenschaft, München/Wien 1970, S. 93-139.

67   Karl Heinrich Ehrenforth/Christoph Richter: *Die Lehrpläne für das Fach Musik in der Sekundarstufe II (Studienstufe) – Versuch einer Analyse*, in: Musik und Bildung 7 (1975), S. 554.

68   *Memorandum über die Lage der Musikwissenschaft in der Bundesrepublik Deutschland*, in: Die Musikforschung 29 (1976), S. 250.

deuten; ihre Inhalte und Methoden sollen den auszubildenden Gymnasialmusiklehrern durch eine andere Wissenschaft in vermittelter Weise zugänglich gemacht werden. Daß dies wohl doch nicht ganz so gemeint ist, ergibt sich aus den Formulierungen des Abschnitts VI, der das Verhältnis der Musikwissenschaft zur Musikpädagogik zum Gegenstand hat und in dem davon die Rede ist, daß für *"Musiklehrer der Kollegstufe ... Musikwissenschaft mindestens obligatorisches Beifach ..., wenn nicht sogar Hauptfach ..."* sein müsse.[69]

Die Gespräche, die seit dieser Zeit zwischen den beiden Disziplinen stattgefunden haben, sind vor allem dadurch möglich geworden, daß einerseits die Musikpädagogik als methodisch und inhaltlich eigenständige Disziplin inzwischen sich etabliert und orientiert, andererseits die Musikwissenschaft einen grundlegenden Wandel ihrer inhaltlichen Schwerpunkte und methodischen Einstellung durchgemacht hat. Insbesondere die Musikgeschichte wird heute überwiegend als ein kompliziertes Geflecht aus Quellenforschung, Beschreibung von Satzstruktur und Gattungsgefüge, ästhetischem und soziologischem Kontext sowie Rezeptionsgeschichte aufgefaßt.[70] Bei aller wissenschaftshistorischer Verschiedenheit steht eine solche Konzeption doch wieder näher bei der Auffassung der Musikgeschichte als Teil der Kulturgeschichte, wie sie etwa Kretzschmar oder Adler vorschwebte. Tagungen wie die in Darmstadt[71] und Bonn[72] 1975 sowie Gießen 1977[73] trugen trotz teilweise äußerst kontroverser Diskussionen dazu bei, daß sich die Vertreter beider Disziplinen wieder aufeinander zu bewegten. So konnte auch in der als Modellversuch angelegten Entwicklung des Studienganges Schulmusik an der Staatlichen Hochschule für Musik Ruhr in Essen[74] gemeinsam ein Projekt realisiert werden, das als Diskussionsgrundlage für ein vernünftiges Zusammenwirken der verschiedenen beteiligten Disziplinen bis zum gegenwärtigen Zeitpunkt als akzeptabel erscheint.

---

69 *Memorandum*, S. 255. Offenbar wird der Begriff "Musikpädagoge" sowohl für die Disziplin als Hochschulfach als auch für die Schulmusik benutzt. Die Unschärfe bedingt, daß dieser Punkt des Memorandums teilweise als widersprüchlich erscheint.

70 Dazu vor allem Carl Dahlhaus: *Grundlagen der Musikgeschichte*. Köln 1977.

71 R. Stephan (Hrsg.): *Schulfach Musik*, Mainz 1976 (Veröffentlichungen des Instituts für neue Musik und Musikerziehung Darmstadt Bd. 16).

72 *Musikpädagogik in der Studienreform*, Mainz 1976 (= Forschung in der Musikerziehung 1976).

73 *Musikwissenschaft und Musiklehrerausbildung*, Mainz 1978 (= Forschung in der Musikerziehung 1978).

74 Heinz W. Höhnen u. a. (Hrsg.): *Entwicklung neuer Ausbildungsgänge ... – Modellversuch der Staatlichen Hochschule für Musik Ruhr*, Regensburg/Mainz 1978.

Verzeichnis der Schriften von Arnfried Edler

(Die mit einem * gekennzeichneten Titel sind in diesem Band wiederabgedruckt.)

I. Selbständige Publikationen

Studien zur Auffassung antiker Musikmythen im 19. Jahrhundert
Kassel u. a. 1970 (= Kieler Schriften zur Musikwissenschaft, Bd. 20)

Der nordelbische Organist. Studien zu Sozialstatus, Funktion und kompositorischer Produktion eines Musikerberufes von der Reformation bis zum 20. Jahrhundert
Kassel u. a. 1982 (= Kieler Schriften zur Musikwissenschaft, Bd. 23)

Robert Schumann und seine Zeit
Laaber 1982 (2. Auflage 2002; ital. unter dem Titel *Schumann e il suo tempo*, Turin 1991)

Gattungen der Musik für Tasteninstrumente. Teil I: Von den Anfängen bis 1750
Laaber 1997 (= Handbuch der Musikalischen Gattungen, hrsg. von Siegfried Mauser, Bd. 7,1)

II. Aufsätze

Zur Musikanschauung von Adolf Bernhard Marx
in: Walter Salmen (Hrsg.), Beiträge zur Geschichte der Musikanschauung im 19. Jahrhundert, Regensburg 1965 (= Studien zur Musikgeschichte des 19. Jahrhunderts / Forschungsunternehmen der Fritz Thyssen Stiftung, Arbeitskreis Musikwissenschaft, Bd. 1), S. 103-112

* *"In ganz neuer und freier Form geschrieben." Zu Liszts Phantasie und Fuge über den Choral "Ad nos ad salutarem undam"*
in: Die Musikforschung 25 (1972), S. 249-258

Ein Husumer Kirchenmusiker-Streit um 1720
in: Uwe Haensel (Hrsg.), Beiträge zur Musikgeschichte Nordeuropas. Kurt Gudewill zum 65. Geburtstag, Wolfenbüttel und Zürich 1978, S. 137-146

Was erwartet die Musikwissenschaft von der Musikpädagogik?
in: Walter Gieseler und Rudolf Klinkhammer (Hrsg.), Musikwissenschaft und Musiklehrerausbildung. Inhaltliche, bildungspolitische und institutionelle Perspektiven. Dokumentation einer Wissenschaftlichen Tagung der Bundesfachgruppe Musikpädagogik vom 29.9.–2.10. 1977 in der Justus-Liebig-Universität Gießen, Mainz u. a. 1978 (= Forschung in der Musikerziehung 1978), S. 50-56

Zielbestimmung und Sachkompetenz. Gedanken zum Modellversuch der Staatlichen Hochschule für Musik Ruhr – Entwicklung neuer Ausbildungsgänge
in: Musik und Bildung 11 (1979), S. 226-229

Zur Beziehung einiger Grundfragen bei Bergson zum musikalischen Denken nach 1900
in: Hellmut Kühn und Peter Nitsche (Hrsg.), Gesellschaft für Musikforschung. Bericht über den Internationalen Musikwissenschaftlichen Kongress Berlin 1974, Kassel u. a. 1980, S. 467-470

* *Hinweise auf die Wirkung Bachs im Werk Franz Schuberts*
in: Die Musikforschung 33 (1980), S. 279-291

Aufführungspraktische Überlegungen zum Konzert für Tasteninstrumente des 18. Jahrhunderts
in: Musikzentren – Konzertschaffen im 18. Jahrhundert. Konferenzbericht der XI. Wissenschaftlichen Arbeitstagung Blankenburg/Harz 1983, Blankenburg 1984 (= Studien zur Aufführungspraxis und Interpretation von Instrumentalmusik des 18. Jahrhunderts, Heft 23), S. 32-36

Typen des protestantischen Organisten im 19. Jahrhundert und ihre Musik
in: Walter Salmen (Hrsg.), Zur Orgelmusik im 19. Jahrhundert. Tagungsbericht [3. Orgelsymposium Innsbruck 1981], Innsbruck 1983 (= Innsbrucker Beiträge zur Musikwissenschaft, Bd. 9), S. 11-18

Wirkungen Luthers auf die Entwicklung der Musik
in: Jürgen Becker (Hrsg.), Luthers bleibende Bedeutung, Husum 1983, S. 53-76

On the Social Status of Organists in Lutheran Germany from the 16th Century
in: Walter Salmen (Hrsg.), The Social Status of the Professional Musician from the Middle Ages to the 19th Century, annotated and translated from the German by Herbert Kaufman and Barbara Reisner, New York 1983, S. 61-93 [in der Publikation Walter Salmen (Hrsg.), Der Sozialstatus des Berufsmusikers vom 17. bis 19. Jahrhundert, Kassel u. a. 1971, ist dieser Beitrag nicht enthalten]

Die Klavierkonzerte Adolph Carl Kunzens
in: Christoph-Hellmut Mahling und Sigrid Wiesmann (Hrsg.), Gesellschaft für Musikforschung. Bericht über den Internationalen Musikwissenschaftlichen Kongress Bayreuth 1981, Kassel u. a. 1984, S. 321-325

Frescobaldi oder "Die formbildende Tendenz der Interpretation"
in: NZ – Neue Zeitschrift für Musik 134 (1984), S. 12-14

Die Stellung der komponierten Orgelmusik zwischen liturgischer Funktionalität und ästhetischer Autonomie
in: Hans Heinrich Eggebrecht (Hrsg.), Die Orgel im Dienst der Kirche. Gespräch aus ökumenischer Sicht. Bericht über das sechste Colloquium der Walcker-Stiftung für orgelwissenschaftliche Forschung in Verbindung mit dem Pontificio Istituto di Musica Sacra, 8. - 14. Oktober 1984 in Rom, Murrhardt 1985 (= Veröffentlichungen der Walcker-Stiftung, Heft 10), S. 126-146 (mit anschließendem "Gespräch", S. 146-156)

Liszt – der Musiker der Vermittlung
in: Musik und Bildung 18 (1986), S. 544-549

Zwischen Händel und Carl Philipp Emanuel Bach. Zur Situation des Klavierkonzertes im mittleren 18. Jahrhundert
in: Acta musicologica 58 (1986), S. 180-221

Das Charakterstück Carl Philipp Emanuel Bachs und die französische Tradition
in: Wolfgang Birtel und Christoph-Hellmut Mahling (Hrsg.), Aufklärungen. Bd. 2: Studien zur deutsch-französischen Musikgeschichte im 18. Jahrhundert - Einflüsse und Wirkungen, Heidelberg 1986 (= Annales Universitatis Saraviensis, Reihe Philosophische Fakultät, Bd. 20), S. 219-232 (mit anschließender "Diskussion", S. 233-235)

Telemann und Johann Wilhelm Hertel – eine Musikerfreundschaft?
in: Telemann und seine Freunde. Kontakte, Einflüsse, Auswirkungen. Bericht über die Internationale Wissenschaftliche Konferenz anläßlich der 8. Telemann-Festtage der DDR, Magdeburg 15. und 16. März 1984, hrsg. vom Zentrum für Telemann-Pflege und -Forschung Magdeburg, Teil 1, Magdeburg 1986, S. 87-94

Neue Gesichtspunkte zu Editionen norddeutscher Klavierkonzerte des mittleren 18. Jahrhunderts
in: Generalbaßspiel im 17. und 18. Jahrhundert. Editionsfragen aus der Sicht vorliegender Ausgaben zum Jubiläumsjahr 1985. Konferenzbericht der XIV. Wissenschaftlichen Arbeitstagung Blankenburg/Harz 1986, Michaelstein/Blankenburg 1987, S. 65-69

"Die Macht der Töne". Über die Bedeutung eines antiken Mythos im 19. Jahrhundert
in: Michael von Albrecht und Werner Schubert (Hrsg.), Musik in Antike und Neuzeit, Frankfurt am Main u. a. 1987 (= Quellen und Studien zur Musikgeschichte von der Antike bis in die Gegenwart, Bd. 1), S. 51-65

Schütz, der Hofkapellmeister
in: Dietrich Berke und Dorothee Hanemann (Hrsg.), Alte Musik als ästhetische Gegenwart. Bach, Händel, Schütz (Gesellschaft für Musikforschung. Bericht über den internationalen musikwissenschaftlichen Kongreß Stuttgart 1985), Bd. 1, Kassel u. a. 1987, S. 78-85

Zum Verhältnis Musikpädagogik – Musikwissenschaft aus der Sicht der Musikwissenschaft
in: Arnfried Edler, Siegmund Helms und Helmuth Hopf, Musikpädagogik und Musikwissenschaft, Wilhelmshaven 1987 (= Taschenbücher zur Musikwissenschaft, Bd. 111), S. 9-40

Carl Philipp Emanuel Bachs Wirkung auf das Musikleben seiner Zeit
in: Dieter Lohmeier (Hrsg.), Carl Philipp Emanuel Bach. Musik und Literatur in Norddeutschland. Ausstellung zum 200. Todestag Bachs [Staats- und Universitätsbibliothek Hamburg; Schleswig-Holsteinische Landesbibliothek Kiel], Heide in Holstein 1988 (= Schriften der Schleswig-Holsteinischen Landesbibliothek 4), S. 20-35

"Fantasie" and "Choralfantasie": on the Problematic Nature of a Genre of Seventeenth-Century Organ Music
in: The Organ Yearbook 19 (1988), S. 53-66

Studieneinheit 17: Virtuose und poetische Klaviermusik
in: Funkkolleg Musikgeschichte. Europäische Musik vom 12.-20. Jahrhundert. Studienbegleitbrief 7. Hrsg. vom Deutschen Institut für Fernstudien an der Universität Tübingen, Weinheim u. a. 1988, S. 42-96, 99 und 102-104

* *"Glanzspiel und Seelenlandschaft". Naturdarstellung in der Oper bei Weber und Rossini*
in: Friedhelm Krummacher und Heinrich W. Schwab (Hrsg.), Weber – Jenseits des "Freischütz". Referate des Eutiner Symposions 1986 anläßlich des 200. Geburtstages von Carl Maria von Weber, Kassel u. a. 1989 (= Kieler Schriften zur Musikwissenschaft, Bd. 32), S. 71-83

"Kompositionen mit neuen Aussichten". Aspekte zu Schumanns Werken für Pedalflügel
in: Schumann-Studien 2, Zwickau 1989, S. 39-45

Zur Erst-Wiederaufführung von Carl Philipp Emanuel Bachs Cembalokonzert Es-Dur Wq 41/H 469
in: Fragen der Aufführungspraxis und Interpretation von Werken Carl Philipp Emanuel Bachs – ein Beitrag zum 200. Todestag. Konferenzbericht der XVI. Wissenschaftlichen Arbeitstagung Michaelstein 1988, Teil 2, Michaelstein/Blankenburg 1989 (= Studien zur Aufführungspraxis und Interpretation von Instrumentalmusik des 18. Jahrhunderts, Heft 38), S. 62-64

Der bürgerliche Konzertbetrieb im 18. Jahrhundert
in: Arnfried Edler und Heinrich W. Schwab (Hrsg.), Studien zur Musikgeschichte der Hansestadt Lübeck, Kassel u. a. 1990 (= Kieler Schriften zur Musikwissenschaft, Bd. 31), S. 103-113

Art. *"Marx, Adolph Bernhard"*
in: Neue Deutsche Biographie, hrsg. von der Historischen Kommission bei der Bayerischen Akademie der Wissenschaften, Band 16, Berlin 1990, S. 321-323

* *Mythische und musikalische Struktur bei Wagner*
in: Michael von Albrecht und Werner Schubert (Hrsg.), Musik und Dichtung. Neue Forschungsbeiträge, Viktor Pöschl zum 80. Geburtstag gewidmet, Frankfurt am Main u. a. 1990 (= Quellen und Studien zur Musikgeschichte von der Antike bis in die Gegenwart, Band 23), S. 331-350

* *Ton und Zyklus in der Symphonik Schumanns*
in: Siegfried Kross und Marie Luise Maintz (Hrsg.), Probleme der symphonischen Tradition im 19. Jahrhundert. Internationales Musikwissenschaftliches Colloquium Bonn 1989. Kongreßbericht, Tutzing 1990, S. 187-202

Carl Philipp Emanuel Bach within the Musical Life of his Epoch
in: Studia Musicologica Norvegica 15 (1989), S. 9-30

Organ Music within the Social Structure of North German Cities in the Seventeenth Century
in: Paul Walker (Hrsg.), Church, Stage, and Studio. Music and Its Contexts in Seventeenth-Century Germany, Ann Arbor und London 1990 (= Studies in Music, No. 107), S. 23-41

Buxtehude und die norddeutsche Choralfantasie
in: Arnfried Edler und Friedhelm Krummacher (Hrsg.), Dietrich Buxtehude und die europäische Musik seiner Zeit. Bericht über das Lübecker Symposion 1987, Kassel u. a. 1990 (= Kieler Schriften zur Musikwissenschaft, Bd. 35), S. 275-288

* Arnolt Schlick – Musicus consumatissimus ac organista probatissimus
in: Frank Heidlberger, Wolfgang Osthoff und Reinhard Wiesend (Hrsg.), Von Isaac bis Bach. Studien zur älteren deutschen Musikgeschichte. Festschrift Martin Just zum 60. Geburtstag, Kassel u. a. 1991, S. 115-126

* Aphoristik und Novellistik. Versuch über das Private in Schumanns Klaviermusik
in: Monika Fink, Rainer Gstrein und Günter Mössmer (Hrsg.), Musica Privata. Die Rolle der Musik im privaten Leben. Festschrift zum 65. Geburtstag von Walter Salmen, Innsbruck 1991, S. 201-214

Musikwissenschaft und Pädagogik
in: Bernhard Möller (Hrsg.), Logik der Pädagogik. Pädagogik als interdisziplinäres Aufgabengebiet. Band 2: Der Beitrag der Geisteswissenschaften zur Pädagogik, Teil 2, Oldenburg 1992, S. 325-347

* Das Collegium musicum als Forum des Theorie-Praxis-Bezuges
in: Wolf Frobenius, Nicole Schwindt-Gross und Thomas Sick (Hrsg.), Akademie und Musik. Erscheinungsweisen und Wirkungen des Akademiegedankens in Kultur- und Musikgeschichte: Institutionen, Veranstaltungen, Schriften. Festschrift für Werner Braun zum 65. Geburtstag, Saarbrücken 1993 (= Saarbrücker Studien zur Musikwissenschaft, Neue Folge, Bd. 7), S. 107-122

* Matthias Weckmann - Organist und Organisator des Hamburger Musiklebens
in: Sverker Jullander (Hrsg.), Proceedings of the Weckmann Symposium Göteborg 1991, Göteborg 1993 (= Skrifter från Musikvetenskapliga avdelningen, Göteborgs universitet, nr 31), S. 85-103

Anmerkungen zu Struktur und Funktion von Schumanns Konzert-Allegro op. 134
in: Bernhard R. Appel (Hrsg.), Schumann in Düsseldorf. Werke – Texte – Interpretationen. Bericht über das 3. Internationale Schumann-Symposion am 15. und 16. Juni 1988 im Rahmen des 3. Schumann-Festes in Düsseldorf, Mainz u. a. 1993 (= Schumann Forschungen, hrsg. von der Robert-Schumann-Gesellschaft Düsseldorf, Bd. 3), S. 417-436

Europäische Entwicklungslinien: Die Entwicklung der Kompositionen für Tasteninstrumente
in: Internationale Bachakademie Stuttgart, Europäisches Musikfest 1993, Programmheft der Nachtkonzerte 1, 3, 5, 6, 8 und 10 vom 6.-17. 9. 1993, Stuttgart 1993, S. 60-76

Gattungsfragen in der choralgebundenen Orgelmusik Johann Sebastian Bachs
in: Karl Heller und Andreas Waczkat (Hrsg.), Rudolf Eller zum Achtzigsten. Ehrenkolloquium zum 80. Geburtstag von Prof. em. Dr. Rudolf Eller am 9. Mai 1994, veranstaltet vom Institut für Musikwissenschaft [der Universität Rostock] im 60. Jahr seines Bestehens am 11. Mai 1994, Rostock 1994, S. 75-83

Thematik und Figuration in der Tastenmusik des jungen Bach
in: Karl Heller und Hans-Joachim Schulze (Hrsg.), Das Frühwerk Johann Sebastian Bachs. Kolloquium veranstaltet vom Institut für Musikwissenschaft der Universität Rostock 1990, Köln 1995, S. 87-115

Wilhelm Langhans und der Begriff des musikalischen Urteils. Ein musikpädagogisches Kapitel aus den Gründerjahren des Zweiten deutschen Reichs
in: Peter Becker, Arnfried Edler und Beate Schneider (Hrsg.), Zwischen Wissenschaft und Kunst. Festgabe für Richard Jakoby, Mainz u. a. 1995, S. 49-65

Landschaft und Mythos im 'Manfred' von Byron und Schumann
in: Axel Beer und Laurenz Lütteken (Hrsg.), Festschrift Klaus Hortschansky zum 60. Geburtstag, Tutzing 1995, S. 401-412

Saint-Saëns' Sinfonik als "haute composition"
in: Christoph-Hellmut Mahling und Kristina Pfarr (Hrsg.), Deutsche Musik im Wegekreuz zwischen Polen und Frankreich. Zum Problem musikalischer Wechselbeziehungen im 19. und 20. Jahrhundert. Bericht der Tagung am Musikwissenschaftlichen Institut der Johannes Gutenberg-Universität Mainz 1988, Tutzing 1996 (= Mainzer Studien zur Musikwissenschaft, Bd. 34), S. 84-98

Art. *"Klaviermusik"*
in: Die Musik in Geschichte und Gegenwart. Allgemeine Enzyklopädie der Musik, begründet von Friedrich Blume. Zweite, neubearbeitete Ausgabe, hrsg. von Ludwig Finscher, Sachteil 5 (Kas-Mein), Kassel-Stuttgart u. a. 1996, Sp. 347-418; von Arnfried Edler wurde verfaßt Abschnitt A. Klaviermusik für zwei Hände, Sp. 347-403, Literaturangaben Sp. 413-417 (Abschnitt B. Werke für zwei und mehr Spieler auf ein, zwei und mehr Klavieren ohne Begleitung, Sp. 403-413, Literaturangaben Sp. 417f. stammt von Marianne Stoelzel)

Von Satie zu Cage, oder: Vom Komponieren mit Objekten
in: Axel Beer, Kristina Pfarr und Wolfgang Ruf (Hrsg.): Festschrift Christoph-Hellmut Mahling zum 65. Geburtstag, Tutzing 1997 (= Mainzer Studien zur Musikwissenschaft, Bd. 37), S. 309-322

Anmerkungen zur Historizität von Wagners "Romantischen Opern"
in: Klaus Hortschansky (Hrsg.), Traditionen – Neuansätze. Für Anna Amalie Abert (1906-1996), Tutzing 1997, S. 203-220

Art. *"Präludium"*
in: Die Musik in Geschichte und Gegenwart. Allgemeine Enzyklopädie der Musik, begründet von Friedrich Blume. Zweite, neubearbeitete Ausgabe, hrsg. von Ludwig Finscher, Sachteil 7 (Mut-Que), Kassel-Stuttgart u. a. 1997, Sp. 1792-1804

Historische Einführung
in: Harald Vogel, Günter Lade und Nicola Borger-Keweloh (Hrsg.), Orgeln in Niedersachsen [mit Fotos von Volkhard Hofer], Bremen 1997, S. 18-27

* Die Klavierkonzerte C. P. E. Bachs im Kontext der zeitgenössischen Gattungsgeschichte in Norddeutschland
in: Hans-Günter Ottenberg (Hrsg.), Carl Philipp Emanuel Bach – Musik für Europa. Bericht über das Internationale Symposium 1994 im Rahmen der 29. Frankfurter Festtage der Musik an der Konzerthalle "Carl Philipp Emanuel Bach" in Frankfurt (Oder), Frankfurt (Oder) 1998 (= Carl-Philipp-Emanuel-Bach-Konzepte, Sonderreihe Bd. 2), S. 261-278

Zur Gattungsproblematik von Schumanns 'Skizzen für Pedalflügel' op. 58
in: Wolf Frobenius, Ingeborg Maaß, Markus Waldura und Tobias Widmaier (Hrsg.), Robert Schumann. Philologische, analytische, sozial- und rezeptionsgeschichtliche Aspekte, Saarbrücken 1998 (= Saarbrücker Studien zur Musikwissenschaft, Neue Folge Band 8), S. 67-75

* Zur Rolle Weimars und Hannovers in der deutschen Musikgeschichte zwischen 1850 und 1890
in: Helen Geyer, Michael Berg und Matthias Tischer (Hrsg.), "Denn in jenen Tönen lebt es". Wolfgang Marggraf zum 65., Weimar 1999, S. 451-491

* Forschungsprojekt Niedersächsische Musikgeschichte. Möglichkeiten – Ziele – Grenzen
in: Arnfried Edler und Joachim Kremer (Hrsg.), Niedersachsen in der Musikgeschichte. Zur Methodologie und Organisation musikalischer Regionalgeschichtsforschung. Internationales Symposium Wolfenbüttel 1997, Augsburg 2000 (= Publikationen der Hochschule für Musik und Theater Hannover, Bd. 9), S. 11-22

Regionalgeschichte und Strukturgeschichte der Musik. Zur Frage der Forschungssituation am Beispiel Niedersachsens
in: Kathrin Eberl und Wolfgang Ruf (Hrsg.), Musikkonzepte – Konzepte der Musikwissenschaft. Bericht über den Internationalen Kongreß der Gesellschaft für Musikforschung, Halle (Saale) 1998, Band I: Hauptvortrag, Kolloquien, Symposien, Kassel u. a. 2000, S. 172-178

Die Suite als Gattung
in: Wilhelm Seidel (Hrsg.), Ständige Konferenz Mitteldeutsche Barockmusik: Jahrbuch 1999, Eisenach 2000, S. 151-160

Der Beitrag Johann Wilhelm Hertels zur Gattung des Klavierkonzerts
in: Karl Heller, Hartmut Möller und Andreas Waczkat (Hrsg.), Musik in Mecklenburg. Beiträge eines Kolloquiums zur Mecklenburgischen Musikgeschichte, veranstaltet vom Institut für Musikwissenschaft der Universität Rostock 1997. Mit einer Zeittafel und einer Auswahlbibliographie zur mecklenburgischen Musikgeschichte, Hildesheim u. a. 2000 (= Studien und Materialien zur Musikwissenschaft, Bd. 21), S. 437-461

Zwischen Mythos und Konversation. Überlegungen zur Stellung von Richard Strauss in der Musikgeschichte der 1920er Jahre
(Referat auf dem Symposium 'Richard Strauss in der Musikgeschichte der 1920er Jahre', Hochschule für Musik und Theater Hannover 1999), in: Richard-Strauss-Blätter, Neue Folge 45 (2001), S. 124-139

"Den alten nachgeahmt und doch überaus eigenwillig". Zur Barkarole bei Chopin und Fauré
in: Bernd Sponheuer, Siegfried Oechsle und Helmut Well (Hrsg.) unter Mitarbeit von Signe Rotter, Rezeption als Innovation. Untersuchungen zu einem Grundmodell der europäischen Kompositionsgeschichte. Festschrift für Friedhelm Krummacher zum 65. Geburtstag, Kassel u. a. 2001, S. 275-304

Prolegomena zu einer Geschichte des Concertos für unbegleitetes Cembalo
in: Nicole Ristow, Wolfgang Sandberger und Dorothea Schröder (Hrsg.), "Critica musica". Studien zum 17. und 18. Jahrhundert. Festschrift Hans Joachim Marx zum 65. Geburtstag, Stuttgart und Weimar 2001, S. 59-81

'Wenn man alt wird, so legt man sich aufs spaßen'. Humor und Melancholie in Carl Philipp Emanuel Bachs Klavierrondos
in: Ares Rolf und Ulrich Tadday (Hrsg.), Martin Geck. Festschrift zum 65. Geburtstag, Dortmund 2001, S. 231-254

Von Joachim zu Bronsart. Ästhetische Positionen zwischen 1850 und 1890 im Spiegel des hannoverschen Musiklebens
in: Arnfried Edler (Hrsg.), Schubert und Brahms. Kunst und Gesellschaft im frühen und späten 19. Jahrhundert. Dokumentation der Veranstaltungsreihe der Hochschule für Musik und Theater Hannover 1997, Augsburg 2001 (= Publikationen der Hochschule für Musik und Theater Hannover, Bd. 11), S. 97-114

Schumann und die Situation der Orgelmusik im mittleren 19. Jahrhundert
Referat auf dem Symposium "The Interpretation of Romantic and Late Romantic Organ and Piano Music. Problems – Perspectives – Prognoses", Stockholm 1998 (erscheint demnächst)

Aspekte von Schumanns Begriff der musikalischen Bildung
in: Bernhard R. Appel, Ute Bär und Matthias Wendt (Hrsg.), Schumanniana nova. Festschrift Gerd Nauhaus zum 60. Geburtstag, Sinzig 2002, S. 190-209

III. Editorische Arbeiten

a) Musik

Norddeutsche Klavierkonzerte des mittleren 18. Jahrhunderts: Adolf Carl Kunzen (1720 - 1781) [Cembalokonzerte Nr. 2, G-Dur und Nr. 8, D-Dur], Johann Wilhelm Hertel (1727 - 1789) [Cembalokonzerte Nr. 6, Es-Dur und Nr. 12, g-Moll]
hrsg. und eingeleitet von Arnfried Edler, München u. a. 1994 (= Denkmäler Norddeutscher Musik, hrsg. von der Landeskundlichen Abteilung des Musikwissenschaftlichen Instituts der Universität Kiel, Bd. 5/6) [die Angaben in eckigen Klammern wurden ergänzt; sie sind nicht Bestandteil des Haupttitels]

b) Bücher

800 Jahre Musik in Lübeck. Teil 2: Dokumentation zum Lübecker Musikfest 1982
hrsg. von Arnfried Edler, Werner Neugebauer und Heinrich W. Schwab, Lübeck 1983

Studien zur Musikgeschichte der Hansestadt Lübeck
hrsg. von Arnfried Edler und Heinrich W. Schwab, Kassel u. a. 1990 (= Kieler Schriften zur Musikwissenschaft, Bd. 31)

Dietrich Buxtehude und die europäische Musik seiner Zeit. Bericht über das Lübecker Symposion 1987
hrsg. von Arnfried Edler und Friedhelm Krummacher, Kassel u. a. 1990 (= Kieler Schriften zur Musikwissenschaft, Bd. 35)

Zwischen Wissenschaft und Kunst. Festgabe für Richard Jakoby
hrsg. von Peter Becker, Arnfried Edler und Beate Schneider, Mainz u. a. 1995

Johann Joseph Fux und seine Zeit. Kultur, Kunst und Musik im Spätbarock
hrsg. von Arnfried Edler und Friedrich W. Riedel, Laaber 1996 (= Publikationen der Hochschule für Musik und Theater Hannover, Bd. 7)

Niedersachsen in der Musikgeschichte. Zur Methodologie und Organisation musikalischer Regionalgeschichtsforschung. Internationales Symposium Wolfenbüttel 1997
hrsg. von Arnfried Edler und Joachim Kremer, Augsburg 2000 (= Publikationen der Hochschule für Musik und Theater Hannover, Bd. 9)

Schubert und Brahms. Kunst und Gesellschaft im frühen und späten 19. Jahrhundert. Dokumentation der Veranstaltungsreihe der Hochschule für Musik und Theater Hannover 1997
hrsg. von Arnfried Edler, Augsburg 2001 (= Publikationen der Hochschule für Musik und Theater Hannover, Bd. 11)

Personenregister

Abert, Anna Amalie 13, 157, 238f.
Abert, Hermann 113, 232, 380f.
Adler, Guido 80, 301, 366, 380, 384, 386
Adlung, Jakob 134
Adorno, Theodor W. 194f., 199, 209, 256, 259, 289, 336f., 345, 383f.
Alard, Delphin 355
Alberti, Domenico 104
Albinoni, Tomaso 88
Ambros, August Wilhelm 312, 355
Apel, Willi 31f., 35, 42, 47, 82
Appel, Bernhard R. 220f.
Aristoteles 38, 59, 192, 213, 262
Arne, Michael 101, 118
Arne, Thomas Augustine 101, 107f., 111-113, 118, 136
Arnim, Gisela von 314
Auber, Daniel-François-Esprit 226, 242
August II. der Starke, Kurfürst von Sachsen und König von Polen 57, 74
Augustinus, Aurelius 184
Avison, Charles 101, 103f.

Bach, Carl Philipp Emanuel 47, 89, 100, 104-106, 113f., 119f., 123, 125f., 128f., 131-134, 136f., 139-141, 143-170, 297f.
Bach, Johann Christian 102, 110, 113, 121
Bach, Johann Sebastian 7, 19, 23, 37, 49, 52, 75f., 81-99, 100, 102f., 105, 111, 114f., 120, 122, 126, 129f., 133, 142-144, 161, 171, 173-179, 181f., 217, 277, 280, 319, 344, 360, 370
Bachofen, Johann Jakob 20, 253
Bacon, Francis 40
Balzac, Honoré de 245
Barrès, Maurice 295
Baudelaire, Charles 19, 21, 287, 353
Becker, Dietrich 57
Becker, Ernst Adolph 221
Becker, Julius 249
Beckett, Samuel 207

Beethoven, Ludwig van 19, 82, 131, 138, 156, 172, 180, 193-196, 198-200, 205, 212, 215, 228, 233, 239f., 243f., 261, 274, 278, 284, 286, 290, 309, 311, 316, 319, 322, 327, 333, 339, 373
Belgiojoso, Fürstin 242
Bellermann, Heinrich 360
Bellini, Vincenzo 242
Benary, Peter 209f.
Benatzky, Ralph 183
Benjamin, Walter 141, 287
Berardi, Angelo 85
Berg, Alban 194
Bergson, Henri 22, 348-351
Berlioz, Hector 14, 21, 186f., 189, 196f., 224f., 233, 249, 284, 290, 308, 310-312, 314, 316, 321, 323, 328, 331, 337
Bermudo, Juan 40
Bernardo Clesio von Trient, Fürstbischof Kardinal 27
Bernhard, Christoph 41, 57, 62, 74f.
Besseler, Heinrich 54, 81-83, 105, 126
Bianconi, Lorenzo 303
Bismarck, Otto, Fürst von 354
Bizet, Georges 292
Blainville, Charles-Henry de 159
Blanc, Adolphe 292
Blöcker, Günter 346f.
Blume, Friedrich 381, 383-385
Boethius, A. M. S. 11
Böhm, Georg 96
Bolko von Hochberg, Graf 330
Bononcini, Giovanni Maria 85
Boulez, Pierre 338f.
Brahms, Johannes 195, 280, 307f., 311-313, 315f., 318, 324f., 327f., 355
Braque, Georges 343
Braudel, Fernand 303
Braun, Gerhard 382
Braun, Werner 42, 45, 65, 67, 75, 77f., 80, 105, 378
Breidenstein, Heinrich Carl 374
Breig, Werner 45, 95, 97, 113, 143

Ortsregister

Das Personen- und Ortsregister wurde vorbereitet von Inna Klause, Hannover.

Publikationen der Hochschule für Musik und Theater Hannover im Wißner-Verlag

Die Publikationen der Hochschule für Musik und Theater Hannover dokumentieren musikwissenschaftliche, musikpädagogische und musikphysiologische Forschungsaktivitäten an der ersten deutschen Musikhochschule, die das Promotions- und das Habilitationsrecht erhielt. In einer Zeit, in der die Hochschulen immer häufiger als Dienstleistungsbetriebe für Lehre und Ausbildung angesehen werden, gleichzeitig aber die ständig anschwellende Musikliteratur immer schwerer zu überblicken ist, ermöglichen Publikationsreihen wie diese einen Einblick in die Forschungsstruktur und die Forschungsorganisation an den sie tragenden Institutionen und unterstreichen so deren Verantwortlichkeit und Bedeutung für die Weiterentwicklung der Fächer.

Der zuletzt vorgelegte Band 12 vereinigt Beiträge der 2001 in Hannover veranstalteten Internationalen Musikwissenschaftlichen Tagung und will die grundlegenden Probleme der musikwissenschaftlichen Lehre und Forschung von ihren institutionellen Voraussetzungen in Europa und den USA aufreißen. Am Beispiel der Klavier- und Orgelmusik im Industriezeitalter (1850–2000) wird eine Öffnung der Musiktheorie zur Kulturgeschichte zur Diskussion gestellt. Schließlich wird der Dialog zwischen Musikwissenschaft und Musiktheorie nach seinem aktuellen Stand befragt. Der Band als Ganzes versteht sich als Beitrag zur aktuellen Fachdiskussion.

Arnfried Edler/Sabine Meine (Hg.):

Musik, Wissenschaft und ihre Vermittlung

Bericht über die Internationale Musikwissenschaftlich Tagung der Hochschule für Musik und Theater Hannover 2001

374 Seiten. Paperback.
Mit Abb., Notenbeispielen und einer Audio-CD mit dem
Mitschnitt des Konzertes vom 27. September 2001

Band 12 ◆ ISBN 3-89639-342-1 ◆ € 45,–

Arnfried Edler (Hg.)

Schubert und Brahms

Kunst und Gesellschaft im frühen und späten 19. Jahrhundert

Das Wiener musikalische Doppeljubiläum des Jahres 1997 gab Anlaß zu einem hochschuldidaktischen Modell an der Hochschule für Musik und Theater Hannover. In einem gemeinsamen Projekt der Studiengänge Künstlerische Ausbildung, Musikwissenschaft, Lehramt für Gymnasien, Musikerziehung, Oper, Schauspiel und Tanz wurden anhand des Vergleichs von Schubert und Brahms die enge Beziehung der Musik zu den Nachbarkünsten sowie das Verhältnis der Künste zu den sich wandelnden gesellschaftlichen Bedingungen im frühen und im späten 19. Jahrhundert ins Blickfeld gerückt.

Band 11 ◆ 290 Seiten. Paperback. ISBN 3-89639-278-6 ◆ € 30,–

Sabine Meine

Ein Zwölftöner in Paris

Studien zu Biographie und Wirkung
von René Leibowitz (1913-1972)

Als leidenschaftlicher Verfechter der Zwölftonmusik hat René Leibowitz im Paris der Nachkriegszeit entscheidende Impulse für die Rezeption der Schönberg-Schule gesetzt. Als Komponist, Musiktheoretiker, Dirigent und nicht zuletzt als Gesprächspartner namhafter Künstler und Denker aus dem Umfeld des Surrealismus, Existenzialismus und der Schönberg-Schule wirkte Leibowitz in einem Klima, das stark ideologisch geprägt war. Die auf umfangreichen Quellenstudien aufgebaute Arbeit vermittelt ein weit-gespanntes und neuartiges Bild der ebenso komplexen wie einflußreichen Persönlichkeit und charak-terisiert Leibowitz als „Übersetzer" in einem umfassenden Sinn.

Band 10 ◆ 292 Seiten. Paperback. ISBN 3-89639-236-0 ◆ € 19,90

Arnfried Edler/Joachim Kremer (Hg.)

Niedersachsen in der Musikgeschichte

Zur Methodologie und Organisation
musikalischer Regionalgeschichtsforschung

Internationales Symposium Wolfenbüttel 1997

Regionalgeschichte ist heute ein international und mit differenziertem me-thodischem Repertoire betriebener Zweig u. a. der Musikwissenschaft. Der hier vorgelegte Band vereinigt die Beiträge eines 1997 in Wolfenbüt-tel veranstalteten Symposiums, bei dem es um die Entwicklung einer in-haltlichen und methodologischen Konzeption für eine auf Niedersachsen bezogene musikgeschichtliche Forschung ging. Historiker und regionalgeschichtlich orientierte Mu-sikhistoriker aus Schweden, Großbritannien und verschiedenen deutschen Bundesländern präsentie-ren und diskutieren laufende Forschungsprojekte sowie Zielsetzungen und organisatorische Struktu-ren von Forschungsinstitutionen mit regionalmusikgeschichtlicher Aufgabenstellung. Fallstudien zu den Bereichen Quellenforschung, Biographik und Stadtgeschichte sowie zur musikalischen Gattungs-geschichte am Beispiel der Oper zeigen konkrete Ansätze zur Integration regionaler Aspekte in grö-ßere musikhistorische Zusammenhänge.

Band 9 ◆ 262 Seiten. Paperback. Zum Teil farbige Abbildungen. ISBN 3-89639-206-9 ◆ € 30,–

Folgende Titel sind in Vorbereitung:

📖 **Band 14:** *Bernd Clausen*: **Das Fremde als Grenze.** Außereuropäische Musik im Diskurs des 18. Jahrhunderts und der gegenwärtigen Musikpädagogik

📖 **Band 15:** *Joachim Kremer*: **Nationale Identität**

📖 **Band 16:** *Wolfgang Horn*: **»Est modus in rebus...«** Die Schriften Gioseffo Zarlinos und die Analyse von Renaissancemusik

Wißner-Verlag ◆ Im Tal 12 ◆ 86179 Augsburg

Telefon 08 21/2 59 89-0 ◆ Fax 08 21/59 49 32

info@wissner.com ◆ www.wissner.com/musik